공기업
NCS

대졸채용 최종모의고사

SD에듀
㈜시대고시기획

2024 최신판 SD에듀 공기업 NCS&전공
대졸채용 최종모의고사 9회

Always **with you**

사람의 인연은 길에서 우연하게 만나거나 함께 살아가는 것만을 의미하지는 않습니다.
책을 펴내는 출판사와 그 책을 읽는 독자의 만남도 소중한 인연입니다.
SD에듀는 항상 독자의 마음을 헤아리기 위해 노력하고 있습니다. 늘 독자와 함께하겠습니다.

정부는 양질의 일자리를 창출하고자 다각도로 채용을 진행하고 있으며, 필기전형에 국가직무능력표준(NCS)를 도입하여 우리 사회에 직무 위주의 채용 문화를 정착시키는 데 기여하고 있다. 문제 유형은 대표적으로 모듈형, 피듈형, PSAT형 3가지로 구분할 수 있으며, NCS뿐만 아니라 추가적으로 전공의 신규 도입 및 출제의 비중이 높아지고 있는 추세이다. 이에 따라 공기업 채용을 준비하는 수험생들은 지원하는 기업이 어떤 전공을 출제하는지 미리 파악해 두는 것이 중요하다. 따라서 공사 · 공단 채용을 준비하는 수험생들은 필기전형에서 고득점을 받기 위해 다양한 유형에 대해 폭넓은 학습과 문제풀이능력을 높이는 등 철저한 준비가 필요하다.

공사 · 공단 필기시험 합격을 위해 SD에듀에서는 NCS 도서 시리즈 1위의 출간경험을 토대로 다음과 같은 특징을 가진 도서를 출간하였다.

도서의 특징

❶ 모듈형부터 PSAT형까지! 다양한 유형으로 구성한 모의고사로 실력 UP!
- 모듈형 최종모의고사, 핵심영역 최종모의고사, 통합 최종모의고사를 구성 및 수록하여 어떤 공사 · 공단의 필기시험을 치르더라도 도움이 될 수 있도록 하였다.

❷ 직렬별 직무수행능력평가까지 완벽한 실전 대비!
- 사무직 및 기술직 전공 최종모의고사를 수록하여 전공에 대한 실력을 최종 점검할 수 있도록 하였다.

❸ 다양한 콘텐츠로 최종 합격까지!
- 채용 가이드와 주요 공기업 최신 면접 기출질문을 수록하여 채용 전반을 대비할 수 있도록 하였다.
- 온라인 모의고사 쿠폰을 제공하여 필기시험을 준비하는 데 부족함이 없도록 하였다.

끝으로 본 도서를 통해 공사 · 공단 채용을 준비하는 모든 수험생 여러분이 합격의 기쁨을 누리기를 진심으로 기원한다.

SDC(Sidae Data Center) 씀

NCS 문제 유형 소개 NCS TYPES

PSAT형

※ 다음은 K공단의 국내 출장비 지급 기준에 대한 자료이다. 이어지는 질문에 답하시오. [15~16]

〈국내 출장비 지급 기준〉

① 근무지로부터 편도 100km 미만의 출장은 공단 차량 이용을 원칙으로 하며, 다음 각호에 따라 "별표 1"에 해당하는 여비를 지급한다.
  ㉠ 일비
    ⓐ 근무시간 4시간 이상 : 전액
    ⓑ 근무시간 4시간 미만 : 1일분의 2분의 1
  ㉡ 식비 : 명령권자가 근무시간이 모두 소요되는 1일 출장으로 인정한 경우에는 1일분의 3분의 1 범위 내에서 지급
  ㉢ 숙박비 : 편도 50km 이상의 출장 중 출장일수가 2일 이상으로 숙박이 필요할 경우, 증빙자료 제출 시 숙박비 지급
② 제1항에도 불구하고 공단 차량을 이용할 수 없어 개인 소유 차량으로 업무를 수행한 경우에는 일비를 지급하지 않고 이사장이 따로 정하는 바에 따라 교통비를 지급한다.
③ 근무지로부터 100km 이상의 출장은 "별표 1"에 따라 교통비 및 일비는 전액을, 식비는 1일분의 3분의 2 해당액을 지급한다. 다만, 업무 형편상 숙박이 필요하다고 인정할 경우에는 출장기간에 대하여 숙박비, 일비, 식비 전액을 지급할 수 있다.

〈별표 1〉

구분	교통비				일비 (1일)	숙박비 (1박)	식비 (1일)
	철도임	선임	항공임	자동차임			
임원 및 본부장	1등급	1등급	실비	실비	30,000원	실비	45,000원
1, 2급 부서장	1등급	2등급	실비	실비	25,000원	실비	35,000원
2, 3, 4급 부장	1등급	2등급	실비	실비	20,000원	실비	30,000원
4급 이하 팀원	2등급	2등급	실비	실비	20,000원	실비	30,000원

1. 교통비는 실비를 기준으로 하되, 실비 정산은 국토해양부장관 또는 특별시장·광역시장·도지사·특별자치도지사 등이 인허한 요금을 기준으로 한다.
2. 선임 구분표 중 1등급 해당자는 특등, 2등급 해당자는 1등을 적용한다.
3. 철도임 구분표 중 1등급은 고속철도 특실, 2등급은 고속철도 일반실을 적용한다.
4. 임원 및 본부장의 식비가 위 정액을 초과하였을 경우 실비를 지급할 수 있다.
5. 운임 및 숙박비의 할인이 가능한 경우에는 할인 요금으로 지급한다.
6. 자동차임 실비 지급은 연료비와 실제 통행료를 지급한다.
   (연료비)=[여행거리(km)]×(유가)÷(연비)
7. 임원 및 본부장을 제외한 직원의 숙박비는 70,000원을 한도로 실비를 정산할 수 있다.

특징
▶ 대부분 의사소통능력, 수리능력, 문제해결능력을 중심으로 출제(일부 기업의 경우 자원관리능력, 조직이해능력을 출제)
▶ 자료에 대한 추론 및 해석 능력을 요구

대행사
▶ 엑스퍼트컨설팅, 커리어넷, 태드솔루션, 한국행동과학연구소(행과연), 휴노 등

모듈형

│ 대인관계능력

60 다음 자료는 갈등해결을 위한 6단계 프로세스이다. 3단계에 해당하는 대화의 예로 가장 적절한 것은?

1단계 사전 준비하기	⇨	2단계 긍정적인 분위기에서 대화 시작하기	⇨	3단계 상대방의 입장 파악하기
6단계 최종적으로 해결책 선택 및 실행하기	⇦	5단계 해결책 평가하기	⇦	4단계 상대방의 입장에서 해결책 생각해보기

① 그럼 A씨의 생각대로 진행해 보시죠.

특징
▶ 이론 및 개념을 활용하여 푸는 유형
▶ 채용 기업 및 직무에 따라 NCS 직업기초능력평가 10개 영역 중 선발하여 출제
▶ 기업의 특성을 고려한 직무 관련 문제를 출제
▶ 주어진 상황에 대한 판단 및 이론 적용을 요구

대행사 ▶ 인트로맨, 휴스테이션, ORP연구소 등

피듈형(PSAT형 + 모듈형)

│ 문제해결능력

60 P회사는 직원 20명에게 나눠 줄 추석 선물 품목을 조사하였다. 다음은 유통업체별 품목 가격과 직원들의 품목 선호도를 나타낸 자료이다. 이를 참고하여 P회사에서 구매하는 물품과 업체를 바르게 연결한 것은?

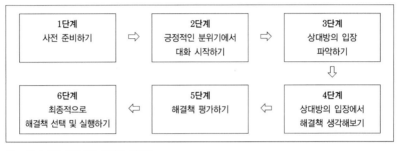

〈업체별 품목 금액〉

구분		1세트당 가격	혜택
A업체	돼지고기	37,000원	10세트 이상 주문 시 배송 무료
	건어물	25,000원	
B업체	소고기	62,000원	20세트 주문 시 10% 할인
	참치	31,000원	
C업체	스팸	47,000원	50만 원 이상 주문 시 배송 무료
	김	15,000원	

〈구성원 품목 선호도〉

특징
▶ 기초 및 응용 모듈을 구분하여 푸는 유형
▶ 기초인지모듈과 응용업무모듈로 구분하여 출제
▶ PSAT형보다 난도가 낮은 편
▶ 유형이 정형화되어 있고, 유사한 유형의 문제를 세트로 출제

대행사 ▶ 사람인, 스카우트, 인크루트, 커리어케어, 트리피, 한국사회능력개발원 등

코레일 한국철도공사 사무직

글의 제목 ▶ 유형

24 다음 글의 제목으로 가장 적절한 것은?

'5060세대'. 몇 년 전까지만 해도 그들은 사회로부터 '지는 해' 취급을 받았다. '오륙도'라는 꼬리표를 달아 일터에서 밀어내고, 기업은 젊은 고객만 왕처럼 대우했다. 젊은 층의 지갑을 노려야 돈을 벌 수 있다는 것이 기업의 마케팅 전략이었기 때문이다.

그러나 최근 들어 상황이 달라졌다. 5060세대가 새로운 소비 군단으로 주목되기 시작한 가장 큰 이유는 고령화 사회로 접어들면서 시니어(Senior) 마켓 시장이 급속도로 커지고 있는 데다 이들이 돈과 시간을 가장 넉넉하게 가진 세대이기 때문이다. 한 경제연구원에 따르면 50대 이상 인구 비중이 30%에 이르면서 50대 이상을 겨냥한 시장 규모가 100조 원대까지 성장할 예정이다.

통계청이 집계한 가구주 나이별 가계수지 자료를 보면, 한국 사회에서는 50대 가구주의 소득이 가장 높다. 월평균 361만 500원으로 40대의 소득보다도 높은 것으로 집계됐다. 가구주 나이가 40대인 가구의 가계수지를 보면, 소득은 50대보다 적으면서도 교육 관련 지출(45만 6,400원)이 압도적으로 높아 소비 여력이 낮은 편이다. 그러나 50대 가구주의 경우 소득이 높으면서 소비 여력 또한 충분하다. 50대 가구주의 처분가능소득은 288만 7,500원으로 전 연령층에서 가장 높다.

이들이 신흥 소비군단으로 떠오르면서 '애플(APPLE)족'이라는 마케팅 용어까지 등장했다. 활동적이고 (Active) 자부심이 강하며(Pride) 안정적으로(Peace) 고급문화(Luxury)를 즐기는 경제력(Economy) 있는 50대 이후 세대를 뜻하는 말이다. 통계청은 여행과 레저를 즐기는 5060세대를 '주목해야 할 블루슈머*7' 가운데 하나로 선정했다. 과거 5060세대는 자식을 보험으로 여기며 자식에게 의존하면서 살아가는 전통적인 노인이었다. 그러나 애플족은 자녀로부터 독립해 자기만의 새로운 인생을 추구한다. '통크족(TONK; Two Only, No Kids)'이라는 별칭이 붙는 이유이다. 통크족이나 애플족은 젊은 층의 전유물로 여겨졌던 자기중심

코레일 한국철도공사 기술직

도급 ▶ 키워드

01 K공사는 부대시설 건축을 위해 A건축회사와 계약을 맺었다. 다음의 계약서를 보고 건축시설처의 L대리가 파악할 수 있는 내용으로 가장 적절한 것은?

〈공사도급계약서〉

상세시공도면 작성(제10조)
① '을'은 건축법 제19조 제4항에 따라 공사감리자로부터 상세시공도면의 작성을 요청받은 경우에는 상세시공도면을 작성하여 공사감리자의 확인을 받아야 하며, 이에 따라 공사를 하여야 한다.
② '갑'은 상세시공도면의 작성범위에 관한 사항을 설계자 및 공사감리자의 의견과 공사의 특성을 감안하여 계약서상의 시방에 명시하고, 상세시공도면의 작성비용을 공사비에 반영한다.

안전관리 및 재해보상(제11조)
① '을'은 산업재해를 예방하기 위하여 안전시설의 설치 및 보험의 가입 등 적정한 조치를 하여야 한다. 이때 '갑'은 계약금액의 안전관리비 및 보험료 상당액을 계상하여야 한다.
② 공사현장에서 발생한 산업재해에 대한 책임은 '을'에게 있다. 다만, 설계상의 하자 또는 '갑'의 요구에 의한 작업으로 인한 재해에 대하여는 그러하지 아니하다.

응급조치(제12조)
① '을'은 재해방지를 위하여 특히 필요하다고 인정될 때에는 미리 긴급조치를 취하고 즉시 이를 '갑'에게 통지하여야 한다.
② '갑'은 재해방지 및 기타 공사의 시공상 긴급·부득이하다고 인정할 때에는 '을'에게 긴급조치를 요구할 수 있다.

국민건강보험공단

질병 ▶ 키워드

03 다음 글의 빈칸에 들어갈 내용으로 가장 적절한 것은?

> 알레르기는 도시화와 산업화가 진행되는 지역에서 매우 빠르게 증가하고 있는데, 알레르기의 발병 원인에 대한 20세기의 지배적 이론은 알레르기는 병원균의 침입에 의해 발생하는 감염성 질병이라는 것이다. 하지만 1989년 영국 의사 S는 이 전통적인 이론에 맞서 다음 가설을 제시했다. _____ S는 1958년 3월 둘째 주에 태어난 17,000명 이상의 영국 어린이를 대상으로 그들이 23세가 될 때까지 수집한 개인 정보 데이터베이스를 분석하여, 이 가설을 뒷받침하는 증거를 찾았다. 이들의 가족 관계, 사회적 지위, 경제력, 거주 지역, 건강 등의 정보를 비교 분석한 결과, 두 개 항목이 꽃가루 알레르기와 상관관계를 가졌다. 첫째, 함께 자란 형제자매의 수이다. 외동으로 자란 아이의 경우 형제가 서넛인 아이에 비해 꽃가루 알레르기에 취약했다. 둘째, 가족 관계에서 차지하는 서열이다. 동생이 많은 아이보다 손위 형제가 많은 아이가 알레르기에 걸릴 확률이 낮았다.
> S의 주장에 따르면 가족 구성원이 많은 집에 사는 아이들은 가족 구성원, 특히 손위 형제들이 집안으로 끌고 들어오는 온갖 병균에 의한 잦은 감염 덕분에 장기적으로는 알레르기 예방에 오히려 유리하다. S는 유년기에 겪은 이런 감염이 꽃가루 알레르기를 비롯한 알레르기성 질환으로부터 아이들을 보호해 왔다고 생각했다.

① 알레르기는 유년기에 병원균 노출의 기회가 적을수록 발생 확률이 높아진다.
② 알레르기는 가족 관계에서 서열이 높은 가족 구성원에게 더 많이 발생한다.
③ 알레르기는 성인보다 유년기의 아이들에게 더 많이 발생한다.
④ 알레르기는 도시화에 따른 전염병의 증가로 인해 유발된다.

서울교통공사

참 거짓 논증 ▶ 유형

39 다음의 마지막 명제가 참일 때, 빈칸에 들어갈 명제로 가장 적절한 것은?

> • 허리통증이 심하면 나쁜 자세로 공부했다는 것이다.
> • 공부를 오래 하면 성적이 올라간다.
> • _____
> • 성적이 떨어졌다는 것은 나쁜 자세로 공부했다는 것이다.

① 성적이 올라갔다는 것은 좋은 자세로 공부했다는 것이다.
② 좋은 자세로 공부한다고 해도 허리의 통증은 그대로이다.
③ 성적이 떨어졌다는 것은 공부를 별로 하지 않았다는 증거다.
④ 좋은 자세로 공부한다고 해도 공부를 오래 하긴 힘들다.
⑤ 허리통증이 심하지 않으면 공부를 오래 할 수 있다.

주요 공기업 적중 문제 TEST CHECK

코드 분석 ▶ 유형

2023년 적중

17 귀하는 전세버스 대여를 전문으로 하는 여행업체에 근무하고 있다. 지난 10년 동안 상당한 규모로 성장해온 귀사는 현재 보유하고 있는 버스의 현황을 실시간으로 파악할 수 있도록 식별 코드를 부여하였다. 식별 코드 부여 방식과 자사보유 전세버스 현황이 다음과 같을 때, 옳지 않은 것은?

〈식별 코드 부여 방식〉

[버스등급] – [승차인원] – [제조국가] – [모델번호] – [제조연월]

버스등급	코드	제조국가	코드
대형버스	BX	한국	KOR
중형버스	MF	독일	DEU
소형버스	RT	미국	USA

예 BX – 45 – DEU – 15 – 1510

2015년 10월 독일에서 생산된 45인승 대형버스 15번 모델

〈자사보유 전세버스 현황〉

BX – 28 – DEU – 24 – 1308	MF – 35 – DEU – 15 – 0910	RT – 23 – KOR – 07 – 0628
MF – 35 – KOR – 15 – 1206	BX – 45 – USA – 11 – 0712	BX – 45 – DEU – 06 – 1105
MF – 35 – DEU – 20 – 1110	BX – 41 – DEU – 05 – 1408	RT – 16 – USA – 09 – 0712
RT – 25 – KOR – 18 – 0803	RT – 25 – DEU – 12 – 0904	MF – 35 – KOR – 17 – 0901
BX – 28 – USA – 22 – 1404	BX – 45 – USA – 19 – 1108	BX – 28 – USA – 15 – 1012
RT – 16 – DEU – 23 – 1501	MF – 35 – KOR – 16 – 0804	BX – 45 – DEU – 19 – 1312

저렴한 업체 계산 ▶ 유형

38 S공사에서 근무하는 K사원은 새로 도입되는 교통관련 정책 홍보자료를 만들어서 배포하려고 한다. 다음 중 가장 저렴한 비용으로 인쇄할 수 있는 업체로 옳은 것은?

〈인쇄업체별 비용 견적〉

(단위 : 원)

업체명	페이지당 비용	표지 가격		권당 제본비용	할인
		유광	무광		
A인쇄소	50	500	400	1,500	–
B인쇄소	70	300	250	1,300	–
C인쇄소	70	500	450	1,000	100부 초과 시 초과 부수만 총비용에서 5% 할인
D인쇄소	60	300	200	1,000	–

※ 홍보자료는 관내 20개 지점에 배포하고, 각 지점마다 10부씩 배포한다.
※ 홍보자료는 30페이지 분량으로 제본하며, 표지는 유광표지로 한다.

① A인쇄소   ② B인쇄소
③ C인쇄소   ④ D인쇄소

한국동서발전

17 다음 중 스마트미터에 대한 내용으로 올바르지 않은 것은?

스마트미터는 소비자가 사용한 전력량을 일방적으로 보고하는 것이 아니라, 발전사로부터 전력 공급 현황을 받을 수 있는 양방향 통신, AMI(AMbient Intelligence)로 나아간다. 때문에 부가적인 설비를 더하지 않고 소프트웨어 설치만으로 집안의 통신이 가능한 각종 전자기기를 제어하는 기능까지 더할 수 있어 에너지를 더욱 효율적으로 관리하게 해주는 전력 시스템이다.

스마트미터는 신재생에너지가 보급되기 위해 필요한 스마트그리드의 기초가 되는 부분으로 그 시작은 자원 고갈에 대한 걱정과 환경 보호 협약 때문이었다. 하지만 스마트미터가 촉구되었던 더 큰 이유는 안정적으로 전기를 이용할 수 있느냐 하는 두려움 때문이었다. 사회는 끊임없는 발전을 이뤄왔지만 천재지변으로 인한 시설 훼손이나 전력 과부하로 인한 블랙아웃 앞에서는 어쩔 도리가 없었다. 태풍과 홍수, 산사태 등으로 막대한 피해를 보았던 2000년대 초반 미국을 기점으로, 전력 정보의 신뢰도를 위해 스마트미터 산업은 크게 주목받기 시작했다. 대중은 비상시 전력 보급 현황을 알기 원했고, 미 정부는 전력 사용 현황을 파악함은 물론, 소비자가 전력 사용량을 확인할 수 있도록 제공하여 소비자 스스로 전력 사용을 줄이길 바랐다.

한편, 스마트미터는 기존의 전력 계량기를 교체해야 하는 수고와 비용이 들지만, 실시간으로 에너지 사용량을 알 수 있기 때문에 이용하는 순간부터 공급자인 발전사와 소비자 모두가 전력 정보를 편이하게 접할 수 있을 뿐만 아니라 효율적으로 관리가 가능해진다. 앞으로는 소비처로부터 멀리 떨어진 대규모 발전 시설에서 생산하는 전기뿐만 아니라, 스마트 그린시티에 설치된 발전설비를 통한 소량의 전기들까지 전기 가격을 하나의 정보로 규합하여 소비자가 필요에 맞게 전기를 소비할 수 있게 하였다. 또한, 소형 설비로 생산하거나 에너지 저장 시스템에 사용하다 남은 소량의 전기는 전력 시장에 역으로 제공해 보상을 받을 수도 있게 된다.

미래 에너지는 신재생에너지로의 완전한 전환이 중요하지만, 산업체는 물론 개개인이 에너지를 절약하는 것 역시 중요하다. 앞서 미국이 의도했던 것처럼 스마트미터를 보급하면 일상에서 쉽게 에너지 운용을 파악할 수 있게 되고, 에너지 절약을 습관화하는 데 도움이 될 것이다.

인천국제공항공사

15 다음은 부서별로 핵심역량가치 중요도를 정리한 표와 신입사원들의 핵심역량평가 결과표이다. 결과표를 바탕으로 한 C사원과 E사원의 부서배치로 가장 적절한 것은?(단, '-'는 중요도가 상관없다는 표시이다)

〈핵심역량가치 중요도〉

구분	창의성	혁신성	친화력	책임감	윤리성
영업팀	-	중	상	중	-
개발팀	상	상	하	중	상
지원팀	-	중	-	상	하

〈핵심역량평가 결과표〉

구분	창의성	혁신성	친화력	책임감	윤리성
A사원	상	하	중	상	상
B사원	중	중	하	중	상
C사원	하	상	상	중	하
D사원	하	하	상	하	중
E사원	상	중	중	상	하

1 NCS 최종모의고사로 NCS 전 유형 학습

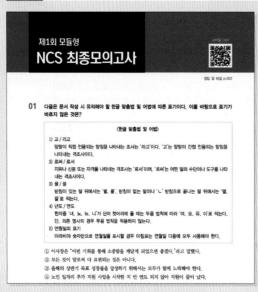

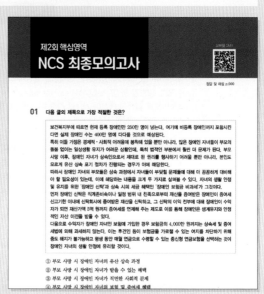

▶ 모듈형 최종모의고사 1회, 핵심영역 최종모의고사 2회, 통합 최종모의고사 2회를 구성하여 문제 유형 파악과 더불어 문제에 대한 이해력을 높일 수 있도록 하였다.

2 전공 최종모의고사로 빈틈없는 학습

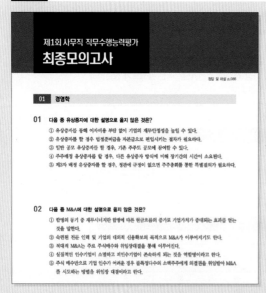

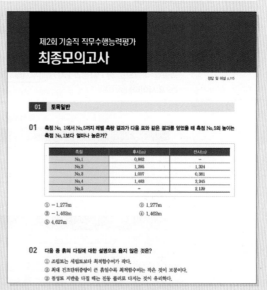

▶ 사무직(경영학 · 경제학 · 행정학 · 법학) 전공 및 기술직(토목일반 · 전기일반 · 기계일반) 전공 최종모의고사를 수록 하여 빈틈없이 학습할 수 있도록 하였다.

3 인성검사부터 면접까지 한 권으로 최종 마무리

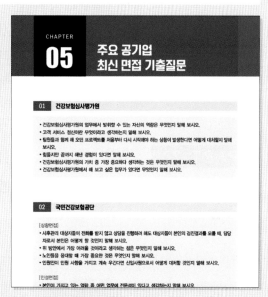

▶ 인성검사 모의테스트를 수록하여 인성검사 유형 및 문항을 확인할 수 있도록 하였다.
▶ 주요 공기업 최신 면접 기출질문을 수록하여 면접에서 나오는 질문을 미리 파악하고 면접에 대비할 수 있도록 하였다.

4 상세한 해설로 정답과 오답을 완벽하게 이해

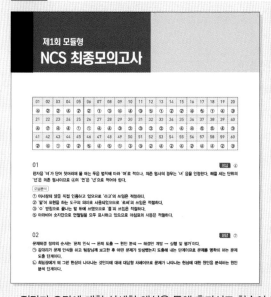

▶ 정답과 오답에 대한 상세한 해설을 통해 혼자서도 학습이 가능하도록 하였다.

이 책의 차례 CONTENTS

PART 1

직업기초능력평가
최종모의고사

정답 및 해설 p.002

01 다음은 문서 작성 시 유의해야 할 한글 맞춤법 및 어법에 따른 표기이다. 이를 바탕으로 표기가 바르지 않은 것은?

〈한글 맞춤법 및 어법〉

1) 고 / 라고
   앞말이 직접 인용되는 말임을 나타내는 조사는 '라고'이다. '고'는 앞말이 간접 인용되는 말임을 나타내는 격조사이다.
2) 로써 / 로서
   지위나 신분 또는 자격을 나타내는 격조사는 '로서'이며, '로써'는 어떤 일의 수단이나 도구를 나타내는 격조사이다.
3) 율 / 률
   받침이 있는 말 뒤에서는 '렬, 률', 받침이 없는 말이나 'ㄴ' 받침으로 끝나는 말 뒤에서는 '열, 율'로 적는다.
4) 년도 / 연도
   한자음 '녀, 뇨, 뉴, 니'가 단어 첫머리에 올 때는 두음 법칙에 따라 '여, 요, 유, 이'로 적는다. 단, 의존 명사의 경우 두음 법칙을 적용하지 않는다.
5) 연월일의 표기
   아라비아 숫자만으로 연월일을 표시할 경우 마침표는 연월일 다음에 모두 사용해야 한다.

---

① 이사장은 "이번 기회를 통해 소중함을 깨닫게 되었으면 좋겠다."라고 말했다.
② 모든 것이 말로써 다 표현되는 것은 아니다.
③ 올해의 상반기 목표 성장률을 달성하기 위해서는 모두가 함께 노력해야 한다.
④ 노인 일자리 추가 지원 사업을 시작한 지 반 연도 되지 않아 지원이 끝이 났다.
⑤ 시험 원서 접수는 2023. 01. 01.(수)에 마감됩니다.

02 두 사람의 대화 내용에서 빈칸 ㉠, ㉡에 들어갈 문제해결 절차를 바르게 나열한 것은?

> 강대리 : 팀장님, 아무래도 저희 시스템에 문제가 좀 있는 것 같습니다.
> 최팀장 : 갑자기 그게 무슨 소린가?
> 강대리 : _____㉠_____
> 최팀장 : 그런 현상이 자꾸 발생한다면 큰 문제가 될 텐데, 왜 그런 현상이 나타나는 거지?
> 강대리 : _____㉡_____

	㉠	㉡
①	문제 인식	문제 도출
②	문제 도출	원인 분석
③	원인 분석	실행 및 평가
④	해결안 개발	실행 및 평가
⑤	문제 도출	해결안 개발

03 K사원은 A기업과 B기업의 사례를 통해 〈보기〉와 같은 결론을 도출하였다. 다음 중 빈칸에 들어갈 말을 순서대로 바르게 나열한 것은?

> 국내 대표 주류업체인 A기업과 B기업은 오래전부터 업계 1위를 경쟁해오고 있었다. 그러나 최근에는 A기업의 저조한 판매 실적으로 인해 B기업이 계속해서 업계 선두를 차지하고 있는 상황이다. A기업은 판매 부진 문제를 해결하기 위해 많은 비용을 투입하고 있지만, B기업을 따라잡기에는 역부족이다. 특히 해외의 유명 주류업체들이 국내 시장에 진출함에 따라 국내 시장에서의 A기업의 입지는 더욱더 좁아지고 있다. 반면, B기업은 해외 주류업체들의 국내 시장 진출에도 불구하고 국내 입지가 더욱 탄탄해지고 있으며, 판매율 역시 계속해서 높은 수준을 유지하고 있다. 이미 해외 주류업체의 국내 진출 전부터 이에 대한 문제를 인식하고 대책을 마련해왔기 때문이다.

> **보기**
> A기업은 현재 겪고 있는 _____ 문제만을 해결하는 데 급급했지만, B기업은 미래에 발생할지도 모르는 _____ 문제를 인식하고 이를 대비했다. 결국 문제를 인식하는 _____의 차이가 두 기업의 성장에 많은 차이를 초래할 수 있음을 알 수 있었다.

① 발생형 – 탐색형 – 시점   ② 발생형 – 설정형 – 시점
③ 탐색형 – 발생형 – 관점   ④ 탐색형 – 설정형 – 관점
⑤ 설정형 – 발생형 – 방법

04 다음 빈칸 ㉠ ~ ㉢에 들어갈 말을 순서대로 바르게 나열한 것은?

> 시간계획이란 시간이라고 하는 자원을 최대한 활용하기 위하여 가장 많이 ___㉠___ 되는 일에 가장
> 많은 시간을 분배하고, ___㉡___ 시간에 최선의 목표를 달성하는 것을 의미한다. 자신의 시간을 잘
> 계획하면 할수록 일이나 개인적 측면에서 자신의 이상을 달성할 수 있는 시간을 ___㉢___ 할 수 있다.

	㉠	㉡	㉢
①	요구	최장	단축
②	요구	최단	단축
③	반복	최단	단축
④	반복	최단	창출
⑤	반복	최장	창출

05 다음은 기준을 통해 4가지 문화로 구분한 자료이다. 빈칸 (가) ~ (라)에 대한 설명으로 옳지 않은
것은?

	유연성, 자율성 강조 (Flexibility&Discretion)		
내부지향성, 통합 강조 (Internal Focus&Integration)	(가)	(나)	외부지향성, 차별 강조 (External Focus&Differentiation)
	(다)	(라)	
	안정, 통제 강조 (Stability&Control)		

① (가)는 조직구성원 간 인화단결, 협동, 팀워크, 공유가치, 사기, 의사결정과정에 참여 등을 중요시
한다.

② (나)는 규칙과 법을 준수하고, 관행과 안정, 문서와 형식, 명확한 책임소재 등을 강조하는 관리적
문화의 특징을 가진다.

③ (다)는 조직 내부의 통합과 안정성을 확보하고, 현상유지 차원에서 계층화되는 조직문화이다.

④ (라)는 실적을 중시하고, 직무에 몰입하며, 미래를 위한 계획을 수립하는 것을 강조한다.

⑤ (가)는 개인의 능력개발에 대한 관심이 높고, 조직구성원에 대한 인간적 배려와 가족적인 분위기
를 만들어내는 특징을 가진다.

06 다음 중 SWOT 분석에 대한 내용으로 가장 적절한 것은?

> SWOT 분석에서 강점은 경쟁기업과 비교하여 소비자로부터 강점으로 인식되는 것이 무엇인지, 약점은 경쟁기업과 비교하여 소비자로부터 약점으로 인식되는 것이 무엇인지, 기회는 외부 환경에서 유리한 기회 요인은 무엇인지, 위협은 외부 환경에서 불리한 위협 요인은 무엇인지를 찾아내는 것이다. SWOT 분석의 가장 큰 장점은 기업의 내부 및 외부 환경의 변화를 동시에 파악할 수 있다는 것이다.

① 제품의 우수한 품질은 SWOT 분석의 기회 요인으로 볼 수 있다.
② 초고령화 사회는 실버산업에 있어 기회 요인으로 볼 수 있다.
③ 기업의 비효율적인 업무 프로세스는 SWOT 분석의 위협 요인으로 볼 수 있다.
④ 살균제 달걀 논란은 빵집에게 있어 약점 요인으로 볼 수 있다.
⑤ 근육운동 열풍은 헬스장에게 있어 강점 요인으로 볼 수 있다.

07 다음 중 경청 방법에 대한 내용으로 옳지 않은 것은?

① 상대를 정면으로 마주하는 자세는 상대방이 자칫 위축되거나 부담스러워할 수 있으므로 지양한다.
② 손이나 다리를 꼬지 않는 개방적인 자세는 상대에게 마음을 열어놓고 있음을 알려주는 신호이다.
③ 우호적인 눈의 접촉(Eye-Contact)은 자신이 상대방에게 관심을 가지고 있음을 알려준다.
④ 비교적 편안한 자세는 전문가다운 자신만만함과 아울러 편안한 마음을 상대방에게 전할 수 있다.
⑤ 상대방을 향하여 상체를 기울여 다가앉은 자세는 자신이 열심히 듣고 있다는 사실을 강조한다.

※ 다음은 자료, 정보, 지식에 대한 구분 내용이다. 이어지는 질문에 답하시오. [8~9]

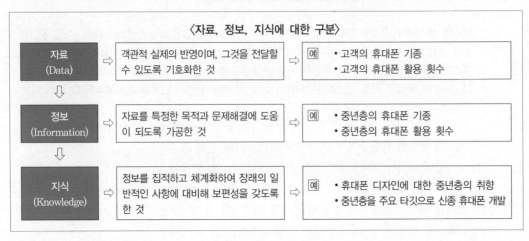

〈자료, 정보, 지식에 대한 구분〉

자료 (Data)	⇨	객관적 실제의 반영이며, 그것을 전달할 수 있도록 기호화한 것	⇨	예	• 고객의 휴대폰 기종 • 고객의 휴대폰 활용 횟수
정보 (Information)	⇨	자료를 특정한 목적과 문제해결에 도움이 되도록 가공한 것	⇨	예	• 중년층의 휴대폰 기종 • 중년층의 휴대폰 활용 횟수
지식 (Knowledge)	⇨	정보를 집적하고 체계화하여 장래의 일반적인 사항에 대비해 보편성을 갖도록 한 것	⇨	예	• 휴대폰 디자인에 대한 중년층의 취향 • 중년층을 주요 타깃으로 신종 휴대폰 개발

08 다음 〈보기〉 중 정보(Information)에 대한 사례를 모두 고르면?

보기
㉠ 라면 종류별 전체 판매량
㉡ 1인 가구의 인기 음식
㉢ 남성을 위한 고데기 개발
㉣ 다큐멘터리와 예능 시청률
㉤ 만보기 사용 횟수
㉥ 5세 미만 아동들의 선호 색상

① ㉠, ㉢
② ㉡, ㉣
③ ㉡, ㉥
④ ㉢, ㉥
⑤ ㉣, ㉤

09 다음 〈보기〉에 나열된 자료들을 통해 추론할 수 있는 지식(Knowledge)으로 적절하지 않은 것은?

보기
• 연령대별 선호 운동
• 직장인 평균 퇴근 시간
• 실내운동과 실외운동의 성별 비율
• 운동의 목적에 대한 설문조사 자료
• 선호하는 운동 부위의 성별 비율
• 운동의 실패 원인에 대한 설문조사 자료

① 퇴근 후 부담없이 운동 가능한 운동기구 개발
② 20・30대 남성들을 위한 실내체육관 개설 계획
③ 요일마다 특정 운동부위 발달을 위한 운동 가이드 채널 편성
④ 다이어트에 효과적인 식이요법 자료 발행
⑤ 목적에 맞는 운동 프로그램 계획 설계

10 A씨는 자신의 8층 건물에 태양광 패널을 새로 설치하려고 한다. 옥상과 7 ~ 8층 바깥 벽면 4개의 면에 설치하며, 태양광 패널의 설치비용은 1m²당 30만 원이다. 이때, 들어가는 총 설치비용은 얼마인가?(단, 층 사이 간격과 창문은 무시하며, 층마다 높이는 동일하다)

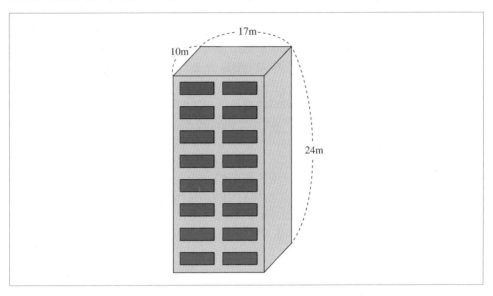

① 11,520만 원

② 12,860만 원

③ 13,560만 원

④ 14,820만 원

⑤ 15,220만 원

11 다음 글의 빈칸에 들어갈 말로 가장 적절한 것은?

사내 직원이나 인맥을 통해 외부의 우수한 인재를 유치하는 채용 방식인 사내추천제가 경력직 채용의 주요 경로로 자리 잡고 있다.

국내 중소기업 166곳을 대상으로 실시한 조사 결과, 이 중 79.5%인 132개 기업이 사내추천제를 실시하고 있는 것으로 나타났다. 10개 기업 가운데 8곳 정도가 경력직 사원의 일부를 사내추천제를 통해 채용하고 있으며 평소에 인맥이나 평판을 잘 관리해놓은 직장인들에게는 이직의 기회도 그만큼 커지고 있는 셈이다.

하지만 추천을 받는다고 해서 채용 과정에서 큰 이점이 있거나, 손쉽게 이직에 성공할 것이라고 생각하면 오산이다. 추천을 받은 후보자에게 부여하는 우대 항목에 대해 살펴보니 '지원자격 부여'만 한다는 기업이 38.6%로 가장 많았다. 즉, 실제 채용 과정에서는 일반 지원자와 동등하게 평가하고 있는 셈이다.

사내추천제를 통한 신규 인력의 채용은 앞으로도 계속 늘어날 것으로 보인다. 현재 이 제도를 실시하고 있는 중소기업의 58.3%가 향후 사내추천제 채용 비율을 '확대할 것'이라고 답했기 때문. 나머지 41.7%의 기업은 '현 상태를 유지할 것'이라고 답했고 '축소할 것'이라는 기업은 단 한 곳도 없었다. 이에 따라 인맥을 통해 이직을 하는 사내추천제는 앞으로 중요한 이직 경로의 하나로 떠오를 것으로 전망된다.

이처럼 각 기업들이 앞다퉈 사내추천제를 도입하고, 또 그 규모를 늘리려는 이유는 무엇일까? 이는 _____

한 관계자는 "이제 성공적인 이직을 하기 위해서는 능력과 인맥이라는 두 마리 토끼를 모두 잡아야 할 것이다."라고 말했다.

① 공개 채용 제도에 비해 더 많은 인력을 채용할 수 있기 때문이다.
② 사내추천제를 통해 채용된 직원의 임금을 더 적게 책정할 수 있기 때문이다.
③ 검증된 인재를 채용할 수 있으며, 각종 비용을 줄일 수 있기 때문이다.
④ 편견과 차별이 배제된 공정한 채용이 가능하기 때문이다.
⑤ 별다른 면접을 실시하지 않고도 인력을 채용할 수 있기 때문이다.

12 다음 사례를 읽고, K대리에게 필요한 직업윤리로 가장 적절한 것은?

> K대리는 늦잠을 자서 약속시간 지키기가 빠듯했고, 결국은 과속으로 경찰에 단속되었다.
>
> 경찰 : 안녕하세요. 제한속도 60km 이상 과속하셨습니다.
>
> K대리 : 어머님이 위독하다는 연락을 받고 경황이 없어서 그랬습니다.
>
> 경찰 : 그래도 과속하셨습니다. 벌점 15점에 벌금 6만 원입니다.
>
> K대리 : 이번에 벌점을 받으면 면허정지 됩니다. 한번만 봐주세요.

① 창의력   ② 협동심

③ 근면   ④ 자주

⑤ 준법

13 다음은 마이클 포터(Michael E. Porter)의 본원적 경쟁전략에 대한 설명이다. 빈칸 ㉠ ~ ㉢에 들어갈 말을 순서대로 바르게 나열한 것은?

> 본원적 경쟁전략은 해당 사업에서 경쟁우위를 확보하기 위한 전략으로 ___㉠___ 전략, ___㉡___ 전략, ___㉢___ 전략으로 구분된다.
>
> ___㉠___ 전략은 원가절감을 통해 해당 산업에서 우위를 점하는 전략으로, 이를 위해서는 대량생산을 통해 단위 원가를 낮추거나 새로운 생산기술을 개발할 필요가 있다. 여기에는 70년대 우리나라의 섬유업체나 신발업체, 가발업체 등이 미국시장에 진출할 때 취한 전략이 해당한다.
>
> ___㉡___ 전략은 조직이 생산품이나 서비스를 ___㉡___ 하여 고객에게 가치가 있고 독특하게 인식되도록 하는 전략이다. ___㉡___ 전략을 활용하기 위해서는 연구개발이나 광고를 통하여 기술, 품질, 서비스, 브랜드 이미지를 개선할 필요가 있다.
>
> ___㉢___ 전략은 특정 시장이나 고객에게 한정된 전략으로, ___㉠___ 나 ___㉡___ 전략이 산업 전체를 대상으로 하는데 비해 ___㉢___ 전략은 특정 산업을 대상으로 한다. 즉, ___㉢___ 전략에서는 경쟁 조직들이 소홀히 하고 있는 한정된 시장을 ___㉠___ 나 ___㉡___ 전략을 써서 집중적으로 공략하는 방법이다.

	㉠	㉡	㉢
①	원가우위	차별화	집중화
②	원가우위	집중화	차별화
③	차별화	집중화	원가우위
④	집중화	원가우위	차별화
⑤	집중화	차별화	원가우위

14 다음 중 NCS의 능력단위 3요소로 적절한 것을 〈보기〉에서 모두 고르면?

> **보기**
>
> ㉠ 능력　　　　　　　　　㉡ 역량
> ㉢ 지식　　　　　　　　　㉣ 태도
> ㉤ 인성　　　　　　　　　㉥ 기술
> ㉦ 적합성

① ㉠, ㉢, ㉥　　　　　　　② ㉢, ㉣, ㉥
③ ㉡, ㉤, ㉦　　　　　　　④ ㉡, ㉢, ㉤
⑤ ㉠, ㉣, ㉦

15 다음 사례를 통해 나타나는 자원 낭비요인으로 가장 적절한 것은?

> A씨는 회사일과 집안일 그리고 육아를 병행하면서도 자기만의 시간을 확보하기 위해 여러 방법들을 사용하고 있다. 반찬 하는 시간을 줄이기 위해 반찬가게에서 반찬 구매하기, 빨래하는 시간을 줄이기 위해 세탁소 이용하기, 설거지하는 시간을 줄이기 위해 일회용기 사용하기, 어린이집에 데려다주는 시간을 줄이기 위해 베이비시터 고용하기 등이 그 방법들이다.

① 비계획적 행동　　　　　　② 편리성 추구
③ 자원에 대한 인식 부재　　　④ 노하우의 부족
⑤ 경험의 부족

16 다음 글에 나타난 의사소통의 저해 요인으로 가장 적절한 것은?

> '말하지 않아도 알아요.' TV 광고 음악에 많은 사람이 공감했던 것과 같이 과거 우리 사회에서는 자신의 의견을 직접적으로 드러내지 않는 것을 미덕이라고 생각했다. 하지만 직접 말하지 않아도 상대가 눈치껏 판단하고 행동해 주길 바라는 '눈치' 문화가 오히려 의사소통 과정에서의 불신과 오해를 낳는다.

① 의사소통 기법의 미숙　　　　　② 부족한 표현 능력
③ 평가적이며 판단적인 태도　　　④ 선입견과 고정관념
⑤ 폐쇄적인 의사소통 분위기

17 다음 중 자기개발의 특징에 대한 설명을 읽고 이에 대한 내용으로 옳지 않은 것은?

> 〈자기개발의 특징〉
> • 자기개발에서 개발의 주체는 타인이 아니라 자신이다.
> • 자기개발은 개별적인 과정으로서 자기개발을 통해 지향하는 바와 선호하는 방법 등은 사람마다 다르다.
> • 자기개발은 평생에 걸쳐서 이루어지는 과정이다.
> • 자기개발은 일과 관련하여 이루어지는 활동이다.
> • 자기개발은 생활 가운데 이루어져야 한다.
> • 자기개발은 모든 사람이 해야 하는 것이다.

① 자기개발은 보다 보람되고 나은 삶을 영위하고자 노력하는 사람이라면 누구나 해야 하는 것이다.
② 개인은 대부분 일과 관련하여 인간관계를 맺으며, 자신의 능력을 발휘하기 때문에 자기개발은 일과 관련하여 이루어져야 한다.
③ 개인은 자신의 이해를 바탕으로, 자신에게 앞으로 닥칠 환경 변화를 예측하고, 자신에게 적합한 목표를 설정함으로써, 자신에게 알맞은 자기개발 전략이나 방법을 선정하여야 한다.
④ 자기개발의 객체는 자신이므로 스스로 자신의 능력, 적성, 특성 등을 이해하고, 목표 성취를 위해 자신을 관리하며 개발하여야 한다.
⑤ 자기개발은 교육기관에서 이루어지는 교육이며, 특정한 사건과 요구가 있을 경우 이루어지는 과정이다.

18 인사업무를 담당하는 귀하는 전 직원들의 업무 효율을 높이고 필요한 자료를 제공하기 위해 전 직원의 자기계발 투자 시간, 투자 비용, 자기계발 분야 현황을 조사하여 다음과 같은 자료를 상사인 P부장에게 보고하였다. P부장은 귀하에게 다음과 같은 지시를 하였고, 이를 토대로 귀하가 그래프를 그린다고 할 때, 적절하지 않은 그래프는?(단, 조사대상은 500명이다)

〈자기계발 투자 시간 / 주〉

구분	비율(%)
1시간 이하	15.2
1시간 초과 3시간 이하	48.4
3시간 초과 6시간 이하	16.6
6시간 초과	19.8

〈자기계발 투자 비용 / 월〉

구분	비율(%)
5만 원 미만	8.4
5만 원 이상 10만 원 미만	40
10만 원 이상 20만 원 미만	36.7
20만 원 이상 30만 원 미만	11.4
30만 원 이상 50만 원 미만	3.5

〈자기계발 분야〉

구분	비율(%)
외국어 학습	30.2
체력단련	15.6
해당직무 전문분야	42.6
직무 외 분야	8.4
인문학 교양	3.2

P부장 : 우선 수고가 많았어요. 자료를 검토했는데 그래프를 추가로 그리면 좋을 것 같네요. 자기계발 투자 시간과 비용은 비율이 아니라 인원수로 나타내고, 인원의 많고 적음을 한 눈에 비교하기 쉬웠으면 좋겠어요. 그리고 자기계발 분야의 그래프는 그대로 비율로 나타내되, 차지하는 비율이 큰 분야에서 작은 분야 순서로 보기 쉽게 나타내면 좋을 것 같네요.

①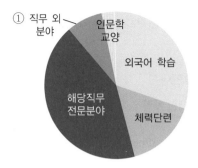
직무 외
분야
인문학
교양
외국어 학습
해당직무
전문분야
체력단련

②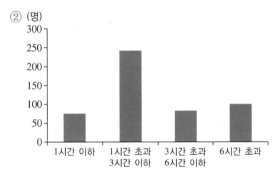

③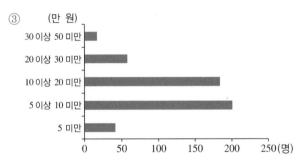

④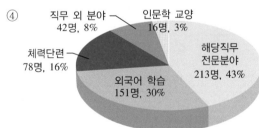
직무 외 분야
42명, 8%
인문학 교양
16명, 3%
체력단련
78명, 16%
해당직무
전문분야
213명, 43%
외국어 학습
151명, 30%

⑤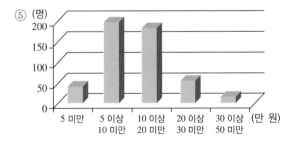

19 다음 중 자원의 낭비요인을 다음과 같이 4가지로 나누어볼 때, 〈보기〉의 사례에 해당하는 낭비요인을 순서대로 바르게 나열한 것은?

〈자원의 낭비요인〉

(가) 비계획적 행동 : 자원을 어떻게 활용할 것인가에 대한 계획 없이 충동적이고 즉흥적으로 행동하여 자원을 낭비하게 된다.

(나) 편리성 추구 : 자원을 편한 방향으로만 활용하는 것을 의미하며, 물적자원뿐만 아니라 시간, 돈의 낭비를 초래할 수 있다.

(다) 자원에 대한 인식 부재 : 자신이 가지고 있는 중요한 자원을 인식하지 못하는 것으로, 무의식적으로 중요한 자원을 낭비하게 된다.

(라) 노하우 부족 : 자원관리의 중요성을 인식하면서도 자원관리에 대한 경험이나 노하우가 부족한 경우를 말한다.

보기

㉠ A는 가까운 거리에 있는 패스트푸드점을 직접 방문하지 않고 배달 앱을 통해 배달료를 지불하고 음식을 주문한다.

㉡ B는 의자를 만들어 달라는 고객의 주문에 공방에 남은 재료와 주문할 재료를 떠올리고는 일주일 안으로 완료될 것이라고 이야기하였지만, 생각지 못한 재료의 배송 기간으로 제작 시간이 부족해 약속된 기한을 지키지 못하였다.

㉢ 현재 수습사원인 C는 처음으로 프로젝트를 담당하게 되면서 나름대로 계획을 세우고 열심히 수행했지만, 예상치 못한 상황이 발생하자 당황하여 처음 계획했던 대로 진행할 수 없었고 결국 아쉬움을 남긴 채 프로젝트를 완성하였다.

㉣ D는 TV에서 홈쇼핑 채널을 시청하면서 품절이 임박했다는 쇼호스트의 말을 듣고는 무작정 유럽 여행 상품을 구매하였다.

	(가)	(나)	(다)	(라)
①	㉡	㉣	㉠	㉢
②	㉢	㉣	㉡	㉠
③	㉢	㉠	㉡	㉣
④	㉣	㉠	㉡	㉢
⑤	㉣	㉢	㉡	㉠

20 다음은 과제나 프로젝트 수행 시 예산을 관리하기 위한 예산 집행 실적 워크시트이다. ㉠~㉤에 대한 설명으로 적절하지 않은 것은?

〈예산 집행 실적〉

항목	배정액	당월 집행 실적	누적 집행 실적	㉢ 잔액	㉣ 사용률(%)	㉤ 비고
㉠			㉡			
합계						

① ㉠ : 기관에 따라 예산 항목의 이동이 자유로운 곳도 있지만, 다양한 기준으로 제한된 경우도 있다.

② ㉡ : 빈칸에는 해당 사업의 누적 집행 금액이 들어가는 것이 적절하다.

③ ㉢ : 당월 실적에서 ㉡을 뺀 값을 작성한다.

④ ㉣ : ㉡을 배정액으로 나눈 값에 100을 곱한 값을 작성한다.

⑤ ㉤ : 어떠한 목적으로 예산이 사용되었는지에 대한 정보를 기입한다.

21 다음 신입사원 A가 작성한 보고서의 일부를 보고 상사 B는 신입사원 A에게 문서 작성 시 유의해야 할 띄어쓰기에 대해 조언을 하려고 한다. 다음 중 상사 B가 조언할 내용으로 적절하지 않은 것은?

> 국내의 한 운송 업체는 <u>총무게</u>가 <u>만톤</u>에 달하는 고대 유적을 안전한 장소로 이전하는 해외 프로젝트에 성공하였습니다.
> 이번 프로젝트는 댐 건설로 인해 수몰 위기에 처한 지역의 고대 유적을 <u>약 5km 가량</u> 떨어진 문화공원으로 옮기는 문화유적 이송 프로젝트입니다.
> 운송 업체 관계자인 <u>김민관 씨</u>는 "글로벌 종합물류 기업에 걸맞은 시너지 효과를 창출하기 위해 <u>더욱 더</u> 노력하겠다."라고 말했습니다.

① 관형사는 뒷말과 띄어 써야 하므로 모두 합하여 몇임을 나타내는 관형사인 '총'은 '총 무게'와 같이 띄어 써야 합니다.

② 단위를 나타내는 명사는 앞말과 띄어 써야 하므로 '만톤'은 '만 톤'으로 띄어 써야 합니다.

③ '−여, −쯤, −가량'과 같은 접미사는 앞말과 붙여 써야 하므로 '5km 가량'은 '5km가량'으로 붙여 써야 합니다.

④ 성과 이름 그리고 이에 덧붙는 호칭어, 관직명 등은 모두 붙여 써야 하므로 '김민관 씨'는 '김민관 씨'와 같이 붙여 써야 합니다.

⑤ 한 단어는 붙여 써야 하므로 '더욱'을 강조하는 단어인 '더욱더'는 붙여 써야 합니다.

22 다음은 어느 도표에 대한 설명이다. 설명에 해당하는 도표는 무엇인가?

> • 원 그래프의 일종으로 거미줄 그래프라고도 한다.
> • 비교하는 수량을 지름 또는 반지름으로 나누어 원의 중심에서 거리에 따라 각 수량의 관계를 나타낸다.
> • 주로 계절별 매출액 등의 변동을 비교하거나 경과 등을 나타낼 때 사용된다.

① 막대 그래프　　　　　　　　　　② 레이더 차트
③ 선 그래프　　　　　　　　　　　④ 층별 그래프
⑤ 점 그래프

23 다음 (가) ~ (다)에 해당하는 문제해결방법을 순서대로 바르게 나열한 것은?

> (가) 상이한 문화적 토양을 가지고 있는 구성원을 가정하고, 서로의 생각을 직설적으로 주장하고 논쟁이나 협상을 통해 서로의 의견을 조정해 가는 방법이다. 이때 논리, 즉 사실과 원칙에 근거한 토론이 중심적 역할을 한다.
> (나) 깊이 있는 커뮤니케이션을 통해 서로의 문제점을 이해하고 공감함으로써 창조적인 문제해결을 도모한다. 초기에 생각하지 못했던 창조적인 해결방법이 도출되고, 동시에 구성원의 동기와 팀워크가 강화된다.
> (다) 조직 구성원들을 같은 문화적 토양을 가지고 이심전심으로 서로를 이해하는 상황으로 가정한다. 무언가를 시사하거나 암시를 통하여 의사를 전달하고 기분을 서로 통하게 함으로써 문제해결을 도모하려고 한다.

	(가)	(나)	(다)
①	퍼실리테이션	하드 어프로치	소프트 어프로치
②	소프트 어프로치	하드 어프로치	퍼실리테이션
③	소프트 어프로치	퍼실리테이션	하드 어프로치
④	하드 어프로치	퍼실리테이션	소프트 어프로치
⑤	하드 어프로치	소프트 어프로치	퍼실리테이션

24 다음 글을 참고할 때 물적자원 낭비 요인에 해당하는 것은 무엇인가?

> 대부분의 사람은 습관적으로 자원을 낭비하면서도 이를 의식하지 못한다. 이처럼 자원을 낭비하게 하는 요인에는 시간, 돈, 물적자원, 인적자원 등 매우 다양하며 우리의 사소한 행동 하나하나에도 낭비 요인이 있을 수 있다.

① 주변사람에 대한 무관심
② 과도한 선물
③ 과도한 수면
④ 물건의 부실한 관리
⑤ 필요하지 않은 물건 구입

25 다음은 자아인식, 자기관리, 경력개발의 용어에 대한 설명이다. 〈보기〉에서 자기관리에 해당하는 질문을 모두 고르면?

자아인식	직업생활과 관련하여 자신의 가치, 신념, 흥미, 적성, 성격 등을 통해 자신이 누구인지 아는 것이다.
자기관리	자신의 목표성취를 위해 자신의 행동 및 업무수행을 관리하고 조정하는 것이다.
경력개발	개인의 일과 관련된 경험에서 목표와 전략을 수립하고, 실행하며, 피드백하는 과정이다.

보기

(가) 자기관리 계획은 어떻게 수립하는 것일까?
(나) 나의 업무수행에 있어 장단점은 무엇인가?
(다) 나는 언제쯤 승진하고, 퇴직을 하게 될까?
(라) 나의 직업 흥미는 무엇인가?
(마) 나의 업무에서 생산성을 높이기 위해서는 어떻게 해야 할까?
(바) 경력개발과 관련된 최근 이슈는 어떤 것이 있을까?
(사) 내가 설계하는 나의 경력은 무엇인가?
(아) 다른 사람과의 대인관계를 향상시키기 위한 방법은?
(자) 나의 적성은 무엇인가?

① (가), (마), (아)
② (나), (라), (바)
③ (다), (마), (사)
④ (라), (사), (자)
⑤ (마), (바), (아)

26 다음 글에 대한 내용으로 옳지 않은 것은?

> 제품 매뉴얼이란 사용자를 위해 제품의 특징이나 기능 설명, 사용방법과 고장 조치 방법, 유지 보수 및 A/S, 폐기까지 제품에 관련된 모든 서비스에 대해 소비자가 알아야 할 모든 정보를 제공하는 것을 말한다.
> 업무 매뉴얼이란 어떤 일의 진행 방식, 지켜야 할 규칙, 관리상의 절차 등을 일관성 있게 여러 사람이 보고 따라할 수 있도록 표준화하여 설명하는 지침서이다.

① 제품 매뉴얼은 제품의 설계상 결함이나 위험 요소를 대변해야 한다.
② '재난대비 국민행동 매뉴얼'은 업무 매뉴얼의 사례로 볼 수 있다.
③ 제품 매뉴얼은 제품의 의도된 안전한 사용과 사용 중 해야 할 일 또는 하지 말아야 할 일까지 정의해야 한다.
④ 제품 매뉴얼과 업무 매뉴얼 모두 필요한 정보를 빨리 찾을 수 있도록 구성되어야 한다.
⑤ 제품 매뉴얼은 혹시 모를 사용자의 오작동까지 고려하여 만들어져야 한다.

27 다음 중 BCG 매트릭스와 GE&맥킨지 매트릭스에 대한 설명으로 옳은 것을 〈보기〉에서 모두 고르면?

> **보기**
> ㄱ. BCG 매트릭스는 미국의 컨설팅업체인 맥킨지에서 개발한 사업 포트폴리오 분석 기법이다.
> ㄴ. BCG 매트릭스는 시장 성장율과 상대적 시장 점유율을 고려하여 사업의 형태를 4개 영역으로 나타낸다.
> ㄷ. GE&맥킨지 매트릭스는 산업 매력도와 사업 경쟁력을 고려하여 사업의 형태를 6개 영역으로 나타낸다.
> ㄹ. GE&맥킨지 매트릭스에서의 산업 매력도는 시장규모, 경쟁구조, 시장 잠재력 등의 요인에 의해 결정된다.
> ㅁ. GE&맥킨지 매트릭스는 BCG 매트릭스의 단점을 보완해준다.

① ㄱ, ㄴ   ② ㄱ, ㄴ, ㄷ
③ ㄴ, ㄷ, ㅁ   ④ ㄴ, ㄹ, ㅁ
⑤ ㄷ, ㄹ, ㅁ

28 A ~ C 세 사람은 주기적으로 집안 청소를 한다. A는 6일마다, B는 8일마다, C는 9일마다 청소를 할 때, 세 명이 9월 10일에 모두 같이 청소를 했다면, 다음에 같은 날 청소하는 날은 언제인가?

① 11월 5일
② 11월 12일
③ 11월 16일
④ 11월 21일
⑤ 11월 29일

※ 다음 사례를 읽고 이어지는 질문에 답하시오. [29~30]

<상황>

설탕과 프림을 넣지 않은 고급 인스턴트 블랙커피를 커피믹스와 같은 스틱 형태로 선보이겠다는 아이디어를 제시하였지만, 인스턴트커피를 제조하고 판매하는 F회사의 경영진의 반응은 차가웠다. F회사의 커피믹스가 높은 판매율을 보이고 있기 때문이었다.

<회의 내용>

기획팀 부장 : 신제품 개발과 관련된 회의를 진행하도록 하겠습니다. 이 자리는 누구에게 책임이 있는지를 묻는 회의가 아닙니다. 신제품 개발에 대한 서로의 상황을 인지하고 문제 상황을 해결해 보자는 데 그 의미가 있습니다. 먼저 신제품 개발과 관련하여 마케팅팀 의견을 제시해 주십시오.

마케팅 부장 : A제품이 생산될 수 있도록 연구소 자체 공장에 파일럿 라인을 만들어 샘플을 생산하였으면 합니다.

연구소 소장 : 성공 여부가 불투명한 신제품을 위한 파일럿 라인을 만들기는 어렵습니다.

기획팀 부장 : 조금이라도 신제품 개발을 위해 생산현장에서 무언가 협력할 방안은 없을까요?

마케팅 부장 : 고급 인스턴트커피의 생산이 가능한지를 먼저 알아본 후 한 단계씩 전진하면 어떨까요?

기획팀 부장 : 좋은 의견인 것 같습니다. 소장님은 어떻게 생각하십니까?

연구소 소장 : 커피 전문점 수준의 고급 인스턴트커피를 만들기 위해서는 최대한 커피 전문점이 만드는 커피와 비슷한 과정을 거쳐야 할 것 같습니다.

마케팅 부장 : 그렇습니다. 하지만 100% 커피전문점 원두커피를 만드는 것이 아닙니다. 전문점 커피를 100으로 봤을 때, 80 ~ 90% 정도 수준이면 됩니다.

연구소 소장 : 퀄리티는 높이고 일회용 스틱 형태의 제품인 믹스의 사용 편리성은 그대로 두자는 이야기죠?

마케팅 부장 : 그렇습니다. 우선 120°로 커피를 추출하는 장비가 필요합니다. 또한, 액체인 커피를 봉지에 담지 못하니 동결건조 방식을 활용해야 할 것 같습니다.

연구소 소장 : 보통 믹스커피는 하루 1t 분량의 커피를 만들 수 있는데, 이야기한 방법으로는 하루에 100kg도 못 만듭니다.

마케팅 부장 : 예, 잘 알겠습니다. 그 부분에 대해서는 조금 더 논의가 필요할 것 같습니다. 검토를 해보겠습니다.

29 윗글을 읽고 마케팅 부장이 취하는 문제해결방법은 무엇인가?

① 소프트 어프로치　　　　　　　　② 하드 어프로치

③ 퍼실리테이션　　　　　　　　　④ 비판적 사고

⑤ 창의적 사고

30 윗글을 읽고 F회사의 신제품 개발과 관련하여 가장 필요한 것은 무엇인가?

① 전략적 사고　　　　　　　　　② 분석적 사고

③ 발상의 전환　　　　　　　　　④ 내・외부자원의 효과적 활용

⑤ 성과지향적 사고

31 다음 인적자원 배치방법 중 균형주의에 해당하는 사례로 가장 적절한 것은?

① A기업은 각 직원이 가진 능력에 맞는 업무를 배분해 그 능력을 더 발휘할 수 있도록 하며, 이로 인한 실적에 대해서 확실한 보상을 제공하였다.

② B기업은 직원들의 성격에 따라 부서를 배치해 각 부서에서 능력을 더 발휘할 수 있도록 하였다.

③ C기업은 근무기간과 관계없이 근무 역량과 리더십이 있는 직원의 경우 진급을 결정하여 팀 전체 직원들이 사기와 의식을 높였다.

④ D기업은 높은 직위에 있더라도 낮은 직위에 직원들과 서로 예의를 지키기를 강조하며, 직위에 상관없이 해당 업무의 공헌도에 따라 그에 맞는 보상을 제공한다.

⑤ E기업은 코로나 상황에 경영이 위태로워 정리해고를 고려해야 하는 상황이지만, 직원 전체와의 회의를 통해 근무시간과 급여를 단축해 운영하는 것으로 하여 직원들의 두려움을 잠식시켰다.

32 다음 도표를 바탕으로 밑줄 친 (A) ~ (E)에 대한 설명으로 옳지 않은 것은?

<기술혁신의 과정과 역할>

기술 혁신 과정	혁신 활동	필요한 자질과 능력
아이디어 창안 (Idea Generation)	• 아이디어를 창출하고 가능성을 검증한다. • _____(A)_____ • 혁신적인 진보를 위해 탐색한다.	• 각 분야의 전문지식 • 추상화와 개념화 능력 • 새로운 분야의 일을 즐기는 능력
(B) 챔피언 (Entrepreneuring or Championing)	• 아이디어를 전파한다. • 혁신을 위한 자원을 확보한다. • 아이디어 실현을 위해 헌신한다.	• 정력적이고 위험을 감수하는 능력 • 아이디어의 응용에 관심을 가짐
프로젝트 관리 (Project Leading)	• 리더십을 발휘한다. • 프로젝트를 기획하고 조직한다. • _____(C)_____	• 의사결정 능력 • 업무 수행 방법에 대한 지식
정보 수문장 (Gate Keeping)	• 조직 내 정보원 기능을 수행한다.	• 높은 수준의 기술적 역량 • _____(D)_____
_____(E)_____	• 혁신에 대해 격려하고 안내한다. • 불필요한 제약에서 프로젝트를 보호한다. • 혁신에 대한 자원 획득을 지원한다.	• 조직의 주요 의사결정에 대한 영향력

① (A)에 들어갈 내용으로 '일을 수행하는 새로운 방법을 고안한다.'를 볼 수 있다.

② 밑줄 친 (B)는 '기술적인 난관을 해결하는 방법을 찾아 시장상황에 대처할 수 있는 인재'를 의미한다.

③ (C)에 들어갈 내용으로 '조직 외부의 정보를 내부 구성원들에게 전달한다.'를 볼 수 있다.

④ (D)에 들어갈 내용으로 '원만한 대인관계능력'을 볼 수 있다.

⑤ (E)에 들어갈 용어는 '후원(Sponsoring or Coaching)'이다.

<기술능력 향상 교육 안내>

교육	내용
E-Learning을 활용한 기술교육	• 원하는 시간에 원하는 내용을 원하는 순서대로 학습할 수 있다. • 비디오, 사진, 소리 등 멀티미디어를 이용한 학습이 가능하다. • ㉠ 현장 중심의 실무 교육이 어렵다.
전문 연수원을 통한 기술과정 연수	• 연수 시설을 보유하지 않고 있는 기업에 적합하다. • 이론을 겸한 실무 중심의 교육을 실시할 수 있다. • ㉡ 교수자와 동료들 간의 인간적인 접촉이 상대적으로 적으며, 중도에 탈락할 가능성이 높다.
상급학교 진학을 통한 기술교육	• 학문적이고 최신의 기술 흐름을 반영한 기술교육이 가능하다. • 관련 분야 종사자들과 인적 네트워크를 형성할 수 있다. • ㉢ 일정 시간을 할애해야 하며 학습자가 직접 학습을 조절하거나 통제할 수 없다.
OJT를 활용한 기술교육	• ㉣ 조직의 필요에 합치되는 교육훈련을 실시할 수 있다. • 시간의 낭비가 적으며 교육자와 피교육자 사이에 친밀감이 조성된다. • ㉤ 모든 관리자 및 감독자는 업무 수행상 지휘감독자이자 부하직원의 능력 향상을 담당하는 교육자라는 사실에 기반한다.

33 다음 글에서 김대리가 이사원의 실무능력을 이해시켜주기 위해 사용할 교육 방법은 무엇인가?

> Z은행에 취업한 이사원은 취업하기 이전에 대학교 학업에 충실하였고, 대학교와 연계된 기업에서 인턴을 수행하며 좋은 평가를 받았다. 이사원은 충분한 경험과 이론적 지식을 갖추고 있지만 출근 첫날에는 실무에 대한 파악이 전혀 되어있지 않은 상태이다. 이사원의 선임인 김대리는 자신의 업무 분담을 통해 업무 지식 및 실무에 적용하는 기술을 가르쳐 줄 생각이다. 또한 기업 내 시설을 둘러보며, 각 부서와 위치에서 어떠한 역할을 수행하고 있는지도 함께 알려줄 계획이다.

① Action Learning
② E-Learning
③ OJT(On-the-Job Training)
④ Off JT
⑤ Problem Based Learning

34 제시된 교육 안내에서 직원들의 부족한 기술능력을 향상시킬 수 있는 방안에 대한 설명으로 옳지 않은 것은?

① ㉠
② ㉡
③ ㉢
④ ㉣
⑤ ㉤

※ 다음은 산업 재해의 원인을 설명하는 4M 방식을 나타낸 것이다. 이어지는 질문에 답하시오. [35~36]

<table>
<tr><td colspan="3" align="center">〈산업 재해의 원인을 설명하는 4M 방식〉</td></tr>
<tr><td rowspan="3">Man
(사람)</td><td colspan="2">① 심리적 요인 : 억측 판단, 착오, 생략 행위, 무의식 행동, 망각 등</td></tr>
<tr><td colspan="2">② 생리적 요인 : 수면 부족, 질병, 고령 등</td></tr>
<tr><td colspan="2">③ 사회적 요인 : 사업장 내 인간관계, 리더십, 팀워크, 소통 등의 문제</td></tr>
<tr><td rowspan="2">Machine
(기계, 설비)</td><td>① 기계, 설비의 설계상 결함</td><td>② 점검, 정비의 결함</td></tr>
<tr><td>③ 구조 불량</td><td>④ 위험방호 불량 등</td></tr>
<tr><td rowspan="3">Media
(작업정보,
방법, 환경)</td><td>① 작업계획, 작업절차 부적절</td><td>② 정보 부적절</td></tr>
<tr><td>③ 보호구 사용 부적절</td><td>④ 작업 공간 불량</td></tr>
<tr><td>⑤ 작업 자세, 작업 동작의 결함 등</td><td></td></tr>
<tr><td rowspan="3">Management
(관리)</td><td>① 관리조직의 결함</td><td>② 건강관리의 불량</td></tr>
<tr><td>③ 배치의 불충분</td><td>④ 안전보건교육 부족</td></tr>
<tr><td>⑤ 규정, 매뉴얼 불철저</td><td>⑥ 자율안전보건활동 추진 불량 등</td></tr>
</table>

35 다음 중 4M 방식에 대한 내용으로 적절하지 않은 것은?

① 개인의 단순한 부주의로 일어난 사고는 4M 중 Man에 해당된다고 볼 수 있다.

② 좁은 공간에서 일하면서 일어난 사고는 4M 중 Media에 속한다.

③ 기계 점검을 충실히 하지 않아 일어난 사고는 4M 중 Machine에 해당된다.

④ 개인의 당직근무 배치가 원활하지 않아 일어난 사고는 4M 중 Man에 해당된다고 볼 수 있다.

⑤ 충분한 안전교육이 이루어지지 않아 일어난 사고는 4M 중 Management에 속한다.

36 다음 중 4M 방식에서 (A), (B)의 사례가 속하는 유형을 순서대로 바르게 나열한 것은?

> (A) 유해가스 중독으로 작업자 2명이 사망하는 사고가 발생했다. 작업자 1명이 하수관 정비공사 현장에서 오수 맨홀 내부로 들어갔다가 유해가스를 마셔 의식을 잃고 추락했으며, 작업자를 구출하기 위해 다른 작업자가 맨홀 내부로 들어가 구조하여 나오던 중 같이 의식을 잃고 추락해 두 작업자 모두 사망한 것이다. 작업 공간이 밀폐된 공간이어서 산소결핍이나 유해가스 등의 우려가 있었기 때문에 구명밧줄이나 공기 호흡기 등을 준비해야 했지만 준비가 이루어지지 않아 일어난 안타까운 사고였다.
>
> (B) 플라스틱 용기 성형 작업장에서 작업자가 가동 중인 블로우 성형기의 이물질 제거 작업 중 좌우로 움직이는 금형 고정대인 조방 사이에 머리가 끼여 사망하는 사고가 발생했다. 당시 블로우 성형기 전면에는 안전장치가 설치되어 있었으나 제대로 작동하지 않아서 발생한 사고였다.

	(A)	(B)
①	Media	Man
②	Management	Media
③	Media	Management
④	Media	Machine
⑤	Media	Man

37 다음은 벤치마킹의 절차를 나타낸 것이다. 이에 대한 설명으로 옳지 않은 것은?

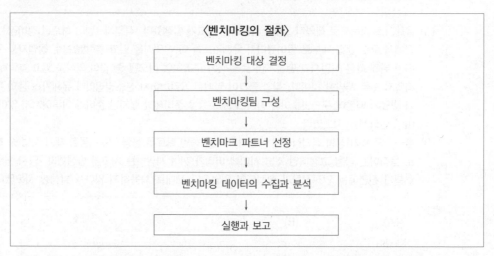

〈벤치마킹의 절차〉

벤치마킹 대상 결정
↓
벤치마킹팀 구성
↓
벤치마크 파트너 선정
↓
벤치마킹 데이터의 수집과 분석
↓
실행과 보고

① 벤치마킹팀의 경우 관계자 모두에게 벤치마킹이 명확하게 할당되고 중심 프로젝트가 정해지는 것을 돕기 위한 프로젝트 관리 기구가 필요하다.
② 벤치마킹 대상이 결정되면 대상을 조사하기 위해 필요한 정보와 자원이 무엇인지 파악해야 한다.
③ 벤치마크 파트너 선정은 벤치마크 정보를 수집하는 데 이용될 정보의 원천을 확인하는 단계이다.
④ 벤치마킹팀 구성 시 구성원들 간의 의사소통이 원활하기 위한 네트워크 환경이 요구된다.
⑤ 벤치마킹 데이터를 수집·분석할 경우 문서 편집 시스템보다는 수기로 작업하는 것이 좋다.

38 RFID 기술이 확산됨에 따라 B유통업체는 RFID를 물품관리시스템에 도입하여 긍정적인 효과를 얻고 있다. 다음 중 RFID에 대한 설명으로 적절하지 않은 것은?

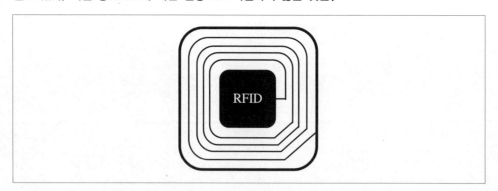

① 바코드와 달리 물체에 직접 접촉하지 않고도 데이터를 인식할 수 있다.
② 여러 개의 정보를 동시에 인식하거나 수정할 수 있다.
③ 바코드에 비해 많은 양의 데이터를 허용한다.
④ 데이터를 읽는 속도가 매우 빠르며, 데이터의 신뢰도 또한 높다.
⑤ 종류에 따라 반복적으로 데이터를 기록할 수 있으며, 영구적으로 이용할 수 있다.

39 다음은 대화 과정에서 지켜야 할 협력의 원리에 대한 설명이다. 글을 참고하여 〈보기〉의 사례에 대한 설명으로 가장 적절한 것은?

> 협력의 원리란 대화 참여자가 대화의 목적에 최대한 기여할 수 있도록 서로 협력해야 한다는 것으로, 듣는 사람이 요구하지 않은 정보를 불필요하게 많이 제공하거나 대화의 목적이나 주제에 맞지 않는 내용을 말하는 것은 바람직하지 않다. 협력의 원리를 지키기 위해서는 다음과 같은 사항을 고려해야 한다.
> - 양의 격률 : 필요한 만큼만 정보를 제공해야 한다.
> - 질의 격률 : 타당한 근거를 들어 진실한 정보를 제공해야 한다.
> - 관련성의 격률 : 대화의 목적이나 주제와 관련된 것을 말해야 한다.
> - 태도의 격률 : 모호하거나 중의적인 표현을 피하고, 간결하고 조리 있게 말해야 한다.

> **보기**
>
> A사원 : 오늘 점심은 어디로 갈까요?
> B대리 : 아무거나 먹읍시다. 오전에 간식을 먹었더니 배가 별로 고프진 않은데, 아무 데나 괜찮습니다.

① B대리는 불필요한 정보를 제공하고 있으므로 양의 격률을 지키지 않았다.
② B대리는 거짓된 정보를 제공하고 있으므로 질의 격률을 지키지 않았다.
③ B대리는 질문에 적합하지 않은 대답을 하고 있으므로 관련성의 격률을 지키지 않았다.
④ B대리는 대답을 명료하게 하지 않고 있으므로 태도의 격률을 지키지 않았다.
⑤ A대리와 B대리는 서로 협력하여 의미 전달을 하고 있으므로 협력의 원리를 따르고 있다.

40 다음 사례에 나타난 의사 표현에 영향을 미치는 요소에 대한 설명으로 적절하지 않은 것은?

> - 독일의 유명 가수 슈만 하이크는 "음악회에서 노래를 부를 때 심리적 긴장감을 갖지 않느냐?"는 한 기자의 질문에 대해 "노래하기 전에 긴장감을 느끼지 않는다면, 그때는 내가 은퇴할 때이다."라고 이야기하였다.
> - 영국의 유명 작가 버나드 쇼는 젊은 시절 매우 내성적인 청년이었다. 그는 잘 아는 사람의 집을 방문할 때도 문을 두드리지 못하고 20분이나 문밖에서 망설이며 거리를 서성거렸다. 그는 자신의 내성적인 성격을 극복하기 위해 런던에서 공개되는 모든 토론에 의도적으로 참가하였고, 그 결과 장년에 이르러서 20세기 전반에 가장 재치와 자신이 넘치는 웅변가가 될 수 있었다.

① 소수인의 심리상태가 아니라, 90% 이상의 사람들이 호소하는 불안이다.
② 잘 통제하면서 표현을 한다면 청자는 더 인간답다고 생각하게 될 것이다.
③ 개인의 본질적인 문제이므로 완전히 치유할 수 있다.
④ 분명한 원인은 아직 규명되지 않았다.
⑤ 불안을 심하게 느끼는 사람일수록 다른 사람과 접촉이 없는 직업을 선택하려 한다.

41 다음은 기술선택을 위한 절차를 나타내는 도표이다. 밑줄 친 (A) ~ (E)에 대한 행동으로 옳은 것은?

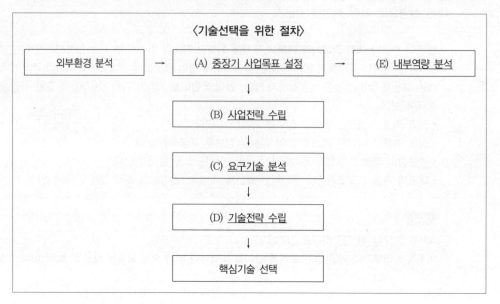

① (A) : 기술획득 방법 결정
② (B) : 사업 영역 결정, 경쟁 우위 확보 방안 수립
③ (C) : 기업의 장기비전, 매출목표 및 이익목표 설정
④ (D) : 기술능력, 생산능력, 마케팅 / 영업능력, 재무능력 등 분석
⑤ (E) : 제품 설계 / 디자인 기술, 제품 생산 공정, 원재료 / 부품 제조기술 분석

42 다음 상황에서 논리적 사고를 개발하는 방법 중 'So what?' 기법을 사용한 예로 옳은 것은?

- 우리 회사의 자동차 판매대수가 사상 처음으로 전년 대비 마이너스를 기록했다.
- 우리나라의 자동차 업계 전체는 일제히 적자 결산을 발표했다.
- 주식 시장은 몇 주간 조금씩 하락하는 상황에 있다.

① 자동차 판매가 부진하다.
② 자동차 산업의 미래가 좋지 않다.
③ 자동차 산업과 주식시장의 상황이 복잡하다.
④ 자동차 관련 기업의 주식을 사서는 안 된다.
⑤ 자동차 판매를 높이기 위해 가격을 낮춘다.

43 발산적 사고를 개발하기 위한 방법으로는 자유연상법, 강제연상법, 비교발상법이 있다. 다음 글의 보고회에서 사용된 사고 개발 방법으로 가장 적절한 것은?

> 충남 보령시는 2023년에 열리는 보령해양머드박람회와 연계할 사업을 발굴하기 위한 보고회를 개최하였다. 경제적·사회적 파급 효과의 극대화를 통한 성공적인 박람회 개최를 도모하기 위해 마련된 보고회는 각 부서의 업무에 국한하지 않은 채 가능한 많은 양의 아이디어를 자유롭게 제출하는 방식으로 진행됐다.
> 홍보미디어실에서는 박람회 기간 가상현실(VR)·증강현실(AR) 체험을 통해 사계절 머드 체험을 할 수 있도록 사계절 머드체험센터 조성을, 자치행정과에서는 박람회 임시주차장 조성 및 박람회장 전선 지중화 사업을, 교육체육과에서는 세계 태권도 대회 유치를 제안했다. 또 문화새마을과에서는 KBS 열린음악회 및 전국노래자랑 유치를, 세무과에서는 e-스포츠 전용경기장 조성을, 회계과에서는 해상케이블카 조성 및 폐광지구 자립형 농어촌 숙박단지 조성 등을 제안했다. 사회복지과에서는 여성 친화 플리마켓을, 교통과에서는 장항선 복선전철 조기 준공 및 열차 증편을, 관광과는 체험·놀이·전시 등 보령머드 테마파크 조성 등의 다양한 아이디어를 내놓았다.
> 보령시는 이번에 제안된 아이디어를 토대로 실현 가능성 등을 검토하고, 박람회 추진에 참고 자료로 적극 활용할 계획이다.

① 브레인스토밍
② SCAMPER 기법
③ NM법
④ Synectics법
⑤ 육색사고모자 기법

44 다음 직접비와 간접비에 대한 설명을 읽고 〈보기〉의 인건비와 성격이 유사한 것은 무엇인가?

> 어떤 활동이나 사업의 비용을 추정하거나 예산을 잡을 때에는 추정해야 할 많은 유형의 비용이 존재한다. 그중 대표적인 것이 직접비와 간접비이다. 직접비란, 간접비용에 상대되는 용어로서, 제품 생산 또는 서비스를 창출하기 위해 직접 소비된 것으로 여겨지는 비용을 말한다. 이와 반대로 간접비란, 제품을 생산하거나 서비스를 창출하기 위해 소비된 비용 중에서 직접비용을 제외한 비용으로, 제품 생산에 직접 관련되지 않은 비용을 말하는데, 이는 매우 다양하기 때문에 많은 사람들이 간접비용을 정확하게 예측하지 못해 어려움을 겪는 경우가 많다.

보기

> 인건비란 제품 생산 또는 서비스 창출을 위한 업무를 수행하는 사람들에게 지급되는 비용으로, 계약에 의해 고용된 외부 인력에 대한 비용도 인건비에 포함된다. 이러한 인건비는 일반적으로 전체 비용 중 가장 큰 비중을 차지하게 된다.

① 통신비
② 출장비
③ 광고비
④ 보험료
⑤ 사무비품비

45 다음 글에 대한 내용으로 적절하지 않은 것은?

일반적으로 기술에 대한 특징은 다음과 같이 정의될 수 있다.

첫째, 하드웨어나 인간에 의해 만들어진 비자연적인 대상, 혹은 그 이상을 의미한다.

둘째, 기술은 '노하우(Know-How)'를 포함한다. 즉, 기술을 설계하고, 생산하고, 사용하기 위해 필요한 정보, 기술, 절차를 갖는데 노하우(Know-How)가 필요한 것이다.

셋째, 기술은 하드웨어를 생산하는 과정이다.

넷째, 기술은 인간의 능력을 확장시키기 위한 하드웨어와 그것의 활용을 뜻한다.

다섯째, 기술은 정의 가능한 문제를 해결하기 위해 순서화되고 이해 가능한 노력이다.

이와 같은 기술이 어떻게 형성되는가를 이해하는 것과 사회에 의해 형성되는 방법을 이해하는 것은 두 가지 원칙에 근거한다. 먼저 기술은 사회적 변화의 요인이다. 기술 체계는 의사소통의 속도를 증가시켰으며, 이것은 개인으로 하여금 현명한 의사결정을 할 수 있도록 도와준다. 또한, 사회는 기술 개발에 영향을 준다. 사회적, 역사적, 문화적 요인은 기술이 어떻게 활용되는가를 결정한다. 기술은 두 개의 개념으로 구분될 수 있으며, 하나는 모든 직업 세계에서 필요로 하는 기술적 요소들로 이루어지는 광의의 개념이고, 다른 하나는 구체적 직무수행능력 형태를 의미하는 협의의 개념이다.

① 기술은 건물, 도로, 교량, 전자장비 등 인간이 만들어낸 모든 물질적 창조물을 생산하는 과정으로 볼 수 있구나.

② 전기산업기사, 건축산업기사, 정보처리산업기사 등의 자격 기술은 기술의 광의의 개념으로 볼 수 있겠어.

③ 영국에서 시작된 산업혁명 역시 기술 개발에 영향을 주었다고 볼 수 있어.

④ 컴퓨터의 발전은 기술 체계가 개인으로 하여금 현명한 의사결정을 할 수 있는 사례로 볼 수 있지 않을까?

⑤ 미래 산업을 위해 인간의 노동을 대체할 로봇을 활용하는 것 역시 기술이라고 볼 수 있겠지?

46 다음 중 벤치마킹의 종류에 대한 설명으로 가장 적절한 것은?

> 네스프레소는 가정용 커피머신 시장의 선두주자이다. 이러한 성장 배경에는 기존의 산업 카테고리를 벗어나 랑콤, 이브로쉐 등 고급 화장품 업계의 채널 전략을 벤치마킹했다. 고급 화장품 업체들은 독립 매장에서 고객들에게 화장품을 직접 체험할 수 있는 기회를 제공하고, 이를 적극적으로 수요와 연계하고 있었다. 네스프레소는 이를 통해 신규 수요를 창출하기 위해서는 커피머신의 기능을 강조하는 것이 아니라, 즉석에서 추출한 커피의 신선한 맛을 고객에게 체험하게 하는 것이 중요하다는 인사이트를 도출했다. 이후 전 세계 유명 백화점에 오프라인 단독 매장들을 개설해 고객에게 커피를 시음할 수 있는 기회를 제공했다. 이를 통해 네스프레소의 수요는 급속도로 늘어나 매출 부문에서 30 ~ 40%의 고속성장을 거두게 됐고 전 세계로 확장되며 여전히 높은 성장세를 이어가고 있다.

① 자료수집이 쉬우며 효과가 크지만 편중된 내부시각에 대한 우려가 있다는 단점이 있다.
② 비용 또는 시간적 측면에서 상대적으로 많이 절감할 수 있다는 장점이 있다.
③ 문화 및 제도적인 차이에 대한 검토가 부족하면 잘못된 결과가 나올 수 있다.
④ 경영 성과와 관련된 정보 입수가 가능하나 윤리적인 문제가 발생할 소지가 있다.
⑤ 새로운 아이디어가 나올 가능성이 높지만 가공하지 않고 사용한다면 실패할 수 있다.

47 다음 자료를 바탕으로 할 때, 의사소통에 대한 설명으로 가장 적절한 것은?

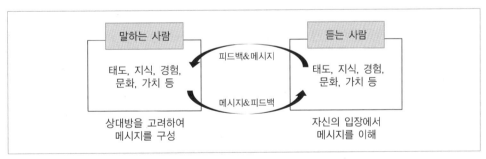

① 의사소통은 상대방에게 메시지를 전달하는 과정이다.
② 의사소통은 정보 전달만을 목적으로 한다.
③ 일방적인 문서를 통한 의사 전달도 의사소통으로 볼 수 있다.
④ 의사소통은 상대방과의 상호작용을 통해 메시지를 다루는 과정이다.
⑤ 성공적인 의사소통을 위해서는 상대방에게 자신의 정보를 최대한 많이 전달해야 한다.

48 다음은 팀원들을 적절한 위치에 효과적으로 배치하기 위한 3가지 원칙에 대한 글이다. 빈칸 ㉠ ~ ㉢에 들어갈 말을 순서대로 바르게 나열한 것은?

> ___㉠___는 개인에게 능력을 발휘할 수 있는 기회와 장소를 부여하고, 그 성과를 바르게 평가한 뒤 평가된 실적에 대해 그에 상응하는 부상을 주는 원칙을 말한다. 이때, 미래에 개발 가능한 능력까지도 함께 고려해야 한다. 반면, ___㉡___는 팀의 효율성을 높이기 위해 팀원의 능력이나 성격 등과 가장 적합한 위치에 배치하여 팀원 개개인의 능력을 최대로 발휘해 줄 것을 기대하는 것이다. 즉, 작업이나 직무가 요구하는 요건과 개인이 보유하고 있는 조건이 서로 균형 있고 적합하게 대응되어야 한다. 결국 ___㉢___ 는 ___㉣___의 하위 개념이라고 할 수 있다.

	㉠	㉡	㉢	㉣
①	능력주의	균형주의	균형주의	능력주의
②	능력주의	적재적소주의	능력주의	적재적소주의
③	적재적소주의	능력주의	능력주의	적재적소주의
④	적재적소주의	능력주의	적재적소주의	능력주의
⑤	능력주의	적재적소주의	적재적소주의	능력주의

49 다음 중 문제를 해결할 때 필요한 분석적 사고에 대한 설명으로 옳은 것은?

① 전체를 각각의 요소로 나누어 그 요소의 의미를 도출한 다음 우선순위를 부여하고 구체적인 문제해결 방법을 실행하는 것이 요구된다.

② 성과 지향의 문제는 일상업무에서 일어나는 상식, 편견을 타파하여 사고와 행동을 객관적 사실로부터 시작해야 한다.

③ 가설 지향의 문제는 기대하는 결과를 명시하고 효과적인 달성 방법을 사전에 구상하여 실행에 옮겨야 한다.

④ 사실 지향의 문제는 현상 및 원인 분석 전에 지식과 경험을 바탕으로 일의 과정이나 결과, 결론을 가정한 다음 검증 후 사실일 경우 다음 단계의 일을 수행해야 한다.

⑤ 개별 요소가 나타나는 문제의 해결보다는 조직의 분위기에 부합하는 방향으로만 문제해결 방안을 수립해야 한다.

50 다음 자료를 참고할 때, 효과적인 물적자원관리 과정에 대한 설명으로 옳지 않은 것은?

物品의 효과적인 관리를 위해서는 적절한 과정을 거쳐야 한다. 물품을 마구잡이식으로 보관하게 되면 필요한 물품을 찾기 어렵고, 물건의 훼손이나 분실의 우려가 있을 수 있다. 따라서 다음과 같은 과정을 거쳐 물품을 구분하여 보관하고 관리하는 것이 효과적이다.

과정	고려사항
사용 물품과 보관 물품의 구분	반복 작업 방지 물품 활용의 편리성
↓	
적절한 기준에 따른 물품 분류	동일성의 원칙 유사성의 원칙
↓	
물품 특성에 맞는 보관 장소 선정	물품의 형상 물품의 소재

① 물품을 계속해서 사용할 것인지의 여부를 고려하여 보관하여야 한다.
② 물품의 특성을 고려하여 보관 장소를 선정하여야 한다.
③ 사용 물품과 달리 보관 물품은 엄격하게 구분하여 관리하지 않는다.
④ 특성이나 종류가 유사한 물품은 인접한 장소에 보관하여야 한다.
⑤ 유리 제품을 효과적으로 관리하기 위해서는 따로 보관하는 것이 좋다.

51 다음의 대화에서 K대리가 저지른 전화 예절의 실수로 볼 수 있는 것은?

K대리 : 안녕하세요. A출판부 K대리입니다. 무엇을 도와드릴까요?
S부장 : 아, K대리! 나 영업부 S부장이네.
K대리 : (펜과 메모지를 준비한다) 네! S부장님 안녕하세요. 어떤 일로 전화 주셨습니까?
S부장 : 다음 달에 예정되어 있는 신간도서 계획서를 좀 보고 싶어서 말이야.
K대리 : 네 부장님. 지금 바로 준비해서 갖다 드리겠습니다.
S부장 : 고맙네. 이따 보지.
K대리 : 네! 이만 전화 끊겠습니다.

① 펜과 메모지를 곁에 두어 메시지를 받아 적을 수 있도록 하지 않았다.
② 전화 받은 사람이 누구인지를 즉시 말하지 않았다.
③ 통화를 마칠 때, 전화를 건 상대방에게 감사의 표시를 하지 않았다.
④ 천천히, 명확하게 예의를 갖추고 말하지 않았다.
⑤ 말을 할 때 상대방의 이름을 함께 사용하지 않았다.

52 다음은 고객으로부터 사랑받는 브랜드의 요건을 나타낸 자료이다. 이를 토대로 자신을 브랜드화하기 위한 전략을 세우고자 할 때, 옳지 않은 행동은?

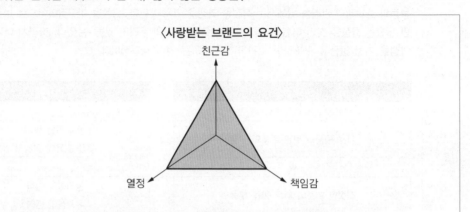

〈사랑받는 브랜드의 요건〉

- 친근감 : 오랜 기간 관계를 유지한 브랜드에 대한 친숙한 느낌을 말한다.
- 열정 : 브랜드를 소유하거나 사용해보고 싶다는 동기를 유발하는 욕구이다.
- 책임감 : 소비자가 브랜드와 애정적 관계를 유지하겠다는 약속으로, 소비자에게 신뢰감을 주어 지속적인 소비가 가능하도록 하는 것이다.

① 자신의 내면을 관리하여 다른 사람과의 관계를 돈독히 유지해야 한다.
② 다른 사람과 같은 보편성을 가지기 위해 능력을 끊임없이 개발해야 한다.
② 자신이 할 수 있는 범위에서 최상의 생산성을 낼 필요가 있다.
④ 자기 PR을 통하여 지속적으로 자신을 다른 사람에게 알리도록 한다.
⑤ 지속적인 자기개발이 이루어질 수 있도록 장단기 계획을 수립해야 한다.

53 다음 중 경청의 중요성에 대한 설명으로 적절하지 않은 것은?

〈경청의 중요성〉
㉠ 경청을 함으로써 상대방을 한 개인으로 존중하게 된다.
㉡ 경청을 함으로써 상대방을 성실한 마음으로 대하게 된다.
㉢ 경청을 함으로써 상대방의 입장에 공감하며, 상대방을 이해하게 된다.

① ㉠ - 상대방의 감정, 사고, 행동을 평가하거나 비판하지 않고 있는 그대로 받아들인다.
② ㉡ - 상대방과의 관계에서 느낀 감정과 생각 등을 솔직하고 성실하게 표현한다.
③ ㉡ - 상대방과의 솔직한 의사 및 감정의 교류를 가능하게 도와준다.
④ ㉢ - 자신의 생각이나 느낌, 가치관 등으로 상대방을 이해하려 한다.
⑤ ㉢ - 상대방으로 하여금 자신이 이해받고 있다는 느낌을 갖도록 한다.

54 다음 글의 내용을 참고할 때, 증가율을 나타내기에 가장 적절한 그래프는 무엇인가?

> 읽기 능력이란 문자 텍스트에만 국한된 것이 아니라 통계표, 도표(그래프), 그림이나 사진 등 다양한 형태의 텍스트가 나왔을 때 이를 읽어낼 수 있는 능력을 포함한다. 주로 복잡한 통계 자료를 나타낼 때는 이를 정리해서 간단한 숫자의 표로 정리하기도 하는데, 때론 이를 더 보기 쉽도록 그림으로 나타내기도 한다. 이렇게 그림으로 나타낸 것을 우리는 도표, 즉 그래프라고 부른다.

① 막대 그래프 ② 꺾은선 그래프
③ 원 그래프 ④ 띠 그래프
⑤ 그림 그래프

제1회

55 다음 F회사의 대표이사 인터뷰 내용을 통해 그가 강조하고 있는 자원관리능력으로 옳은 것은?

> Q : 어떻게 이렇게 빠르게 제품을 개발하고 급성장할 수 있었나?
> A : 아무래도 우리가 이렇게 급성장 할 수 있었던 비결은 좋은 직원 덕분인 것 같다. 사람을 잘 뽑은 것. 그것이 첫 번째, 두 번째, 세 번째 이유다. 우리 회사는 큰 회사가 아니다. 직원 수는 8,000명에 불과하다. 이 사람들의 재능과 열정, 이것이 우리 속도의 비밀이자 성공의 이유다. 처음 시작할 때는 작은 소모임으로 시작했다. 서로 함께 부대끼며 사고를 공유하고 창의력을 키웠다. 재능 있는 사람들은 재능 있는 사람들과 일하고 싶어 한다. 이들은 자신이 전공한 분야에서 최고가 되어 세상을 바꾸고 싶어 하고, 세상에 변혁을 일으킬 수 있는 걸 만들고 싶어 한다. 우리는 그런 인재를 뽑아 능력을 뽐낼 수 있도록 적극적으로 지원해 주었다. 직급에 상관없이 성과에 따라 인센티브를 제공하였으며, 틀에 얽매인 사고방식을 타파하기 위해 자유로운 분위기를 유지하고 있다. 직원 한 명을 뽑더라도 계약직으로 쓰지 않는다. F회사라는 가치 아래 모두가 자발적으로 모여 일을 하고 있는 것이다. 우리는 이제 우리 분야에서 가장 우수한 성적을 거두고 있으며, 최고의 전문가라고 자부하고 있다. 그래서 재능 있는 사람들이 우리 회사에 매력을 느껴 지원하게 된다. 우리는 우리 분야에서 더 확장하여 PC, 서버, 클라우드 등에 진출하고 있다. 한 분야에서 최고의 자리에 올랐으며 이제 영역을 넘어서 무한히 뻗어갈 준비가 되어 있다.

① 물적자원관리에 따른 자원의 확보
② 시간관리능력의 필요성
③ 예산관리 절차에 의한 효율성
④ 인적자원관리의 중요성
⑤ 인공자원의 중요성

56 다음 글에서 말하는 문제점에 대해 바르게 이야기한 사람은 누구인가?

> 문제란 목표와 현실과의 차이이다. 한 마디로 목표는 '어떻게 되었으면 좋겠는가?'라는 전망을 말하고, 현 상황은 '어떻게 되어 있는가?'라는 상태를 말한다. 여기서 차이는 목표와 현재 상황이 어긋났음을 의미한다. 문제점이란 '무엇 때문에 목표와 어긋났는가?'라는 질문에 대한 답변이다. 다시 말하면 문제점은 문제가 아니라 원인이다.

① 지혜 : 매출 목표를 100억 원으로 정했지만, 60억 원밖에 달성하지 못했어.
② 미란 : 교육훈련 시간이 부족해서 인력의 조기전력화가 불가능해졌어.
③ 건우 : 공사착공 후 13개월이 지났는데도 진척률이 95%밖에 안 돼.
④ 경현 : 태블릿 PC 생산 목표를 4만 대에서 3만 대로 줄일 수밖에 없었어.
⑤ 연준 : 해외 공장에서 상반기 65% 이상 생산이 목표였지만 50% 미만이었어.

57 다음 글의 빈칸 ㉠, ㉡에 들어갈 단어를 순서대로 바르게 나열한 것은?

> 무차별적 비용 통제는 기업의 성장에 전혀 도움이 되지 않는다. 돈을 벌려면 먼저 돈을 쓰라는 말처럼 기업은 일정한 생산 규모를 갖춰야 단위당 비용을 줄이고 수익을 증가시킬 수 있다. 우선 '규모의 경제'와 '경제의 규모' 개념을 정확하게 이해할 필요가 있다. 규모의 경제는 질적인 개념으로 제품의 _____㉠_____ 이/가 증가함에 따라 _____㉡_____ 이/가 줄어드는 현상을 의미한다. 반면, 경제의 규모는 양적인 개념으로 기업의 연간 생산량을 의미한다. 즉, '규모의 경제'는 생산량을 기준으로 평가하지 않으므로 연간 생산 규모가 큰 기업이라고 해서 반드시 '규모의 경제'가 실현되었다고 할 수는 없다.

	㉠	㉡
①	수요	생산비용
②	수요	생산규모
③	산출량	고정비용
④	산출량	생산비용
⑤	산출량	생산규모

58 P대리는 잘못된 의사소통 방식으로 회사 내 후배 직원들로부터 좋지 않은 평가를 받고 있다. 후배 직원들의 하소연을 들은 L부장이 P대리에게 해줄 조언으로 적절하지 않은 것은?

① 강압적인 명령 어투는 후배 직원들의 반항을 일으키는 불씨가 될 수 있으므로 명령하는 듯한 말은 사용하지 않는 것이 좋아.

② 후배 직원들의 잘못을 비판하기보다는 먼저 칭찬할 모습을 찾아보는 것도 좋은 방법이지.

③ 후배 직원이 마음에 들지 않더라도 좋아하려고 노력하고 좋아지도록 연습해 보는 것은 어떨까?

④ 중의적인 표현은 상대방의 기분을 상하게 할 수 있으므로 단정적인 말을 사용하는 것이 좋아.

⑤ 후배 직원들에게 자주 질문하고, 그들의 이야기에 귀를 기울여 들어주려고 노력해 보는 것도 좋겠어.

59 다음 중 물적자원관리의 과정에 대한 설명으로 옳지 않은 것은?

① 물품의 정리 및 보관 시 물품을 앞으로 계속 사용할 것인지 그렇지 않을지를 구분해야 한다.

② 유사성의 원칙은 유사품을 같은 장소에 보관하는 것을 말하며, 이는 보관한 물품을 보다 쉽고 빠르게 찾을 수 있도록 하기 위해서 필요하다.

③ 물품이 특성에 맞는 보관 장소를 선정해야 하므로, 종이류와 유리 등은 그 재질의 차이로 인해서 보관 장소의 차이를 두는 것이 바람직하다.

④ 물품의 정리 시 회전대응 보관의 원칙은 입출하의 빈도가 높은 품목은 출입구 가까운 곳에 보관하는 것을 말한다.

⑤ 물품의 무게와 부피에 따라서 보관 장소를 달리해야 하는데, 무게가 무겁거나 부피가 큰 것은 별도로 취급하여 개별 물품의 훼손이 생기지 않게 보관한다.

60 다음은 고객 불만 처리 프로세스 8단계를 나타낸 것이다. 밑줄 친 (A) ~ (E)에 대한 설명으로 옳지 않은 것은?

〈고객 불만 처리 프로세스〉

경청 → (A) 감사와 공감표시 → (B) 사과 → (C) 해결약속 ↓
(E) 피드백 ← 처리확인과 사과 ← 신속처리 ← (D) 정보파악

① (A)의 경우 고객이 일부러 시간을 내서 해결의 기회를 준 것에 대한 감사를 표시한다.

② (B)의 경우 고객의 이야기를 듣고 문제점에 대한 인정과 잘못된 부분에 대해 사과한다.

③ (C)의 경우 고객이 납득할 수 있도록 신중하고 천천히 문제를 해결할 것임을 약속한다.

④ (D)의 경우 문제해결을 위해 꼭 필요한 질문만 하여 정보를 얻는다.

⑤ (E)의 경우 고객 불만 사례를 회사 및 전 직원에게 알려 다시는 동일한 문제가 발생하지 않도록 한다.

정답 및 해설 p.015

01 다음 글의 제목으로 가장 적절한 것은?

> 보건복지부에 따르면 현재 등록 장애인만 250만 명이 넘는다. 여기에 비등록 장애인까지 포함시킨다면 실제 장애인 수는 400만 명에 다다를 것으로 예상된다.
>
> 특히 이들 가정은 경제적·사회적 어려움에 봉착해 있을 뿐만 아니라, 많은 장애인 자녀들이 부모의 돌봄 없이는 일상생활 유지가 어려운 상황인데, 특히 법적인 부분에서 훨씬 더 문제가 된다. 부모 사망 이후, 장애인 자녀가 상속인으로서 제대로 된 권리를 행사하기 어려울 뿐만 아니라, 본인도 모르게 유산 상속 포기 절차가 진행되는 경우가 이에 해당한다.
>
> 따라서 장애인 자녀의 부모들은 상속 과정에서 자녀들이 부딪힐 문제들에 대해 더 꼼꼼하게 대비해야 할 필요성이 있는데, 이에 해당하는 내용을 크게 두 가지로 살펴볼 수 있다. 자녀의 생활 안정 및 유지를 위한 '장애인 신탁'과 상속 시의 세금 혜택인 '장애인 보험금 비과세'가 그것이다.
>
> 먼저 장애인 신탁은 직계존비속이나 일정 범위 내 친족으로부터 재산을 증여받은 장애인이 증여세 신고기한 이내에 신탁회사에 증여받은 재산을 신탁하고, 그 신탁의 이익 전부에 대해 장애인이 수익자가 되면 재산가액 5억 원까지 증여세를 면제해 주는 제도로 이를 통해 장애인은 생계유지와 안정적인 자산 이전을 받을 수 있다.
>
> 다음으로 수익자가 장애인 자녀인 보험에 가입한 경우 보험금의 4,000만 원까지는 상속세 및 증여세법에 의해 과세하지 않는다. 이는 후견인 등이 보험금을 가로챌 수 있는 여지를 차단하기 위해 중도 해지가 불가능하고 평생 동안 매월 연금으로 수령할 수 있는 종신형 연금보험을 선택하는 것이 장애인 자녀의 생활 안정에 유리할 것이다.

① 부모 사망 시 장애인 자녀의 유산 상속 과정
② 부모 사망 시 장애인 자녀가 받을 수 있는 혜택
③ 부모 사망 시 장애인 자녀가 직면한 사회적 문제
④ 부모 사망 시 장애인 자녀의 보험 및 증여세 혜택
⑤ 부모 사망 시 장애인 자녀의 생활안정 및 세금 혜택

02 다음 글에 이어질 문단을 논리적 순서대로 바르게 나열한 것은?

우리는 살아가면서 얼마나 많은 것들을 알고 배우는가? 우리는 주로 우리가 '아는 것'들에 초점을 맞추지만, 사실상 살아가면서 알고 있고, 알 수 있는 것보다는 알지 못하는 것들이 훨씬 더 많다. 그러나 대부분의 사람들이 평소에 자신이 얼마나 많은 것들을 모르고 있는지에 대해서는 그다지 의식하지 못한 채 살아가고 있다. 일상생활에서는 자신의 주변과 관련하여 아는 바와 이미 습득한 지식에 대해서 의심하는 일은 거의 없을뿐더러, 그 지식체계에 변화를 주어야 할 계기도 거의 주어지지 않기 때문이다.

(가) 그러므로 어떤 지식을 안다는 것은 어떤 지식을 알지 못하는 것에서 출발하는 것이며, 때로는 '어떤 부분에 대하여 잘 알지 못한다는 것을 앎' 자체가 하나의 지식이 될 수 있다. 『논어』위정편에서 공자는 "아는 것을 아는 것이라 하고, 알지 못하는 것을 알지 못하는 것이라고 하는 것이 곧 안다는 것이다(知之爲知之 不知爲不知 是知也)."라고 하였다. 비슷한 시기에 서양의 소크라테스는 무지(無知)를 아는 것이 신으로부터 받은 가장 큰 지혜라고 주장하였다. '무지에 대한 지'의 중요성을 인식한 것은 동서양의 학문이 크게 다르지 않았던 것이다.

(나) 우리는 더 발전된 미래로 나아가는 힘이 '무지에 대한 지'에 있음을 자각해야 한다. 무엇을 잘못 알고 있지는 않은지, 더 알아야 할 것은 무엇인지, 끊임없이 우리 자신의 지식에 대하여 질문하고 도전해야 한다. 아는 것과 모르는 것을 구분하고, '무지에 대한 지'를 통해 얻은 것들을 단순히 지식으로 아는 데 그치지 않고 아는 것들을 실천하는 것, 그것이 성공하는 사람이 되고 성공하는 사회로 나아가는 길일 것이다.

(다) 이러한 학문적 소견과 달리 역사는 때때로 '무지에 대한 지'를 철저히 배제하는 방향으로 흘러가기도 했다. 그리하여 제대로 검증되지도 않은 어떤 신념이나 원칙을 맹목적으로 좇은 결과, 불특정 다수의 사람들이나 특정 집단을 희생시키고 발전을 저해한 사례들은 역사 가운데 수도 없이 많다. 가까운 과거에는 독재와 전체주의가 그랬고, 학문과 예술 분야에서 암흑의 시기였던 중세 시대가 그랬다.

(라) 그러나 예상치 못했던 일이 발생하거나 낯선 곳에 가는 등 일상적이지 않은 상황에 놓이게 되면, 이전에는 궁금하지 않았던 것들에 대하여 알고자 하는 욕구가 커진다. 또한 공부를 하거나 독서를 하는 경우, 자신이 몰랐던 많은 것들을 알게 되고 이를 해결하기 위해 치열하게 몰입한다. 이 과정에서 자신이 잘못 알고 있던 것들을 깨닫기도 함은 물론이다.

(마) 오늘날이라고 해서 크게 다르지는 않다. 정보의 홍수라고 할 만큼 사람들은 과거에 비하여 어떤 정보에 대해 접근하기가 쉬워졌지만, 쉽게 얻을 수 있는 만큼 깊게 알려고 하지 않는다. 그러면서도 사람들은 보거나 들은 것을 마치 자신이 알고 있는 것으로 생각하는 경향이 크다.

① (라) – (마) – (가) – (다) – (나)
② (가) – (다) – (마) – (라) – (나)
③ (가) – (다) – (라) – (나) – (마)
④ (가) – (마) – (라) – (나) – (다)
⑤ (라) – (가) – (다) – (마) – (나)

03 다음 밑줄 친 ㉠의 입장에서 호메로스의 『일리아스』를 비판한 내용으로 적절하지 않은 것은?

기원전 5세기, 헤로도토스는 페르시아 전쟁에 대한 책을 쓰면서 『역사(Historiai)』라는 제목을 붙였다. 이 제목의 어원이 되는 'histor'는 원래 '목격자', '증인'이라는 뜻의 법정 용어였다. 이처럼 어원상 '역사'는 본래 '목격자의 증언'을 뜻했지만, 헤로도토스의 『역사』가 나타난 이후 '진실의 탐구' 혹은 '탐구한 결과의 이야기'라는 의미로 바뀌었다.

헤로도토스 이전에는 사실과 허구가 뒤섞인 신화와 전설, 혹은 종교를 통해 과거에 대한 지식이 전수되었다. 특히 고대 그리스인들이 주로 과거에 대한 지식의 원천으로 삼은 것은 『일리아스』였다. 『일리아스』는 기원전 9세기의 시인 호메로스가 오래전부터 구전되어 온 트로이 전쟁에 대해 읊은 서사시이다. 이 서사시에서는 전쟁을 통해 신들, 특히 제우스 신의 뜻이 이루어진다고 보았다. 헤로도토스는 바로 이런 신화적 세계관에 입각한 서사시와 구별되는 새로운 이야기 양식을 만들어 내고자 했다. 즉, 헤로도토스는 가까운 과거에 일어난 사건의 중요성을 인식하고, 이를 직접 확인·탐구하여 인과적 형식으로 서술함으로써 역사라는 새로운 분야를 개척한 것이다.

「역사」가 등장한 이후, 사람들은 역사 서술의 효용성이 과거를 통해 미래를 예측하게 하여 후세인(後世人)에게 교훈을 주는 데 있다고 인식하게 되었다. 이러한 인식에는 한 번 일어났던 일이 마치 계절처럼 되풀이하여 다시 나타난다는 순환 사관이 바탕에 깔려 있다. 그리하여 오랫동안 역사는 사람을 올바르고 지혜롭게 가르치는 '삶의 학교'로 인식되었다. 이렇게 교훈을 주기 위해서는 과거에 대한 서술이 정확하고 객관적이어야 했다.

물론 모든 역사가들이 정확성과 객관성을 역사 서술의 우선적 원칙으로 앞세운 것은 아니다. 오히려 헬레니즘과 로마 시대의 역사가들 중 상당수는 수사학적인 표현으로 독자의 마음을 움직이는 것을 목표로 하는 역사 서술에 몰두하였고, 이런 경향은 중세시대에도 어느 정도 지속되었다. 이들은 이야기를 감동적이고 설득력 있게 쓰는 것이 사실을 객관적으로 기록하는 것보다 더 중요하다고 보았다. 이런 점에서 그들은 역사를 수사학의 테두리 안에 집어넣은 셈이 된다.

하지만 이 시기에도 역사의 본령은 과거의 중요한 사건을 가감 없이 전달하는 데 있다고 보는 역사가들이 여전히 존재하여, 그들에 대해 날카로운 비판을 가하기도 했다. 더욱이 15세기 이후부터는 수사학적 역사 서술이 역사 서술의 장에서 퇴출되고, ㉠ 과거를 정확히 탐구하려는 의식과 과거 사실에 대한 객관적 서술 태도가 역사의 척도로 다시금 중시되었다.

① 직접 확인하지 않고 구전에만 의거해 서술했으므로 내용이 정확하지 않을 수 있다.

② 신화와 전설 등의 정보를 후대에 전달하면서 객관적 서술 태도를 배제하지 못했다.

③ 트로이 전쟁의 중요성은 인식하였으나 실제 사실을 확인하는 데까지는 이르지 못했다.

④ 신화적 세계관에 따른 서술로 인해 과거에 대해 정확한 정보를 추출해 내기 어렵다.

⑤ 과거의 지식을 습득하는 수단으로 사용되기도 했지만 과거를 정확히 탐구하려는 의식은 찾을 수 없다.

04 다음 글을 읽고 보인 반응으로 적절하지 않은 것은?

> 지난해 국민건강보험료 피부양자 자격 요건 중 소득 기준이 강화되었다. 소득세법상 연간 합산소득 3,400만 원 이하에서 2,000만 원 이하로 낮아진 것이다. 당초 재산 기준도 강화될 예정이었지만, 최근 수년간 주택 가격이 급등한 상황 등을 감안해 현행 기준을 유지하기로 하였다.
>
> 이로 인해 지난해 말 피부양자에서 탈락해 지역가입자로 전환된 사람이 50만 명이 넘는다. 이 수치 안에는 피부양자 탈락자 본인 외에도 배우자, 직계 존·비속, 배우자의 직계 존·비속, 형제·자매 등 부양 요건 미충족 탈락자도 4만 3,660명에 이른다.
>
> 이들은 피부양자에서 탈락해 지역가입자로 전환되면서 기존에 납부하지 않았던 건보료를 가구당 월 평균 10만 5,000원가량 내야 하는 상황이 되었다.
>
> 특히 이번 국민건강보험료 개편으로 인해 가장 큰 피해를 입은 사람은 공적연금을 지급받는 사람들이다. 공적연금이란 공무원연금을 포함해 사학연금, 군인연금, 국민연금 등을 말하는데, 은퇴 후 지급 받는 공적연금이 소득 기준을 초과한다면 건강보험료 피부양자 자격을 잃게 되는 것이다.
>
> 실제로 지난해 2월 기준 국민연금 수령으로 인해 지역가입자로 전환된 피부양자는 2,685명인데 반해 이번 국민건강보험료 개편으로 인한 탈락자는 27만 3,000명에 다다랐다. 특히 물가 상승분을 반영해 상승되는 국민연금 지급액 구조 탓에 이후 건강보험료 피부양자 자격 탈락자는 계속하여 증가할 것으로 보이는 상황이다.

① 주택 가격이 상승하지 않았다면 국민건강보험료 피부양자 자격 요건 중 재산 기준도 강화되었겠군.

② 피부양자 탈락 시 가족 역시 탈락할 가능성이 높겠군.

③ 피부양자에서 탈락하면 경제적 부담이 커지겠군.

④ 은퇴 후 공무원연금을 월 170만 원씩 수령하는 사람은 현행법상 건강보험료 피부양자 자격이 박탈되겠군.

⑤ 물가가 하락한다면 건강보험료 피부양자 자격 취득자가 증가할 수도 있겠군.

05 다음 글의 ⊙ ~ ⊙ 중 전체 흐름과 맞지 않는 곳을 찾아 수정할 때, 가장 적절한 것은?

상업적 농업이란 전통적인 자급자족 형태의 농업과 달리 ⊙ 판매를 위해 경작하는 농업을 일컫는다. 농업이 상업화된다는 것은 산출할 수 있는 최대의 수익을 얻기 위해 경작이 이루어짐을 뜻한다. 이를 위해 쟁기질, 제초작업 등과 같은 생산 과정의 일부를 인간보다 효율이 높은 기계로 작업하게 되고, 농장에서 일하는 노동자도 다른 산업 분야처럼 경영상의 이유에 따라 쉽게 고용되고 해고된다. 이처럼 상업적 농업의 도입은 근대 사회의 상업화를 촉진한 측면이 있다.

홉스봄은 18세기 유럽에 상업적 농업이 도입되면서 일어난 몇 가지 변화에 주목했다. 중세 말기 장원의 해체로 인해 지주와 소작인 간의 인간적이었던 관계가 사라진 것처럼, ⓒ 농장주와 농장 노동자의 친밀하고 가까웠던 관계가 상업적 농업의 도입으로 인해 사라졌다. 토지는 삶의 터전이라기보다는 수익의 원천으로 여겨지게 되었고, 농장 노동자는 시세대로 고용되어 임금을 받는 존재로 변화하였다. 결국 대량 판매 시장을 위한 ⓒ 대규모 생산이 점점 더 강조되면서 기계가 인간을 대체하기 시작했다.

또한 상업적 농업의 도입은 중요한 사회적 결과를 가져왔다. 점차적으로 ⓔ 중간 계급으로의 수렴현상이 나타난 것이다. 저임금 구조의 고착화로 농장주와 농장 노동자 간의 소득 격차는 갈수록 벌어졌고, 농장 노동자의 처지는 위생과 복지의 양 측면에서 이전보다 더욱 열악해졌다.

나아가 상업화로 인해 그동안 호혜성의 원리가 적용되어왔던 대상들의 성격이 변화하였는데, 특히 돈과 관련된 것, 즉 재산권이 그러했다. 수익을 얻기 위한 토지 매매가 본격화되면서 ⓜ 재산권은 공유되기보다는 개별화되었다. 이에 따라 이전에 평등주의 가치관이 우세했던 일부 유럽 국가에서조차 자원의 불평등한 분배와 사회적 양극화가 심화되었다.

① ⊙을 '개인적인 소비를 위해 경작하는 농업'으로 고친다.
② ⓒ을 '농장주와 농장 노동자의 이질적이고 사용 관계에 가까웠던 관계'로 고친다.
③ ⓒ을 '기술적 전문성이 점점 더 강조되면서 인간이 기계를 대체'로 고친다.
④ ⓔ을 '계급의 양극화가 나타난 것이다.'로 고친다.
⑤ ⓜ을 '재산권은 개별화되기보다는 사회 구성원 내에서 공유되었다.'로 고친다.

06 다음 글의 빈칸에 들어갈 내용으로 가장 적절한 것은?

알레르기는 도시화와 산업화가 진행되는 지역에서 매우 빠르게 증가하고 있는데, 알레르기의 발병 원인에 대한 20세기의 지배적 이론에 따르면 알레르기는 병원균의 침입에 의해 발생하는 감염성 질병이라는 것이다. 하지만 1989년 영국 의사 S는 이 전통적인 이론에 맞서 다음 가설을 제시했다.

─────────────

S는 1958년 3월 둘째 주에 태어난 17,000명 이상의 영국 어린이를 대상으로 그들이 23세가 될 때까지 수집한 개인 정보 데이터베이스를 분석하여 이 가설을 뒷받침하는 증거를 찾았다. 이들의 가족 관계, 사회적 지위, 경제력, 거주 지역, 건강 등의 정보를 비교 분석한 결과, 두 개 항목이 꽃가루 알레르기와 상관관계를 가졌다. 첫째, 함께 자란 형제자매의 수이다. 외동으로 자란 아이의 경우 형제가 서넛인 아이에 비해 꽃가루 알레르기에 취약했다. 둘째, 가족 관계에서 차지하는 서열이다. 동생이 많은 아이보다 손위 형제가 많은 아이가 알레르기에 걸릴 확률이 낮았다. S의 주장에 따르면 가족 구성원이 많은 집에 사는 아이들은 가족 구성원, 특히 손위 형제들이 집안으로 끌고 들어오는 온갖 병균에 의한 잦은 감염 덕분에 장기적으로는 알레르기 예방에 오히려 유리하다. S는 유년기에 겪은 이런 감염이 꽃가루 알레르기를 비롯한 알레르기성 질환으로부터 아이들을 보호해 왔다고 생각했다.

① 알레르기는 유년기에 병원균 노출의 기회가 적을수록 발생 확률이 높아진다.
② 알레르기는 가족 관계에서 서열이 높은 가족 구성원에게 더 많이 발생한다.
③ 알레르기는 성인보다 유년기의 아이들에게 더 많이 발생한다.
④ 알레르기는 도시화에 따른 전염병의 증가로 인해 유발된다.
⑤ 알레르기는 형제가 많을수록 발생 확률이 낮아진다.

07 다음 글의 빈칸에 들어갈 가장 적절한 단어는 무엇인가?

> 지난해 7월 이후 하락세를 보이던 소비자물가지수가 전기, 가스 등 공공요금 인상의 여파로 다시 상승세로 반전되고 있다.
>
> 이에 경기 하강 흐름 속에서 한풀 꺾이던 ＿＿＿＿＿＿＿에 대한 우려도 다시 커지고 있다. 여기에 중국의 경제 활동 재개 여파로 국제 에너지 및 원자재 가격 역시 상승 흐름을 탈 가능성이 높아져 계속하여 5%대 고물가 상황이 지속될 전망을 보이고 있다.
>
> 앞서 정부는 지난해 전기 요금을 세 차례, 가스 요금을 네 차례에 걸쳐 인상하였는데, 이로 인해 올해 1월 소비자 물가 동향에서 나타난 전기·가스·수도 요금은 지난해보다 28.3% 급등한 것으로 분석되었고, 이로 인해 소비자물가 역시 상승 폭이 커지고 있다.
>
> 이러한 물가 상승 폭의 확대에는 공공요금의 영향뿐만 아니라 농축산물과 가공식품의 영향도 있는데, 특히 강설 및 한파 등으로 인해 농축수산물의 가격이 상승하였고, 이에 더불어 지난해 말부터 식품업계 역시 제품 가격을 인상한 것이 이에 해당한다. 특히 구입 빈도가 높고 지출 비중이 높은 품목들이 이에 해당되어 그 상승세가 더 확대되고 있다.

① E플레이션
② 디플레이션
③ 인플레이션
④ 디스인플레이션
⑤ 스태그네이션

08 다음 글의 내용으로 가장 적절한 것은?

네트워크란 구성원들이 위계적이지 않으며 독자적인 의사소통망을 통해 서로 활발히 연결되어 있는 구조라고 할 수 있다. 마약 밀매 조직 등에 나타나는 점조직은 기초적인 형태의 네트워크이며, 정교한 형태의 네트워크로는 행위자들이 하나의 행위자에 개별적으로 연결되어 있는 허브 조직이나 모든 행위자들이 서로 연결되어 있는 모든 채널 조직이 있다. 네트워크가 복잡해질수록 이를 유지하기 위해 의사소통 체계를 구축하는 비용이 커지지만, 정부를 비롯한 외부 세력이 와해시키기도 어렵게 된다. 특정한 지도자가 없고 핵심 기능들이 여러 구성원에 중복 분산되어 있어, 조직 내의 한 지점을 공격해도 전체적인 기능이 조만간 복구되기 때문이다. 이런 네트워크의 구성원들이 이념과 목표를 공유하고 실현하는 데 필요한 것들을 직접 행동에 옮긴다면, 이러한 조직을 상대하기는 더욱 힘들어진다.

네트워크가 반드시 첨단 기술을 전제로 하는 것은 아니며, 서로 연결되어 있기만 하면 그것은 네트워크다. 그렇지만 인터넷과 통신 기술과 같은 첨단 기술의 발달은 정교한 형태의 네트워크 유지에 필요한 비용을 크게 줄여놓았다. 이 때문에 세계의 수많은 시민 단체, 범죄 조직, 그리고 테러 단체들이 과거에는 상상할 수 없었던 힘을 발휘하게 되었으며, 정치, 외교, 환경, 범죄에 이르기까지 사회의 모든 부문에 영향력을 미치고 있다. 이렇듯 네트워크를 활용하는 비국가행위자들의 영향력이 확대되면서 국가가 사회에서 차지하는 역할의 비중이 축소되었다. 반면 비국가행위자들은 정보통신 기술의 힘을 얻은 네트워크를 통해 그동안 억눌렸던 자신들의 목소리를 낼 수 있게 되었다.

이러한 변화는 두 얼굴을 가진 야누스이다. 인권과 민주주의, 그리고 평화의 확산을 위해 애쓰는 시민사회 단체들은 네트워크의 힘을 바탕으로 기존의 국가 조직이 손대지 못한 영역에서 긍정적인 변화를 이끌어낼 것이다. 반면 테러 및 범죄 조직 역시 네트워크를 통해 국가의 추격을 피해가며 전 세계로 그 활동 범위를 넓혀 나갈 것이다. 정보통신 기술의 발달과 네트워크의 등장으로 양쪽 모두 전례 없는 기회를 얻었다. 시민사회 단체들의 긍정적인 측면을 최대한 끌어내 정부의 기능을 보완, 견제하고 테러 및 범죄 조직의 발흥을 막을 수 있는 시스템을 구축하는 것이 시대의 과제가 될 것이다.

① 여러 형태의 네트워크 중 점조직의 결집력이 가장 강하다.

② 네트워크의 확산은 인류 미래에 부정적인 영향보다 긍정적인 영향을 더 크게 할 것이다.

③ 네트워크의 외부 공격에 대한 대응력은 조직의 정교성이나 복잡성과는 관계가 없을 것이다.

④ 기초적인 형태의 네트워크는 구성원의 수가 적어질수록 정교한 형태의 네트워크로 발전할 가능성이 크다.

⑤ 정교한 형태의 네트워크 유지에 들어가는 비용이 낮아진 것은 국가가 사회에 미치는 영향력이 약화된 결과를 낳았다.

(가) 우리는 최근 '사회가 많이 깨끗해졌다.'라는 말을 많이 듣는다. 실제 우리의 일상생활은 정말 많이 깨끗해졌다. 과거에 비하면 일상생활에서 뇌물이 오가는 경우가 거의 없어진 것이다. 그런데 왜 부패인식지수가 나아지기는커녕 도리어 나빠지고 있을까? 일상생활과 부패인식지수가 전혀 다른 모습을 보이는 이유는 어디에 있을까?

(나) 부패인식지수가 산출되는 과정에서 그 물음의 답을 찾을 수 있다. 부패인식지수는 국제투명성 기구에서 매년 조사하여 발표하고 있는 세계적으로 가장 권위 있는 부패 지표로, 지수는 국제적인 조사 및 평가를 실시하고 있는 여러 기관의 조사 결과를 바탕으로 산출된다. 각 기관의 조사 항목과 조사 대상은 서로 다르지만, 주요 항목은 공무원의 직권 남용 억제 기능, 공무원 공적 권력의 사적 이용, 공공서비스와 관련한 뇌물 등으로 공무원의 뇌물과 부패에 초점이 맞추어져 있다.

(다) 부패인식지수를 이해하는 데에 주목하여야 할 또 하나의 중요한 점은 부패인식지수 계산에 사용된 각 지수의 조사 대상이다. 조사에 따라 약간의 차이가 있기는 하지만 조사는 주로 해당 국가나 해당 국가와 거래하고 있는 고위 기업인과 전문가들을 대상으로 이루어진다. 일반 시민이 아닌 기업 활동에서 공직자들과 깊숙한 관계를 맺고 있어 공직자들의 행태를 누구보다 잘 알고 있을 것으로 추정되는 사람들의 의견을 대상으로 하는 것이다. 결국 부패인식지수는 고위 기업경영인과 전문가들의 공직 사회의 뇌물과 부패에 대한 평가라 할 수 있다.

(라) 그렇다면 부패인식지수를 개선하는 방법은 무엇일까? 그간 정부는 공무원행동강령, 청탁금지법, 부패방지기구 설치 등 많은 제도적인 노력을 기울여왔다. 이러한 정부의 노력에도 불구하고 정부 반부패 정책은 대부분 효과가 없는 것으로 보인다. 정부 노력에 대한 일반 시민들의 시선도 차갑기만 하다. 결국 법과 제도적 장치는 우리 사회에 만연한 연줄 문화 앞에서 힘을 쓰지 못하고 있는 것으로 해석할 수 있다.

(마) 우리는 천문학적인 뇌물을 받아도 마스크를 낀 채 휠체어를 타고 교도소를 나오는 기업경영인과 공직자들의 모습을 자주 보아왔다. 이처럼 솜방망이 처벌이 반복되는 상황에서 부패는 계속될 수밖에 없다. 예상되는 비용에 비해 기대 수익이 큰 상황에서 부패는 끊어질 수 없는 것이다. 이러한 상황이 인간의 욕망을 도리어 자극하여 사람들은 연줄을 찾아 더 많은 부당이득을 노리려 할지 모른다. 연줄로 맺어지든 다른 방식으로 이루어지든 부패로 인하여 지불해야 할 비용이 크다면 부패에 대한 유인이 크게 줄어들 수 있을 것이다.

① (가) : 일상부패에 대한 인식과 부패인식지수의 상반되는 경향에 대한 의문
② (나) : 공공분야에 맞추어진 부패인식지수의 산출 과정
③ (다) : 특정 계층으로 집중된 부패인식지수의 조사 대상
④ (라) : 부패인식지수의 효과적인 개선 방안
⑤ (마) : 부패가 계속되는 원인과 부패 해결 방향

10 다음 글에 대한 내용으로 가장 적절한 것은?

통증은 조직 손상이 일어나거나 일어나려고 할 때 의식적인 자각을 주는 방어적 작용으로 감각의 일종이다. 통증을 유발하는 자극에는 강한 물리적 충격에 의한 기계적 자극, 높은 온도에 의한 자극, 상처가 나거나 미생물에 감염되었을 때 세포에서 방출하는 화학 물질에 의한 화학적 자극 등이 있다. 이러한 자극은 온몸에 퍼져 있는 감각 신경의 말단에서 받아들이는데, 이 신경 말단을 통각 수용기라 한다. 통각 수용기는 피부에 가장 많아 피부에서 발생한 통증은 위치를 확인하기 쉽지만, 통각 수용기가 많지 않은 내장 부위에서 발생한 통증은 위치를 정확히 확인하기 어렵다. 후각이나 촉각 수용기 등에는 지속적인 자극에 대해 수용기의 반응이 감소되는 감각 적응 현상이 일어난다. 하지만 통각 수용기에는 지속적인 자극에 대해 감각 적응 현상이 거의 일어나지 않는다. 그래서 우리 몸은 위험한 상황에 대응할 수 있게 된다.

대표적인 통각 수용 신경 섬유에는 Aδ섬유와 C섬유가 있다. Aδ섬유에는 기계적 자극이나 높은 온도 자극에 반응하는 통각 수용기가 분포되어 있으며, C섬유에는 기계적 자극이나 높은 온도 자극뿐만 아니라 화학적 자극에도 반응하는 통각 수용기가 분포되어 있다. Aδ섬유를 따라 전도된 통증 신호가 대뇌 피질로 전달되면, 대뇌 피질에서는 날카롭고 쑤시는 듯한 짧은 초기 통증을 느끼고 통증이 일어난 위치를 파악한다. C섬유를 따라 전도된 통증 신호가 대뇌 피질로 전달되면, 대뇌피질에서는 욱신거리고 둔한 지연 통증을 느낀다. 이는 두 신경 섬유의 특징과 관련이 있다. Aδ섬유는 직경이 크고 전도 속도가 빠르며, C섬유는 직경이 작고 전도 속도가 느리다.

① Aδ섬유를 따라 전도된 통증 신호가 대뇌 피질로 전달되면, 대뇌 피질에서는 욱신거리고 둔한 지연 통증을 느낀다.

② 통각 수용기는 수용기의 반응이 감소되는 감각 적응 현상이 거의 일어나지 않는다.

③ Aδ섬유는 C섬유보다 직경이 작고 전도 속도가 빠르다.

④ 통각 수용기가 적은 부위일수록 통증 위치를 확인하기 쉽다.

⑤ 기계적 자극이나 높은 온도에 반응하는 통각 수용기는 Aδ섬유에만 분포되어 있다.

도지(賭地)란 조선 후기에 도지권을 가진 소작농이 일정한 사용료, 즉 도조(賭租)를 내고 빌려서 경작했던 논밭을 말한다. 지주는 도지를 제공하고 도조를 받았다. 도지권을 가진 소작농은 농작물을 수확하여 도조를 치른 후 나머지를 차지하였다. 도지계약은 구두로 하는 것이 보통이고, 문서를 작성하는 경우는 드물었다. 도조를 정하는 방법에는 수확량을 고려하지 않고 미리 일정액을 정하는 방식과 매년 농작물을 수확하기 직전에 지주가 간평인(看坪人)을 보내어 수확량을 조사하고 그해의 도조를 결정하는 방식이 있었다. 후자의 경우에 수확량에 대한 도조의 비율은 일정하였다. 특히 논밭을 경작하기 전에 도조를 미리 지급하고 경작하는 경우의 도지를 선도지(先賭地)라고 하였다.

도지권을 가진 소작농은 그 도지를 영구히 경작할 수 있었고, 지주의 승낙이 없어도 임의로 도지권을 타인에게 매매, 양도, 임대, 저당, 상속할 수 있었다. 도지권의 매매 가격은 지주의 소유권 가격의 1/2이었으며, 도지의 전체 가격은 소작농의 도지권 가격과 지주의 소유권 가격의 합이었다. 도조는 수확량의 약 1/4에서 1/3 정도에 불과하여 일반적인 소작지의 소작료보다 훨씬 저렴하였기 때문에, 도지권을 가진 소작농은 도지를 다른 소작농에게 빌려주고 그로부터 일반 소작료를 받아 지주에게 납부해야 할 도조를 제외한 다음 그 차액을 가지기도 하였다. 지주가 이러한 사실을 알더라도 그것은 당연한 도지권의 행사이기 때문에 간섭하지 않았다.

지주가 도지권을 소멸시키거나 다른 소작농에게 이작(移作)시키려고 할 때에는 도지권을 가진 소작농의 동의를 구하고 도지권의 가격만큼을 지급하여야 했다. 다만 도지권을 가진 소작농이 도조를 납부하지 않는 상황에는 지주가 소작농의 동의를 얻은 뒤 도지권을 팔 수 있었다. 이 경우 지주는 연체된 도조를 빼고 나머지는 소작농에게 반환하여야 했다.

도지권은 일제가 실시한 토지조사사업에 의하여 그 권리가 부정됨으로써 급격히 소멸하게 되었다. 일제의 토지조사사업으로 부분적 소유권으로서의 소작농의 도지권은 부인되었고 대신 소작기간 20년 이상 50년 이하의 소작권이 인정되었다. 이것은 원래의 도지권 성격과는 크게 다른 것이었으므로 도지권을 소유한 소작농들은 도지권 수호운동을 전개하였으나, 일제의 무력 탄압으로 모두 좌절되고 말았다.

11 윗글을 근거로 판단할 때, 〈보기〉에서 적절한 것을 모두 고르면?

> **보기**
> ㄱ. 지주의 사전 승낙이 없어도 도지권을 매입한 소작농이 있었을 수 있다.
> ㄴ. 지주가 간평인을 보내어 도조를 결정하였다면 해당 도지는 선도지가 아니었을 것이다.
> ㄷ. 도지권을 가진 소작농들은 일제의 토지조사사업으로 소작을 할 수 없게 되었다.
> ㄹ. 도지권을 가진 소작농이 도지권을 매매하려면 그 소작농은 지주의 동의를 얻어야 했다.

① ㄱ, ㄴ
② ㄱ, ㄹ
③ ㄴ, ㄷ
④ ㄷ, ㄹ
⑤ ㄱ, ㄴ, ㄷ

12 윗글을 근거로 판단할 때, 다음 상황의 ⊙ ∼ ㉣에 들어갈 수의 합은?(단, 쌀 1말의 가치는 5냥이며, 주어진 조건 외에는 고려하지 않는다)

〈상황〉

갑 소유의 논 A는 1년에 한 번 수확하고 수확량은 매년 쌀 20말이다. 소작농 을은 A 전부를 대상으로 갑과 매년 수확량의 1/4을 갑에게 도조로 납부하는 도지계약을 체결한 상태이다. A의 전체 가격은 갑, 을의 도지계약 당시부터 올해 말까지 변동 없이 900냥이다.

재작년 을은 수확 후 갑에게 정해진 도조 액수인 ＿＿＿⊙＿＿＿냥을 납부하였다.

작년 초부터 큰 병을 얻은 을은 더 이상 농사를 지을 수 없게 되자, 을은 매년 ＿＿＿㉡＿＿＿냥을 받아 도조 납부 후 25냥을 남길 생각으로 병에게 A를 빌려주었다.

그러나 을은 약값에 허덕여 작년과 올해분의 도조를 갑에게 납부하지 못했다. 결국 갑은 을의 동의를 얻어 정에게 A에 대한 도지권을 올해 말 ＿＿＿㉢＿＿＿냥에 매매한 후, 을에게 ＿＿＿㉣＿＿＿냥을 반환하기로 하였다.

① 575

② 600

③ 625

④ 750

⑤ 925

13 다음 실험 결과를 가장 잘 설명하는 가설은 무엇인가?

포유동물에서 수컷과 암컷의 성별은 나중에 외부생식기로 발달할 전구체인 기관 A에 성호르몬이 작용하는 데서 결정된다. 성호르몬은 배아가 어미 속에서 성적 특성을 보이기 시작하는 시기에 작용하며, 개체의 성장, 발생, 생식 주기, 그리고 성행동을 조절한다. 포유동물의 경우 원시생식소로부터 분화되어 형성된 생식소인 정소와 난소로부터 성호르몬이 분비된다. 이들 생식소는 안드로겐, 에스트로겐, 프로게스틴의 세 가지 종류의 성호르몬을 생산하고 분비한다. 이 점에서는 남성과 여성 사이에 차이가 없다. 하지만 이들 호르몬의 비율은 성별에 따라 매우 다르며, 이 비율의 차이가 사춘기 남성과 여성의 성징을 나타내는 데 중요한 역할을 하는 것으로 알려져 있다.

남성과 여성의 외부생식기 발달과정을 파악하기 위한 실험은 다음과 같았다. 토끼를 대상으로 XY 염색체를 가진 수컷 배아와 XX 염색체를 가진 암컷 배아에서 각각 원시생식소를 제거하였다. 이 시술은 배아가 성적인 차이를 보이기 전 행해졌다. 원시생식소를 제거한 경우와 제거하지 않은 경우 외부생식기의 성별은 다음과 같았다.

구분	원시생식소 보존	원시생식소 제거
XY 염색체	수컷	암컷
XX 염색체	암컷	암컷

① 기관 A가 발달한 외부생식기의 성별은 염색체에 의해 결정된다.

② 기관 A는 성호르몬의 작용이 없다면 암컷의 외부생식기로 발달하도록 되어 있다.

③ 기관 A가 발달한 외부생식기의 성별은 원시생식소가 정소나 난소가 되기 전에 결정된다.

④ 기관 A에 작용하는 성호르몬의 비율 차이에 따라 원시생식소는 정소 또는 난소로 발달한다.

⑤ 기관 A가 정소 또는 난소 중 어떤 것으로 발달되는지에 따라 외부생식기의 성별 차이가 나타난다.

14 다음 글에서 앞뒤 문맥을 고려할 때 이어질 글을 논리적 순서대로 바르게 나열한 것은?

전쟁 소설 중에는 실제로 일어났던 전쟁을 배경으로 한 작품들이 있다. 이런 작품들은 허구를 매개로 실재했던 전쟁을 새롭게 조명하고 있다.

(가) 가령, 작자 미상의 조선 후기 소설 『박씨전』의 후반부는 조선이 패전했던 병자호란에 등장하는 실존 인물 '용골대'와 그의 군대를 허구의 여성인 '박씨'가 물리치는 허구의 내용인데, 이는 패전의 치욕을 극복하고 싶은 수많은 조선인의 바람을 반영한 것이다.

(나) 한편, 1964년 박경리가 발표한 『시장과 전장』은 극심한 이념 갈등 사이에서 생존을 위해 몸부림치는 인물을 통해 6·25 전쟁이 남긴 상흔을 직시하고 이에 좌절하지 않으려는 작가의 의지를 드러낸다.

(다) 또한 『시장과 전장』에서는 전쟁터를 재현하여 전쟁의 폭력과 맞닥뜨린 개인의 연약함을 강조하고, 무고한 희생을 목격한 인물의 내면을 드러냄으로써 개인의 존엄을 탐색한다.

(라) 박씨와 용골대 사이의 대립 구도 아래 전개되는 허구의 이야기는 조선인들의 슬픔을 위로하고 희생자를 추모함으로써 공동체로서의 연대감을 강화하였다.

우리는 이러한 작품들을 통해 전쟁의 성격을 탐색할 수 있다. 전쟁이 폭력적인 것은 공동체 사이의 갈등 과정에서 사람들이 죽기 때문만은 아니다. 전쟁의 명분은 폭력을 정당화하기 때문에 적군의 죽음은 불가피한 것으로, 아군의 죽음은 불의한 적군에 의한 희생으로 간주한다. 전쟁은 냉혹하게도 피아(彼我)를 막론하고 민간인의 죽음조차 외면하거나 자신의 명분에 따라 이를 이용하게 한다는 점에서 폭력성을 띠는 것이다.

두 작품에서 사람들이 죽는 장소가 군사들이 대치하는 전선만이 아니라는 점도 주목할 수 있다. 전쟁터란 전장과 후방, 가해자와 피해자가 구분하기 힘든 혼돈의 현장이다.

이 혼돈 속에서 사람들은 고통을 받으면서도 생의 의지를 추구해야 한다는 점에서 전쟁의 비극성은 극대화된다. 이처럼, 전쟁의 허구화를 통해 우리는 전쟁에 대한 인식을 새롭게 할 수 있다.

① (가) – (다) – (나) – (라)
② (가) – (라) – (다) – (나)
③ (가) – (라) – (나) – (다)
④ (나) – (가) – (라) – (다)
⑤ (나) – (가) – (다) – (라)

15 다음 글의 주장으로 가장 적절한 것은?

옛날 태학에서는 사람들에게 풍악을 가르쳤기 때문에 명칭을 '성균관(成均館)'이라 하였다. 그러나 지금 태학에서는 풍악을 익히지 않으니 이 이름을 쓰는 것은 옳지 않고 '국자감'으로 바꾸는 것이 옳다. 국자(國子)란 원래 왕실의 적자(嫡者)와 공경대부의 적자인데, 지금 태학에는 국자만 다니는 것이 아니기에 명칭과 실상이 서로 어긋나지만 국자감이 그래도 본래 의미에 가깝다.

옛날에 사람을 가르치는 법은 원래 두 길이었다. 국자는 태학에서 가르쳤는데 대사악(大司樂)이 주관했고, 서민은 향학에서 가르쳤는데 대사도(大司徒)가 주관하였다. 순 임금이 "기여, 너에게 악(樂)을 맡도록 명하노니 주자(冑子)를 가르치되 곧으면서 온화하게 하라." 했으니, 이것은 태학에서 국자를 가르친 것이다. 순 임금이 "설이여, 백성들이 서로 친근하지 않는구나. 너를 사도(司徒)로 삼으니, 공경하게 오교(五敎)를 펼쳐라." 했으니, 이것은 향학에서 서민을 가르친 것이다. 『주례』에 대사악이 육덕(六德)으로 국자를 가르쳤는데 이것도 순 임금이 기에게 명하던 그 법이고, 대사도가 향삼물(鄕三物)로 만민을 가르쳤는데 이것도 순 임금이 설에게 명하던 그 법이었다. 오늘날은 국자가 어떤 인물인지, 성균이 어떤 의미인지 알지 못하여, 서민의 자식이 국자로 자칭하고, 광대의 노래를 성균에 해당시키니 어찌 잘못된 것이 아니겠는가?

왕제(王制)는 한(漢)나라의 법이다. 왕제가 시행된 이래로 국자와 서민이 함께 태학에 들어가게 되었다. 그 제도가 2천 년이나 내려왔으니, 옛 제도는 회복할 수 없게 되었다. 비록 그렇지만 국자를 가르치던 법을 없어지게 해서는 안 된다. 우리나라 제도에 종학(宗學)이 있어 종실 자제를 교육했었는데, 지금은 혁파되었다. 태학은 종실 자제를 교육하던 곳인데 까닭 없이 서민에게 양보하고 따로 학교를 세워 종학이라 한 것도 잘못된 일인데 지금은 그것마저 혁파되었으니 개탄할 일이 아닌가? 지금 태학의 명륜당은 종학으로 만들어 종실의 자제 및 공경의 적자가 다니게 하고, 비천당은 백성들이 다니는 학교로 만들어 별도로 운영하는 것이 합당할 것이다.

① 종실 자제 위주의 독립된 교육은 잘못된 일이다.
② 성균관에서 풍악을 가르치던 전통을 회복해야 한다.
③ 향학의 설립을 통해 백성에 대한 교육을 강화해야 한다.
④ 왕제보다는 『주례』의 교육 전통을 따르는 것이 바람직하다.
⑤ 국자와 서민의 교육 내용을 통합하는 교육 과정이 필요하다.

16 다음은 A ~ E 총 다섯 대 자동차의 성능을 비교한 자료로, K씨의 가족은 서울에서 거리가 140km 떨어진 곳으로 여행을 가려고 한다. 가족은 총 4명이며 모두가 탈 수 있는 차를 렌트하려고 할 때, 어떤 자동차를 이용하는 것이 가장 비용이 적게 드는가?(단, 비용은 일의 자리에서 반올림한다)

〈자동차 성능 현황〉

구분	종류	연료	연비
A자동차	하이브리드	일반 휘발유	25km/L
B자동차	전기	전기	6km/kW
C자동차	가솔린 자동차	고급 휘발유	19km/L
D자동차	가솔린 자동차	일반 휘발유	20km/L
E자동차	가솔린 자동차	고급 휘발유	22km/L

〈연료별 비용〉

구분	비용
전기	500원/kW
일반 휘발유	1,640원/L
고급 휘발유	1,870원/L

〈자동차 인원〉

구분	인원
A자동차	5인용
B자동차	2인용
C자동차	4인용
D자동차	6인용
E자동차	4인용

① A자동차   ② B자동차

③ C자동차   ④ D자동차

⑤ E자동차

17 다음은 재해위험지구 갑, 을, 병 지역을 대상으로 정비사업 투자의 우선순위를 결정하기 위한 자료이다. 편익, 피해액, 재해발생위험도 3개 평가 항목 점수의 합이 큰 지역일수록 우선순위가 높다고 할 때, 이에 대한 〈보기〉의 설명으로 옳은 것을 모두 고르면?

〈갑 ~ 병 지역의 평가 항목별 등급〉

지역 \ 평가 항목	편익	피해액	재해발생위험도
갑	C	A	B
을	B	D	A
병	A	B	C

〈평가 항목의 등급별 배점〉

(단위 : 점)

지역 \ 평가 항목	편익	피해액	재해발생위험도
A	10	15	25
B	8	12	17
C	6	9	10
D	4	6	0

보기

ㄱ. 재해발생위험도 점수가 높은 지역일수록 우선순위가 높다.
ㄴ. 우선순위가 가장 높은 지역과 가장 낮은 지역의 피해액 점수 차이는 재해발생위험도 점수 차이보다 크다.
ㄷ. 피해액 점수와 재해발생위험도 점수의 합이 가장 큰 지역은 갑이다.
ㄹ. 갑 지역의 편익 등급이 B로 변경되면, 우선순위가 가장 높은 지역은 갑이다.

① ㄱ, ㄴ
② ㄱ, ㄷ
③ ㄴ, ㄹ
④ ㄱ, ㄷ, ㄹ
⑤ ㄴ, ㄷ, ㄹ

18 다음은 A회사의 유형자산 현황이다. 〈보기〉에서 A회사에 대한 설명으로 옳지 않은 것을 모두 고르면?

〈A회사 유형자산 현황〉

(단위 : 백만 원)

구분	2022년 2분기	2022년 3분기	2022년 4분기	2023년 1분기	2023년 2분기	2023년 3분기
유형자산 합계	9,855	10,459	11,114	12,925	12,802	11,986
감가상각누계액 등	−2,902	−3,126	−3,334	−3,539	−3,773	−3,999
토지	0	0	0	0	0	0
건물	833	975	1,056	1,071	1,101	1,119
기구비품	4,133	4,262	4,330	4,521	4,904	4,959
건설 중인 자산	7,452	8,009	8,723	8,942	8,849	8,412
기타 유형자산	339	339	339	1,930	1,721	1,496

보기

ㄱ. 2022년부터 2023년까지 토지 자산을 보유한 분기는 한 번도 없었다.

ㄴ. 2022년 3분기부터 2023년 3분기까지 직전 분기 대비 자산규모가 매 분기 증가한 유형자산의 유형은 1가지이다.

ㄷ. 2023년 2분기는 전년 동기 대비 유형자산 총액이 20% 이상 증가하였다.

ㄹ. 2022년 4분기부터 2023년 3분기까지 건물과 건설 중인 자산의 직전 분기 대비 증감액 추이는 동일하다.

① ㄱ, ㄴ
② ㄱ, ㄷ
③ ㄷ, ㄹ
④ ㄱ, ㄴ, ㄹ
⑤ ㄴ, ㄷ, ㄹ

19 다음은 2022년 관세청의 민원 상담 현황에 대한 자료와 상담내용 A와 B의 민원인별 상담건수 구성비를 나타낸 그래프이다. 이를 근거로 할 때, A와 B를 바르게 나열한 것은?

〈2022년 민원 상담 현황〉

(단위 : 건)

민원인 상담내용	관세사	무역업체	개인	세관	선사/항공사	기타	합계
전산처리	24,496	63,475	48,658	1,603	4,851	4,308	147,391
수입	24,857	5,361	4,290	7,941	400	664	43,513
사전검증	22,228	5,179	1,692	241	2,247	3,586	35,173
징수	9,948	5,482	3,963	3,753	182	476	23,804
요건신청	4,944	12,072	380	37	131	251	17,815
수출	6,678	4,196	3,053	1,605	424	337	16,293
화물	3,846	896	36	3,835	2,619	3,107	14,339
환급	3,809	1,040	79	1,815	13	101	6,857

〈상담내용 A와 B의 민원인별 상담건수 구성비(2022년)〉

A 단위 : %
선사/항공사 6.4
기타 10.2
세관 0.7
개인 4.8
무역업체 14.7
관세사 63.2

B 단위 : %
기타 21.7
관세사 26.8
선사/항공사 18.3
무역업체 6.2
개인 0.3
세관 26.7

	A	B
①	수입	요건신청
②	사전검증	화물
③	사전검증	환급
④	환급	요건신청
⑤	환급	화물

※ 다음은 2022년 1년 동안 휴일 여가시간에 대한 평가를 설문조사한 결과이다. 이어지는 질문에 답하시오. [20~21]

〈휴일 여가시간에 대한 평가〉

(단위 : %)

구분		매우부족	부족	약간부족	보통	약간충분	충분	매우충분
전체	소계	0.6	2.3	11.0	27.5	32.1	19.6	6.9
성별	남성	0.4	2.2	11.2	28.1	32.2	19.3	6.6
	여성	0.8	2.5	10.8	26.9	32.1	19.7	7.2
연령	15 ~ 19세	1.4	5.3	17.2	25.0	31.6	15.5	4.0
	20대	0.4	2.0	9.7	24.8	37.1	19.6	6.4
	30대	0.7	4.0	15.5	29.9	30.8	15.3	3.8
	40대	1.2	2.4	14.2	30.0	30.2	17.5	4.5
	50대	0.2	2.2	9.7	30.6	32.8	19.3	5.2
	60대	0.3	0.9	8.0	25.8	31.8	23.6	9.6
	70대 이상	0	0.6	3.2	21.4	29.9	27.0	17.9
혼인상태	미혼	0.6	2.6	11.6	25.3	35.3	18.3	6.3
	기혼	0.7	2.5	11.5	29.1	31.1	19.2	5.9
	기타	0.1	0.8	5.7	22.5	29.5	25.1	16.3
지역규모	대도시	0.6	1.8	9.7	28.9	31.6	19.4	8.0
	중소도시	0.6	3.1	12.3	25.6	33.5	19.3	5.6
	읍면지역	0.7	2.3	11.4	28.1	30.4	20.0	7.1

〈휴일 여가시간에 대한 평가〉

(단위 : 명, 점)

구분		조사인원	평균
전체	소계	10,498	4.75
성별	남성	( )	4.74
	여성	5,235	4.75
연령	10대(15 ~ 19세)	696	4.43
	20대	1,458	4.81
	30대	1,560	4.47
	40대	1,998	4.56
	50대	2,007	4.72
	60대	1,422	4.97
	70대 이상	1,357	5.33
혼인상태	미혼	2,925	4.72
	기혼	6,121	4.69
	기타	1,452	5.21
지역규모	대도시	4,418	4.79
	중소도시	3,524	4.69
	읍면지역	2,556	4.74

20 다음 중 휴일 여가시간에 대한 평가를 참고할 때, 〈보기〉에서 옳은 것을 모두 고르면?

> **보기**
>
> ㄱ. 전체 연령에서 여가시간 평가의 평균 점수가 가장 높은 순으로 나열하면 '70대 이상 – 60대 – 20대 – 50대 – 40대 – 30대 – 10대'이다.
> ㄴ. 설문조사 전체 남성 중 '약간충분 ~ 매우충분'을 선택한 인원은 3천 명 이상이다.
> ㄷ. 미혼과 기혼의 각각 평균 점수는 기타에 해당하는 평균 점수보다 낮고, '약간부족'을 선택한 비율도 낮다.
> ㄹ. 대도시에서 '약간부족'을 선택한 인원은 중소도시와 읍면지역에서 '부족'을 선택한 총인원보다 2배 이하이다.

① ㄱ, ㄴ
② ㄴ, ㄷ
③ ㄷ, ㄹ
④ ㄴ, ㄷ, ㄹ
⑤ ㄱ, ㄴ, ㄷ

21 각 연령대에서 '매우충분'을 선택한 인원이 가장 적은 순서대로 바르게 나열한 것은?(단, 인원은 소수점 아래는 버림한다)

① 30대 – 40대 – 10대 – 20대 – 50대 – 60대 – 70대 이상
② 10대 – 30대 – 40대 – 20대 – 50대 – 60대 – 70대 이상
③ 10대 – 30대 – 40대 – 20대 – 60대 – 50대 – 70대 이상
④ 10대 – 30대 – 60대 – 20대 – 40대 – 50대 – 70대 이상
⑤ 10대 – 20대 – 30대 – 40대 – 50대 – 60대 – 70대 이상

22 P회사에서는 업무 효율을 높이기 위해 근무여건 개선방안에 대하여 논의하고자 한다. 귀하는 논의 자료를 위하여 전 사원의 야간근무 현황을 조사하였다. 다음 중 조사 내용으로 옳지 않은 것은?

〈야간근무 현황(주 단위)〉

(단위 : 일, 시간)

구분	임원	부장	과장	대리	사원
평균 야근 빈도	1.2	2.2	2.4	1.8	1.4
평균 야근 시간	1.8	3.3	4.8	6.3	4.2

※ 60분의 3분의 2 이상을 채울 시 1시간으로 야근 수당을 계산한다.

① 과장급 사원은 한 주에 평균적으로 2.4일 정도 야간근무를 한다.
② 전 사원의 주 평균 야근 빈도는 1.8일이다.
③ 평사원은 한 주 동안 평균 4시간 12분 정도 야간근무를 하고 있다.
④ 1회 야간근무 시 평균적으로 가장 긴 시간 동안 일하는 사원은 대리급 사원이다.
⑤ 야근수당이 시간당 10,000원이라면 과장급 사원은 주 평균 50,000원을 받는다.

23 P회사에서 생산하는 제품의 권장 소비자가격은 25,000원으로 책정되어 있다. 그러나 시장에서 소비자가 실제로 부담하는 가격은 이와 차이가 난다. P회사에서는 유통과정을 추적하여 실제로 고객이 부담하는 가격과 권장 소비자가격의 차이를 파악하고자 한다. 다음 자료를 참고하였을 때, P회사의 분석 내용으로 옳지 않은 것은?

유통과정	가격결정
제조업체	제조원가 : 10,000원, 판매가격 : 제조원가의 120%
도매상	20 ~ 30% 이윤 반영
중간도매상	10 ~ 20% 이윤 반영
소매상	10 ~ 20% 이윤 반영
소비자	?

※ 권장 소비자가격 부당표시 규제는 고려하지 않음

① 도매상이 제품을 확보하는 데 들어가는 비용은 개당 12,000원이다.

② 중간도매상이 얻을 수 있는 최대 이윤은 제품당 3,120원이다.

③ 소비자가 가장 비싸게 구매한 가격은 제조업체에서의 판매가격보다 약 1.9배 더 비싸다.

④ 모든 유통과정에서 최소 이윤을 반영했을 경우, 소비자는 권장 소비자가격에 비해 약 20% 정도 할인된 가격으로 제품을 구매할 수 있다.

⑤ 유통단계를 축소하여 중간도매상을 거치지 않는다면 소비자는 15,840 ~ 18,720원 사이의 가격으로 제품을 구매할 수 있다.

24 출근 후 매일 영양제를 챙겨 먹는 K사원은 요일에 따라 서로 다른 영양제를 섭취한다. 〈조건〉에 따라 평일 오전에 비타민B, 비타민C, 비타민D, 비타민E, 밀크시슬 중 하나씩을 섭취한다고 할 때, 다음 중 항상 옳은 것은?

> **조건**
> • 밀크시슬은 월요일과 목요일 중에 섭취한다.
> • 비타민D는 비타민C를 먹은 날로부터 이틀 뒤에 섭취한다.
> • 비타민B는 비타민C와 비타민E보다 먼저 섭취한다.

① 월요일에는 비타민B를 섭취한다.

② 화요일에는 비타민E를 섭취한다.

③ 수요일에는 비타민C를 섭취한다.

④ 비타민E는 비타민C보다 먼저 섭취한다.

⑤ 비타민D는 밀크시슬보다 먼저 섭취한다.

25 다음은 연도별 의약품 국내시장 현황과 세계 지역별 의약품 시장규모에 대한 자료이다. 이에 대한 〈보기〉의 설명으로 옳은 것을 모두 고르면?

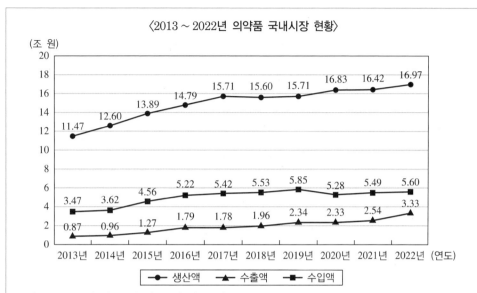

〈2013 ~ 2022년 의약품 국내시장 현황〉

※ (국내 시장규모)＝(생산액)－(수출액)＋(수입액)

〈2021 ~ 2022년 세계 지역별 의약품 시장규모〉

(단위 : 십억 달러, %)

구분	2021년		2022년	
	시장규모	비중	시장규모	비중
북미	362.8	38.3	405.6	39.5
유럽	219.8	( )	228.8	22.3
아시아(일본 제외), 호주, 아프리카	182.6	19.3	199.2	19.4
일본	80.5	8.5	81.6	7.9
라틴 아메리카	64.5	( )	72.1	7.0
기타	37.4	3.9	39.9	3.9
전체	947.6	100.0	( )	100.0

> **보기**
>
> ㄱ. 2020년 의약품 국내 시장규모에서 수입액이 차지하는 비중은 전년 대비 감소하였다.
> ㄴ. 2014 ~ 2022년 동안 의약품 국내 시장규모는 전년 대비 매년 증가하였다.
> ㄷ. 2022년 의약품 세계 전체 시장규모에서 유럽이 차지하는 비중은 전년 대비 감소하였다.
> ㄹ. 2022년 의약품 세계 전체 시장규모는 전년 대비 5% 이상 증가하였다.

① ㄱ, ㄴ
② ㄱ, ㄹ
③ ㄱ, ㄴ, ㄷ
④ ㄱ, ㄷ, ㄹ
⑤ ㄴ, ㄷ, ㄹ

26 다음은 2022년 A ~ E지역의 월별 최대 순간 풍속과 타워크레인 작업 유형별 작업제한 기준 순간 풍속에 대한 자료이다. 제시된 자료와 정보에 근거하여 (가) ~ (다)를 큰 것부터 순서대로 나열한 것은?

〈A ~ E지역의 월별 최대 순간 풍속〉

(단위 : m/s)

구분	A	B	C	D	E
1월	15.7	12.8	18.4	26.9	23.4
2월	14.5	13.5	19.0	25.7	(다)
3월	19.5	17.5	21.5	23.5	24.5
4월	18.9	16.7	19.8	24.7	26.0
5월	13.7	21.0	14.1	22.8	21.5
6월	16.5	18.8	17.0	29.0	24.0
7월	16.8	22.0	25.0	32.3	31.5
8월	15.8	29.6	25.2	33.0	31.6
9월	21.5	19.9	(나)	32.7	34.2
10월	18.2	16.3	19.5	21.4	28.8
11월	12.0	17.3	20.1	22.2	19.2
12월	19.4	(가)	20.3	26.0	23.9

〈타워크레인 작업 유형별 작업제한 기준 순간 풍속〉

(단위 : m/s)

타워크레인 작업 유형	설치	운전
작업제한 기준 순간 풍속	15	20

※ 순간 풍속이 타워크레인 작업 유형별 작업제한 기준 이상인 경우 해당 작업 유형에 대한 작업제한 조치가 시행됨

〈정보〉

• B지역에서 타워크레인 작업제한 조치가 한 번도 시행되지 않은 '월'은 3개이다.
• 매월 C지역의 최대 순간 풍속은 A지역보다 높고 D지역보다 낮다.
• E지역에서 '설치' 작업제한 조치는 매월 시행되었고, '운전' 작업제한 조치는 2개 '월'을 제외한 모든 '월'에 시행되었다.

① (가) – (나) – (다)　　　　② (가) – (다) – (나)
③ (나) – (가) – (다)　　　　④ (나) – (다) – (가)
⑤ (다) – (가) – (나)

27 S공사는 수력발전기술개발을 위한 신흥 투자국 두 곳을 선정하고자 한다. 각 후보 국가들에 대한 정보는 다음과 같으며, 아래의 선정기준에 따라 투자국을 선정할 때, 신흥 투자국으로 선정될 국가로 옳은 것은?

〈수력발전 관련 정보〉

구분	시장매력도			수준	접근가능성
	시장규모 (백만 불)	성장률(%)	인구규모 (십만 명)	전자정부 순위	수출액(백만 원)
A국	625	12	245	2	615
B국	91	21	57	4	398
C국	75	34	231	11	420
D국	225	18	48	32	445

〈투자국 선정기준〉

- 총점은 시장규모, 성장률, 인구규모, 전자정부 순위, 수출액에 대한 점수를 합산하여 산출하며, 총점이 가장 높은 두 개의 국가를 투자국으로 선정한다.
- 시장규모가 큰 순서대로 후보국들의 각 순위에 따라 다음 점수를 부여한다.

구분	1위	2위	3위	4위
점수	80점	60점	40점	20점

- 성장률이 높은 순서대로 후보국들의 각 순위에 따라 다음 점수를 부여한다.

구분	1위	2위	3위	4위
점수	50점	40점	30점	20점

- 인구규모가 큰 순서대로 후보국들의 각 순위에 따라 다음 점수를 부여한다.

구분	1위	2위	3위	4위
점수	50점	40점	30점	20점

- 전자정부 순위가 높은 순서대로 후보국들의 각 순위에 따라 다음 점수를 부여한다.

구분	1위	2위	3위	4위
점수	30점	20점	10점	0점

- 수출액이 큰 순서대로 후보국들의 각 순위에 따라 다음 점수를 부여한다.

구분	1위	2위	3위	4위
점수	20점	15점	10점	5점

① A국, B국
② A국, C국
③ B국, C국
④ B국, D국
⑤ C국, D국

28 다음은 A요리대회 참가자의 종합점수 및 항목별 득점기여도 산정 방법과 항목별 득점 결과이다. 이에 대한 〈보기〉의 설명으로 옳은 것을 모두 고르면?

〈참가자의 종합점수 및 항목별 득점기여도 산정 방법〉

• (종합점수)=(항목별 득점)×(품목별 가중치)의 합계

• (항목별 득점기여도)= $\dfrac{(항목별\ 득점)\times(항목별\ 가중치)}{(종합점수)}$

항목	가중치
맛	6
향	4
색상	4
식감	3
장식	3

〈전체 참가자의 항목별 득점 결과〉

(단위 : 점)

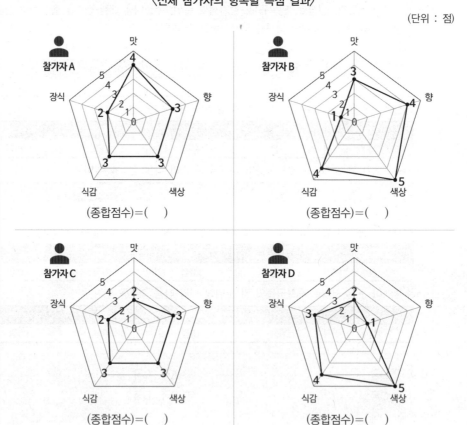

※ 종합점수가 클수록 순위가 높음

ㄱ. 참가자 A의 색상 점수와 참가자 D의 장식 점수가 각각 1점씩 상승하여도 전체 순위에는 변화가
   없다.
ㄴ. 참가자 B의 향 항목 득점기여도는 참가자 A의 색상 항목 득점기여도보다 높다.
ㄷ. 참가자 C는 모든 항목에서 1점씩 더 득점하더라도 가장 높은 순위가 될 수 없다.
ㄹ. 순위가 높은 참가자일수록 맛 항목 득점기여도가 높다.

① ㄱ, ㄴ   ② ㄱ, ㄷ
③ ㄱ, ㄹ   ④ ㄴ, ㄷ
⑤ ㄴ, ㄹ

29 다음 중 자신이 한 진술들이 동시에 참일 수 있는 사람을 모두 고르면?

> 나나 : 역사 안에서 일어나는 모든 일에는 선과 악이 없어. 하지만 개인이 선할 가능성은 여전히
> 남아 있지. 자연의 힘으로 벌어지는 모든 일에는 선과 악이 없고, 역사란 자연의 힘만으로
> 전개되는 것이야. 개인이 노력한다고 해서 역사가 달라지지도 않아. 만일 개인이 노력한다
> 고 해서 역사가 달라지지 않고 역사 안에서 일어나는 모든 일에 선과 악이 없다면, 개인은
> 역사 바깥에 나갈 때에만 선할 수 있어. 물론 개인은 역사 바깥에 나가지도 못하고, 자연의
> 힘을 벗어날 수도 없지.
> 모모 : 개인은 역사 바깥에 나가지도 못하고, 자연의 힘을 벗어날 수도 없어. 자연의 힘으로 벌어지
> 는 모든 일에는 선과 악이 없다는 것도 참이야. 하지만 역사 안에서 일어나는 일 가운데는
> 선과 악이 있는 일도 있어. 왜냐하면 역사 안에서 일어나는 모든 일이 자연의 힘만으로 벌어
> 지는 것은 아니니까. 역사 안에서 일어나는 일 중에는 지성과 사랑의 힘에 의해 일어나는
> 일도 있어. 지성과 사랑의 힘에 의해 일어나는 일에는 선과 악이 있지.
> 수수 : 역사 중에는 물론 지성의 역사와 사랑의 역사도 있지. 하지만 그것을 포함한 모든 역사는
> 오직 자연의 힘만으로 벌어지지. 지성과 사랑의 역사도 진화의 역사일 뿐이고, 진화의 역사
> 는 오직 자연의 힘만으로 벌어지기 때문이야. 자연의 힘만으로 벌어지는 모든 일에는 선과
> 악이 없지만, 진화의 역사에서 오직 자연의 힘만으로 인간 지성과 사랑이 출현한 일에는 선
> 이 있음이 분명해.

① 모모   ② 수수
③ 나나, 모모   ④ 나나, 수수
⑤ 나나, 모모, 수수

30 다음은 A국의 노인학대 현황에 대한 보고서이다. 글의 내용에 적절한 자료를 〈보기〉에서 모두 고르면?

〈보고서〉

2022년 1월 1일부터 12월 31일까지 한 해 동안 전국 29개 지역의 노인보호전문기관에 신고된 전체 11,905건의 노인학대 의심사례 중에 학대 인정사례는 3,818건으로 나타났다. 이는 전년 대비 학대 인정사례 건수가 8% 이상 증가한 것이다.

학대 인정사례 3,818건을 신고자 유형별로 살펴보면 신고의무자에 의해 신고된 학대 인정사례는 707건, 비신고의무자에 의해 신고된 학대 인정사례는 3,111건이었다. 신고의무자에 의해 신고된 학대 인정사례 중 사회복지전담 공무원의 신고에 의한 학대 인정사례가 40% 이상으로 나타났다. 비신고의무자에 의해 신고된 학대 인정사례 중에서는 관련기관 종사자의 신고에 의한 학대 인정사례가 48% 이상으로 가장 높았고, 학대행위자 본인의 신고에 의한 학대 인정사례의 비율이 가장 낮았다. 또한 3,818건의 학대 인정사례를 발생장소별로 살펴보면 기타를 제외하고 가정 내 학대가 85.8%로 가장 높게 나타났으며, 다음으로 생활시설 5.4%, 병원 2.3%, 공공장소 2.1%의 순서로 나타났다. 학대 인정사례 중 병원에서의 학대 인정사례 비율은 2019 ~ 2022년 동안 매년 감소한 것으로 나타났다.

한편, 학대 인정사례를 가구형태별로 살펴보면 2019 ~ 2022년 동안 매년 학대 인정사례 건수가 가장 많은 가구형태는 노인단독가구였다.

보기

ㄱ. 2022년 신고자 유형별 노인학대 인정사례 건수

(단위 : 건)

신고자 유형	건수
신고의무자	707
의료인	44
노인복지시설 종사자	178
장애노인시설 종사자	16
가정폭력 관련 종사자	101
사회복지전담 공무원	290
노숙인 보호시설 종사자	31
구급대원	9
재가장기요양기관 종사자	38
비신고의무자	3,111
학대피해노인 본인	722
학대행위자 본인	8
친족	567
타인	320
관련기관 종사자	1,494

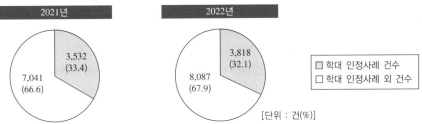

ㄴ. 2021년과 2022년 노인보호전문기관에 신고된 노인학대 의심사례 신고 건수와 구성비

2021년

2022년

3,532 (33.4)

7,041 (66.6)

3,818 (32.1)

8,087 (67.9)

□ 학대 인정사례 건수
□ 학대 인정사례 외 건수

[단위 : 건(%)]

※ 구성비는 소수점 둘째 자리에서 반올림한 값임

ㄷ. 발생장소별 노인학대 인정사례 건수와 구성비

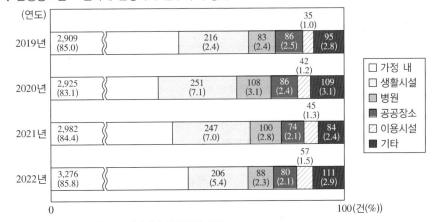

(연도)	가정 내	생활시설	병원	공공장소	이용시설	기타
2019년	2,909 (85.0)	216 (2.4)	83 (2.4)	86 (2.5)	35 (1.0)	95 (2.8)
2020년	2,925 (83.1)	251 (7.1)	108 (3.1)	86 (2.4)	42 (1.2)	109 (3.1)
2021년	2,982 (84.4)	247 (7.0)	100 (2.8)	74 (2.1)	45 (1.3)	84 (2.4)
2022년	3,276 (85.8)	206 (5.4)	88 (2.3)	80 (2.1)	57 (1.5)	111 (2.9)

0   100(건%)

※ 구성비는 소수점 둘째 자리에서 반올림한 값임

ㄹ. 가구형태별 노인학대 인정사례 건수

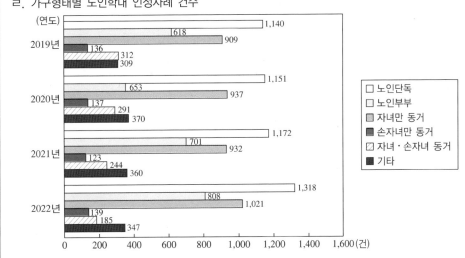

(연도)	노인단독	노인부부	자녀만 동거	손자녀만 동거	자녀·손자녀 동거	기타
2019년	1,140	618	909	136	312	309
2020년	1,151	653	937	137	291	370
2021년	1,172	701	932	123	244	360
2022년	1,318	808	1,021	139	185	347

0   200   400   600   800   1,000 1,200 1,400 1,600(건)

① ㄱ, ㄹ

② ㄴ, ㄷ

③ ㄱ, ㄴ, ㄷ

④ ㄱ, ㄴ, ㄹ

⑤ ㄴ, ㄷ, ㄹ

31 A시는 2022년에 폐업 신고한 전체 자영업자를 대상으로 창업교육 이수 여부와 창업부터 폐업까지의 기간을 조사하였다. 다음은 조사 결과를 이용하여 창업교육 이수 여부에 따른 기간별 생존 비율을 비교한 자료이다. 이에 대한 설명으로 옳은 것은?

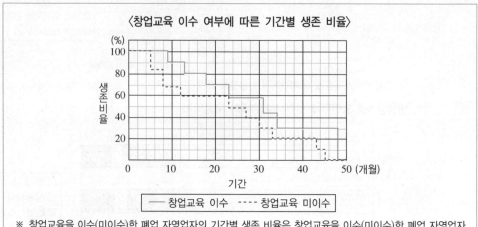

① 창업교육을 이수한 폐업 자영업자 수가 창업교육을 미이수한 폐업 자영업자 수보다 더 많다.

② 창업교육을 미이수한 폐업 자영업자의 평균 생존 기간은 창업교육을 이수한 폐업 자영업자의 평균 생존 기간보다 더 길다.

③ 창업교육을 이수한 폐업 자영업자의 생존 비율과 창업교육을 미이수한 폐업 자영업자의 생존 비율의 차이는 창업 후 20개월에 가장 크다.

④ 창업교육을 이수한 폐업 자영업자 중 생존 기간이 32개월 이상인 자영업자의 비율은 50% 이상이다.

⑤ 창업교육을 미이수한 폐업 자영업자 중 생존 기간이 10개월 미만인 자영업자의 비율은 20% 이상이다.

32 다음 글과 상황을 근거로 판단할 때, 〈보기〉에서 옳은 것을 모두 고르면?

K국에서는 모든 법인에 대하여 다음과 같이 구분하여 주민세를 부과하고 있다.

구분	세액(원)
• 자본 금액 100억 원을 초과하는 법인으로서 종업원 수가 100명을 초과하는 법인	500,000
• 자본 금액 50억 원 초과 100억 원 이하 법인으로서 종업원 수가 100명을 초과하는 법인	350,000
• 자본 금액 50억 원을 초과하는 법인으로서 종업원 수가 100명 이하인 법인 • 자본 금액 30억 원 초과 50억 원 이하 법인으로서 종업원 수가 100명을 초과하는 법인	200,000
• 자본 금액 30억 원 초과 50억 원 이하 법인으로서 종업원 수가 100명 이하인 법인 • 자본 금액 10억 원 초과 30억 원 이하 법인으로서 종업원 수가 100명을 초과하는 법인	100,000
• 그 밖의 법인	50,000

〈상황〉

법인	자본 금액(억 원)	종업원 수(명)
갑	200	?
을	20	?
병	?	200

보기

ㄱ. 갑이 납부해야 할 주민세 최소 금액은 20만 원이다.

ㄴ. 을의 종업원이 50명인 경우 10만 원의 주민세를 납부해야 한다.

ㄷ. 병이 납부해야 할 주민세 최소 금액은 10만 원이다.

ㄹ. 갑, 을, 병이 납부해야 할 주민세 금액의 합계는 최대 110만 원이다.

① ㄱ, ㄴ
② ㄱ, ㄷ
③ ㄱ, ㄹ
④ ㄴ, ㄷ
⑤ ㄴ, ㄹ

33 다음 글의 내용이 참일 때, 반드시 참인 것을 〈보기〉에서 모두 고르면?

이번에 K부서에서는 자기 부서의 정책을 홍보하기 위해 책자를 제작해 배포하였다. 이 홍보 사업에 참여한 K부서의 팀은 A와 B 두 팀이다. 두 팀은 각각 500권의 정책홍보책자를 제작하였다. 그러나 책자를 어떤 방식으로 배포할 것인지에 대해 두 팀 간에 차이가 있었다. A팀은 자신들이 제작한 K부서의 모든 정책홍보책자를 서울이나 부산에 배포한다는 지침에 따라 배포하였다. 한편, B팀은 자신들이 제작한 K부서 정책홍보책자를 서울에 모두 배포하거나 부산에 모두 배포한다는 지침에 따라 배포하였다. 사업이 진행된 이후 배포된 결과를 살펴보기 위해서 서울과 부산을 조사하였다. 조사를 담당한 한 직원은 A팀이 제작·배포한 K부서 정책홍보책자 중 일부를 서울에서 발견하였다. 한편, 또 다른 직원은 B팀이 제작·배포한 K부서 정책홍보책자 중 일부를 부산에서 발견하였다. 그리고 배포 과정을 검토해 본 결과, 이번에 A팀과 B팀이 제작한 K부서 정책홍보책자는 모두 배포되었다는 것과, 책자가 배포된 곳과 발견된 곳이 일치한다는 것이 확인되었다.

보기

ㄱ. 부산에는 500권이 넘는 K부서 정책홍보책자가 배포되었다.
ㄴ. 서울에 배포된 K부서 정책홍보책자의 수는 부산에 배포된 K부서 정책홍보책자의 수보다 적다.
ㄷ. A팀이 제작한 K부서 정책홍보책자가 부산에서 발견되었다면, 부산에 배포된 K부서 정책홍보책자의 수가 서울에 배포된 수보다 많다.

① ㄱ
② ㄷ
③ ㄱ, ㄴ
④ ㄴ, ㄷ
⑤ ㄱ, ㄴ, ㄷ

34 K공단의 A임원이 가 ~ 마 총 다섯 명의 직원에게 문제를 내고, 이를 맞힌 직원에게 만 원 권의 상품권 한 장씩을 주기로 하였다. 다음 〈보기〉의 대화를 읽고 문제를 맞힌 직원에게 줄 상품권은 몇 개가 필요한가?

보기

A임원 : 이 수는 2진법으로 말하면 111000입니다.
가 직원 : 보통 쓰는 10진법으로는 56같습니다.
나 직원 : 8진법으로 나타내면 70입니다.
다 직원 : 십진수는 56이 아닌 58입니다.
라 직원 : 132의 6진법의 수와 같습니다.
마 직원 : 숫자는 십진수인 56입니다.

① 1개
② 2개
③ 3개
④ 4개
⑤ 5개

35 다음 글의 내용이 참일 때, 반드시 참인 것을 〈보기〉에서 모두 고르면?

공군이 차기 전투기 도입에서 고려해야 하는 사항은 비행시간이 길어야 한다는 것, 정비시간이 짧아야 한다는 것, 폭탄 적재량이 많아야 한다는 것, 그리고 공대공 전투 능력이 높아야 한다는 것, 이상 네 가지이다. 그리고 이 네 가지는 각각 그런 경우와 그런 경우의 반대 둘 중에 하나이며 그 중간은 없다.

전투기의 폭탄 적재량이 많거나 공대공 전투 능력이 높다면, 정비시간은 길다. 반면에 비행시간이 길면 공대공 전투 능력은 낮다. 공군은 네 가지 고려 사항 중에서 최소한 두 가지 이상을 통과한 기종을 선정해야 한다. 그런데 공군은 위 고려 사항 중에서 정비시간이 짧아야 한다는 조건만큼은 결코 포기할 수 없다는 입장이다. 따라서 정비시간이 짧아야 한다는 것은 차기 전투기로 선정되기 위한 필수적인 조건이다.

한편, 이번 전투기 도입 사업에 입찰한 업체들 중 하나인 A사는 비행시간이 길고 폭탄 적재량이 많은 기종을 제안했다. 언론에서는 A사의 기종이 선정될 것이라고 예측하였다. 이후 공군에서는 선정 조건에 맞게 네 고려 사항 중 둘 이상을 통과한 기종의 전투기를 도입하였는데 그것이 A사의 기종이었는지는 아직 알려지지 않았다.

> **보기**
> ㉠ 언론의 예측은 옳았다.
> ㉡ 공군이 도입한 기종은 비행시간이 길다.
> ㉢ 입찰한 업체의 기종이 공대공 전투 능력이 높다면, 그 기종은 비행시간이 짧다.

① ㉠
② ㉡
③ ㉠, ㉢
④ ㉡, ㉢
⑤ ㉠, ㉡, ㉢

36 L공사는 5층짜리 선반에 사무용품을 정리해 두고 있다. 선반의 각 층에는 서로 다른 두 종류의 사무용품이 놓여 있다고 할 때, 〈조건〉에 근거하여 바르게 추론한 것은?

> **조건**
> - 선반의 가장 아래층에는 인덱스 바인더가 지우개와 함께 놓여 있다.
> - 서류정리함은 보드마카와 스테이플러보다 아래에 놓여 있다.
> - 보드마카와 접착 메모지는 같은 층에 놓여 있다.
> - 2공 펀치는 스테이플러보다는 아래에 놓여있지만, 서류정리함보다는 위에 놓여 있다.
> - 접착 메모지는 스테이플러와 볼펜보다 위에 놓여 있다.
> - 볼펜은 2공 펀치보다 위에 놓여있지만, 스테이플러보다 위에 놓여 있는 것은 아니다.
> - 북엔드는 선반의 두 번째 층에 놓여 있다.
> - 형광펜은 선반의 가운데 층에 놓여 있다.

① 스테이플러는 보드마카보다 위에 놓여 있다.
② 서류정리함은 북엔드보다 위에 놓여 있다.
③ 볼펜은 3층 선반에 놓여 있다.
④ 보드마카와 접착 메모지가 가장 높은 층에 놓여 있다.
⑤ 2공 펀치는 북엔드와 같은 층에 놓여 있다.

37 어느 버스회사에서 (가)에서 (나)를 연결하는 버스 노선을 개통하기 위해 〈조건〉에 따라 새로운 버스를 구매하려고 한다. 최소 몇 대의 버스를 주문해야 하며, 이때 필요한 운전사는 최소 몇 명인가?

> **조건**
> - 새 노선의 왕복 시간 평균은 2시간이다(승하차 시간을 포함한다).
> - 배차시간은 15분 간격이다.
> - 운전사의 휴식시간은 매 왕복 후 30분씩이다.
> - 첫차의 발차는 05시 정각에, 막차는 23시에 (가)를 출발한다.
> - 모든 차는 (가)에 도착하자마자 (나)로 곧바로 출발하는 것을 원칙으로 한다.
>   즉, (가)에 도착하는 시간이 바로 (나)로 출발하는 시간이다.
> - 모든 차는 (가)에서 출발해서 (가)로 복귀한다.

	버스	운전사
①	6대	8명
②	8대	10명
③	10대	12명
④	12대	14명
⑤	14대	16명

38 다음 글의 내용이 참일 때, 반드시 참인 것을 〈보기〉에서 모두 고르면?

신입사원을 대상으로 민원, 홍보, 인사, 기획 업무에 대한 선호를 조사하였다. 조사 결과 민원 업무를 선호하는 신입사원은 모두 홍보 업무를 선호하였지만, 그 역은 성립하지 않았다. 모든 업무 중 인사 업무만을 선호하는 신입사원은 있었지만, 민원 업무와 인사 업무를 모두 선호하는 신입사원은 없었다. 그리고 넷 중 세 개 이상의 업무를 선호하는 신입사원도 없었다. 신입사원 갑이 선호하는 업무에는 기획 업무가 포함되어 있었으며, 신입사원 을이 선호하는 업무에는 민원 업무가 포함되어 있었다.

> **보기**
> ㄱ. 어떤 업무는 갑도 을도 선호하지 않는다.
> ㄴ. 적어도 두 명 이상의 신입사원이 홍보 업무를 선호한다.
> ㄷ. 조사 대상이 된 업무 중에, 어떤 신입사원도 선호하지 않는 업무는 없다.

① ㄱ   ② ㄷ
③ ㄱ, ㄴ   ④ ㄴ, ㄷ
⑤ ㄱ, ㄴ, ㄷ

39 N공사 직원 A ~ J 총 10명은 교육을 받기 위해 지역본부로 이동해야 한다. 다음의 〈조건〉에 따라 여러 대의 차량으로 나누어 탑승할 때, 차량 배치로 가장 적절한 것은?

> **조건**
> • 이용할 수 있는 차량은 총 3대이다.
> • A와 B는 함께 탑승할 수 없다.
> • C와 H는 함께 탑승해야 한다.
> • B가 탑승하는 차량에는 총 4명이 탑승한다.
> • F와 I가 함께 한 차에 탑승하면, H와 D도 또 다른 한 차에 함께 탑승한다.
> • G나 J는 A와 함께 탑승한다.
> • 3명, 3명, 4명으로 나누어 탑승한다.

① (C, E, H), (A, F, I), (B, D, G, J)
② (A, E, J), (B, C, D, H), (F, G, I)
③ (A, F, H, J), (C, D, I), (B, E, G)
④ (C, D, H), (F, I, J), (A, B, E, G)
⑤ (B, E, F), (A, C, G, H), (D, I, J)

40 다음 대화의 빈칸 ㉠, ㉡에 들어갈 말을 순서대로 바르게 나열한 것은?

갑 : A와 B 모두 회의에 참석한다면, C도 참석해.
을 : C는 회의 기간 중에 해외 출장이라 참석하지 못해.
갑 : 그럼 A와 B 중 적어도 한 사람은 참석하지 못하겠네.
을 : 그래도 A와 D 중 적어도 한 사람은 참석해.
갑 : 그럼 A는 회의에 반드시 참석하겠군.
을 : 너는 _____㉠_____고 생각하고 있구나?
갑 : 맞아. 그리고 우리 생각이 모두 참이라면, E와 F 모두 참석해.
을 : 그래. 그 까닭은 _____㉡_____ 때문이지.

① ㉠ : B가 회의에 참석한다
　㉡ : E와 F 모두 회의에 참석한다면 B는 불참하기
② ㉠ : B가 회의에 참석한다
　㉡ : E와 F가 모두 회의에 참석하면 B도 참석하기
③ ㉠ : B가 회의에 참석한다
　㉡ : B가 회의에 참석하면 E와 F도 모두 참석하기
④ ㉠ : D가 회의에 불참한다
　㉡ : B가 회의에 불참한다면 E와 F 모두 참석하기
⑤ ㉠ : D가 회의에 불참한다
　㉡ : E와 F 모두 회의에 참석하면 B도 참석하기

41 S통신사 대리점에서 근무하는 Y대리는 판매율을 높이기 위해 핸드폰을 구매한 고객에게 사은품을 나누어 주는 이벤트를 실시하고자 한다. 본사로부터 할당받은 예산은 총 5백만 원이며, 예산 내에서 고객 1명당 2가지 상품을 증정하고자 한다. 고객 만족도 대비 비용이 낮은 순으로 상품을 확보하였을 때, 최대 몇 명의 고객에게 사은품을 증정할 수 있는가?

상품명	개당 구매비용(원)	확보 가능한 최대 물량(개)	상품에 대한 고객 만족도(점)
차량용 방향제	7,000	300	5
식용유 세트	10,000	80	4
유리용기 세트	6,000	200	6
8GB USB	5,000	180	4
머그컵 세트	10,000	80	5
육아 관련 도서	8,800	120	4
핸드폰 충전기	7,500	150	3

① 360명 　　　　　　　　　② 370명
③ 380명 　　　　　　　　　④ 390명
⑤ 400명

42 다음 글의 내용이 참일 때, 반드시 참인 것을 〈보기〉에서 모두 고르면?

> A기술원 해수자원화기술 연구센터는 2022년 세계 최초로 해수전지 원천 기술을 개발한 바 있다. 연구센터는 해수전지 상용화를 위한 학술대회를 열었는데 학술대회로 연구원들이 자리를 비운 사이 누군가 해수전지 상용화를 위한 핵심 기술이 들어 있는 기밀 자료를 훔쳐 갔다. 경찰은 수사 끝에 바다, 다은, 은경, 경아를 용의자로 지목해 학술대회 당일의 상황을 물으며 이들을 심문했는데 이들의 답변은 아래와 같았다.
>
> 바다 : 학술대회에서 발표된 상용화 아이디어 중 적어도 하나는 학술대회에 참석한 모든 사람들의 관심을 받았어요. 다은은 범인이 아니에요.
>
> 다은 : 학술대회에 참석한 사람들은 누구나 학술대회에서 발표된 하나 이상의 상용화 아이디어에 관심을 가졌어요. 범인은 은경이거나 경아예요.
>
> 은경 : 학술대회에 참석한 몇몇 사람은 학술대회에서 발표된 상용화 아이디어 중 적어도 하나에 관심이 있었어요. 경아는 범인이 아니에요.
>
> 경아 : 학술대회에 참석한 모든 사람들이 어떤 상용화 아이디어에도 관심이 없었어요. 범인은 바다예요.
>
> 수사 결과 이들은 각각 참만을 말하거나 거짓만을 말한 것으로 드러났다. 그리고 네 명 중 한 명만 범인이었다는 것이 밝혀졌다.

> **보기**
>
> ㄱ. 바다와 은경의 말이 모두 참일 수 있다.
> ㄴ. 다은과 은경의 말이 모두 참인 것은 가능하지 않다.
> ㄷ. 용의자 중 거짓말한 사람이 단 한 명이면, 은경이 범인이다.

① ㄱ   ② ㄴ

③ ㄱ, ㄷ   ④ ㄴ, ㄷ

⑤ ㄱ, ㄴ, ㄷ

※ Y은행은 코로나 확산 방지를 위해 교대출근을 하기로 하였다. 이어지는 질문에 답하시오. **[43~44]**

〈교대출근 편성표 조건〉

· 각 팀당 최소 1명은 출근을 하여야 한다. 단, 수신팀은 최소 2명 출근하여야 한다.
· 주 2회 출근을 원칙으로 하되 부득이할 경우 주 3회 이상 출근은 가능하나 최소한의 일수만 출근하도록 한다. 단, 해외여행이나 대구, 인천을 다녀온 사람은 별다른 증상이 없을 시, 다녀온 날(한국 도착일)부터 한 달 이후에 출근하도록 하며 출근가능일이 속한 주의 출근가능일이 2회 이하일 경우 모두 출근하고, 3회 이상일 경우에는 위 규정과 동일하게 적용한다.
  예 2월 8일 인천을 다녀온 사람은 3월 9일부터 출근이 가능하다.
· 코로나 확산 방지를 위해 수요일은 휴점한다.

〈Y은행 직원 명단 및 기타사항〉

· 수신팀
  - 김하나 : 7월 21 ~ 25일 여름 휴가로 일본여행을 다녀옴
  - 이솔비 : 7월 24일 인천 출장을 다녀옴
  - 정지수 : 계약직 대체인력으로 매주 목요일은 출근하지 않음
  - 최수지 : 7월 22일 이솔비와 출장을 동행함, 매주 금요일 본사교육으로 근무 불가
  - 김예나 : 8월 24일 강원 출장 예정
  - 강여울 : 팀장으로 매주 월요일과 금요일은 회의 및 출장으로 근무 불가
· 여신팀
  - 최바울 : 김하나의 남편으로 같이 여름 휴가를 다녀옴
  - 이하율 : 계약직 대체인력으로 매주 화요일은 출근하지 않음
  - 김선율 : 팀장으로 매주 월요일과 금요일은 회의 및 출장으로 근무 불가
  - 정하람 : 지인 결혼식으로 7월 22일 대구를 다녀옴
· 인사팀
  - 강지은 : 특이사항 없음
  - 김하영 : 팀장으로 매주 월요일과 금요일은 회의 및 출장으로 근무 불가

---

43 다음 중 8월 22일 화요일 출근할 수 있는 직원을 모두 고르면?

① 김하나, 정지수　　　　　② 이솔비, 김예나
③ 강여울, 이하율　　　　　④ 최바울, 강지은
⑤ 김선율, 김하영

44 다음은 교대출근 편성표 조건 중 일부를 아래와 같이 변경하기로 하였다. 다음 중 매주 금요일에 반드시 출근하지 않아도 되는 직원은?

〈교대출근 편성표 조건 중 일부 변경 내용〉

코로나 확산 방지를 위해 수요일 업무는 중단하나, 금요일에 있는 본사교육 및 회의·출장을 수요일로 일괄 변경한다. 이와 관련된 당사자는 수요일에 출근하여 본사교육 및 회의·출장 업무를 하도록 하고, 금요일에 출근하여 본사교육 및 회의·출장 관련 내용을 해당 팀 직원에게 전달하도록 한다.

---

① 최수지
② 강여울
③ 김선율
④ 정하람
⑤ 김하영

45 고용노동부와 산업인력공단이 주관한 서울관광채용박람회의 해외채용관에는 8개의 부스가 마련되어 있다. A호텔, B호텔, C항공사, D항공사, E여행사, F여행사, G면세점, H면세점이 〈조건〉에 따라 8개의 부스에 각각 위치하고 있을 때, 다음 중 항상 참이 되는 것은?

> **조건**
> • 같은 종류의 업체는 같은 라인에 위치할 수 없다.
> • A호텔과 B호텔은 복도를 사이에 두고 마주 보고 있다.
> • G면세점과 H면세점은 양 끝에 위치하고 있다.
> • E여행사 반대편에 위치한 H면세점은 F여행사와 나란히 위치하고 있다.
> • C항공사는 제일 앞 번호의 부스에 위치하고 있다.

[부스 위치]

1	2	3	4
복도			
5	6	7	8

① A호텔은 면세점 옆에 위치하고 있다.
② B호텔은 여행사 옆에 위치하고 있다.
③ C항공사는 여행사 옆에 위치하고 있다.
④ D항공사는 E여행사와 나란히 위치하고 있다.
⑤ G면세점은 B호텔과 나란히 위치하고 있다.

46 다음에 제시된 의견을 토대로 판단할 때, B과장에게 필요한 능력은 무엇인가?

> B과장의 별명은 '일 중독자'이다. 그는 남들보다 오랫동안 일하는데, 문제는 남들보다 업무가 지나치게 많아서가 아니다. 그는 생산성이 낮은 일에 가장 오랜 시간을 투자하여 일을 하는 경향이 많고, 최우선 업무보다는 가시적인 업무에 더 몰두하는 등 비효율적으로 업무를 처리하고 있다. 또한 자신이 할 수 있는 일은 모두 도맡아서 하려는 경향이 있는데, 적절히 분배하여 진행하였다면 훨씬 빨리 업무를 마무리했을 것이다. 이렇게 남들보다 항상 일을 늦게 마치는 B과장은 일 외에 다른 여가생활을 즐기지 못하고 있어 스트레스도 많다.

① 인적자원관리능력
② 물적자원관리능력
③ 시간관리능력
④ 예산관리능력
⑤ 인적자원관리능력, 물적자원관리능력

47 A회사는 2024년에 회사 내의 스캐너 15개를 교체하려고 계획하고 있다. 스캐너 구매를 담당하고 있는 귀하가 사내 설문조사를 통해 부서별로 필요한 스캐너 기능을 확인하였을 때, 구매할 스캐너의 순위를 순서대로 바르게 나열한 것은?

구분	Q스캐너	T스캐너	G스캐너
제조사	미국 B회사	한국 C회사	독일 D회사
가격	180,000원	220,000원	280,000원
스캔 속도	40장 / 분	60장 / 분	80장 / 분
주요 특징	– 양면 스캔 가능 – 50매 연속 스캔 – 소비전력 절약 모드 지원 – 카드 스캔 가능 – 백지 Skip 기능 – 기울기 자동 보정 – A/S 1년 보장	– 양면 스캔 가능 – 타 제품보다 전력 소모 60% 절감 – 다양한 소프트웨어 지원 – PDF 문서 활용 가능 – 기울기 자동 보정 – A/S 1년 보장	– 양면 스캔 가능 – 빠른 스캔 속도 – 다양한 크기 스캔 – 100매 연속 스캔 – 이중급지 방지 장치 – 백지 Skip 기능 – 기울기 자동 보정 – A/S 3년 보장

> • 양면 스캔 가능 여부
> • 예산 4,200,000원까지 가능
> • A/S 1년 이상 보장
> • 50매 이상 연속 스캔 가능 여부
> • 카드 크기부터 계약서 크기 스캔 지원
> • 기울기 자동 보정 여부

① T스캐너 – Q스캐너 – G스캐너
② G스캐너 – Q스캐너 – T스캐너
③ G스캐너 – T스캐너 – Q스캐너
④ Q스캐너 – G스캐너 – T스캐너
⑤ Q스캐너 – T스캐너 – G스캐너

48 다음 글의 내용이 참일 때, 반드시 참인 것을 〈보기〉에서 모두 고르면?

최근 두 주 동안 직원들은 다음 주에 있을 연례 정책 브리핑을 준비해 왔다. 브리핑의 내용과 진행에 관해 알려진 바는 다음과 같다. 개인건강정보 관리 방식 변경에 관한 가안이 정책제안에 포함된다면, 보건정보의 공적 관리에 관한 가안도 정책제안에 포함될 것이다. 그리고 정책제안을 위해 구성되었던 국민건강 2025팀이 재편된다면, 앞에서 언급한 두 개의 가안이 모두 정책제안에 포함될 것이다. 개인건강정보 관리 방식 변경에 관한 가안이 정책제안에 포함되고 국민건강 2025팀 리더인 최팀장이 다음 주 정책 브리핑을 총괄한다면, 프레젠테이션은 국민건강 2025팀의 팀원인 손공정씨가 맡게 될 것이다. 그런데 보건정보의 공적 관리에 관한 가안이 정책제안에 포함될 경우, 국민건강 2025팀이 재편되거나 다음 주 정책 브리핑을 위해 준비한 보도자료가 대폭 수정될 것이다. 한편, 직원들 사이에서는 최팀장이 다음 주 정책 브리핑을 총괄하면 팀원 손공정씨가 프레젠테이션을 담당한다는 말이 돌았으나 그 말은 틀린 것으로 밝혀졌다.

보기

ㄱ. 개인건강정보 관리 방식 변경에 관한 가안과 보건정보의 공적 관리에 관한 가안 중 어느 것도 정책제안에 포함되지 않는다.

ㄴ. 국민건강 2025팀은 재편되지 않고, 이 팀의 최팀장이 다음 주 정책 브리핑을 총괄한다.

ㄷ. 보건정보의 공적 관리에 관한 가안이 정책제안에 포함된다면 다음 주 정책 브리핑을 위해 준비한 보도자료가 대폭 수정될 것이다.

① ㄱ

② ㄴ

③ ㄱ, ㄷ

④ ㄴ, ㄷ

⑤ ㄱ, ㄴ, ㄷ

※ P공사의 컴퓨터 기기의 유지 및 보수 업무를 담당하는 Y사원은 세 개의 부서에서 받은 컴퓨터 점검 및 수리 요청 내역과 수리요금표를 다음과 같이 정리하였다. 이어지는 질문에 답하시오. **[49~51]**

〈점검·수리 요청 내역〉

구분	수리 요청 내역	요청인원(명)	비고
A부서	RAM 8GB 교체	12	요청인원 중 3명은 교체+추가 설치 희망
	SSD 250GB 추가 설치	5	–
	프로그램 설치	20	• 문서작성 프로그램 : 10명 • 3D 그래픽 프로그램 : 10명
B부서	HDD 1TB 교체	4	요청인원 모두 교체 시 HDD 백업 희망
	HDD 포맷·배드섹터 수리	15	–
	바이러스 치료 및 백신 설치	6	–
C부서	외장 VGA 설치	1	–
	HDD 데이터 복구	1	• 원인 : 하드웨어적 증상 • 복구용량 : 270GB
	운영체제 설치	4	공사에 미사용 정품 설치 USB 보유

※ HDD 데이터 복구의 경우 서비스센터로 PC를 가져가 진행한다.

〈수리요금표〉

구분	수리 내역		서비스 비용(원)	비고
H/W	교체 및 설치	RAM(8GB)	8,000	부품비용 : 96,000원
		HDD(1TB)	8,000	부품비용 : 50,000원
		SSD(250GB)	9,000	부품비용 : 110,000원
		VGA(포스 1060i)	10,000	부품비용 : 300,000원
	HDD 포맷·배드섹터 수리		10,000	–
	HDD 백업		100,000	–
S/W	프로그램 설치		6,000	그래픽 관련 프로그램 설치 시 개당 추가 1,000원의 비용 발생
	바이러스 치료 및 백신 설치		10,000	–
	운영체제 설치		15,000	정품 미보유 시 정품 설치 USB 개당 100,000원의 비용 발생
	드라이버 설치		7,000	–
데이터 복구	하드웨어적 원인(~ 160GB)		160,000	초과용량의 경우 1GB당 5,000원의 비용 발생
	소프트웨어적 원인		180,000	–

※ 프로그램·드라이버 설치 서비스 비용은 개당 비용이다.
※ H/W를 교체·설치하는 경우 수리요금은 서비스 비용과 부품 비용을 합산하여 청구한다.
※ 하나의 PC에 같은 부품을 여러 개 교체·설치하는 경우 부품의 개수만큼 서비스 비용이 발생한다.

49 다음 중 A부서의 수리 요청 내역별 수리요금을 바르게 나열한 것은?

	수리 요청 내역	수리요금
①	RAM 8GB 교체	1,248,000원
②	RAM 8GB 교체	1,560,000원
③	SSD 250GB 추가 설치	550,000원
④	프로그램 설치	100,000원
⑤	프로그램 설치	120,000원

50 다음 중 B부서에 청구되어야 할 수리비용은 얼마인가?

① 742,000원

② 778,000원

③ 806,000원

④ 842,000원

⑤ 876,000원

51 HDD 데이터 복구를 요청한 C부서의 U과장이 Y사원에게 며칠 후에 PC를 다시 받을 수 있는지를 물어왔다. 다음을 참고했을 때, Y사원이 U과장에게 안내할 기간은?

〈데이터 복구 관련 안내문〉

• 복구 전 진단을 시행하며, 이때 소요되는 시간은 2시간입니다.
• 시간당 데이터 복구량은 7.5GB입니다.
• 수리를 마친 다음 날 직접 배송해 드립니다.

① 3일

② 4일

③ 5일

④ 6일

⑤ 7일

52 글로벌 기업인 C회사는 외국 지사와 화상 회의를 진행하기로 하였다. 모든 국가는 오전 8시부터 오후 6시까지가 업무 시간이고 한국 현지 시각 기준으로 오후 4시부터 5시까지 회의를 진행한다고 할 때, 다음 중 회의에 참석할 수 없는 국가는?(단, 서머타임을 시행하는 국가는 +1:00을 반영한다)

국가	시차	국가	시차
파키스탄	-4:00	불가리아	-6:00
오스트레일리아	+1:00	영국	-9:00
싱가포르	-1:00	-	-

※ 낮 12시부터 1시까지는 점심시간이므로 회의를 진행하지 않는다.
※ 서머타임 시행 국가 : 영국

① 파키스탄
② 오스트레일리아
③ 싱가포르
④ 불가리아
⑤ 영국

53 A대리는 사내 체육대회의 추첨에서 당첨된 직원들에게 나누어줄 경품을 선정하고 있다. 〈조건〉의 명제가 모두 참일 때, 다음 중 반드시 참인 것은?

> **조건**
> • A대리는 펜, 노트, 가습기, 머그컵, 태블릿PC, 컵받침 중 3종류의 경품을 선정한다.
> • 머그컵을 선정하면 노트는 경품에 포함하지 않는다.
> • 노트는 반드시 경품에 포함된다.
> • 태블릿PC를 선정하면, 머그컵을 선정한다.
> • 태블릿PC를 선정하지 않으면, 가습기는 선정되고 컵받침은 선정되지 않는다.

① 가습기는 경품으로 선정되지 않는다.
② 머그컵과 가습기 모두 경품으로 선정된다.
③ 컵받침은 경품으로 선정된다.
④ 태블릿PC는 경품으로 선정된다.
⑤ 펜은 경품으로 선정된다.

54 진영이는 이번 출장에 KTX표를 미리 구매하여 40% 할인된 가격에 구매하였으나, 출장 일정이 바뀌는 바람에 하루 전날 표를 취소하였다. 환불 규정에 따라 16,800원을 돌려받았을 때, 할인되지 않은 KTX표의 가격은?

<KTX 환불 규정>

출발 2일 전	출발 1일 전 ~ 열차 출발 전	열차 출발 후
100%	70%	50%

① 40,000원
② 48,000원
③ 56,000원
④ 67,200원
⑤ 70,000원

55 자동차 회사에서 기계설비를 담당하는 귀하는 12월 주말근무표 초안을 작성하였는데, 이를 토대로 대체근무자를 미리 반영하려고 한다. 다음 중 귀하가 배정한 인원으로 옳지 않은 것은?

• 주말근무 규정
① 1 ~ 3팀은 순차적으로 주말근무를 실시한다.
② 주말근무 후에는 차주 월요일(토요일 근무자) 및 화요일(일요일 근무자)을 휴무일로 한다.
③ 주말 이틀 연속 근무는 금한다.
④ 주말근무 예정자가 개인사정으로 인하여 근무가 어렵다면, 해당 주 휴무이거나 혹은 근무가 없는 팀의 일원 1명과 대체한다.

• 12월 주말 근무표

구분	1주 차		2주 차		3주 차		4주 차	
	5일(토)	6일(일)	12일(토)	13일(일)	19일(토)	20일(일)	26일(토)	27일(일)
근무자	1팀	2팀	3팀	1팀	2팀	3팀	1팀	2팀

• 기계설비팀 명단
1팀 : 강단해(팀장), 마징가, 차도선, 이방원, 황이성, 강의찬
2팀 : 사차원(팀장), 박정훈, 이도균, 김선우, 정선동, 박아천
3팀 : 마강수(팀장), 이정래, 하선오, 이광수, 김동수, 김대호

	휴무예정일자	휴무예정자	사유	대체근무자	대체근무일
①	12/5(토)	차도선	가족여행	하선오	12/12(토)
②	12/12(토)	이정래	지인 결혼식	박정훈	12/27(일)
③	12/19(토)	이도균	건강검진	이방원	12/13(일)
④	12/20(일)	이광수	가족여행	강의찬	12/26(토)
⑤	12/27(일)	박아천	개인사정	김대호	12/12(토)

※ 다음은 경쟁관계에 있는 A기업과 B기업이 각각의 제품을 광고할 때의 수익구조를 나타낸 표이다. 이어지는 질문에 답하시오. [56~57]

〈제품별 수익구조〉

(단위 : 억)

구분		B기업	
		제품 M	제품 H
A기업	제품 M	(6, 1)	(−2, 8)
	제품 H	(−2, 6)	(6, 4)

〈분기별 매출증감률〉

시기	제품 M	제품 H
1분기	0%	50%
2분기	−50%	0%
3분기	0%	−50%
4분기	50%	0%

※ 수익구조에서 괄호 안의 숫자는 각 기업의 홍보로 인한 월 수익을 의미한다.
※ 분기별 매출액 50% 증가 시 : 월 수익 50% 증가, 월 손해 50% 감소
※ 분기별 매출액 50% 감소 시 : 월 수익 50% 감소, 월 손해 50% 증가

56 1분기에 광고를 하는 경우, A기업과 B기업의 수익의 합이 가장 클 때와 작을 때의 합은?

① 18억
② 20억
③ 24억
④ 28억
⑤ 30억

57 A기업과 B기업이 3분기에 서로 수익이 가장 최소가 되는 제품의 광고를 피하기로 한 경우, 선택하지 말아야 하는 것은?

	A기업	B기업
①	제품 H	제품 H
②	제품 H	제품 M
③	제품 M	제품 H
④	제품 M	제품 M
⑤		상관없음

58 다음 글을 근거로 판단할 때, 〈보기〉의 갑과 을 사업이 각각 받아야 하는 평가의 수는?

- A평가

  평가의 대상은 총 사업비가 500억 원 이상인 사업 중 중앙정부의 재정지원(국비) 규모가 300억 원 이상인 신규 사업으로 건설공사가 포함된 사업, 정보화·국가연구개발 사업, 사회복지·보건·교육·노동·문화·관광·환경보호·농림·해양수산·산업·중소기업 분야의 사업이다.

  단, 법령에 따라 설치하거나 추진하여야 하는 사업, 공공청사 신·증축사업, 도로·상수도 등 기존 시설의 단순개량 및 유지보수사업, 재해예방 및 복구지원 등으로 시급한 추진이 필요한 사업은 평가 대상에서 제외된다.

  ※ 법령 : 국회에서 제정한 법률과 행정부에서 제정한 명령(대통령령·총리령·부령)을 의미한다.

- B평가

  신규 사업의 시행이 환경에 미치는 영향을 미리 조사·예측·평가하는 것이다. 평가 대상은 도시 개발사업, 도로건설사업, 철도건설사업(도시철도 포함), 공항건설사업이다.

- C평가

  대량의 교통수요를 유발할 우려가 있는 신규 사업을 시행할 경우, 미리 주변지역의 교통 체계에 미치는 제반 영향을 분석·평가하여 이에 따른 대책을 강구하는 평가이다. 평가의 대상은 다음과 같다.

종류	기준
도시개발사업	부지면적 $10만m^2$ 이상
철도건설사업	정거장 1개소 이상, 총길이 5km 이상

보기

- 갑 사업 : ○○광역시가 시행 주체가 되어 추진하는 부지면적 12만 5천m^2에 보금자리주택을 건설하는 신규 도시개발사업으로, 총 사업비 520억 원 중 100억 원을 국비로, 420억 원을 시비로 조달했다.
- 을 사업 : 최근 국회에서 제정한 '△△광역시 철도건설특별법률'에 따라 △△광역시에 정거장 7개소, 총길이 18km의 철도를 건설하는 신규 사업으로, 총 사업비 4,300억 원을 전액 국비로 지원받았다.

	갑 사업	을 사업
①	2개	2개
②	2개	3개
③	3개	1개
④	3개	2개
⑤	3개	3개

59 실속과 품격을 따지기로 유명한 G회사에서 새로운 기계를 구매하기 위해 검토 중이라는 소문을 B회사 영업사원인 귀하가 입수했다. G회사 구매 담당자인 A상무는 회사 방침에 따라 실속(가격)이 최우선이며 그 다음이 품격(디자인)이고 구매하려는 기계의 제작사들이 비슷한 기술력을 가지고 있기 때문에 성능은 다 같다고 생각하고 있다. 따라서 사후관리(A/S)를 성능보다 우선시하고 있다고 한다. 귀하는 오늘 경쟁사와 자사 기계에 대한 종합 평가서를 참고하여 A상무를 설득시킬 계획이다. 귀하가 A상무에게 할 수 있는 설명으로 옳지 않은 것은?

구분	A사	B사	C사	D사	E사	F사
성능(높은 순)	1	4	2	3	6	5
디자인(평가가 좋은 순)	3	1	2	4	5	6
가격(낮은 순)	1	3	5	6	4	2
A/S 특징(신속하고 철저한 순)	6	2	5	3	1	4

※ 숫자는 순위를 나타낸다.

① A사 제품은 가격은 가장 저렴하나 A/S가 늦고 철저하지 않습니다. 우리 제품을 사면 제품 구매 비용은 A사보다 많이 들어가나 몇 년 운용을 해보면 실제 A/S 지체 비용으로 인한 손실액이 A사보다 적기 때문에 실제로 이익입니다.

② C사 제품보다는 우리 회사 제품이 가격이나 디자인 면에서 우수하고 A/S 또한 빠르고 정확하기 때문에 비교할 바가 안 됩니다. 성능이 우리 것보다 조금 낫다고는 하나 사실 이 기계의 성능은 서로 비슷하기 때문에 우리 회사 제품이 월등하다고 볼 수 있습니다.

③ D사 제품은 먼저 가격에서나 디자인 그리고 A/S에서 우리 제품을 따라올 수 없습니다. 성능도 엇비슷하기 때문에 결코 우리 회사 제품과 견줄 것이 못 됩니다.

④ E사 제품은 A/S 면에서 가장 좋은 평가를 받고 있으나 성능 면에서 가장 뒤처지기 때문에 고려할 가치가 없습니다. 특히 A/S가 잘 되어있다면 오히려 성능이 뒤떨어져서 일어나는 사인이기 때문에 재고할 가치가 없습니다.

⑤ F사 제품은 우리 회사 제품보다 가격은 저렴하지만 A/S나 디자인 면에서 우리 제품이 더 좋은 평가를 받고 있으므로 우리 회사 제품이 더 뛰어납니다.

60 K시의 버스정류소 명칭 관리 및 운영계획을 근거로 판단할 때 옳은 것은?(단, 모든 정류소는 K시 내에 있다)

〈버스정류소 명칭 관리 및 운영계획〉

□ 정류소 명칭 부여기준
- 글자 수 : 15자 이내로 제한
- 명칭 수 : 2개 이내로 제한
  - 정류소 명칭은 지역대표성 명칭을 우선으로 부여
  - 2개를 병기할 경우 우선순위대로 하되, ·으로 구분

우선순위	지역대표성 명칭			특정법인(개인) 명칭	
	1	2	3	4	5
명칭	고유지명	공공기관, 공공시설	관광지	시장, 아파트, 상가, 빌딩	기타 (회사, 상점 등)

□ 정류소 명칭 변경 절차
- 자치구에서 명칭 부여기준에 맞게 홀수달 1일에 신청
  - 홀수달 1일에 하지 않은 신청은 그 다음 홀수달 1일 신청으로 간주
- 부여기준에 적합한지를 판단하여 시장이 승인 여부를 결정
- 관련기관은 정류소 명칭 변경에 따른 정비를 수행
- 관련기관은 정비 결과를 시장에게 보고

명칭 변경 신청 (자치구) ▶ 명칭 변경 승인 (시장) ▶ 명칭 변경에 따른 정비(관련 기관) ▶ 정비 결과 보고 (관련기관)

홀수달 1일 신청 / 신청일로부터 5일 이내 / 승인일로부터 7일 이내 / 정비완료일로부터 3일 이내

※ 단, 주말 및 공휴일도 일수(日數)에 산입하며, 당일(신청일, 승인일, 정비완료일)은 일수에 산입하지 않는다.

---

① 자치구가 7월 2일에 정류소 명칭 변경을 신청한 경우, K시의 시장은 늦어도 7월 7일까지는 승인 여부를 결정해야 한다.

② 자치구가 8월 16일에 신청한 정류소 명칭 변경이 승인될 경우, 늦어도 9월 16일까지는 정비 결과가 시장에게 보고된다.

③ '가나시영3단지'라는 정류소 명칭을 '가나서점·가나3단지아파트'로 변경하는 것은 명칭 부여 기준에 적합하다.

④ '다라중학교·다라동1차아파트'라는 정류소 명칭은 글자 수가 많아 명칭 부여 기준에 적합하지 않다.

⑤ 명칭을 변경하는 정류소에 '마바구도서관·마바시장·마바물산'이라는 명칭이 부여될 수 있다.

정답 및 해설 p.032

01 다음 글을 하나의 논증이라고 할 때, 이 논증에 대한 서술로 적절한 것을 〈보기〉에서 모두 고르면?

> 어떤 수학적 체계가 모든 사람에게 동일한 것이기 위해서 다음 두 조건이 모두 만족되어야 한다는 것은 분명하다. 우선, 이성적 판단 능력을 지닌 주체들이 그 체계에 대한 판단에서 언제나 완전한 합의를 이룰 수 있어야 한다. 이런 조건이 충족된다면, 누구나 자신의 판단과 다른 주체의 판단을 비교함으로써 어느 판단이 사실과 더 잘 부합하는지 확인할 수 있을 것이다. 두 번째 조건은 그 체계를 적용하여 판단을 내릴 때, 그런 판단에 도달하는 과정이 모든 주체에서 동일해야 한다는 것이다. 과정의 동일성은 전제나 결론의 동일성 못지않게 중요하다.
>
> 그런데 자연수의 체계는 이러한 두 조건 가운데 어느 것도 만족하지 않는다. 우선 자연수 체계는 우리가 세계를 해석하는 데 적용할 수 있는 하나의 틀이고, 세계를 해석하는 데는 다양한 체계가 동원될 수 있기 때문이다. 두 번째 조건도 충족되기 어려워 보인다. 예를 들어 자연수의 체계를 적용하여 두 물체의 크기를 비교할 때 어떤 사람은 두 물체를 각각 특정한 자연수에 대응시키는 방식을 취하지만, 어떤 사람은 한 물체의 크기를 100에 대응시킨 후 나머지 물체의 크기에 대응하는 자연수를 찾기 때문이다.

보기

> ㄱ. 수학적 체계가 모든 사람에게 동일한 것이기 위한 필요조건을 제시하였다.
> ㄴ. 이 논증에 따르면 자연수 체계는 모든 사람에게 동일한 체계라고 볼 수 없다.
> ㄷ. 예시를 통해 서두에 제시된 동일성 조건의 부적절성을 보이려 했다.
> ㄹ. 제시된 조건에 부합하는 사례와 그렇지 않은 사례를 대비시켜 개념을 명료화했다.

① ㄱ, ㄴ
② ㄴ, ㄷ
③ ㄴ, ㄹ
④ ㄱ, ㄴ, ㄷ
⑤ ㄱ, ㄷ, ㄹ

02 다음 밑줄 친 ㉠이 의미하는 내용으로 가장 적절한 것은?

오늘날 유전 과학자들은 유전자의 발현에 관한 ㉠ 물음에 관심을 갖고 있다. 맥길 대학의 연구팀은 이 물음에 답하려고 연구를 수행하였다. 어미 쥐가 새끼를 핥아주는 성향에는 편차가 있다. 어떤 어미는 다른 어미보다 더 많이 핥아주었다. 많이 핥아주는 어미가 돌본 새끼들은 인색하게 핥아주는 어미가 돌본 새끼들보다 외부 스트레스에 무디게 반응했다. 게다가 인색하게 핥아주는 친어미에게서 새끼를 떼어내어 많이 핥아주는 양어미에게 두어 핥게 하면, 새끼의 스트레스 반응 정도는 양어미의 새끼 수준과 비슷해졌다.

연구팀은 어미가 누구든 많이 핥인 새끼는 그렇지 않은 새끼보다 뇌의 특정 부분, 특히 해마에서 글루코코르티코이드 수용체들, 곧 GR들이 더 많이 생겨났다는 것을 발견했다. 이렇게 생긴 GR의 수는 성체가 되어도 크게 바뀌지 않았다. GR의 수는 GR 유전자의 발현에 달려있다. 이 쥐들의 GR 유전자는 차이는 없지만 그 발현 정도에는 차이가 있을 수 있다. 이 발현을 촉진하는 인자 중 하나가 NGF 단백질인데, 많이 핥인 새끼는 그렇지 못한 새끼에 비해 NGF 수치가 더 높다.

스트레스 반응 정도는 코르티솔 민감성에 따라 결정되는데 GR이 많으면 코르티솔 민감성이 낮아지게 하는 되먹임 회로가 강화된다. 이 때문에 똑같은 스트레스를 받아도 많이 핥인 새끼는 그렇지 않은 새끼보다 더 무디게 반응한다.

① 코르티솔 유전자는 어떻게 발현되는가?
② 유전자는 어떻게 발현하여 단백질을 만드는가?
③ 핥아주는 성향의 유전자는 어떻게 발현되는가?
④ 후천 요소가 유전자의 발현에 영향을 미칠 수 있는가?
⑤ 유전자 발현에 영향을 미치는 유전 요인에는 무엇이 있는가?

03 다음 글을 읽고 A학자의 언어체계에서 표기와 그 의미를 연결한 것으로 옳지 않은 것은?

A학자는 존재하는 모든 사물을 자연적인 질서에 따라 나열하고 그것들의 지위와 본질을 표현하는 적절한 기호를 부여하면 보편 언어를 만들 수 있다고 생각했다.

이를 위해 A학자는 우선 세상의 모든 사물을 40개의 '속(屬)'으로 나누고, 속을 다시 '차이(差異)'로 세분했다. 예를 들어 8번째 속인 돌은 순서대로 아래와 같이 6개의 차이로 분류된다.

(1) 가치 없는 돌

(2) 중간 가치의 돌

(3) 덜 투명한 가치 있는 돌

(4) 더 투명한 가치 있는 돌

(5) 물에 녹는 지구의 응결물

(6) 물에 녹지 않는 지구의 응결물

이 차이는 다시 '종(種)'으로 세분화되었다. 예를 들어, '가치 없는 돌'은 그 크기, 용도에 따라서 8개의 종으로 분류되었다.

이렇게 사물을 전부 분류한 다음에 A학자는 속, 차이, 종에 문자를 대응시키고 표기하였다.

예를 들어, 7번째 속부터 10번째 속까지는 다음과 같이 표기된다.

(7) 원소 : de

(8) 돌 : di

(9) 금속 : do

(10) 잎 : gw

차이를 나타내는 표기는 첫 번째 차이부터 순서대로 b, d, g, p, t, c, z, s, n을 사용했고, 종은 순서대로 w, a, e, i, o, u, y, yi, yu를 사용했다. 따라서 'di'는 돌을 의미하고 'dib'는 가치 없는 돌을 의미하며, 'diba'는 가치 없는 돌의 두 번째 종을 의미한다.

① ditu – 물에 녹는 지구의 응결물의 여섯 번째 종

② gwpyi – 잎의 네 번째 차이의 네 번째 종

③ dige – 덜 투명한 가치 있는 돌의 세 번째 종

④ deda – 원소의 두 번째 차이의 두 번째 종

⑤ donw – 금속의 아홉 번째 차이의 첫 번째 종

04 다음 글의 논증을 약화하는 것을 〈보기〉에서 모두 고르면?

나는 계통수 가설을 지지한다. 그것은 모든 유기체들이 같은 기원을 갖는다고 말한다. 지구상의 식물과 동물이 공통의 조상을 갖는다고 생각하는 이유는 무엇인가?

이 물음에 답하는 데 사용되는 표준 증거는 유전 암호가 보편적이라는 점이다. DNA 암호를 전사 받은 메신저 RNA는 뉴클레오타이드 3개가 코돈을 이루고 하나의 코돈이 하나의 아미노산의 유전 정보를 지정한다. 예를 들어 코돈 UUU는 페닐알라닌의 정보를, 코돈 AUA는 아이소류신의 정보를, 코돈 GCU는 알라닌의 정보를 지정한다. 각각의 아미노산의 정보를 지정하기 위해 사용되는 암호는 모든 생명체에서 동일하다. 이것은 모든 지상의 생명체가 연결되어 있다는 증거다.

생물학자들은 유전 암호가 임의적이어서 어떤 코돈이 특정한 아미노산의 정보를 지정해야 할 기능적인 이유가 없다고 한다. 우리가 관찰하는 유전 암호가 가장 기능적으로 우수한 물리적 가능성을 갖는다면 모든 생물 종들이 각각 별도의 기원들은 갖고 있다고 하더라도 그 암호를 사용했으리라고 기대할 것이다. 그러나 유전 암호가 임의적인데도 그것이 보편적이라는 사실은 모든 생명이 공통의 기원을 갖는다는 가설을 옹호한다.

왜 언어학자들은 상이한 인간 언어들이 서로 이어져 있다고 믿는지 생각해 보자. 모든 언어가 수에 해당하는 단어를 포함한다는 사실은 그 언어들이 공통의 기원을 갖는다는 증거가 될 수 없다. 숫자는 명백한 기능적 효용성을 갖기 때문이다. 반면에 몇 종류의 언어들이 수에 비슷한 이름을 부여하고 있다는 사실은 놀라운 증거가 된다. 가령, 2를 의미하는 프랑스어 단어는 'deux', 이탈리아어 단어는 'due', 스페인어 단어는 'dos'로 유사하다. 수에 대한 이름들은 임의적으로 선택되기 때문에 이런 단어들의 유사성은 이 언어들이 공통의 기원을 갖는다는 강력한 증거가 된다. 이렇게 적응으로 생겨난 유사성과 달리 임의적 유사성은 생명체가 공통의 조상을 가지고 있다는 강력한 증거가 된다.

보기

ㄱ. UUU가 페닐알라닌이 아닌 다른 아미노산의 정보를 지정하는 것이 기능적으로 불가능한 이유가 있다.

ㄴ. 사람은 유아기에 엄마가 꼭 필요하기 때문에 엄마를 의미하는 유아어가 모든 언어에서 발견된다.

ㄷ. 코돈을 이루는 뉴클레오타이드가 4개인 것이 3개인 것보다 기능이 우수하다.

① ㄱ
② ㄴ
③ ㄱ, ㄷ
④ ㄴ, ㄷ
⑤ ㄱ, ㄴ, ㄷ

우리 마을 사람들의 대부분은 산에 있는 밭이나 과수원에서 일한다. 그런데 마을 사람들이 밭이나 과수원에 갈 때 주로 이용하는 도로의 통행을 가로막는 울타리가 설치되었다. 그 도로는 산의 밭이나 과수원까지 차량이 통행할 수 있는 유일한 길이었다. 이러한 도로가 사유지 보호라는 명목으로 막혀서 땅 주인과 마을 사람들 간의 갈등이 심해지고 있다.

마을 사람들의 항의에 대해서 땅 주인은 자신의 사유 재산이 더 이상 훼손되는 것을 간과할 수 없어 통행을 막았다고 주장한다. 그 도로가 사유 재산이므로 독점적이고 배타적인 사용 권리가 있어서 도로 통행을 막은 것이 정당하다는 것이다.

마을 사람들은 그 도로가 10년 가까이 공공으로 사용되어 왔는데 사유 재산이라는 이유로 갑자기 통행을 금지하는 것은 부당하다고 주장하고 있다. 도로가 막히면 밭이나 과수원에서 농사를 짓는 데 불편함이 크고 수확물을 차에 싣고 내려올 수도 없는 등의 피해를 입게 되는데, 개인의 권리 행사 때문에 이러한 피해를 입는 것은 부당하다는 것이다.

사유 재산에 대한 개인의 권리가 보장받는 것도 중요하지만, 그로 인해 다수가 피해를 입게 된다면 사익보다 공익을 우선시하여 개인의 권리가 제한되어야 한다고 생각한다. 만일 개인의 권리가 공익을 위해 제한되지 않으면 이번 일처럼 개인과 다수 간의 갈등이 발생할 수밖에 없다.

땅 주인은 사유 재산의 독점적이고 배타적인 사용을 주장하기에 앞서 마을 사람들이 생업의 곤란으로 겪는 어려움을 염두에 두어야 한다. 공익을 우선시하는 태도로 조속히 문제 해결을 위해 노력해야 할 것이다.

① 땅 주인은 개인의 권리 추구에 앞서 마을 사람들과 함께 더불어 살아가는 법을 배워야 한다.

② 마을 사람들과 땅 주인의 갈등은 민주주의의 다수결의 원칙에 따라 해결해야 한다.

③ 공익으로 인해 침해된 땅 주인의 사익은 적절한 보상을 통해 해결될 수 있다.

④ 땅 주인의 권리 행사로 발생하는 피해가 법적으로 증명되어야만 땅 주인의 권리를 제한할 수 있다.

⑤ 해당 도로는 10년 가까이 공공으로 사용되었기 때문에 사유 재산으로 인정받을 수 없다.

06 다음 글의 논지를 약화하는 내용으로 가장 적절한 것은?

과학 연구는 많은 자원을 소비하지만 과학 연구에 사용할 수 있는 자원은 제한되어 있다. 따라서 우리는 제한된 자원을 서로 경쟁적인 관계에 있는 연구 프로그램들에게 어떻게 배분하는 것이 옳은가라는 물음에 직면한다. 이 물음에 관해 생각해 보기 위해 상충하는 두 연구 프로그램 A와 B가 있다고 해보자. 현재로서는 A가 B보다 유망해 보이지만 어떤 것이 최종적으로 성공하게 될지 아직 아무도 모른다. 양자의 관계를 고려하면, A가 성공하고 B가 실패하거나, A가 실패하고 B가 성공하거나, 아니면 둘 다 실패하거나 셋 중 하나이다. 합리적 관점에서 보면 A와 B가 모두 작동할 수 있을 정도로, 그리고 그것들이 매달리고 있는 문제가 해결될 확률을 극대화하는 방향으로 자원을 배분해야 한다. 그렇게 하려면 자원을 어떻게 배분해야 할까?

이 물음에 답하려면 구체적인 사항들에 대한 세세한 정보가 필요하겠지만, 한 쪽에 모든 자원을 투입하고 다른 쪽에는 아무것도 배분하지 않는 것은 어떤 경우에도 현명한 방법이 아니다. 심지어 A가 B보다 훨씬 유망해 보이는 경우라도 A만 선택하여 지원하는 '선택과 집중' 전략보다는 '나누어 걸기' 전략이 더 바람직하다. 이유는 간단하다. 현재 유망한 연구 프로그램이 쇠락의 길을 걷게 될 수도 있고 반대로 현재 성과가 미미한 연구 프로그램이 얼마 뒤 눈부신 성공을 거둘 가능성이 있기 때문이다. 따라서 현명한 사회에서는 대부분의 자원을 A에 배분하더라도 적어도 어느 정도의 자원은 B에 배분할 것이다. 다른 조건이 동일하다고 가정하면, 현재 시점에서 평가된 각 연구 프로그램의 성공 확률에 비례하는 방식으로 자원을 배분하는 것이 합리적일 것이다. 이런 원칙은 한 영역에 셋 이상 다수의 상충하는 연구 프로그램이 경쟁하고 있는 경우에도 똑같이 적용될 수 있다. 물론 적절한 주기로 연구 프로그램을 평가하여 자원 배분의 비율을 조정하는 일은 잊지 않아야 한다.

① '선택과 집중' 전략은 기업의 투자 전략으로 바람직하지 않다.
② 연구 프로그램들에 대한 현재의 비교 평가 결과는 몇 년 안에 확연히 달라질 수도 있다.
③ 상충하는 연구 프로그램들이 모두 작동하기 위해서는 배분 가능한 것 이상의 자원이 필요한 경우가 발생할 수 있다.
④ 연구 프로그램이 아무리 많다고 하더라도 그것 중에 최종적으로 성공하게 되는 것이 하나도 없을 가능성이 존재한다.
⑤ 과학 연구에 투입되는 자원의 배분은 사회의 성패와 관련된 것이므로 한 사람이나 몇몇 사람의 생각으로 결정해서는 안 된다.

07 다음 대화의 빈칸 ㉠에 들어갈 내용으로 가장 적절한 것은?

> 갑 : 안녕하십니까? 저는 공립학교인 A고등학교 교감입니다. 우리 학교의 교육 방침을 명확히 밝히는 조항을 학교 규칙(이하 '학칙')에 새로 추가하려고 합니다. 이때 준수해야 할 것이 무엇입니까?
>
> 을 : 네. 학교에서 학칙을 제정하고자 할 때에는「초·중등교육법」(이하 '교육법')에 어긋나지 않는 범위에서 제정이 이루어져야 합니다.
>
> 갑 : 그렇군요. 그래서 교육법 제8조 제1항의 학교의 장은 '법령'의 범위에서 학칙을 제정할 수 있다는 규정에 근거해서 학칙을 만들고 있습니다. 그런데 최근 우리 도(道) 의회에서 제정한「학생인권조례」의 내용을 보니, 우리 학교에서 만들고 있는 학칙과 어긋나는 것이 있습니다. 이러한 경우에 법적 판단은 어떻게 됩니까?
>
> 을 : _____㉠_____
>
> 갑 : 교육법 제8조 제1항에서는 '법령'이라는 용어를 사용하고, 제10조 제2항에서는 '조례'라는 용어를 사용하고 있으니 교육법에서는 법령과 조례를 구분하는 것으로 보입니다.
>
> 을 : 그것은 다른 문제입니다. 교육법 제10조 제2항의 조례는 법령의 위임을 받아 제정되는 위임입법입니다. 제8조 제1항에서의 법령에는 조례가 포함된다고 해석하고 있으며, 이 경우에 제10조제 2항의 조례와는 그 성격이 다르다고 할 수 있습니다.
>
> 갑 : 교육법 제8조 제1항은 초·중등학교 운영의 자율과 책임을 위한 것인데 이러한 조례로 인해서 오히려 학교 교육과 운영이 침해당하는 것 아닙니까?
>
> 을 : 교육법 제8조 제1항의 목적은 학교의 자율과 책임을 당연히 존중하는 것입니다. 다만 학칙을 제정할 때에도 국가나 지자체에서 반드시 지킬 것을 요구하는 최소한의 한계를 법령의 범위라는 말로 표현한 것입니다. 더욱이 학생들의 학습권, 개성을 실현할 권리 등은 헌법에서 보장된 기본권에서 나오고 교육법 제18조의4에서도 학생의 인권을 보장하도록 규정하고 있습니다. 최근「학생인권조례」도 이러한 취지에서 제정되었습니다.

① 학칙의 제정을 통하여 학교 운영의 자율과 책임뿐 아니라 학생들의 학습권과 개성을 실현할 권리가 제한될 수 있습니다.

② 법령에 조례가 포함된다고 해석할 여지는 없지만 교육법의 체계상「학생인권조례」를 따라야 합니다.

③ 교육법 제10조 제2항에 따라 조례는 입법 목적이나 취지와 관계없이 법령에 포함됩니다.

④「학생인권조례」에는 교육법에 어긋나는 규정이 있지만 학칙은 이 조례를 따라야 합니다.

⑤ 법령의 범위에 있는「학생인권조례」의 내용에 반하는 학칙은 교육법에 저촉됩니다.

08 다음 글의 수정 방안으로 가장 적절한 것은?

최근 사물인터넷에 대한 사람들의 관심이 부쩍 늘고 있다. 사물인터넷은 '인터넷을 기반으로 모든 사물을 연결하여 사람과 사물, 사물과 사물 간에 정보를 상호 소통하는 지능형 기술 및 서비스'를 말한다.

⊙ ┌ 통계에 따르면 사물인터넷은 전 세계적으로 민간 부문 14조 4,000억 달러, 공공 부문 4조 6,000억 달러에 달하는 경제적 가치를 창출할 것으로 ⓒ 예상되며 그 가치는 더욱 커질 것으로 기대된다. 그래서 사물인터넷 사업은 국가 경쟁력을 확보할 수 있는 미래 산업으로서 그 중요성이 강조되고 있으며, 이에 선진국들은 에너지, 교통, 의료, 안전 등 다양한 분야에 걸쳐 투자하고 있다. 그러나 우리나라는 정부 차원의 경제적 지원이 부족하여 사물인터넷 산업이 활성화되는 데 어려움이 있다. 또한 국내의 기업들은 사물인터넷 시장의 불확실성 때문에 적극적으로 └ 투자에 나서지 못하고 있으며, 사물인터넷 관련 기술을 확보하지 못하고 있는 실정이다. ⓒ <u>그 결과 우리나라의 사물인터넷 시장은 선진국에 비해 확대되지 못하고 있다.</u>

그렇다면 국내 사물인터넷 산업을 활성화하기 위한 방안은 무엇일까? 우선 정부에서는 사물인터넷 산업의 기반을 구축하는 데 필요한 정책과 제도를 정비하고, 관련 기업에 경제적 지원책을 마련해야 한다. 또한 수익성이 불투명하다고 느끼는 기업으로 하여금 투자를 하도록 유도하여 사물인터넷 산업이 발전할 수 있도록 해야 한다. 그리고 기업들은 이동 통신 기술 및 차세대 빅데이터 기술 개발에 집중하여 사물인터넷으로 인해 발생하는 대용량의 데이터를 원활하게 수집하고 분석할 수 있는 기술력을 ⓔ 확증해야 할 것이다.

ⓜ <u>사물인터넷은 세상을 연결하여 소통하게 하는 끈이다. 이런 사물인터넷은 우리에게 편리한 삶을 약속할 뿐만 아니라 경제적 가치를 창출할 미래 산업으로 자리매김할 것이다.</u>

① ⊙ : 서로 다른 내용을 다루고 있는 부분이 있으므로 문단을 두 개로 나눈다.

② ⓒ : 불필요한 피동 표현에 해당하므로 '예상하며'로 수정한다.

③ ⓒ : 앞 문장의 결과라기보다는 원인이므로 '그 이유는 우리나라의 사물인터넷 시장은 선진국에 비해 확대되지 못하고 있기 때문이다.'로 수정한다.

④ ⓔ : 문맥상 어울리지 않는 단어이므로 '확인'으로 바꾼다.

⑤ ⓜ : 글과 상관없는 내용이므로 삭제한다.

09 A는 공기업 취업스터디에 가입하여 평소 입사하고 싶었던 H공사를 맡아 분석하기로 하였다. 자료를 찾아보던 중 H공사의 친환경 활동에 대한 글을 보게 되었고, 내용을 간략히 적어 발표하려고 한다. 다음 중 A가 정리한 주제로 적절하지 않은 것은?

- 변전소 주거용 복합건물은 전자계에 의한 인체 영향 논란이 지속되는 현실에서 국민에게 전자계에 대한 올바른 정보를 제공하고 전력설비에 대한 새로운 인식을 심어주고자 도심 내에서 혐오시설로 인식되는 변전소를 지하에 배치시키고 그 위에 H공사 직원을 위한 아파트를 건설하는 사업입니다. 실제 주거용 복합건물의 전자계를 측정한 결과 우리가 일상생활에서 늘 사용하는 냉장고, TV 같은 가전제품과 비교해도 현저히 낮은 수치가 발생하는 것이 입증되었습니다. H공사는 앞으로 환경, 사람, 지역과 조화를 이루는 전력설비 건설을 계속 추진해 나갈 계획입니다.
- 현재 지중에 설치된 맨홀은 배수시설이 없고 오염물이 유입되어 대부분의 맨홀이 심각하게 오염되었으며 청소과정에서 주변지역으로 배출되기 때문에 주변 환경오염에 심각한 원인이 될 수 있습니다. 이에 맨홀에서 발생하는 오수를 정화하여 방류하기 위해서 당사에서는 맨홀 청소와 오수처리 작업이 동시에 가능한 장비를 개발하였습니다. 장비의 개발로 인하여 기존 작업의 문제점을 해결하였고, 작업시간의 단축을 실현하였으며, 기존 인력 작업으로 인한 경제적 손실을 장비의 활용으로 개선하고, 작업의 효율성을 증대하였습니다. 본 장비의 현장 적용으로 작업자의 안전, 도로 결빙, 차량 정체, 민원 발생 등 여러 문제점을 해결할 수 있을 것입니다.
- 기존의 전주는 회색콘크리트가 자연경관과 조화를 이루지 못하여 경관을 해치는 혐오시설로 인식되어 왔습니다. 이러한 인식을 불식시키고자 자연경관에 조화를 이루도록 녹색, 적갈색의 천연광물로 만든 도료로 색칠하여 환경 친화적인 전주를 만들었습니다. 앞으로도 H공사는 환경과 조화를 이루는 전력설비 건설을 계속 추진해 나갈 계획입니다.
- 서울 시내에 지상에 설치되어 있는 기기(변압기, 개폐기)에 대하여 주민들의 이설 및 설치 반대 민원이 증가하고 있습니다. 이에 H공사의 이미지를 압축한 지상기기 설치로 고객 친화 홍보효과를 제고하기 위하여 기존의 특성과 기능을 유지한 채 미관을 고려한 새로운 외함을 개발하게 되었습니다. 이를 통하여 도심경관에서도 사랑받을 수 있는 설비가 되도록 지속적으로 디자인을 개발하고 확대 보급할 예정입니다.
- 가공 송전선로 건설공사의 철탑을 설치하기 위하여 필요한 건설 자재는 운반용 자재 운반로를 개설하여 시공하는 것이 경제적이며 일반적으로 적용하는 공법이나, 이로 인한 산림의 훼손이 불가피함에 따라 친환경적인 시공법에 대한 도입이 적극적으로 요구되고 있습니다. H공사는 산림자원 및 자연환경 보전에 대한 인식 확산에 따라 가공 송전선로 건설공사 시공 시 산림의 형질 변경을 최소화하고자 삭도 및 헬기를 이용하여 공사용 자재를 운반함으로써 산림자원 보전에 기여하고 있습니다.

---

① 친환경 주거용 복합변전소 건설
② 배전용 맨홀 청소 및 오수 처리장비 개발
③ 환경 친화 칼라전주 개발 사용
④ 도심미관을 해치는 지상기기
⑤ 삭도 및 헬기를 이용한 공사용 자재 운반

10 다음 글을 근거로 판단할 때, 〈보기〉에서 옳은 것을 모두 고르면?

현대적 의미의 시력 검사법은 1909년 이탈리아의 나폴리에서 개최된 국제안과학회에서 란돌트 고리를 이용한 검사법을 국제 기준으로 결정하면서 탄생하였다. 란돌트 고리란 시력 검사표에서 흔히 볼 수 있는 C자형 고리를 말한다. 란돌트 고리를 이용한 시력 검사에서는 5m 거리에서 직경이 7.5mm인 원형 고리에 있는 1.5mm 벌어진 틈을 식별할 수 있는지 없는지를 판단한다. 5m 거리의 1.5mm이면 각도로 따져서 약 1′(1분)에 해당한다. 1°(1도)의 1/60이 1′이고, 1′의 1/60이 1″(1초)이다. 이 시력 검사법에서는 구분 가능한 최소 각도가 1′일 때를 1.0의 시력으로 본다. 시력은 구분 가능한 최소 각도와 반비례한다. 예를 들어 구분할 수 있는 최소 각도가 1′의 2배인 2′이라면 시력은 1.0의 1/2배인 0.5이다. 만약 이 최소 각도가 0.5′이라면, 즉 1′의 1/2배라면 시력은 1.0의 2배인 2.0이다. 마찬가지로 최소 각도가 1′의 4배인 4′이라면 시력은 1.0의 1/4배인 0.25이다. 일반적으로 시력 검사표에는 2.0까지 나와 있지만 실제로는 이보다 시력이 좋은 사람도 있다. 천문학자 A는 5″까지의 차이도 구분할 수 있었던 것으로 알려져 있다.

보기

ㄱ. 구분할 수 있는 최소 각도가 10′인 사람의 시력은 0.1이다.
ㄴ. 천문학자 A의 시력은 12인 것으로 추정된다.
ㄷ. 구분할 수 있는 최소 각도가 1.25′인 갑은 0.1′인 을보다 시력이 더 좋다.

① ㄱ
② ㄱ, ㄴ
③ ㄴ, ㄷ
④ ㄱ, ㄷ
⑤ ㄱ, ㄴ, ㄷ

11 다음 글의 논지 전개 구조를 바르게 설명한 것은?

> ㉠ 중국에 생원이 있듯이 우리나라에는 양반이 있다. 중국의 고정림(顧亭林)이 온 천하 사람이 생원이 되는 것을 우려하였던 것처럼 나는 온 나라 사람이 양반이 되는 것을 우려한다.
>
> ㉡ 그런데 양반의 폐단은 더욱 심한 바가 있다. 생원은 실제로 과거에 응시해서 생원 칭호를 얻는 것이지만, 양반은 문무관(文武官)도 아니면서 허명(虛名)만 무릅쓰는 것이다.
>
> ㉢ 생원은 정원(定員)이 있으나 양반은 도대체 한절(限節)이 없으며, 생원은 세월이 지남에 따라 변천이 있으나 양반은 한번 얻으면 백세토록 버리지 않는다.
>
> ㉣ 항차 생원의 폐는 양반이 모두 다 겸하여 지녔음에랴.
>
> ㉤ 그러하니 내가 바라는 바는, 온 나라 사람이 양반이 되어 온 나라에 양반이 없는 것과 같이 되도록 하는 것이다.

① ㉡·㉢·㉣은 ㉤의 근거가 된다.

② ㉠은 이 글의 중심 문단이다.

③ ㉡은 ㉠의 상술 문단이다.

④ ㉢은 ㉠의 상술 문단이다.

⑤ ㉣은 ㉠의 부연 문단이다.

12 다음 글에 나오는 답변에 대한 반박으로 적절한 것을 〈보기〉에서 모두 고르면?

> Q : 신이 어떤 행위를 하라고 명령했기 때문에 그 행위가 착한 것인가, 아니면 오히려 그런 행위가 착한 행위이기 때문에 신이 그 행위를 하라고 명령한 것인가?
>
> A : 여러 경전에서 신은 우리에게 정직할 것을 명령한다. 우리가 정직해야 하는 이유는 단지 신이 정직하라고 명령했기 때문이다. 따라서 한 행위가 착한 행위가 되기 위해서는 신이 그 행위를 하라고 명령해야 한다. 다시 말해 만일 신이 어떤 행위를 하라고 명령하지 않는다면, 그 행위는 착한 것이 아니다.

보기

ㄱ. 만일 신이 우리에게 정직하라고 명령하지 않았다면, 정직한 것은 착한 행위도 못된 행위도 아니다. 정직함을 착한 행위로 만드는 것은 바로 신의 명령이다.

ㄴ. 만일 신이 이산화탄소 배출량을 줄이기 위해 재생에너지를 쓰라고 명령하지 않았다면 그 행위는 착한 행위가 될 수 없을 것이다. 하지만 신이 그렇게 명령한 적이 없더라도 그 행위는 착한 행위이다.

ㄷ. 장기 기증은 착한 행위이다. 하지만 신이 장기 기증을 하라고 명령했다는 그 어떤 증거나 문서도 존재하지 않으며 신이 그것을 명령했다고 주장하는 사람도 없다.

ㄹ. 어떤 사람은 원수를 죽이는 것이 신의 명령이라고 말하고 다른 사람은 원수를 죽이는 것이 신의 명령이 아니라고 말한다. 사람들이 신의 명령이라고 말한다고 해서 그것이 정말로 신의 명령인 것은 아니다.

---

① ㄷ
② ㄹ
③ ㄴ, ㄷ
④ ㄱ, ㄴ, ㄹ
⑤ ㄱ, ㄴ, ㄷ, ㄹ

인공지능(AI)을 통한 얼굴 인식 프로그램은 인간의 표정을 통해 감정을 분석한다. 인간의 표정을 인식하여 슬픔·기쁨·놀라움·분노 등을 얼마나 느끼고 있는지 정량적으로 보여주는 것이다.

많은 AI 기업들이 이와 같은 얼굴 인식 프로그램을 개발하고 있다. 미국의 한 AI 기업은 표정을 식별하여 감정을 읽어내는 안면 인식 기술인 '레코그니션(Recognition)'을 개발하였고, 대만의 다른 AI 기업은 인간의 표정을 인식해 그 사람의 나이와 성별, 감정을 식별하는 '페이스 미(Face Me)'를 공개하였다.

　　⊙　　인간의 표정으로 감정을 읽는 것은 매우 비과학적이다. 얼굴의 움직임과 내적 감정 상태의 명확한 연관성을 찾기 어렵기 때문이다. 인간의 표정에서 감정 상태를 유추할 만한 증거는 거의 없으며, 사람들은 감정을 느껴도 얼굴을 움직이지 않을 수 있다. 심지어 다른 사람에게 자신의 감정을 속이는 것도 가능하다. 게다가 표정은 문화적 맥락과도 관련이 있기 때문에 서양인과 동양인의 기쁨·슬픔에 대한 표정은 다를 수 있다.

　　⊙　　채용이나 법 집행 등 민감한 상황에서 감정인식 기술을 사용하는 것은 금지해야 한다. 현재 안면 및 감정 인식 기술을 광고 마케팅이나 채용 인터뷰, 범죄 수사 등에 활용하고 있는 것은 매우 위험하다. 인간의 감정은 계량화가 불가능하며, 이러한 인간의 감정을 알고리즘화하려는 시도 자체가 잘못된 것이다.

13 다음 중 글쓴이의 주장을 뒷받침하는 근거로 적절하지 않은 것은?

① 감정은 상황, 신체 움직임, 부끄러움이나 흥분할 때 나오는 호르몬 반응 등 다양한 요소들이 작용한 결과이다.

② 얼굴 인식을 통해 감정을 파악하는 기술은 인간이 행복할 때는 웃고 화가 날 때면 얼굴을 찌푸린다는 단순한 가설에 기대고 있다.

③ 실제로 경찰에서 사용 중인 거짓말 탐지기조차도 증거 능력에 대해 인정하지 않고 참고 용도로만 사용하고 있다.

④ AI가 제공해 주는 과학적이고 분석적인 데이터를 통해 더 자세히 지원자의 감정을 파악할 수 있다.

⑤ 사람들은 '눈을 감은 채 입을 크게 벌리고 있는 홍조 띤 남자 사진'을 보고 화가 난 표정이라고 이야기했으나, 남자가 축구 선수라는 사실을 알게 되자 골 세리머니로 흥분한 표정이라고 생각을 바꾸었다.

14 다음 중 빈칸 ⊙, ⓒ에 들어갈 접속어를 순서대로 바르게 나열한 것은?

	⊙	ⓒ
①	그러므로	그러나
②	그러므로	또한
③	그러나	또한
④	그러나	따라서
⑤	그래서	따라서

15 다음 글에 대한 비판으로 가장 적절한 것은?

> 철학이 현실 정치에서 꼭 필요한 것이라고 생각하는 사람은 드물 것이다. 인간 사회는 다양한 개인들이 모여 구성한 것이며 현실의 다양한 이해와 가치가 충돌하는 장이다. 이 현실의 장에서 철학은 비현실적이고 공허한 것으로 보이기 쉽다. 그렇다면 올바른 정치를 하기 위해 통치자가 해야 할 책무는 무엇일까? 통치자는 대립과 갈등의 인간 사회를 조화롭고 평화롭게 만들기 위해서 선과 악, 옳고 그름을 명확히 판단할 수 있는 기준을 제시해야 할 것이다.
>
> 개인들은 자신의 입장에서 자신의 이해관계를 관철시키기 위해 의견을 개진한다. 의견들을 제시하여 소통함으로써 사람들은 합의를 도출하기도 하고 상대방을 설득하기도 한다. 이렇게 보면 의견의 교환과 소통은 선과 악, 옳고 그름을 판단하는 기준을 마련해 줄 수 있을 것처럼 보인다. 하지만 의견을 통한 합의나 설득은 사람들로 하여금 일시적으로 옳은 것을 옳다고 믿게 할 수는 있지만 절대적이고 영원한 기준을 찾을 수는 없다.
>
> 절대적이고 영원한 기준은 현실의 가변적 상황과는 무관한, 진리 그 자체여야 한다. 따라서 인간 사회의 판단 기준을 제시할 수 있는 사람은 바로 철학자이다. 철학자야말로 진리와 의견의 차이점을 분명히 파악할 수 있으며 절대적 진리를 궁구할 수 있기 때문이다. 따라서 철학자가 통치해야 인간 사회의 갈등을 완전히 해소하고 사람들의 삶을 올바르게 이끌 수 있다.

① 인간 사회의 판단 기준이 가변적이라 해도 개별 상황에 적합한 합의 도출을 통해 사회 갈등을 완전히 해소할 수 있다.

② 다양한 의견들의 합의를 이루기 위해서는 개별 상황 판단보다 높은 차원의 판단 능력과 기준이 필요하다.

③ 인간 사회의 판단 기준이 현실의 가변적 상황과 무관하다고 해서 비현실적인 것은 아니다.

④ 정치적 의견은 이익을 위해 왜곡될 수 있지만 철학적 의견은 진리에 순종한다.

⑤ 철학적 진리는 일상 언어로 표현된 의견과 뚜렷이 구분된다.

16 다음은 최근 15주 동안 활동한 가수 A, B그룹의 곡에 대한 매주 스트리밍 지수이다. 이에 대한 설명으로 옳은 것은?

〈가수 그룹별 곡 스트리밍 지수〉

구분	A그룹			B그룹		
	몬스터	로또	라이프	파이어	블러드	스프링
1주	80,426	75,106	73,917	62,653	84,355	95,976
2주	89,961	78,263	76,840	66,541	86,437	94,755
3주	70,234	70,880	74,259	64,400	88,850	86,489
4주	64,094	72,009	79,969	66,146	89,855	88,385
5주	73,517	65,789	78,334	64,255	79,119	82,952
6주	62,447	69,467	74,077	62,165	78,191	75,362
7주	65,236	69,750	73,954	63,828	78,715	79,666
8주	65,719	67,919	72,926	41,320	69,823	78,749
9주	66,355	69,447	67,790	34,610	66,360	77,281
10주	65,353	64,035	68,103	39,569	59,052	75,454
11주	64,743	61,917	68,834	36,224	58,656	72,083
12주	61,815	60,534	45,226	29,816	55,893	70,002
13주	67,362	55,092	40,213	25,757	57,571	65,022
14주	59,142	56,906	39,157	26,983	56,663	58,972
15주	59,222	47,991	30,218	26,512	54,253	67,518

① A, B그룹의 곡 중에서 1주부터 3주까지 스트리밍 지수 합이 가장 큰 3곡을 순서대로 나열하면 '스프링 - 몬스터 - 블러드'이다.

② 라이프의 10주 스트리밍 지수는 블러드의 14주 스트리밍 지수의 1.2배 미만이다.

③ 8주 대비 9주의 스트리밍 지수 증가율이 가장 높은 곡은 A그룹의 몬스터이다.

④ 15주 동안 A그룹의 몬스터 스트리밍 지수가 B그룹의 블러드 스트리밍 지수보다 높았던 주는 6번 이상이다.

⑤ A, B그룹 모든 곡의 6주와 15주 스트리밍 지수 합의 차는 123,995이다.

17 다음은 1930 ~ 1934년 동안 A지역의 곡물 재배면적 및 생산량을 정리한 자료이다. 이에 대한 설명으로 옳은 것은?

〈A지역의 곡물 재배면적 및 생산량〉

(단위 : 천 정보, 천 석)

곡물	구분	1930년	1931년	1932년	1933년	1934년
미곡	재배면적	1,148	1,100	998	1,118	1,164
	생산량	15,276	14,145	13,057	15,553	18,585
맥류	재배면적	1,146	773	829	963	1,034
	생산량	7,347	4,407	4,407	6,339	7,795
두류	재배면적	450	283	301	317	339
	생산량	1,940	1,140	1,143	1,215	1,362
잡곡	재배면적	334	224	264	215	208
	생산량	1,136	600	750	633	772
서류	재배면적	59	88	87	101	138
	생산량	821	1,093	1,228	1,436	2,612
전체	재배면적	3,137	2,468	2,479	2,714	2,883
	생산량	26,520	21,385	20,585	25,176	31,126

① 1931 ~ 1934년 동안 재배면적의 전년 대비 증감 방향은 미곡과 두류가 동일하다.

② 생산량은 매년 두류가 서류보다 많다.

③ 재배면적은 매년 잡곡이 서류의 2배 이상이다.

④ 1934년 재배면적당 생산량이 가장 큰 곡물은 미곡이다.

⑤ 1933년 미곡과 맥류 재배면적의 합은 1933년 곡물 재배면적 전체의 70% 이상이다.

18 다음은 2023년 3분기 품목별 주요 수출 애로요인 현황이다. 다음 〈보기〉에서 자료에 대한 옳은 설명을 한 사람은 누구인가?(단, 구성비는 업종별 기업들이 여러 애로요인들 중 가장 개선이 시급한 애로사항으로 응답한 비율이며, 기타 사유는 없다)

〈2023년 3분기 품목별 주요 수출 애로요인〉

(단위 : %)

업종	1위		2위	
	사유	구성비	사유	구성비
농수산물	원화환율 변동성 확대	17.5	원재료 가격 상승	14.2
철강 및 비철금속 제품	원재료 가격 상승	16.0	수출대상국의 경기 부진	12.7
가전제품	원재료 가격 상승	19.4	물류비용 상승	13.9
기계류	수출대상국의 경기 부진	15.7	바이어의 가격 인하 요구	13.9
반도체	원재료 가격 상승	18.7	바이어의 가격 인하 요구	12.0
전기·전자제품	원재료 가격 상승	16.4	수출대상국의 경기 부진	14.0
생활용품	수출대상국의 경기 부진	14.2	원재료 가격 상승	13.8

김대리 : 기계류와 반도체를 모두 생산하는 S기업은 주요 수출 애로요인 1순위로 원재료 가격 상승을 뽑았을 거야.

유주임 : 반도체 업종의 기업 중 주요 수출 애로요인으로 수출대상국의 경기 부진을 꼽은 기업의 구성비는 전기·전자제품에 비해 낮아.

최사원 : 생활용품에 비해 농수산물이 환율 변화에 크게 영향을 받는 업종이네.

박과장 : 조사에 참여한 모든 기업들 중 가장 많은 기업들이 애로요인으로 뽑은 항목은 원재료 가격 상승이다.

① 김대리, 유주임
② 김대리, 최사원
③ 유주임, 최사원
④ 유주임, 김과장
⑤ 최사원, 김과장

19 다음은 2022년 A ~ C지역의 0 ~ 11세 인구 자료이다. 이에 대한 〈보기〉의 설명으로 옳은 것을 모두 고르면?(단, 나이는 만으로 계산한다)

〈A ~ C지역의 0 ~ 11세 인구〉

(단위 : 명)

나이 \ 지역	A	B	C	합계
0세	104,099	70,798	3,219	178,116
1세	119,264	76,955	3,448	199,667
2세	119,772	74,874	3,397	197,904
3세	120,371	73,373	3,397	197,141
4세	134,576	80,575	3,722	218,873
5세	131,257	76,864	3,627	211,748
6세	130,885	77,045	3,682	211,612
7세	124,285	72,626	3,530	200,441
8세	130,186	76,968	3,551	210,705
9세	136,415	81,236	3,477	221,128
10세	124,326	75,032	3,155	202,513
11세	118,363	72,584	2,905	193,852
합계	1,493,799	908,930	41,110	2,443,700

※ 인구 이동 및 사망자는 없음
※ (나이)=(당해연도)-(출생연도)

보기

ㄱ. 2020년에 출생한 A, B지역 인구의 합은 2019년에 출생한 A, B지역 인구의 합보다 크다.
ㄴ. C지역의 0 ~ 11세 인구 대비 6 ~ 11세 인구 비율은 2022년이 2021년보다 높다.
ㄷ. 2022년 A ~ C지역 중, 5세 인구가 가장 많은 지역과 0세 인구의 5세 인구 대비 비율이 가장 높은 지역은 동일하다.
ㄹ. 2023년에 C지역의 6 ~ 11세 인구의 합은 전년 대비 증가한다.

① ㄱ, ㄴ
② ㄱ, ㄷ
③ ㄱ, ㄹ
④ ㄴ, ㄷ
⑤ ㄴ, ㄹ

20 다음은 공공기관 공사 발주현황에 대한 자료이다. 이에 대한 보고서의 설명으로 옳은 것을 모두 고르면?

〈공공기관 공사 발주현황〉

(단위 : 건, 십억 원)

구분		2020년		2021년		2022년	
		건수	금액	건수	금액	건수	금액
정부기관	소계	10,320	7,669	10,530	8,175	8,475	7,384
	대형공사	92	1,886	92	2,065	91	1,773
	소형공사	10,228	5,783	10,438	6,110	8,384	5,611
지방자치단체	소계	22,043	10,114	22,033	9,674	29,000	11,426
	대형공사	73	1,476	53	1,107	61	1,137
	소형공사	21,970	8,638	21,980	8,567	28,939	10,289

※ 공공기관은 정부기관과 지방자치단체로만 구분됨

〈보고서〉

정부기관과 지방자치단체의 공사 발주현황을 100억 원 이상의 대형공사와 100억 원 미만의 소형공사로 구분하여 조사하였다. ㉠ 공공기관 전체의 대형공사와 소형공사 발주금액은 각각 매년 증가하였다. ㉡ 2022년 공공기관 전체 대형공사의 2020년 대비 발주건수는 감소하였고, 소형공사의 발주건수는 증가한 것으로 나타났다. ㉢ 매년 공공기관 전체에서 대형공사가 소형공사보다 발주건수는 적지만, 대형공사 발주금액이 소형공사 발주금액보다 크다는 것을 알 수 있다.
2022년의 경우 정부기관 발주건수 8,475건, 발주금액 7조 3,840억 원 가운데 대형공사 91건이 1조 7,730억 원을 차지하는 것으로 나타났다. ㉣ 같은 해 정부기관 발주공사 중에서 대형공사가 차지하는 발주건수의 비율은 2% 미만이지만 공사금액의 비율은 20% 이상을 차지하고 있으며, ㉤ 지방자치단체의 공사 발주규모는 소형공사가 대형공사보다 건수와 금액 모두 큰 것으로 나타났다.

① ㉠, ㉡

② ㉡, ㉣

③ ㉠, ㉢, ㉣

④ ㉡, ㉢, ㉤

⑤ ㉡, ㉣, ㉤

21 다음은 A ~ D국의 성별 평균소득과 대학진학률의 격차지수만으로 계산한 간이 성평등지수에 대한 자료이다. 이에 대한 〈보기〉의 설명으로 옳은 것을 모두 고르면?

〈A ~ D국의 성별 평균소득, 대학진학률 및 간이 성평등지수〉

(단위 : 달러, %)

항목 국가	평균소득			대학진학률			간이 성평등지수
	여성	남성	격차지수	여성	남성	격차지수	
A	8,000	16,000	0.50	68	48	1.00	0.75
B	36,000	60,000	0.60	( )	80	( )	( )
C	20,000	25,000	0.80	70	84	0.83	0.82
D	3,500	5,000	0.70	11	15	0.73	0.72

※ 격차지수는 남성 항목값 대비 여성 항목값의 비율로 계산하며, 그 값이 1을 넘으면 1로 함
※ 간이 성평등지수는 평균소득 격차지수와 대학진학률 격차지수의 산술 평균임
※ 격차지수와 간이 성평등지수는 소수점 셋째 자리에서 반올림한 값임

보기

ㄱ. A국의 여성 평균소득과 남성 평균소득이 각각 1,000달러씩 증가하면 A국의 간이 성평등지수는 0.80 이상이 된다.
ㄴ. B국의 여성 대학진학률이 85%이면 간이 성평등지수는 B국이 C국보다 높다.
ㄷ. D국의 여성 대학진학률이 4%p 상승하면 D국의 간이 성평등지수는 0.80 이상이 된다.

① ㄱ
② ㄴ
③ ㄷ
④ ㄱ, ㄴ
⑤ ㄱ, ㄷ

22 다음은 특정 분야의 기술에 대한 정보검색 건수를 연도별로 나타낸 자료이다. 이에 대한 〈보기〉의 설명으로 옳은 것을 모두 고르면?

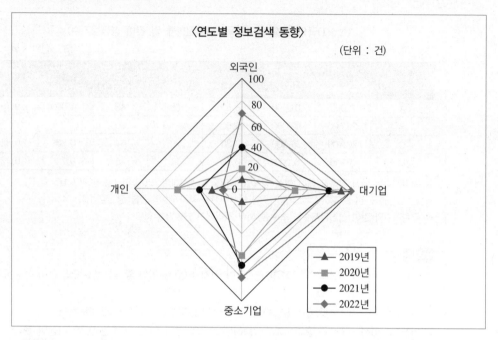

보기

ㄱ. 전체 검색 건수는 2020년에 가장 적었다.
ㄴ. 중소기업의 검색 건수는 2019년부터 2022년까지 계속 증가하고 있다.
ㄷ. 2019년부터 2022년까지 검색 건수 총합은 대기업이 가장 많았다.
ㄹ. 2021년에는 외국인과 개인의 검색 건수가 가장 적었고, 중소기업의 검색 건수가 가장 많았다.

① ㄱ, ㄴ
② ㄴ, ㄷ
③ ㄷ, ㄹ
④ ㄱ, ㄴ, ㄷ
⑤ ㄴ, ㄷ, ㄹ

23 다음은 통신사 갑, 을, 병의 스마트폰 소매가격 및 평가점수 자료이다. 이에 대한 〈보기〉의 설명으로 옳은 것을 모두 고르면?

〈통신사별 스마트폰의 소매가격 및 평가점수〉

(단위 : 달러, 점)

통신사	스마트폰	소매가격	평가항목					종합품질점수
			화질	내비게이션	멀티미디어	배터리수명	통화성능	
갑	A	150	3	3	3	3	1	13
	B	200	2	2	3	1	2	( )
	C	200	3	3	3	1	1	( )
을	D	180	3	3	3	2	1	( )
	E	100	2	3	3	2	1	11
	F	70	2	1	3	2	1	( )
병	G	200	3	3	3	2	2	( )
	H	50	3	2	3	2	1	( )
	I	150	3	2	2	3	2	12

※ 스마트폰의 종합품질점수는 해당 스마트폰의 평가항목별 평가점수의 합임

보기

ㄱ. 소매가격이 200달러인 스마트폰 중 종합품질점수가 가장 높은 스마트폰은 C이다.

ㄴ. 소매가격이 가장 낮은 스마트폰은 종합품질점수도 가장 낮다.

ㄷ. 통신사 각각에 대해서 해당 통신사 스마트폰의 통화성능 평가점수의 평균을 계산하여 통신사별로 비교하면 병이 가장 높다.

ㄹ. 평가항목 각각에 대해서 스마트폰 A ~ I 평가점수의 합을 계산하여 평가항목별로 비교하면 멀티미디어가 가장 높다.

① ㄱ
② ㄷ
③ ㄱ, ㄴ
④ ㄴ, ㄹ
⑤ ㄷ, ㄹ

24 다음은 반도체 항목별 EBSI 현황이며, 분기마다 직전 분기를 기준(100)으로 계산한 EBSI 표이다. 이에 대한 설명으로 옳은 것은?

EBSI(수출산업경기전망지수)란 수출산업의 경기 동향과 관련있는 수출상담, 계약, 수출단가, 수출채산성 등 15개 항목에 대해 설문조사를 실시해 수출업계의 체감경기를 파악하는 경기지표이다. 지수가 100을 상회하면 기업들이 향후 수출여건이 지금보다 개선될 것으로 전망한다는 뜻이다.

〈분기별 반도체 항목별 EBSI 현황〉

항목	2022년 1분기	2022년 2분기	2022년 3분기	2022년 4분기	2023년 1분기
수출상담	95.7	92.3	101.0	98.4	113.5
수출계약	95.7	96.7	100.9	95.1	138.7
수출상품제조원가	99.6	104.4	99.3	89.9	100.1
수출단가	98.8	103.8	99.3	81.6	74.2
수출채산성	99.2	103.3	99.6	76.5	126.9
수출국경기	95.4	89.5	100.9	97.0	111.6
국제수급상황	95.0	85.9	99.4	73.9	137.8
수입규제,통상마찰	143.0	100.9	98.8	55.2	140.8
설비가동률	99.8	114.6	101.5	92.3	150.6
자금사정	98.7	111.4	101.0	83.0	112.7

① 기업들은 2022년 3분기까지 국제수급상황이 개선되다가 2022년 4분기에 악화될 것이라고 전망한다.

② 기업들은 2022년 4분기 대비 2023년 1분기의 자금사정이 악화될 것이라고 생각한다.

③ 기업들은 2022년 1분기부터 2023년 1분기까지 수출단가가 계속해서 악화될 것이라고 생각한다.

④ 기업들은 2022년 1분기부터 2023년 1분기까지 전 분기 대비 수출채산성이 매 분기 악화와 개선을 반복할 것이라고 전망한다.

⑤ 기업들은 2021년 4분기 대비 2022년 2분기의 수출국경기가 더 안 좋아질 것이라고 전망한다.

25 다음 글을 근거로 판단할 때, A ~ D평가대상기관 중 최종순위 최상위 기관과 최하위 기관을 고르면?

⟨공공시설물 내진보강대책 추진실적 평가기준⟩

- 평가요소 및 점수부여
  - (내진성능 평가지수) $= \dfrac{(\text{내진성능평가 실적건수})}{(\text{내진보강 대상건수})} \times 100$
  - (내진보강 공사지수) $= \dfrac{(\text{내진보강공사 실적건수})}{(\text{내진보강 대상건수})} \times 100$
  - 산출된 지수 값에 따른 점수는 아래 표와 같이 부여한다.

구분	지수 값 최상위 1개 기관	지수 값 중위 2개 기관	지수 값 최하위 1개 기관
내진성능 평가점수	5점	3점	1점
내진보강 공사점수	5점	3점	1점

- 최종순위 결정
  - 내진성능 평가점수와 내진보강 공사점수의 합이 큰 기관에 높은 순위를 부여한다.
  - 합산 점수가 동점인 경우에는 내진보강 대상건수가 많은 기관을 높은 순위로 한다.

⟨평가대상기관의 실적⟩

(단위 : 건)

구분	A	B	C	D
내진성능 평가실적	82	72	72	83
내진보강 공사실적	91	76	81	96
내진보강 대상	100	80	90	100

	최상위 기관	최하위 기관
①	A	B
②	B	C
③	B	D
④	C	D
⑤	D	C

26 다음은 2018 ~ 2022년까지의 20 ~ 50대 연령대별 스마트 기기 보유율을 나타낸 자료이다. 다음 자료를 변형한 그래프로 가장 적절한 것은?(단, 모든 그래프의 단위는 %이다)

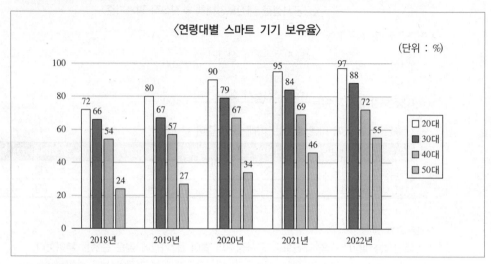

⟨연령대별 스마트 기기 보유율⟩
(단위 : %)

①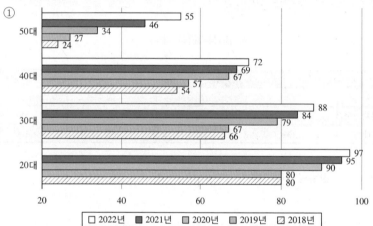

②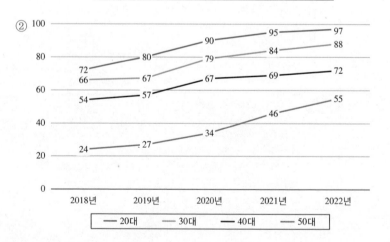

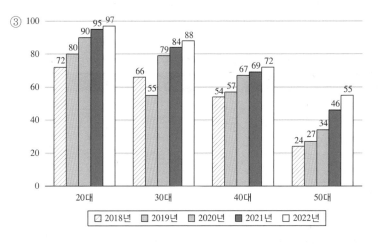

③

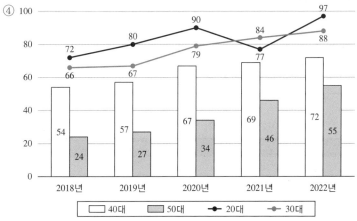

④

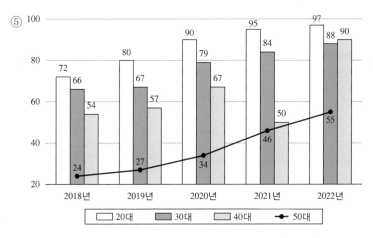

⑤

※ 다음은 5개 국가의 인구 현황을 나타낸 자료이다. 이어지는 질문에 답하시오. [27~28]

〈2022년 5개 국가 인구 현황〉

구분	전체 인구수	유소년 인구 비율	노년 인구 비율
A국	5,820만 명	19.4%	10.8%
B국	4,955만 명	18.8%	12.4%
C국	5,690만 명	17.9%	11.0%
D국	6,720만 명	21.2%	13.8%
E국	5,915만 명	20.6%	13.2%

〈2017년 5개 국가 인구 현황〉

구분	전체 인구수	유소년 인구 비율	노년 인구 비율
A국	5,822만 명	19.2%	11.1%
B국	5,125만 명	19.0%	11.9%
C국	5,820만 명	16.2%	11.2%
D국	6,880만 명	24.1%	16.1%
E국	5,880만 명	18.8%	12.2%

〈2012년 5개 국가 인구 현황〉

구분	전체 인구수	유소년 인구 비율	노년 인구 비율
A국	5,916만 명	18.8%	10.2%
B국	5,002만 명	20.1%	12.1%
C국	5,725만 명	16.8%	10.7%
D국	6,850만 명	23.8%	15.8%
E국	5,945만 명	19.2%	13.8%

※ 노령화지수 : 유소년 인구(0 ~ 14세)에 대한 노년 인구(65세 이상)의 비율
※ 생산가능 인구 비율 : (전체 인구수)−(유소년 인구수)−(노년층 인구수)

27 다음 〈보기〉에서 자료에 대한 설명으로 옳은 것을 모두 고르면?(단, 인구수는 버림하여 만의 자리까지 나타내고, 노령화지수는 버림하여 소수점 첫째 자리까지 나타낸다)

> **보기**
>
> ㄱ. 2012년과 2017년, 2022년 국가별 노령화지수를 1위부터 5위까지 나타냈을 때, 순위가 동일한 국가는 2개이다.
> ㄴ. 2012년과 2017년, 2022년 국가별 유소년 인구수를 1위부터 5위까지 정리한다고 할 때, 1위는 항상 동일하다.
> ㄷ. 2012년과 2017년, 2022년 국가별 노년 인구수를 1위부터 5위까지 정리한다고 할 때, 1 ~ 3위를 차지한 국가는 동일하다.
> ㄹ. 2022년에 2012년 대비 노년 인구수가 증가한 국가는 3개이다.

① ㄱ, ㄴ   ② ㄱ, ㄷ
③ ㄴ, ㄹ   ④ ㄱ, ㄴ, ㄹ
⑤ ㄴ, ㄷ, ㄹ

28 다음 자료를 참고하여 2022년 5개 국가 인구 현황을 기준으로 노년 부양비의 1위부터 5위 국가를 순서대로 나열한 것은?(단, 인구수는 버림하여 만의 자리까지 나타내고, 노년 부양비는 버림하여 소수점 셋째 자리까지 나타낸다)

> 〈자료〉
>
> 노년 부양비란 생산가능 인구(15 ~ 65세)에 대한 노년층 인구(65세 이상)의 비를 말한다.

① E − D − C − B − A   ② E − D − B − C − A
③ D − E − B − C − A   ④ E − D − B − A − C
⑤ D − E − B − A − C

29 다음은 갑 연구소에서 제습기 A ~ E 총 5개의 습도별 연간소비전력량을 측정한 자료이다. 이에 대한 〈보기〉의 설명으로 옳은 것을 모두 고르면?

〈제습기 A ~ E의 습도별 연간소비전력량〉

(단위 : kWh)

습도\제습기	40%	50%	60%	70%	80%
A	550	620	680	790	840
B	560	640	740	810	890
C	580	650	730	800	880
D	600	700	810	880	950
E	660	730	800	920	970

보기

ㄱ. 습도가 70%일 때 연간소비전력량이 가장 적은 제습기는 A이다.

ㄴ. 각 습도에서 연간소비전력량이 많은 제습기부터 순서대로 나열하면, 습도 60%일 때와 습도 70%일 때의 순서는 동일하다.

ㄷ. 습도가 40%일 때 제습기 E의 연간소비전력량은 습도가 50%일 때 제습기 B의 연간소비전력량보다 많다.

ㄹ. 제습기 각각에서 연간소비전력량은 습도가 80%일 때가 40%일 때의 1.5배 이상이다.

① ㄱ, ㄴ　　　　　　　　② ㄱ, ㄷ
③ ㄴ, ㄹ　　　　　　　　④ ㄱ, ㄷ, ㄹ
⑤ ㄴ, ㄷ, ㄹ

30 다음은 2018 ~ 2022년 A ~ E 5개국의 건강보험 진료비에 대한 자료이다. 이에 대한 〈보기〉의 설명으로 옳은 것을 모두 고르면?

〈A국의 건강보험 진료비 발생 현황〉

(단위 : 억 원)

구분		2018년	2019년	2020년	2021년	2022년
의료기관	소계	341,410	360,439	390,807	419,353	448,749
	입원	158,365	160,791	178,911	190,426	207,214
	외래	183,045	199,648	211,896	228,927	241,534
약국	소계	120,969	117,953	118,745	124,897	130,844
	처방	120,892	117,881	118,678	124,831	130,775
	직접조제	77	72	67	66	69
합계		462,379	478,392	509,552	544,250	579,593

〈A국의 건강보험 진료비 부담 현황〉

(단위 : 억 원)

구분	2018년	2019년	2020년	2021년	2022년
공단부담	345,652	357,146	381,244	407,900	433,448
본인부담	116,727	121,246	128,308	136,350	146,145
합계	462,379	478,392	509,552	544,250	579,593

〈국가별 건강보험 진료비의 전년 대비 증가율〉

(단위 : %)

구분	2018년	2019년	2020년	2021년	2022년
B	16.3	3.6	5.2	4.5	5.2
C	10.2	8.6	7.8	12.1	7.3
D	4.5	3.5	1.8	0.3	2.2
E	5.4	−0.6	7.6	6.3	5.5

보기

ㄱ. 2021년 건강보험 진료비의 전년 대비 증가율은 A국이 C국보다 크다.

ㄴ. 2019 ~ 2022년 동안 A국의 건강보험 진료비 중 약국의 직접조제 진료비가 차지하는 비중은 전년 대비 매년 감소한다.

ㄷ. 2019년 B국의 2017년 대비 건강보험 진료비의 비율은 1.2 이상이다.

① ㄱ
② ㄴ
③ ㄱ, ㄴ
④ ㄱ, ㄷ
⑤ ㄴ, ㄷ

이벤트에 당첨된 A ~ C 세 명에게 다음과 같은 〈조건〉에 따라 경품을 지급하였다. 〈보기〉에서 옳은 진술을 모두 고르면?

조건

- 지급된 경품은 냉장고, 세탁기, 에어컨, 청소기가 각각 프리미엄형과 일반형 1대씩이었고, 전자레인지는 1대였다.
- 당첨자 중 1등은 A, 2등은 B, 3등은 C였으며, 이 순서대로 경품을 각각 3개씩 가져갔다.
- A는 프리미엄형 경품을 총 2대 골랐는데, 프리미엄형 청소기는 가져가지 않았다.
- B는 청소기를 고르지 않았다.
- C가 가져간 경품 중 A와 겹치는 종류가 1개 있다.
- B와 C가 가져간 경품 중 겹치는 종류가 1개 있다.
- 한 사람이 같은 종류의 경품을 2개 이상 가져가지 않았다.

보기

㉠ C는 반드시 전자레인지를 가져갔을 것이다.
㉡ A는 청소기를 가져갔을 수도, 그렇지 않을 수도 있다.
㉢ B가 가져간 프리미엄형 가전은 최대 1개이다.
㉣ C는 프리미엄형 가전을 가져가지 못했을 것이다.

① ㉠, ㉡
② ㉢, ㉣
③ ㉠, ㉢
④ ㉡, ㉣
⑤ ㉠, ㉣

32 다음 글을 근거로 판단할 때, 아기 돼지 삼형제와 각각의 집을 바르게 연결한 것은?

- 아기 돼지 삼형제는 엄마 돼지로부터 독립하여 벽돌집, 나무집, 지푸라기집 중 각각 다른 한 채씩을 선택하여 짓는다.
- 벽돌집을 지을 때에는 벽돌만 필요하지만, 나무집은 나무와 지지대가, 지푸라기집은 지푸라기와 지지대가 재료로 필요하다. 지지대에 소요되는 비용은 집의 면적과 상관없이 나무집의 경우 20만 원, 지푸라기집의 경우 5만 원이다.
- 재료의 1개당 가격 및 집의 면적 1m²당 필요 개수는 다음과 같다.

구분	벽돌	나무	지푸라기
1개당 가격(원)	6,000	3,000	1,000
1m² 당 필요 개수	15	20	30

- 첫째 돼지 집의 면적은 둘째 돼지 집의 2배이고, 셋째 돼지 집의 3배이다. 삼형제 집의 면적의 총합은 11m²이다.
- 모두 집을 짓고 나니, 둘째 돼지 집을 짓는 재료 비용이 가장 많이 들었다.

	첫째	둘째	셋째
①	벽돌집	나무집	지푸라기집
②	벽돌집	지푸라기집	나무집
③	나무집	벽돌집	지푸라기집
④	지푸라기집	벽돌집	나무집
⑤	지푸라기집	나무집	벽돌집

33 다음 통역경비 산정기준과 상황을 근거로 판단할 때, A사가 B시에서 개최한 설명회에 쓴 총통역경비는?

〈통역경비 산정기준〉

통역경비는 통역료와 출장비(교통비, 이동보상비)의 합으로 산정한다.

• 통역료(통역사 1인당)

구분	기본요금(3시간까지)	추가요금(3시간 초과 시)
영어, 아랍어, 독일어	500,000원	100,000원/시간
베트남어, 인도네시아어	600,000원	150,000원/시간

• 출장비(통역사 1인당)
  – 교통비는 왕복으로 실비 지급
  – 이동보상비는 이동시간당 10,000원 지급

〈상황〉

A사는 2023년 3월 9일 B시에서 설명회를 개최하였다. 통역은 영어와 인도네시아어로 진행되었고, 영어 통역사 2명과 인도네시아어 통역사 2명이 통역하였다. 설명회에서 통역사 1인당 영어 통역은 4시간, 인도네시아어 통역은 2시간 진행되었다. B시까지는 편도로 2시간이 소요되며, 개인당 교통비는 왕복으로 100,000원이 들었다.

① 244만 원
② 276만 원
③ 288만 원
④ 296만 원
⑤ 326만 원

34 다음 글을 근거로 판단할 때, 甲이 통합력에 투입해야 하는 노력의 최솟값은?

- 업무역량은 기획력, 창의력, 추진력, 통합력의 4가지 부문으로 나뉜다.
- 부문별 업무역량 값을 수식으로 나타내면 다음과 같다.

  (부분별 업무역량 값)=[(해당 업무역량 재능)×4]+[(해당 업무역량 노력)×3]

  ※ 재능과 노력의 값은 음이 아닌 정수이다.
- 甲의 부문별 업무역량의 재능은 다음과 같다.

기획력	창의력	추진력	통합력
90	100	110	60

- 甲은 통합력의 업무역량 값을 다른 어떤 부문의 값보다 크게 만들고자 한다. 단, 甲이 투입 가능한 노력은 총 100이며 甲은 가능한 노력을 남김없이 투입한다.

---

① 57 　　　　　　　　　　　② 67

③ 68 　　　　　　　　　　　④ 69

⑤ 70

35 L전자는 3일 동안 진행되는 국제 전자제품 박람회에 참가하여 휴대폰, 가전, PC 총 3개의 부스를 마련하였다. 〈조건〉에 따라 근무한다고 할 때, 다음 중 옳지 않은 것은?

조건

- 마케팅팀 K과장, T대리, Y사원, P사원과 개발팀 S과장, D대리, O대리, C사원이 부스에 들어갈 수 있다.
- 부스에는 마케팅팀 1명과 개발팀 1명이 들어가는데, 각 부스 근무자는 매일 바뀐다.
- 모든 직원은 3일 중 2일을 근무해야 한다.
- 같은 직급끼리 한 부스에 근무하지 않으며, 한번 근무한 부스는 다시 근무하지 않는다.
- T대리는 1일 차에 가전 부스에서 근무한다.
- S과장은 2일 차에 휴대폰 부스에서 근무한다.
- PC 부스는 2일 차와 3일 차 연속으로 개발팀 근무자가 대리이다.
- 3일 차에 과장들은 출장을 가기 때문에 어느 부스에서도 근무하지 않는다.
- 휴대폰 부스는 장비 문제로 1일 차에는 운영하지 않는다.

---

① 1일 차에 근무하는 마케팅팀 사원은 없다.

② 개발팀 대리들은 휴대폰 부스에 근무하지 않는다.

③ 3일 차에 P사원이 가전 부스에 근무하면, Y사원은 PC 부스에 근무한다.

④ 과장은 PC 부스에 근무하지 않는다.

⑤ 가전 부스는 마케팅팀 과장과 개발팀 과장이 모두 근무한다.

다음 글을 근거로 판단할 때, 〈보기〉에서 옳은 것을 모두 고르면?

사슴은 맹수에게 계속 괴롭힘을 당하자 자신을 맹수로 바꾸어 달라고 산신령에게 빌었다. 사슴을 불쌍하게 여긴 산신령은 사슴에게 남은 수명 중 n년(n은 자연수)을 포기하면 여생을 아래 5가지의 맹수 중 하나로 살 수 있게 해주겠다고 했다.

사슴으로 살 경우의 1년당 효용은 40이며, 다른 맹수로 살 경우의 1년당 효용과 그 맹수로 살기 위해 사슴이 포기해야 하는 수명은 아래의 〈표〉와 같다. 예를 들어 사슴의 남은 수명이 12년일 경우 사슴으로 계속 산다면 $12 \times 40 = 480$의 총효용을 얻지만, 독수리로 사는 것을 선택한다면 $(12-5) \times 50 = 350$의 총효용을 얻는다.

사슴은 여생의 총효용이 줄어드는 선택은 하지 않으며, 포기해야 하는 수명이 사슴의 남은 수명 이상인 맹수는 선택할 수 없다. 1년당 효용이 큰 맹수일수록, 사슴은 그 맹수가 되기 위해 더 많은 수명을 포기해야 한다. 사슴은 자신의 남은 수명과 〈표〉의 '?'로 표시된 수를 알고 있다.

〈표〉

맹수	1년당 효용	포기해야 하는 수명(년)
사자	250	14
호랑이	200	?
곰	170	11
악어	70	?
독수리	50	5

보기

ㄱ. 사슴의 남은 수명이 13년이라면, 사슴은 곰을 선택할 것이다.

ㄴ. 사슴의 남은 수명이 20년이라면, 사슴은 독수리를 선택하지는 않을 것이다.

ㄷ. 호랑이로 살기 위해 포기해야 하는 수명이 13년이라면, 사슴의 남은 수명에 따라 사자를 선택했을 때와 호랑이를 선택했을 때 여생의 총효용이 같은 경우가 있다.

① ㄴ
② ㄷ
③ ㄱ, ㄴ
④ ㄴ, ㄷ
⑤ ㄱ, ㄴ, ㄷ

37 상준이는 건강상의 이유로 운동을 하기로 했다. 상준이가 선택한 운동은 복싱인데, 월요일부터 일요일까지 3일을 선택하여 오전 또는 오후에 운동을 하기로 했다. 〈조건〉을 토대로 상준이가 운동을 시작한 첫 주 월요일부터 일요일까지 운동한 날은?

> **조건**
> • 운동을 하려면 마지막 운동을 한 지 최소 12시간이 지나야 한다.
> • 상준이는 주말에 약속이 있어서 운동을 하지 못했다.
> • 상준이는 금요일 오후에 운동을 했다.
> • 상준이는 금요일을 제외한 나머지 날 오후에 운동을 하지 못했다.
> • 금요일, 월요일을 제외한 두 번은 이틀 연속으로 했다.

① 월요일(오전), 화요일(오후), 금요일(오후)
② 화요일(오전), 화요일(오후), 금요일(오후)
③ 화요일(오전), 수요일(오전), 금요일(오후)
④ 월요일(오전), 화요일(오전), 금요일(오후)
⑤ 목요일(오후), 금요일(오후), 월요일(오전)

38 다음 글을 근거로 판단할 때, 〈보기〉에서 옳은 것을 모두 고르면?

> 甲국장은 직원 연수 프로그램을 마련하기 위하여 乙주무관에게 직원 1,000명 전원을 대상으로 연수 희망 여부와 희망 지역에 대한 의견을 수렴할 것을 요청하였다. 이에 따라 乙은 설문조사를 실시하였고, 甲과 乙은 그 결과에 대해 대화를 나누고 있다.
> 甲 : 설문조사는 잘 시행되었나요?
> 乙 : 예. 직원 1,000명 모두 연수 희망 여부에 대해 응답하였습니다. 연수를 희망하는 응답자는 43%였으며, 남자 직원의 40%와 여자 직원의 50%가 연수를 희망하는 것으로 나타났습니다.
> 甲 : 연수 희망자 전원이 희망 지역에 대해 응답했나요?
> 乙 : 예. A지역과 B지역 두 곳 중에서 희망하는 지역을 선택하라고 했더니 B지역을 희망하는 비율이 약간 더 높았습니다. 그리고 연수를 희망하는 여자 직원 중 B지역 희망 비율은 연수를 희망하는 남자 직원 중 B지역 희망 비율의 2배인 80%였습니다.

> **보기**
> ㄱ. 전체 직원 중 남자 직원의 비율은 50%를 넘는다.
> ㄴ. 연수 희망자 중 여자 직원의 비율은 40%를 넘는다.
> ㄷ. A지역 연수를 희망하는 직원은 200명을 넘지 않는다.
> ㄹ. B지역 연수를 희망하는 남자 직원은 100명을 넘는다.

① ㄱ, ㄷ
② ㄴ, ㄷ
③ ㄴ, ㄹ
④ ㄱ, ㄴ, ㄹ
⑤ ㄱ, ㄷ, ㄹ

39 다음 글과 상황을 근거로 판단할 때, 출장을 함께 갈 수 있는 직원들의 조합으로 가능한 것은?

A공사 B본부에서는 3월 11일 회계감사 관련 서류 제출을 위해 본점으로 출장을 가야 한다. 오전 8시 정각 출발이 확정되어 있으며, 출발 후 B본부에 복귀하기까지 총 8시간이 소요된다. 단, 비가 오는 경우 1시간이 추가로 소요된다.

- 출장인원 중 한 명이 직접 운전하여야 하며, '1종 보통 운전면허' 소지자만 운전할 수 있다.
- 출장시간에 사내 업무가 겹치는 경우에는 출장을 갈 수 없다.
- 출장인원 중 부상자가 포함되어 있는 경우, 서류 박스 운반 지연으로 인해 30분이 추가로 소요된다.
- 차장은 책임자로서 출장인원에 적어도 한 명 포함되어야 한다.
- 주어진 조건 외에는 고려하지 않는다.

〈상황〉

- 3월 11일은 하루 종일 비가 온다.
- 3월 11일 당직 근무는 17시 10분에 시작한다.

직원	직급	운전면허	건강상태	출장 당일 사내 업무
갑	차장	1종 보통	부상	없음
을	차장	2종 보통	건강	17시 15분 계약업체 면담
병	과장	없음	건강	17시 35분 업무협약 미팅
정	과장	1종 보통	건강	당직 근무
무	대리	2종 보통	건강	없음

① 갑, 을, 병
② 갑, 병, 정
③ 을, 병, 무
④ 을, 정, 무
⑤ 병, 정, 무

40 A씨는 최근 '빅데이터'에 관심이 생겨 관련 도서를 빌리기 위해 도서관에 갔다. 다음 〈조건〉을 토대로 빌리고자 하는 도서가 있는 곳은?

> **조건**
> - 1층은 어린이 문헌 정보실과 가족 문헌 정보실이다.
> - 제1문헌 정보실은 엘리베이터로 이동이 가능하다.
> - 일반 열람실은 엘리베이터로 이동이 가능하다.
> - 5층은 보존서고실로 직원들만 이용이 가능하다.
> - 제1문헌 정보실에는 인문, 철학, 역사 등의 도서가 비치되어 있다.
> - 제2문헌 정보실에는 정보통신, 웹, 네트워크 등의 도서가 비치되어 있다.
> - 3층은 2층에 연결된 계단을 통해서만 이동할 수 있다.
> - 일반 열람실은 보존서고실의 바로 아래 층에 있다.

① 1층

② 2층

③ 3층

④ 4층

⑤ 5층

※ 다음은 N은행의 지난해 직원별 업무 성과 내용과 성과급 지급 규정이다. 이어지는 질문에 답하시오.
[41~42]

〈직원별 업무 성과 내용〉

성명	직급	월 급여(만 원)	성과 내용
임미리	과장	450	예·적금 상품 3개, 보험상품 1개, 대출상품 3개
이윤미	대리	380	예·적금 상품 5개, 보험상품 4개
조유라	주임	330	예·적금 상품 2개, 보험상품 1개, 대출상품 5개
구자랑	사원	240	보험상품 3개, 대출상품 3개
조다운	대리	350	보험상품 2개, 대출상품 4개
김은지	사원	220	예·적금 상품 6개, 대출상품 2개
권지희	주임	320	예·적금 상품 5개, 보험상품 1개, 대출상품 1개
윤순영	사원	280	예·적금 상품 2개, 보험상품 3개, 대출상품 1개

〈성과급 지급 규정〉

• 성과 내용에 따라 다음과 같은 점수를 부여하며, 이에 따른 등급을 매겨 성과급을 지급한다.
• 성과 내용에 따른 점수와 등급 비율은 다음과 같고, A, B, C등급 순서로 인원 비율을 상위부터 배치한다.

등급	A	B	C
인원 비율	25%	50%	25%
성과급	월 급여의 50%	월 급여의 30%	월 급여의 20%

• 예·적금 상품 건당 3점, 보험상품 건당 5점, 대출상품 건당 8점을 부여한다.

41 다음 중 A등급, B등급, C등급에 해당하는 사람을 순서대로 한 명씩 바르게 나열한 것은?

① 조유라, 조다운, 구자랑
② 조다운, 임미리, 김은지
③ 조유라, 임미리, 이윤미
④ 조다운, 구자랑, 윤순영
⑤ 조유라, 윤순영, 권지희

42 성과급의 등급 및 등급별 비율과 성과급이 다음과 같이 변경되었다. 변경된 규정에 따라 등급이 바뀐 직원의 성과급은 모두 얼마인가?

<table>
<tr><th colspan="5">〈성과급 지급 규정(변경 후)〉</th></tr>
<tr><th>등급</th><th>A</th><th>B</th><th>C</th><th>D</th></tr>
<tr><td>인원 비율</td><td>12.5%</td><td>50%</td><td>25%</td><td>12.5%</td></tr>
<tr><td>성과급</td><td>월 급여의 50%</td><td>월 급여의 30%</td><td>월 급여의 20%</td><td>월 급여의 10%</td></tr>
</table>

① 125만 원
② 155만 원
③ 181만 원
④ 201만 원
⑤ 228만 원

43 다음 〈조건〉과 예시를 근거로 판단할 때, 문자메시지가 의미하는 실제 접선시각은?

> **조건**
>
> - 비밀요원 가영은 문자메시지를 보내 나리와 접선하려 한다. 가영과 나리는 시침과 분침이 독립적으로 조작되는 모형 아날로그시계를 사용하는 위장코드를 고안했다.
> - 고안한 위장코드를 해독하는 방법은 다음과 같다.
>
>   (1) C_n : 시계 정가운데를 중심으로 하여 시계방향으로 시침과 분침을 각각 $\dfrac{360°}{n}$ 만큼 회전
>
>   (2) N : 12시와 6시를 잇는 직선을 축으로 시침과 분침을 각각 좌우 대칭 이동
>
>   (3) W : 3시와 9시를 잇는 직선을 축으로 시침과 분침을 각각 상하 대칭 이동
>
> - 문자메시지는 위장접선시각과 위장코드로 구성된다. 해독할 때는 먼저 모형 아날로그시계의 시침과 분침을 위장접선시각에 정확히 위치시킨다. 그리고 위장코드를 왼쪽부터 해독하여 모형 아날로그시계에 적용한다. 위장코드 모두를 적용한 이후 실제접선시각의 시(時)는 시침이 의미하는 시각의 시(時)를 사용하고, 실제접선시각의 분(分)은 분침이 의미하는 분(分)을 사용한다.
> - 가영은 나리에게 위장접선시각과 위장코드가 순서대로 배열된 문자메시지를 보낸다.
> - 가영과 나리는 늘 오후에만 접선한다.
>
> ※ 모형 아날로그시계는 12시간 표시 방식이다.
> ※ 그 외 조건은 고려하지 않는다.

〈예시〉

문자메시지 '7시 30분 C_4'가 의미하는 실제접선시각을 구하기 위해 먼저 모형 아날로그시계의 시침과 분침을 위장접선시각인 7시 30분에 위치시킨다. 그리고 시침을 시계방향으로 90° 회전시켜 10과 11 사이에 위치시키며, 분침을 시계방향으로 90° 회전시켜 45분에 위치시킨다. 위장코드를 적용한 이후 시침이 의미하는 시각의 시(時)는 10시이고 분침이 의미하는 분(分)은 45분이다. 따라서 실제접선시각은 오후 10시 45분이 된다.

〈문자메시지〉

9시 16분 N C_6 W

① 오후 1시 34분　　　　② 오후 1시 36분
③ 오후 2시 34분　　　　④ 오후 2시 36분
⑤ 오후 3시 34분

44 H카드사는 신규 카드의 출시를 앞두고 카드 사용 시 고객에게 혜택을 제공하는 제휴 업체를 선정하기 위해 A ~ E업체에 대해 다음과 같이 평가하였다. 이에 대한 설명으로 옳은 것은?

〈신규 카드 제휴 후보 업체 평가 결과〉

기준 업체	제공 혜택	혜택 제공 기간 (카드 사용일로부터)	선호도 점수	동일 혜택을 제공하는 카드 수
A마트	배송 요청 시 배송비 면제	12개월	7.5점	7개
B서점	서적 구매 시 10% 할인	36개월	8.2점	11개
C통신사	매월 통신요금 10% 할인	24개월	9.1점	13개
D주유소	주유 금액의 10% 포인트 적립	12개월	4.5점	4개
E카페	음료 구매 시 15% 할인	24개월	7.6점	16개

- 선호도 점수 : 기존 이용 고객들이 혜택별 선호도에 따라 부여한 점수의 평균값으로, 높은 점수일수록 선호도가 높음을 의미한다.
- 동일 혜택을 제공하는 카드 수 : H사의 기존 카드를 포함한 국내 카드사의 카드 중 동일한 혜택을 제공하는 카드의 수를 의미하며, 카드 수가 많을수록 시장 내 경쟁이 치열하다.

① 동일 혜택을 제공하는 카드 수가 많은 업체일수록 혜택 제공 기간이 길다.
② 기존 이용 고객들이 가장 선호하는 혜택은 서적 구매 시 적용되는 요금 할인 혜택이다.
③ 매월 모든 업체가 부담해야 하는 혜택 비용이 동일하다면, 혜택에 대한 총 부담 비용이 가장 큰 업체는 D주유소이다.
④ 혜택 제공 기간이 가장 긴 업체는 선호도 점수도 가장 높다.
⑤ 시장 내 경쟁이 가장 치열한 업체와 제휴할 경우 해당 혜택을 2년간 제공한다.

45 어떤 보안회사에서는 하루에 정확하게 A ~ G 총 7개의 사무실에 보안점검을 실시한다. 이때 〈조건〉을 바탕으로 E가 3번째로 점검을 받는다면, 다음 사무실 중 반드시 은행인 곳은?

조건

- 보안점검은 한 번에 한 사무실만 실시하게 되며, 하루에 같은 사무실을 중복해서 점검하지는 않는다.
- 7개의 회사는 은행 아니면 귀금속점이다.
- 귀금속점은 2회 이상 연속해서 점검하지 않는다.
- F는 B와 D를 점검하기 전에 점검한다.
- F를 점검하기 전에 점검하는 사무실 가운데 정확히 두 곳은 귀금속점이다.
- A는 6번째로 점검받는다.
- G는 C를 점검하기 전에 점검한다.

---

① A
② B
③ C
④ D
⑤ E

46 다음은 제품 생산에 따른 공정 관리를 나타낸 자료이다. 이에 대한 설명으로 옳은 것을 〈보기〉에서 모두 고르면?(단, 각 공정은 동시 진행이 가능하다)

공정 활동	선행 공정	시간
부품 선정	없음	2분
절삭 가공	A	2분
연삭 가공	A	5분
부품 조립	B, C	4분
전해 연마	D	3분
제품 검사	E	1분

※ 공정 간 부품의 이동시간은 무시한다.
※ A공정부터 시작되며 공정별로 1명의 작업 담당자가 수행한다.

보기

ㄱ. 전체 공정을 완료하기 위해서는 15분이 소요된다.
ㄴ. 첫 제품 생산 후부터 1시간마다 3개씩 제품이 생산된다.
ㄷ. B공정이 1분 더 지연되어도 전체 공정 시간은 변화가 없다.

---

① ㄱ
② ㄴ
③ ㄱ, ㄷ
④ ㄴ, ㄷ
⑤ ㄱ, ㄴ, ㄷ

47 다음 글을 근거로 판단할 때, 국제행사의 개최도시로 선정될 곳은?

> 갑사무관은 대한민국에서 열리는 국제행사의 개최도시를 선정하기 위해 다음과 같은 후보도시 평가표를 만들었다. 후보도시 평가표에 따른 점수와 국제해양기구의 의견을 모두 반영하여, 합산점수가 가장 높은 도시를 개최도시로 선정하고자 한다.
>
> <후보도시 평가표>
>
> | 구분 | 서울 | 인천 | 대전 | 부산 | 제주 |
> |---|---|---|---|---|---|
> | 회의 시설(1,500명 이상 수용가능한 대회의장 보유 등) | A | A | C | B | C |
> | 숙박 시설(도보거리에 특급 호텔 보유 등) | A | B | A | A | C |
> | 교통(공항접근성 등) | B | A | C | B | B |
> | 개최 역량(대규모 국제행사 개최 경험 등) | A | C | C | A | B |
>
> ※ A : 10점, B : 7점, C : 3점
>
> <국제해양기구의 의견>
>
> • 외국인 참석자의 편의를 위해 교통에서 A를 받은 도시의 경우 추가로 5점을 부여해 줄 것
> • 바다를 끼고 있는 도시의 경우 추가로 5점을 부여해 줄 것
> • 예상 참석자가 2,000명 이상이므로 회의 시설에서 C를 받은 도시는 제외할 것

① 서울
② 인천
③ 대전
④ 부산
⑤ 제주

48 귀하는 총무팀에서 근무하고 있으며, 각 부서의 비품 조달을 담당하고 있다. 귀하의 상사는 4분기 비품 보급 계획을 수립하라는 지시를 하였으며, 귀하는 비품 수요 조사 및 보급 계획을 세워 보고하였다. 보고서를 읽어 본 상사는 업무 지도 차원에서 지적을 하였는데, 귀하가 받아들이기에 적절하지 않은 것은?

① 각 부서에서 어떤 비품을 얼마큼 필요한지를 정확하게 조사해야지.
② 부서에서 필요한 수량을 말했으면 그것보다는 조금 더 여유 있게 준비했어야지.
③ 비품 목록에 없는 것을 요청했다면 비품 보급 계획에서 제외했어야지.
④ 비품 구매비용이 예산을 초과하는지를 검토했어야지.
⑤ 계획을 수립했으면, 계획에 따라 잘 진행될 수 있도록 준비할 생각을 해야지.

〈5월 가정의 달 원데이 특가 세일〉

상품명	정가	배송료	할인율
참목원등심(500g)	53,000원	–	15%
진주파프리카(1.5kg)	13,900원	3,000원	40%
진한홍삼(50mL×30포)	60,000원	–	57%
◇◇비타민C(1,080mg×120정)	10,800원	2,500원	40%
밀푀유 등심돈까스(500g×2)	17,000원	2,500원	10%
제주고등어살(1kg)	26,500원	3,000원	25%
포기김치 5호(10kg)	56,000원	–	15%
무농약 밤(4kg)	26,000원	2,500원	10%
☆☆쌀(20kg)	64,000원	–	10%
연어회세트(200g+소스)	20,000원	3,000원	20%
좌석용 선풍기	75,000원	–	30%
차량용 공기청정기	30,000원	2,500원	25%
밀폐용기세트	12,000원	2,500원	10%

※ 구매 전 꼭 확인하세요!
- 원데이 특가 세일은 오전 10시에 오픈되며, 할인 기간은 당일 오전 10시부터 익일 오전 10시까지입니다.
- 오전 10시부터 선착순 200명을 대상으로 전(全)상품을 무료로 배송합니다.
- 할인율은 수량에 상관없이 표에 제시된 할인율을 적용합니다.
- 쿠폰은 원데이 특가 상품 중 1개 상품에 적용 가능합니다(1개 이상 상품 구매 시 쿠폰 선택 적용 가능).
- 주문 후 취소, 반품, 환불 시 사용한 쿠폰은 재사용 불가합니다.
- 원데이 특가 할인쿠폰은 타 쿠폰과 중복 적용되지 않으며, 발급받은 쿠폰은 익일 10시까지 사용 가능합니다.
- 도서 산간지역은 추가 배송료 5,000원이 적용됩니다.
- 각 상품은 업체별 배송으로 배송료는 상품별로 각각 적용됩니다.
- 배송료가 있는 상품은 구매하는 수량에 상관없이 한 번 적용됩니다.

49 울릉도에 살고 있는 주희는 5월 17일 오전 11시에 제주고등어살 2kg과 진한홍삼 30포를 주문했다. 최소한의 금액으로 결제를 했을 경우 배송비를 포함하여 주희가 결제한 금액은 총 얼마인가? (단, 무료 배송 이벤트는 오전 10시 30분에 끝난 상황이다)

① 45,700원
② 55,300원
③ 60,300원
④ 68,550원
⑤ 73,550원

50 5월 17일 오후 3시 현재 준혁이의 장바구니에 담긴 상품 목록은 다음과 같다. 상품의 총가격을 계산해 보니 생각보다 많이 구매한 것 같아 등심 하나와 좌석용 선풍기를 빼려고 한다. 이때, 준혁이가 결제한 총금액을 구하면?(단, 준혁이는 서울특별시 강남구에 거주하며, 무료 배송 이벤트는 끝난 상황이다)

상품명	수량	할인율	배송비
참목원등심(500g)	2개	15%	−
진주파프리카(1.5kg)	4개	40%	3,000원
☆☆쌀(20kg)	1개	10%	−
좌석용 선풍기	1개	30%	−
무농약 밤(4kg)	3개	10%	2,500원

① 200,500원
② 208,710원
③ 209,210원
④ 211,710원
⑤ 264,210원

51 지희와 소미는 각각 원데이 특가 세일을 이용하여 다음과 같이 상품을 구매했다. 지희는 5월 17일 오전 10시에 구매하였고, 소미는 5월 18일 오전 10시 30분에 구매했다. 지희는 운이 좋아 무료 배송 이벤트에 당첨되었다. 이때, 지희와 소미 중 누가 더 많은 금액을 결제하였고, 그 금액은 얼마인가?(단, 지희는 제주도에 거주하고, 소미는 서울에 거주한다)

지희가 구매한 상품 목록	소미가 구매한 상품 목록
• 진한홍삼 30포 • 밀푀유 등심돈까스 500g×2 • 포기김치 5호 10kg • 연어회세트 200g+소스	• 진주파프리카 3kg • ◇◇비타민C 120정 • 무농약 밤 4kg • 제주도고등어살 2kg

① 지희, 104,700원
② 소미, 107,700원
③ 지희, 107,200원
④ 소미, 128,600원
⑤ 소미, 117,600원

52 다음 글을 근거로 판단할 때, 〈보기〉에서 적절한 것을 모두 고르면?

> 보다 많은 고객을 끌어들일 수 있는 이상적인 점포 입지를 결정하기 위한 상권분석이론에는 X가설과 Y가설이 있다. X가설에 의하면, 소비자는 유사한 제품을 판매하는 점포들 중 한 점포를 선택할 때 가장 가까운 점포를 선택한다. 그러나 이동거리가 점포 선택에 큰 영향을 미치기는 하지만, 소비자가 항상 가장 가까운 점포를 찾는다는 X가설이 적용되기 어려운 상황들이 있다. 가령, 소비자들은 먼 거리에 위치한 점포가 더 나은 구매 기회를 제공함으로써 이동에 따른 추가 노력을 보상한다면 기꺼이 먼 곳까지 찾아간다.
>
> 한편 Y가설은 다른 조건이 동일하다면 두 도시 사이에 위치하는 어떤 지역에 대한 각 도시의 상거래 흡인력은 각 도시의 인구에 비례하고, 각 도시로부터의 거리 제곱에 반비례한다고 본다. 즉, 인구가 많은 도시일수록 더 많은 구매 기회를 제공할 가능성이 높으므로 소비자를 끌어당기는 힘이 크다고 본 것이다.
>
> 예를 들어, 일직선상에 A, B, C 세 도시가 있고, C시는 A시와 B시 사이에 위치하며, C시는 A시로부터 5km, B시로부터 10km 떨어져 있다. 그리고 A시 인구는 50만 명, B시의 인구는 400만 명, C시의 인구는 9만 명이다. 만약 A시와 B시가 서로 영향을 주지 않고, C시의 모든 인구가 A시와 B시에서만 구매한다고 가정하면, Y가설에 따라 A시와 B시로 구매활동에 유인되는 C시의 인구 규모를 계산할 수 있다. A시의 흡인력은 20,000(=50만÷25), B시의 흡인력은 40,000(=400만÷100)이다. 따라서 9만 명인 C시의 인구 중 1/3인 3만 명은 A시로, 2/3인 6만 명은 B시로 흡인된다.

보기

ㄱ. X가설에 따르면, 소비자가 유사한 제품을 판매하는 점포들 중 한 점포를 선택할 때 소비자는 더 싼 가격의 상품을 구매하기 위해 더 먼 거리에 있는 점포에 간다.

ㄴ. Y가설에 따르면, 인구 및 다른 조건이 동일할 때 거리가 가까운 도시일수록 이상적인 점포 입지가 된다.

ㄷ. Y가설에 따르면, C시로부터 A시와 B시가 떨어진 거리가 5km로 같다고 가정할 때 C시의 인구 중 8만 명이 B시로 흡인된다.

① ㄱ
② ㄴ
③ ㄱ, ㄷ
④ ㄴ, ㄷ
⑤ ㄱ, ㄴ, ㄷ

53 A기업에서는 2월 셋째 주에 본사에 있는 B강당에서 이틀 연속으로 인문학 특강을 진행하려고 한다. 강당을 이용할 수 있는 날과 강사의 스케줄을 고려할 때 섭외 가능한 강사는?

〈B강당 이용 가능 날짜〉

구분	월요일	화요일	수요일	목요일	금요일
오전(9 ~ 12시)	×	○	×	○	○
오후(13 ~ 14시)	×	×	○	○	×

※ 가능 : ○, 불가능 : ×

〈섭외 강사 후보 스케줄〉

A강사	매주 수 ~ 목요일 10 ~ 14시 문화센터 강의
B강사	매월 첫째 주, 셋째 주 화요일, 목요일 10 ~ 14시 대학교 강의
C강사	매월 첫째 ~ 셋째 주 월요일, 수요일 낮 12 ~ 14시 면접 강의
D강사	매주 수요일 오후 13 ~ 16시, 금요일 오전 9 ~ 12시 도서관 강좌
E강사	매월 첫째 주, 셋째 주 화 ~ 목요일 오전 9 ~ 11시 강의

※ A기업 본사까지의 이동거리와 시간은 고려하지 않는다.
※ 강의는 이틀 연속으로 진행되며 강사는 동일해야 한다.

① A, B강사
② B, C강사
③ C, D강사
④ C, E강사
⑤ D, E강사

54 대구에서 광주까지 편도운송을 하는 A사의 화물차량 운행 상황은 아래와 같다. 만약, 적재효율을 기존의 1,000상자에서 1,200상자로 높여 운행 횟수를 줄이고자 할 때, A사가 얻을 수 있는 월 수송비 절감액은 얼마인가?

- 차량 운행대수 : 4대
- 1대당 1일 운행횟수 : 3회
- 1대당 1회 수송비 : 100,000원
- 월 운행일수 : 20일

① 3,500,000원
② 4,000,000원
③ 4,500,000원
④ 5,000,000원
⑤ 5,500,000원

※ 다음 자료를 읽고 이어지는 질문에 답하시오. [55~57]

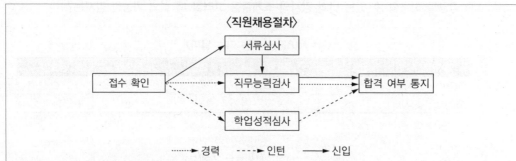

〈직원채용절차〉

※ 직원채용절차에서 중도탈락자는 없음

〈지원 유형별 접수 건수〉

지원 유형	신입	경력	인턴
접수	20건	18건	16건

※ 지원유형은 신입, 경력, 인턴의 세 가지 유형이 전부임

〈업무 단계별 1건당 처리 비용〉

업무 단계	처리 비용
접수 확인	500원
서류심사	2,000원
직무능력검사	1,000원
학업성적심사	1,500원
합격 여부 통지	400원

※ 업무 단계별 1건당 처리 비용은 지원 유형과 관계없이 같음

55 윗글을 읽고 직원 채용에 대한 내용으로 옳지 않은 것은?

① 경력직의 직원채용절차에는 직무능력검사가 포함되어 있다.

② 직원채용절차에서 신입 유형만 유일하게 서류심사가 있다.

③ 접수 건수가 가장 많은 지원 유형의 직원채용절차에는 학업성적심사가 포함되어 있다.

④ 1건당 가장 많은 처리 비용이 드는 업무 단계는 서류심사이다.

⑤ 접수 건수가 가장 적은 지원 유형의 직원채용절차에는 서류심사가 포함되어 있지 않다.

56 A는 신입직원채용에, B는 경력직원채용에 접수하였다. 이에 대한 내용으로 옳지 않은 것은?

① A가 접수한 유형의 직원채용절차를 처리하기 위해서는 인당 3,900원의 비용이 필요하다.

② B가 접수한 유형의 직원채용절차를 처리하기 위해서는 인당 2,900원의 비용이 필요하다.

③ A가 접수한 유형의 직원채용절차에는 B가 접수한 유형의 직원채용절차에 없는 절차가 있다.

④ 만약 유형별 모집인원이 같다면 A가 접수한 유형의 경쟁률이 더 높다.

⑤ A와 B가 접수한 직원채용절차에는 학업성적심사가 포함되어 있지 않다.

57 접수자 중 지원 유형별로 신입 직원 5명, 경력 직원 3명, 인턴 직원 2명을 선발한다고 할 때, 옳지 않은 것은?

① 신입 유형 지원자의 합격률은 25%이다.

② 인턴 유형 지원자의 합격률은 신입 유형 지원자 합격률의 절반이다.

③ 경력 유형 지원자 중 불합격하는 사람의 비율은 6명 중 5명꼴이다.

④ 지원 유형 중 가장 경쟁률이 높은 유형은 인턴 유형이다.

⑤ 지원 유형 중 가장 합격률이 낮은 유형은 경력 유형이다.

58 자동차 회사에 근무하고 있는 P씨는 중국 공장에 점검차 방문하기 위해 교통편을 알아보고 있다. 내일 새벽 비행기를 타기 위한 여러 가지 방법 중 가장 적은 비용으로 공항에 도착하는 방법은?

〈숙박요금〉

구분	공항 근처 모텔	공항 픽업 호텔	회사 근처 모텔
요금	80,000원	100,000원	40,000원

〈대중교통 요금 및 소요시간〉

구분	버스	택시
회사 → 공항 근처 모텔	20,000원 / 3시간	40,000원 / 1시간 30분
회사 → 공항 픽업 호텔	10,000원 / 1시간	20,000원 / 30분
회사 → 회사 근처 모텔	근거리이므로 무료	
공항 픽업 호텔 → 공항	픽업으로 무료	
공항 근처 모텔 → 공항		
회사 근처 모텔 → 공항	20,000원 / 3시간	40,000원 / 1시간 30분

※ 소요시간도 금액으로 계산한다(30분당 5,000원).

① 공항 근처 모텔로 버스 타고 이동 후 숙박
② 공항 픽업 호텔로 버스 타고 이동 후 숙박
③ 공항 픽업 호텔로 택시 타고 이동 후 숙박
④ 회사 근처 모텔에서 숙박 후 버스 타고 공항 이동
⑤ 회사 근처 모텔에서 숙박 후 택시 타고 공항 이동

59 자동차 부품을 생산하는 E기업은 반자동과 자동생산라인을 하나씩 보유하고 있다. 최근 일본의 자동차 회사와 수출 계약을 체결하여 자동차 부품 34,500개를 납품하였다. 아래 E기업의 생산 조건을 고려할 때, 일본에 납품할 부품을 생산하는 데 소요된 시간은 얼마인가?

〈자동차 부품 생산 조건〉

• 반자동라인은 4시간에 300개의 부품을 생산하며, 그중 20%는 불량품이다.
• 자동라인은 3시간에 400개의 부품을 생산하며, 그중 10%는 불량품이다.
• 반자동라인은 8시간마다 2시간씩 생산을 중단한다.
• 자동라인은 9시간마다 3시간씩 생산을 중단한다.
• 불량 부품은 생산 후 폐기하고 정상인 부품만 납품한다.

① 230시간   ② 240시간
③ 250시간   ④ 260시간
⑤ 270시간

제3회

60 다음은 A공사 직원들의 이번 주 추가근무 계획표이다. 하루에 3명 이상 추가근무를 할 수 없고, 직원들은 각자 일주일에 6시간을 초과하여 추가근무를 할 수 없다. 다음 중 추가근무 일정을 수정해야 하는 사람은 누구인가?

〈일주일 추가근무 일정〉

성명	추가근무 일정	성명	추가근무 일정
유진실	금요일 3시간	민윤기	월요일 2시간
김은선	월요일 6시간	김남준	일요일 4시간, 화요일 3시간
이영희	토요일 4시간	전정국	토요일 6시간
최유화	목요일 1시간	정호석	화요일 4시간, 금요일 1시간
김석진	화요일 5시간	김태형	수요일 6시간
박지민	수요일 3시간, 일요일 2시간	박시혁	목요일 1시간

① 김은선   ② 김석진
③ 박지민   ④ 김남준
⑤ 정호석

정답 및 해설 p.050

01 다음 글의 논지를 약화시킬 수 있는 내용으로 가장 적절한 것은?

> 온갖 사물이 뒤섞여 등장하는 사진들에서 고양이를 틀림없이 알아보는 인공지능이 있다고 해보자. 그러한 식별 능력은 고양이 개념을 이해하는 능력과 어떤 관계가 있을까? 고양이를 실수 없이 가려 내는 능력이 고양이 개념을 이해하는 능력의 필요충분조건이라고 할 수 있을까?
>
> 먼저, 인공지능이든 사람이든 고양이 개념에 대해 이해하면서도 영상 속의 짐승이나 사물이 고양이 인지 정확히 판단하지 못하는 경우는 있을 수 있다. 예를 들어, 누군가가 전형적인 고양이와 거리가 먼 희귀한 외양의 고양이를 보고 "좀 이상하게 생긴 족제비로군요."라고 말했다고 해보자. 이것은 틀린 판단이지만, 그렇다고 그가 고양이 개념을 이해하지 못하고 있다고 평가하는 것은 부적절한 일일 것이다.
>
> 이번에는 다른 예로 누군가가 영상 자료에서 가을에 해당하는 장면들을 실수 없이 가려낸다고 해보 자. 그는 가을 개념을 이해하고 있다고 보아야 할까? 그 장면들을 실수 없이 가려낸다고 해도 그는 가을이 사람들을 왠지 쓸쓸하게 하는 계절이라든가, 농경문화의 전통에서 수확의 결실이 있는 계절 이라는 것, 혹은 가을이 지구 자전축의 기울기와 유관하다는 것 등을 반드시 알고 있는 것은 아니다. 심지어 가을이 지구의 1년을 넷으로 나눈 시간 중 하나를 가리킨다는 사실을 모르고 있을 수도 있 다. 만일 가을이 여름과 겨울 사이에 오는 계절이라는 사실조차 모르는 사람이 있다면 우리는 그가 가을 개념을 이해하고 있다고 인정할 수 있을까? 그것은 불합리한 일일 것이다.
>
> 가을이든 고양이든 인공지능이 그런 개념들을 충분히 이해하는 것은 영원히 불가능하다고 단언할 이유는 없다. 하지만 우리가 여기서 확인한 점은 개념의 사례를 식별하는 능력이 개념을 이해하는 능력을 함축하는 것은 아니고, 그 역도 마찬가지라는 것이다.

① 인간 개념과 관련된 모든 지식을 가진 사람은 아무도 없겠지만 우리는 대개 인간과 인간 아닌 존재를 어렵지 않게 구별할 줄 안다.

② 어느 정도의 훈련을 받은 사람은 병아리의 암수를 정확히 감별하지만 그렇다고 암컷과 수컷 개념 을 이해하고 있다고 볼 이유는 없다.

③ 자율주행 자동차에 탑재된 인공지능이 인간 개념을 이해하고 있지 않다면 동물 복장을 하고 횡단 보도를 건너는 인간 보행자를 인간으로 식별하지 못한다.

④ 정육면체 개념을 이해할 리가 없는 침팬지도 다양한 형태의 크고 작은 상자들 가운데 정육면체 모양의 상자에만 숨겨둔 과자를 족집게같이 찾아낸다.

⑤ 10월 어느 날 남반구에서 북반구로 여행을 간 사람이 그곳의 계절을 봄으로 오인한다고 해서 그가 봄과 가을의 개념을 잘못 이해하고 있다고 할 수는 없다.

02 다음 글을 읽고 이어질 문단을 논리적 순서대로 바르게 나열한 것은?

> 선택적 함묵증(Selective Mutism)은 정상적인 언어발달 과정을 거쳐서 어떤 상황에서는 말을 하면 서도 말을 해야 하는 특정한 사회적 상황에서는 말을 지속적으로 하지 않거나 다른 사람의 말에 언 어적으로 반응하지 않는 것을 말하며, 이렇게 말을 하지 않는 증상이 1개월 이상 지속되고 교육적, 사회적 의사소통을 저해하는 요소로 작용할 때 선택적 함묵증으로 진단할 수 있으며, 이를 불안장애 로 분류하고 있다.
>
> (가) 이러한 불안을 잠재우기 위해서는 발생 원인에 따라서 적절한 심리치료 방법을 선택해 치료과 정을 관찰하면서 복합적인 치료 방법을 혼용하여야 한다.
>
> (나) 아동은 굳이 말을 사용하지 않고서도 자신의 생각을 자연스럽게 표현하는 긍정적인 경험을 갖 게 되어 이는 부정적 정서로 인한 긴장과 위축을 이완시킬 수 있다.
>
> (다) 그중 하나인 미술치료는 아동의 저항을 줄이고, 언어의 한계성을 벗어나며, 육체적 활동을 통 해 창조성을 생활화하고 미술 표현이 사고와 감정을 객관화한다고 볼 수 있다.
>
> (라) 불안장애의 한 유형인 선택적 함묵증은 불안이 표면화되어 행동으로 나타나는 경우라고 볼 수 있으며, 대체로 심한 부끄러움, 사회적 상황에 대한 두려움, 사회적 위축, 강박적 특성, 거절 증, 반항 등의 행동으로 표출된다.

① (가) – (다) – (라) – (나) ② (가) – (라) – (나) – (다)
③ (가) – (라) – (다) – (나) ④ (라) – (가) – (나) – (다)
⑤ (라) – (가) – (다) – (나)

03 다음 글의 논증을 약화하는 것을 〈보기〉에서 모두 고르면?

인간의 본성은 기나긴 진화 과정의 결과로 생긴 복잡한 전체다. 여기서 '복잡한 전체'란 그 전체가 단순한 부분들의 합보다 더 크다는 의미이다. 인간을 인간답게 만드는 것, 즉 인간에게 존엄성을 부여하는 것은 인간이 갖고 있는 개별적인 요소들이 아니라 이것들이 모여 만들어내는 복잡한 전체이다. 또한 인간 본성이라는 복잡한 전체를 구성하고 있는 하부 체계들은 상호 간에 극단적으로 밀접하게 연관되어 있다. 따라서 그중 일부라도 인위적으로 변경하면 이는 불가피하게 전체의 통일성을 무너지게 한다. 이 때문에 과학기술을 이용해 인간 본성을 인위적으로 변경하여 지금의 인간을 더욱 향상된 인간으로 만들려는 시도는 금지되어야 한다. 이런 시도를 하는 사람들은 인간이 가져야 할 훌륭함이 무엇인지 스스로 잘 안다고 생각하며, 거기에 부합하지 않는 특성들을 선택해 이를 개선하고자 한다. 그러나 인간 본성의 '좋은' 특성은 '나쁜' 특성과 밀접하게 연결되어 있기 때문에 후자를 개선하려는 시도는 전자에 대해서도 영향을 미칠 수밖에 없다. 예를 들어, 우리가 질투심을 느끼지 못한다면 사랑 또한 느끼지 못하게 된다는 것이다. 사랑을 느끼지 못하는 인간들이 살아가는 사회에서 어떤 불행이 펼쳐질지 우리는 가늠조차 할 수 없다. 즉, 인간 본성을 선별적으로 개선하려고 한다면 복잡한 전체를 무너뜨리는 위험성이 불가피하게 발생하게 된다. 따라서 우리는 인간 본성을 구성하는 어떠한 특성에 대해서도 그것을 인위적으로 개선하려는 시도에 반대해야 한다.

보기

㉠ 인간 본성은 인간이 갖는 도덕적 지위와 존엄성의 궁극적 근거이다.
㉡ 모든 인간은 자신을 포함하여 인간 본성을 지닌 모든 존재가 지금의 상태보다 더 훌륭하게 되길 희망한다.
㉢ 인간 본성의 하부 체계는 상호 분리된 모듈들로 구성되어 있기 때문에 인간 본성의 특정 부분을 인위적으로 변경하더라도 그 변화는 모듈 내로 제한된다.

① ㉠
② ㉢
③ ㉠, ㉡
④ ㉡, ㉢
⑤ ㉠, ㉡, ㉢

04 다음 글의 내용으로 적절하지 않은 것은?

> 오늘날 지구상에는 193종의 원숭이와 유인원이 살고 있다. 그 가운데 192종은 온몸이 털로 덮여 있고, 단 한 가지 별종이 있으니, 이른바 '호모 사피엔스'라고 자처하는 털 없는 원숭이가 그것이다. 지구상에서 대성공을 거둔 이 별종은 보다 고상한 욕구를 충족하느라 많은 시간을 보내고 있으나, 엄연히 존재하는 기본적 욕구를 애써 무시하려고 하는 데에도 똑같이 많은 시간을 소비한다. 그는 모든 영장류들 가운데 가장 큰 두뇌를 가졌다고 자랑하지만, 두뇌뿐 아니라 성기도 가장 크다는 사실은 애써 외면하면서 이 영광을 고릴라에게 떠넘기려고 한다. 그는 무척 말이 많고 탐구적이며 번식력이 왕성한 원숭이다. 나는 동물학자이고 털 없는 원숭이는 동물이다. 따라서 털 없는 원숭이는 내 연구 대상으로서 적격이다. '호모 사피엔스'는 아주 박식해졌지만 그래도 여전히 원숭이이고, 숭고한 본능을 새로 얻었지만 옛날부터 갖고 있던 세속적 본능도 여전히 간직하고 있다. 이러한 오래된 충동은 수백만 년 동안 그와 함께해 왔고, 새로운 충동은 기껏해야 수천 년 전에 획득했을 뿐이다. 수백만 년 동안 진화를 거듭하면서 축적된 유산을 단번에 벗어던질 가망은 전혀 없다. 이 사실을 회피하지 말고 직면한다면, '호모 사피엔스'는 훨씬 느긋해지고 좀 더 많은 것을 성취할 수 있을 것이다. 이것이 바로 동물학자가 이바지할 수 있는 영역이다.

① 인간의 박식과 숭고한 본능은 수백만 년 전에 획득했다.
② 인간에 대해서도 동물학적 관점에서 탐구할 필요가 있다.
③ 인간이 오랜 옛날부터 갖고 있던 동물적 본능은 오늘날에도 남아있다.
④ 인간은 자신이 지닌 동물적 본능을 무시하거나 외면하려는 경향이 있다.
⑤ 오늘날 지구상에 존재하는 원숭이와 유인원 가운데 '호모 사피엔스'는 다른 외형적 특징을 가지고 있다.

※ 다음 글을 읽고 이어지는 질문에 답하시오. [5~7]

음악은 비물질성을 가지고 있다. 이러한 비물질성은 음악을 만드는 소리가 물질이 아니며 외부에 존재하는 구체적 대상도 아니라는 점에 기인한다. 소리는 물건처럼 눈에 보이는 곳에 있지 않고 냄새나 맛처럼 그 근원이 분명하게 외부에 있지도 않다. 소리는 어떤 물체의 진동 상태이고 그 진동이 공기를 통해 귀에 전달됨으로써만 성립한다. 음악의 재료인 음(音) 역시 소리이기 때문에 음악은 소리의 이러한 속성에 묶여 있다. 소리의 비물질성은 인간의 삶과 문화에 많은 영향을 남기게 된다. 악기가 발명될 무렵을 상상해 보자. 원시인은 줄을 서로 비비고, 튕기고, 나뭇잎을 접어 불고, 가죽을 빈 통에 씌워 두드림으로써 소리를 만들었다. 이때 그들은 공명되어 울려 나오는 소리에 당황했을 것이다. 그 진원지에서 소리를 볼 수 없기 때문이다. 지금은 공명 장치의 울림을 음향학적으로 설명할 수 있지만, 당시에는 공명 장치 뒤에 영적인 다른 존재가 있다고 믿었을 것이다. 따라서 소리의 주술성은 소리의 진원이 감각으로 확인되지 않았기 때문에 시작된 것으로 보아야 한다. 음악 역시 소리처럼 주술적인 힘을 가진 것으로 믿었다. 고대 수메르 문명에서는 ㉠ <u>풀피리 소리가 곡식을 자라게 하고, 북 소리가 가축을 건강하게 만든다고 믿었다.</u> 풀피리는 풀로, 북은 동물의 가죽으로 만들어졌기 때문에 그런 힘을 가졌다고 생각한 것이다. 재료를 통한 질료적 상징이 생겨나게 된 것이다.

이러한 상상과 믿음은 발전하여 음악에 많은 상징적 흔적을 남기게 된다. 악기의 모양과 색깔, 문양뿐 아니라 시간과 공간에 이르기까지 상징적 사고가 투영되었다. 문묘와 종묘의 제사 때에 쓰이는 제례악의 연주는 악기의 위치와 방향 그리고 시간을 지키도록 규정되어 있으며, 중국이나 우리나라 전통 음악에서의 음의 이름[음명(音名)]과 체계는 음양오행의 논리적 체계와 연관되어 있다. 일반적으로 타악기는 성적 행위를 상징하는데, 이로 인해 중세의 기독교 문명권에서는 타악기의 연주가 금기시되기도 하였다.

소리와 음이 비물질적이라는 말은, 소리가 우리의 의식 안의 현상으로서만 존재한다는 뜻이기도 하다. 따라서 의식 안에만 있는 소리와 음은 현실의 굴레에서 벗어나 있다. 소리는 물질의 속박인 중력으로부터 자유로운 반면, 춤은 중력의 속박으로부터 벗어나고 싶어 한다.

춤은 음악의 가벼움을 그리워하고 음악은 춤의 구체적 형상을 그리워한다. 따라서 음악은 춤과 만남으로써 시각적 표현을 얻고 춤은 음악에 얹힘으로써 가벼움의 환상을 성취한다. 음악의 비물질성은 그 자체로서 종교적 위력을 가진 큰 힘이기도 하였다. 악기를 다루는 사람은 정치와 제사가 일치되었던 시기에 권력을 장악했을 것이다.

소리 뒤에 영혼이 있고 그 영혼의 세계는 음악가들에 의해 지배될 수 있었기 때문이다. 제정일치의 정치 구조가 분열되어 정치와 제사가 분리되고 다시 제사와 음악이 분리되는 과정을 거쳤던 고대 이집트 문명에서 우리는 이를 확인할 수 있다.

05 다음 중 윗글의 내용으로 적절하지 않은 것은?

① 음악의 비물질성은 그 재료의 비물질성에서 비롯된다.

② 음악의 상징성은 음악의 비물질성에 그 근원을 두고 있다.

③ 음악에 대한 고대인들의 믿음은 논리적 체계를 이루고 있었다.

④ 장르적 속성으로 보아 음악과 춤은 상보적인 관계를 이루고 있다.

⑤ 제정일치 사회에서 음악가는 영혼의 세계를 지배하는 존재로 여겨졌다.

06 다음 중 윗글의 서술 전략으로 적절하지 않은 것은?

① 개념의 변화 과정을 분석하여 가설을 입증한다.

② 비유적 진술과 대조를 통해 표현의 효과를 살린다.

③ 다양한 사례를 제시하여 견해의 타당성을 제고한다.

④ 핵심 개념을 설명하고 그에 근거하여 논의를 전개한다.

⑤ 상상을 통해 추정하여 내린 결론을 사례를 통해 입증한다.

07 다음 중 밑줄 친 ㉠으로 보아 '질료적 상징'에 가장 가까운 것은?

① 장례식에서는 엄숙한 곡조의 음악을 연주한다.

② 상을 당한 사람은 흰색이나 검은색의 옷을 입는다.

③ 병을 치료하기 위해 건강한 사람의 초상화를 그린다.

④ 어떤 원시 부족은 사냥을 나가기 전에 모두 모여 춤을 춘다.

⑤ 사냥할 때의 두려움을 없애기 위해 호랑이 발톱을 지니고 다닌다.

독일 통일을 지칭하는 '흡수 통일'이라는 용어는 동독이 일방적으로 서독에 흡수되었다는 인상을 준다. 그러나 통일 과정에서 동독 주민들이 보여준 행동을 고려하면 흡수 통일은 오해의 여지를 주는 용어일 수 있다.

1989년에 동독에서는 지방선거 부정 의혹을 둘러싼 내부 혼란이 발생했다. 그 과정에서 체제에 환멸을 느낀 많은 동독 주민들이 서독으로 탈출했고, 동독 곳곳에서 개혁과 개방을 주장하는 시위의 물결이 일어나기 시작했다. 초기 시위에서 동독 주민들은 여행·신앙·언론의 자유를 중심에 둔 내부 개혁을 주장했지만 이후 "우리는 하나의 민족이다!"라는 구호와 함께 동독과 서독의 통일을 요구하기 시작했다. 그렇게 변화하는 사회적 분위기 속에서 1990년 3월 18일에 동독 최초이자 최후의 자유총선거가 실시되었다.

동독 자유총선거를 위한 선거운동 과정에서 서독과 협력하는 동독 정당들이 생겨났고, 이들 정당의 선거운동에 서독 정당과 정치인들이 적극적으로 유세 지원을 하기도 했다. 초반에는 서독 사민당의 지원을 받으며 점진적 통일을 주장하던 동독 사민당이 우세했지만, 실제 선거에서는 서독 기민당의 지원을 받으며 급속한 통일을 주장하던 독일동맹이 승리하게 되었다. 동독 주민들이 자유총선거에서 독일동맹을 선택한 것은 그들 스스로 급속한 통일을 지지한 것이라고 할 수 있다. 이후 동독은 서독과 1990년 5월 18일에 「통화·경제·사회보장동맹의 창설에 관한 조약」을, 1990년 8월 31일에 「통일조약」을 체결했고, 마침내 1990년 10월 3일에 동서독 통일을 이루게 되었다.

이처럼 독일 통일의 과정에서 동독 주민들의 주체적인 참여를 확인할 수 있다. 독일 통일을 단순히 흡수 통일이라고 부른다면, 통일 과정에서 중요한 역할을 담당했던 동독 주민들을 배제한다는 오해를 불러일으킬 수 있다. 독일 통일의 과정을 온전히 이해하기 위해서는 동독 주민들의 활동에도 주목할 필요가 있다.

① 자유총선거에서 동독 주민들은 점진적 통일보다 급속한 통일을 지지하는 모습을 보여주었다.
② 독일 통일은 동독이 일방적으로 서독에 흡수되었다는 점에서 흔히 흡수 통일이라고 부른다.
③ 독일 통일은 분단국가가 합의된 절차를 거쳐 통일을 이루었다는 점에서 의의가 있다.
④ 독일 통일 전부터 서독의 정당은 물론 개인도 동독의 선거에 개입할 수 있었다.
⑤ 독일 통일의 과정에서 동독 주민들의 주체적 참여가 큰 역할을 하였다.

09 다음의 기사를 읽고 핀테크에 대한 내용으로 적절하지 않은 것은?

스마트폰을 사용할 줄 알면 은행 갈 일이 없다. 은행에 가도 은행원이 해주는 것은 결국 스마트폰이 해줄 수 있는 일이다. 즉 스마트폰이 은행원의 일을 한다. 송금도 다 스마트폰으로 하며, 심지어 간단하고 쉽다. 예를 들어, 핀테크 간편 송금 앱 '토스(Toss)'를 사용하면 1개의 비밀번호로 3단계만 거쳐도 송금을 완료할 수 있다. 토스 이전의 송금 절차에는 평균적으로 5개의 암호와 약 37회의 클릭이 필요했지만 이제는 모두 사라졌다. 이게 핀테크다. 이처럼 핀테크(FinTech)란 금융(Finance)과 기술(Technology)의 합성어로, 금융과 IT의 결합을 통한 금융서비스를 의미한다.

이처럼 핀테크의 가장 강력한 장점은 지급과 결제의 간편성으로 볼 수 있다. 그냥 앱을 열고 기기에 갖다 대기만 하면 스마트폰에 저장된 신용카드나 계좌 정보가 NFC 결제 기기와 자연스럽게 반응하여 처리된다. 송금 서비스는 더 쉽다. 곧 사라지겠지만 '공인인증서'가 당신에게 선사했던 절망의 시간을 떠올려 보라. 핀테크의 물결 속에서 보수적이었던 금융권 역시 오픈 뱅킹으로 속속 전환하고 있다. 외환 송금 또한 무리가 없으며 심지어 수수료도 절감할 수 있다. 여기에 우리나라 핀테크의 꽃이라고 할 수 있는 인터넷 전문은행도 있다. 가입부터 개설까지 10분도 걸리지 않는다. 조만간 핀테크는 지갑 속 신분증과 카드까지도 담아낼 것이다. 100년 후에 지갑이라는 물건은 조선 시대 상투처럼 사라질지도 모른다.

핀테크는 리스크 관리 수준 또한 끌어올리고 있다. 과거의 경우 통장을 만들기 위해서는 은행 창구 방문이 필수였다. 신분증을 내밀고 본인 확인을 거쳐야만 했다. 지금은 어떤가? 비대면 실명 인증이라는 기술이 금융을 만나 핀테크로 완성되었다. 더 이상 은행에 가지 않아도 된다. 인터넷 전문은행 또한 비대면 실명 인증을 통해 실현된 핀테크이다. 물론 여전히 보안 문제가 걱정이긴 하다. 개인정보를 캐내는 해킹 수법도 날이 갈수록 발전하고 있다. 하지만 핀테크는 기존의 방식을 넘어 발전하고 있다. 이미 스마트폰에는 지문 인식, 안면 인식을 통한 본인 인증 기술이 쓰이고 있다. 조만간 핀테크는 간편성을 넘어 보이스피싱과 같은 금융 범죄를 근본적으로 방지하는 형태로 발전할 것이다.

다음으로 핀테크는 이상적인 금융 플랫폼을 실현하고 있다. 과거에는 수수료를 당연하게 여기던 때가 있었다. 마치 문자 하나에 50원의 가격을 매기는 것처럼 말이다. 어떤 거래에 있어 은행이나 금융기관의 매개 비용은 당연한 대가였다. 이제 핀테크는 그 당연함을 지웠다.

또한 핀테크는 온라인 플랫폼을 통해 새로운 형태의 대출을 만들어냈다. 바로 P2P(Peer to Peer) 대출이다. P2P 대출은 공급자(투자)와 수요자(대출)가 금융기관의 개입 없이도 직접 자금을 주고받을 수 있게끔 만들었다. 크라우드 펀딩도 하나의 핀테크 중 하나이다. 크라우드 펀딩은 사업자 등이 익명의 다수(Crowd)로부터 SNS를 통해 후원을 받거나 특정 목적으로 인터넷과 같은 플랫폼을 통해 자금을 모으는 투자 방식이다. 실험적이고 번뜩이는 아이템을 가졌지만, 수익성을 이유로 투자받지 못했던 창업가에게는 기적 같은 통로가 생긴 것이다.

① 핀테크를 활용한 P2P 대출은 금융기관의 개입을 통한 투자와 대출을 가능하게 한다.
② 핀테크는 비대면 실명 인증을 가능하게 하여, 고객들은 은행에 가지 않아도 된다.
③ 핀테크는 수수료 절감을 통해 이상적인 금융 플랫폼을 실현하고 있다.
④ 핀테크의 크라우드 펀딩은 자금력이 부족한 창업자들에게 기회가 될 수 있다.
⑤ 핀테크의 보안 기술은 금융 범죄에 대비하여 계속해서 발전할 것이다.

10 다음 글의 내용으로 적절하지 않은 것은?

글쓰기 양식은 글 내용을 담는 그릇으로 내용을 강제한다. 이런 측면에서 다산 정약용이 '원체(原體)'라는 문체를 통해 정치라는 내용을 담고자 했던 '양식 선택의 정치학'은 특별한 의미를 갖는다. 원체는 작가가 당대(當代)의 정치적 쟁점이 되는 핵심 개념을 액자화하여 새롭게 의미를 환기하려는 의도를, 과학적 방식에 의거하여 설득하려는 정치·과학적 글쓰기라고 할 수 있다. 당나라 한유가 다섯 개의 원체 양식의 문장을 지은 이후 후대의 학자들은 이를 모범으로 삼았다. 원체는 고문체는 아니지만 새롭게 부상한 문체로서, 당대 사상의 핵심 개념에 대해 정체성을 추구하는 분석적이고 학술적인 글쓰기이자 정치적 글쓰기로 정립되었다. 다산은 원체가 가진 이러한 정치·과학적 힘을 인식하고 『원정(原政)』이라는 글을 남겼다.

그런데 다산은 단순히 개인적인 차원에서 원체를 선택한 것이 아니었다. 그것은 새로운 시각의 정식화라는 당대의 문화적 추세를 반영한 것이었다. 다산의 원체와 유비될 수 있는 것으로 당시 새롭게 등장한 미술 사조인 정선(鄭敾)의 진경(眞景) 화법을 들 수 있다. 진경 화법에서 다산의 글쓰기와 구조적으로 유사한 점들을 찾을 수 있다. 진경 화법의 특징은 경관(景觀)을 모사하는 사경(寫景)에 있는 것이 아니라 회화적 재구성을 통하여 경관에서 받은 미적 감흥을 창조적으로 구현하는 데 있다. 이와 같은 진경 화법은 각 지방의 무수한 사경에서 터득한 시각의 정식화를 통해 만들어졌다. 실경을 새로운 기법을 통하여 정식화한 진경 화법은 다산이 전통적인 시무책(時務策) 형식을 탈피하고 새로운 관점으로 정치를 포착하고 표현하기 위해 채택한 원체의 글쓰기와 다를 바 없다. 다산이 쓴 『원정』은 기존 정치 개념의 답습 또는 모방이 아니라 정치의 정체성에 대한 질문을 통하여 그가 생각하는 정치에 관한 새로운 관점을 정식화하여 제시한 것이다.

① 원체는 분석적이고 과학적인 글쓰기 양식이다.

② 다산의 원체는 당대의 문화적 추세를 반영한다.

③ 진경 화법은 경관에서 받은 미적 감흥을 창조적으로 구현하였다.

④ 실물을 있는 그대로 모사하는 진경 화법은 『원정』과 구조적으로 유사하다.

⑤ 다산은 『원정』에서 기존의 정치 개념을 그대로 모방하기보다는 정치에 관한 새로운 관점을 제시하였다.

11 다음은 2022년 스노보드 빅에어 월드컵 결승전에 출전한 선수 갑 ~ 정 4명의 심사위원별 점수에 대한 자료이다. 이에 대한 〈보기〉의 설명으로 옳은 것을 모두 고르면?

〈선수 갑 ~ 정의 심사위원별 점수〉

(단위 : 점)

선수	시기	심사위원				평균 점수	최종 점수
		A	B	C	D		
갑	1차	88	90	89	92	89.5	
	2차	48	55	60	45	51.5	183.5
	3차	95	96	92	( )	( )	
을	1차	84	87	87	88	( )	
	2차	28	40	41	39	39.5	( )
	3차	81	77	79	79	( )	
병	1차	74	73	85	89	79.5	
	2차	89	88	88	87	88.0	167.5
	3차	68	69	73	74	( )	
정	1차	79	82	80	85	81.5	
	2차	94	95	93	96	94.5	( )
	3차	37	45	39	41	40.0	

※ 각 시기의 평균 점수는 심사위원 A ~ D의 점수 중 최고점과 최저점을 제외한 2개 점수의 평균임
※ 각 선수의 최종 점수는 각 선수의 1 ~ 3차 시기 평균 점수 중 최저점을 제외한 2개 점수의 합임

보기

ㄱ. 최종 점수는 정이 을보다 낮다.
ㄴ. 3차 시기의 평균 점수는 갑이 병보다 낮다.
ㄷ. 정이 1차 시기에서 심사위원 A ~ D에게 10점씩 더 높은 점수를 받는다면, 최종 점수가 가장 높다.
ㄹ. 1차 시기에서 심사위원 C는 4명의 선수 모두에게 심사위원 A보다 높은 점수를 부여했다.

① ㄱ
② ㄷ
③ ㄹ
④ ㄱ, ㄴ
⑤ ㄷ, ㄹ

12 A씨는 2021년 말 미국 기업, 중국 기업, 일본 기업에서 스카우트 제의를 받았다. 각 기업에서 제시한 연봉은 각각 3만 달러, 20만 위안, 290만 엔으로, 2022년부터 3년간 고정적으로 지급한다고 한다. 다음에 제시된 예상 환율을 참고하여 A씨가 이해한 내용으로 옳은 것은?

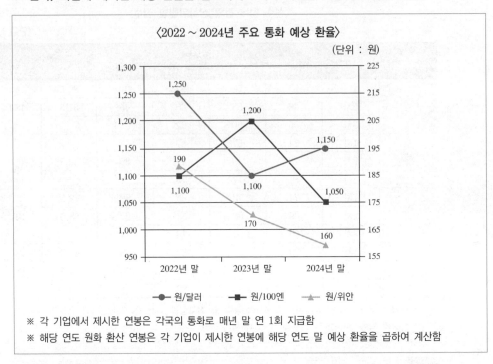

〈2022 ~ 2024년 주요 통화 예상 환율〉

(단위 : 원)

※ 각 기업에서 제시한 연봉은 각국의 통화로 매년 말 연 1회 지급함
※ 해당 연도 원화 환산 연봉은 각 기업이 제시한 연봉에 해당 연도 말 예상 환율을 곱하여 계산함

① 2022년 원화 환산 연봉은 미국 기업이 가장 많다.
② 2023년 원화 환산 연봉은 중국 기업이 가장 많다.
③ 2024년 원화 환산 연봉은 일본 기업이 중국 기업보다 많다.
④ 향후 3년간 가장 많은 원화 환산 연봉을 주는 곳은 중국 기업이다.
⑤ 2023년 대비 2024년 중국 기업의 원화 환산 연봉의 감소율은 2022년 대비 2024년 일본 기업의 원화 환산 연봉의 감소율보다 크다.

13 다음은 단위 면적당 도시공원·녹지·유원지 현황을 나타낸 표이다. 이에 대한 설명으로 옳지 않은 것은?

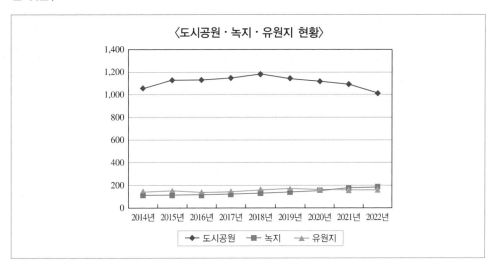

① 도시공원의 면적은 2019년부터 감소하고 있다.

② 녹지의 면적은 꾸준히 증가하고 있다.

③ 도시공원의 면적은 녹지와 유원지의 면적보다 월등히 넓다.

④ 2019년부터 녹지의 면적은 유원지 면적을 추월했다.

⑤ 도시공원의 면적은 2018년에 가장 넓다.

14 다음은 대륙별 인터넷 이용자 수에 대한 자료이다. 이에 대한 설명으로 옳지 않은 것은?

〈대륙별 인터넷 이용자 수〉

(단위 : 백만 명)

구분	2015년	2016년	2017년	2018년	2019년	2020년	2021년	2022년
중동	66	86	93	105	118	129	141	161
유럽	388	410	419	435	447	466	487	499
아프리카	58	79	105	124	148	172	193	240
아시아・태평양	726	872	988	1,124	1,229	1,366	1,506	1,724
아메리카	428	456	483	539	584	616	651	647
독립국가연합	67	95	114	143	154	162	170	188

① 2022년 중동의 인터넷 이용자 수는 2015년에 비해 9천5백만 명이 늘었다.

② 2021년에 비해 2022년의 인터넷 이용자 수가 감소한 대륙은 한 곳이다.

③ 2022년 아프리카의 인터넷 이용자 수는 2018년에 비해 약 1.9배 증가했다.

④ 조사 기간 중 전년 대비 아시아・태평양의 인터넷 이용자 수의 증가량이 가장 큰 해는 2016년이다.

⑤ 대륙별 인터넷 이용자 수의 1・2・3순위는 2022년까지 계속 유지되고 있다.

15 다음은 어느 상담센터에서 2022년에 실시한 상담가 유형별 가족상담 건수에 대한 자료이다. 이에 근거할 때, 2022년 하반기 전문상담가에 의한 가족상담 건수는?

〈2022년 상담가 유형별 가족상담 건수〉

(단위 : 건)

상담가 유형	가족상담 건수
일반상담가	120
전문상담가	60

※ 가족상담은 일반상담가에 의한 가족상담과 전문상담가에 의한 가족상담으로만 구분됨

〈정보〉

- 2022년 가족상담의 30%는 상반기에, 70%는 하반기에 실시되었다.
- 2022년 일반상담가에 의한 가족상담의 40%는 상반기에, 60%는 하반기에 실시되었다.

① 38건   ② 40건
③ 48건   ④ 54건
⑤ 56건

16 다음은 1,000명을 대상으로 5개 제조사 타이어 제품에 대한 소비자 선호도 조사 결과에 대한 자료이다. 1차 선택 후, 일주일간 사용하고 다시 2차 선택을 하였다. 다음 두 가지 질문에 대한 답을 순서대로 바르게 나열한 것은?

〈5개 제조사 타이어 제품에 대한 소비자 선호도 조사 결과〉

1차 선택 \ 2차 선택	A사	B사	C사	D사	E사	총계
A사	120	17	15	23	10	185
B사	22	89	11	(가)	14	168
C사	17	11	135	13	12	188
D사	15	34	21	111	21	202
E사	11	18	13	15	200	257
총계	185	169	195	194	157	1,000

- (가)에 들어갈 수는?
- 1차에서 D사를 선택하고, 2차에서 C사를 선택한 소비자 수와 1차에서 E사를 선택하고 2차에서 B사를 선택한 소비자 수의 차이는?

① 32, 3   ② 32, 6
③ 12, 11   ④ 12, 3
⑤ 24, 3

※ 다음은 A시 가구의 형광등을 LED 전구로 교체할 경우 기대효과를 분석한 자료이다. 이어지는 질문에 답하시오. [17~18]

A시의 가구 수 (세대)	적용 비율 (%)	가구당 교체 개수(개)	필요한 LED 전구 수(천 개)	교체 비용 (백만 원)	연간 절감 전력량(만 kWh)	연간 절감 전기 요금(백만 원)
600,000	30	3	540	16,200	3,942	3,942
		4	720	21,600	5,256	5,256
		5	900	27,000	6,570	6,570
	50	3	900	27,000	6,570	6,570
		4	1,200	36,000	8,760	8,760
		5	1,500	45,000	10,950	10,950
	80	3	1,440	43,200	10,512	10,512
		4	1,920	56,600	14,016	14,016
		5	2,400	72,000	17,520	17,520

※ (1kWh당 전기 요금)=(연간 절감 전기 요금)÷(연간 절감 전력량)

17 다음 중 〈보기〉에서 옳은 것을 모두 고르면?

> **보기**
> ㄱ. A시 가구의 50%가 형광등 3개를 LED 전구로 교체한다면 교체 비용은 270억 원이 소요된다.
> ㄴ. A시 가구의 30%가 형광등 5개를 LED 전구로 교체한다면 연간 절감 전기 요금은 50% 가구의 형광등 3개를 LED 전구로 교체한 것과 동일하다.
> ㄷ. A시에 적용된 전기 요금은 1kWh당 100원이다.
> ㄹ. A시의 모든 가구가 형광등 5개를 LED 전구로 교체하려면 LED 전구 240만 개가 필요하다.

① ㄱ, ㄴ   ② ㄴ, ㄷ
③ ㄷ, ㄹ   ④ ㄱ, ㄹ
⑤ ㄱ, ㄴ, ㄷ

18 A시 가구의 80%가 형광등 5개를 LED 전구로 교체할 때와 50%가 형광등 5개를 LED 전구로 교체할 때의 3년 후 둘의 절감액 차이는 얼마인가?

① 18,910백만 원   ② 19,420백만 원
③ 19,710백만 원   ④ 19,850백만 원
⑤ 20,140백만 원

19 다음은 1 ~ 7월 동안 A사 주식의 이론가격과 시장가격의 관계에 대한 자료이다. 이에 대한 〈보기〉의 설명으로 옳은 것을 모두 고르면?

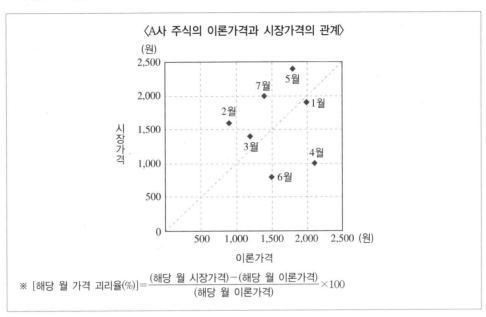

〈A사 주식의 이론가격과 시장가격의 관계〉

※ [해당 월 가격 괴리율(%)] = $\dfrac{(\text{해당 월 시장가격}) - (\text{해당 월 이론가격})}{(\text{해당 월 이론가격})} \times 100$

보기

ㄱ. 가격 괴리율이 0% 이상인 달은 4개이다.
ㄴ. 이론가격이 전월 대비 증가한 달은 3월, 4월, 7월이다.
ㄷ. 가격 괴리율이 전월 대비 증가한 달은 3개 이상이다.
ㄹ. 시장가격이 전월 대비 가장 큰 폭으로 증가한 달은 6월이다.

① ㄱ, ㄴ
② ㄱ, ㄷ
③ ㄷ, ㄹ
④ ㄱ, ㄴ, ㄹ
⑤ ㄴ, ㄷ, ㄹ

20 K은행에 근무 중인 귀하는 자사의 성과를 평가하기 위해 퇴직연금 시장의 현황을 파악하고자 한다. 퇴직연금사업장 취급실적 현황을 보고 판단한 내용으로 옳지 않은 것은?

〈퇴직연금사업장 취급실적 현황〉

(단위 : 건)

구분		합계	확정급여형 (DB)	확정기여형 (DC)	확정급여·기여형 (DB&DC)	IRP 특례
2020년	1분기	152,910	56,013	66,541	3,157	27,199
	2분기	167,460	60,032	75,737	3,796	27,893
	3분기	185,689	63,150	89,571	3,881	29,087
	4분기	203,488	68,031	101,086	4,615	29,756
2021년	1분기	215,962	70,868	109,820	4,924	30,350
	2분기	226,994	73,301	117,808	5,300	30,585
	3분기	235,716	74,543	123,650	5,549	31,974
	4분기	254,138	80,107	131,741	6,812	35,478
2022년	1분기	259,986	80,746	136,963	6,868	35,409
	2분기	262,373	80,906	143,450	6,886	32,131
	3분기	272,455	83,003	146,952	7,280	35,220
	4분기	275,547	83,643	152,904	6,954	32,046

① 퇴직연금을 도입한 사업장 수는 매 분기 꾸준히 증가하고 있다.

② 퇴직연금제도 형태별로는 확정기여형이 확정급여형보다 많은 것으로 나타난다.

③ 2021년 중 전년 동 분기 대비 확정기여형을 도입한 사업장 수가 가장 많이 증가한 시기는 2분기이다.

④ 2022년 4분기에 IRP 특례를 제외한 나머지 퇴직연금 취급실적은 모두 전년 동 분기 대비 증가하였다.

⑤ 2020년부터 2022년까지 분기별 확정급여형 취급실적은 동 기간 IRP 특례의 2배 이상이다.

21 다음은 2019 ~ 2022년 갑국 기업의 남성육아휴직제 시행 현황에 대한 자료이다. 이에 대한 설명으로 옳은 것은?

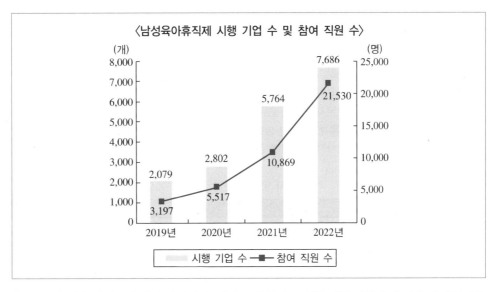

① 2020년 이후 전년보다 참여 직원 수가 가장 많이 증가한 해와 시행 기업 수가 가장 많이 증가한 해는 동일하다.
② 2022년 남성육아휴직제 참여 직원 수는 2019년의 7배 이상이다.
③ 시행 기업당 참여 직원 수가 가장 많은 해는 2022년이다.
④ 2022년 시행 기업 수의 2020년 대비 증가율은 참여 직원 수의 증가율보다 높다.
⑤ 2019 ~ 2022년 참여 직원 수 연간 증가 인원의 평균은 6,000명 이하이다.

22 세미는 1박 2일로 경주 여행을 떠나, 불국사, 석굴암, 안압지, 첨성대 유적지를 방문했다. 다음의 〈조건〉에 따라 세미의 유적지 방문 순서가 될 수 없는 것은?

> **조건**
> • 첫 번째로 방문한 곳은 석굴암, 안압지 중 한 곳이었다.
> • 여행 계획대로라면 첫 번째로 석굴암을 방문했을 때, 두 번째로는 첨성대에 방문하기로 되어 있었다.
> • 두 번째로 방문한 곳은 안압지가 아니라면 불국사도 아니었다.
> • 세 번째로 방문한 곳은 석굴암이 아니었다.
> • 세 번째로 방문한 곳이 첨성대라면, 첫 번째로 방문한 곳은 불국사였다.
> • 마지막으로 방문한 곳이 불국사라면, 세 번째로 방문한 곳은 안압지였다.

① 안압지 – 첨성대 – 불국사 – 석굴암
② 안압지 – 석굴암 – 첨성대 – 불국사
③ 안압지 – 석굴암 – 불국사 – 첨성대
④ 석굴암 – 첨성대 – 안압지 – 불국사
⑤ 석굴암 – 첨성대 – 불국사 – 안압지

23 S공사 본사에서 근무하는 A대리는 발전소별로 안전관리 실무자를 만나기 위해 국내발전소 4곳을 방문하고자 한다. A대리의 국내발전소 출장 계획과 본사 및 각 발전소 간 이동 소요시간이 다음과 같다고 할 때, 다음 중 이동 소요시간이 가장 적은 경로를 순서대로 바르게 나열한 것은?

〈A대리의 국내발전소 출장 계획〉

- A대리는 본사에서 출발하여, 국내발전소 4곳을 방문한 후 본사로 복귀한다.
- A대리가 방문할 국내발전소는 청평발전소, 무주발전소, 산청발전소, 예천발전소이다.
- 2023년 9월 4일에 본사에서 출발하여 4월 8일에 본사로 복귀한다.
- A대리는 각 발전소를 한 번씩만 방문하며, 본사 및 각 발전소 간 이동은 하루에 한 번만 한다.
- 안전관리 실무자의 사정으로 인해 산청발전소는 반드시 9월 7일에 방문한다.

〈본사 및 각 발전소 간 이동 소요시간〉

구분	본사	청평발전소	무주발전소	산청발전소	예천발전소
본사		55분	2시간 5분	1시간 40분	40분
청평발전소	55분		45분	1시간 5분	50분
무주발전소	2시간 5분	45분		1시간 20분	1시간 50분
산청발전소	1시간 40분	1시간 5분	1시간 20분		35분
예천발전소	40분	50분	1시간 50분	35분	

① 본사 – 청평발전소 – 무주발전소 – 예천발전소 – 산청발전소 – 본사
② 본사 – 청평발전소 – 예천발전소 – 무주발전소 – 산청발전소 – 본사
③ 본사 – 무주발전소 – 예천발전소 – 청평발전소 – 산청발전소 – 본사
④ 본사 – 무주발전소 – 청평발전소 – 예천발전소 – 산청발전소 – 본사
⑤ 본사 – 예천발전소 – 청평발전소 – 무주발전소 – 산청발전소 – 본사

24 다음 연구용역 계약사항을 근거로 판단할 때, 〈보기〉에서 옳은 것을 모두 고르면?

〈연구용역 계약사항〉

□ 과업수행 전체회의 및 보고
- 참석대상 : 발주기관 과업 담당자, 연구진 전원
- 착수보고 : 계약일로부터 10일 이내
- 중간보고 : 계약기간 중 2회
  - 과업 진척상황 및 중간 결과 보고, 향후 연구계획 및 내용 협의
- 최종보고 : 계약만료 7일 전까지
- 수시보고 : 연구 수행상황 보고 요청 시, 긴급을 요하거나 특이사항 발생 시 등
- 전체회의 : 착수보고 전, 각 중간보고 전, 최종보고 전

□ 과업 산출물
- 중간보고서 20부, 최종보고서 50부, 연구 데이터 및 관련 자료 CD 1매

□ 연구진 구성 및 관리
- 연구진 구성 : 책임연구원, 공동연구원, 연구보조원
- 연구진 관리
  - 연구 수행기간 중 연구진은 구성원을 임의로 교체할 수 없음. 단, 부득이한 경우 사전에 변동사유와 교체될 구성원의 경력 등에 관한 서류를 발주기관에 제출하여 승인을 받은 후 교체할 수 있음

□ 과업의 일반조건
- 연구진은 연구과제의 시작부터 종료(최종보고서 제출)까지 과업과 관련된 제반 비용의 지출행위에 대해 책임을 지고 과업을 진행해야 함
- 연구진은 용역완료(납품) 후에라도 발주기관이 연구결과와 관련된 자료를 요청할 경우에는 관련 자료를 성실히 제출하여야 함

보기

ㄱ. 발주기관은 연구용역이 완료된 후에도 연구결과와 관련된 자료를 요청할 수 있다.
ㄴ. 과업수행을 위한 전체회의 및 보고 횟수는 최소 8회이다.
ㄷ. 연구진은 연구 수행기간 중 책임연구원과 공동연구원을 변경할 수 없지만 연구보조원의 경우 임의로 교체할 수 있다.
ㄹ. 중간보고서의 경우 그 출력과 제본 비용의 지출행위에 대해 발주기관이 책임을 진다.

① ㄱ, ㄴ
② ㄱ, ㄷ
③ ㄱ, ㄹ
④ ㄴ, ㄷ
⑤ ㄷ, ㄹ

※ K회사 직원인 정민, 혜정, 진선, 기영, 보람, 민영, 선호 일곱 사람은 오후 2시에 시작하는 회의에 참석하기 위해 대중교통을 이용하여 거래처 내 회의장에 가고자 한다. 〈조건〉을 참고하여 이어지는 질문에 답하시오. [25~27]

조건

- 이용 가능한 대중교통은 버스, 지하철, 택시만 있다.
- 이용 가능한 모든 대중교통의 K회사에서부터 거래처까지의 노선은 A, B, C, D지점을 거치는 직선 노선이다.
- K회사에서 대중교통을 기다리는 시간은 고려하지 않는다.
- 택시의 기본요금은 2,000원이며, 2km까지 해당한다.
- 택시는 2km마다 100원씩 추가요금이 발생하며, 2km를 1분에 간다.
- 버스는 2km를 3분에 가고, 지하철은 2km를 2분에 간다.
- 버스와 지하철은 K회사, A, B, C, D 각 지점 그리고 거래처에 있는 버스정류장 및 지하철역을 경유한다.
- 버스 요금은 500원, 지하철 요금은 700원이며 추가요금은 없다.
- 버스와 지하철 간에는 무료 환승이 가능하다.
- 환승할 경우 소요시간은 2분이다.
- 환승할 때 느끼는 번거로움 등을 비용으로 환산하면 1분당 400원이다.
- 거래처에 도착하여 회의장까지 가는 데는 2분이 소요된다.
- 회의가 시작되기 전에 먼저 회의장에 도착하여 대기하는 동안의 긴장감 등을 비용으로 환산하면 1분당 200원이다.
- 회의에 지각할 경우 회사로부터 당하는 불이익 등을 비용으로 환산하면 1분당 10,000원이다.

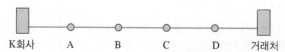

※ 각 구간의 거리는 모두 2km이다.

25 거래처에 도착한 이후의 비용을 고려하지 않을 때, K회사에서부터 거래처까지 최단 시간으로 가는 방법과 최소비용으로 가는 방법 간의 비용 차는 얼마인가?

① 1,900원
② 2,000원
③ 2,100원
④ 2,200원
⑤ 2,300원

26 정민이는 K회사에서부터 B지점까지 버스를 탄 후, 택시로 환승하여 거래처의 회의장에 도착하고자 한다. 어느 시각에 출발하는 것이 비용을 최소화할 수 있는가?

① 오후 1시 42분
② 오후 1시 45분
③ 오후 1시 47분
④ 오후 1시 50분
⑤ 오후 1시 52분

27 혜정이는 오후 1시 36분에 K회사에서 출발하여 B지점까지 버스를 탄 후, 지하철로 환승하여 거래처에 도착했다. 그리고 진선이는 혜정이가 출발한 지 8분 뒤에 K회사에서 출발하여 C지점까지 택시를 탄 후, 거래처까지의 나머지 거리는 버스를 이용했다. 이때, 혜정이와 진선이의 비용 차는 얼마인가?

① 1,200원
② 1,300원
③ 1,400원
④ 1,500원
⑤ 1,600원

28 다음 글을 근거로 판단할 때, 〈보기〉에서 옳은 것을 모두 고르면?

M국가의 공무원연금공단은 다음 기준에 따라 사망조위금을 지급하고 있다. 사망조위금은 최우선 순위의 수급권자 1인에게만 지급한다.

〈사망조위금 지급기준〉

사망자	수급권자 순위	
공무원의 배우자·부모 (배우자의 부모 포함)·자녀	해당 공무원이 1인인 경우	해당 공무원
	해당 공무원이 2인 이상인 경우	1. 사망한 자의 배우자인 공무원 2. 사망한 자를 부양하던 직계비속인 공무원 3. 사망한 자의 최근친 직계비속인 공무원 중 최연장자 4. 사망한 자의 최근친 직계비속의 배우자인 공무원 중 최연장자 직계비속의 배우자인 공무원
공무원 본인	1. 사망한 공무원의 배우자 2. 사망한 공무원의 직계비속 중 공무원 3. 장례와 제사를 모시는 자 중 아래의 순위 　가. 사망한 공무원의 최근친 직계비속 중 최연장자 　나. 사망한 공무원의 최근친 직계존속 중 최연장자 　다. 사망한 공무원의 형제자매 중 최연장자	

> **보기**
>
> ㄱ. A와 B는 비(非)공무원 부부이며 공무원 C(37세)와 공무원 D(32세)를 자녀로 두고 있다. 공무원 D가 부모님을 부양하던 상황에서 A가 사망하였다면, 사망조위금 최우선 순위 수급권자는 D이다.
>
> ㄴ. A와 B는 공무원 부부로 비공무원 C를 아들로 두고 있으며, 공무원 D는 C의 아내이다. 만약 C가 사망하였다면, 사망조위금 최우선 순위 수급권자는 A이다.
>
> ㄷ. 공무원 A와 비공무원 B는 부부이며 비공무원 C(37세)와 비공무원 D(32세)를 자녀로 두고 있다. A가 사망하고 C와 D가 장례와 제사를 모시는 경우, 사망조위금 최우선 순위 수급권자는 C이다.

① ㄱ   ② ㄴ

③ ㄷ   ④ ㄱ, ㄴ

⑤ ㄱ, ㄷ

다음 상황을 근거로 판단할 때, 〈보기〉에서 옳은 것을 모두 고르면?

〈상황〉

- 체육대회에서 8개의 종목을 구성해 각 종목에서 우승 시 얻는 승점을 합하여 각 팀의 최종 순위를 매기고자 한다.
- 각 종목은 순서대로 진행하고, 3번째 종목부터는 각 종목 우승 시 받는 승점이 그 이전 종목들의 승점을 모두 합한 점수보다 10점 더 많도록 구성하였다.

※ 승점은 각 종목의 우승 시에만 얻을 수 있으며, 모든 종목의 승점은 자연수이다.

보기

ㄱ. 1번째 종목과 2번째 종목의 승점이 각각 10점, 20점이라면 8번째 종목의 승점은 1,000점을 넘게 된다.

ㄴ. 1번째 종목과 2번째 종목의 승점이 각각 100점, 200점이라면 8번째 종목의 승점은 10,000점을 넘게 된다.

ㄷ. 1번째 종목과 2번째 종목의 승점에 상관없이 8번째 종목의 승점은 6번째 종목 승점의 4배이다.

ㄹ. 만약 3번째 종목부터 각 종목 우승 시 받는 승점이 그 이전 종목들의 승점을 모두 합한 점수보다 10점 더 적도록 구성한다면, 1번째 종목과 2번째 종목의 승점에 상관없이 8번째 종목의 승점은 6번째 종목 승점의 4배보다 적다.

① ㄱ, ㄷ

② ㄱ, ㄹ

③ ㄴ, ㄷ

④ ㄱ, ㄴ, ㄹ

⑤ ㄴ, ㄷ, ㄹ

※ P공사에서 근무하는 A대리는 본사가 있는 경주에서 열차를 이용하여 조치원, 광주, 대전, 부산에 각각 위치한 사업소 4곳을 방문하고자 한다. 본사와 사업소 간의 열차 노선별 이동거리와 열차 노선별 이용금액이 다음과 같을 때, 이어지는 질문에 답하시오. [30~31]

⟨열차 노선별 이동거리⟩

구분	경주	조치원	광주	대전	부산
경주		–	158km	214km	95km
조치원	–		197km	44km	–
광주	158km	197km		176km	259km
대전	214km	44km	176km		257km
부산	95km	–	259km	257km	

⟨열차 노선별 이용금액⟩

구분	경주	조치원	광주	대전	부산
경주		–	19,200원	28,500원	11,500원
조치원	–		25,000원	4,800원	–
광주	19,200원	25,000원		13,200원	34,000원
대전	28,500원	4,800원	13,200원		39,000원
부산	11,500원	–	34,000원	39,000원	

※ 역과 사업소 간에 이동거리 및 이동수단에 따른 비용은 고려하지 않는다.

30 A대리는 본사에서 출발하여 열차를 이용해 사업소 4곳을 방문할 예정이다. 다음 이동경로 중 이동거리가 가장 짧은 경로는?

① 경주 – 부산 – 광주 – 조치원 – 대전
② 경주 – 부산 – 대전 – 조치원 – 광주
③ 경주 – 대전 – 부산 – 광주 – 조치원
④ 경주 – 대전 – 조치원 – 광주 – 부산
⑤ 경주 – 광주 – 조치원 – 대전 – 부산

31 A대리는 계획을 바꾸어 이동거리 대신 비용을 최소화하는 경로로 이동하고자 한다. 다음 이동경로 중 가장 저렴한 비용의 경로와 그 비용이 바르게 연결된 것은?

	이동경로	비용
①	경주 – 부산 – 광주 – 조치원 – 대전	75,300원
②	경주 – 부산 – 광주 – 조치원 – 대전	80,300원
③	경주 – 부산 – 대전 – 조치원 – 광주	80,300원
④	경주 – 광주 – 조치원 – 대전 – 부산	88,000원
⑤	경주 – 광주 – 조치원 – 대전 – 부산	92,300원

32 다음은 인공지능(AI)의 동물 식별 능력을 조사한 결과이다. 이에 대한 〈보기〉의 설명으로 옳은 것을 모두 고르면?

〈AI의 동물 식별 능력 조사 결과〉

(단위 : 마리)

실제 \ AI 식별 결과	개	여우	돼지	염소	양	고양이	합계
개	457	10	32	1	0	2	502
여우	12	600	17	3	1	2	635
돼지	22	22	350	2	0	3	399
염소	4	3	3	35	1	2	48
양	0	0	1	1	76	0	78
고양이	3	6	5	2	1	87	104
전체	498	641	408	44	79	96	1,766

보기

ㄱ. AI가 돼지로 식별한 동물 중 실제 돼지가 아닌 비율은 10% 이상이다.
ㄴ. 실제 여우 중 AI가 여우로 식별한 비율은 실제 돼지 중 AI가 돼지로 식별한 비율보다 낮다.
ㄷ. 전체 동물 중 AI가 실제와 동일하게 식별한 비율은 85% 이상이다.
ㄹ. 실제 염소를 AI가 고양이로 식별한 수보다 양으로 식별한 수가 많다.

① ㄱ, ㄴ
② ㄱ, ㄷ
③ ㄴ, ㄷ
④ ㄱ, ㄷ, ㄹ
⑤ ㄴ, ㄷ, ㄹ

L공사는 A ~ F 총 6개의 후보지 중에서 선정 방식에 따라 혁신도시사업을 진행할 새 부지를 선정하고자 한다. 다음 중 새 부지로 선정될 지역과 해당 지역의 혁신적합점수로 옳은 것은?

〈혁신도시사업 부지 선정 방식〉

- 혁신적합점수가 가장 높은 부지를 새로운 혁신도시사업 부지로 선정한다. 단, 반드시 재정자립도가 20% 이상인 후보지를 선정한다.
- 혁신적합점수는 잠재성 점수, 필요성 점수, 효율성 점수를 1 : 1 : 1의 가중치로 합산하여 산출한다. 분야별 점수의 산출 방식은 아래와 같다. 단, 혁신적합점수가 최고점인 부지가 2곳 이상인 경우, 재정자립도가 가장 높은 지역을 선정한다.
- 잠재성 점수
  면적, 현재 거주 세대수, 관광지 수 항목의 점수를 단순 합산하여 산출한다.
- 필요성 점수
  교육·연구기관 수, 공공기관 수 항목의 점수를 단순 합산하여 산출한다.
- 효율성 점수
  재정자립도, 면적 대비 현세대수 항목의 점수를 단순 합산하여 산출한다.
- 항목별 점수 부여 방식
  후보지 중 항목별 순위에 따라 다음과 같이 점수를 부여한다.

순위	1위	2위	3위	4위	5위	6위
항목점수	20	18	16	14	12	10

교육·연구기관 수, 공공기관 수는 수치가 작을수록 순위가 높고, 면적, 현재 거주 세대수, 관광지 수, 재정자립도, 면적 대비 현세대 수는 수치가 높을수록 순위가 높다.

※ $[$면적 대비 현세대 수(세대/천 m^2)$] = \dfrac{(현재\ 거주\ 세대\ 수)}{(면적)} \times 100$

※ 면적 대비 현세대 수 계산 시 소수점은 버림한다.

〈혁신도시사업 후보지 현황〉

항목 후보지	교육·연구기관 수(개)	공공기관 수(개)	면적(천 m^2)	현재 거주 세대수(세대)	관광지 수(곳)	재정자립도(%)
A	11	4	2,450	4,905	4	21
B	9	9	1,983	2,532	3	35
C	17	7	4,709	4,852	7	54
D	4	6	8,201	3,034	5	32
E	8	11	7,442	2,439	0	17
F	6	8	2,930	1,029	2	46

※ 관광지 수는 한국관광공사에 등록된 관광지 수를 기준으로 함

	선정지	혁신적합점수
①	A	110점
②	A	112점
③	C	116점
④	D	120점
⑤	D	124점

34 다음은 8개 기관별 장애인 고용 현황에 대한 자료이다. 〈조건〉을 바탕으로 A ~ D에 해당하는 기관을 순서대로 바르게 나열한 것은?

〈기관별 장애인 고용 현황〉

(단위 : 명, %)

기관	전체 고용인원	장애인 고용의무인원	장애인 고용인원	장애인 고용률
남동청	4,013	121	58	1.45
A	2,818	85	30	1.06
B	22,323	670	301	1.35
북동청	92,385	2,772	1,422	1.54
C	22,509	676	361	1.60
D	19,927	598	332	1.67
남서청	53,401	1,603	947	1.77
북서청	19,989	600	357	1.79

※ [장애인 고용률(%)] = $\dfrac{(\text{장애인 고용인원})}{(\text{전체 고용인원})} \times 100$

조건
- 동부청의 장애인 고용의무인원은 서부청보다 많고, 남부청보다 적다.
- 장애인 고용률은 서부청이 가장 낮다.
- 장애인 고용의무인원은 북부청이 남부청보다 적다.
- 동부청은 남동청보다 장애인 고용인원은 많으나, 장애인 고용률은 낮다.

	A	B	C	D
①	동부청	서부청	남부청	북부청
②	동부청	서부청	북부청	남부청
③	서부청	동부청	남부청	북부청
④	서부청	동부청	북부청	남부청
⑤	서부청	남부청	동부청	북부청

35 A ~ E 5명이 순서대로 퀴즈게임을 해서 벌칙 받을 사람 1명을 선정하고자 한다. 게임 규칙과 결과에 근거할 때, 항상 옳은 것을 〈보기〉에서 모두 고르면?

- 규칙
  - A → B → C → D → E 순서대로 퀴즈를 1개씩 풀고, 모두 한 번씩 퀴즈를 풀고 나면 한 라운드가 끝난다.
  - 퀴즈 2개를 맞힌 사람은 벌칙에서 제외되고, 다음 라운드부터는 게임에 참여하지 않는다.
  - 라운드를 반복하여 맨 마지막까지 남는 한 사람이 벌칙을 받는다.
  - 벌칙을 받을 사람이 결정되면 라운드 중이라도 더 이상 퀴즈를 출제하지 않는다.
  - 게임 중 동일한 문제는 출제하지 않는다.
- 결과
  3라운드에서 A는 참가자 중 처음으로 벌칙에서 제외되었고, 4라운드에서는 오직 B만 벌칙에서 제외되었으며, 벌칙을 받을 사람은 5라운드에서 결정되었다.

> **보기**
>
> ㄱ. 5라운드까지 참가자들이 정답을 맞힌 퀴즈는 총 9개이다.
> ㄴ. 게임이 종료될 때까지 총 22개의 퀴즈가 출제되었다면, E는 5라운드에서 퀴즈의 정답을 맞혔다.
> ㄷ. 게임이 종료될 때까지 총 21개의 퀴즈가 출제되었다면, 퀴즈를 푸는 순서가 벌칙을 받을 사람 선정에 영향을 미친 것으로 볼 수 있다.

① ㄱ
② ㄴ
③ ㄱ, ㄷ
④ ㄴ, ㄷ
⑤ ㄱ, ㄴ, ㄷ

36 인사팀의 11월 월간 일정표와 〈조건〉을 고려하여 인사팀의 1박 2일 워크숍 날짜를 결정하려고 한다. 다음 중 인사팀의 워크숍 날짜로 옳은 것은?

〈11월 월간 일정표〉

월	화	수	목	금	토	일
	1	2 오전 10시 연간 채용계획 발표(A팀장)	3	4 오전 10시 주간업무보고 오후 7시 B대리 송별회	5	6
7	8 오후 5시 총무팀과 팀 연합회의	9	10	11 오전 10시 주간업무보고	12	13
14 오전 11시 승진대상자 목록 취합 및 보고(C차장)	15	16	17 A팀장 출장	18 오전 10시 주간업무보고	19	20
21 오후 1시 팀미팅(30분 소요 예정)	22	23 D사원 출장	24 외부인사 방문 일정	25 오전 10시 주간업무보고	26	27
28 E대리 휴가	29	30				

조건

• 워크숍은 평일로 한다.
• 워크숍에는 모든 팀원들이 빠짐없이 참석해야 한다.
• 워크숍 일정은 첫날 오후 3시 출발부터 다음날 오후 2시까지이다.
• 다른 팀과 함께 하는 업무가 있는 주에는 워크숍 일정을 잡지 않는다.
• 매월 말일에는 월간 업무 마무리를 위해 워크숍 일정을 잡지 않는다.

① 11월 9 ~ 10일
② 11월 18 ~ 19일
③ 11월 21 ~ 22일
④ 11월 28 ~ 29일
⑤ 11월 29 ~ 30일

※ 다음은 2023년 국내 에너지 수출입 및 소비량에 대한 표이다. 이어지는 질문에 답하시오. [37~38]

〈국내 월별 에너지 수출입 현황〉

(단위 : 천 TOE)

구분	에너지원 구분	5월	6월	7월	8월
수입	합계	28,106	27,092	29,914	31,763
	석탄	6,981	6,251	7,790	8,276
	석유	17,255	16,629	18,174	18,792
	천연가스	3,870	4,212	3,950	4,695
수출	석유	5,803	5,658	6,390	6,263
순수입		22,303	21,434	23,524	25,500

〈국내 최종 에너지원별 소비량〉

(단위 : 천 TOE)

구분	4월	5월	6월	7월	8월
합계	19,051	17,902	17,516	18,713	19,429
석탄	2,661	2,694	2,641	2,655	2,747
석유	9,520	9,115	9,045	10,028	10,305
천연가스	179	156	181	209	206
도시가스	2,135	1,580	1,311	1,244	1,157
전력	3,650	3,501	3,493	3,695	4,090
열	193	100	73	75	65
신재생	713	756	772	807	859

37 다음 중 국내의 에너지 수출입 현황 및 최종 에너지원별 소비량에 대한 설명으로 옳지 않은 것을 〈보기〉에서 모두 고르면?

> **보기**
> ㄱ. 수입 에너지원 중 석유가 차지하는 비중은 2023년 5월보다 8월에 증가하였다.
> ㄴ. 2023년 4월부터 8월까지 국내의 최종 에너지원별 소비량 순위는 매월 동일하다.
> ㄷ. 2023년 6월부터 8월까지 중 전월 대비 석유 수출량이 증가한 달의 전월 대비 천연가스 수입량은 감소하였다.
> ㄹ. 2023년 5월부터 7월까지 국내의 최종 에너지원으로서 석탄과 도시가스의 전월 대비 증감량 추이는 동일하다.

① ㄱ, ㄴ
② ㄱ, ㄷ
③ ㄷ, ㄹ
④ ㄱ, ㄴ, ㄹ
⑤ ㄴ, ㄷ, ㄹ

38 석유 정제업을 하는 S기업의 신사업추진위원회는 유망한 새로운 에너지 부문으로 진출할 계획을 세우고 있다. 에너지 부문들의 잠재성 평가를 위해 네 가지 항목의 세부 현황을 조사하였을 때, 다음 중 S기업에 대한 설명으로 옳지 않은 것은?

〈S기업의 에너지 신사업추진 평가 결과〉

부문	진입 시 추가확충 필요자금	규제의 적실성	1위 기업의 현재 시장점유율	진입 후 흑자전환 소요기간
석탄	600억 원	84점	55%	4년
천연가스	1,240억 원	37점	72%	5년
열	360억 원	22점	66%	3년
신재생	430억 원	48점	35%	6년

① 열 에너지 부문으로 진출하는 경우, 신재생 에너지로 진출하는 경우에 비해서는 시장규모가 작을 것이다.

② 진입 시 제도적 장애물에 가장 자주 부딪히게 될 부문은 열 에너지이다.

③ 진입 시 S기업이 추가로 확충해야 하는 자금의 규모가 작을수록 흑자전환에 소요되는 기간도 짧을 것이다.

④ 신재생 에너지 부문보다 천연가스 에너지 부문에 진입 시 초기 점유율을 확보하기 더 어려울 것이다.

⑤ S기업이 신사업으로 제도적 규제를 가장 적게 받을 수 있는 에너지 부문은 국내 최종 에너지원 소비량에서 5월부터 7월까지 3위를 기록했다.

39 K공사에 다니는 W사원은 해외로 출장을 가는데, 이번 달 영국에서 5일 동안 일을 마치고 한국에 돌아와 일주일 후 스페인으로 다시 4일간의 출장을 간다고 한다. 다음 자료를 참고하여 W사원이 영국과 스페인 출장 시 들어갈 총비용을 A∼C 세 은행에서 환전할 때 필요한 원화의 최댓값과 최솟값의 차이는 얼마인가?(단, 출장비는 해외여비와 교통비의 합이다)

<국가별 1일 여비>

구분	영국	스페인
1일 해외여비	50파운드	60유로

<국가별 교통비 및 추가 지급비용>

구분	영국	스페인
교통비(비행시간)	380파운드(12시간)	870유로(14시간)
초과 시간당 추가 지급비용	20파운드	15유로

※ 교통비는 편도 항공권 비용이며, 비행시간도 편도에 해당한다.
※ 편도 비행시간이 10시간을 초과하면 시간당 추가 비용이 지급된다.

<은행별 환율 현황>

구분	매매기준율(KRW)	
	원/파운드	원/유로
A은행	1,470	1,320
B은행	1,450	1,330
C은행	1,460	1,310

① 31,900원 ② 32,700원

③ 33,500원 ④ 34,800원

⑤ 35,200원

K사에 근무 중인 B씨는 이직에 대해서 고민하고 있다. 현재 근무하고 있는 회사에서 영업팀에서 일하고 있으나 실적도 많지 않고 스트레스만 쌓여가고 있다. B씨는 자신의 적성에 맞는 새로운 직업으로 이직을 고려하고 있으나 자신이 하고 싶은 일이 무엇인지 정확하게 알지 못하고 있다. B씨는 이전에 대기업 재무팀에서 일하다가 적성에 맞지 않아 퇴사하고 현재 근무 중인 K사의 영업팀으로 입사하였다. 그러나 여기서도 적성이 맞지 않음을 느끼고 2년 만에 다시 새로운 직업으로 이직을 고려하고 있다. 당장 회사를 그만두고 싶지만 다른 직장을 구하기 어려워서 시도를 못하고 있다. 그러던 중 친구 H가 이직에 성공하였다는 소식을 듣고 조언을 얻어 직업 찾기 교육을 수강하기로 했다. 직업 찾기 교육에 참여한 B씨는 자신 내부의 요구 등 교육 이후에 홍보 쪽으로 나아갈 방향을 정하고 회사 내 홍보팀 쪽으로 부서 이동 신청을 고려하고 있다.

40 직업 찾기 교육에 참여한 B씨는 자신 내부의 요구를 파악하기 위해서 우선 자신을 알아가는 수업을 진행하였다. 그 과정에서 자신과 다른 사람의 두 가지 관점을 통해 자기 이해를 할 수 있는 조해리의 창을 이용하여 자아 인식표를 작성하였다. 다음은 조해리의 창에서 어떤 부분을 나타내고 있는가?

- 동료들이 아는 것보다 덜 외향적이다.
- 길거리에서 받은 전단지를 보고 홍보 계획을 세워보기도 한다.
- 동료들은 모르지만, 개인적으로 동료들에게 어울릴만한 물건이나 옷을 생각해 본다.

① 자신이 알고 있는 것과 타인이 알고 있는 것
② 자신에 관하여 자신은 모르지만, 타인은 알고 있는 것
③ 자신에 관하여 자신은 알고 있지만, 타인은 모르고 있는 것
④ 자신에 관하여 자신도 모르고 타인도 모르는 것
⑤ 어떠한 부분도 나타내고 있지 않음

41 B씨는 홍보 부서로 이동 신청하기 전, 직무, 자신, 환경에 대한 정보에 따라 목표를 수립하고 전략을 세우는 경력개발 계획을 수립하기로 했다. 그 과정에서 홍보팀 동료로부터 다음과 같은 조언을 받았다. 다음은 경력개발 계획 수립의 단계 중 어느 단계인가?

- 아이디어나 기획, 쓰기 능력 등 필요 역량을 우선 파악함
- 홍보 부서는 신입을 거의 뽑지 않고 있지만, 회사 내에서 홍보팀은 중요한 전력임
- 홍보팀에서 근무하게 되면 잦은 야근이 많음

① 직무정보 탐색   ② 자신과 환경 이해
③ 경력목표 설정   ④ 경력개발 전략 수립
⑤ 실행 및 평가

※ 다음은 정보처리에 대한 자료의 일부이다. 이어지는 질문에 답하시오. [42~43]

⟨효과적으로 정보를 수집하기 위한 주의사항⟩

• 정보는 인간력이다.
중요한 정보는 신뢰관계가 좋은 사람에게만 전해진다.
• 인포메이션(Information)과 인텔리전스(Intelligence)
인포메이션이 일반적이고 개별적인 정보라면, 인텔리전스는 정보의 홍수 속 수많은 인포메이션 중에서 몇 가지를 선별해 그것을 연결한 효율적인 정보를 말한다. 인텔리전스는 판단을 쉽게 이끌어 낸다.
• 선수필승
'공격은 최대의 방어'라는 말이 있다. 정보에 있어서도 남들보다 한발 더 앞서 정보를 입수하는 것을 말한다.
• 머릿속에 서랍을 많이 만들자
머릿속에 서랍을 만들어 나만의 방식으로 정보를 정리하여 정보가 뒤섞이지 않도록 한다. 이는 효과적인 정보 수집을 도와준다.
• 정보수집용 하드웨어 활용
사람의 기억력에 모두 의존하지 말고 물리적인 하드웨어를 활용하여 정보를 수집하는 것이 좋다.

⟨효과적으로 정보를 관리하기 위한 방법⟩

직업인으로서 업무를 수행하기 위해서는 수많은 정보가 필요하다. 이러한 정보는 한 번 활용하고 나면 필요 없는 것이 아니라 대부분의 경우 같은 정보를 다시 이용할 필요가 발생하게 된다. 때문에 효율적인 정보관리 방법을 통해 정보를 체계적으로 관리하도록 요구된다.
• 목록을 이용한 정보관리
정보목록은 정보에서 중요한 항목을 찾아 기술한 후 정리하면서 만들어진다. 이는 디지털 파일로 저장해 놓으면 추후 자료를 검색할 때 유용하게 활용된다. 소프트웨어의 검색 기능을 활용하여 특정 단어나 용어로 검색이 가능해진다.
• 색인을 이용한 정보관리
목록은 한 정보원에 하나만 만드는 것이지만 색인은 여러 개를 추출하여 한 정보원에 여러 색인어를 부여할 수 있다. 색인은 정보를 찾을 때 쓸 수 있는 키워드인 색인어와 색인어의 출처인 위치정보로 구성된다.
• 분류를 이용한 정보관리
(1) 시간적 기준 – 정보의 발생 시간별로 분류
(2) 주제적 기준 – 정보의 내용에 따라 분류
(3) 기능적 / 용도별 기준 – 정보가 이용되는 용도나 기능에 따라 분류
(4) 유형적 기준 – 정보의 유형에 따라 분류

42 다음 중 정보를 수집하기 위한 주의사항으로 옳지 않은 것은?

① 정보의 질이나 내용을 중요하게 여겨 일처리 속도를 여유롭게 한다.
② 중요한 정보 외의 세세한 정보는 하드웨어를 활용하여 정리한다.
③ 중요한 정보 수집을 위해 다른 사람과의 신뢰를 쌓는 노력을 한다.
④ 단순한 인포메이션을 수집할 것이 아니라 직접적으로 도움을 줄 수 있는 인텔리전스를 수집한다.
⑤ 나만의 방식으로 정보를 정리하여 정보가 뒤섞이지 않고 구분되도록 노력한다.

43 다음은 학교 신입생들의 정보를 관리하는 방식에 대한 내용이다. 학교에서 도입한 방법으로 옳은 것은?

> 수백 명에 해당하는 1학년 학생들의 방대한 개인정보를 관리하는 데 있어서 여러 가지 방식이 있지만, 최근 도입한 방법은 학생들의 관심사, 취미, 특기 등 키워드를 통하여 구분하는 방식이다. 키워드 검색을 통해 학생을 관리하다 보니 특활 수업 교육과 건강관리 프로그램을 계획하는데 시간과 비용을 절약할 수 있게 되었다.

① 재분류를 활용한 정보관리　　　　② 색인을 활용한 정보관리
③ 목록을 활용한 정보관리　　　　　④ 병합을 활용한 정보관리
⑤ 분류를 활용한 정보관리

※ 다음 자료를 보고 이어지는 질문에 답하시오. [44~45]

	A	B	C	D	E	F	G
1							
2		구분	매입처수	매수	공급가액(원)	세액(원)	합계
3		전자세금계산서	12	8	11,096,174	1,109,617	12,205,791
4		수기종이계산서	1	0	69,180		76,098
5		합계	13	8	11,165,354	1,116,535	

44 귀하는 VAT(부가가치세) 신고를 준비하기 위해 엑셀 파일을 정리하고 있다. 세액은 공급가액의 10%이다. 수기종이계산서의 '세액(원)'인 [F4] 셀을 채우려 할 때, 필요한 수식은?

① =E3*0.1　　　　　　　　　② =E3*0.001
③ =E3*10%　　　　　　　　　④ =E4*0.1
⑤ =E4+0.1

45 다음 중 총합계인 [G5] 셀을 채울 때 필요한 함수식과 결괏값은?

① =AVERAGE(G3:G4) / 12,281,890
② =SUM(G3:G4) / 12,281,889
③ =AVERAGE(E5:F5) / 12,281,890
④ =SUM(E3:F5) / 12,281,889
⑤ =SUM(E5:F5) / 12,281,888

※ 다음 글을 읽고 이어지는 질문에 답하시오. [46~47]

[가]

H대학교 무역학과 학생대표 K군은 마지막 학기를 맞이해 무역학과 학생회 임원들과 졸업여행을 선정하고자 한다. 임원들의 의견을 받기 위해 단체 문자 발송을 준비하고 있다. 현재 K군은 무역학과 임원들의 인원수, 성별, 이름, 나이, 전화번호 등 무역학과 학생들의 자료를 보유하고 있다. K군은 이 자료를 활용하여 학생들 중 남학생이 선호하는 장소, 여학생이 선호하는 장소, 출발 날짜, 각종 행사, 숙박 시설 등을 결정하고자 한다. 이것을 분석하여 무역학과 학생들이 선호하는 졸업 여행 장소와 많은 인원이 참석 가능한 날짜, 재미 있게 놀이할 수 있는 행사, 숙소를 정할 수 있다.

[나]

C사의 인사부서에서 근무하는 오과장의 업무는 직원들의 개인정보 관리이다. 직원의 수는 만 명 이상이기 때문에 오과장은 주요 키워드나 주제어를 가지고 직원들의 정보를 구분하고 관리한다.

---

46 다음 중 [가]를 읽고 정보와 자료, 지식에 대한 설명으로 옳은 것은?

① 정보는 아직 특정한 목적에 대하여 평가되지 않은 상태의 숫자나 문자를 의미한다.

② 학생들의 이름, 나이, 주소, 성별, 전화번호도 정보라고 볼 수 있다.

③ 학생들이 보내 준 여행 장소, 여행이 가능한 날짜는 지식이다.

④ K군은 기존에 보유하고 있던 자료를 졸업 여행 기획서를 작성하기 위한 것으로 가공하여 활용하였다.

⑤ 지식은 자료를 일정한 프로그램에 따라 컴퓨터가 처리·가공함으로써 특정한 목적을 달성하는 데 필요하거나, 유의미한 자료를 가리킨다.

47 다음 중 [나]를 읽고 오과장이 하고 있는 정보관리 방법은 무엇인가?

① 분류를 활용한 정보관리

② 목록을 활용한 정보관리

③ 색인을 활용한 정보관리

④ 1 : 1 매칭을 활용한 정보관리

⑤ 병합을 활용한 정보관리

※ 다음 사례를 보고 이어지는 질문에 답하시오. [48~49]

영업총괄본부 내의 영업1팀과 영업2팀은 신규 프로젝트 연구를 진행하고 있다. 영업1팀에서는 해외의 C기업 가구를 수입하여 내수 시장을 개발해 보고자 오래 전부터 계획을 세웠고 수입 자금을 본부장에게 결재 받아야 하는 상황이다. 한편 영업2팀은 세계에서 영향력이 커지고 있는 D기업의 가구에 대한 국내 판권 독점 계약이 임박해 있어 기대감에 부푼 상태이다.

그러나 영업총괄본부로 할당된 예산안을 검토하던 본부장은 결국 영업1팀의 사업을 승인하면서 영업2팀에서 추진하던 독점권 계약 사업은 다음 예산이 할당될 때까지 기다렸다가 추진할 수밖에 없다고 통보하였다. 이에 영업2팀에서 D기업에 사정을 설명하고 독점 계약 시기를 미뤄줄 것을 요청하였으나, 이를 받아들일 수 없는 D기업에서는 결국 국내 다른 수입상과 독점권 계약을 체결하였다.

영업1팀은 본격적으로 C기업의 가구를 수입하여 가구 개발을 시작하였다. 본격적으로 출시 기간이 다가와 영업1팀은 가구 개발에 모든 것을 매진하였고, 2021년 11월 4일 가구를 출시하였다. 하지만 예상했던 반응과 다르게 일부 매니아 층을 제외한 나머지 고객들은 모두 국내산 제품을 선호하고 있었고, 결국 프로젝트는 기대 이하의 성과로 돌아왔다.

---

48 다음 중 윗글에 나타난 신규 프로젝트 진행과정에 대한 설명으로 가장 적절한 것은?

① 기술은 새로운 발명과 혁신을 통해서 우리의 삶을 윤택하게 바꾼다. 그렇지만 기술의 영향은 항상 긍정적인 방식으로만 나타나지는 않으며, 실패한 기술은 사회적 악영향을 낳을 수 있다.

② 기술혁신은 조직의 이해관계자 간의 갈등이 구조적으로 존재한다. 이 과정에서 조직 내에서 이익을 보는 집단과 손해를 보는 집단이 생길 수 있으며, 이들 간에 기술 개발의 대안을 놓고 상호 대립하고 충돌하여 갈등을 일으킬 수 있다.

③ 기술혁신은 연구개발 부서 단독으로 수행될 수 없다. 또한 기술을 개발하는 과정에서도 생산부서나 품질 관리 담당자 혹은 외부 전문가들의 자문을 필요로 하기도 한다.

④ 기술혁신은 지식집약적인 활동이라 연구개발에 참가한 연구원과 엔지니어들이 그 기업을 떠나는 경우 기술과 지식의 손실이 크게 발생하여 기술 개발을 지속할 수 없는 경우가 종종 발생한다.

⑤ 기술혁신은 상호의존성을 갖고 있어서 하나의 기술이 개발되면 그 기술이 다른 기술개발에 영향을 미칠 수 있다.

49 다음 중 윗글을 통해 알 수 있는 기술 실패에 대한 교훈으로 가장 적절한 것은?

① 기술 개발에 따른 투입비용과 수익의 관계를 면밀히 검토해야 한다.

② 기술 개발이 상호에 미칠 부작용을 최소화 할 수 있어야 한다.

③ 기술이 적용될 환경에 대한 이해가 먼저 이루어져야 한다.

④ 기술 개발에 깃든 인류에 대한 가치관이 정의로워야 한다.

⑤ 실패를 은폐하다 보면 실패가 반복될 수 있다.

지식재산권 침해 여부에 귀추가 주목되면서 지식재산권에 대한 여론의 관심도 증가하고 있다. 여기서 지식재산권은 재산적 가치가 실현될 수 있는 지적 창작물에 부여된 권리를 가리키는데, 이미 잘 알려진 산업재산권, 저작권은 물론 반도체 배치설계, 식물신품종, 컴퓨터 프로그램, 인공지능, 영업비밀, 뉴미디어 등을 어우르는 신지식재산권까지 포함하는 개념이다.

지식재산권은 크게 산업재산권, 저작권, 신지식재산권으로 분류할 수 있다. 산업재산권에는 특허권, 실용신안권, 의장권, 상표권 등이 있으며, 저작권에는 협의저작권, 저작인접권이 있고, 신지식재산권에는 첨단산업저작권, 산업저작권, 정보재산권이 있다. 다음은 '이것' 침해 사례로 대표적인 예시이다.

1) 음반을 컴퓨터 압축파일로 변환하는 것은 변환 프로그램에 의하여 기계적으로 이루어지므로 창작성이 포함된다고 볼 여지가 없고, 변환된 컴퓨터 압축파일이 컴퓨터의 보조기억장치에 저장되면 인위적인 삭제 등 특별한 사정이 없는 한, 유형물에 고정되었다고 볼 만한 영속성을 지니게 되므로 그 파일 저장 행위도 음반의 복제에 해당한다.

2) 개별적인 이용자들이 서로 다른 시간에 동일한 내용의 음악청취 서비스를 이용할 수 있음을 특징으로 하는 음악청취 사이트의 음악청취 서비스는 설령 다수의 이용자가 같은 시간에 동일한 내용의 음악청취 서비스를 받을 가능성이 있다 하더라도 그 이유만으로 저작권법의 동시성의 요건을 충족하지는 못하여 방송에 해당한다고 볼 수 없다.

3) 배포라 함은 저작물의 원작품 또는 그 복제물을 일반 공중에게 대가를 받거나 받지 아니하고 양도 또는 대여하는 것을 뜻하는 바, 음악청취 사이트에서 이용자들이 선택한 곡에 해당하는 컴퓨터 압축파일을 스트리밍 방식에 의하여 이용자의 컴퓨터에 전송하고 실시간으로 재생되도록 하는 것이 저작물의 원작품이나 그 복제물을 일반 공중에게 양도 또는 대여하는 것에 해당한다고 볼 수 없다.

50 다음 중 윗글에서 밑줄 친 부분과 가장 관련 있는 신지식재산권은 무엇인가?

① 산업저작권   ② 정보재산권
③ 용익물권   ④ 실용신안권
⑤ 첨단산업저작권

51 다음 중 윗글에서 말하는 침해받은 권리인 '이것'은 무엇인가?

① 산업재산권   ② 신지식재산권
③ 산업저작권   ④ 저작인접권
⑤ 협의저작권

※ 귀하는 S기관의 상담사이며, 현재 불만고객 응대 프로세스에 따라 불만고객 응대를 하고 있는 중이다. 이어지는 질문에 답하시오. **[52~53]**

상담사 : 안녕하십니까. ○○기관 상담사 □□□입니다.

고객　 : 학자금 대출 이자 납입 건으로 문의할 게 있어서요.

상담사 : 네, 고객님 어떤 내용이신지 말씀해 주시면 제가 도움을 드리도록 하겠습니다.

고객　 : 제가 ○○기관으로부터 대출을 받고 있는데 아무래도 대출 이자가 잘못 나간 것 같아서요. 안 그래도 바쁘고 시간도 없는데 이것 때문에 비 오는 날 우산도 없이 은행에 왔다 갔다 했네요. 도대체 일을 어떻게 처리하는 건지…

상담사 : 아 그러셨군요, 고객님. 먼저 본인 확인 부탁드립니다. 성함과 전화번호를 말씀해 주세요.

고객　 : 네, △△△이구요, 전화번호는 000-0000-0000입니다.

상담사 : 확인해 주셔서 감사합니다. ＿＿＿＿＿＿＿＿＿＿＿㉠＿＿＿＿＿＿＿＿＿

---

52 다음 중 윗글에서 언급된 불만고객은 어떤 유형의 불만고객에 해당하는가?

① 거만형　　　　　　　　　② 의심형

③ 트집형　　　　　　　　　④ 빨리빨리형

⑤ 우유부단형

53 다음 중 윗글에서 상담사의 마지막 발언 직후 빈칸 ㉠에 이어질 내용을 다음 〈보기〉에서 모두 고르면?

> **보기**
>
> ㉠ 어떤 해결 방안을 제시해주는 것이 좋은지 고객에게 의견을 묻는다.
> ㉡ 고객 불만 사례를 동료에게 전달하겠다고 한다.
> ㉢ 고객이 불만을 느낀 상황에 대한 빠른 해결을 약속한다.
> ㉣ 대출내역을 검토한 후 어떤 부분에 문제가 있었는지 확인하고 답변해 준다.

① ㉠, ㉡　　　　　　　　　② ㉠, ㉢

③ ㉡, ㉢　　　　　　　　　④ ㉡, ㉣

⑤ ㉢, ㉣

※ 기획전략팀에서는 사무실을 간편히 청소할 수 있는 새로운 청소기를 구매하였다. 기획전략팀의 B대리는 새 청소기를 사용하기 전에 제품설명서를 참고하였다. 이어지는 질문에 답하시오. **[54~56]**

〈사용 설명서〉

1. 충전

- 충전 시 작동 스위치 2곳을 반드시 꺼주십시오.
- 타 제품의 충전기를 사용할 경우 고장의 원인이 되오니 반드시 전용 충전기를 사용하십시오.
- 충전 시 충전기에 열이 느껴지는 것은 고장이 아닙니다.
- 본 제품에는 배터리 보호를 위하여 과충전 보호회로가 내장되어 있어 적정 충전시간을 초과하여도 배터리는 심한 손상이 없습니다.
- 충전기의 줄을 잡고 뽑을 경우 감전, 쇼트, 발화 및 고장의 원인이 됩니다.
- 충전하지 않을 때는 전원 콘센트에서 충전기를 뽑아 주십시오. 절연 열화에 따른 화재, 감전 및 고장의 원인이 됩니다.

2. 이상발생 시 점검 방법

증상	확인사항	해결 방법
스위치를 켜도 청소기가 작동하지 않는다면?	• 청소기가 충전잭에 꽂혀 있는지 확인하세요. • 충전이 되어 있는지 확인하세요. • 본체에 핸디 청소기가 정확히 결합되었는지 확인하세요. • 접점부(핸디, 본체)를 부드러운 면으로 깨끗이 닦아주세요.	• 청소기에서 충전잭을 뽑아주세요.
사용 중 갑자기 흡입력이 떨어진다면?	• 흡입구를 커다란 이물질이 막고 있는지 확인하세요. • 먼지 필터가 막혀 있는지 확인하세요. • 먼지통 내에 오물이 가득 차 있는지 확인하세요.	• 이물질을 없애고 다시 사용하세요.
청소기가 멈추지 않는다면?	• 스틱 손잡이 / 핸디 손잡이 스위치 2곳 모두 꺼져 있는지 확인하세요. • 청소기 본체에서 핸디 청소기를 분리하세요.	–
사용시간이 짧다고 느껴진다면?	• 10시간 이상 충전하신 후 사용하세요.	–
라이트 불이 켜지지 않는다면?	• 청소기 작동 스위치를 ON으로 하셨는지 확인하세요. • 라이트 스위치를 ON으로 하셨는지 확인하세요.	–
파워브러쉬가 작동하지 않는다면?	• 머리카락이나 실 등 이물질이 감겨있는지 확인하세요.	• 청소기 전원을 끄고 이물질 제거 후 전원을 켜면 파워브러쉬가 재작동하며 평상시에도 파워브러쉬가 멈추었을 때는 전원 스위치를 껐다 켜시면 브러쉬가 재작동합니다.

54 사용 중 충전으로 인한 고장이 발생한 경우, 그 원인으로 적절하지 않은 것은?

① 충전 시 작동 스위치 2곳을 모두 끄지 않은 경우
② 충전기를 뽑을 때 줄을 잡고 뽑은 경우
③ 충전하지 않을 때 충전기를 계속 꽂아 둔 경우
④ 적정 충전시간을 초과하여 충전한 경우
⑤ 타 제품의 충전기를 사용한 경우

55 B대리는 청소기의 전원을 껐다 켬으로써 청소기의 작동 불량을 해결하였다. 어떤 작동 불량이 발생하였는가?

① 청소기가 멈추지 않았다.
② 사용시간이 짧게 느껴졌다.
③ 파워브러쉬가 작동하지 않았다.
④ 사용 중 흡입력이 떨어졌다.
⑤ 라이트 불이 켜지지 않았다.

56 다음 중 청소기에 이물질이 많이 들어있을 때, 나타날 수 있는 증상으로 옳은 것은?

① 사용시간이 짧아진다.
② 라이트 불이 켜지지 않는다.
③ 스위치를 켜도 청소기가 작동하지 않는다.
④ 충전 시 충전기에서 열이 난다.
⑤ 사용 중 갑자기 흡입력이 떨어진다.

갈등에는 두 가지 유형이 있다. 첫 번째 유형은 불필요한 갈등이다. 개개인이 저마다 문제를 다르게 인식하거나 정보가 부족할 경우 발생하고 편견 때문에 발생한 의견 불일치로 적대적 감정이 생길 경우 발생한다. 그리고 본인이 가장 중요하다고 여기는 문제가 다른 사람 때문에 해결되지 못한다고 느낄 경우 발생한다. 두 번째 유형은 해결할 수 있는 갈등이다. 목표와 욕망, 가치, 문제를 바라보는 시각과 이해하는 시각이 다를 경우 발생한다. 아래의 사례를 살펴보자.

〈사례〉

중소기업에 입사한 B씨는 회사 구성원들 간에 다양한 갈등이 존재하고 있음을 발견하였다. 신입사원인 B씨는 갈등을 원만하게 해결하기를 원한다. 이를 돕기 위해 B씨는 5가지를 생각하였다.
A. 갈등은 사라져야 좋은 거야. 회사 생활을 열심히 해서 나중에 갈등을 완전히 해소해야겠어.
B. 회의 때 타인의 의견 발표에 아무런 이유 없이 비판하는 사람은 조치를 취해야 한다고 얘기해야겠어.
C. 누가 옳고 그름을 가리기 보단 문제를 해결하는 것이 더 중요하다는 것을 사람들과 얘기해야겠어.
D. 나의 입장만을 고수하는 것이 갈등을 더 크게 만들 수 있다는 것을 기억해야겠어.
E. 갈등을 성공적으로 해결하기 위해서는 쟁점의 양 측면을 모두 이해해야겠어.

57 다음 중 밑줄 친 갈등에 대한 설명으로 옳은 것은?

① 갈등이 발생하면 시간을 갖고 해결한다.
② 갈등은 팀의 발전을 저해하므로 팀 내에서 절대 일어나면 안된다.
③ 개인적인 수준의 미묘한 공격이 갈등의 단서가 되지 않는다.
④ 어떤 사안에 대한 의견의 차이 때문에 발생한다.
⑤ 입장을 고수하는 것이 갈등을 증폭시키지는 않는다.

58 다음 중 B씨가 갈등의 원만한 해결을 위해 생각한 내용으로 적절하지 않은 것은?

① A   ② B
③ C   ④ D
⑤ E

서울 H동 클럽을 통해 발생한 코로나19 질병의 확산세가 두드러지면서 지역 내 전파로 인한 학생들의 등교가 미루어지자 확진자가 발생한 동네에서는 확진자에 대해 학생과 학부모의 비난 목소리가 거세지고 있다. 며칠 전 H시 한 아파트 현관에는 '학부모 일동' 명의로 대자보가 붙었다. 이 아파트에 사는 H동 클럽발 확진자인 20대 남성을 겨냥한 글이었다. 작성자는 "학생들은 외출도 못하고 온라인 수업을 듣고 있는데 클럽 가서 춤추고 놀며 확진자가 되어 좋겠습니다."라며 20대 남성을 비꼬았다. 또한 "학생들에게 미안한 마음을 가져라. 이게 부모 마음이다."라는 말도 남기며 대자보를 뜯지 말라는 경고 문구도 남겼다.

59 윤리적 가치의 관점에서 지역 주민들이 해당 남성을 비난하는 이유로 적절하지 않은 것은?

① 모든 사람이 윤리적 가치보다 자기 이익을 우선시하여 행동하면 사회질서가 붕괴되기 때문이다.

② 인간은 사회적 동물이며 윤리적으로 살 때 개인뿐만 아니라 모든 사람의 행복을 보장할 수 있기 때문이다.

③ 모든 사람이 다른 사람에 대한 배려 없이 자신만을 위한다면 서로 두려워하고 적대시하며 비협조적으로 살게 되기 때문이다.

④ 눈에 보이는 경제적 이득과 육신의 안락을 추구하는 것이 개인의 삶에서 가장 큰 가치이기 때문이다.

⑤ 인간은 삶의 본질적 가치와 도덕적 신념을 존중하기 때문이다.

60 다음 중 윗글을 통해 상대방을 배려하고 공동체를 생각하는 윤리적인 인간의 자세로 볼 수 없는 것은?

① 개인의 욕구 충족　　　　　　　② 공동의 이익 추구

③ 공동생활에서의 협력　　　　　　④ 도덕적 신념 존중

⑤ 삶의 본질적 가치 추구

정답 및 해설 p.065

01 다음 글의 내용으로 적절하지 않은 것은?

> 국가의 정체(政體)를 규명할 때 공화정과 민주제를 혼동하지 않으려면 다음 두 가지를 구분해야 한다. 첫째, 국가의 최고 권력을 갖고 있는 통치자, 다시 말해 주권자가 누구인가? 둘째, 국가의 최고 권력이 실행되는 방식이 무엇인가? 첫 번째 질문에 대한 답으로 세 가지 정체만을 말할 수 있다. 통치자가 단 한 명인 군주제, 일부 특정 소수가 통치자인 귀족제, 모든 사람이 통치자인 민주제이다. 두 번째 질문에 대한 답으로 정부의 두 가지 형태만을 말할 수 있다. 공화정과 전제정이다. 공화정에서는 입법부에서 정부의 집행권(행정권)이 분리된다. 전제정에서는 정부가 법률을 제정할 뿐만 아니라 그것을 독단적으로 집행한다. 전제정은 공적 의지에 따른 행정이지만, 사실상 통치자의 개인적 의지와 동일하다. 민주제는 '민주(民主)'라는 그 의미에서 알 수 있듯이 필연적으로 전제정이다. 민주제에서는 설사 반대 의견을 가진 개인이 존재하더라도, 형식상 그 반대자를 포함한 국민 전체가 법률을 제정하여 집행하기 때문이다. 이 경우 국민 전체는 실제로 전체가 아니라 단지 다수일 뿐이다.
> 대의(代議) 제도를 따르지 않은 어떤 형태의 정부도 진정한 정체라 말할 수 없다. 군주제와 귀족제는 통치 방식이 기본적으로 대의적이지는 않지만, 대의 제도에 부합하는 통치 방식을 따를 수 있는 여지가 있다. 그러나 민주제에서는 대의 제도가 실현되기 어렵다. 왜냐하면 민주제에서는 국민 모두가 통치자이기를 바라기 때문이다. 한 국가의 통치자의 수가 적으면 적을수록 그리고 그들이 국민을 실제로 대표하면 할수록 그 국가의 정부는 공화정에 접근할 수 있다. 그리고 점진적 개혁에 의해 공화정에 근접할 것으로 기대할 수도 있다. 이런 이유로 완벽하게 합법적 정체인 공화정에 도달하는 것이 군주제보다는 귀족제에서 더 어려우며 민주제에서는 폭력 혁명이 아니면 도달하는 것이 불가능하다.
> 국민에게는 통치 방식이 매우 중요하다. 정부의 형태가 진정한 정체가 되려면 대의 제도를 실현해야 하고 그 제도를 통해서만 공화정이 가능하다. 대의 제도가 없는 정부의 형태는 전제정이나 폭정이 된다. 고대의 어떤 공화정도 대의 제도의 의의를 알지 못했고, 따라서 필연적으로 한 개인이 권력을 독점하는 절대적 전제주의가 되었다.

① 민주제는 반드시 전제정이 될 수밖에 없다.

② 대의 제도는 공화정이 되기 위한 필요조건이다.

③ 공화정의 가능성은 통치자의 수가 적을수록 커진다.

④ 민주제는 귀족제나 군주제와는 다르게 점진적 개혁을 통해 대의 제도를 실현한다.

⑤ 입법부에서 정부의 집행권이 분리되는가의 여부에 따라 공화정과 전제정을 구분할 수 있다.

02 다음 밑줄 친 ㉠~㉤의 수정 방안으로 적절하지 않은 것은?

15세 이상의 인구를 대상으로 설문조사를 한 결과, 직업을 선택할 때 가장 크게 고려하는 사항은 수입과 안정성이라는 것이 밝혀졌다. '청년이 원하는 직장'의 설문 결과, ㉠ <u>국가기관이 가장 선호하고</u> 그 뒤로 공기업, 대기업의 순서로 이어졌다. 조사 대상에 청소년이 포함되어 있다는 것을 생각해 보면 직업에 대한 선호도가 ㉡ <u>전적으로</u> 획일화되어 있다는 점을 알 수 있다. 때문에 청소년들이 다양하고 건전한 직업관을 가질 수 있도록 직업교육에 더욱 많은 ㉢ <u>투자와 관심을 가져야 한다.</u> ㉣ <u>직업관의 획일화는 사회의 다양성을 해치며 대학의 서열화와 취업 경쟁의 심화로 이어진다.</u> 또한 이러한 직업관 때문에 수입과 안정성이 부족한 중소기업이나 벤처기업을 선호하는 사람은 매우 적다. 구직자들은 취업난 속에서도 중소기업을 외면하고 이것이 다시 중소기업의 인력난으로 이어져 수익의 저하를 낳게 되는 것이다. 인력난이 재정난으로, 그 재정난이 또다시 인력난으로 이어지는 악순환을 끊는 것은 쉽지 않다. 그렇기 때문에 중소기업을 살리기 위해서는 ㉤ <u>정부가 주도 하에</u> 기업의 인력난을 해소할 수 있는 제도를 고안해야 한다.

① ㉠ : 주어와 서술어 관계를 고려하여 '국가기관이 가장 선호되고'로 수정한다.

② ㉡ : 청소년이 포함되어 있다고 하더라도 온 국민의 인식이 획일화되었다고 할 수는 없으므로 '전체적으로'로 수정한다.

③ ㉢ : 서술어가 생략되었으므로 '투자를 하고 관심을 가져야 한다'로 수정한다.

④ ㉣ : 전체적인 흐름에 맞지 않으므로 삭제해야 한다.

⑤ ㉤ : 호응관계를 고려하여 '정부가 주도하여'로 수정한다.

03 다음 글의 서술상 특징으로 가장 적절한 것은?

광고는 문화 현상이다. 이 점에 대해서 의심하는 사람은 거의 없다. 그럼에도 불구하고 많은 사람들이 광고를 단순히 경제적인 영역에서 활동하는 상품 판매 도구로만 인식하고 있다. 이와 같이 광고를 경제현상에 집착하여 논의하게 되면 필연적으로 극단적인 옹호론과 비판론으로 양분될 수밖에 없다. 예컨대, 옹호론에서 보면 마케팅적 설득이라는 긍정적 성격이 부각되는 반면, 비판론에서는 이데올로기적 조작이라는 부정적 성격이 두드러지는 이분법적 대립이 초래된다는 것이다.

물론 광고는 숙명적으로 상품의 판촉수단으로서의 굴레를 벗어날 수 없다. 상품광고가 아닌 공익광고나 정치광고 등도 현상학적으로는 상품의 판매를 위한 것이 아니라 할지라도, 본질적으로 상품과 다를 바 없이 이념과 슬로건, 그리고 정치적 후보들을 판매하고 있다.

그런데 현대적 의미에서 상품 소비는 물리적 상품 교환에 그치는 것이 아니라 기호와 상징들로 구성된 의미 교환 행위로 파악된다. 따라서 상품은 경제적 차원에만 머무르는 것이 아니라 문화적 차원에서 논의될 필요가 있다. 현대사회에서 상품은 기본적으로 물질적 속성의 유용성과 문제적 속성의 상징성이 이중적으로 중첩되어 있다. 더구나 최근 상품의 질적인 차별이 없어짐으로써 상징적 속성이 더욱더 중요하게 되었다.

현대 광고에 나타난 상품의 모습은 초기 유용성을 중심으로 물질적 기능이 우상으로 숭배되는 모습에서, 근래 상품의 차이가 사람의 차이가 됨으로써 기호적 상징이 더 중요시되는 토테미즘 양상으로 변화되었다고 한다. 이와 같은 광고의 상품 '채색' 활동 때문에 현대사회의 지배적인 '복음'은 상품의 소유와 소비를 통한 욕구 충족에 있다는 비판을 받는다. 광고는 상품과 상품이 만들어 놓은 세계를 미화함으로써 개인의 삶과 물질적 소유를 보호하기 위한 상품 선택의 자유와 향락을 예찬한다. 이러한 맥락에서 오늘날 광고는 소비자와 상품 사이에서 일어나는 일종의 담론이라고 할 수 있다. 광고 읽기는 단순히 광고를 수용하거나 해독하는 행위에 그치지 않고 '광고에 대한 비판적인 안목을 갖고 비평을 시도하는 것'을 뜻한다고 할 수 있다.

① 대상을 새로운 시각으로 바라보고, 이해할 수 있게 하였다.
② 대상의 의미를 통시적 관점으로 고찰하고 있다.
③ 대상의 문제점을 파악하고 나름의 해결책을 모색하고 있다.
④ 대상에 대한 견해 중 한쪽에 치우쳐 논리를 전개하고 있다.
⑤ 대상에 대한 상반된 시각을 예시를 통해 소개하고 있다.

04 다음 빈칸 (가) ~ (다)에 들어갈 내용을 〈보기〉에서 찾아 순서대로 바르게 나열한 것은?

_____(가)_____ 완전국가가 퇴화해 가는 최초의 형태, 곧 야심 있는 귀족들이 지배하는 명예정치체제는 거의 모든 점에서 완전국가 자체와 비슷하다고 한다. 주목할 만한 점은, 플라톤이 현존하는 국가 중에서 가장 우수하고 가장 오래된 이 국가를 명백히 스파르타와 크레타의 도리아식 정체와 동일시했으며, 이들 부족적인 귀족정치체제는 그리스 안에 남아 있는 가장 오랜 정치형태를 대표했다는 것이다.

_____(나)_____ 한때는 통일되어 있던 가부장적 지배계급이 이제 분열되며, 이 분열이 바로 다음 단계인 과두체제로의 퇴화를 초래한다. 분열을 가져온 것은 야심이다. 플라톤은 젊은 명예정치가에 관해 이야기하면서 "처음, 그는 자기 아버지가 지배자에 들지 않았음을 한탄하는 어머니의 말을 듣는다."라고 말하고 있다. 이리하여 그는 야심을 가지게 되고 저명해지기를 갈망한다.

_____(다)_____ 플라톤의 기술은 탁월한 정치적 선전이다. 뛰어난 학자이며, 『국가』의 편찬자인 애덤과 같은 이도 플라톤의 아테네에 대한 힐난의 변론술에 맞설 수 없다는 점을 감안하면, 그것이 끼쳤을 해독이 어떠했으리라는 것을 짐작할 수 있다. 애덤은 "민주적 인간의 출현에 대한 플라톤의 기술은 고금의 문헌을 통틀어서 가장 고귀하고 위대한 걸작이다."라고 쓰고 있다.

> **보기**
>
> ㉠ 민주체제에 대한 플라톤의 기술은 아테네 사람들의 정치생활과 페리클레스가 표현했던 민주주의 신조에 대한 풍자로서, 생생하긴 하나 지극히 적대적이고 공정치 못한 풍자이다.
> ㉡ 플라톤의 완전국가를 자세히 논하기에 앞서, 타락해 가는 네 가지 국가형태의 이행과정에서 경제적인 동기가 차지하는 역할과 계급투쟁에 대한 플라톤의 분석을 간략히 설명하기로 한다.
> ㉢ 최선의 국가 또는 이상적인 국가와 명예정치체제의 주요한 차이는 후자가 불완전성이라는 요소를 안고 있다는 점이다.

	(가)	(나)	(다)
①	㉠	㉡	㉢
②	㉠	㉢	㉡
③	㉡	㉠	㉢
④	㉡	㉢	㉠
⑤	㉢	㉡	㉠

05 다음은 K공사의 '정보화 자문회'에 대한 규정의 일부 내용이다. 이에 대한 설명으로 옳지 않은 것은?

정보화 자문회 구성 및 기능(제6조)

① 공사 정보화 추진과 관련된 사항에 대한 자문을 받기 위하여 정보화 자문회(이하 '자문회'라 한다)를 둘 수 있다.

② 자문회는 위원장을 포함한 총 10인 내외의 위원으로 구성하며, 전체 위원 중 3분의 2 이상을 외부위원으로 한다.

③ 위원은 업무를 공정하고 독립적으로 수행할 수 있다고 인정되는 자로서 다음 각 호의 어느 하나에 해당하는 자 중에서 위촉한다.

　1. 정보화 관련 분야의 대학교수

　2. 정보화 관련 실무경력 10년 이상의 학식과 경험이 풍부한 전문가

④ 위원장은 위원 중 호선으로 결정하여 자문회를 대표하여 자문회의 직무를 총괄하며, 위원장이 부득이한 사유로 직무를 수행할 수 없을 경우에는 위원 중에 최고정보책임자가 지명하는 자가 그 직무를 대행한다.

⑤ 자문회는 사무 처리를 위해 간사와 서기를 각 1명씩 두며, 간사는 자문회를 주관하는 기획부서의 장이 되고 서기는 간사가 지명한다.

⑥ 자문회는 다음 각 호의 사항을 자문한다.

　1. 철도 정보화 발전을 위한 중요 정책

　2. 철도 정보시스템 구축 및 개량에 관한 사항

　3. 기타 정보화 관련 중요 현안

위원의 임기 및 보수(제8조)

① 위원(위원장 포함)의 임기는 1년으로 한다. 다만 임기 중 성과가 탁월한 위원에 한해 1년 연임할 수 있다.

② 위원의 사임 등으로 인하여 새로이 위촉된 자의 임기는 전임자의 잔여 임기로 한다.

③ 위원이 다음 각 호의 어느 하나에 해당하는 행위를 한 경우 해당 위원을 해촉한다.

　1. 특별한 사유 없이 3회 연속 불참한 경우

　2. 특정인 또는 특정 사업자의 이익을 대변하거나 지지하며 자문회의 운영에 공정성을 해치는 경우

④ 외부위원에 대하여 다음 각 호의 자문료를 지급할 수 있다.

　1. 자문회 출석 수당

　2. 자료수집 및 분석에 필요한 제비용

　3. 기타 업무 수행에 필요한 경비

⑤ 제4항에 정한 자문료의 지급기준은 공사에서 정한 기준에 의한다.

---

① 정보화 자문회 전체 위원 중 3분의 2 이상은 외부위원으로 구성된다.

② 자문회의 외부위원은 자문회 출석 수당에 대한 자문료를 받을 수 있다.

③ 자문회를 대표하는 위원장의 임기는 1년 단임제이다.

④ 특별한 사유 없이 3회 연속 불참하면 위원의 자격이 박탈된다.

⑤ 자문회를 주관하는 기획부서의 장은 서기를 지명할 수 있다.

06 다음 글에서 ⊙ ~ ⑩의 수정 방안으로 적절하지 않은 것은?

동양의 산수화에는 자연의 다양한 모습을 대하는 화가의 개성 혹은 태도가 ⊙ 드러나 있는데, 이를 표현하는 기법 중의 하나가 준법이다. 준법(皴法)이란 점과 선의 특성을 활용하여 산, 바위, 토파(土坡) 등의 입체감, 양감, 질감, 명암 등을 나타내는 기법으로 산수화 중 특히 수묵화에서 발달하였다. 수묵화는 선의 예술이다. 수묵화에서는 먹(墨)만을 사용하기 때문에 대상의 다양한 모습이나 질감을 ⓒ 표현하는데 한계가 있다. ⓒ 거친 선, 부드러운 선, 곧은 선, 꺾은 선 등 다양한 선을 활용하여 대상에 대한 느낌, 분위기를 표현한다. 이 과정에서 선들이 지닌 특성과 효과 등이 점차 유형화되어 발전된 것이 준법이다.

준법 가운데 보편적으로 쓰이는 것에는 피마준, 수직준, 절대준, 미점준 등이 있다. 일정한 방향과 간격으로 선을 여러 개 그어 산의 등선을 표현하여 부드럽고 차분한 느낌을 주는 것이 피마준이다. 반면 수직준은 선을 위에서 아래로 죽죽 내려 그어 강하고 힘찬 느낌을 주어 뾰족한 바위산을 표현할 때 주로 사용한다. 절대준은 수평으로 선을 긋다가 수직으로 꺾어 내리는 것을 반복하여 마치 'ㄱ'자 모양이 겹쳐진 듯 표현한 것이다. 이는 주로 모나고 거친 느낌을 주는 지층이나 바위산을 표현할 때 쓰인다. 미점준은 쌀알 같은 타원형의 작은 점을 연속적으로 ② 찍혀 주로 비 온 뒤의 습한 느낌이나 수풀을 표현할 때 사용한다.

⑩ 준법은 화가가 자연에 대해 인식하고 표현하는 수단이다. 화가는 준법을 통해 단순히 대상의 외양뿐만 아니라 대상에 대한 자신의 느낌, 인식의 깊이까지 화폭에 그려내는 것이다.

① ⊙ : 문맥의 흐름을 고려하여 '들어나'로 고친다.

② ⓒ : 띄어쓰기가 올바르지 않으므로 '표현하는 데'로 고친다.

③ ⓒ : 문장을 자연스럽게 연결하기 위해 문장 앞에 '그래서'를 추가한다.

④ ② : 목적어와 서술어의 호응 관계를 고려하여 '찍어'로 고친다.

⑤ ⑩ : 필요한 문장 성분이 생략되었으므로 '표현하는' 앞에 '인식의 결과를'을 추가한다.

반세기 동안 지속되던 냉전 체제가 1991년을 기점으로 붕괴되면서 동유럽 체제가 재편되었다. 동유럽에서는 연방에서 벗어나 많은 국가들이 독립하였다. 이 국가들은 자연스럽게 자본주의 시장경제를 받아들였는데, 이후 몇 년 동안 공통적으로 극심한 경제 위기를 경험하게 되었다. 급기야 IMF(국제통화기금)의 자금 지원을 받게 되는데, 이는 ㉠ <u>갑작스럽게 외부로부터 도입한 자본주의 시스템에 적응하는 일이 결코 쉽지 않다는 점</u>을 보여준다.

이 과정에서 해당 국가 국민의 평균 수명이 급격하게 줄어들었는데, 이는 같은 시기 미국, 서유럽 국가들의 평균 수명이 꾸준히 늘었다는 것과 대조적이다. 이러한 현상에 대해 ㉡ <u>자본주의 시스템 도입을 적극적으로 지지했던</u> 일부 경제학자들은 오래전부터 이어진 ㉢ <u>동유럽 지역 남성들의 과도한 음주와 흡연, 폭력과 살인 같은 비경제적 요소</u>를 주된 원인으로 꼽았다. 즉 경제 체제의 변화와는 관련이 없다는 것이다.

이러한 주장에 의문을 품은 영국의 한 연구자는 해당 국가들의 건강 지표가 IMF의 자금 지원 전후로 어떻게 달라졌는지를 살펴보았다. 여러 사회적 상황을 고려하여 통계 모형을 만들고, ㉣ <u>IMF의 자금 지원을 받은 국가와 다른 기관에서 자금 지원을 받은 국가</u>를 비교하였다. 같은 시기 독립한 동유럽 국가 중 슬로베니아만 유일하게 IMF가 아닌 다른 기관에서 돈을 빌렸다. 이때 두 곳의 차이는, IMF는 자금을 지원받은 국가에게 경제와 관련된 구조조정 프로그램을 실시하게 한 반면, 슬로베니아를 지원한 곳은 그렇게 하지 않았다는 점이다. IMF 구조조정 프로그램을 실시한 국가들은 ㉤ <u>실시 이전부터 결핵 발생률이 크게 증가했던 것</u>으로 나타났다. 그러나 슬로베니아는 같은 기간에 오히려 결핵 사망률이 감소했다. IMF 구조조정 프로그램의 실시 여부는 국가별 결핵 사망률과 일정한 상관관계가 있었던 것이다.

① ㉠을 '자본주의 시스템을 갖추지 않고 지원을 받는 일'로 수정한다.
② ㉡을 '자본주의 시스템 도입을 적극적으로 반대했던'으로 수정한다.
③ ㉢을 '수출입과 같은 국제 경제적 요소'로 수정한다.
④ ㉣을 'IMF의 자금 지원 직후 경제 성장률이 상승한 국가와 하락한 국가'로 수정한다.
⑤ ㉤을 '실시 이후부터 결핵 사망률이 크게 증가했던 것'으로 수정한다.

08 다음 글의 A학파와 B학파에 대한 판단으로 적절하지 않은 것은?

비정규 노동은 파트타임, 기간제, 파견, 용역, 호출 등의 근로형태를 의미한다. IMF 외환위기 이후 정규직과 비정규직 사이의 차별이 사회문제로 대두되었는데 그중 가장 심각한 문제가 임금차별이다. 정규직과 비정규직 사이의 임금수준 격차는 점차 커져 2015년 122만 9,000원에서 2022년 159만 9,000원으로 크게 증가했다. 이후 이 문제를 어떻게 해결할 것인가를 놓고 크게 두 가지 시각이 대립하고 있다.

A학파는 차별적 관행을 고수하는 기업들이 비차별적 기업들과의 경쟁에서 자연적으로 도태되기 때문에 기업 간 경쟁이 임금차별 완화의 핵심이라고 이야기한다. 기업이 노동자 개인의 능력 이외에 다른 잣대를 바탕으로 차별하는 행위는 비합리적이기 때문에 기업들 사이의 경쟁이 강화될수록 임금차별은 자연스럽게 줄어들 수밖에 없다는 것이다. 예를 들어 정규직과 비정규직 가릴 것 없이 오직 능력에 비례하여 임금을 결정하는 회사는 정규직 또는 비정규직이라는 이유만으로 무능한 직원들을 임금 면에서 우대하고 유능한 직원들을 홀대하는 회사보다 경쟁에서 앞서나갈 것이다.

B학파는 실제로는 고용주들이 비정규직을 차별한다고 해서 기업 간 경쟁에서 불리하지 않은 현실을 근거로 A학파를 비판한다. B학파에 따르면 고용주들은 오직 사회적 비용이라는 추가적 장애물의 위협에 직면했을 때에만 정규직과 비정규직 사이의 임금차별 관행을 근본적으로 재고한다. 여기서 말하는 사회적 비용이란 국가가 제정한 법과 제도를 수용하지 않음으로써 조직의 정당성이 낮아짐을 뜻한다. 기업의 경우엔 조직의 정당성이 낮아지게 되면 조직의 생존 가능성 역시 낮아지게 된다. 그래서 기업은 임금차별을 줄이는 강제적 제도를 수용함으로써 사회적 비용을 낮추는 선택을 하게 된다는 것이다. 따라서 B학파는 법과 제도에 의한 규제를 통해 임금차별이 줄어들 것이라고 본다.

① A학파에 따르면 경쟁이 치열한 산업군일수록 근로형태에 따른 임금 격차는 더 적어진다.

② B학파에 따르면 다른 조건이 동일할 때 기업의 비정규직에 대한 임금차별은 주로 강제적 규제에 의해 시정될 수 있다.

③ A학파는 정규직과 비정규직 사이의 임금차별이 어떻게 줄어드는가에 대해 B학파와 견해를 달리한다.

④ B학파는 기업이 자기 조직의 생존 가능성을 낮춰가면서까지 임금차별 관행을 고수하지는 않을 것이라고 전제한다.

⑤ A학파는 시장에서 기업 간 경쟁이 약화되는 것을 방지하기 위한 보완 정책이 수립되어야 한다고 본다.

※ 다음 글을 읽고 이어지는 질문에 답하시오. [9~10]

곤충이 유충에서 성체로 발생하는 과정에서 단단한 외골격은 주기적으로 더 큰 것으로 대체된다. 곤충이 유충, 번데기, 성체로 변화하는 동안, 이러한 외골격의 주기적 대체는 몸 크기를 증가시키는 것과 같은 신체 형태 변화에 필수적이다. 이러한 외골격의 대체를 '탈피'라고 한다. 성체가 된 이후에 탈피하지 않는 곤충들의 경우, 그것들의 최종 탈피는 성체의 특성이 발현되고 유충의 특성이 완전히 상실될 때 일어난다. 이런 유충에서 성체로의 변태 과정을 조절하는 호르몬에는 탈피호르몬과 유충호르몬이 있다.

탈피호르몬은 초기 유충기에 형성된 유충의 전흉선에서 분비된다. 탈피 시기가 되면, 먹이 섭취 활동과 관련된 자극이 유충의 뇌에 전달된다. 이 자극은 이미 뇌의 신경분비세포에서 합성되어 있던 전흉선자극호르몬의 분비를 촉진하여 이 호르몬이 순환계로 방출될 수 있게끔 만든다. 분비된 전흉선자극호르몬은 순환계를 통해 전흉선으로 이동하여, 전흉선에서 허물벗기를 촉진하는 탈피호르몬이 분비되도록 한다. 그리고 탈피호르몬이 분비되면 탈피의 첫 단계인 허물벗기가 시작된다. ㉠ 성체가 된 이후에 탈피하지 않는 곤충들의 경우, 성체로의 마지막 탈피가 끝난 다음에 탈피호르몬은 없어진다.

유충호르몬은 유충 속에 있는 알라타체라는 기관에서 분비된다. 이 유충호르몬은 탈피 촉진과 무관하며, 유충의 특성이 남아 있게 하는 역할만을 수행한다. 따라서 각각의 탈피 과정에서 분비되는 유충호르몬의 양에 의해서, 탈피 이후 유충으로 남아 있을지, 유충의 특성이 없는 성체로 변태할지가 결정된다. 유충호르몬의 방출량은 유충호르몬의 분비를 억제하는 알로스테틴과 분비를 촉진하는 알로트로핀에 의해 조절된다. 이 알로스테틴과 알로트로핀은 곤충의 뇌에서 분비된다. 한편, 유충호르몬의 방출량이 정해져 있을 때 그 호르몬의 혈중 농도는 유충호르몬 에스터라제와 같은 유충호르몬 분해 효소와 유충호르몬 결합단백질에 의해 조절된다. 유충호르몬 결합단백질은 유충호르몬 에스터라제 등의 유충호르몬 분해 효소에 의해서 유충호르몬이 분해되어 혈중 유충호르몬의 농도가 낮아지는 것을 막으며, 유충호르몬을 유충호르몬 작용 조직으로 안전하게 수송한다.

09 윗글에서 추론할 수 있는 것을 〈보기〉에서 모두 고르면?

> 보기
>
> ㄱ. 유충의 전흉선을 제거하면 먹이 섭취 활동과 관련된 자극이 유충의 뇌에 전달될 수 없다.
> ㄴ. 변태 과정 중에 있는 곤충에게 유충기부터 알로트로핀을 주입하면, 그것은 성체로 발생하지 않을 수 있다.
> ㄷ. 유충호르몬이 없더라도 변태 과정 중 탈피호르몬이 분비되면 탈피가 시작될 수 있다.

① ㄱ   ② ㄴ
③ ㄱ, ㄷ   ④ ㄴ, ㄷ
⑤ ㄱ, ㄴ, ㄷ

10 윗글을 토대로 할 때, 다음 실험 결과에 대한 분석으로 적절한 것을 〈보기〉에서 모두 고르면?

〈실험 결과〉

성체가 된 이후에 탈피하지 않는 곤충의 유충기부터 성체로 이어지는 발생 단계별 유충호르몬과 탈피호르몬의 혈중 농도 변화를 관찰하였더니 다음과 같았다.

• 결과1 : 유충호르몬 혈중 농도는 유충기에 가장 높으며 이후 성체가 될 때까지 점점 감소한다.
• 결과2 : 유충에서 성체로의 최종 탈피가 일어날 때까지 탈피호르몬은 존재하였고, 그 구간 탈피호르몬 혈중 농도에는 변화가 없었다.

보기

ㄱ. 결과1은 '혈중 유충호르몬 에스터라제의 양은 유충기에 가장 많으며 성체기에서 가장 적다.'는 가설에 의해서 설명된다.
ㄴ. '성체가 된 이후에 탈피하지 않는 곤충들의 경우, 최종 탈피가 끝난 다음에 전흉선은 파괴되어 사라진다.'는 것은 결과2와 밑줄 친 ㉠이 동시에 성립하는 이유를 제시한다.
ㄷ. 결과1과 결과2는 함께 '변태 과정에 있는 곤충의 탈피호르몬 대비 유충호르몬의 비율이 작아질수록 그 곤충은 성체의 특성이 두드러진다.'는 가설을 지지한다.

① ㄱ
② ㄷ
③ ㄱ, ㄴ
④ ㄴ, ㄷ
⑤ ㄱ, ㄴ, ㄷ

※ 에너지신사업체에 근무하는 A대리는 사보에 실린 4차 산업혁명에 대한 기사를 작성하였다. 이어지는 질문에 답하시오. [11~12]

4차 산업혁명 열풍은 제조업을 넘어, 농축산업, 식품, 유통, 의료 서비스 등 업종에 관계없이 모든 곳으로 퍼져나가고 있다. 에너지 분야도 4차 산업혁명을 통해 기술의 진보와 새로운 비즈니스 영역을 개척할 수 있을 것으로 기대하고 있다.

사실 에너지는 모든 밸류체인에서 4차 산업혁명에 가장 근접해 있다. 자원개발에선 초음파 등을 이용한 탐지 기술과 지리 정보 빅데이터를 이용한 분석, 설비 건설에서는 다양한 설계 및 시뮬레이션 툴이 동원된다. 자원 채광 설비와 발전소, 석유화학 플랜트에 들어가는 수만 개의 장비들은 센서를 부착하고 산업용 네트워크를 통해 중앙제어실과 실시간으로 소통한다.

원자력 발전소를 사례로 들어보면 원자력 발전소에는 수백km에 달하는 배관과 수만 개의 밸브, 계량기, 펌프, 전기기기들이 있다. 그리고 그 어느 시설보다 안전이 중요한 만큼 기기 및 인명 안전 관련 센서들도 셀 수 없다. 이를 사람이 모두 관리하고 제어하는 것은 사실상 불가능하다. 원전 종사자들이 매일 현장 순찰을 돌고 이상이 있을 시 정지 등 조치를 취하지만, 대다수의 경우 설비에 이상신호가 발생하면 기기들은 스스로 판단해 작동을 멈춘다.

원전 사례에서 볼 수 있듯이 에너지 설비 운영 부문은 이미 다양한 4차 산업혁명 기술이 사용되고 있다. 그런데도 에너지 4차 산업혁명이 계속 언급되고 있는 것은 그 분야를 설비관리를 넘어 새로운 서비스 창출로까지 확대하기 위함이다.

6월 나주 에너지밸리에서는 드론을 활용해 전신주 전선을 점검하는 모습이 시연되었다. 이 드론은 정부 사업인 '시장 창출형 로봇 보급사업'으로 만들어진 것으로 드론과 광학기술을 접목해 산이나 하천 등 사람이 접근하기 힘든 곳의 전선 상태를 확인하기 위해 만들어졌다. 드론은 GPS 경로를 따라 전선 위를 자율비행하면서 고장 부위를 찾는다.

전선 점검 이외에도 드론은 에너지 분야에서 매우 광범위하게 사용되는 아이템이다. 발전소의 굴뚝과 같은 고소설비와 위험지역, 사각지대 등 사람이 쉽게 접근할 수 없는 곳을 직접 확인하고, 고성능·열화상 카메라를 달아 고장 및 화재 위험을 미리 파악하는 등 다양한 활용 사례가 개발되고 있다.

가상현실은 엔지니어 교육 분야에서 각광받는 기술이다. 에너지 분야는 중장비와 전기 설비 및 화학약품 등을 가까이 하다 보니 항상 사상사고의 위험을 안고 있다. 때문에 현장 작업자 교육에선 첫째도 둘째도 안전을 강조한다. 최근에는 현장 작업 시뮬레이션을 3D 가상현실 기술로 수행하려는 시도가 진행되고 있다. 발전소, 변전소 등 현장의 모습을 그대로 3D 모델링한 가상현실 체험으로 복잡한 도면을 해석하거나 숙지할 필요가 없어 훨씬 직관적으로 업무를 할 수 있다. 작업자들은 작업에 앞서, 실제 현장에서 수행해야 할 일들을 미리 점검해 볼 수 있다.

에너지 4차 산업혁명은 큰 변화를 몰고 올 것으로 예상하고 있지만, 그 시작은 매우 사소한 일상생활의 아이디어에서 나올 수 있다. 지금 우리가 전기와 가스를 쓰면서 느끼는 불편함을 개선하려는 시도가 곧 4차 산업혁명의 시작이다.

11 A대리가 기사를 작성한 후 검수 과정을 거치면서 사보담당자가 내용에 대한 피드백으로 한 말로 적절하지 않은 것은?

① 4차 산업혁명이 어떤 것인지 간단한 정의를 앞부분에 추가해 주세요.

② 서비스 등 에너지와 엔지니어 분야를 제외한 업종에 관한 사례만 언급하고 있으니 관련된 사례를 주제에 맞게 추가해 주세요.

③ 소제목을 이용해 문단을 구분해 줘도 좋을 것 같아요.

④ 4차 산업혁명에 대한 긍정적인 입장만 있으니 반대로 이로 인해 야기되는 문제점도 언급해 주는 게 어떨까요?

⑤ 에너지 4차 산업혁명이 어떤 변화를 가져올지 좀 더 구체적인 설명을 덧붙여 주세요.

12 A대리의 기사는 사보 1면을 장식하고 회사 블로그에도 게재되었다. 기사를 읽고 독자가 할 말로 적절하지 않은 것은?

① 지금은 에너지 설비 운영 부문에 4차 산업혁명 기술이 도입되는 첫 단계군요.

② 드론을 이용해 사람이 접근하기 힘든 곳을 점검하는 등 많은 활용을 할 수 있겠어요.

③ 엔지니어 교육 분야에 4차 산업혁명을 적용하면 안전사고를 줄일 수 있겠어요.

④ 4차 산업혁명이 현장에 적용되면 직관적으로 업무 진행이 가능하겠어요.

⑤ 4차 산업혁명의 시작은 일상의 불편함을 해결하기 위한 시도군요.

13 다음 밑줄 친 결론을 이끌어내기 위해 추가해야 할 전제는 무엇인가?

> 만약 국제적으로 테러가 증가한다면, A국의 국방비 지출은 늘어날 것이다. 그런데 A국 앞에 놓인 선택은 국방비 지출을 늘리지 않거나 증세 정책을 실행하는 것이다. 그러나 A국이 증세 정책을 실행한다면, 세계 경제는 반드시 침체한다. 그러므로 세계 경제는 결국 침체하고 말 것이다.

① 국제적으로 테러가 증가한다.

② A국이 감세 정책을 실행한다.

③ A국의 국방비 지출이 늘어나지 않는다.

④ 만약 A국이 증세 정책을 실행한다면, A국의 국방비 지출은 늘어날 것이다.

⑤ 만약 A국의 국방비 지출이 늘어난다면, 국제적으로 테러는 증가하지 않을 것이다.

14 다음은 2020 ~ 2022년 A국 농축수산물 생산액 상위 10개 품목에 대한 자료이다. 이에 대한 〈보기〉의 설명으로 옳은 것을 모두 고르면?

〈A국 농축수산물 생산액 상위 10개 품목〉

(단위 : 억 원)

순위 \ 연도 구분	2020년 품목	2020년 생산액	2021년 품목	2021년 생산액	2022년 품목	2022년 생산액
1	쌀	105,046	쌀	85,368	쌀	86,800
2	돼지	23,720	돼지	37,586	돼지	54,734
3	소	18,788	소	31,479	소	38,054
4	우유	13,517	우유	15,513	닭	20,229
5	고추	10,439	닭	11,132	우유	17,384
6	닭	8,208	달걀	10,853	달걀	13,590
7	달걀	6,512	수박	8,920	오리	12,323
8	감귤	6,336	고추	8,606	고추	9,913
9	수박	5,598	감귤	8,108	인삼	9,412
10	마늘	5,324	오리	6,490	감귤	9,065
농축수산물 전체	–	319,678	–	350,889	–	413,643

보기

ㄱ. 2022년에 감귤 생산액 순위는 2021년에 비해 떨어졌으나 감귤 생산액이 농축수산물 전체 생산액에서 차지하는 비중은 증가하였다.

ㄴ. 쌀 생산액이 농축수산물 전체 생산액에서 차지하는 비중은 매년 감소하였다.

ㄷ. 상위 10위 이내에 매년 포함된 품목은 7개이다.

ㄹ. 오리 생산액은 매년 증가하였다.

① ㄱ, ㄴ

② ㄱ, ㄹ

③ ㄴ, ㄷ

④ ㄴ, ㄹ

⑤ ㄷ, ㄹ

15 다음은 H공단의 사업내역서 중 일부 자료이다. 밑줄 친 ㉠ ~ ㉤의 수정사항으로 적절하지 않은 것은?

사업실명제 등록번호	○○○○-○○	담당부서 작성자	전력 IT 연구원 / ICT 연구팀 김철수 / 000 - 000 - 0000
사업명	전자결재시스템 고도화를 위한 핵심 모듈 개발		
사업개요 및 추진경과	• 추진배경 – 정부 정책기조(ActiveX 제거) 준수 및 다양한 문서형식의 전자결재 처리 요구 – 사내기반시스템으로써 결재지원을 위한 표준연동 I/F 필요 – 전력그룹사 전자결재 고도화 사업 대비를 위해 다양한 결재 업무를 효과적으로 ㉠ 관리해야할 필요 • 추진기간 : 2023. 4. 2 ~ 2023. 9. 30 • 총사업비 : ㉡ 956백만원 • 주요내용 – 문서 편집기 및 뷰어 고도화 – 크로스브라우징이 가능한 ㉢ 문서편집기 및 뷰어 개발로 다양한 사용자 환경 지원 – 아래아한글, MS-OFFICE 등 다양한 문서형식의 결재처리를 위한 통합모듈 개발 – WFM기반 결재 프로세스 처리 모듈 개발 – 다양한 결재업무에 ㉣ 적용 가능한 서식·사용자별 WFM 기반 결재 시스템 개발 – 표준 결재연동 I/F 모듈 개발 – I/F표준 수립과 Legacy 연동 Adapter, Message 처리 개발 • 추진경과 – 2022. 8 ~ 2022. 9 : 연구개발 ㉤ 재안 – 2022. 10 ~ 2023. 2 : 연구과제 계획서 작성		

① ㉠ : 띄어쓰기가 잘못되었으므로 '관리해야 할'로 수정한다.

② ㉡ : 띄어쓰기가 잘못되었으므로 '956백만 원'으로 수정한다.

③ ㉢ : 한글맞춤법 규정에 따라 '문서편집기 및'으로 수정한다.

④ ㉣ : 문맥상 적절한 단어인 '요구'로 수정한다.

⑤ ㉤ : '안이나 의견으로 내놓는다'는 뜻인 '제안'으로 수정한다.

16 다음은 P공장에서 근무하는 근로자들의 임금수준 분포를 나타낸 자료이다. 근로자 전체에게 지급된 임금(월 급여)의 총액이 2억 원일 때, 〈보기〉에서 옳은 설명을 모두 고르면?

〈공장 근로자의 임금수준 분포〉

임금수준(만 원)	근로자 수(명)
월 300 이상	4
월 270 이상 300 미만	8
월 240 이상 270 미만	12
월 210 이상 240 미만	26
월 180 이상 210 미만	30
월 150 이상 180 미만	6
월 150 미만	4
합계	90

보기

㉠ 근로자당 평균 월 급여액은 230만 원 이하이다.
㉡ 절반 이상의 근로자들이 월 210만 원 이상의 급여를 받고 있다.
㉢ 월 180만 원 미만의 급여를 받는 근로자의 비율은 약 14%이다.
㉣ 적어도 15명 이상의 근로자가 월 250만 원 이상의 급여를 받고 있다.

① ㉠

② ㉠, ㉡

③ ㉠, ㉡, ㉣

④ ㉡, ㉢, ㉣

⑤ ㉠, ㉡, ㉢, ㉣

17 다음은 청소년의 경제의식에 대한 설문조사 결과를 정리한 표이다. 이에 대한 설명으로 옳은 것은?

〈경제의식에 대한 설문조사 결과〉

(단위 : %)

구분		전체	성별		학교별	
			남자	여자	중학교	고등학교
용돈을 받는지 여부	예	84.2	82.9	85.4	87.6	80.8
	아니오	15.8	17.1	14.6	12.4	19.2
월간 용돈 금액	5만 원 미만	75.2	73.9	76.5	89.4	60
	5만 원 이상	24.8	26.1	23.5	10.6	40
용돈기입장 기록 여부	기록한다	30	22.8	35.8	31	27.5
	기록 안 한다	70	77.2	64.2	69.0	72.5

① 용돈을 받는 남학생의 비율이 용돈을 받는 여학생의 비율보다 높다.
② 중학생이 월간 용돈을 5만 원 미만으로 받는 비율이 고등학생의 비율보다 높다.
③ 고등학생 전체 인원을 100명이라 한다면, 월간 용돈을 5만 원 이상 받는 학생은 40명이다.
④ 용돈기입장은 기록하는 비율이 안하는 비율보다 높다.
⑤ 용돈을 받지 않는 중학생 비율이 용돈을 받지 않는 고등학생 비율보다 높다.

18 귀하는 국내 H은행 영업점에서 외환업무 전문상담원으로 근무하고 있다. 다음은 근무 당일 고시된 환율표로, 이에 대한 내용으로 옳지 않은 것은?

〈환율 전광판〉

(단위 : KRW)

통화명	매매기준율	현찰		송금	
		사실 때	파실 때	보내실 때	받으실 때
USD	1,191.70	1,212.55	1,170.85	1,203.30	1,180.10
JPY100	1,052.00	1,070.41	1,033.59	1,062.30	1,041.70
EUR	1,344.71	1,362.18	1,317.96	1,358.15	1,331.27
CNY	182.10	194.84	173.00	183.92	180.28

※ 환전수수료 등 기타 비용은 발생하지 않는다고 가정함

① 전신환율과 현찰환율 등 거래 환율을 정하는 데 중심이 되는 환율은 매매기준율이다.
② 고객이 은행에서 외화를 원화로 교환할 때에는 전광판의 파실 때 환율이 적용된다.
③ 고객이 여행비를 마련하기 위해 달러가 필요하다면 1달러당 1,212.55원으로 은행에서 환전할 수 있다.
④ 고객이 보유하고 있는 위안화 ¥3,500을 은행에서 엔화로 환전하면 약 ¥565.67을 받을 수 있다.
⑤ 고객이 35유로를 원화로 교환하려고 한다면 약 46,128원을 받을 수 있다.

19 다음은 대학 졸업생과 산업체 고용주를 대상으로 12개 학습 성과 항목별 보유도와 중요도를 설문조사한 자료이다. 이에 대한 설명으로 옳지 않은 것은?

〈학습 성과 항목별 보유도 및 중요도 설문 결과〉

학습 성과 항목	대학 졸업생		산업체 고용주	
	보유도	중요도	보유도	중요도
기본지식	3.7	3.7	4.1	4.2
실험능력	3.7	4.1	3.7	4.0
설계능력	3.2	3.9	3.5	4.0
문제해결능력	3.3	3.0	3.3	3.8
실무능력	3.6	3.9	4.1	4.0
협업능력	3.3	3.9	3.7	4.0
의사전달능력	3.3	3.9	3.8	3.8
평생교육능력	3.5	3.4	3.3	3.3
사회적 영향	3.1	3.6	3.2	3.3
시사지식	2.6	3.1	3.0	2.5
직업윤리	3.1	3.3	4.0	4.1
국제적 감각	2.8	3.7	2.8	4.0

※ 보유도는 대학 졸업생과 산업체 고용주가 각 학습 성과 항목에 대해 대학 졸업생이 보유하고 있다고 생각하는 정도를 조사하여 평균한 값임
※ 중요도는 대학 졸업생과 산업체 고용주가 각 학습 성과 항목에 대해 중요하다고 생각하는 정도를 조사하여 평균한 값임
※ 값이 클수록 보유도와 중요도가 높음

① 대학 졸업생의 보유도와 중요도 간의 차이가 가장 큰 학습 성과 항목과 산업체 고용주의 보유도와 중요도 간의 차이가 가장 큰 학습 성과 항목은 모두 국제적 감각이다.
② 대학 졸업생 설문 결과에서 중요도가 가장 높은 학습 성과 항목은 실험능력이다.
③ 산업체 고용주 설문 결과에서 중요도가 가장 높은 학습 성과 항목은 기본지식이다.
④ 대학 졸업생 설문 결과에서 보유도가 가장 낮은 학습 성과 항목은 시사지식이다.
⑤ 학습 성과 항목 각각에 대해 대학 졸업생 보유도와 산업체 고용주 보유도 차이를 구하면, 그 값이 가장 큰 학습 성과 항목은 실무능력이다.

※ 다음은 A공사의 동호회 인원 구성을 나타내고 있다. 이어지는 질문에 답하시오. [20~21]

(단위 : 명)

구분	2019년	2020년	2021년	2022년
축구	87	92	114	131
농구	73	77	98	124
야구	65	72	90	117
배구	52	56	87	111
족구	51	62	84	101
등산	19	35	42	67
여행	12	25	39	64
합계	359	419	554	715

20 2022년 축구 동호회 인원 증가율이 계속 유지된다고 가정할 때, 2023년 축구 동호회의 인원은 얼마인가?(단, 소수점 첫째 자리에서 반올림한다)

① 149명
② 150명
③ 151명
④ 152명
⑤ 153명

21 다음 중 자료에 대한 설명으로 옳은 것은?

① 동호회 인원이 많은 순서로 나열할 때, 매년 그 순위는 변화가 없다.
② 2020 ~ 2022년 동호회 인원 구성에서 등산이 차지하는 비중은 전년 대비 매년 증가했다.
③ 2020 ~ 2022년 동호회 인원 구성에서 배구가 차지하는 비중은 전년 대비 매년 증가했다.
④ 2020년 족구 동호회 인원은 2020년 전체 동호회의 평균 인원보다 많다.
⑤ 등산과 여행 동호회 인원의 합은 매년 같은 해의 축구 동호회 인원에 비해 적다.

22 다음은 2018 ~ 2022년 H나라 연구개발비에 대한 자료이다. 이에 대한 설명으로 옳은 것은?

〈연도별 연구개발비〉

구분 \ 연도		2018년	2019년	2020년	2021년	2022년
연구개발비(십억 원)		27,346	31,301	34,498	37,929	43,855
	전년 대비 증가율(%)	13.2	14.5	10.2	9.9	15.6
	공공부담 비중(%)	24.3	26.1	26.8	28.7	28.0
인구 만 명당 연구 개발비(백만 원)		5,662	6,460	7,097	7,781	8,452

※ (연구개발비)=(공공부담 연구개발비)+(민간부담 연구개발비)

① 연구개발비의 공공부담 비중은 매년 증가하였다.
② 인구 만 명당 연구개발비가 전년에 비해 가장 많이 증가한 해는 2022년이다.
③ 2022년 H나라의 인구는 2021년에 비해 증가하였다.
④ 연구개발비 증가액이 전년 대비 가장 작은 해는 2021년이다.
⑤ 연구개발비의 전년 대비 증가율이 가장 작은 해와 연구개발비의 민간부담 비중이 가장 큰 해는 같다.

23 G기업은 노후화된 직원휴게실을 새롭게 단장하려고 한다. 우선 가장 지저분한 4면의 벽을 새롭게 도배하기 위해 비용을 추산하고자 한다. 직원휴게실 규모와 벽 도배지 가격정보가 다음과 같을 때, 최소 도배 비용으로 옳은 것은?

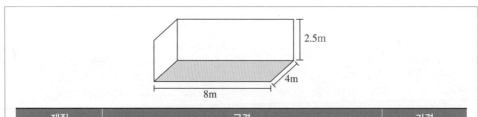

재질	규격	가격
물결무늬 실크벽지	폭 100cm×길이 150cm/Roll	40,000원
	폭 100cm×길이 100cm/Roll	30,000원
	폭 50cm×길이 100cm/Roll	20,000원

※ 무늬를 고려하여 도배지는 위에서 아래로 붙이며, 남는 부분은 잘라서 활용한다.
※ 직원휴게실 도배 비용 산정 시 창문과 문은 없는 것으로 간주한다.

① 1,480,000원
② 1,520,000원
③ 1,600,000원
④ 1,720,000원
⑤ 1,800,000원

24 신도시를 건설 중인 A국 정부는 보행자를 위한 신호등을 건설하려고 하는데, 노인인구가 많은 도시의 특징을 고려하여 신호등의 점멸 신호 간격을 조정하려고 한다. 이와 관련된 A국의 도로교통법이 아래와 같다고 할 때, 5m와 20m 거리의 횡단보도 신호등 점멸 시간은 각각 얼마인가?

〈도로교통법 시행령〉

• 일반적으로 성인이 걷는 속도인 60cm/초에 기초해 점멸 시간을 정한다.
• 전체 길이가 10m를 넘는 횡단보도의 경우, 10m 초과분에 대해서 추가적으로 1.2초/m의 시간을 추가해 점멸 시간을 정한다.
• 신도시에 새롭게 건설되는 신호등은 추가적으로 3초의 여유시간을 추가해 점멸 시간을 정한다.
• 노인이 많은 지역에서는 일반적인 성인이 걷는 속도를 1.5로 나눈 값에 기초해 점멸 시간을 정한다.

	5m	20m			5m	20m
①	8.3초	53초		②	8.3초	62초
③	15.5초	53초		④	15.5초	65초
⑤	15.5초	70초				

25 중소기업의 생산 관리팀에서 근무하고 있는 귀하는 총생산 비용의 감소율을 30%로 설정하려고 한다. 1단위 생산 시 단계별 부품 단가가 아래의 자료와 같을 때 ⓐ+ⓑ의 값은 얼마인가?

단계	부품 1단위 생산 시 투입 비용(원)	
	개선 전	개선 후
1단계	4,000	3,000
2단계	6,000	ⓐ
3단계	11,500	ⓑ
4단계	8,500	7,000
5단계	10,000	8,000

① 4,000원 ② 6,000원
③ 8,000원 ④ 10,000원
⑤ 12,000원

26 P씨는 지난 15년간 외식프랜차이즈를 운영하면서 다수의 가맹점을 관리해왔으며, 2022년 말 기준으로 총 52개의 점포를 보유하고 있다. 다음의 자료를 참고하였을 때, 가장 많은 가맹점이 있었던 시기는?

〈K프랜차이즈 개업 및 폐업 현황〉

(단위 : 개점)

구분	2016년	2017년	2018년	2019년	2020년	2021년	2022년
개업	5	10	1	5	0	1	11
폐업	3	4	2	0	7	6	5

※ 점포 현황은 매년 초부터 말까지 조사한 내용이다.

① 2017년 말
② 2018년 말
③ 2019년 말
④ 2020년 말
⑤ 2021년 말

27 다음은 A대리의 3월 출장내역을 나타낸 자료이다. 〈조건〉을 근거로 판단할 때, A대리가 3월 출장여비로 받을 수 있는 총액은?

〈A대리의 3월 출장내역〉

구분	출장지	출장 시작 및 종료 시각	비고
출장 1	대전시	14시 ~ 16시	법인차량 사용
출장 2	인천시	14시 ~ 18시	–
출장 3	서울시	09시 ~ 16시	업무추진비 사용

조건

• 출장여비 기준
 – 출장여비는 출장수당과 교통비의 합이다.
 1) 대전시 출장
  – 출장수당 : 1만 원
  – 교통비 : 2만 원
 2) 대전시 이외 출장
  – 출장수당 : 2만 원(13시 이후 출장 시작 또는 15시 이전 출장 종료 시 1만 원 차감)
  – 교통비 : 3만 원
• 출장수당의 경우 업무추진비 사용 시 1만 원이 차감되며, 교통비의 경우 법인차량 사용 시 1만 원이 차감된다.

① 6만 원
② 7만 원
③ 8만 원
④ 9만 원
⑤ 10만 원

28 정부에서는 지나친 음주와 흡연으로 인한 사회문제의 발생을 막기 위해 술과 담배에 세금을 부과하려고 한다. 이때, 부과할 수 있는 세금에는 종가세와 정액세가 있다. 술과 담배를 즐기는 A씨의 소비량과 술, 담배 예상 세금 부과량이 아래와 같을 때, 조세 수입 극대화를 위해서 각각 어떤 세금을 부과해야 하며, 이때 조세 총수입은 얼마인가?

〈술, 담배 가격 및 소비량〉

구분	가격	현재 소비량	세금 부과 후 예상 소비량
술	2,000원	50병	20병
담배	4,500원	100갑	100갑

〈술, 담배 예상 세금 부과량〉

구분	종가세 하의 예상 세율	정액세 하의 예상 개당 세액
술	20%	300원
담배		800원

※ 종가세 : 가격의 일정 비율을 세금으로 부과하는 제도
※ 정액세 : 가격과 상관없이 판매될 때마다 일정한 액수의 세금을 부과하는 제도

	술	담배	조세 총수입
①	정액세	종가세	99,000원
②	정액세	종가세	96,000원
③	정액세	정액세	86,000원
④	종가세	정액세	88,000원
⑤	종가세	종가세	98,000원

29 다음은 2022년 A ~ C국의 기술개발 투자 현황이다. 이를 근거로 C국의 GDP 총액을 산출하면 얼마인가?

〈기술개발 투자 및 성과〉

(단위 : 억 달러)

구분	A국	B국	C국
R&D 투자 총액	313	3,688	1,508
매율	1.0	11.78	4.82
GDP 대비(%)	3.37	2.68	3.44
기술수출액 / 기술도입액	0.45	1.70	3.71

※ GDP 대비 : GDP 총액 대비 R&D 투자 총액의 비율임

① 26,906억 달러　　　　　　　② 37,208억 달러
③ 31,047억 달러　　　　　　　④ 43,837억 달러
⑤ 64,219억 달러

30 P사는 천안에 위치한 제빵 회사로 밀가루를 공급해 줄 거래처와의 계약 만료를 앞두고 있다. 동일한 양의 밀가루에 대하여 1회 구입 시 기존의 거래처와 새로운 후보들의 지역과 밀가루 가격, 운송료가 다음과 같을 때, 어느 회사와 계약을 하는 것이 가장 적은 비용이 들겠는가?(단, 운송비용은 최종 거리에 해당하는 가격으로 일괄 적용한다)

구분	A사 (기존 거래처)	B사	C사	D사	E사
위치	충주	청주	대전	안성	공주
거리	90km	60km	75km	35km	50km
밀가루 구입가 (단위 : 천 원)	890	1,490	1,150	1,860	1,630

구분	~20km	20~40km	40~60km	60~80km	80~100km
km당 운송료 (단위 : 만 원)	1	1.1	1.2	1.4	1.5

① A사   ② B사
③ C사   ④ D사
⑤ E사

31 K대리는 열차 정비시설 설치 지역 후보지들을 탐방하려고 한다. 후보지의 수가 많은 데 비해 K대리의 시간은 한정되어 있으므로 일부 후보지만 방문하려고 한다. 〈조건〉에 따라 판단할 때, 〈보기〉에서 참을 말하고 있는 사람을 고르면?

> **조건**
> • 양산, 세종, 목포 중 적어도 두 곳은 방문한다.
> • 성남을 방문하면 세종은 방문하지 않는다.
> • 목포를 방문하면 동래도 방문한다.
> • 익산과 성남 중 한 곳만 방문한다.
> • 밀양은 설치가능성이 가장 높은 곳이므로 반드시 방문한다.
> • 동래를 방문하면 밀양은 방문하지 않는다.

> **보기**
> 지훈 : K대리는 밀양과 동래만 방문할 거야.
> 세리 : 그는 이번에 성남은 가지 않고, 양산과 밀양을 방문할 거야.
> 준하 : 그는 목포를 방문하고 세종은 방문하지 않을 거야.
> 진경 : K대리는 성남과 동래 모두 방문하지 않을 거야.

① 지훈, 세리   ② 지훈, 준하
③ 세리, 준하   ④ 세리, 진경
⑤ 준하, 진경

32 다음은 A사에 근무하는 K사원의 급여명세서이다. K사원이 10월에 시간외근무를 10시간 했을 경우 시간외수당으로 받는 금액은 얼마인가?

〈급여지급명세서〉

사번	A26	성명	K
소속	회계팀	직급	사원

• 지급 내역

지급항목(원)		공제항목(원)	
기본급여	1,800,000	주민세	4,500
시간외수당	( )	고용보험	14,400
직책수당	0	건강보험	58,140
상여금	0	국민연금	81,000
특별수당	100,000	장기요양	49,470
교통비	150,000		
교육지원	0		
식대	100,000		
급여 총액	2,150,000	공제 총액	207,510

※ (시간외수당)=(기본급)×$\dfrac{(시간외근무\ 시간)}{200}$×150%

① 120,000원 ② 135,000원
③ 148,000원 ④ 167,000원
⑤ 208,000원

33 경찰관 또는 소방관이 직업인 A ~ D 네 사람에 대한 〈조건〉이 모두 참일 때, 다음 중 항상 참인 것은?

> **조건**
> • A ~ D 네 사람은 서로 같은 직장의 동료가 있다.
> • A가 소방관이면 B가 소방관이거나 C가 경찰관이다.
> • C가 경찰관이면 D는 소방관이다.
> • D는 A의 상관이다.

① A, B의 직업은 다르다.
② A, C의 직업은 다르다.
③ B, C의 직업은 같다.
④ C, D의 직업은 같다.
⑤ B, D의 직업은 다르다.

※ A는 휴가 때 전국의 유적지들을 답사하려고 한다. 자료 1과 자료 2는 A의 집을 중심으로 A가 갈 유적지들의 위치와 유적지 간의 거리를 나타내고, 자료 3은 도로별 연비를 나타낸다. 자료들을 바탕으로 이어지는 질문에 답하시오. **[34~35]**

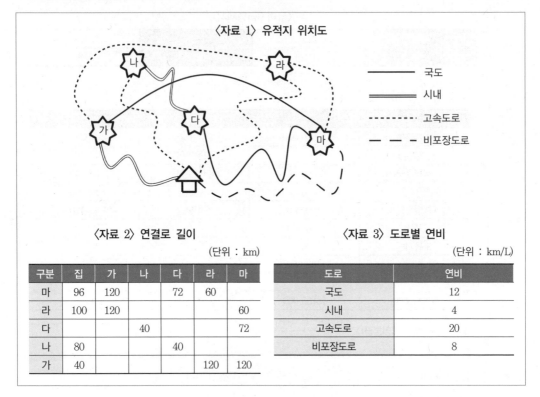

〈자료 1〉 유적지 위치도

〈자료 2〉 연결로 길이
(단위 : km)

구분	집	가	나	다	라	마
마	96	120		72	60	
라	100	120				60
다			40			72
나	80			40		
가	40				120	120

〈자료 3〉 도로별 연비
(단위 : km/L)

도로	연비
국도	12
시내	4
고속도로	20
비포장도로	8

34 A는 집에서 출발하여 모든 유적지를 둘러보고 다시 집으로 돌아왔다. A가 최단거리로 이동했다고 할 때, 그 거리는 몇 km인가?(단, 중간에 집을 거쳐가지 않았다)

① 320km
② 330km
③ 390km
④ 412km
⑤ 420km

35 A는 연료(휘발유)가 가장 적게 드는 방법으로 유적지 탐사를 했다. 집에서 출발하여 모든 유적지를 한 번씩 둘러보았을 때, A가 유적지 답사에 쓴 연료 값은 얼마인가?(단, 휘발유는 1L당 1,000원이며, 마지막 유적지를 도착점으로 하고 중간에 집에 들르는 것도 가능하다)

① 29,000원
② 30,000원
③ 35,000원
④ 36,000원
⑤ 38,000원

36 D공사는 직원 50명에게 연말 선물을 하기 위해 물품을 구매하려고 한다. 다음은 업체별 품목 금액과 직원들의 품목 선호도를 나타낸 자료이다. 자료와 〈조건〉을 바탕으로 구매팀에서 구매하는 물품과 업체를 바르게 짝지은 것은?

〈업체별 품목 금액〉

구분	품목	한 벌당 가격
A업체	티셔츠	6,000원
A업체	카라 티셔츠	8,000원
B업체	티셔츠	7,000원
B업체	후드 집업	10,000원
B업체	맨투맨	9,000원

〈구성원 품목 선호도〉

순위	품목
1	카라 티셔츠
2	티셔츠
3	후드 집업
4	맨투맨

조건
- 구성원의 선호도를 우선으로 품목을 선택한다.
- 총구매 금액이 30만 원 이상이면 총금액에서 5% 할인을 해준다.
- 차순위 품목이 1순위 품목보다 총금액이 20% 이상 저렴하면 차순위를 선택한다.

① 티셔츠, A업체　　　　　② 카라 티셔츠, A업체
③ 티셔츠, B업체　　　　　④ 후드 집업, B업체
⑤ 맨투맨, B업체

37 다음은 정부 3.0 우수사례 경진대회에 참가한 총 5개 부처에 대한 심사 결과 자료이다. 〈조건〉을 적용하여 최종심사점수를 계산할 때, 이에 대한 설명으로 옳은 것은?

〈부처별 정부 3.0 우수사례 경진대회 심사 결과〉

구분 \ 부처	A	B	C	D	E
서면심사점수(점)	73	79	83	67	70
현장평가단 득표수(표)	176	182	172	145	137
최종심사점수(점)	( )	( )	90	( )	55

※ 현장평가단 총인원수는 200명임

조건

- (최종심사점수)＝(서면심사 최종반영점수)＋(현장평가단 최종반영점수)
- 서면심사 최종반영점수

점수순위	1위	2위	3위	4위	5위
최종반영점수(점)	50	45	40	35	30

※ 점수순위는 서면심사점수가 높은 순서임
- 현장평가단 최종반영점수

득표율	90% 이상	80% 이상 90% 미만	70% 이상 80% 미만	60% 이상 70% 미만	60% 미만
최종반영점수(점)	50	40	30	20	10

※ $[득표율(\%)] = \dfrac{(현장평가단\ 득표수)}{(현장평가단\ 총인원수)} \times 100$

① 현장평가단 최종반영점수에서 30점을 받은 부처는 E이다.

② E만 현장평가단으로부터 3표를 더 받는다면 최종심사점수의 순위가 바뀌게 된다.

③ A만 서면심사점수를 5점 더 받는다면 최종심사점수의 순위가 바뀌게 된다.

④ 서면심사점수가 가장 낮은 부처는 최종심사점수도 가장 낮다.

⑤ 서면심사 최종반영점수와 현장평가단 최종반영점수간의 차이가 가장 큰 부처는 C이다.

38 기획부 A ~ E 5명은 야근을 해야 한다. 다음 〈조건〉에 따라 수요일에 야근하는 사람은?

> **조건**
> • 사장님이 출근할 때는 모든 사람이 야근을 한다.
> • A가 야근할 때 C도 반드시 해야 한다.
> • 사장님은 월요일과 목요일에 출근을 한다.
> • B는 금요일에 야근을 한다.
> • E는 화요일에 야근을 한다.
> • 수요일에는 한 명만 야근을 한다.
> • 월요일부터 금요일까지 한 사람당 3번 야근한다.

① A   ② B
③ C   ④ D
⑤ E

39 다음은 지난 3년 동안 A ~ Q기업 간에 발생한 소송관계를 나타낸 것이다. 이에 대한 설명으로 옳지 않은 것은?

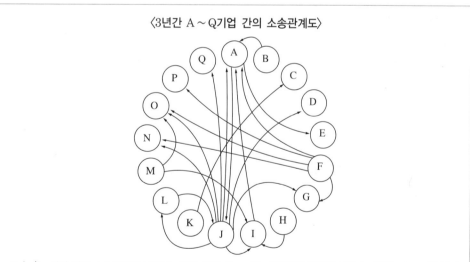

〈3년간 A ~ Q기업 간의 소송관계도〉

※ '→'는 기업 간의 소송관계를 나타냄. 예를 들어, B → A는 B기업이 원고가 되어 A기업을 피고로 한 번의 소송을 제기했음을 의미함

① 소송을 제기하지 않은 기업의 수는 8개이다.
② 가장 많은 수의 기업으로부터 소송을 제기받은 기업은 A기업이다.
③ J기업은 가장 많은 8개의 소송을 제기했다.
④ 소송을 제기하기만 하고 소송을 제기받지 않은 기업의 수는 4개이다.
⑤ 서로가 소송을 제기한 경우는 A기업과 J기업, L기업과 J기업의 경우뿐이다.

※ 다음은 K공단에서 시행하는 수가제도에 대한 내용이다. 이어지는 질문에 답하시오. [40~41]

• 수가제도 개요

건강보험 행위별수가제(Fee-For-Service)는 의료기관에서 의료인이 제공한 의료서비스(행위, 약제, 치료재료 등)에 대해 서비스별로 가격(수가)을 정하여 사용량과 가격에 의해 진료비를 지불하는 제도로 우리나라는 의료보험 도입 당시부터 채택하고 있다.

또한, 행위별수가제의 보완 및 의료자원의 효율적 활용을 위하여 질병군별 포괄수가제(DRG)와 정액수가제(요양병원, 보건기관 등)도 병행하여 실시하고 있다.

• 진료수가 산출 구조

(수가금액)=(상대가치점수)×[유형별 점수당 단가(환산지수)]

※ 진료수가는 진료행위별로 분류된 각 수가 항목별 점수에 요양기관 유형별 환산지수(점수당 단가)를 곱하여 금액으로 나타낸다.

• 상대가치점수

의료행위(요양급여)에 소요되는 시간·노력 등의 업무량, 인력·시설·장비 등 자원의 양, 요양급여의 위험도 및 발생 빈도를 종합적으로 고려하여 산정한 가치를 의료행위별로 비교 후 상대적인 점수로 나타낸 것

• 상대가치점수의 구성요소

업무량(의료서비스)	주시술자(의사, 약사)의 전문적인 노력에 대한 보상으로 시간과 강도를 고려한 상대가치
진료비용(임상인력·의료장비·치료재료)	주시술자(의사)를 제외한 보조의사, 간호사, 의료기사 등 임상인력의 임금, 진료에 사용되는 시설과 장비 및 치료재료 등을 고려한 상대가치
위험도(의료분쟁해결비용)	의료사고 빈도나 관련 비용조사를 통하여 의료사고 관련 전체 비용을 추정하고, 진료과별 위험도를 고려한 상대가치

• 환산지수(점수당 단가)

상대가치점수를 금액으로 바꾸어주는 지표

• 점수당 단가

유형 분류	점수당 단가(원)
종합병원, 병원 및 요양병원	68.8
의원	72.2
치과병원, 치과의원	75.8
한방병원, 한의원	74.4
조산원	110.0
약국, 한국희귀의약품 센터	72.8
보건소·보건의료원, 보건지소, 보건진료소	71.0

40 다음 중 수가제도에 대한 설명으로 옳지 않은 것은?

① 환산지수가 70원 대에서 가장 높은 분류에 속하는 곳은 치과병원과 치과의원이다.

② 점수당 단가가 가장 낮은 분류에는 종합병원이 속한다.

③ 수가제도는 우리나라 의료보험 도입 때부터 시작하였다.

④ 수가금액은 상대가치점수와 유형별 점수당 단가의 곱으로 계산한다.

⑤ 상대가치점수는 3가지 구성요소로 업무량, 진료비용, 위험도가 있다.

41 다음 A ~ C 세 요양기관의 상대가치점수 구성요소에 따른 점수표이다. 각 해당되는 유형 분류에 환산지수를 활용하여 가장 낮은 수가금액은 얼마인가?(단, 금액은 천 원 미만은 절사한다)

〈상대가치점수〉

(단위 : 점)

구분	업무량	진료비용	위험도
A종합병원	480	620	150
B의원	590	240	100
C조산원	720	–	–

※ B의원은 치과의원이 아니다.

① 67,000원　　　　　　　　② 68,000원

③ 69,000원　　　　　　　　④ 70,000원

⑤ 71,000원

42 5명의 취업준비생 갑, 을, 병, 정, 무가 S공사에 지원하여 그중 1명이 합격하였다. 취업준비생들은 다음과 같이 이야기하였고, 그중 1명이 거짓말을 하였다. 다음 중 합격한 사람은 누구인가?

> 갑 : 을은 합격하지 않았다.
> 을 : 합격한 사람은 정이다.
> 병 : 내가 합격하였다.
> 정 : 을의 말은 거짓말이다.
> 무 : 나는 합격하지 않았다.

① 갑　　　　　　　　　② 을

③ 병　　　　　　　　　④ 정

⑤ 무

43 다음 글을 근거로 판단할 때, 〈보기〉에서 옳은 것을 모두 고르면?

- 갑국의 1일 통관 물량은 1,000건이며, 모조품은 1일 통관 물량 중 1%의 확률로 존재한다.
- 검수율은 전체 통관 물량 중 검수대상을 무작위로 선정해 실제로 조사하는 비율을 뜻하는데, 현재 검수율은 10%로 전문 조사 인력은 매일 10명을 투입한다.
- 검수율을 추가로 10%p 상승시킬 때마다 전문 조사 인력은 1일당 20명이 추가로 필요하다.
- 인건비는 1인당 1일 기준 30만 원이다.
- 모조품 적발 시 부과되는 벌금은 건당 1,000만 원이며, 이 중 인건비를 차감한 나머지를 세관의 수입으로 한다.

※ 검수대상에 포함된 모조품은 모두 적발되고, 부과된 벌금은 모두 징수된다.

> **보기**
> ㄱ. 1일 평균 수입은 700만 원이다.
> ㄴ. 모든 통관 물량에 대해 전수조사를 한다면 수입보다 인건비가 더 클 것이다.
> ㄷ. 검수율이 40%면 1일 평균 수입은 현재의 4배 이상일 것이다.
> ㄹ. 검수율을 30%로 하는 방안과 검수율을 10%로 유지한 채 벌금을 2배로 인상하는 방안을 비교하면, 벌금을 인상하는 방안의 1일 평균 수입이 더 많을 것이다.

① ㄱ, ㄴ

② ㄴ, ㄷ

③ ㄱ, ㄴ, ㄹ

④ ㄱ, ㄷ, ㄹ

⑤ ㄴ, ㄷ, ㄹ

44 김팀장은 부처에 필요한 사무용품을 A사에서 구입하려고 한다. A사의 사무용품 할인행사를 고려하여 10,000원의 예산 내에서 구입하려고 할 때, 다음 중 효용의 합이 가장 높은 조합은?

〈품목별 가격 및 효용〉

품목	결재판	서류봉투(중) (50매)	서류봉투(대) (50매)	스테이플러	A4파일(20매)
가격(원/개)	2,500	1,300	1,800	2,200	3,200
효용	80	20	25	35	55

〈A사 이번 달 사무용품 할인행사〉

• 결재판 2개 구매 시, A4파일 1묶음 무료제공
• 서류봉투(중) 3묶음 구매 시, 서류봉투(대) 2묶음 무료제공
• 스테이플러 3개 구매 시, 결재판 1개 무료제공
• A4파일 2묶음 구매 시, 스테이플러 1개 무료제공

① 결재판 2개, 서류봉투(대) 2묶음
② 서류봉투(중) 4묶음, A4파일 1묶음
③ 서류봉투(대) 2묶음, 스테이플러 3개
④ 스테이플러 2개, 결재판 1개, 서류봉투(대) 1묶음
⑤ A4파일 2묶음, 서류봉투(중) 2묶음

45 K회사 S부서의 직원들은 사무실 자리 배치를 바꾸기로 했다. 〈조건〉에 따라 자리를 바꿨을 때 적절하지 않은 것은?

조건

• 같은 직급은 옆자리로 배정하지 않는다.
• 사원의 옆자리와 앞자리는 비어있을 수 없다.
• 부서장은 동쪽을 바라보며 앉고, 부서장의 앞자리에는 상무 또는 부장이 앉는다.
• 부서장을 제외한 직원들은 마주보고 앉는다.
• S부서 직원은 부서장, 사원 2명(김사원, 이사원), 대리 2명(성대리, 한대리), 상무 1명(이상무), 부장 1명(최부장), 과장 2명(김과장, 박과장)이다.

〈사무실 자리 배치표〉

부서장	A	B	성대리	C	D
	E	김사원	F	이사원	G

① 부서장 앞자리에 빈자리가 있다.
② A와 D는 빈자리다.
③ F와 G에 김과장과 박과장이 앉는다.
④ C에 최부장이 앉으면 E에는 이상무가 앉는다.
⑤ B와 C에 이상무와 박과장이 앉으면 F에는 한대리가 앉을 수 있다.

46 다음은 청소년의 가공식품 섭취와 가공식품 첨가물 사용 현황에 대한 자료이다. 평균 체중을 가진 청소년의 1일 평균 섭취량이 1일 섭취 허용량을 초과하는 첨가물을 모두 나열한 것은?

〈청소년 가공식품 섭취 현황〉

(단위 : g)

가공식품	1일 평균 섭취량
음료	60
사탕	3
스낵과자	40
햄버거	50

〈가공식품 첨가물 사용 현황 및 1일 섭취 허용량〉

첨가물	사용 가공식품	가공식품 1g당 사용량(mg/g)	체중 1kg당 1일 섭취 허용량(mg/kg)
바닐린	사탕	100	10
푸마르산	사탕	5	4
	햄버거	40	
글리세린	음료	10	30
	스낵과자	20	
식용색소 적색3호	사탕	4	0.1
	스낵과자	0.2	
식용색소 황색4호	음료	5	10
	스낵과자	4	

※ 청소년 평균 체중 : 50kg

※ 체중 1kg당 가공식품 첨가물 1일 평균 섭취량(mg/kg)

$$= \frac{(\text{가공식품 1g당 사용량}) \times (\text{가공식품 1일 평균 섭취량})}{(\text{청소년 평균 체중})}$$

$= [\text{청소년 평균 체중}(\text{가공식품 1g당 사용량})] \times (\text{가공식품 1일 평균 섭취량})$

① 바닐린, 글리세린

② 바닐린, 식용색소 적색3호

③ 글리세린, 식용색소 황색4호

④ 푸마르산, 식용색소 황색4호

⑤ 푸마르산, 식용색소 적색3호

47 Q물류회사에서 근무 중인 귀하에게 화물운송기사 두 명이 찾아와 운송시간에 대한 질문을 하였다. 주요 도시 간 이동시간 자료를 참고했을 때, 두 기사에게 안내해야 할 시간은?(단, 귀하와 두 기사는 A도시에 위치하고 있다)

> K기사 : 저는 여기서 화물을 싣고 E도시로 운송한 후에 C도시로 가서 다시 화물을 싣고 여기로 돌아와야 하는데 시간이 얼마나 걸릴까요? 최대한 빨리 마무리 지었으면 좋겠는데….
>
> P기사 : 저는 여기서 출발해서 모든 도시를 한 번씩 거쳐 다시 여기로 돌아와야 해요. 만약에 가장 짧은 이동시간으로 다녀오면 얼마나 걸릴까요?

〈주요도시 간 이동시간〉

(단위 : 시간)

출발도시 \ 도착도시	A	B	C	D	E
A	–	1.0	0.5	–	–
B	–	–	–	1.0	0.5
C	0.5	2.0	–	–	–
D	1.5	–	–	–	0.5
E	–	–	2.5	0.5	–

※ 화물을 싣고 내리기 위해 각 도시에서 정차하는 시간은 고려하지 않음
※ '–' 표시가 있는 구간은 이동이 불가능함

	K기사	P기사			K기사	P기사
①	4시간	4시간		②	4.5시간	5시간
③	4.5시간	5.5시간		④	5.5시간	5시간
⑤	5.5시간	5.5시간				

※ S공사는 맑은물관리본부의 별관 리모델링 시공업체를 선정하고자 한다. 다음 자료를 읽고 이어지는
　질문에 답하시오. **[48~50]**

〈맑은물관리본부 별관 리모델링 시공업체 선정방식〉

- 입찰에 참여한 업체 중 선정점수가 가장 높은 업체 한 곳을 시공업체로 선정한다.
- 선정점수는 평가항목별 등급에 따른 점수를 합산한 값인 평가점수와 입찰가격에 따라 부여된 가격점수를
  1 : 1의 가중치로 합산하여 산출한다.
- 선정위원회는 각 입찰 참여업체에 대하여 항목별 기준에 따라 평가한 후 항목별로 등급을 부여한다.

〈평가항목 등급별 점수〉

(단위 : 점)

평가항목 ＼ 등급	가	나	다	라	마
가용설비규모	20	16	12	8	4
친환경시공	20	18	16	14	12
경영건전성	20	15	12	10	8
최근 시공실적	20	17	14	10	6

〈입찰가격 범위별 점수〉

입찰가격	15억 원 미만	15억 원 이상 25억 원 미만	25억 원 이상 40억 원 미만	40억 원 이상
가격 점수	20	15	10	5

- 가점사항
  - 두 개 이상의 평가항목에서 '가' 등급을 부여받은 업체에게는 선정점수 총점에 1점의 가점을 부여한다.
- 동점처리기준
  - 선정점수가 최고점인 업체가 두 곳 이상인 경우, 최근 시공실적 항목의 등급이 높은 업체를 우선시한다.

〈입찰 참여업체 항목별 평가등급〉

평가항목 ＼ 업체	가용설비규모	친환경시공	경영건전성	최근 시공실적
A	나	라	다	가
B	가	라	가	마
C	다	가	나	라
D	나	다	다	나
E	마	가	다	다

〈입찰 참여업체별 입찰가격 현황〉

(단위 : 원)

업체	A	B	C	D	E
입찰가격	22억	17억	14억	36억	42억

48 위의 선정방식에 따라 맑은물관리본부 별관 리모델링 시공업체를 선정할 때, 다음 중 시공업체로 선정될 업체로 옳은 것은?

① A업체
② B업체
③ C업체
④ D업체
⑤ E업체

49 선정위원회에서는 가점사항에 따른 가점은 2점으로 높여, 선정점수가 가장 높은 업체 두 곳을 시공업체로 선정하기로 하였다. 시공업체로 선정될 업체는?

① A, B업체
② A, C업체
③ B, D업체
④ C, E업체
⑤ D, E업체

50 선정위원회는 시공업체 선정 시 고려할 항목의 중요도를 반영하여 평가점수와 가격점수 합산 시의 가중치를 1 : 1에서 3 : 2로 변경하여 선정점수를 산출하기로 하였다. 변경된 방식을 적용하여 선정점수가 가장 높은 업체 한 곳을 선정한다고 할 때, 선정될 시공업체는?

〈시공업체 선정방식 변경사항〉

• 선정점수 산출 시의 가중치 변경
 – 변경 전 : 평가점수와 가격점수를 1 : 1의 가중치로 합산함
 – 변경 후 : 평가점수와 가격점수를 3 : 2의 가중치로 합산함
• 가점사항
 – 변경 전 : 두 개 이상의 평가항목에서 가 등급을 부여받은 업체에게는 선정점수 총점에 1점의 가점을 부여함
 – 변경 후 : 두 개 이상의 평가항목에서 가 등급을 부여받은 업체에게는 가중치 적용 전 평가점수에 2점의 가점을 부여함
• 동점 처리 기준 변경
 – 변경 전 : 선정점수가 최고점인 업체가 두 곳 이상인 경우, 최근 시공실적 항목의 등급이 높은 업체를 우선시함
 – 변경 후 : 선정점수가 최고점인 업체가 두 곳 이상인 경우, 경영건전성 항목의 등급이 높은 업체를 우선시함

① A업체
② B업체
③ C업체
④ D업체
⑤ E업체

※ 다음은 자기개발 계획에 대한 글이다. 이어지는 질문에 답하시오. [51~53]

G사는 전 사원들이 매년 자기개발 계획을 써서 제출하여 개인 개발을 하도록 돕고 있다. 자기개발 계획은 모든 구성원들이 자신에 대한 360도 평가서를 먼저 완성하고, 평가 결과를 관리자와 함께 미팅하여 피드백 받는 것을 말한다. 그리고 부족하거나 더 개발할 필요가 있는 것을 찾고 구체적인 개발 계획을 수립한다. 집중적으로 개발할 분야에 대한 계획을 정하기 위하여 360도 평가 결과를 참고하게 된다. 자기개발 계획은 4가지 항목으로 구성되어 작성된다.

첫째, ⊙ 자신의 강점과 개발이 필요한 이유 그리고 개발할 분야를 기록하는 개발 목표를 정한다.

둘째, 개발 목표를 토대로 구체적인 개발 계획을 세운다.

셋째, 경력에 관련한 자신의 관심사를 기록하는 것으로 향후 다른 부서나 자리로 전근할 의향이 있는지, 만일 원한다면 어떤 분야 또는 지역인지 기록한다.

넷째, ⓛ 구체적인 개발 계획과 단계별로 필요한 실천 계획, 필요한 자원이나 지원과 목표 일자를 기록한다.

51 G사 무역팀에 근무하는 B사원은 자신의 경력 단계를 이해하기 위해 단계별 경력개발을 작성 중이다. 5단계 중 경력 초기에 해당하는 업무를 작성한 것으로 옳은 것은?

① G사의 무역팀에 대해서 자료를 수집한다.

② 무역팀 내 일의 절차나 규범을 습득한다.

③ 그동안의 실적을 평가하여 부족한 부분을 채운다.

④ 퇴직 교육을 신청한다.

⑤ 자신에게 적합한 직업이 무엇인지를 탐색하고 G사를 선택한다.

52 B사원은 자기 자신에게 질문을 던짐으로써 자신의 강점을 작성해 보라는 코칭을 받았다. 다음 중 내용이 다른 것은 무엇인가?

① 나는 커뮤니케이션 스킬이 뛰어난가?

② 나는 문제가 생겼을 때 포기하는가?

③ 나는 동료들과 의견을 나눌 때 포용적인가?

④ 나는 수출입 통관절차를 완벽히 이행하는가?

⑤ 나에게는 남들과는 다른 차별성이 있는가?

53 ⓛ은 최종적으로 업무수행 성과를 높이는 방법을 의미하는 문장이다. 다음 중 업무수행 성과를 높이기 위한 행동전략이 아닌 것은 무엇인가?

① 회사와 팀의 업무 지침을 따른다.

② 업무를 묶어서 처리한다.

③ 모든 팀원과 정보를 공유하지 않는다.

④ 역할 모델을 설정한다.

⑤ 일을 미루지 않는다.

54 왼쪽의 데이터를 엑셀 정렬 기능을 사용하여 오른쪽과 같이 정렬할 때, 열과 정렬에 들어갈 항목을 바르게 나열한 것은?

	A	B	C
1	이름	성별	나이
2	이선영	여	24
3	박영현	남	19
4	서지웅	남	21
5	주아영	여	23
6	배지은	여	34
7	신광민	남	31
8	우영민	남	28
9	유민지	여	35

→

	A	B	C
1	이름	성별	나이
2	박영현	남	19
3	서지웅	남	21
4	주아영	여	23
5	이선영	여	24
6	우영민	남	28
7	신광민	남	31
8	배지은	여	34
9	유민지	여	35

	열	정렬
①	이름	오름차순
②	성별	내림차순
③	성별	오름차순
④	나이	내림차순
⑤	나이	오름차순

다음 시트에서 [찾기 및 바꾸기] 기능을 통해 찾을 내용에 '가?'를, 바꿀 내용에 'A'를 입력한 후, 모두 바꾸기를 실행하였을 경우 나타나는 결괏값으로 옳은 것은?

◢	A
1	가수 레이디 가가
2	가정평화
3	가지꽃
4	가족가정

①

◢	A
1	A
2	A
3	A
4	A

②

◢	A
1	A 레이디 가가
2	A평화
3	A꽃
4	A

③

◢	A
1	A 레이디 A
2	A평화
3	A꽃
4	AA

④

◢	A
1	A 레이디 A
2	A
3	A
4	AA

⑤

◢	A
1	A 레이디 가가
2	A평화
3	A꽃
4	AA

56 기술개발팀에서 근무하는 귀하는 차세대 로봇에 사용할 주행 알고리즘을 개발하고 있다. 주행 알고리즘과 예시를 참고하였을 때, 다음 중 로봇의 이동경로로 옳은 것은?

〈주행 알고리즘〉

회전과 전진만이 가능한 로봇이 미로에서 목적지까지 길을 찾아갈 수 없을 때만 보조명령을 따른다.

• 주명령 : 현재 단위구역(cell)에서 로봇은 왼쪽, 앞쪽, 오른쪽을 가도록 구성하였다. 미로는 4단위 ×4단위의 정방형 단위구역(cell) 16개로 구성되며 미로 중앙부에는 1단위 구역 크기의 도착지점이 있다. 도착지점에 이르기 전 로봇은 각 단위구역과 단위구역 사이를 이동할 때 벽의 유무를 탐지하여 벽이 없음이 감지되는 방향으로 주행한다. 로봇은 주명령을 수행하고, 이에 따라 주쪽 순으로 벽의 유무를 탐지하여 벽이 없음이 감지되는 방향의 단위구역을 과거에 주행한 기록이 없다면 해당 방향으로 한 단위구역만큼 주행한다.

• 보조명령 : 현재 단위구역에서 로봇이 왼쪽, 앞쪽, 오른쪽, 뒤쪽 순으로 벽의 유무를 탐지하여 벽이 없음이 감지되는 방향의 단위구역에 벽이 없음이 감지되는 방향과 반대 방향의 주행기록이 있을 때만, 로봇은 그 방향으로 한 단위구역만큼 주행한다.

〈예시〉

로봇이 A → B → C → B → A로 이동한다고 가정할 때, A에서 C로의 이동은 주명령에 의한 것이고 C에서 A로의 이동은 보조명령에 의한 것이다.

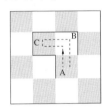

①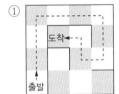

②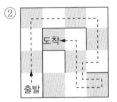

③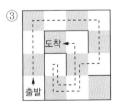

④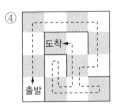

⑤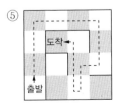

57 B사원은 최근 G전자제품 회사의 빔프로젝터를 구입하였으며, 빔프로젝터 고장 신고 전 확인사항 자료를 확인하였다. 다음 중 빔프로젝터의 증상과 그에 따른 확인 및 조치사항으로 옳은 것은?

〈빔프로젝터 고장 신고 전 확인사항〉

분류	증상	확인 및 조치사항
설치 및 연결	전원이 들어오지 않음	• 제품 배터리의 충전 상태를 확인하세요. • 만약 그래도 제품이 전혀 동작하지 않는다면 제품 옆면의 'Reset' 버튼을 1초간 누르시기 바랍니다.
	전원이 자동으로 꺼짐	• 본 제품은 약 20시간 지속 사용 시 제품의 시스템 보호를 위해 전원이 자동 차단될 수 있습니다.
	외부기기가 선택되지 않음	• 외부기기 연결선이 신호 단자에 맞게 연결되었는지 확인하고, 연결 상태를 점검해 주시기 바랍니다.
메뉴 및 리모컨	리모컨이 동작하지 않음	• 리모컨의 건전지 상태 및 건전지가 권장 사이즈에 부합하는지 확인해 주세요. • 리모컨 각도와 거리가(10m 이하) 적당한지, 제품과 리모컨 사이에 장애물이 없는지 확인해 주세요.
	메뉴가 선택되지 않음	• 메뉴의 글자가 회색으로 나와 있지 않은지 확인해 주세요. 회색의 글자 메뉴는 선택되지 않습니다.
화면 및 소리	영상이 희미함	• 리모컨 메뉴창의 초점 조절 기능을 이용하여 초점을 조절해 주세요. • 투사거리가 초점에서 너무 가깝거나 멀리 떨어져 있지 않은지 확인해 주세요(권장거리 1 ~ 3m).
	제품에서 이상한 소리가 남	• 이상한 소리가 계속해서 발생할 경우 사용을 중지하고 서비스 센터로 문의해 주시기 바랍니다.
	화면이 안 나옴	• 제품 배터리의 충전 상태를 확인해 주세요. • 본체의 발열이 심할 경우 화면이 나오지 않을 수 있습니다.
	화면에 줄, 잔상, 경계선 등이 나타남	• 일정시간 정지된 영상을 지속적으로 표시하면 부분적으로 잔상이 발생합니다. • 영상의 상·하·좌·우의 경계선이 고정되어 있거나 빛의 투과량이 서로 상이한 영상을 장시간 시청 시 경계선에 자국이 발생할 수 있습니다.

① 영화를 보는 중에 갑자기 전원이 꺼진 것은 본체의 발열이 심해서 그런 것이므로 약 20시간 동안 사용을 중지하였다.

② 메뉴가 선택되지 않아 외부기기와 연결선이 제대로 연결되었는지 확인하였다.

③ 일주일째 이상한 소리가 나 제품 배터리가 충분히 충전된 상태인지 살펴보았다.

④ 언젠가부터 화면에 잔상이 나타나 제품과 리모콘 배터리의 충전 상태를 확인하였다.

⑤ 영상이 너무 희미해 초점과 투사거리를 확인하여 조절하였다.

올 하반기에 출시한 A사의 스마트폰에 대한 매출 증가는 전 세계 스마트폰 시장에 새로운 계기를 마련할 것으로 기대한다. 앞서 A사의 올해 상반기 매출은 전년 대비 약 13% 줄어든 것으로 밝혀진 반면 경쟁사인 B사의 올 상반기 매출은 전년 대비 약 25% 늘어 같은 업종에서도 기업별 실적 차이가 뚜렷이 나타난 것을 볼 수 있었다. 이는 A사가 최근 치열해진 스마트폰 경쟁에서 새로운 기술을 개발하지 못한 반면, B사는 작년 말 인수한 외국의 소프트웨어 회사를 토대로 새로운 기술을 선보인 결과라 할 수 있다.

뒤늦게 이러한 사실을 깨달은 A사는 B사의 신기술 개발을 응용해 자사만의 독특한 제품을 올 하반기에 선보여 스마트폰 경쟁에서 재도약을 꾀할 목표를 세웠고, 이를 위해 기존에 있던 다수의 계열사들 중 실적이 저조한 일부 계열사를 매각하는 대신 외국의 경쟁력을 갖춘 소프트웨어 회사들을 잇달아 인수하여 새로운 신기술 개발에 박차를 가했다. 그 결과 A사는 세계 최초로 스마트폰을 이용한 결제시스템인 AK 페이와 더불어 지문 인식 프로그램을 탑재한 스마트폰을 출시한다.

58 다음 중 윗글에 나타난 A사의 사례는 무엇에 대한 설명인가?

① 내부적 벤치마킹　　　　　　　　② 비경쟁적 벤치마킹
③ 경쟁적 벤치마킹　　　　　　　　④ 글로벌 벤치마킹
⑤ 직접적 벤치마킹

59 다음 중 윗글에 나타난 A사의 벤치마킹 유형에서 유의해야 할 사항으로 옳은 것은?

① 관점이 제한적일 수 있고, 편중된 내부 시각에 대한 우려가 있다.
② 윤리적 문제가 발생할 수 있고, 대상의 적대적 태도로 인해 자료 수집이 어렵다.
③ 다른 환경의 사례를 가공하지 않고 적용할 경우, 그 효과가 크지 않을 수 있다.
④ 문화 및 제도적인 차이로 발생되는 효과에 대한 검토가 없을 경우, 잘못된 분석 결과를 얻을 수 있다.
⑤ 벤치마킹 대상 선정이 어렵고, 수행비용 및 시간이 과다하게 소요된다.

60 다음과 같은 경우 어떤 벤치마킹을 활용해야 하는가?

특별한 기술력으로 카메라 시장을 독점하고 있는 S사는 새롭게 카메라 렌탈 사업을 추진했다. 카메라를 렌탈한 후 회수율을 높이고 회수기간을 단축시키는 것이 회사 수익과 직결되는 것을 발견하였다. 하지만 잦은 고장과 수리비용 초과 및 수리시간도 장기화되고 있어 회전률이 낮아지고 있다. S사는 A ~ H 총 8개의 지역으로 각각의 회수 지점을 두고 기업을 운영하고 있다. 이 중 C지점이 가장 높은 실적을 내고 회전률이 빠르다. 따라서 C지점을 기준으로 다른 지점들은 벤치마킹을 실시할 계획이다.

① 경쟁적 벤치마킹　　　　　　　　② 비경쟁적 벤치마킹
③ 글로벌 벤치마킹　　　　　　　　④ 내부적 벤치마킹
⑤ 직접적 벤치마킹

※ 다음은 기사의 일부이다. 이어지는 질문에 답하시오. [61~63]

세상의 급격한 변화를 나타내기 위해 수없이 많은 말들이 만들어지고 있다. 컴퓨터 혁명, 인터넷 혁명, 정보 혁명, 지식기반사회, 탈산업사회, 포스트모더니즘 등은 그 대표적인 예이다. 그러나 이런 개념들에는 허점이 많다. 컴퓨터 혁명이나 인터넷 혁명은 과학기술의 발전에만 지나치게 주목하고, 정보 혁명이나 지식기반 사회는 정보와 지식이 인간과 무관하게 세상을 바꾼다는 인상을 주며, 산업과 근대의 의미를 간과하고 있다. 하지만 한 가지 확실한 것은 네트워크 혁명은 시대의 흐름이다. 네트워크 혁명은 기술적 측면과 사회적 측면을 동시에 포괄하는 장점을 가지고 있다. 누구나 쉽게 네트워크를 활용할 수 있는 기술이 있어야 하고 그 기술을 바탕으로 사람과 사람이 연결되어 정보가 전달되어야 하는 것이다. 둘 중에 한 가지가 결여되어 있다면 혁명적 현상은 발생할 수 없다. 또한 한 가지 측면에만 주목하는 논의는 특정한 집단의 이해를 대변하는 경우가 많다.

네트워크 혁명을 잘 나타내는 것으로는 몇 가지 법칙이 있다. 먼저 무어의 법칙은 컴퓨터의 반도체 성능이 18 ~ 24개월마다 2배씩 증가한다는 법칙이다. 두 번째 메트칼피의 법칙은 네트워크의 가치가 사용자 수의 제곱에 비례한다는 법칙이다. 마지막으로 카오의 법칙은 창조성이 네트워크에 접속되어 있는 다양성에 지수함수로 비례한다는 법칙이다.

이밖에도 네트워크 혁명은 전 세계의 사람들과 이들의 지식, 활동이 연결되면서 자신의 지식과 활동이 지구 반대편에 있는 사람에게 미치는 영향의 범위와 정도가 증가하는 동시에 지구 반대쪽에서 내려진 결정이 자신에게 영향을 미칠 수 있는 가능성도 커졌다. 이 중에는 내가 예측할 수 있고 내게 도움이 되는 것도 있지만, 그렇지 못한 것도 많다. 즉, 역기능 또한 존재한다는 뜻이다. 범세계적인 상호 영향이 보편화되면서 사회의 위험과 개인의 불안이 증가한다고 볼 수 있다. 네트워크의 역기능에는 디지털 격차, 정보화에 따른 실업의 문제, 인터넷 게임과 채팅 중독, 범죄 및 반사회적인 사이트의 활성화, 정보기술을 이용한 감시 등이 있다. 이러한 문제들이 반드시 인터넷 때문에 생겼다고 보기는 힘드나 인터넷이 사람들을 연결하고 정보의 유통을 용이하게 함으로써 이러한 문제가 쉽게 결합되고 증폭되었다.

61 다음 사례는 기사에 쓰인 네트워크 혁명 관련 법칙들 중 하나의 사례이다. 적용된 법칙으로 옳은 것은?

1971년 공개된 인텔의 4004 프로세서는 불과 740KHz 클럭으로 구동됐으나 2017년 판매 중인 인텔 코어 i7-7700K 프로세서는 무려 4.2GHz 클럭으로 구동된다. 헤르츠(Hz) 단위로 보면 74만Hz에서 42억Hz로 속도가 빨라진 셈이다. 작동 속도가 올라간다는 것은 같은 단위의 시간이어도 더 많은 명령어를 처리할 수 있다는 뜻이다.

① 무어의 법칙   ② 길더의 법칙
③ 카오의 법칙   ④ 메라비언의 법칙
⑤ 메트칼피의 법칙

62 윗글을 참고하여 다음 글이 시사하는 네트워크 역기능으로 옳은 것은?

> 컴퓨터를 사용하는 학생 A는 소셜 네트워크에서 사생활을 교류하다 사람들에게 원치 않는 정보가
> 노출되었다. 또한 일부 SNS는 자신이 글을 올린 장소를 알려주기 때문에 자신의 위치 정보 또한
> 노출되고 말았다.

① 정보기술을 이용한 감시
② 정보화에 따른 실업의 문제
③ 인터넷 게임과 채팅 중독
④ 디지털 격차
⑤ 범죄 및 반사회적인 사이트의 활성화

63 네트워크 혁명의 역기능이 발생하는 근본적인 네트워크의 속성으로 가장 적절한 것은?

① 인터넷을 이용하지 않고서는 원활한 네트워크 활용이 어렵다.
② 환경과 인권 문제를 동반한 기술적 가치를 제공하고 있지 못하다.
③ 인터넷과 연계하여 원격으로 온라인 침투가 용이하고, 누구나 접근 가능한 개방시스템이다.
④ 학습을 통한 전문성 배양을 필요로 하며, 실생활과의 친밀도가 부족하다.
⑤ 사용자의 움직임은 네트워크의 진화 방향을 결정한다.

김사원 : 대부분의 일 처리는 수평적으로 진행해야 한다고 생각해요. 수평적인 만큼 팀원들과 문제를 공유하고 같이 해결해 나가야 해요.

박대리 : 전문성이나 지식을 필요로 할 때 권력이 생기니까요, 리더라면 중요한 정보는 혼자서 알고 있어야 해요.

최사원 : 전 달라요. 새로운 방향을 결정할 때 구성원을 다 참여시키고, 최종 결정만 하는 것이 리더라고 생각해요.

이주임 : 다른 팀원들이 한계를 넘을 수 있도록 개개인에게 존경심과 충성심을 줘야 한다고 생각해요.

〈리더십 유형〉

• 독재자 유형 : 팀의 규칙에 따라 일종의 지배자로서 군림하며, 지식을 권력으로 간주하여 핵심 정보는 독점하고 다른 팀원에게는 기본적인 정보만을 제공한다.
• 민주주의에 근접한 유형 : 혁신적이고 능력이 탁월한 팀원이 존재하거나 팀이 그러한 방향을 지향할 때 효과적인 것으로, 경쟁과 토론의 가치를 분명히 알고 있다.
• 파트너십 유형 : 자신의 팀에 있는 팀원들은 모두 나름대로의 능력과 경험을 가지고 있으며 자신은 그들 중 하나에 불과하다고 생각한다.
• 변혁적 유형 : 팀원과 팀이 오랫동안 유지해 온 상태를 뛰어넘는 것을 목표로 하며, 팀원은 물론 팀 전체의 변화를 가져오는 원동력으로 작용한다.

64 리더십의 유형 중 '파트너십 유형'에 가장 가까운 리더를 설명한 사람은 누구인가?

① 김사원
② 김사원, 최사원
③ 박대리
④ 김사원, 이주임
⑤ 이주임

65 김사원이 말하는 리더십 유형의 특징으로 옳은 것은?

① 카리스마
② 자기 확신
③ 풍부한 칭찬
④ 책임의 공유
⑤ 감화

66 다음은 옷을 파는 A씨가 손님인 B씨를 상대로 협상하는 과정을 나타낸 것이다. 협상 과정에 대한 설명으로 적절하지 않은 것은?(단, A씨가 원하는 옷 판매금액은 최소 5만 원이다)

> B씨 : 이 옷은 얼마인가요?
> A씨 : 네, 이 옷은 현재 8만 원입니다.
> B씨 : 너무 비싸네요. 조금 할인해 주시면 안 될까요?
> A씨 : 안됩니다. 저희도 남는 게 없어요.
> B씨 : 6만 원에 주시면 안 될까요? 너무 마음에 들어서요.
> A씨 : 7만 원에 드릴게요. 더 이상은 안 됩니다. 이 옷 정말 한 벌 남은 거예요.
> B씨 : 조금만 더 안 될까요? 부탁드릴게요.
> A씨 : 이거 참, 정말 손님께 너무 잘 어울릴 거 같아서 드리는 거예요. 그럼 6만 5천 원만 주세요.
> B씨 : 네 좋아요. 감사합니다!

① A씨의 협상전략은 상호 교환적인 양보전략으로 볼 수 있다.
② A씨는 B씨로 하여금 특별한 대우를 받았다고 느끼게 하였다.
③ A씨는 B씨의 제안을 일방적으로 수용하였다.
④ A씨는 B씨의 양보를 이끌어 내는 데 성공하였다.
⑤ A씨는 매우 중요한 것을 양보하는 것처럼 협상하였다.

67 다음 (가), (나)의 사례에 대한 상대방 설득 방법으로 적절하지 않은 것은?

> (가) A사의 제품은 현재 매출 1위이며 소비자들의 긍정적인 평판을 받고 있다. A사는 이 점을 내세워 B사와 다음 신제품과 관련하여 계약을 맺고 싶어 하지만 B사는 A사의 주장을 믿지 않아 계약이 보류된 상황이다. A사는 최근 신제품에 필요한 기술을 확보하고 있는 B사가 꼭 필요한 협력업체이기 때문에 고심하고 있다.
> (나) 플라스틱을 제조하는 C사는 최근 테니스 라켓, 욕조, 배의 선체 등 다양한 곳에 사용되는 탄소섬유강화플라스틱 사업의 전망이 밝다고 생각하여 탄소섬유를 다루는 D사와 함께 사업길 원하고 있다. 하지만 D사는 C사의 사업 전망에 대해 믿지 못하고 있는 상황이어서 사업은 보류된 상태이다.

① (가)의 경우 매출 1위와 관련된 데이터를 시각화하여 B사가 직접 보고 느끼게 해주는 게 좋을 것 같아.
② (나)의 경우 호혜관계를 설명하면서 D사가 얻을 수 있는 혜택도 설명해 주는 게 좋겠어.
③ (가)의 경우 A사 제품을 사용한 소비자들의 긍정적인 후기를 B사에게 보여주는 것은 어때?
④ (가)의 경우 B사에게 대기업인 점을 앞세워서 공격적으로 설득하는 것이 좋겠어.
⑤ (나)의 경우 D사에게 탄소섬유강화플라스틱의 효과에 대해 공동 평가할 수 있는 기회를 주는 것은 어때?

※ 다음은 고객 불만 처리 과정을 나타낸 것이다. 이어지는 질문에 답하시오. [68~69]

1단계	"예, 알겠습니다. 그러셨군요."

⇩

2단계	"우선, 문제를 알려주신 것에 대해 정말 감사합니다."

⇩

3단계	"재고를 정확하게 파악하지 못하고 판매 중이라고 올려서 죄송합니다."

⇩

4단계	"최대한 빠른 시일 내에 해당 제품을 가지고 오겠습니다."

⇩

5단계	"혹시나 해당 제품이 해외 혹은 타 지역에 있는 경우 택배로 보내 드려도 될까요?"

⇩

6단계	"만약 해당 제품이 품절일 경우 환불이나 상품권 혹은 해당 유사 제품을 보내드려도 될까요?"

⇩

7단계	"말씀해 주신 문제점을 보안해서 제품을 택배로 보냈습니다. 번거롭게 해서 죄송합니다. 제품은 잘 받으셨나요?"

⇩

8단계	"앞으로는 재고 파악을 정확하게 확인해 주세요."

68 위에 제시된 내용은 고객 불만 처리 프로세스 8단계의 단계별 응대이다. 다음 중 실수라고 볼 수 있는 대응이 일어난 단계는?

① 3단계   ② 4단계

③ 5단계   ④ 6단계

⑤ 7단계

69 위의 고객 불만 처리 프로세스 8단계 중 4단계에서 이루어지는 고객을 대하는 태도로 가장 적절한 것은?

① 선입관을 버리고 문제를 파악한다.

② 고객이 불만을 느낀 상황에 대해 공감을 보이며 문제의 빠른 해결을 약속한다.

③ 고객의 이야기를 듣고 문제점에 대한 인정과 잘못된 부분에 대해 사과한다.

④ 잘못된 부분을 신속하게 시정한다.

⑤ 고객이 일부러 시간을 내서 해결의 기회를 준 것에 감사를 표시하며 고객의 항의에 공감을 표시한다.

C사는 생활용품 양판점을 운영하는 회사이다. C사 구매팀은 고객의 소비 트렌드에 맞춘 수 천 가지 상품을 매입하는 업무를 맡고 있다. 입사 동기인 김사원과 박사원은 전라도권과 경상도권을 나누어 매장에 필요한 상품을 선정하고 협력사로부터 매입하는 업무를 맡고 있다. 김사원은 같은 팀 선배들에게 업무능력도 뛰어나고 대인관계도 좋다는 평가를 받고 있고, 박사원은 김사원보다 더 일찍 출근해서 야근까지 하는데도 업무상의 실수가 잦아 매번 김사원과 비교를 당한다. 동기들 중에도 가깝고 친한 사이여서 박사원은 김사원에게 업무에 있어 칭찬 받는 방법을 물어보지만 김사원은 매번 "그냥 열심히 하는 거지 뭐."라는 대답을 하며 배시시 웃는다. 어느 날 김사원이 외근을 나간 틈에 박사원은 김사원 책상에 펼쳐져 있는 노트를 보게 되었다. '업무추진 계획서'라는 제목을 가진 노트에는 일주일 단위로 추진해야 하는 업무 일정, 미팅 및 회의를 해야 하는 사람들, 과거에 문제가 되었던 사항들 등이 빼곡히 적혀 있었다. 또 노트의 맨 앞 페이지를 펼쳐보니 아래와 같은 표가 붙어 있었다.

업무	1월		2월		3월		4월 …	
계획								
자료 수집	▨	▨						
소비자 조사 설계			▨					
타당성 검증 및 상품 조사					▨			
운영								
신규 협력사 조사 및 발굴						▨		
협력사 계약 및 상품 공급							▨	▨

70 김사원이 작성하여 활용하고 있는 업무추진 계획서에 필요한 요소를 〈보기〉에서 모두 고르면?

> **보기**
> ㉠ 회사의 업무지침
> ㉡ 나의 업무지침
> ㉢ 업무 수행에 필요한 활용자원(시간, 예산, 협력부서 등)

① ㉠

② ㉠, ㉡

③ ㉠, ㉢

④ ㉡, ㉢

⑤ ㉠, ㉡, ㉢

71 위의 표처럼 김사원이 전체 일정을 계획하고 실행하기 위해 사용하는 업무추진 시트는?

① 간트 차트 : 프로젝트 일정관리를 위한 바(Bar) 형태의 도구이다.

② 체크리스트 : 확인해야 할 항목과 상황을 한눈에 보기 쉽게 나타낸 목록이다.

③ 워크 플로우 시트 : 일의 흐름을 동적으로 보여주는 효과적인 차트로서 사용하는 도형을 다르게 표현함으로써 각각의 작업을 구분해서 표현한다.

④ 그라운드 시트 : 진행하는 프로젝트에 대한 중요한 사항들을 정리하여 청사진으로 활용한다.

⑤ 스프레드 시트 : 여러 가지 도표 형태의 양식으로, 계산하는 사무업무를 자동으로 할 수 있는 표 계산 프로그램이다.

72 위의 표와 같은 업무수행 시트의 특징으로 가장 적절한 것은?

① 일의 흐름을 동적으로 보여주는 데 효과적이다.

② 단계별로 업무를 시작해서 끝나는 데 걸리는 시간을 바 형식으로 표시할 때 사용한다.

③ 각 단계를 효과적으로 수행했는지 자가점검해 볼 수 있는 도구이다.

④ 업무를 세부적인 활동들로 나누고 활동별로 기대되는 수행 수준을 달성했는지를 확인하는 데 효과적이다.

⑤ 도형을 다르게 표현함으로써 주된 작업과 부차적인 작업, 혼자 처리할 수 있는 일과 다른 사람의 협조를 필요로 하는 일, 주의해야 할 일, 컴퓨터와 같은 도구를 사용해서 할 일 등을 구분해서 표현할 수 있다.

근무시간 대비 업무 생산성, 야근, 잔업으로 인한 조직 구성원의 만족도가 낮다고 평가되던 유통기업 A사는 주 52시간 근무제에 맞추어 업무 몰입도 향상을 위해 집중 근무제를 도입하였다. 업무 효율성과 생산성을 높이고 구성원의 삶의 질을 향상시키고 스트레스를 관리하여 조직 만족도를 높이는 것을 목표로 하고 이를 실행했다.

출근 후 오전 10 ~ 12시까지는 회의를 할 수 없고 개인 업무에만 집중하도록 하고 있다. 또한 PC 오프제를 도입하여 퇴근시간에 자동으로 업무용 PC가 꺼지도록 설정함으로써 사전 결제를 받지 않은 야근을 금지하고 정해진 퇴근 시간을 지키도록 독려했다. 또한 퇴근 후 자기개발 활동비를 직급별로 지원했다.

도입 6개월 후, A사 인사팀 조사 결과 긍정적인 효과가 크게 나타났다. 구성원들은 퇴근 후 여가 시간을 활용할 수 있어 삶의 질 향상과 스트레스 관리에 많은 도움이 된 것으로 확인되었다. 또한 집중 근무제를 통해 업무 방해 요인을 일정 부분 통제하고 업무 몰입 및 개인 업무를 관리하는데 많은 도움이 되었다는 조사 결과를 얻었다.

73 집중근무제와 PC 오프제를 통해 A사가 얻은 효과로 적절하지 않은 것은?

① 업무에 대한 몰입도가 향상되었다.

② 야근으로 인한 업무 스트레스가 감소되었다.

③ 휴식시간이 감소하여 업무에 대한 피로도가 증가했다.

④ 불필요한 회의가 줄어 개인 업무에 집중할 수 있게 되었다.

⑤ 퇴근 후 여가 시간을 활용할 수 있어 삶의 질이 향상되었다.

74 A사가 구성원들의 스트레스 관리를 위한 제도를 실행한 이유로 적절하지 않은 것은?

① 과중한 업무 스트레스는 개인과 조직 모두에 부정적인 결과를 가져오기 때문이다.

② 스트레스는 번아웃, 우울증 등 정신적, 신체적 질병에 이르게 하는 원인이 된다.

③ 스트레스 자체가 개인의 능력 개선이나 성과 향상에 도움이 되지 않기 때문이다.

④ 전문가의 도움과 사회적 관계 형성을 통해 스트레스는 관리될 수 있는 요인이다.

⑤ 조직 구성원과 조직의 만족도를 높이는 것이 목표이기 때문이다.

※ 다음 글을 읽고 이어지는 질문에 답하시오. [75~76]

국내 자동차 회사인 E사는 최근 유럽시장에 대형 SUV 차량인 H9를 출시했다. 유럽 SUV 시장은 A사의 F3로 대표되는 소형 SUV 시장과 C사의 R4로 대표되는 준중형 SUV 시장으로 양분되어 있었다. 유럽 자동차 회사들이 대형 SUV를 출시하지 않은 것은 유럽의 도로 여건과 법규, 실용성을 중시하는 소비자의 특성 때문이었다. H9의 출시로 국내시장에서 큰 성공을 거둔 E사는 유럽시장 출시와 함께 대대적인 마케팅 활동을 결정하고 막대한 자금을 투자했다. 또한 차량의 성능과 디자인을 중심으로 하는 기존 유럽 자동차 광고들과는 달리 국내 자동차 광고처럼 유명 연예인 모델을 기용해 미디어 매체에 광고를 했다.

출시 6개월 후, 유럽자동차 잡지들은 소비자 마케팅 조사 결과를 언급하며 그 해 최악의 신차로 H9를 선정했다. 판매량은 바닥을 쳤고 E사는 내부적으로 H9를 대체할 다음 신차를 논의할 수밖에 없는 상황에 이르렀다.

75 윗글을 읽고 H9가 유럽시장에서 실패한 원인으로 적절하지 않은 것은?

① 국내시장의 소비 패턴이 유럽에도 적용될 것이라고 생각했다.
② 해외 소비자에 대한 광고 트렌드를 면밀히 파악하지 못했다.
③ 해외 소비자의 특성을 정확하게 이해하지 못했다.
④ 해외 신차 출시와 함께 대대적인 마케팅 활동을 펼쳤다.
⑤ 현지 도로 여건과 같은 인프라나 법규 등을 감안하지 않았다.

76 윗글을 읽고 H9의 해외 진출 실패에 대한 시사점으로 적절하지 않은 것은?

① 해외 진출 시 현지 도로 여건 등의 인프라를 감안해야 한다.
② 해외 시장에 대형 SUV가 보급되기에는 시기상조이다.
③ 출시에 앞서 현지 소비자의 특성을 면밀히 조사해야 한다.
④ 현지 자동차 관련 규제 및 법규에 대해 파악해야 한다.
⑤ 해외 현지의 광고 트렌드를 분석해야 한다.

A자동차 회사의 딜러인 B씨에게 한 고객이 견적서를 가지고 찾아왔다. 견적서는 다름 아닌 같은 회사의 다른 대리점 딜러가 작성한 견적이었다. A자동차 회사가 할인 판매를 할 수 있는 최대치로 작성된 내용이었다. 중소기업의 대표인 고객은 회사 차량 10대를 한꺼번에 구입할 테니 비교견적서보다 낮은 가격으로 추가 할인을 해 줄 수 없냐고 요구했다.

그 고객이 돌아간 후 고민을 하던 B씨는 고객에게 전화를 걸어 회사의 판매 규정을 준수해야 하는 자신의 입장을 설명했다. 그리고 자신은 그 이하의 가격으로는 판매를 할 수 없다고 고객에게 솔직하게 이야기하고 죄송함을 표시했다.

며칠 후 다시 B씨를 찾아 온 고객은 다른 견적서를 내밀었다. 그 견적서는 지난번과 같은 딜러가 작성한 견적서였다. 놀랍게도 지난 번 가격보다 추가 할인이 되어 있었다. 그럼에도 불구하고 고객은 B씨가 제시했던 가격으로 차량 10대를 구매하겠다고 했다.

77 윗글에서 딜러인 B씨가 따르는 원칙은 직업윤리의 기본 원칙 중 무엇인가?

① 공정경쟁의 원칙　　　　　　　　② 객관성의 원칙
③ 고객중심의 원칙　　　　　　　　④ 전문성의 원칙
⑤ 정직과 신용의 원칙

78 윗글을 통해 고객이 다른 딜러에게 차량을 구매하지 않고 B씨에게 구매를 한 이유로 적절하지 않은 것은?

① 업무와 관련된 내용을 숨김없이 정직하게 수행했기 때문이다.
② 회사의 원칙을 준수하고 경쟁원리에 따라 공정하게 행동했기 때문이다.
③ 자신의 본분을 지키고 고객에게 신뢰를 주었기 때문이다.
④ 고객을 최우선으로 생각하고 고객의 요구사항을 모두 수용하였기 때문이다.
⑤ 지난번과 같은 딜러는 B씨는 준수하는 회사의 판매 규정을 준수하지 않고 지난 번 가격보다 추가 할인을 해 주는 편법을 사용하는 신뢰하지 못할 사람이라고 생각했기 때문이다.

A과장은 성격이 활달하고 사교적이다. 회사 일뿐만 아니라 사회 활동에도 무척 적극적이다. 그래서 가끔 지인들이 회사 앞으로 찾아오곤 하는데, 이때 A과장은 인근 식당에서 지인들에게 식사를 대접하며 본인 이름으로 결제를 하고는 했다.

그러던 어느 날 A과장은 경영지원팀 C팀장에게 한 가지 지적을 받게 되었다. 회사 인근 식당에서 지나치게 많은 식대가 A과장 이름으로 결제가 되었는데, 도대체 회사 직원 몇 명과 같이 저녁 식사를 했기에 그렇게 많은 비용이 나왔냐는 것이었다. A과장은 본부원 30명에 가까운 인원이 그날 야근을 해서 식대가 많이 나온 거라며 거짓으로 둘러댔다.

그리고 얼마 후 회사 감사팀에서 출퇴근 명부와 식대를 비교해 보니 A과장의 말이 거짓임이 밝혀졌다. A과장은 징계를 면할 수 없었고, 결국 견책의 징계를 받게 되었다.

79 다음 중 징계를 피하기 위해 A과장에게 요구됐던 태도로 가장 적절한 것은?

① 매사에 심사숙고하려는 태도
② 늘 정직하게 임하려는 태도
③ 단호하게 의사결정을 내리는 태도
④ 공사 구분을 명확히 하는 태도
⑤ 항상 최선을 다하는 태도

80 다음 A과장에게 요구됐던 업무 중 정직에 대한 설명으로 적절하지 않은 것은?

① 사람은 혼자서는 살아갈 수 없으므로, 다른 사람과의 신뢰가 필요하다.
② 정직한 것은 성공을 이루게 되는 기본 조건이 된다.
③ 말이나 행동이 사실과 부합된다는 신뢰가 없어도 사회생활을 하는 데 별로 지장이 없다.
④ 신뢰를 형성하기 위해 필요한 규범이 정직이다.
⑤ 바른 사회생활은 정직에 기반을 둔 신뢰가 있어야 한다.

많이 보고 많이 겪고 많이 공부하는 것은 배움의 세 기둥이다.

– 벤자민 디즈라엘리 –

PART 2

직무수행능력평가 최종모의고사

제1회 　사무직 직무수행능력평가 최종모의고사

제2회 　기술직 직무수행능력평가 최종모의고사

SD에듀 공기업 NCS & 전공 대졸채용 최종모의고사				
제1회	경영학	경제학	행정학	법학
제2회	토목일반	전기일반	기계일반	

정답 및 해설 p.086

01 경영학

01 다음 중 유상증자에 대한 설명으로 옳지 않은 것은?

① 유상증자를 통해 이자비용 부담 없이 기업의 재무안정성을 높일 수 있다.

② 유상증자를 할 경우 법정준비금을 자본금으로 편입시키는 절차가 필요하다.

③ 일반공모 유상증자를 할 경우 기존 주주도 공모에 참여할 수 있다.

④ 주주배정 유상증자를 할 경우 다른 유상증자 방식에 비해 장기간의 시간이 소요된다.

⑤ 제3자 배정 유상증자를 할 경우 정관에 규정이 없으면 주주총회를 통한 특별결의가 필요하다.

02 다음 중 M&A에 대한 설명으로 옳지 않은 것은?

① 합병의 동기 중 재무시너지란 합병에 따른 현금흐름의 증가로 기업가치가 증대되는 효과를 얻는 것을 말한다.

② 숙련된 전문 인력 및 기업의 대외적 신용확보의 목적으로 M&A가 이루어지기도 한다.

③ 적대적 M&A는 주로 주식매수와 위임장 대결을 통해 이루어진다.

④ 실질적인 인수기업이 소멸하고 피인수기업이 존속하게 되는 것을 역합병이라고 한다.

⑤ 주식 매수만으로 기업 인수가 어려운 경우 불특정다수의 소액주주에게 의결권을 위임받아 M&A를 시도하는 방법을 위임장 대결이라고 한다.

03 주식회사에서 정관에 기재한 발행할 예정 주식 총수 중 일부는 설립 시에 발행하지만, 그 외 나머지는 주식은 회사가 설립된 이후 원하는 시기에 필요에 따라 이사회가 발행하는 것을 인정하는 제도를 무엇이라고 하는가?

① 확정자본제도   ② 최저자본금제도

③ 집행임원제도   ④ 무액면주식제도

⑤ 수권자본제도

04 다음 중 상품매출원가를 산정하는 산식으로 옳은 것은?

① (기초상품재고액)+(당기상품매출액)−(기말상품재고액)
② (당기상품매입액)+(기말상품재고액)−(기초상품재고액)
③ (기말상품재고액)+(기초상품재고액)−(당기상품매입액)
④ (기초상품재고액)+(당기상품매입액)−(기말상품매입액)
⑤ (당기상품재고액)+(기초상품매입액)−(기말상품매입액)

05 다음 중 BEPS 방지 프로젝트에 대한 내용으로 옳지 않은 것은?

① BEPS 방지 프로젝트는 주요 20개국(G20)과 경제협력개발기구(OECD) 등이 국제 조세제도의 허점이나 국가 간 세법 차이 등을 이용하여 조세를 회피하는 다국적 기업 등을 규제하기 위해 만든 것이다.
② BEPS 방지 프로젝트는 세부 과제로 나눠 국가 간 조세협약이나 국가별 세법 개정을 통해 집행되므로 과제별로 한국에 장점과 단점을 꼼꼼히 따져 대응하여야 한다.
③ 국가별로 과세 여부가 일치하지 않는 혼성불일치 효과 제거, 고정사업장 지위의 인위적 회피 방지 등의 과제는 한국의 과세 기반 확대에 불리하게 작용할 것이다.
④ 다국적 기업이 이자 비용 등을 과도하게 지급해 원천지(소득이 발생하는 지역) 세금을 회피하는 것을 막는 이자공제 및 기타금융비용을 통한 세원잠식 방지 과제는 한국에 큰 영향을 줄 수 있기 때문에 도입을 신중히 해야 한다.
⑤ BEPS 방지 프로젝트는 과세당국 입장에선 다국적 기업의 정보를 받을 수 있는 장점이 있지만, 해외 진출이 많은 국내기업 입장에선 부담이 될 수 있다.

06 다음 중 리볼빙에 대한 설명으로 옳지 않은 것은?

① 매달 수입이 일정한 사람보다는 매달 수입이 불규칙적인 사람에게 유리한 서비스이다.
② 리볼빙을 잘 활용하면 연체에 따른 신용점수 하락을 막을 수 있는 장점이 있다.
③ 리볼빙을 장기적으로 사용하면 신용점수에 긍정적인 효과를 미친다.
④ 리볼빙 이자율은 평균적인 시중은행 신용대출 이자율보다 높은 편이다.
⑤ 카드 값이 50만 원 나왔을 때 리볼빙 비율을 10%로 지정하면 결제할 일부 금액은 5만 원이다.

07 다음 중 자본시장선(CML)과 증권시장선(SML)에 대한 설명으로 옳지 않은 것은?

① 자본시장선에 위치한 위험자산과 시장포트폴리오 간의 상관계수는 항상 1이다.

② 증권시장선의 균형 기대수익률보다 높은 수익률이 기대되는 주식은 과소평가된 자산에 속한다.

③ 자본시장선의 기울기는 시장포트폴리오의 기대수익률에서 무위험자산수익률(무위험이자율)을 차감한 값으로 표현된다.

④ 증권시장선은 모든 자산의 체계적위험(베타)과 기대수익률간의 선형적인 관계를 설명한다.

⑤ 증권시장선은 자본시장선과 달리 모든 개별주식이 표현되어 있다.

08 다음 중 자본예산의 투자안 경제성 평가 방법에 대한 설명으로 옳지 않은 것은?

① 할인회수기간은 회수기간보다 길다.

② 상호 배타적인 복수의 투자안의 경우 수익성지수가 가장 큰 투자안이 채택된다.

③ 단일투자안을 평가할 때도 NPV법, IRR법, PI법에 의한 평가 결과가 상이할 수 있다.

④ NPV법은 재투자수익률로 자본비용을 가정하고, 가치의 가산원리가 성립하며, 투자액의 효율성을 고려한 방법이다.

⑤ 현금유입의 양상이 다르거나 투자 수명이 다른 상호 배타적인 두 개의 투자안은 투자 규모가 동일하다면 PI법과 NPV법의 평가 결과가 같다.

09 다음 중 현금서비스에 대한 설명으로 옳은 것을 〈보기〉에서 모두 고르면?

> **보기**
>
> ㉠ 현금서비스의 정식 명칭은 장기카드대출이다.
> ㉡ 현금서비스 신청은 홈페이지, ATM, 콜센터, 모바일앱 등으로도 가능하다.
> ㉢ 현금서비스의 최대 이용 한도는 신용카드 총 한도의 40%이다.
> ㉣ 현금서비스 대출금은 카드 결제대금 계좌로만 입금받을 수 있다.

① ㉠, ㉡   ② ㉠, ㉢

③ ㉡, ㉢   ④ ㉡, ㉣

⑤ ㉢, ㉣

10 다음 글에서 설명하고 있는 시장세분화의 요건은 무엇인가?

> 장애인들은 버튼조작만으로 운전할 수 있는 승용차를 원하고 있지만, 그러한 시장의 규모가 경제성을 보증하지 못한다면 세분시장의 가치가 적은 것이다.

① 측정 가능성　　　　　　　② 유지 가능성
③ 접근 가능성　　　　　　　④ 실행 가능성
⑤ 차별화 가능성

11 다음 마케팅 개념의 변천과정 중 빈칸 ㉠, ㉡ 안에 들어갈 내용을 순서대로 바르게 나열한 것은?

> 생산 개념 → ___㉠___ → 판매 개념 → ___㉡___ → 사회적 마케팅 개념

	㉠	㉡
①	보관 개념	배송 개념
②	배송 개념	보관 개념
③	마케팅 개념	제품 개념
④	제품 개념	마케팅 개념
⑤	제품 개념	배송 개념

12 다음 중 선물계약과 선도계약의 차이에 대한 설명으로 옳지 않은 것은?

① 선물계약은 거래소에서 거래되는 반면, 선도계약은 사적으로 거래된다.
② 선물계약은 표준화된 만기, 호가단위가 있으나, 선도계약은 개별적으로 특화되어 거래된다.
③ 선물계약은 거래소에 의해 지불이 보증되나, 선도계약은 보증이 되지 않아 부도위험이 있다.
④ 선물계약은 규제를 받지 않으나, 선도계약은 규제를 받는다.
⑤ 선물계약은 양도가 가능하나, 선도계약은 양도가 불가능하다.

13 다음 중 스타이너와 마이너가 분류한 경영전략에 대한 설명으로 옳지 않은 것은?

① 조직계층별 분류는 분권화된 기업조직에서 본사수준의 전략 및 사업부 수준의 전략으로 구분한다.

② 경영자의 개인적 선택에 의한 분류는 성장 및 생존목적을 위한 전략과 제품 – 시장전략의 구분이다.

③ 영역에 기초를 둔 분류는 기본전략 및 프로그램 전략으로 구분한다.

④ 물질적 · 비물질적 자원별 분류는 통상적으로 전략은 물리적인 자원을 대상으로 하지만 경영자의 스타일이나 사고패턴, 철학과도 관련된다.

⑤ 개개인의 지위 및 가치관의 차이에 따라 분류하기도 하였다.

14 다음 중 빈칸 ㉠ ~ ㉤에 들어갈 단어가 바르게 연결되지 않은 것은?

> • 기준금리를 인하하면 가계소비와 기업투자를 촉진하고 자산가격의 ㉠ 을/를 유도하여 경제를 활성화시키는 효과가 있다.
> • 천연가스 가격이 오르면 대체재인 원유의 공급곡선은 ㉡ (으)로 이동한다.
> • ㉢ (이)란 시장가격이 균형가격보다 높아 공급이 수요를 초과하는 상태를 말한다.
> • 대출 금리는 ㉣ 등 시장금리에 연동시켜 결정한다.
> • 한국은행 금융통화위원회는 물가동향, 국내외 경제상황 등을 종합적으로 고려하여 연 8회 ㉤ 을/를 결정한다.

① ㉠ : 하락   ② ㉡ : 오른쪽
③ ㉢ : 공급과잉   ④ ㉣ : CD금리
⑤ ㉤ : 기준금리

15 다음 중 재무회계의 한계점에 대한 설명으로 옳지 않은 것은?

① 계량적인 자료를 중심으로 정보를 분석하므로 비계량적 요소와 질적 요소를 반영할 수 없다.

② 과거의 정보를 분석하므로 의사결정을 위한 미래정보의 제공이 어렵다.

③ 회계처리에 여러 대체적인 방법이 존재하여 기업간 비교가능성이 저하되므로 정보 자체의 유용성이 떨어질 수 있다.

④ 기업 내부정보이용자를 위한 회계시스템이므로 외부정보이용자에게 인정받기 어렵다.

⑤ 용인된 회계원칙안에도 주관성이 개입될 수 있어 불확실성이 내재되어 있다.

16 다음 중 경영환경을 분석하기 위한 환경에 대한 설명으로 옳지 않은 것은?

① 변화의 정도와 복잡성의 정도에 따라 구분된다.
② 환경의 복잡성과 환경의 동태성에 따라 구분된다.
③ 환경의 복잡성은 단순함과 복잡함으로 구분된다.
④ 환경의 동태성은 정적과 활동적으로 구분된다.
⑤ 환경의 안정성과 동태성에 따라 구분된다.

17 다음 중 경영이론에 대한 설명으로 옳지 않은 것은?

① 페이욜(H. Fayol)은 경영의 본질적 기능으로 기술적 기능, 영업적 기능, 재무적 기능, 보전적 기능, 회계적 기능, 관리적 기능의 6가지를 제시하였다.
② 바너드(C. Barnard)는 조직 의사결정이 제약된 합리성에 기초하게 된다고 주장하였다.
③ 허즈버그(F. Herzberg)의 2요인 이론은 동기요인과 위생요인을 가지고 있으며, 이들은 각각 인간행동에 다른 영향을 미친다고 하는 이론이다.
④ 상황이론은 여러 가지 환경 변화에 효율적으로 대응하기 위하여 조직이 어떠한 특성을 갖추어야 하는지를 규명하고자 하는 이론이다.
⑤ 시스템이론 관점에서 경영의 투입 요소에는 노동, 자본, 전략, 정보 등이 있으며, 산출 요소에는 제품과 서비스 등이 있다.

18 다음과 같이 A주식이 무상증자를 진행한다고 할 때, 권리락 당일 시초가로 옳은 것은?

> • A주식의 권리락일 : 6월 13일
> • A주식의 신주배정기준일 : 6월 14일
> • A주식의 무상증자 비율 : 1주당 신주배정 주식수 2주
> • A주식의 주가 추이(종가 기준)
> 6월 9일 : 7,500원, 6월 10일 : 8,100원, 6월 11일 : 8,700원, 6월 12일 : 9,000원

① 2,500원 ② 2,700원
③ 2,900원 ④ 3,000원
⑤ 3,100원

19 다음 중 기대수익률과 위험의 관계에 대한 설명으로 옳지 않은 것은?

① 위험은 미래에 실제로 실현되는 성과가 기대성과와 다를 가능성으로 결과가 확정되어 있지 않은 불확실성이다.

② 위험은 분산이나 표준편차로 측정할 수 있다.

③ 일반적으로 위험과 기대수익률 간에는 반비례 관계가 있다.

④ 상관관계가 낮은 투자안에 분산투자하면 위험을 낮출 수 있다.

⑤ 위험분산 효과는 포트폴리오의 구성자산 수를 증가시킴에 따라 포트폴리오의 위험을 현저하게 줄일 수도 있다.

20 다음은 MOT의 중요성에 대한 설명이다. 빈칸 안에 들어갈 말로 옳은 것은?

> 진실의 순간은 서비스 전체에서 어느 한 순간만은 아니다. 고객과 만나는 직간접의 순간순간들이 진실의 순간이 될 수 있으며, 어느 한 순간만 나빠도 고객을 잃게 되는 _____이 적용된다.

① 덧셈의 법칙　　　　　　　　　② 뺄셈의 법칙

③ 곱셈의 법칙　　　　　　　　　④ 나눗셈의 법칙

⑤ 분수의 법칙

21 다음 중 손익계산서 작성 기준에 대한 설명으로 옳지 않은 것은?

① 구분계산의 원칙 : 손익계산서를 편리하게 읽을 수 있도록 비용과 수익의 발생을 구분하여 표시하여야 한다.

② 발생주의 원칙 : 실제 현금이 들어오거나 나가지 않았다면 거래가 발생했다 하더라도 비용과 수익을 인식해서는 안 된다.

③ 실현주의 원칙 : 수익을 계상할 경우 실제 수익이 실현될 것이라는 확정적이고 객관적인 증거를 확보한 시점에서 계상하여야 한다.

④ 수익, 비용 대응의 원칙 : 비용은 해당 비용으로 인한 수익이 기록되는 기간과 동일한 기간으로 기록하여야 한다.

⑤ 총액 표시의 원칙 : 자산과 부채 및 자본은 서로 상계하여 그 전부 또는 일부를 제외하고 표시해서는 안 된다.

22 다음 글이 설명하는 조직 구조는 무엇인가?

> • 수평적 분화에 중점을 두고 있다.
> • 각자의 전문분야에서 작업능률을 증대시킬 수 있다.
> • 생산, 회계, 인사, 영업, 총무 등의 기능을 나누고 각 기능을 담당할 부서단위로 조직된 구조이다.

① 기능 조직　　　　　　　　　② 사업부 조직
③ 매트릭스 조직　　　　　　　④ 수평적 조직
⑤ 네트워크 조직

23 기업성과를 높이기 위해 정보통신기술을 적극적으로 활용하여 업무 과정을 근본적으로 재설계하는 경영 기법은?

① 콘커런트 엔지니어링　　　　② 비즈니스 리엔지니어링
③ 조직 리스트럭처링　　　　　④ 다운사이징
⑤ 벤치마킹

24 다음 글의 빈칸에 들어갈 벤치마킹 유형으로 옳은 것은?

> _____은 경쟁회사의 강점과 약점을 파악하여 성공적인 대응전략을 수립하는 방법이다. 이 방법은 특정 고객의 요구를 확인하고 상대적인 업무 수준이 평가되기 때문에 업무개선의 우선순위를 정하는데 도움을 준다. _____은 생산방식과 배달방식 등에 초점을 맞춘다. 그리고 이를 통하여 경쟁회사에 대한 경쟁력을 확보할 수 있다.

① 내부 벤치마킹　　　　　　　② 경쟁기업 벤치마킹
③ 산업 벤치마킹　　　　　　　④ 선두그룹 벤치마킹
⑤ 원천적 벤치마킹

25 다음 중 기업들이 환율변동 위험을 피하기 위해 하는 거래 중 하나인 선물환거래에 대한 설명으로 옳지 않은 것은?

① 기업들은 달러화 가치가 하락할 것으로 예상하는 경우 선물환을 매수하게 된다.

② 선물환거래란 미래에 특정 외화의 가격을 현재 시점에서 미리 계약하고 이 계획을 약속한 미래시점에 이행하는 금융거래이다.

③ 선물환거래에는 외국환은행을 통해 고객 간에 이루어지는 대고객선물환거래와 외환시장에서 외국은행 사이에 이뤄지는 시장선물환거래가 있다.

④ 선물환거래는 약정가격의 차액만을 주고받는 방식이어서 NDF(역외선물환)거래라고도 한다.

⑤ 선물환거래는 기업과 금융기관과의 사적 계약에 의해 이루어지며, 선물환가격은 대상통화의 금리가 결정한다.

26 A국가와 B국가의 재화 1단위 생산당 투하 노동량이 다음과 같다고 할 때, 컴퓨터 생산에 비교우위가 있는 나라와 컴퓨터 1대 생산에 따른 기회비용이 바르게 짝지어진 것은?

구분	컴퓨터 1대 생산에 소요되는 노동량	TV 1대 생산에 소요되는 노동량
A국가	20	8
B국가	10	2

① A국가, 2.5   ② A국가, 0.6
③ A국가, 0.4   ④ B국가, 5
⑤ B국가, 0.5

27 현금흐름표는 영업활동 현금흐름, 투자활동 현금흐름, 재무활동 현금흐름으로 구분하여 작성된다. 다음을 분류할 때 나머지와 다른 영역에 속하는 활동을 고르면?

① 유형자산의 취득·처분에 따른 현금유출
② 주식이나 지분상품의 발행에 따른 현금유입
③ 장·단기차입금의 현금유입
④ 리스이용자의 금융리스부채 상환에 따른 현금유출
⑤ 어음 발행에 따른 현금유출

28 다음은 음식료 업종과 제약 업종 상장사들의 주식투자지표이다. 같은 업종의 각 상장사들은 사업영역과 경쟁력, 기업 규모 등이 비슷하다고 가정할 때, 자산운용사 펀드매니저의 투자전략으로 옳은 것은?

구분	주식	PER	PBR
음식료품	A	23	0.9
	B	25	1.3
제약품	C	14	0.7
	D	17	1.0
	E	20	1.2

① 음식료 업종에서는 A주, 제약 업종에서는 C주를 매입한다.
② 음식료 업종에서는 B주, 제약 업종에서는 E주를 매입한다.
③ 음식료 업종에서는 A주, 제약 업종에서는 D주를 매입한다.
④ 음식료 업종에서는 B주, 제약 업종에서는 C주를 매입한다.
⑤ 음식료 업종에서는 A주, 제약 업종에서는 E주를 매입한다.

29 다음 중 보스턴 컨설팅그룹(BCG) 매트릭스에 대한 설명으로 옳지 않은 것은?

① 세로축은 시장성장률, 가로축은 상대적 시장점유율을 나타내어 사업기회를 분석하는 기법이다.
② 상대적 시장점유율과 업계성장률이 높은 경우는 별(Star)이다.
③ 개(Dog) 사업은 시장이 커질 가능성도 낮고 수익도 거의 나지 않는다.
④ 물음표(Question Marks)는 높은 시장성장률과 높은 상대적 시장점유율을 유지하기 때문에 투자가 필요하지 않다.
⑤ 현금 젖소(Cash Cow) 영역에서는 자금창출을 극대화하기 위하여 시설의 유지와 생산원가 절감에 도움이 되는 투자만을 행하고, 연구개발, 광고, 신규시설 등에 대한 투자는 일체 금하는 전략을 구사하여야 한다.

30 다음 글이 설명하는 무차별곡선의 종류로 옳은 것은?

- 원점에 볼록하며, 절편을 가지지 않는다.
- 효용함수는 $U(X, Y)=aX \times bY$로 표시한다(단, a, b는 0보다 크다).
- 우하향하는 모습을 나타내며, 원점에서 멀수록 더 높은 효용을 나타낸다.
---

① 레온티에프형 무차별곡선

② 콥 – 더글러스형 무차별곡선

③ 선형 무차별곡선

④ 준 선형 무차별곡선

⑤ X재가 비재화인 무차별곡선

31 다음 중 비공식조직에 대한 설명으로 옳지 않은 것은?

① 자연발생적으로 생겨난 조직으로 대집단의 성질을 띠며, 조직 구성원은 밀접한 관계를 형성한다.

② 비공식적인 가치관, 규범, 기대 및 목표를 가지고 있으며, 조직의 목표 달성에 큰 영향을 미친다.

③ 비공식조직의 구성원은 집단 접촉의 과정에서 저마다 나름대로의 역할을 담당한다.

④ 비공식조직의 구성원은 감정적 관계 및 개인적 접촉이다.

⑤ 비공식조직은 공식 조직의 목표 달성을 저해한다.

32 다음 표를 참고하여 듀레이션이 짧은 것부터 긴 순서대로 바르게 나열한 것은?(단, 액면가는 모두 동일하다)

채권	만기(년)	표면이자율(%)	만기수익률(%)
A	2	11	9
B	4	9	9
C	2	9	9
D	4	9	7

① A – B – C – D

② A – C – B – D

③ C – A – D – B

④ D – C – B – A

⑤ D – B – C – A

33 다음은 유통경로의 설계전략에 대한 글이다. 빈칸 (ㄱ) ~ (ㄷ)에 들어갈 용어를 순서대로 바르게 나열한 것은?

> - _(ㄱ)_ 유통은 가능한 많은 중간상들에게 자사의 제품을 취급하도록 하는 것으로, 과자, 저가 소비재 등과 같이 소비자들이 구매의 편의성을 중시하는 품목에서 채택하는 방식이다.
> - _(ㄴ)_ 유통은 제품의 이미지를 유지하고 중간상들의 협조를 얻기 위해 일정 지역 내에서의 독점 판매권을 중간상에게 부여하는 방식이다.
> - _(ㄷ)_ 유통은 앞의 두 유통 대안의 중간 형태로 지역별로 복수의 중간상에게 자사의 제품을 취급할 수 있도록 하는 방식이다.

	(ㄱ)	(ㄴ)	(ㄷ)
①	전속적	집약적	선택적
②	집약적	전속적	선택적
③	선택적	집약적	전속적
④	전속적	선택적	집약적
⑤	집약적	선택적	전속적

34 다음 중 대출금리 산정에 대한 설명으로 옳은 것은?

① 대출금리 산정 시 적용하는 기준금리는 한국은행에서 정하는 기준금리를 말한다.

② 기본적으로 기준금리에 가산금리를 더하여 결정되며, 부수거래, 본부·영업점 조정 등 금리감이 있을 경우 이를 더한다.

③ 대출자가 연체가 발생할 가능성이 낮은 우량고객일 경우, 신용프리미엄 비용은 높아진다.

④ 가산금리는 은행들이 대출자금을 마련하는 데 필요한 비용을 말한다.

⑤ 가감조정금리와 금여통장 개설은 관계가 없다.

35 포지셔닝의 종류 중 볼보(안전), 죽염 치약(잇몸질환 예방), 클라이덴 치약(치아 미백) 등의 예를 가진 포지셔닝은?

① 제품에 따른 포지셔닝 ② 사용 생활에 따른 포지셔닝

③ 제품 사용자에 따른 포지셔닝 ④ 경쟁적 포지셔닝

⑤ 셀프 포지셔닝

36 MBO(Management By Objective)를 통한 목표 설정 시 충족시켜야 할 조건에 해당하지 않는 것은?

① 사실에 근거하여 누구나 이해할 수 있는 구체적인 목표이어야 한다.

② 목표는 그 달성 정도를 측정할 수 있도록 설정되어야 한다.

③ 조직 전체, 소속부서 및 개인의 사명과 비전에 연계되어야 한다.

④ 피평가자가 통제하기 힘들 정도로 도전적이고 높은 수준으로 설정되어야 한다.

⑤ 환경과 상황의 변화가 반영되어야 한다.

37 다음 글에서 설명하는 트렌드는 무엇인가?

사회 문화적 환경의 변화와 함께 트렌드가 모여 사회의 거대한 조류를 형성하는 현상이다.

① 메타 트렌드 ② 메가 트렌드

③ 사회적 트렌드 ④ 소비자 트렌드

⑤ 주류 트렌드

38 증시지수와 반대로 움직이는 지수로, 이 지수가 높으면 주가가 하락한다. 이 지수를 무엇이라 하는가?

① ISM지수
② VIX지수
③ PMI지수
④ BSI지수
⑤ CSI지수

39 다음 중 코픽스(COPIX) 금리에 대한 설명으로 옳은 것을 〈보기〉에서 모두 고르면?

> **보기**
>
> ⊙ 코픽스 금리는 국내 8개 은행이 자금을 구할 때 소요되는 평균비용을 산출한 금리이다.
> ⓒ 코픽스 금리는 해당 은행이 자체적으로 계산하여 평균값을 산출한다.
> ⓒ 코픽스 금리는 신규취급액기준, 잔액기준, 신 잔액기준, 단기로 각각 구분하여 공시한다.
> ⓔ 코픽스 금리 산출대상 수신상품은 총 7개이다.

① ⊙, ⓒ
② ⊙, ⓒ
③ ⓒ, ⓒ
④ ⓒ, ⓔ
⑤ ⓒ, ⓔ

40 투자안의 순현가를 0으로 만드는 수익률(할인율)은?

① 초과수익률
② 실질수익률
③ 경상수익률
④ 내부수익률
⑤ 만기수익률

01 다음 중 예대금리 차이에 대한 설명으로 옳지 않은 것은?

① 예금금리와 대출금리의 차이를 말한다.

② 시중에 유동성이 풍부하면 은행이 예금금리를 낮춰 예대금리 차이를 높일 수 있다.

③ 은행은 예대금리 차이가 크면 클수록 이익이다.

④ 잔액기준 예대금리차는 한국은행의 금융기관 가중평균금리와 동일하게 산정된다.

⑤ 예대금리차는 각 은행에서 개별적으로 공시한다.

02 두 개의 생산요소(노동과 자본)의 투입량과 생산량 간의 관계가 다음과 같을 때, 도출할 수 있는 결론은?

구분		노동(L)		
		1	2	3
자본(K)	1	40	60	70
	2	50	80	100
	3	55	90	120

① 규모에 대한 수익 체감, 한계생산물 체감

② 규모에 대한 수익 체감, 한계생산물 불변

③ 규모에 대한 수익 불변, 한계생산물 체감

④ 규모에 대한 수익 불변, 한계생산물 불변

⑤ 규모에 대한 수익 체증, 한계생산물 체감

03 다음 글의 빈칸 ㉠ ~ ㉢에 들어갈 내용을 순서대로 바르게 나열한 것은?

> 단기에 기업의 평균총비용곡선은 생산량 증가에 따라 평균총비용이 처음에는 하락하다가 나중에 상승하는 U자의 형태를 갖는다. 평균총비용이 처음에 하락하는 이유는 생산량이 증가함에 따라 ____㉠____ 하기 때문이다. 하지만 나중에 평균총비용이 상승하는 이유는 ____㉡____의 법칙에 따라 ____㉢____ 하기 때문이다.

	㉠	㉡	㉢
①	평균고정비용이 하락	한계생산 체감	평균가변비용이 증가
②	평균고정비용이 하락	규모수익 체감	평균가변비용이 증가
③	평균가변비용이 하락	한계생산 체감	평균고정비용이 증가
④	평균가변비용이 증가	규모수익 체감	평균고정비용이 감소
⑤	평균고정비용이 증가	한계생산 체감	평균가변비용이 감소

04 A씨는 현재 연봉 1억 원을 받고 (주)오스틴파커에서 플로리스트로 일하고 있다. 각종 세계적인 대회에서 최고 성적으로 입상하는 등 실력이 출중한 A씨는 퇴사하고 자신의 꽃가게를 오픈하여 전 세계적인 체인점으로 성장시키려고 한다. A씨의 상황이 다음과 같을 때, 합리적인 A씨가 첫 해 매출액이 총 얼마 이상이 되어야 현재 직장을 그만 두고 자신의 꽃가게를 오픈하겠는가?

> • A씨는 현재까지 1천만 원을 지불하고 각종 창업자 교육을 받았다.
> • A씨는 매달 250만 원의 임대료를 받고 타인에게 임차했던 자신의 건물에 꽃가게를 오픈할 계획이다.
> • 꽃가게 첫 해의 운영비는 꽃과 냉장고, 조명, 인테리어, 화분, 수도 및 전기요금 등 총 2억 원이 지출될 것으로 계산되었으며, 이 비용은 연이율 4%의 예금에 가입되어 있는 20억 원 중 2억 원을 인출하여 사용할 계획이다.

① 2억 8백만 원
② 3억 8백만 원
③ 3억 3천8백만 원
④ 3억 4천8백만 원
⑤ 4억 1천만 원

05 다음 중 이자율 결정이론에 대한 설명으로 옳은 것을 〈보기〉에서 모두 고르면?

보기

ⓐ 고전학파는 실질이자율이 저축과 투자를 일치시키는 가격으로서의 역할을 수행한다고 주장하였다.
ⓑ 케인스는 통화량의 변동이 장기적으로 물가수준의 변동만을 가져온다고 주장하였다.
ⓒ 케인스는 화폐적 요인이 이자율 결정에 중요한 영향을 미친다고 주장하였다.
ⓓ 오린과 로버트슨은 대부자금설을 통해 대부자금의 공급을 결정하는 요인으로 실물부문 수요와 화폐공급의 증감분을 주장하였다.

① ㉠, ㉡   ② ㉠, ㉢
③ ㉡, ㉢   ④ ㉡, ㉣
⑤ ㉢, ㉣

06 커피와 크루아상은 서로 보완재이고, 커피와 밀크티는 서로 대체재이다. 커피 원두값이 급등하여 커피 가격이 인상될 경우, 각 시장의 변화로 옳은 것을 〈보기〉에서 모두 고르면?(단, 커피, 크루아상, 밀크티의 수요 및 공급곡선은 모두 정상적인 형태이다)

보기

ㄱ. 커피의 공급곡선은 왼쪽으로 이동한다.
ㄴ. 크루아상 시장의 생산자 잉여는 감소한다.
ㄷ. 크루아상의 거래량은 증가한다.
ㄹ. 밀크티 시장의 총잉여는 감소한다.
ㅁ. 밀크티의 판매수입은 증가한다.

① ㄱ, ㄴ, ㄷ   ② ㄱ, ㄴ, ㅁ
③ ㄴ, ㄷ, ㄹ   ④ ㄴ, ㄷ, ㅁ
⑤ ㄷ, ㄹ, ㅁ

07 다음 사례들은 시장에서 기업들이 행하는 마케팅이다. 이에 대한 설명으로 옳지 않은 것은?

> • A백화점은 휴대폰으로 백화점 어플을 설치하면 구매 금액의 5%를 할인해 주는 정책을 시행하고 있다.
> • B교육업체는 일찍 강의를 수강신청하고 결제하면 강의료의 10% 할인해 주는 얼리버드 마케팅을 진행하고 있다.
> • C전자회사는 해외에서 자사 제품을 국내보다 더 낮은 가격으로 판매하고 있다.

① 소비자후생이 감소하여 사회후생이 줄어든다.
② 기업은 이윤을 증대시키는 것이 목적이다.
③ 기업이 소비자를 지급용의에 따라 분리할 수 있어야 한다.
④ 소비자들 간에 차익거래가 이뤄지지 않도록 하는 것이 중요하다.
⑤ 일정 수준의 시장지배력이 있어야 이런 행위가 가능하다.

08 다음 중 소득분배에 대한 설명으로 옳은 것을 〈보기〉에서 모두 고르면?

> **보기**
> 가. 생산물시장 및 생산요소시장이 완전경쟁일 때, 기업이 고용하는 노동의 한계생산력 가치는 임금과 일치한다.
> 나. 생산요소가 노동과 자본뿐이라고 할 때, 요소의 대체탄력도가 1보다 작다면 노동의 상대가격상승은 자본의 분배 비율을 크게 만든다.
> 다. 십 분위 분배율의 크기가 크면 클수록, 또는 지니계수의 크기가 작을수록 소득은 더욱 균등하게 분배되었다고 본다.
> 라. 간접세 비중이 높아지면 지니계수가 낮아진다.

① 가, 나　　　　　　　② 가, 다
③ 가, 라　　　　　　　④ 나, 다
⑤ 나, 라

09 다음과 같은 상황에서 실질이자율을 계산하면 얼마인가?

> • A는 2년 만기 복리 상품에 연 이자율 5%로 은행에 100만 원을 예금하였다.
> • A가 사려고 한 제품의 가격이 2년 동안 50만 원에서 53만 원으로 인상되었다.

① 4.25% ② 5.50%
③ 6.35% ④ 8.50%
⑤ 10.00%

10 다음 사례에서 설명하는 임금결정 이론은 무엇인가?

> A기업이 직원채용 시 월 300만 원을 지급하여 10명을 채용할 경우 B등급의 인재가 100명 지원하고, A등급의 인재는 5명 지원한다고 가정하자. 합리적인 면접을 통하더라도 A등급 인재를 최대 5명밖에 수용하지 못할 것이다. 그러나 만약 급여를 월 400만 원으로 인상하여 지원자 수가 B등급 200명, A등급 50명으로 증가한다고 가정하면, A등급 50명 중에서 채용인원 10명을 모두 수용할 수 있다.

① 한계생산성이론 ② 효율성임금이론
③ 보상적 임금격차이론 ④ 임금생존비이론
⑤ 임금교섭이론

11 다음과 같은 경제 현상의 특징으로 옳은 것은?

> ㄱ. 경제 주체의 어떤 경제활동은 다른 경제 주체에 부정적인 영향을 미치지만 그것이 시장가격에 반영되지 않을 수도 있다.
> ㄴ. 이윤을 극대화하기 위해 다른 기업의 시장 진입을 제한하고 상품의 공급량을 조절하여 시장가격을 인상하려는 기업이 존재한다.
> ㄷ. 다수의 소비자가 재화를 소비하더라도 개별 소비량이 감소하지 않고 가격을 지불하지 않은 소비자를 재화의 소비로부터 배제시키는 것이 어려운 재화가 존재한다.

① ㄱ·ㄴ·ㄷ 모두 정부실패에 해당하는 사례이다.
② ㄱ·ㄴ·ㄷ 모두 정부의 시장개입을 반대하는 근거로 사용한다.
③ ㄱ·ㄴ·ㄷ 모두 시장의 기능만으로는 자원 배분이 최적으로 달성되지 않는다.
④ ㄴ은 공해 등 환경문제에 해당하는 내용이며, 사용량에 따라 탄소세를 부과하는 해결책이 존재한다.
⑤ ㄷ은 공공재 문제에 해당하는 내용이며, 무임승차 문제를 해결하기 위해 시장이 공공재를 공급하는 정책을 실행해야 한다.

12 다음 중 코즈의 정리에 대한 설명으로 옳은 것을 〈보기〉에서 모두 고르면?

> **보기**
>
> 가. 외부효과를 발생시키는 재화에 대해 시장을 따로 개설해 주면 시장의 문제가 해결된다.
> 나. 외부효과를 발생시키는 재화에 대해 조세를 부과하면 시장의 문제가 해결된다.
> 다. 외부효과를 발생시키는 재화의 생산을 정부가 직접 통제하면 시장의 문제가 해결된다.
> 라. 외부효과를 발생시키는 재화에 대해 소유권을 인정해 주면 이해당사자들의 협상을 통하여 시장의 문제가 해결된다.
> 마. 코즈의 정리와 달리 현실에서는 민간 주체들이 외부효과 문제를 항상 해결할 수 있는 것은 아니다.

① 가, 다
② 라, 마
③ 나, 다, 마
④ 가, 나, 라
⑤ 다, 라, 마

제1회

13 다음은 기업 A와 기업 B의 광고 여부에 따른 보수 행렬을 나타낸다. 내쉬균형에서 기업 A와 기업 B의 이윤은 얼마인가?

구분		기업 B의 광고 전략	
		광고를 함	광고를 하지 않음
기업 A의 광고 전략	광고를 함	(55, 75)	(235, 45)
	광고를 하지 않음	(25, 115)	(165, 85)

① (25, 75)
② (55, 75)
③ (55, 115)
④ (235, 45)
⑤ (55, 45)

14 다음 중 어음할인에 대한 설명으로 옳지 않은 것은?

① 어음할인은 어음의 매매라고 할 수 있다.
② 구매자가 어음을 받아서 할인료를 뺀 나머지 금액을 현금으로 지급한다.
③ 은행, 대부중개업체, 대부업자 등을 통해 어음할인이 가능하다.
④ 어음할인 시, 소지하고 있는 사람이 배서인에게 상환을 청구할 수 있는 소구권이 있다.
⑤ 어음할인은 금전대차의 성격으로 이자제한법의 적용을 받는다.

15 균형경기변동이론(Equilibrium Business Cycle Theory)에 대한 설명으로 옳은 것을 〈보기〉에서 모두 고르면?

> **보기**
> ㄱ. 흉작이나 획기적 발명품의 개발은 영구적 기술 충격이다.
> ㄴ. 기술 충격이 일시적일 때 소비의 기간 간 대체효과는 크다.
> ㄷ. 기술 충격이 일시적일 때 실질이자율은 경기 순행적이다.
> ㄹ. 실질임금은 경기 역행적이다.

① ㄱ, ㄴ　　　　　　　　　　　　② ㄱ, ㄷ
③ ㄴ, ㄷ　　　　　　　　　　　　④ ㄴ, ㄹ
⑤ ㄷ, ㄹ

16 정부는 부동산 정책 A ~ C 총 3가지 중 하나를 선택해야 한다. 각 구성원의 만족도(효용)가 소득에 비례한다고 할 경우 사회후생차원에서 공리주의와 롤스의 견해로 옳은 것은?

구분	A안	B안	C안
구성원1	10억 원	2억 원	3억 원
구성원2	0억 원	5억 원	4억 원
구성안3	3억 원	1억 원	5억 원

① 공리주의를 따르면 B안이 가장 바람직하다.
② 공리주의를 따르면 C안이 가장 바람직하다.
③ 롤스에 따르면 A안이 가장 바람직하다.
④ 롤스에 따르면 C안이 가장 바람직하다.
⑤ 롤스에 따르면 가장 바람직한 방안을 알 수 없다.

17 어느 상품이 거래되는 시장이 완전경쟁시장이라고 한다. 이 상품의 시장수요량과 공급량은 가격에 대해 다음과 같은 관계를 가진다고 할 때, 개별 기업의 한계수입은 얼마인가?

가격	수요량	공급량
0	30	5
1	25	9
2	21	13
3	17	17
4	15	22
5	12	25

① 1   ② 2

③ 3   ④ 4

⑤ 5

18 의류 판매업자인 A씨는 아래와 같은 최대 지불 용의 금액을 갖고 있는 두 명의 고객에게 수영복, 수영모자, 샌들을 판매한다. 판매전략으로 묶어팔기(Bundling)를 하는 경우, 수영복과 묶어 팔 때가 따로 팔 때보다 이득이 더 생기는 품목과 해당 상품을 수영복과 묶어 팔 때 얻을 수 있는 최대 수입은?

(단위 : 원)

구분	최대 지불 용의 금액		
	수영복	수영모자	샌들
고객 (ㄱ)	400	250	150
고객 (ㄴ)	600	300	150

① 수영모자 1,300원   ② 수영모자 1,400원

③ 샌들 1,000원   ④ 샌들 1,100원

⑤ 샌들 1,300원

19 다음과 같은 상황에서 카드 연체를 피하기 위해 A가 납부해야 하는 금액은 얼마인가?

> • A의 이번 달 카드 청구대금 : 일시불 100만 원, 할부 20만 원, 현금서비스 10만 원
> • 약정결제비율 : 30%
> • 최소결제비율 : 20%

① 20만 원   ② 30만 원

③ 40만 원   ④ 50만 원

⑤ 60만 원

20 매일 마시는 물보다 다이아몬드의 가격이 비싸다는 사실을 통해 내릴 수 있는 결론으로 옳은 것은?

① 유용한 재화일수록 희소하다.

② 희소하지 않은 자원도 존재한다.

③ 희소하지 않지만 유용한 재화도 있다.

④ 재화의 사용가치가 높을수록 가격도 높아진다.

⑤ 재화의 가격은 희소성의 영향을 많이 받는다.

21 다음 글에 대한 분석으로 옳은 것을 〈보기〉에서 모두 고르면?

> 우리나라에 거주 중인 K는 ㉠ 여름휴가를 앞두고 휴가 동안 발리로 서핑을 갈지, 빈 필하모닉 오케스트라의 3년 만의 내한 협주를 들으러 갈지 고민하다가 ㉡ 발리로 서핑을 갔다. 그러나 화산폭발의 위험이 있어 안전의 위협을 느끼고 ㉢ 환불이 불가능한 숙박비를 포기한 채 우리나라로 돌아왔다.

> **보기**
> 가. ㉠의 고민은 K의 주관적 희소성때문이다.
> 나. ㉠의 고민을 할 때는 기회비용을 고려한다.
> 다. ㉡의 기회비용은 빈필하모닉 오케스트라 내한 협주이다.
> 라. ㉡은 경제재이다.
> 마. ㉢은 비합리적 선택 행위의 일면이다.

① 가, 나, 라   ② 나, 다, 마

③ 나, 다, 라   ④ 가, 나, 다, 라

⑤ 가, 나, 다, 라, 마

22 다음과 같이 소득이 감소하여 A제품의 수요곡선이 왼쪽으로 이동할 경우, 균형가격과 균형거래량은 각각 얼마인가?

- A제품의 수요함수 : $Q=600-P$
- A제품의 공급함수 : $Q=4P$
- 소득 감소에 따라 변동된 A제품의 수요함수 : $Q=400-P$

	균형가격	균형거래량			균형가격	균형거래량
①	40	240		②	60	240
③	80	320		④	100	320
⑤	120	480				

23 다음은 경제학의 3대 문제를 언급한 것이다. 세 가지 경제 문제와 해결 방법을 바르게 연결한 것을 고르면?

가. 어떤 재화를 얼마만큼 생산할 것인가?
나. 어떻게 생산할 것인가?
다. 누구를 위하여 생산할 것인가?

Ⓐ 계획경제체제에서는 정부가 이 경제 문제를 결정한다.
Ⓑ 분업과 특화의 확대는 이 경제 문제와 관련되어 있다.
Ⓒ 소득세의 누진세율 적용, 사회복지제도는 이 경제 문제와 관련되어 있다.

	가	나	다			가	나	다
①	Ⓐ	Ⓑ	Ⓒ		②	Ⓐ	Ⓒ	Ⓑ
③	Ⓑ	Ⓐ	Ⓒ		④	Ⓑ	Ⓒ	Ⓐ
⑤	Ⓒ	Ⓑ	Ⓐ					

24 다음 중 금리의 주요 기능에 대한 설명으로 옳지 않은 것은?

① 현재 및 장래 소비의 배분 역할을 한다.
② 경기 동향에 따른 자금 수급을 조정한다.
③ 금리가 상승하면 자금 배분이 비효율적으로 되는 부작용이 발생할 수 있다.
④ 실물경제에 대한 파급효과를 통해 경기를 부양하거나 진정시킨다.
⑤ 금리상승을 통해 저축 증가, 소비 감소, 투자 감소 효과를 이끌어 낼 수 있다.

25 다음 중 자본재 가격이 일정할 때 소비재 가격이 상승하면?(단, 할인율은 일정하다)

① 자본의 한계효율곡선이 우측으로 이동한다.

② 자본의 한계효율곡선이 좌측으로 이동한다.

③ 자본의 한계효율곡선의 기울기의 절댓값이 작아진다.

④ 자본의 한계효율곡선의 기울기의 절댓값이 커진다.

⑤ 자본의 한계효율곡선은 변하지 않는다.

26 다음 중 계정식 손익계산서 작성방법에 대한 설명으로 옳지 않은 것을 〈보기〉에서 모두 고르면?

> **보기**
>
> ㉠ 당기순이익을 차변에 당기순손실을 대변에 기록한다.
> ㉡ 기업회계기준에서는 손익계산서를 계정식으로 작성하는 것을 원칙으로 한다.
> ㉢ 손익계산서를 계정의 형식에 따라 T자형으로 좌우로 나누어 작성한다.
> ㉣ 반드시 전년도와 비교하는 형식을 갖추도록 규정하고 있다.

① ㉠, ㉡   ② ㉠, ㉢

③ ㉡, ㉢   ④ ㉡, ㉣

⑤ ㉢, ㉣

27 정부가 경기 부양을 위해 조세를 감면하려고 할 때, 다음 중 옳지 않은 것은?

① 가난한 계층의 조세 감면을 크게 할수록 경기 부양 효과가 크다.

② 조세 감면 총액이 커지면 경기 부양 효과가 커진다.

③ 소득분포가 경기 부양 효과의 크기에 영향을 미친다.

④ 가난한 계층의 비율이 높을수록 경기 부양 효과가 커진다.

⑤ 부유한 계층과 가난한 계층의 한계소비성향의 차이가 작을수록 경기 부양 효과가 커진다.

28 다음 〈보기〉에서 케인스 학파의 입장을 모두 고르면?

> **보기**
> ㄱ. 세이의 법칙(Say's Law)이 성립한다.
> ㄴ. 생산된 것이 모두 판매되기 때문에 수요부족 상태가 장기적으로 지속될 가능성은 없다.
> ㄷ. 가격이 경직적이고 충분한 정도의 유휴설비가 존재하는 경우 경제 전체 생산량은 유효수요에 의해 결정된다.
> ㄹ. 모든 개인이 절약을 하여 저축을 증가시키면 총수요가 감소하여 국민소득이 감소하게 된다.
> ㅁ. 정부는 시장에 개입하지 않는 것이 바람직하다.
> ㅂ. 이자율은 화폐시장에서 결정된다.
> ㅅ. 임금의 하방경직성, 화폐환상(Money Illusion)의 부재를 주장한다.

① ㄱ, ㄴ, ㄷ
② ㄴ, ㅁ, ㅂ
③ ㄷ, ㄹ, ㅁ
④ ㄷ, ㄹ, ㅂ
⑤ ㄹ, ㅂ, ㅅ

---

29 다음 글의 빈칸 (가) ~ (라)에 들어갈 내용을 순서대로 바르게 나열한 것은?

> 최근 한국금융시장의 불안으로 원화가 당분간 지속적으로 약세 현상을 보일 것이라는 평가를 받고 있다. 그 결과 외환시장에서 외화에 대한 __(가)__ 곡선이 __(나)__ 로 이동하여, 외화에 대한 거래량을 __(다)__ 시키고, 외화가격을 __(라)__ 시킬 것이다.

	(가)	(나)	(다)	(라)
①	수요	오른쪽	증가	상승
②	수요	오른쪽	증가	하락
③	수요	왼쪽	감소	상승
④	공급	오른쪽	증가	하락
⑤	공급	왼쪽	감소	상승

---

30 다음 중 탄력성에 대한 설명으로 옳은 것은?

① 가격이 1% 상승할 때 수요량이 2% 감소했다면, 수요의 가격탄력성은 0.5이다.
② 소득이 5% 상승할 때 수요량이 1%밖에 증가하지 않았다면 이 상품은 기펜재(Giffen Goods)이다.
③ 잉크젯프린터와 잉크카트리지 간 수요의 교차탄력성은 0보다 크다.
④ 수요의 소득탄력성은 항상 0보다 크다.
⑤ 수요의 가격탄력성이 0보다 크고 1보다 작으면 가격이 상승함에 따라 소비자의 총지출은 증가한다.

31 다음 중 현금영수증 발급 의무에 대한 설명으로 옳지 않은 것을 〈보기〉에서 모두 고르면?

> **보기**
>
> ㉠ 최종 소비자에게는 현금(소득공제), 사업자에게는 현금(지출증빙)을 표기하여 발급한다.
> ㉡ 의무발행업종이 현금영수증을 발급하지 않은 경우 미발급 금액의 5%의 가산세를 부과한다.
> ㉢ 의무발행업종 사업자는 현금영수증가맹점에 가입하지 않아도 거래 액수에 상관없이 현금영수증을 미발급할 경우 과태료 또는 가산세를 부과한다.
> ㉣ 현금영수증 자진발급 기한은 현금을 받은 날부터 7일 이내이다.

① ㉠, ㉡
② ㉠, ㉢
③ ㉡, ㉢
④ ㉡, ㉣
⑤ ㉢, ㉣

32 다음 글을 읽고 A시의 70세 이상 노인들에 대한 설명으로 옳은 것은?

> A시의 시민은 대중교통(X재)과 그 밖의 재화(Y재)를 소비하여 효용을 얻는다. 현재 A시의 70세 이상 노인은 X재를 반값에 이용하고 있다. 이제 A시에서 70세 이상 노인에게 X재 요금을 할인해 주지 않는 대신, 이전에 할인받던 만큼을 현금으로 지원해 주기로 했다(이하 현금지원정책).

① 현금지원정책 시 예산선의 기울기가 대중교통 요금 할인시 예산선의 기울기와 같다.
② X재 소비가 현금지원정책 실시 전에 비해 증가한다.
③ Y재 소비가 현금지원정책 실시 전에 비해 감소한다.
④ 효용이 현금지원정책 실시 전에 비해 감소하지 않는다.
⑤ 소득으로 구매할 수 있는 X재의 최대량이 현금지원정책 실시 이전보다 증가한다.

33 다음 중 환율에 대한 설명으로 옳은 것을 〈보기〉에서 모두 고르면?

> **보기**
>
> ㄱ. 정부가 외환시장에서 달러를 매각하면 환율이 상승한다.
> ㄴ. 세계 주요 외환시장에서 달러화 약세가 계속되면 환율이 하락한다.
> ㄷ. 국가 간 자본 이동이 어려우면, 예상되는 평가절하는 두 국가 간의 이자율 차이만큼 나타난다.

① ㄱ
② ㄴ
③ ㄱ, ㄴ
④ ㄴ, ㄷ
⑤ ㄱ, ㄴ, ㄷ

34 다음 중 무차별곡선의 한계대체율에 대한 설명으로 옳은 것을 〈보기〉에서 모두 고르면?

㉠ 한계대체율은 무차별곡선의 기울기를 결정한다.
㉡ 한계대체율이 체감할 때 X재의 수량이 증가할수록 기울기가 가파르게 된다.
㉢ 한계대체율이 체증할 때 무차별곡선은 원점에 대하여 오목하다.
㉣ 우하향하는 무차별곡선 접선의 기울기는 양을 나타낸다.

① ㉠, ㉡　　　　　　　　　　　② ㉠, ㉢
③ ㉡, ㉢　　　　　　　　　　　④ ㉡, ㉣
⑤ ㉢, ㉣

35 A제품의 대한 수요곡선과 공급곡선 함수가 다음과 같을 때, 이에 대한 설명으로 옳지 않은 것은?

- A제품의 수요곡선 : $Q_d = 200 - 2P$
- A제품의 공급곡선 : $Q_s = 50 + 3P$

① 균형시장가격은 30이다.
② 균형시장거래량은 140이다.
③ 공급곡선의 기울기가 수요곡선의 기울기보다 크다.
④ 공급곡선이 수요곡선보다 탄력적이다.
⑤ 균형시장가격이 10 상승하면 초과공급 50이 발생한다.

36 다음의 표는 어느 나라 노동시장의 정보를 나타낸다. 이 나라의 정부가 최저임금을 100만 원으로 설정하여 최저임금제를 실행할 경우 옳은 분석을 〈보기〉에서 모두 고르면?

임금(만 원)	60	70	80	90	100	110
노동수요량(명)	600	500	400	300	200	100
노동공급량(명)	200	300	400	500	600	700

보기

가. 최저임금제가 실시되기 전에 시장의 균형임금은 80만 원이다.
나. 단기적으로 취업자의 평균임금이 상승할 것이다.
다. 400명의 실업자가 발생한다.
라. 임금 결정에서는 수요법칙과 공급법칙이 적용되지 않는다.
마. 미숙련 노동자나 취업준비생에게 유리한 제도이다.

① 가, 나
② 다, 마
③ 가, 나, 다
④ 가, 라, 마
⑤ 나, 다, 라

37 어떤 재화의 수요곡선은 우하향하고 공급곡선은 우상향한다고 가정한다. 이 재화의 공급자에 대해 재화 단위당 일정액의 세금을 부과했을 때의 효과에 대한 분석으로 옳은 것은?

① 단위당 부과하는 세금액이 커지면 자중적 손실(Deadweight Loss)은 세금액 증가와 동일하다.
② 다른 조건이 일정할 때 수요가 가격에 탄력적일수록 소비자가 부담하는 세금의 비중은 더 커진다.
③ 다른 조건이 일정할 때 수요가 가격에 탄력적일수록 세금부과에 따른 자중적 손실(Deadweight Loss)은 적다.
④ 세금부과 후에 시장가격은 세금부과액과 동일한 금액만큼 상승한다.
⑤ 과세부과에 따른 자중적 손실(Deadweight Loss)의 최소화를 기하는 것은 효율성 측면과 관련이 있다.

38 자동차 타이어에 대한 수요와 공급이 각각 $Q_D = 800 - 2P$, $Q_S = 200 + 3P$로 주어져 있을 때, 정부가 소비자에게 타이어 1개당 50원의 세금을 부과한다면, 공급자가 받는 가격과 소비자가 지불하는 가격은?(단, P는 가격을 나타낸다)

① 100원, 120원　　　　　　　② 100원, 150원

③ 120원, 100원　　　　　　　④ 120원, 150원

⑤ 150원, 100원

39 다음과 같은 상황에서 향후 예상되는 A제품의 균형가격과 균형거래량의 움직임으로 옳은 것은?

> • 많은 소비자들이 A제품의 가격이 상승할 것으로 예상하고 있다.
> • A제품과 비슷한 성능을 가진 B제품의 가격이 최근 올랐다.
> • A제품 생산에 소요되는 생산비가 최근 증가하는 추세이다.
> • A제품과 함께 사용하면 기능을 향상시킬 수 있는 C제품의 가격이 최근 하락했다.

① 균형가격은 알 수 없고, 균형거래량은 증가한다.

② 균형가격은 알 수 없고, 균형거래량은 감소한다.

③ 균형가격은 상승하고, 균형거래량은 증가한다.

④ 균형가격은 상승하고, 균형거래량은 변동을 알 수 없다.

⑤ 균형가격은 하락하고, 균형거래량은 변동을 알 수 없다.

40 다음 중 밑줄 친 ㉠, ㉡이 나타내는 용어를 순서대로 바르게 나열한 것은?

> 국방은 한 국가가 현존하는 적국이나 가상의 적국 또는 내부의 침략에 대응하기 위하여 강구하는 다양한 방위 활동을 말하는데 이러한 국방은 ㉠ 많은 사람들이 누리더라도 다른 사람이 이용할 수 있는 몫이 줄어들지 않는다. 또한 국방비에 대해 ㉡ 가격을 지급하지 않는 사람들이 이용하지 못하게 막기가 어렵다. 따라서 국방은 정부가 담당하게 된다.

	㉠	㉡
①	공공재	외부효과
②	배제성	경합성
③	무임승차	비배제성
④	비경합성	비배제성
⑤	공공재	비배제성

01 다음 중 예산총계주의에 대한 설명으로 옳은 것을 〈보기〉에서 모두 고르면?

보기

ㄱ. 예산총계주의는 수입과 지출 내역, 용도를 명확히 하고 예산을 합리적으로 분류하여 명료하게 관리해야 한다는 원칙이다.

ㄴ. 한 회계연도의 모든 수입을 세입으로 하고, 모든 지출은 세출로 한다.

ㄷ. 지방자치단체가 현물로 출자하는 경우는 예외사항에 해당된다.

① ㄱ
② ㄴ
③ ㄱ, ㄷ
④ ㄴ, ㄷ
⑤ ㄱ, ㄴ, ㄷ

02 다음 글의 빈칸 ㉠, ㉡에 해당하는 용어를 순서대로 바르게 나열한 것은?

___㉠___ 은/는 지출이 직접 수입을 수반하는 경비로서 기획재정부장관이 지정하는 것을 의미하며 전통적 예산원칙 중 ___㉡___ 의 예외에 해당한다.

	㉠	㉡
①	수입금마련경비	통일성의 원칙
②	수입대체경비	통일성의 원칙
③	수입금마련지출	한정성의 원칙
④	수입대체경비	한정성의 원칙
⑤	수입금마련지출	통일성의 원칙

03 다음 중 행정통제에 대한 설명으로 옳은 것을 〈보기〉에서 모두 고르면?

보기

ㄱ. 행정통제는 통제 시기의 적시성과 통제 내용의 효율성이 고려되어야 한다.
ㄴ. 옴부즈만 제도는 공무원에 대한 국민의 책임 추궁의 창구 역할을 하며, 입법·사법통제의 한계를 보완하는 제도이다.
ㄷ. 외부통제는 선거에 의한 통제와 이익집단에 의한 통제를 포함한다.
ㄹ. 입법통제는 합법성을 강조하므로 위법행정보다 부당행정이 많은 현대행정에서는 효율적인 통제가 어렵다.

① ㄱ, ㄴ   ② ㄴ, ㄹ
③ ㄱ, ㄴ, ㄷ   ④ ㄱ, ㄷ, ㄹ
⑤ ㄴ, ㄷ, ㄹ

04 다음 중 지방자치법 및 주민소환에 관한 법률상 주민소환제도에 대한 설명으로 옳지 않은 것은?

① 시·도지사의 소환청구 요건은 주민투표권자 총수의 100분의 10 이상이다.
② 비례대표의원은 주민소환의 대상이 아니다.
③ 주민소환투표권자의 연령은 주민소환투표일 현재를 기준으로 계산한다.
④ 주민소환투표권자의 4분의 1 이상이 투표에 참여해야 한다.
⑤ 주민소환이 확정된 때에는 주민소환투표대상자는 그 결과가 공표된 시점부터 그 직을 상실한다.

05 다음 중 행정지도에 대한 설명으로 옳은 것은?

① 행정지도는 상대방의 임의적 협력 또는 동의하에 일정 행정질서의 형성을 달성하기 위한 권력적 사실행위이다.
② 행정지도는 행정 강제와 같이 강제력을 갖는 행위이다.
③ 행정환경 변화에 대해 신속한 적용이 어렵다.
④ 분쟁의 가능성이 낮다는 장점이 있다.
⑤ 행정지도를 통한 상대방의 행위에 대해 행정주체는 감독권한을 갖는다.

06 다음 중 우리나라의 지방자치제도에 대한 설명으로 옳지 않은 것은?

① 지방의회는 매년 1회 그 지방자치단체의 사무에 대하여 시·도에서는 14일의 범위에서, 시·군 및 자치구에서는 9일의 범위에서 감사를 실시한다.

② 지방의회 의장 또는 부의장에 대한 불신임의결은 재적의원 3분의 1 이상의 발의와 재적의원 과반수의 찬성으로 행한다.

③ 지방자치단체장은 주민투표의 전부 또는 일부 무효의 판결이 확정된 때에는 그 날부터 20일 이내에 무효로 된 투표구의 재투표를 실시하여야 한다.

④ 주민투표의 투표일은 주민투표 발의일로부터 20일 이상 30일 이하의 범위 안에서 지방자치단체장이 관할 선거관리위원회와 협의하여 정한다.

⑤ 지방자치단체의 조례는 지방자치단체장이 공포해야 효력을 가진다.

07 다음 중 시장실패에 따른 정부의 대응에 대한 설명으로 옳지 않은 것은?

① 공공재에 대한 무임승차 현상 발생 시, 정부는 공적공급을 통해 해결할 수 있다.

② 외부효과가 발생할 때는 규제를 통한 부정적 외부효과 제한만이 문제를 해결할 수 있다.

③ 정보 비대칭 발생 시, 공적규제를 통해 사회주체 간 정보격차를 완화할 수 있다.

④ 불완전경쟁 문제를 해결하기 위해서는 공적규제를 시행하는 것이 효과적이다.

⑤ 자연독점에 따른 시장실패 발생 시, 정부에 의한 공급뿐만 아니라 규제를 통해서도 해결할 수 있다.

08 다음 중 직위분류제와 관련된 개념들에 대한 설명으로 옳지 않은 것은?

① 직위 : 한 사람의 근무를 요하는 직무와 책임이다.

② 직급 : 직위에 포함된 직무의 성질 및 난이도, 책임의 정도가 유사해 채용과 보수 등에서 동일하게 다룰 수 있는 직위의 집단이다.

③ 직렬 : 직무의 종류는 유사하나 난이도와 책임수준이 다른 직급 계열이다.

④ 직류 : 동일 직렬 내에서 담당 직책이 유사한 직무군이다.

⑤ 직군 : 직무의 종류는 다르지만 직무 수행의 책임도와 자격 요건이 상당히 유사해 동일한 보수를 지급할 수 있는 직위의 횡적 군이다.

09 다음 글의 빈칸 ㉠에 대한 설명으로 옳은 것은?

> ___㉠___ (이)란 상대적으로 많이 가진 계층 또는 집단으로부터 적게 가진 계층 또는 집단으로 재산·소득·권리 등의 일부를 이전시키는 정책을 말한다. 이를테면 누진세 제도의 실시, 생활보호 대상자에 대한 의료보호, 영세민에 대한 취로사업, 무주택자에 대한 아파트 우선적 분양, 저소득 근로자들에게 적용시키는 근로소득보전세제 등의 정책이 이에 속한다.

① 정책 과정에서 이해당사자들 상호 간 이익이 되는 방향으로 협력하는 로그롤링(Log Rolling) 현상이 나타난다.

② 계층 간 갈등이 심하고 저항이 발생할 수 있어 국민적 공감대를 형성할 때 정책의 변화를 가져오게 된다.

③ 체제 내부를 정비하는 정책으로 대외적 가치 배분에는 큰 영향이 없으나 대내적으로는 게임의 법칙이 발생한다.

④ 대체로 국민 다수에게 돌아가지만 사회간접시설과 같이 특정지역에 보다 직접적인 편익이 돌아가는 경우도 많다.

⑤ 법령에서 제시하는 광범위한 기준을 근거로 국민들에게 강제적으로 특정한 부담을 지우는 것이다.

10 다음 중 균형성과표(BSC)에 대한 설명으로 옳은 것을 〈보기〉에서 모두 고르면?

> **보기**
> ㄱ. 조직의 비전과 목표, 전략으로부터 도출된 성과 지표의 집합체이다.
> ㄴ. 재무지표 중심의 기존 성과 관리의 한계를 극복하기 위한 것이다.
> ㄷ. 조직의 내부요소보다는 외부요소를 중시한다.
> ㄹ. 재무, 고객, 내부 프로세스, 학습과 성장이라는 네 가지 관점 간의 균형을 중시한다.
> ㅁ. 성과 관리의 과정보다는 결과를 중시한다.

① ㄱ, ㄴ, ㅁ   ② ㄴ, ㄷ, ㄹ

③ ㄱ, ㄴ, ㄹ   ④ ㄴ, ㄷ, ㅁ

⑤ ㄷ, ㄹ, ㅁ

11 다음 중 발생주의 회계의 특징으로 옳은 것은?

① 현금의 유출입 발생 시 회계 장부에 기록하는 방법을 의미한다.
② 실질적 거래의 발생을 회계처리에 정확히 반영할 수 있다는 장점이 있다.
③ 회계연도 내 경영활동과 성과에 대해 정확히 측정하기 어렵다는 한계가 있다.
④ 재화나 용역의 인수 및 인도 시점을 기준으로 장부에 기입한다.
⑤ 수익과 비용이 대응되지 않는다는 한계가 있다.

12 다음 중 네트워크 조직에 대한 설명으로 옳은 것을 〈보기〉에서 모두 고르면?

> **보기**
> ㄱ. 구조의 유연성이 강조된다.
> ㄴ. 조직 간 연계 장치는 수직적인 협력관계에 바탕을 둔다.
> ㄷ. 개방적 의사전달과 참여보다는 타율적 관리가 강조된다.
> ㄹ. 조직의 경계는 유동적이며 모호하다.

① ㄱ, ㄴ   ② ㄱ, ㄹ
③ ㄴ, ㄷ   ④ ㄴ, ㄹ
⑤ ㄷ, ㄹ

13 다음 중 맥그리거(D. McGregor)의 인간관에 대한 설명으로 옳지 않은 것을 〈보기〉에서 모두 고르면?

> **보기**
> ㄱ. X이론은 부정적이고 수동적인 인간관에 근거하고 있고, Y이론은 긍정적이고 적극적인 인간관에 근거하고 있다.
> ㄴ. X이론에서는 보상과 처벌을 통한 통제보다는 직원들에 대한 직원과 격려에 의한 경영전략을 강조하였다.
> ㄷ. Y이론에서는 자율적 통제를 강조하는 경영전략을 제시하였다.
> ㄹ. X이론의 적용을 위한 대안으로 권한의 위임 및 분권화, 직무확대 등을 제시했다.

① ㄱ, ㄴ   ② ㄱ, ㄷ
③ ㄴ, ㄷ   ④ ㄴ, ㄹ
⑤ ㄷ, ㄹ

14 다음 중 리더십에 대한 설명으로 옳지 않은 것은?

① 행태론적 접근법은 효과적인 리더의 행동은 상황에 따라 다르다는 사실을 간과한다.

② 특성론적 접근법은 성공적인 리더는 그들만의 공통적인 특성이나 자질을 가지고 있다고 전제한다.

③ 상황론적 접근법은 리더의 어떠한 행동이 리더십 효과성과 관계가 있는가를 파악하고자 하는 접근법이다.

④ 거래적 리더십은 합리적 과정이나 교환 과정의 중요성을 강조한다.

⑤ 변혁적 리더십은 카리스마, 개별적 배려, 지적 자극, 영감(Inspiration) 등을 강조한다.

15 다음 내용을 모두 특징으로 하는 리더십의 유형은 무엇인가?

> • 추종자의 성숙단계에 따라 효율적인 리더십 스타일이 달라진다.
> • 리더십은 개인의 속성이나 행태뿐만 아니라 환경의 영향을 받는다.
> • 가장 유리하거나 가장 불리한 조건에서는 과업중심적 리더십이 효과적이다.

① 변혁적 리더십   ② 거래적 리더십
③ 카리스마적 리더십   ④ 상황론적 리더십
⑤ 서번트 리더십

16 다음 중 정책네트워크에 대한 설명으로 옳지 않은 것은?

① 하위정부모형은 의회 상임위원회, 정부관료, 이익집단에 의해 정책적 의사결정이 이루어진다고 본다.

② 이슈네트워크는 참여자의 범위에 제한을 두지 않아 개방적 의견수렴이 가능하다.

③ 정책공동체는 동일한 목표를 공유하는 사회 주체들에 의해 정책적 의사결정이 이루어진다.

④ 정책공동체는 일정 기준을 충족하는 주체에 한해 정책네트워크 참여가 가능하다.

⑤ 정책공동체의 경우, 하위정부모형에 비해 정책참여자의 범위가 더 제한적이다.

17 다음 중 정책의제 설정에 대한 설명으로 옳지 않은 것은?

① 일반적으로 정책의제는 정치성, 주관성, 동태성 등의 성격을 가진다.

② 정책대안이 아무리 훌륭하더라도 정책 문제를 잘못 인지하고 채택하여 정책 문제가 여전히 해결되지 않은 상태로 남아 있는 현상을 2종 오류라 한다.

③ 킹던(Kingdon)의 정책의 창 모형은 정책 문제의 흐름, 정책대안의 흐름, 정치의 흐름이 어떤 계기로 서로 결합함으로써 새로운 정책의제로 형성되는 것을 말한다.

④ 콥(R.W. Cobb)과 엘더(C.D. Elder)의 이론에 의하면, 정책의제 설정과정은 사회문제 – 사회적 이슈 – 체제의제 – 제도의제의 순서에 따라 정책의제로 선택됨을 설명하고 있다.

⑤ 정책의제의 설정은 목표 설정 기능 및 적절한 정책수단을 선택하는 기능을 하고 있다.

18 다음 중 행정 가치에 대한 〈보기〉의 설명으로 옳은 것은 모두 몇 개인가?

> **보기**
>
> ㄱ. 실체설은 공익을 사익의 총합이라고 파악하며, 사익을 초월한 별도의 공익이란 존재하지 않는다고 본다.
> ㄴ. 롤스(Rawls)의 사회정의의 원리에 의하면 정의의 제1원리는 기본적 자유의 평등원리이며, 제2원리는 차등조정의 원리이다. 제2원리 내에서 충돌이 생길 때에는 '차등원리'가 '기회균등의 원리'에 우선되어야 한다.
> ㄷ. 과정설은 공익을 사익을 초월한 실체적, 규범적, 도덕적 개념으로 파악하며, 공익과 사익과의 갈등이란 있을 수 없다고 본다.
> ㄹ. 베를린(Berlin)은 자유의 의미를 두 가지로 구분하면서, 간섭과 제약이 없는 상태를 적극적 자유라고 하고, 무엇을 할 수 있는 자유를 소극적 자유라고 하였다.

① 0개
② 1개
③ 2개
④ 3개
⑤ 4개

19 다음 중 정부의 역할에 대한 입장으로 옳은 것을 〈보기〉에서 모두 고르면?

> **보기**
>
> ㄱ. 진보주의 정부관에 따르면 정부에 대한 불신이 강하고 정부실패를 우려한다.
> ㄴ. 공공선택론의 입장은 정부를 공공재의 생산자로 규정하고, 대규모 관료제에 의한 행정의 효율성을 높이는 것이 중요하다고 본다.
> ㄷ. 보수주의 정부관은 자유방임적 자본주의를 옹호한다.
> ㄹ. 신공공서비스론 입장에 따르면 정부의 역할은 시민들로 하여금 공유된 가치를 창출하고 충족시킬 수 있도록 봉사하는 데 있다.
> ㅁ. 행정국가 시대에는 '최대의 봉사가 최선의 정부'로 받아들여졌다.

① ㄱ, ㄴ, ㄷ   ② ㄴ, ㄷ, ㄹ

③ ㄷ, ㄹ, ㅁ   ④ ㄱ, ㄹ, ㅁ

⑤ ㄱ, ㄴ, ㅁ

20 다음 중 베버(Weber)의 관료제 모형에 대한 설명으로 옳지 않은 것은?

① 조직이 바탕으로 삼는 권한의 유형을 전통적 권한, 카리스마적 권한, 법적·합리적 권한으로 나누었다.

② 직위의 권한과 관할범위는 법규에 의하여 규정된다.

③ 인간적 또는 비공식적 요인의 중요성을 간과하였다.

④ 관료제의 긍정적인 측면으로 목표대치 현상을 강조하였다.

⑤ 상관의 권위에 대한 의존성 증가 및 무사안일이 초래되는 구조이다.

21 다음 중 블라우와 스콧이 주장한 조직 유형에 대한 설명으로 옳지 않은 것을 〈보기〉에서 모두 고르면?

ㄱ. 호혜조직의 1차적 수혜자는 조직 내 의사결정에의 참여를 보장받는 구성원이며, 은행, 유통업체 등이 해당된다.
ㄴ. 사업조직의 1차적 수혜자는 조직의 소유자이며, 이들의 주 목적은 이윤 추구이다.
ㄷ. 봉사조직의 1차적 수혜자는 이들을 지원하는 후원조직으로서, 서비스 제공을 위한 인프라 및 자금조달을 지원한다.
ㄹ. 공공조직의 1차적 수혜자는 공공서비스의 수혜자인 일반 대중이며, 경찰, 소방서, 군대 등이 공공조직에 해당된다.

① ㄱ, ㄴ　　　　　　　　　　　② ㄱ, ㄷ
③ ㄴ, ㄷ　　　　　　　　　　　④ ㄷ, ㄹ
⑤ ㄱ, ㄹ

22 다음 정책문제의 구조화 기법과 〈보기〉의 설명을 순서대로 바르게 나열한 것은?

A. 경계분석(Boundary Analysis)
B. 가정분석(Assumption Analysis)
C. 계층분석(Hierarchy Analysis)
D. 분류분석(Classification Analysis)

ㄱ. 정책문제와 관련된 여러 구조화되지 않은 가설들을 창의적으로 통합하기 위해 사용하는 기법으로 이전에 건의된 정책부터 분석한다.
ㄴ. 간접적이고 불확실한 원인으로부터 차츰 확실한 원인을 차례로 확인해 나가는 기법으로 인과관계 파악을 주된 목적으로 한다.
ㄷ. 정책 문제의 존속기간 및 형성과정을 파악하기 위해 사용하는 기법으로 포화표본추출(Saturation Sampling)을 통해 관련 이해당사자를 선정한다.
ㄹ. 문제상황을 정의하기 위해 당면 문제를 그 구성요소로 분해하는 기법으로 논리적 추론을 통해 추상적인 정책 문제를 구체적인 요소들로 구분한다.

	A	B	C	D
①	ㄱ	ㄷ	ㄴ	ㄹ
②	ㄱ	ㄷ	ㄹ	ㄴ
③	ㄷ	ㄱ	ㄴ	ㄹ
④	ㄷ	ㄱ	ㄹ	ㄴ
⑤	ㄷ	ㄹ	ㄱ	ㄴ

23 다음 중 갈등에 대한 설명으로 옳지 않은 것은?

① 집단 간 갈등의 해결은 구조적 분화와 전문화를 통해서 찾을 필요가 있다.

② 행태주의적 관점은 조직 내 갈등은 필연적이고 완전한 제거가 불가능하기 때문에 갈등을 인정하고 받아들여야 한다는 입장이다.

③ 갈등을 해결하기 위해서는 목표 수준을 차별화할 필요가 있다.

④ 업무의 상호의존성이 갈등상황을 발생시키는 원인이 될 수 있다.

⑤ 지위부조화는 행동주체 간의 교호작용을 예측 불가능하게 하여 갈등을 야기한다.

24 다음 중 정부실패의 원인으로 옳지 않은 것을 〈보기〉에서 모두 고르면?

> **보기**
> ㉠ 정부가 민간주체보다 정보에 대한 접근성이 높아서 발생한다.
> ㉡ 공공부문의 불완전경쟁으로 인해 발생한다.
> ㉢ 정부행정이 사회적 필요에 비해 장기적 관점에서 추진되어 발생한다.
> ㉣ 정부의 공급은 공공재라는 성격을 가지기 때문에 발생한다.

① ㉠, ㉡   ② ㉠, ㉢

③ ㉡, ㉢   ④ ㉡, ㉣

⑤ ㉠, ㉣

25 다음 중 예산집행 과정에 대한 설명으로 옳은 것은?

① 긴급배정은 계획의 변동이나 여건의 변화로 인하여 당초의 연간 정기배정계획보다 지출원인행위를 앞당길 필요가 있을 때, 해당 사업에 대한 예산을 분기별 정기배정계획에 관계없이 앞당겨 배정하는 제도이다.

② 예산의 이체는 법령의 제정, 개정, 폐지 등으로, 그 직무와 권한에 변동이 있을 때 관련되는 예산의 귀속을 변경시키는 것을 말한다.

③ 예산의 전용은 예산구조상 장·관·항 간에 상호 융통하는 것을 말한다.

④ 국고채무부담행위에 대한 국회의 의결은 국가로 하여금 다음 연도 이후에 지출할 수 있는 권한을 부여하는 것이다.

⑤ 예비비는 국고금관리법에 의하여 기획재정부 장관이 관리한다.

26 다음 중 강화 일정(Schedules of Reinforcement)에 대한 설명으로 옳지 않은 것은?

① 연속적 강화는 행동이 일어날 때마다 강화 요인을 제공하는 것이다.

② 고정간격 강화는 부하의 행동이 발생하는 빈도에 따라 일정한 간격으로 강화 요인을 제공하는 것이다.

③ 변동간격 강화는 일정한 간격을 두지 않고 변동적인 간격으로 강화 요인을 제공하는 것이다.

④ 고정비율 강화는 성과급제와 같이 행동의 일정 비율에 의해 강화 요인을 제공하는 것이다.

⑤ 변동비율 강화는 불규칙한 횟수의 행동이 나타났을 때 강화 요인을 제공하는 것이다.

27 다음 중 신공공관리론과 신공공서비스론의 특성에 대한 설명으로 옳지 않은 것은?

① 신공공관리론은 경제적 합리성에 기반하는 반면에 신공공서비스론은 전략적 합리성에 기반한다.

② 신공공관리론은 기업가 정신을 강조하는 반면에 신공공서비스론은 사회적 기여와 봉사를 강조한다.

③ 신공공관리론의 대상이 고객이라면 신공공서비스론의 대상은 시민이다.

④ 신공공서비스론이 신공공관리론보다 지역공동체 활성화에 더 적합한 이론이다.

⑤ 신공공관리론이 신공공서비스론보다 행정책임의 복잡성을 중시하며 행정재량권을 강조한다.

28 다음 행정의 가치 중 수단적 가치가 아닌 것을 〈보기〉에서 모두 고르면?

> **보기**
> ㉠ 공익 ㉡ 자유
> ㉢ 합법성 ㉣ 민주성
> ㉤ 평등

① ㉠, ㉡, ㉣ ② ㉠, ㉡, ㉤
③ ㉠, ㉢, ㉣ ④ ㉠, ㉣, ㉤
⑤ ㉠, ㉢, ㉤

29 동기부여와 관련된 이론을 내용이론과 과정이론으로 나눠볼 때, 다음 중 과정이론에 해당하는 것은?

① 욕구계층이론
② 기대이론
③ 욕구충족요인 이원론
④ 성취동기이론
⑤ X · Y이론

30 다음 중 사회자본에 대한 설명으로 옳지 않은 것은?

① 네트워크에 참여하는 당사자들이 공동으로 소유하는 자산이다.
② 한 행위자만이 배타적으로 소유권을 행사할 수 없다.
③ 협력적 행태를 촉진시키지만 혁신적 조직의 발전을 저해한다.
④ 행동의 효율성을 제고시킨다.
⑤ 사회적 관계에서 거래비용을 감소시켜 준다.

31 다음 중 사례에 대한 내용으로 옳은 것은?

> 요즘 한 지방자치단체 공무원들 사이에는 민원 관련 허가를 미루려는 A국장의 기이한 행동이 입방아에 오르내리고 있다. A국장은 자기 손으로 승인 여부에 대한 결정을 해야 하는 상황을 피하기 위해 자치단체장에 대한 업무보고도 과장을 시켜서 하는 등 단체장과 마주치지 않기 위해 피나는 노력을 하고 있다고 한다.
> 최근에는 해외 일정을 핑계로 아예 장기간 자리를 뜨기도 했다. A국장이 승인 여부에 대한 실무진의 의견을 제대로 올리지 않자 안달이 난 쪽은 다름 아닌 바로 단체장이다. 단체장이 모든 책임을 뒤집어써야 하는 상황이 될 수도 있기 때문이다. A국장과 단체장이 책임을 떠넘기려는 웃지못할 해프닝이 일어나고 있는 것이다. 한 공무원은 "임기 말에 논란이 될 사안을 결정할 공무원이 누가 있겠느냐."고 말했다.
> 이런 현상은 중앙부처의 정책결정 과정이나 자치단체의 일선행정 현장에서 모두 나타나고 있다. 그 사이에 정부 정책의 신뢰는 저하되고, 신뢰를 잃은 정책은 표류할 수밖에 없다.

① 업무수행지침을 규정한 공식적인 법규정만을 너무 고집하고 상황에 따른 유연한 대응을 하지 않는 행태를 말한다.
② 관료제의 구조적 특성인 권위의 계층적 구조에서 상사의 명령까지 절대적으로 추종하는 행태를 말한다.
③ 관료들이 위험 회피적이고 변화 저항적이며 책임 회피적인 보신주의로 빠지는 행태를 말한다.
④ 관료제에서 공식적인 규칙이나 절차가 본래의 목적을 상실하여 조직과 대상 국민에게 순응의 불편이나 비용을 초래하는 것을 말한다.
⑤ 기관에 대한 정서적 집착과 같은 귀속주의나 기관과 자신을 하나로 보는 심리적 동일시 현상을 말한다.

32 다음 중 정책참여자 간의 관계에 대한 설명으로 옳지 않은 것은?

① 다원주의는 개인 차원에서 정책결정에 직접적 영향력을 행사하기가 수월하다.

② 조합주의(Corporatism)는 정책결정에서 정부의 보다 적극적인 역할을 인정하고, 이익집단과의 상호협력을 중시한다.

③ 엘리트주의에서는 권력은 다수의 집단에 분산되어 있지 않으며 소수의 힘 있는 기관에 집중되고, 기관의 영향력 역시 일부 고위층에 집중되어 있다고 주장한다.

④ 하위정부(Subgovernment)는 철의 삼각과 같이 정부관료, 선출직 의원, 그리고 이익집단의 역할에 초점을 맞춘다.

⑤ 정책공동체는 일시적이고 느슨한 형태의 집합체가 아니라 안정적인 상호의존관계를 유지하는 공동체의 시각을 반영한다.

33 다음 중 대표관료제에 대한 설명으로 옳지 않은 것은?

① 관료의 행정에 출신 배경이 고려되므로 합리적 행정이 저해될 수 있다.

② 행정의 합리성보다는 민주성이 강조되는 제도이다.

③ 공직임용에 소외된 계층에 대한 균형인사가 가능하다.

④ 대표관료제는 실적주의에 입각한 제도이다.

⑤ 사회주체에 의한 외적 통제가 강화된 형태이다.

34 다음 중 신제도주의에 대한 설명으로 옳은 것을 〈보기〉에서 모두 고르면?

> **보기**
> ㄱ. 합리적 선택 신제도주의가 형성되는 데 거래비용접근법이 많은 영향을 미쳤다.
> ㄴ. 사회학적 신제도주의는 문화가 제도의 형성에 미치는 영향을 간과한다.
> ㄷ. 역사적 신제도주의는 행위자 간의 상호작용을 제약하는 제도의 영향력과 제도적 맥락을 강조한다.

① ㄴ   ② ㄱ, ㄴ

③ ㄱ, ㄷ   ④ ㄴ, ㄷ

⑤ ㄱ, ㄴ, ㄷ

35 다음 중 조직구성원의 동기유발 이론에 대한 설명으로 옳지 않은 것은?

① 허즈버그(F. Herzberg)의 이론은 실제의 동기유발과 만족 자체에 중점을 두고 있기 때문에 하위 욕구를 추구하는 계층에 적용하기가 용이하다.

② 앨더퍼(C. Alderfer)의 이론은 두 가지 이상의 욕구가 동시에 작용되기도 한다는 복합연결형의 욕구 단계를 설명한다.

③ 브룸(V. Vroom)의 이론은 동기부여의 방안을 구체적으로 제시하지 못하는 한계가 있다.

④ 맥그리거(D. McGregor)의 이론에서 X이론은 하위 욕구를, Y이론은 상위 욕구를 중시한다.

⑤ 알더퍼(C. P. Alderfer)의 이론은 욕구의 단계가 미리 정해진 것이 아니며, 한 시점에서 두 개 이상의 욕구가 동시에 발생할 수 있다고 보았다.

36 다음 중 우리나라의 지방자치제도에 대한 설명으로 옳지 않은 것은?

① 주민의 지방정부에 대한 참정권은 법률에 의해 제한되며, 지방정부의 과세권 역시 법률로 제한된다.

② 우리나라 지방자치단체의 구성은 기관통합형이 아닌 기관대립형을 택하고 있다.

③ 지방자치단체는 법령의 범위 안에서 자치에 관한 규정을 제정할 수 있다.

④ 기관위임사무는 지방자치단체장이 국가사무를 위임받아 수행하는 것이며, 소요 경비는 지방의회 의 심의를 거쳐 지방정부 예산으로 부담한다.

⑤ 지방자치단체는 전국적으로 시장 – 의회형을 채택하여 단체의 장과 지방의회를 두고 있다.

37 다음 중 정보화 및 전자민주주의에 대한 설명으로 옳지 않은 것은?

① 전자민주주의의 부정적 측면으로 전자전제주의(Telefascism)가 나타날 수 있다.

② 정보의 비대칭성이 발생하지 않도록 정보관리는 배제성의 원리가 적용되어야 한다.

③ 우리나라 정부는 국가정보화 기본법에 의해 5년마다 국가 정보화 기본계획을 수립하여야 한다.

④ 전자민주주의는 정치의 투명성 확보를 용이하게 한다.

⑤ 전자민주주의의 사례로 사이버 국회, 전자 공청회, 인터넷을 통한 선거홍보, 캠페인 활동 등을 들 수 있다.

38 다음 중 수평적 인사이동에 해당하지 않는 것을 〈보기〉에서 모두 고르면?

보기
| ㄱ. 강임 | ㄴ. 승진 |
| ㄷ. 전보 | ㄹ. 전직 |

① ㄱ, ㄴ
② ㄱ, ㄷ
③ ㄴ, ㄷ
④ ㄷ, ㄹ
⑤ ㄱ, ㄹ

39 다음 중 롤스(J. Rawls)의 사회 정의의 원리에 대한 설명으로 옳지 않은 것은?

① 원초상태(Original Position)하에서 합의되는 일련의 법칙이 곧 사회정의의 원칙으로서 계약 당사자들의 사회협동체를 규제하게 된다.

② 정의의 제1원리는 기본적 자유의 평등원리로서, 모든 사람은 다른 사람의 유사한 자유와 상충되지 않는 한도 내에서 최대한의 기본적 자유에의 평등한 권리를 인정하는 것이다.

③ 정의의 제2원리의 하나인 차등 원리(Difference Principle)는 가장 불우한 사람들의 편익을 최대화해야 한다는 원리이다.

④ 정의의 제2원리의 하나인 기회 균등의 원리는, 사회·경제적 불평등은 그 모체가 되는 모든 직무와 지위에 대한 기회 균등이 공정하게 이루어진 조건 하에서 직무나 지위에 부수해 존재해야 한다는 원리이다.

⑤ 정의의 제1원리가 제2원리에 우선하고, 제2원리 중에서는 차등원리가 기회균등의 원리에 우선되어야 한다.

40 다음 중 무의사결정(Non-Decision Making)에 대한 설명으로 옳지 않은 것은?

① 사회문제에 대한 정책과정이 진행되지 못하도록 막는 행동이다.

② 기득권 세력이 그 권력을 이용해 기존의 이익배분 상태에 대한 변동을 요구하는 것이다.

③ 기득권 세력의 특권이나 이익, 그리고 가치관이나 신념에 대한 잠재적 또는 현재적 도전을 좌절시키려는 것을 의미한다.

④ 변화를 주장하는 사람으로부터 기존에 누리는 혜택을 박탈하거나 새로운 혜택을 제시하여 매수한다.

⑤ 정책문제 채택과정에서 기존 세력에 도전하는 요구는 정책 문제화하지 않고 억압한다.

01 다음 중 행정절차에 대한 설명으로 옳은 것은?(단, 다툼이 있는 경우 판례에 의한다)

① 행정절차에는 당사자주의가 적용되므로 행정청은 당사자가 제출한 증거나 당사자의 증거신청에 구속된다.

② 환경영향평가법령에서 요구하는 환경영향평가절차를 거쳤더라도 그 내용이 부실한 경우, 부실의 정도가 환경영향평가를 하지 아니한 것과 마찬가지인 정도가 아니라면 이는 취소사유에 해당한다.

③ 행정처분의 직접 상대방이 아닌 제3자라도 법적 보호이익이 있는 자는 당연히 행정절차법상 당사자에 해당한다.

④ 기속행위의 경우에도 행정처분의 절차상 하자만으로 독자적인 취소사유가 된다.

⑤ 행정처분이 절차의 하자를 이유로 취소된 경우, 적법한 절차를 갖추더라도 이전의 처분과 동일한 내용의 처분을 다시 하는 것은 기속력에 위반되어 허용되지 않는다.

02 다음 〈보기〉에서 형법상 몰수가 되는 것은 모두 몇 개인가?

> **보기**
> • 범죄행위에 제공한 물건　　　　　　• 범죄행위에 제공하려고 한 물건
> • 범죄행위로 인하여 생긴 물건　　　　• 범죄행위로 인하여 취득한 물건
> • 범죄행위의 대가로 취득한 물건

① 1개　　　　　　　　　　　　　② 2개
③ 3개　　　　　　　　　　　　　④ 4개
⑤ 5개

03 다음 중 권리의 객체에 대한 설명으로 옳지 않은 것은?(단, 다툼이 있는 경우 판례에 의한다)

① 주물 자체의 효용과 직접 관계없는 물건은 종물이 아니다.

② 주물에 설정된 저당권의 효력은 특별한 사정이 없으면 종물에 미친다.

③ 입목에 관한 법률에 의하여 입목등기를 한 수목의 집단은 토지와 별개의 부동산이다.

④ 종물은 주물의 처분에 따르므로, 당사자의 특약에 의하여 종물만을 별도로 처분할 수 없다.

⑤ 법정과실은 수취할 권리의 존속기간일수의 비율로 취득한다.

04 다음 중 법의 분류에 대한 설명으로 옳지 않은 것은?

① 대한민국 국민에게 적용되는 헌법은 특별법이다.

② 당사자의 의사와 관계없이 강제적으로 적용되는 법은 강행법이다.

③ 국가의 조직과 기능 및 공익작용을 규율하는 행정법은 공법이다.

④ 당사자가 법의 규정과 다른 의사표시를 한 경우 그 법의 규정을 배제할 수 있는 법은 임의법이다.

⑤ 부동산 등기에 관한 사항을 규정하기 위하여 제정된 부동산등기법은 절차법이다.

05 다음 중 근로기준법상 근로조건에 대한 설명으로 옳지 않은 것은?

① 근로기준법에서 정하는 근로조건은 최저기준이므로 근로관계당사자는 이 기준을 이유로 근로조건을 저하시킬 수 없다.

② 근로조건은 근로자와 사용자가 동등한 지위에서 자유의사에 의하여 결정하여야 한다.

③ 사용자가 경영상 이유에 의하여 근로자를 해고하고자 하는 경우에는 긴박한 경영상의 필요가 있어야 하는데, 경영악화를 방지하기 위한 사업의 양도·인수·합병은 긴박한 경영상의 필요에 해당하지 않는다.

④ 근로기준법에서 정한 기준에 미치지 못하는 근로조건을 정한 근로계약은 그 부분에 한하여 무효로 하며, 무효로 된 부분은 근로기준법에 정한 기준에 의한다.

⑤ 근로자와 사용자는 각자가 단체협약, 취업규칙과 근로계약을 지키고 성실하게 이행할 의무가 있다.

06 다음 중 근로기준법상 임금에 대한 설명으로 옳지 않은 것은?

① 종속노동관계에서 근로의 대상으로 지급되는 것인가의 여부가 중요한 기준이 된다.

② 법령, 단체협약, 취업규칙, 근로계약, 관행 등에 의해 사용자에게 지급의무가 지워져 있는 것을 말한다.

③ 은혜적·호의적으로 지급되는 금품은 임금에 포함되지 않는다.

④ 일체의 금품을 말하므로 출장소요경비의 지급도 임금에 포함된다.

⑤ 평균임금이란 이를 산정할 사유 발생일 이전 3개월 동안 그 근로자에게 지급된 임금 총액을 그 기간의 총일수로 나눈 금액이다.

07 다음 중 법의 효력에 대한 규정으로 옳지 않은 것은?

① 법률은 특별한 규정이 없는 한 공포한 날로부터 20일을 경과함으로써 효력을 발생한다.

② 모든 국민은 소급입법에 의하여 참정권의 제한을 받거나 재산권을 박탈당하지 않는다.

③ 대통령은 내란 또는 외환의 죄를 범한 경우를 제외하고는 재직 중 형사상의 소추를 받지 아니한다.

④ 범죄의 성립과 처벌은 재판 시의 법률에 의한다.

⑤ 헌법에 의하여 체결·공포된 조약과 일반적으로 승인된 국제법규는 국내법과 같은 효력을 가진다.

제1회

08 다음 〈보기〉에서 빈칸 (ㄱ) ~ (ㄷ)에 들어갈 법원(法源)을 순서대로 바르게 나열한 것은?

> **보기**
>
> • (ㄱ) : 국가의 조직·통치 및 기본권에 관한 근본법
> • (ㄴ) : 지방자치단체 의회가 제정하는 자치법규
> • (ㄷ) : 문서로써 국가 간에 체결되고 국제법에 의하여 규율되는 합의

	(ㄱ)	(ㄴ)	(ㄷ)
①	헌법	조례	조약
②	헌법	법률	명령
③	법률	조약	조례
④	법률	명령	조약
⑤	법률	명령	조례

09 다음 중 용익물권에 해당하는 것을 〈보기〉에서 모두 고르면?

> **보기**
>
> 가. 지상권   나. 점유권
> 다. 지역권   라. 유치권
> 마. 전세권   바. 저당권

① 가, 다, 마   ② 나, 라, 바

③ 가, 라, 바   ④ 다, 라, 마

⑤ 가, 마, 바

10 다음 중 행위능력에 대한 설명으로 옳은 것은?

① 미성년후견인이 미성년자에게 특정한 영업을 허락한 경우, 미성년후견인의 대리권은 그 영업과 관련하여서도 여전히 유지된다.

② 가정법원이 성년후견개시의 심판을 하는 경우 취소할 수 없는 피성년후견인의 법률행위의 범위를 정할 수 있다.

③ 가정법원이 한정후견개시의 심판을 하는 경우 본인의 의사를 고려할 필요는 없다.

④ 특정후견은 본인의 의사에 반하여서도 할 수 있다.

⑤ 성년후견은 가족관계등록부에 공시된다.

11 행정기관이 그 소관 사무의 범위에서 일정한 행정목적을 실현하기 위하여 특정인에게 일정한 행위를 하거나 하지 아니하도록 지도, 권고, 조언 등을 하는 행정작용은 무엇인가?

① 행정예고   ② 행정계획

③ 행정지도   ④ 의견제출

⑤ 행정소송

12 다음 중 현행 헌법에 규정되어 있는 내용이 아닌 것은?

① 국정감사권   ② 국민소환권

③ 헌법소원   ④ 긴급명령권

⑤ 탄핵소추

13 다음 중 소멸시효에 대한 설명으로 옳은 것은?(단, 다툼이 있는 경우 판례에 의한다)

① 소멸시효완성에 의한 권리의 소멸은 법원의 직권조사사항이다.

② 소멸시효는 그 시효기간이 완성된 때로부터 장래에 향하여 권리가 소멸한다.

③ 소멸시효는 법률행위에 의하여 그 기간을 단축할 수 없다.

④ 채무자가 소멸시효 완성 후에 채권자에 대하여 채무를 승인함으로써 그 시효의 이익을 포기한 경우에는 그때부터 새로이 소멸시효가 진행한다.

⑤ 부작위를 목적으로 하는 채권의 소멸시효는 채권이 성립한 때로부터 진행한다.

14 다음 중 의사표시의 효력발생에 대한 설명으로 옳은 것을 〈보기〉에서 모두 고르면?(단, 다툼이 있는 경우 판례에 의한다)

> **보기**
>
> ㄱ. 특별한 사정이 없는 한, 아파트 경비원이 집배원으로부터 우편물을 수령한 후 이를 아파트 공동 출입구의 우편함에 넣어 두었다는 사실만으로도 수취인이 그 우편물을 수취하였다고 추단할 수 있다.
> ㄴ. 의사표시가 기재된 내용증명 우편물이 발송되고 반송되지 않았다면, 특별한 사정이 없는 한, 그 무렵에 송달되었다고 볼 수 있다.
> ㄷ. 채권양도의 통지와 같은 준법률행위의 도달은 의사표시와 마찬가지로 사회 관념상 채무자가 통지의 내용을 알 수 있는 객관적 상태에 놓여졌을 때를 말한다.
> ㄹ. 법인의 대표이사가 사임서 제출 당시 권한 대행자에게 사표의 처리를 일임한 경우, 권한 대행자의 수리행위가 있어야 사임의 효력이 발생한다.

① ㄱ, ㄴ   ② ㄴ, ㄷ
③ ㄷ, ㄹ   ④ ㄱ, ㄷ, ㄹ
⑤ ㄴ, ㄷ, ㄹ

15 다음 중 기본권의 효력에 대한 설명으로 옳지 않은 것은?

① 기본권의 효력은 대국가적 효력을 갖는 것이 원칙이다.
② 기본권의 제3자적 효력에서 평등권은 간접적용 된다고 볼 수 있다.
③ 기본권은 국가권력에 대한 방어권의 기능을 수행한다.
④ 기본권의 사인 간의 효력은 헌법이 직접적 효력을 규정함이 원칙이나, 예외적으로 간접적 효력을 갖는 경우도 있다.
⑤ 기본권의 사인(私人) 간의 직접적 효력을 헌법이 명문으로 규정한 예로, 근로3권과 언론·출판에 의한 명예 또는 권리침해 금지가 있다.

16 다음 중 행정기관에 대한 설명으로 옳은 것은?

① 다수 구성원으로 이루어진 합의제 행정청이 대표적인 행정청의 형태이며, 지방자치단체의 경우 지방의회가 행정청이다.
② 감사기관은 다른 행정기관의 사무나 회계처리를 검사하고 그 적부에 관해 감사하는 기관이다.
③ 자문기관은 행정청의 내부 실·국의 기관으로 행정청의 권한 행사를 보좌한다.
④ 의결기관은 행정청의 의사결정에 참여하는 권한을 가진 기관이지만 행정청의 의사를 법적으로 구속하지는 못한다.
⑤ 집행기관은 채권자의 신청에 의하여 강제집행을 실시할 직무를 갖지 못한다.

17 다음 중 법률행위의 효력이 발생하는 경우는 무엇인가?(단, 다툼이 있는 경우 판례에 의한다)

① 2016년 7월 16일에 체결된 형사사건변호에 관한 성공보수약정

② 소송에서 증언할 것을 조건으로 통상 용인되는 수준의 실비를 보전받기로 한 약정

③ 장래의 부첩(夫妾)관계를 승인하는 합의

④ 변호사 아닌 자가 민사소송에서 승소를 시켜주는 대가로 소송물 일부를 양도받기로 하는 약정

⑤ 지방자치단체가 골프장사업계획승인과 관련하여 사업자로부터 기부금을 받기로 한 계약

18 다음 중 권리의 주체에 대한 설명으로 옳지 않은 것은?

① 행위능력은 모든 자연인에게 인정되고 있다.

② 자연인은 생존한 동안 권리와 의무의 주체가 된다.

③ 실종선고를 받은 자는 실종기간이 만료하면 사망한 것으로 본다.

④ 민법은 원칙적으로 권리능력자로서 자연인과 법인만을 인정하고 있다.

⑤ 모든 권리·의무에는 그 주체가 있으며, 주체 없는 권리나 의무는 있을 수 없다.

19 다음 중 제한능력자 제도에 대한 설명으로 옳지 않은 것은?

① 제한능력자에 관한 민법규정은 강행규정이다.

② 제한능력자를 보호하기 위한 것이다.

③ 제한능력자의 능력을 보충하기 위해 법정대리인을 두고 있다.

④ 행위능력에 관한 민법규정은 가족법상의 행위에도 그대로 적용된다.

⑤ 제한능력자 여부는 연령 또는 가정법원의 심판에 의해 정해진다.

20 다음 중 법률행위의 효력발생 요건으로 옳지 않은 것은?

① 당사자가 의사능력·행위능력을 가지고 있을 것

② 법률행위의 목적이 확정·가능·적법·사회적 타당성이 있을 것

③ 의사와 표시가 일치하고 하자가 없을 것

④ 당사자가 존재할 것

⑤ 도덕 질서에 위배되지 않을 것

21 다음 법의 해석 방법 중 유추해석 방법에 해당하는 것은?

① 서로 반대되는 두 개의 사실 중 하나의 사실에 관해서만 규정이 되어 있을 때 다른 하나에 관해서는 법문과 반대의 결과를 인정하는 해석 방법이다.

② 법규의 문자가 가지는 사전적 의미에 따라서 법규의 의미를 확정하는 해석 방법이다.

③ 두 개의 유사한 사실 중 법규에서 어느 하나의 사실에 관해서만 규정하고 있는 경우에 나머지 다른 사실에 대해서도 마찬가지의 효과를 인정하는 해석 방법이다.

④ 법규의 내용에 포함되는 개념을 문자 자체의 보통의 뜻보다 확장해서 효력을 인정함으로써 법의 타당성을 확보하려는 해석 방법이다.

⑤ 법문에 일정한 사항을 정하고 있을 때 그 이외의 사항에 관해서도 사물의 성질상 당연히 그 규정에 포함되는 것으로 보는 해석 방법이다.

22 다음 중 헌법재판에 대한 설명으로 옳은 것은?

① 탄핵의 심판, 정당해산의 심판, 헌법소원에 관한 심판은 원칙적으로 구두변론에 의한다.

② 재판관에게 공정한 심판을 기대하기 어려운 사정이 있는 경우 당사자는 기피신청을 할 수 있으며, 동일한 사건에 대하여 재판관을 2명까지 기피할 수 있다.

③ 심판의 변론과 서면심리, 결정의 선고는 공개한다.

④ 헌법소원심판의 청구 후 30일이 지날 때까지 지정재판부의 각하결정이 없는 때에는 심판에 회부하는 결정이 있는 것으로 본다.

⑤ 권한쟁의의 심판은 그 사유가 있음을 안 날부터 90일 이내에, 그 사유가 있은 날부터 1년 이내에 청구하여야 한다.

23 다음 중 현행 헌법의 전문에 대한 설명으로 옳지 않은 것은?(단, 다툼이 있는 경우 판례에 의한다)

① 헌법의 본문 앞에 위치한 문장으로서 헌법전의 일부를 구성하는 헌법 서문을 말한다.

② 헌법제정 및 개정의 주체, 건국이념과 대한민국의 정통성, 자유민주주의적 기본질서의 확립, 평화통일과 국제평화주의의 지향은 물론, 대한민국이 민주공화국이고 모든 권력이 국민으로부터 나온다는 사실도 헌법 전문에 선언되어 있다.

③ 헌법의 제정과 개정과정에 관한 역사적 서술 외에도 대한민국의 국가적 이념과 국가질서를 지배하는 지도이념과 지도원리 등이 구체적으로 규정되어 있다.

④ 헌법전문에 기재된 3·1정신은 우리나라 헌법의 연혁적·이념적 기초로서 헌법이나 법률해석에서의 해석기준으로 작용한다고 할 수 있지만, 그에 기하여 곧바로 국민의 개별적 기본권성을 도출해낼 수는 없다고 할 것이므로, 헌법소원의 대상인 헌법상 보장된 기본권에 해당하지 아니한다.

⑤ 헌법전문은 법령의 해석기준이면서 입법의 지침일 뿐만 아니라, 구체적 소송에서 적용될 수 있는 재판규범으로서 위헌법률심사의 기준이 되는 헌법규범이기도 하다.

24 다음 중 죄형법정주의의 내용이 아닌 것은?

① 소급효 금지의 원칙 ② 관습형법 금지의 원칙
③ 유추해석 금지의 원칙 ④ 상대적 부정기형 금지의 원칙
⑤ 명확성의 원칙

25 다음 중 법의 효력에 대한 설명으로 옳지 않은 것은?

① 법률의 시행기간은 시행일부터 폐지일까지이다.

② 법률은 특별한 규정이 없는 한 공포일로부터 30일을 경과하면 효력이 발생한다.

③ 범죄 후 법률의 변경이 피고인에게 유리한 경우에는 소급적용이 허용된다.

④ 외국에서 범죄를 저지른 한국인에게 우리나라 형법이 적용되는 것은 속인주의에 따른 것이다.

⑤ 일반적으로 타당성과 실효성 두 가지로 이루어진다.

26 다음 중 위법성을 조각하는 사유가 아닌 것은?

① 본인의 자유로운 처분이 불가능한 법익에 대한 피해자의 승낙 행위

② 타인의 법익에 대한 부당한 침해를 방위하기 위하여 상당한 이유가 있는 행위

③ 타인의 법익에 대한 현재의 위난을 피하기 위하여 상당한 이유가 있는 행위

④ 법령에 의한 행위 또는 업무로 인한 행위

⑤ 타인의 불법행위에 대해 자기 또는 제3자의 권리를 방위하기 위해 부득이하게 행한 가해 행위

27 다음 중 업무상 과실에 대한 설명으로 옳은 것은?

① 주된 업무이어야 한다.

② 보수가 있거나 영리의 목적이 있어야 한다.

③ 법규에 의하거나 계약에 의한 직무이어야 한다.

④ 계속의 의사로써 하는 한, 단 1회의 행위도 업무가 된다.

⑤ 단순과실에 비하여 예견의무는 동일하나 주의의무가 다르다.

28 다음 중 상업등기에 대한 설명으로 옳지 않은 것은?

① 영업에 관한 중요한 사항을 상법의 규정에 의하여 상업등기부에 등기하는 것을 말한다.

② 상인과 제3자와의 이해관계 있는 일정사항을 공시함으로써 거래의 안전을 도모하는 동시에, 상인의 신용을 유지하기 위하여 마련한 제도이다.

③ 상업등기부에는 상호, 성년자, 법정대리인, 지배인, 합명회사, 합자회사, 무한회사, 주식회사, 외국회사 등에 관한 9종이 있다.

④ 등기사항은 등기와 공고 후가 아니면 선의의 제3자에게 대항하지 못하고, 등기·공고가 있으면 제3자에게 대항할 수 있다.

⑤ 미성년자의 등기는 그 미성년자가 신청하며, 그 미성년자가 성년이 됨으로 인한 소멸의 등기는 등기관이 직권으로 할 수 있다.

29 다음 중 상법이 명시적으로 규정하고 있는 회사가 아닌 것은?

① 유한회사　　　　　　　　　　　　② 유한책임회사

③ 다국적회사　　　　　　　　　　　　④ 합자회사

⑤ 주식회사

30 다음 중 상업사용인의 의무에 대한 설명으로 옳지 않은 것은?

① 상업사용인은 영업주의 허락이 없이는 본인이 아닌 제3자의 계산으로라도 영업주의 영업부류에 속한 거래를 할 수 없다.

② 상업사용인은 영업주의 허락 없이 다른 상인의 사용인이 되지 못한다.

③ 의무를 위반한 상업사용인은 영업주에 대하여 손해를 배상할 책임이 있다.

④ 의무를 위반하여 한 거래 행위는 원칙적으로 무효이다.

⑤ 영업주는 상업사용인의 의무 위반 거래 행위를 안 날로부터 2주간을 경과하거나 그 거래가 있은 날로부터 1년을 경과하면 손해배상을 청구할 수 없다.

31 다음 중 행정작용에 대한 설명으로 옳지 않은 것을 〈보기〉에서 모두 고르면?

> **보기**
>
> ㄱ. 하명은 명령적 행정행위이다.
> ㄴ. 인가는 형성적 행정행위이다.
> ㄷ. 공증은 법률행위적 행정행위이다.
> ㄹ. 공법상 계약은 권력적 사실행위이다.

① ㄱ, ㄴ　　　　　　　　　　　　　　② ㄱ, ㄷ

③ ㄴ, ㄹ　　　　　　　　　　　　　　④ ㄷ, ㄹ

⑤ ㄱ, ㄹ

32 다음 중 헌법재판소가 기본권 침해의 자기관련성을 인정하는 경우는 무엇인가?(단, 다툼이 있는 경우 판례에 의한다)

① 자신의 형사재판의 증인으로 채택된 수감자를 매일 소환한 검사의 행위에 대한 피고인

② 학교법인 이사의 학교법인 재산의 횡령행위에 있어 대학교수나 교수협의회

③ 담배 판매와 제조를 허용하고 있는 구 담배사업법 조항에 대하여 간접흡연자

④ 정부의 이라크 전쟁 파병결정에 대한 시민단체 대표

⑤ 의료사고 피해자의 아버지나 남편(피해자가 사망하지 않은 경우)

33 다음 중 상법상 보험자의 면책사유에 해당하지 않는 것은?

① 보험사고가 보험계약자의 고의로 발생한 경우

② 보험사고가 피보험자의 실수로 발생한 경우

③ 보험사고가 보험계약자의 중대한 과실로 발생한 경우

④ 보험사고가 전쟁 기타의 변란으로 발생한 경우

⑤ 보험사고가 보험수익자의 고의로 발생한 경우

34 다음 중 행정기관에 대한 설명으로 옳은 것은?

① 행정청의 자문기관은 합의제이며, 그 구성원은 공무원으로 한정된다.

② 보좌기관은 행정조직의 내부기관으로서 행정청의 권한 행사를 보조하는 것을 임무로 하는 행정기관이다.

③ 국무조정실, 각 부의 차관보·실장·국장 등은 행정조직의 보조기관이다.

④ 행정청은 행정주체의 의사를 결정하여 외부에 표시하는 권한을 가진 기관이다.

⑤ 보좌기관은 위임·전결권의 범위 내에서 의사결정과 집행의 권한을 가진다.

35 다음 중 권리의 주체와 분리하여 양도할 수 없는 권리는?

① 실용신안권
② 법정지상권
③ 초상권
④ 분묘기지권
⑤ 채권자대위권

36 관할행정청 甲이 乙의 경비업 허가신청에 대해 거부처분을 한 경우, 이에 불복하는 乙이 제기할 수 있는 행정심판은 무엇인가?

① 당사자심판
② 부작위위법확인심판
③ 거부처분부당확인심판
④ 의무이행심판
⑤ 특허심판

37 행정의 실효성 확보수단에 대한 판례의 입장으로 옳지 않은 것은?

① 이행강제금은 부작위의무나 비대체적 작위의무에 대한 강제집행수단이기 때문에 대체적 작위의무의 위반에 대하여는 부과할 수 없다.
② 동일한 행위를 대상으로 하여 형벌을 부과하면서 아울러 행정질서벌인 과태료를 부과하는 것은 이중처벌에 해당한다고 할 수 없다.
③ 하나의 납세고지서에 의하여 본세와 가산세를 함께 부과할 때에는 납세고지서에 본세와 가산세 각각의 세액과 산출근거 등을 구분하여 기재해야 한다.
④ 이행강제금 납부의 최초 독촉은 징수처분으로서 항고소송의 대상이 되는 행정처분이다.
⑤ 대집행계고처분을 하기 위하여는 법령에 의하여 직접 명령되거나 법령에 근거한 행정청의 명령에 의한 의무자의 대체적 작위의무가 존재하고 이에 대한 위반행위가 있어야 한다.

38 위헌법률에 근거한 행정처분의 효력에 대한 설명으로 옳지 않은 것은?(단, 다툼이 있는 경우 판례에 의한다)

① 이미 위헌결정된 법률에 근거한 처분은 효력을 상실한 법률에 근거한 처분이기 때문에 당연무효 사유가 된다.

② 위헌결정 전에 행정처분의 근거가 되는 법률이 헌법에 위반된다는 사유는 특별한 사정이 없는 한 그 행정처분의 취소소송의 전제가 될 수 있을 뿐 당연무효사유는 아니다.

③ 위헌법률에 근거한 처분의 효력이 제소기간 경과 후에도 존속 중이고 그 처분의 목적달성을 위해서는 후행처분이 필요한 경우와 같이 그 하자가 중대하여 구제가 필요한 경우에는 예외적으로 당연무효사유로 보아야 할 것이다.

④ 조세부과의 근거가 되었던 법률 규정이 위헌결정되었다고 하더라도 과세처분 이후 조세채권이 이미 확정된 때에는 그 조세채권의 집행을 위한 체납처분절차는 적법·유효하며 무효사유가 되는 것은 아니다.

⑤ 처분 이후 그 근거 법률이 위헌결정된 경우 당해 처분에 대한 제소기간이 경과하여 확정력이 발생한 처분에 대해서는 위헌결정의 소급효가 미치지 아니한다.

39 다음 중 행정법의 법원으로서 신뢰보호의 원칙에 대한 설명으로 옳은 것은?(단, 다툼이 있는 경우 판례에 의한다)

① 헌법재판소의 위헌결정은 행정청이 개인에 대하여 신뢰의 대상이 되는 공적인 견해를 표명한 것이라고 할 수 없으므로 그 결정에 관련한 개인의 행위에 대하여는 신뢰보호의 원칙이 적용되지 아니한다.

② '공익을 해할 우려가 있는 경우가 아니어야 함'은 신뢰보호원칙의 성립요건이지만, '제3자의 정당한 이익을 해할 우려가 있는 경우가 아니어야 함'은 신뢰보호원칙의 성립요건이 아니다.

③ 신뢰보호원칙의 성립요건인 공적인 견해의 표명은 행정조직법상 권한을 가진 처분청에 의해 행해져야 하며, 처분청이 아닌 다른 기관에 의해 행해진 경우에는 신뢰보호의 대상이 될 수 없다.

④ 신뢰의 대상인 행정청의 선행조치는 문서에 의한 형식적 행위이어야 한다.

⑤ 신뢰보호의 대상인 행정청의 선행조치에는 법적행위만이 포함되며, 행정지도 등의 사실행위는 포함되지 아니한다.

40 법정대리인의 동의 없이 소송을 제기할 수 있는 능력을 무엇이라 하는가?

① 행위능력　　　　　　　　② 권리능력
③ 소송능력　　　　　　　　④ 당사자능력
⑤ 등기능력

01 토목일반

01 측점 No. 1에서 No.5까지 레벨 측량 결과가 다음과 같을 때, 측점 No.5의 높이는 측점 No.1보다 얼마나 높은가?

측점	후시(m)	전시(m)
No.1	0.862	–
No.2	1.295	1.324
No.3	1.007	0.381
No.4	1.463	2.245
No.5	–	2.139

① -1.277m
② 1.277m
③ -1.462m
④ 1.462m
⑤ 4.627m

02 다음 중 흙의 다짐에 대한 설명으로 옳지 않은 것은?

① 조립토는 세립토보다 최적함수비가 작다.
② 최대 건조단위중량이 큰 흙일수록 최적함수비는 작은 것이 보통이다.
③ 점성토 지반을 다질 때는 진동 롤러로 다지는 것이 유리하다.
④ 일반적으로 다짐 에너지를 크게 할수록 최대 건조단위중량은 커지고, 최적함수비는 줄어든다.
⑤ 다짐의 효과는 다짐을 할 때의 수분함량에 크게 좌우된다.

03 $\phi = 33°$인 사질토에 $25°$ 경사의 사면을 조성하려고 한다. 이 비탈면의 지표까지 포화되었을 때, 안전율을 계산하면 얼마인가?(단, 사면 흙의 $\gamma_{sat} = 1.8\text{t/m}^3$이다)

① 0.62
② 0.70
③ 1.12
④ 1.41
⑤ 1.62

04 다음 중 상수 취수시설인 집수매거에 대한 설명으로 옳지 않은 것은?

① 철근콘크리트조의 유공관 또는 권선형 스크린관을 표준으로 한다.
② 집수매거의 경사는 수평 또는 흐름 방향으로 향하여 완경사로 설치한다.
③ 집수매거의 유출단에서 매거내의 평균유속은 3m/s 이상으로 한다.
④ 집수매거는 가능한 직접 지표수의 영향을 받지 않도록 매설 깊이는 5m 이상으로 하는 것이 바람직하다.
⑤ 주로 하천둑의 내외지, 하천부, 호수와 늪 부근의 복류수를 취수할 때 설치하는 것이다.

05 강철 테이프로 경사면의 거리를 측정했더니 65m이었다. 경사 보정량이 1cm일 때 양 끝의 고저차는 얼마인가?

① 약 1.14m
② 약 1.27m
③ 약 1.32m
④ 약 1.48m
⑤ 약 1.53m

06 강우강도 $I = \dfrac{3,500}{t(\text{분})+10}$(mm/hr), 유입시간이 7분, 유출계수 $C = 0.7$, 유역면적이 2.0km^2, 관내유속이 1m/s인 경우 관의 길이 500m인 하수관에서 흘러나오는 우수량은?

① 약 $35.8\text{m}^3/\text{s}$
② 약 $45.7\text{m}^3/\text{s}$
③ 약 $48.9\text{m}^3/\text{s}$
④ 약 $52.4\text{m}^3/\text{s}$
⑤ 약 $53.7\text{m}^3/\text{s}$

07 수심이 h인 하천의 평균유속을 구하기 위하여 수면으로부터 $0.2h$, $0.6h$, $0.8h$가 되는 깊이에서 유속을 측량한 결과 0.8m/s, 1.5m/s, 1.0m/s이었다. 다음 중 3점법에 의한 평균유속은 얼마인가?

① 0.9m/s
② 1.0m/s
③ 1.1m/s
④ 1.2m/s
⑤ 1.3m/s

08 다음 중 완화곡선에 대한 설명으로 옳지 않은 것은?

① 모든 클로소이드(Clothoid)는 닮음꼴이며, 클로소이드 요소는 길이의 단위를 가진 것과 단위가 없는 것이 있다.

② 완화곡선의 접선은 시점에서 원호에, 종점에서 직선에 접한다.

③ 완화곡선의 반지름은 그 시점에서 무한대, 종점에서는 원곡선의 반지름과 같다.

④ 완화곡선에 연한 곡선 반지름의 감소율은 캔트(Cant)의 증가율과 같다.

⑤ 완화곡선이 직선과 접속되는 경우 완화곡선 시점의 곡선 반지름은 무한대이다.

09 촬영고도 800m의 연직사진에서 높이 20m에 대한 시차차의 크기는?(단, 초점거리는 21cm, 사진 크기는 23×23cm, 종중복도는 60%이다)

① 0.8mm

② 1.3mm

③ 1.8mm

④ 2.3mm

⑤ 2.8mm

10 총 측점 수가 15개인 폐합 트래버스의 외각을 측정할 때, 외각의 합은?

① 2,700°

② 2,820°

③ 2,940°

④ 3,060°

⑤ 3,180°

11 시료채취에 사용되는 시료기(Sampler) 중 불교란시료 채취에만 사용되는 것을 〈보기〉에서 모두 고르면?

> 보기
>
> (A) 분리형 원통 시료기(Split Spoon Sampler)
> (B) 피스톤 튜브 시료기(Piston Tube Sampler)
> (C) 얇은 관 시료기(Thin Wall Tube Sampler)
> (D) Laval 시료기(Laval Sampler)

① (A), (B)

② (A), (D)

③ (A), (B), (D)

④ (A), (C), (D)

⑤ (B), (C), (D)

12 노건조한 흙 시료의 부피가 $1,000\text{cm}^3$, 무게가 $1,700\text{g}$, 비중이 2.65일 때, 간극비는 얼마인가?

① 0.43

② 0.56

③ 0.65

④ 0.71

⑤ 0.82

13 다음 중 철근콘크리트가 성립하는 이유에 대한 설명으로 옳지 않은 것은?

① 철근과 콘크리트와의 부착력이 크다.

② 콘크리트 속에 묻힌 철근은 녹슬지 않고, 내구성을 갖는다.

③ 철근과 콘크리트의 무게가 거의 같고, 내구성이 같다.

④ 철근과 콘크리트는 열에 대한 팽창계수가 거의 같다.

⑤ 철근은 인장에 강하고, 콘크리트는 압축에 강하다.

14 어느 도시의 연 평균 상수소비량은 300L/인/일이다. Goodrich공식에 의한 1인 1일 월 최대급수량은?(단, 한 달은 30일이다)

① 약 264.7L/인/일

② 약 312.5L/인/일

③ 약 384.3L/인/일

④ 약 417.9L/인/일

⑤ 약 452.7L/인/일

15 수심이 h, 단면적이 A, 유량이 Q로 흐르고 있는 개수로에서 에너지 보정계수를 α라고 할 때, 비에너지 H_e를 구하는 식은?(단, $h=$ 수심, $g=$ 중력가속도이다)

① $H_e = h + \alpha\left(\dfrac{Q}{A}\right)$

② $H_e = h + \alpha\left(\dfrac{Q}{A}\right)^2$

③ $H_e = h + \alpha\left(\dfrac{Q^2}{2g}\right)$

④ $H_e = h + \dfrac{\alpha}{2g}\left(\dfrac{Q}{A}\right)^2$

⑤ $H_e = h + \dfrac{\alpha}{2g}\left(\dfrac{Q}{A}\right)$

16 압력수두를 P, 속도수두를 V, 위치수두를 Z라고 할 때, 정체압력수두 P_s는?

① $P_s = P + V$

② $P_s = P + V + Z$

③ $P_s = P - V$

④ $P_s = P - V - Z$

⑤ $P_s = P \times V$

17 배수지에서 2,500m 거리에 있는 A지점에 내경이 800mm인 원형 관으로 시간당 3,000t의 정수를 배수하고자 한다. 배수지 유출부 수압이 $3.5\text{kg}_f/\text{cm}^2$일 때, A지점에서의 수압은?(단, 관마찰계수는 0.035이다)

① $1.54\text{kg}_f/\text{cm}^2$

② $1.66\text{kg}_f/\text{cm}^2$

③ $1.98\text{kg}_f/\text{cm}^2$

④ $2.06\text{kg}_f/\text{cm}^2$

⑤ $2.15\text{kg}_f/\text{cm}^2$

18 두 수조가 관 길이 $L=50\text{m}$, 지름 $D=0.8\text{m}$, Manning의 조도계수 $n=0.013$인 원형관으로 연결되어 있다. 이 관을 통하여 유량 $Q=1.2\text{m}^3/\text{s}$의 난류가 흐를 때, 두 수조의 수위차는?(단, 마찰, 단면 급확대 및 급축소 손실만을 고려한다)

① 약 0.24m

② 약 0.36m

③ 약 0.54m

④ 약 0.85m

⑤ 약 0.98m

19 다음 중 DAD(Depth-Area-Duration) 해석에 대한 설명으로 옳은 것은?

① 최대평균우량깊이, 유역면적, 강우강도와의 관계를 수립하는 작업이다.

② 유역면적을 대수축(Logarithmic Scale)에, 최대평균강우량을 산술축(Arithmetic Scale)에 표시한다.

③ DAD 해석 시 상대습도 자료가 필요하다.

④ 유역면적과 증발산량과의 관계를 알 수 있다.

⑤ 일반적으로 강수의 계속시간이 짧을수록 또는 지역의 면적이 클수록 평균 유량의 최대치는 커진다.

20 다음 중 다각측량에 대한 설명으로 옳지 않은 것은?

① 각과 거리를 측정하여 점의 위치를 결정한다.

② 근거리이고 조건식이 많아 삼각측량에서 구한 위치보다 정확도가 높다.

③ 선로와 같이 좁고 긴 지역의 측량에 편리하다.

④ 삼각측량에 비해 시가지 또는 복잡한 장애물이 있는 곳의 측량에 적합하다.

⑤ 계획 – 답사 – 선점 – 조표 – 관측 – 계산 순서로 진행된다.

21 다음 중 지형의 토공량 산정 방법이 아닌 것을 〈보기〉에서 모두 고르면?

> **보기**
>
> ㄱ. 각주공식   ㄴ. 삼변법
> ㄷ. 양단면 평균법   ㄹ. 중앙단면법
> ㅁ. 지거법

① ㄱ, ㄴ   ② ㄱ, ㄷ

③ ㄴ, ㄷ   ④ ㄴ, ㅁ

⑤ ㄹ, ㅁ

22 처리수량이 $7,500m^3$인 정수장에서 10mg/L의 염소를 주입하였을 때, 잔류 염소 농도가 2mg/L이면 필요한 염소의 양은?(단, 염소의 순도는 80%이다)

① 67.5kg/day   ② 75kg/day

③ 85.5kg/day   ④ 93kg/day

⑤ 105.5kg/day

23 다음 중 부마찰력이 발생할 수 있는 경우로 옳지 않은 것은?

① 매립된 생활쓰레기 중에 시공된 관측정

② 붕적토에 시공된 말뚝 기초

③ 성토한 연약점토지반에 시공된 말뚝 기초

④ 다짐된 사질지반에 시공된 말뚝 기초

⑤ 배수로 인한 지하수위의 저하

24 하수도 계획에서 시설의 내용연수 및 건설기간이 길고 관거 하수량 증가에 따라 단면을 증가시키기 곤란하기 때문에 장기적 관리계획을 수립할 필요가 있다. 다음 중 하수도 계획의 목표연도는?

① 5년   ② 10년
③ 15년   ④ 20년
⑤ 25년

25 우량관측소에서 측정된 5분단위 강우량 자료가 표와 같을 때, 10분 지속 최대 강우강도는?

시각(분)	0	5	10	15	20
누가우량(mm)	0	2	8	18	25

① 17mm/hr   ② 48mm/hr
③ 102mm/hr   ④ 120mm/hr
⑤ 130mm/hr

26 다음 중 서로 다른 크기의 철근을 압축부에서 겹침이음하는 경우의 이음길이에 대한 설명으로 옳은 것은?

① 이음길이는 크기가 큰 철근의 정착 길이와 크기가 작은 철근의 겹침이음길이 중 큰 값 이상이어야 한다.
② 이음길이는 크기가 작은 철근의 정착 길이와 크기가 큰 철근의 겹침이음길이 중 작은 값 이상이어야 한다.
③ 이음길이는 크기가 작은 철근의 정착 길이와 크기가 큰 겹침이음길이의 평균값 이상이어야 한다.
④ 이음길이는 크기가 큰 철근의 정착 길이와 크기가 작은 철근의 겹침이음길이를 합한 값 이상이어야 한다.
⑤ 이음길이는 크기가 큰 철근의 정착 길이와 크기가 작은 철근의 겹침이음길의 평균값 이상이어야 한다.

27 다음 중 적합 비틀림에 대한 설명으로 옳은 것은?

① 균열의 발생 후 비틀림 모멘트의 재분배가 일어날 수 없는 비틀림이다.
② 균열의 발생 후 비틀림 모멘트의 재분배가 일어날 수 있는 비틀림이다.
③ 균열의 발생 전 비틀림 모멘트의 재분배가 일어날 수 없는 비틀림이다.
④ 균열의 발생 전 비틀림 모멘트의 재분배가 일어날 수 있는 비틀림이다.
⑤ 균열의 발생 전 비틀림 모멘트의 분배가 일어날 수 있는 비틀림이다.

28 동력이 20,000kW, 효율이 88%인 펌프를 이용하여 150m 위의 저수지로 물을 양수하려고 한다. 손실수두가 10m일 때, 양수량은?(단, 소수점 둘째 자리에서 반올림한다)

① $11.2\text{m}^3/\text{s}$ ② $12.5\text{m}^3/\text{s}$

③ $13.2\text{m}^3/\text{s}$ ④ $14.5\text{m}^3/\text{s}$

⑤ $15.5\text{m}^3/\text{s}$

29 다음 중 배수곡선(Backwater Curve)에 해당하는 수면곡선은?

① 댐을 월류할 때의 수면곡선
② 홍수 시 하천의 수면곡선
③ 하천 단락부(段落部) 상류의 수면곡선
④ 상류 상태로 흐르는 하천에 댐을 구축했을 때, 저수지의 수면곡선
⑤ 수로경사가 한계경사보다 완만한 경우의 수로에서 발생하는 수면곡선

30 다음 중 부분 프리스트레싱에 대한 설명으로 옳은 것은?

① 구조물에 부분적으로 PSC 부재를 사용하는 방법이다.
② 부재 단면의 일부에만 프리스트레스를 도입하는 방법이다.
③ 사용 하중 작용 시 PSC 부재 단면의 일부에 인장 응력이 생기는 것을 허용하는 방법이다.
④ PSC 부재 설계 시 부재 하단에만 프리스트레스를 주고 부재 상단에는 프리스트레스를 하지 않는 방법이다.
⑤ 원통형 구조물의 외주에 강선을 긴장하면서 감아, 콘크리트에 원주 방향의 프리스트레스를 주는 방법이다.

31 $b_w = 250mm$, $d = 500mm$, $f_{ck} = 21MPa$, $f_y = 400MPa$인 직사각형 보에서 콘크리트가 부담하는 설계전단강도(ϕV_c)는?

① 약 71.6kN ② 약 76.4kN

③ 약 82.2kN ④ 약 91.5kN

⑤ 약 102.4kN

32 반지름이 25cm인 원형 단면을 갖는 단주에서 핵의 면적은 약 얼마인가?(단, 소수점 둘째 자리에서 버림한다)

① 122.7cm^2 ② 168.4cm^2

③ 245.4cm^2 ④ 312.3cm^2

⑤ 336.8cm^2

33 다음 중 펌프대수 결정을 위한 일반적인 고려사항에 대한 설명으로 옳지 않은 것은?

① 건설비를 절약하기 위해 예비는 가능한 대수를 적게 하고, 소용량으로 한다.

② 펌프의 설치대수는 유지관리상 가능한 적게 하고, 동일용량의 것으로 한다.

③ 펌프는 가능한 최고효율점 부근에서 운전하도록 대수 및 용량을 정한다.

④ 펌프는 용량이 작을수록 효율이 높으므로 가능한 소용량의 것으로 한다.

⑤ 펌프는 병렬 운전으로 계획하는 것이 일반적이다.

34 다음 중 완속여과지와 비교한 급속여과지에 대한 설명으로 옳지 않은 것은?

① 유입수가 고탁도인 경우에 적합하다.

② 세균 처리에 있어 확실성이 적다.

③ 유지관리비가 적게 들고, 특별한 관리 기술이 필요하지 않다.

④ 대규모 처리에 적합하다.

⑤ 협소한 장소에 시공 가능하며, 건설비가 적다.

35 철근 콘크리트 보에서 최소의 전단 철근량을 배치할 수 있는 계수 전단력 V_u의 범위는 다음 식 중 어느 것인가?

① $\frac{1}{2}\phi V_c < V_u \leq \phi V_c$

② $\frac{1}{2}\phi V_c < V_u \leq \frac{3}{2}\phi V_c$

③ $\phi V_c < V_u \leq \frac{3}{2}\phi V_c$

④ $\frac{1}{2}\phi V_c < V_u \leq 2\phi V_c$

⑤ $\frac{1}{2}\phi V_c < V_u \leq 3\phi V_c$

36 지간이 4m이고 단순 지지된 1방향 슬래브에서 처짐을 계산하지 않는 경우 슬래브의 최소 두께로 옳은 것은?(단, 보통 중량콘크리트를 사용하고, $f_{ck}=28$MPa, $f_y=400$MPa인 경우이다)

① 100mm

② 150mm

③ 200mm

④ 250mm

⑤ 300mm

37 다음 중 인장을 받는 표준 갈고리의 정착에 대한 기술로 옳지 않은 것은?

① 경량 콘크리트의 수정 계수는 1.3이다.

② 갈고리는 압축을 받는 구역에서 철근 정착에 유효하다.

③ 기본 정착 길이에 수정 계수를 곱하여 정착 길이를 계산하는데 $8d_b$ 이상, 15cm 이상이어야 한다.

④ 정착 길이는 위험 단면으로부터 갈고리 외부 끝까지의 거리로 나타낸다.

⑤ 정착 길이의 허용오차는 소정 길이의 10% 이내로 한다.

38 다음의 연약지반 개량공법에서 일시적인 개량공법은?

① 웰 포인트 공법

② 치환 공법

③ 페이퍼드레인 공법

④ 모래다짐말뚝 공법

⑤ 주입 공법

39 다음 중 1방향 슬래브에 대한 설명으로 옳지 않은 것은?

① 1방향 슬래브의 두께는 최소 80mm 이상으로 하여야 한다.

② 4변에 의해 지지되는 2방향 슬래브 중에서 단변에 대한 장변의 비가 2배를 넘으면 1방향 슬래브로서 해석한다.

③ 슬래브의 정모멘트 철근 및 부모멘트 철근의 중심 간격은 위험 단면에서는 슬래브 두께의 2배 이하여야 하고, 또한 300mm 이하로 하여야 한다.

④ 슬래브의 정모멘트 철근 및 부모멘트 철근의 중심 간격은 위험 단면을 제외한 단면에서는 슬래브 두께의 3배 이하여야 하고, 또한 450mm 이하로 하여야 한다.

⑤ 1방향 슬래브에서는 정모멘트 철근 및 부모멘트 철근에 직각 방향으로 수축, 온도철근을 배치하여야 한다.

40 트래버스 $ABCD$에서 각 측선에 대한 위거와 경거 값이 아래 표와 같을 때, 측선 BC의 배횡거는?

측선	위거(m)	경거(m)
AB	+75.39	+81.57
BC	-33.57	+18.78
CD	-61.43	-45.60
DA	+44.61	-52.65

① 81.57m   ② 155.10m

③ 163.14m   ④ 181.92m

⑤ 192.64m

01 다음 중 플리커 예방을 위한 전력 공급 측의 대책으로 옳지 않은 것은?

① 단락용량이 큰 계통에서 공급한다.

② 공급전압을 승압한다.

③ 전원계통에 리액터분을 보상한다.

④ 전용의 변압기로 공급한다.

⑤ 단독 공급계통을 구성한다.

02 단상 50Hz, 전파 정류 회로에서 변압기의 2차 상전압 100V, 수은 정류기의 전호 강하 15V에서 회로 중의 인덕턴스는 무시한다. 외부 부하로서 기전력 60V, 내부 저항 0.2Ω의 축전지를 연결할 때 평균 출력을 구하면?

① 5.625kW 　　　　　　　　② 7.425kW

③ 8.385kW 　　　　　　　　④ 9.205kW

⑤ 9.635kW

03 4극 3상 유도 전동기에 전원 전압 200V로 전부하를 걸었을 때 전류가 21.5A였다면, 이 전동기의 전출력은 얼마인가?(단, 전부하 역률 86%, 효율 85%이다)

① 약 5,029W 　　　　　　　② 약 5,444W

③ 약 5,820W 　　　　　　　④ 약 6,103W

⑤ 약 6,312W

04 점 A에 정지해 있던 질량 1kg, 전하량 1C의 물체가 점 A보다 전위가 2V 낮은 점 B로 전위차에 의해서 가속되었다. 점 B에 도달하는 순간 이 물체가 갖는 속도는?

① 1m/s 　　　　　　　　　② 2m/s

③ 3m/s 　　　　　　　　　④ 4m/s

⑤ 5m/s

05 어느 회로의 전류가 다음과 같을 때, 이 회로에 대한 전류의 실횻값은?

$$i=3+10\sqrt{2}\sin\left(\omega t-\frac{\pi}{6}\right)+5\sqrt{2}\sin\left(3\omega t-\frac{\pi}{3}\right)[A]$$

① 약 11.6A ② 약 23.2A

③ 약 32.2A ④ 약 48.3A

⑤ 약 52.3A

06 그림과 같은 단상 전파 제어 회로에서 전원 전압은 2,300V이고, 부하 저항은 2.3Ω, 출력 부하는 2,300kW이다. 다이리스터의 최대 전류값 A는?

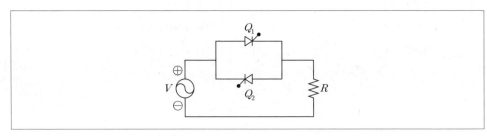

① 450A ② 707A

③ 1,000A ④ 1,500A

⑤ 2,000A

07 공장의 어떤 부하가 단상 220V/60Hz 전력선으로부터 0.5의 지상 역률로 22kW를 소비하고 있다. 이때 공장으로 유입되는 전류의 실횻값은?

① 50A ② 100A

③ 150A ④ 200A

⑤ 250A

08 다음 중 가지식 배전 방식의 특징으로 옳지 않은 것은?

① 인입선의 길이가 길다. ② 전압강하가 크다.

③ 전력손실이 크다. ④ 정전범위가 좁다.

⑤ 플리커 현상이 발생된다.

09 $e = 141\sin\left(120\pi t - \dfrac{\pi}{3}\right)$인 파형의 주파수는 몇 Hz인가?

① 10Hz ② 15Hz

③ 30Hz ④ 50Hz

⑤ 60Hz

10 다음 중 저압 네트워크 배전방식의 특징으로 옳지 않은 것은?

① 고장 시 고장전류의 역류가 발생하지 않는다.

② 무정전 공급이 가능하여 공급 신뢰도가 높다.

③ 부하증가 시 대응 능력이 우수하다.

④ 건설비가 비싸고 인축의 접지사고가 있을 수 있다.

⑤ 공급신뢰도가 가장 좋고 변전소의 수를 줄일 수 있다.

11 다음 회로와 같이 평형 3상 전원을 평형 3상 △ 결선 부하에 접속하였을 때 △ 결선 부하 1상의 유효전력이 P[W]였다. 각 상의 임피던스 Z를 그대로 두고 Y결선으로 바꾸었을 때, Y결선 부하의 총전력(W)은?

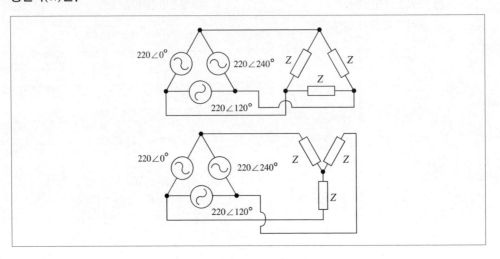

① $\dfrac{P}{3}$

② P

③ $\sqrt{3}\,P$

④ $3P$

⑤ $\sqrt{2}\,P$

12 면적 5cm^2의 금속판을 평행하게 공기 중에서 1mm의 간격을 두고 있을 때, 이 도체 사이의 정전용량을 구하면?

① $4.428\times10^{-12}\text{F}$

② $44.28\times10^{-12}\text{F}$

③ $2.214\times10^{-12}\text{F}$

④ $22.14\times10^{-12}\text{F}$

⑤ $221.4\times10^{-12}\text{F}$

13 공기 중에서 자속밀도 2Wb/m^2의 평등 자계 내에 5A의 전류가 흐르고 있는 길이 60cm의 직선 도체를 자계의 방향에 대하여 60°의 각을 이루도록 놓았을 때, 이 도체에 작용하는 힘은?

① 약 1.7N

② 약 3.2N

③ 약 5.2N

④ 약 6.4N

⑤ 약 8.6N

14 어떤 인덕터에 전류 $i = 3 + 10\sqrt{2}\sin50t + 4\sqrt{2}\sin100t$ [A]가 흐르고 있을 때, 인덕터에 축적되는 자기 에너지가 125J이다. 이 인덕터의 인덕턴스는?

① 1H
② 2H
③ 3H
④ 4H
⑤ 5H

15 다음 중 저압 단상 2선식과 비교한 저압 단상 3선식 배전 방식의 장점으로 옳지 않은 것은?

① 2종의 전원을 얻을 수 있다.
② 전압강하 및 전력손실이 적다.
③ 공급전력이 크다.
④ 1선당 공급전력이 크다.
⑤ 전선의 소요중량이 크다.

16 다음 그림과 같은 전기 회로에서 전류를 2초 동안 흘렸을 때, 4Ω 저항에서 발생하는 열에너지는 몇 J인가?

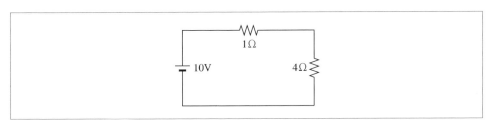

① 16J
② 24J
③ 32J
④ 40J
⑤ 48J

17 평형 3상 회로에서 그림 1의 △결선된 부하가 소비하는 전력이 $P_\triangle$[W]이다. 부하를 그림 2의 Y결선으로 변환하면 소비전력(W)은?(단, 선간전압은 일정하다)

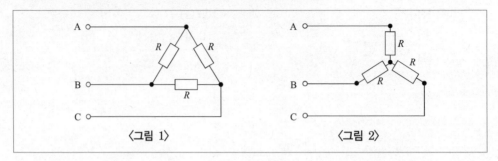

〈그림 1〉 〈그림 2〉

① $9P_\triangle$

② $\dfrac{1}{9}P_\triangle$

③ $3P_\triangle$

④ $\dfrac{1}{3}P_\triangle$

⑤ $5P_\triangle$

18 그림과 같이 자기 인덕턴스가 $L_1 = 8\mathrm{H}$, $L_2 = 4\mathrm{H}$, 상호 인덕턴스가 $M = 4\mathrm{H}$인 코일에 5A의 전류를 흘릴 때, 전체 코일에 축적되는 자기에너지(J)는?

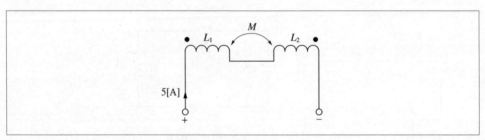

① 10J

② 25J

③ 50J

④ 75J

⑤ 100J

19 다음 중 배전선로의 용어와 이에 대한 설명으로 옳지 않은 것은?

① 궤전점 : 급전선과 간선과의 접속점이다.

② 간선 : 급전선에 접속되어 부하로 전력을 공급하거나 분기선을 통하여 배전하는 선로이다.

③ 분기선 : 급전선으로 분기되는 변압기에 이르는 선로이다.

④ 급전선 : 배전용 변전소에서 인출되는 배전선로에서 최초의 분기점까지의 전선으로 도중에 부하가 접속되어 있지 않은 선로이다.

⑤ 모선 : 전력을 외부의 수변전설비로부터 사업장의 수변전설비로 인입하여 공장 내의 목적별로 배전하는 경우, 분기하기 이전의 전력간선이다.

20 권선수 100의 코일에 쇄교되는 자속이 10ms마다 2Wb만큼 증가할 때, 코일에 유도되는 기전력은 얼마인가?

① $-500V$

② $-1,000V$

③ $-20,000V$

④ $-30,000V$

⑤ $-40,000V$

21 다음 회로에서 $V_s = 100\sin(\omega t + 30°)$일 때, 전류 i의 최댓값은?

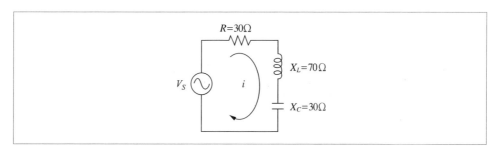

① 1

② 2

③ 3

④ 5

⑤ 6

22 공통 중성선 다중 접지 3상 4선식 배전선로에서 고압 측(1차 측) 중성선과 저압 측(2차 측) 중성선을 전기적으로 연결하는 목적으로 옳은 것은?

① 고전압 혼촉 시 수용가에 침입하는 상승전압을 억제하기 위함

② 저압 측 단락사고를 검출하기 위함

③ 저압 측 접지사고를 검출하기 위함

④ 고압 측 단락사고 시 고장전류를 검출하기 위함

⑤ 주상변압기의 중성선 측 부싱을 생략하기 위함

23 다음 그림과 같은 자기회로에서 공극내에서의 자계의 세기 H[AT/m]는?(단, 자성체의 비투자율 μ_r은 무한대이고, 공극내의 비투자율 μ_r은 1이며, 공극 주위에서의 프린징 효과는 무시한다)

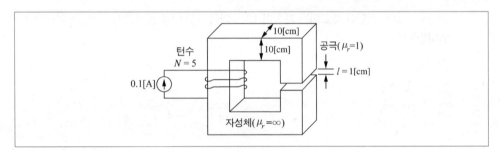

① 30AT/m 　　　　② 40AT/m

③ 50AT/m 　　　　④ 60AT/m

④ 70AT/m

24 내전압이 모두 같고 정전용량의 크기가 각각 0.01μF, 0.02μF, 0.04μF인 3개의 콘덴서를 직렬연결하였다. 이 직렬회로 양단에 인가되는 전압을 서서히 증가시켰을 때, 제일 먼저 파괴되는 콘덴서는?

① 0.01μF 콘덴서

② 0.02μF 콘덴서

③ 0.04μF 콘덴서

④ 0.02μF와 0.04μF 콘덴서가 동시에 파괴됨

⑤ 세 콘덴서 모두 동시에 파괴됨

25 다음과 같은 T형 회로에서 4단자 정수 중 C값은?

$$j100 \qquad j100$$

$$-j50$$

① -2

② -1

③ 0

④ $j\dfrac{1}{50}$

⑤ 1

26 RL 직렬 회로에 전류 $i = 3\sqrt{2}\sin(5{,}000t + 45°)$A가 흐를 때, 180W의 전력이 소비되고 역률은 0.8이었다. R과 L은?

	R	L
①	$\dfrac{20}{\sqrt{2}}\,\Omega$	$\dfrac{3}{\sqrt{2}}\,\mathrm{mH}$
②	$\dfrac{20}{\sqrt{2}}\,\Omega$	$3\mathrm{mH}$
③	$20\,\Omega$	$\dfrac{3}{\sqrt{2}}\,\mathrm{mH}$
④	$20\,\Omega$	$3\mathrm{mH}$
⑤	$20\,\Omega$	$\sqrt{3}\,\mathrm{mH}$

27 송전전력, 선간전압, 부하역률, 전력손실 및 송전거리를 동일하게 하였을 때, 단상 2선식에서의 전선량(중량)비와 대한 3상 3선식의 전선량비는?

① 약 0.33

② 0.75

③ 0.85

④ 1

⑤ 약 1.11

28 다음 중 전압변동률 ε의 식은?(단, 정격전압은 V_n[V], 무부하전압은 V_0[V]이다)

① $\varepsilon = \dfrac{V_0 - V_n}{V_n} \times 100\%$

② $\varepsilon = \dfrac{V_n - V_0}{V_n} \times 100\%$

③ $\varepsilon = \dfrac{V_n - V_0}{V_0} \times 100\%$

④ $\varepsilon = \dfrac{V_0 - V_n}{V_0} \times 100\%$

⑤ $\varepsilon = \dfrac{V_0 + V_n}{V_0} \times 100\%$

29 어떤 회로에 $v = 100\sqrt{2}\sin\left(120\pi t + \dfrac{\pi}{4}\right)$V의 전압을 가했더니 $i = 10\sqrt{2}\sin\left(120\pi t - \dfrac{\pi}{4}\right)$A 의 전류가 흘렀다. 이 회로의 역률은?

① 0

② $\dfrac{1}{\sqrt{2}}$

③ 0.1

④ 1

⑤ 1.5

30 다음 회로에서 상전류 A와 선전류 A는?(단, $R=4\Omega$, $X_L=3\Omega$이다)

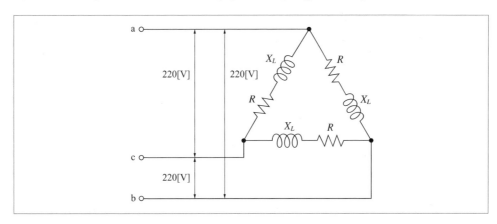

	상전류 A	선전류 A
①	$44\sqrt{3}$	132
②	44	$44\sqrt{2}$
③	$44\sqrt{2}$	88
④	44	$44\sqrt{3}$
⑤	$44\sqrt{2}$	44

31 3상 4선식 방식에서 1선당 최대 전력은 얼마인가?(단, 상전압은 V이고 선전류는 I이다)

① $0.3VI$ ② $0.45VI$

③ $0.5VI$ ④ $0.75VI$

⑤ VI

32 다음 〈보기〉에서 빈칸 ㉠, ㉡에 들어갈 말을 순서대로 바르게 나열한 것은?

송전선로에서 ____㉠____ 이/가 흐르면 통신선과 전자적인 결합으로 인한 ____㉡____ 에 의해 전자유도 장해가 발생한다.

	㉠	㉡
①	영상전류	상호 정전용량
②	영상전압	상호 정전용량
③	영상전류	상호 인덕턴스
④	영상전압	상호 정전용량
⑤	영상전류	영상전압

33 정전 용량 0.1μF인 콘덴서의 1MHz의 주파수에 대한 용량 리액턴스는 얼마인가?

① 약 $1.59\,\Omega$ ② 약 $2.05\,\Omega$

③ 약 $2.35\,\Omega$ ④ 약 $3.45\,\Omega$

⑤ 약 $5.29\,\Omega$

34 그림과 같은 $R-C$ 직렬회로에서 크기가 $1\angle0°$V이고, 각주파수가 ω[rad/sec]인 정현파 전압을 인가할 때, 전류(I)의 크기가 $2\angle60°$A라면, 커패시터(C)의 용량(F)은?

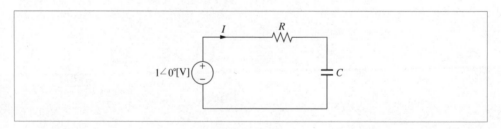

① $\dfrac{4}{\sqrt{2}\,\omega}$F ② $\dfrac{4}{\sqrt{3}\,\omega}$F

③ $\dfrac{2}{\sqrt{2}\,\omega}$F ④ $\dfrac{2}{\sqrt{3}\,\omega}$F

⑤ $\dfrac{1}{\sqrt{2}\,\omega}$F

35 다음 $R-L-C$ 회로에서 $t=0$인 순간에 스위치 S를 닫을 때, 과도 성분을 포함하지 않기 위한 저항 R은?(단, 인덕턴스 $L=16\text{mH}$, 커패시턴스 $C=10\mu\text{F}$이다)

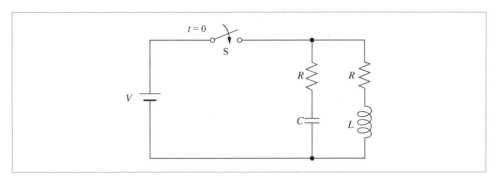

① $10\,\Omega$

② $20\,\Omega$

③ $30\,\Omega$

④ $40\,\Omega$

⑤ $50\,\Omega$

36 1상의 대지정전용량 $C[\text{F}]$, 주파수 $f[\text{Hz}]$인 3상 송전선에 소호리액터를 설치하고자 할 때, 소호리액터의 공진 리액턴스(X_L)의 크기는?(단, 변압기 한상 리액턴스 X_t를 고려한다)

① $\dfrac{1}{3\omega C_s}-\dfrac{X_t}{3}$

② $\dfrac{1}{3\omega C_s}-3X_t$

③ $\dfrac{1}{3\omega C_s}+\dfrac{X_t}{3}$

④ $\dfrac{1}{3\omega C_s}+3X_t$

⑤ $\dfrac{1}{3\omega^2 C_s}-\dfrac{X_t}{3\omega}$

37 전류가 흐르는 무한히 긴 직선도체가 있다. 이 도체로부터 수직으로 10cm 떨어진 점의 자계의 세기를 측정한 결과가 100AT/m였다면, 이 도체로부터 수직으로 40cm 떨어진 점의 자계의 세기 AT/m는?

① 0AT/m

② 25AT/m

③ 50AT/m

④ 100AT/m

⑤ 125AT/m

38 진공 중의 한 점에 음전하 5nC가 존재하고 있다. 이 점에서 5m 떨어진 곳의 전기장의 세기(V/m)는?(단, $\frac{1}{4\pi\varepsilon_0} = 9 \times 10^9$ 이고, ε_0는 진공의 유전율이다)

① 1.8V/m

② −1.8V/m

③ 3.8V/m

④ −3.8V/m

⑤ −5.8V/m

39 지름 10cm의 솔레노이드 코일에 5A의 전류가 흐를 때, 코일 내 자기장의 세기(AT/m)는 얼마인가?(단, 1cm당 권수는 20회이다)

① 10^5 AT/m

② 10^4 AT/m

③ 10^3 AT/m

④ 10^2 AT/m

⑤ 10^1 AT/m

40 다음 중 유도장해를 경감시키기 위한 전력선 측의 대책으로 옳지 않은 것은?

① 충분한 연가를 한다.

② 소호리액터 접지방식을 채용한다.

③ 절연변압기를 사용한다.

④ 차폐선을 설치한다.

⑤ 이격거리를 크게 설정한다.

01 전해 가공(Electrochemical Machining)과 화학적 가공(Chemical Machining)에 대한 설명으로 옳지 않은 것은?

① 광화학 블랭킹(Photochemical Blanking)은 버(Burr)의 발생 없이 블랭킹(Blanking)이 가능하다.
② 화학적 가공에서는 부식액(Etchant)을 이용해 공작물 표면에 화학적 용해를 일으켜 소재를 제거한다.
③ 전해 가공은 경도가 높은 전도성 재료에 적용할 수 있다.
④ 전해 가공으로 복잡한 3차원 가공도 쉽게 할 수 있다.
⑤ 전해 가공으로 가공된 공작물에서는 열 손상이 발생한다.

02 다음 중 평벨트 전동 장치와 비교할 때, V벨트 전동 장치의 특징을 〈보기〉에서 모두 고르면?

> **보기**
> ㄱ. 운전이 조용하다.
> ㄴ. 엇걸기를 할 수 있다.
> ㄷ. 미끄럼이 적고, 속도비를 크게 할 수 있다.
> ㄹ. 접촉면이 커서 큰 동력을 전달할 수 있다.

① ㄱ, ㄴ 　　　　　　　　② ㄷ, ㄹ
③ ㄱ, ㄷ, ㄹ 　　　　　　　④ ㄴ, ㄷ, ㄹ
⑤ ㄱ, ㄴ, ㄷ

03 두께가 4.5mm, 폭이 30mm인 강재에 13.5kN의 인장력이 작용할 때 폭의 수축량은?(단, 푸아송 비는 0.4이고, 탄성계수는 230GPa이다)

① 0.783×10^{-3}mm 　　　　② 1.286×10^{-3}mm
③ 2.543×10^{-3}mm 　　　　④ 4.256×10^{-3}mm
⑤ 5.217×10^{-3}mm

04 삼각형 단면의 밑변과 높이가 $b \times h = 20\text{cm} \times 30\text{cm}$일 때 밑변에 평행하고 도심을 지나는 축에 단면 2차 모멘트는?

① $5,000\text{cm}^4$
② $15,000\text{cm}^4$
③ $22,500\text{cm}^4$
④ $25,000\text{cm}^4$
⑤ $45,000\text{cm}^4$

05 펀치(Punch)와 다이(Die)를 이용하여 판금재료로부터 제품의 외형을 따내는 작업은?

① 블랭킹(Blanking)
② 피어싱(Piercing)
③ 트리밍(Trimming)
④ 플랜징(Flanging)
⑤ 스탬핑(Stamping)

06 냉동기의 COP가 2라면, 저온부에서 1초당 5kJ의 열을 흡수 고온부에서 방출하는 열량은?

① 5.5kW
② 6.5kW
③ 7.5kW
④ 8.5kW
⑤ 9.5kW

07 다음 중 소성가공이 아닌 것은?

① 인발(Drawing)
② 호닝(Honing)
③ 압연(Rolling)
④ 압출(Extrusion)
⑤ 단조(Forging)

08 다음 글의 ㉠, ㉡에 해당하는 것은?

> ㉠ 압력을 가하여 용탕금속을 금형공동부에 주입하는 주조법으로, 얇고 복잡한 형상의 비철금속 제품 제작에 적합한 주조법이다.
>
> ㉡ 금속판재에서 원통 및 각통 등과 같이 이음매 없이 바닥이 있는 용기를 만드는 프레스 가공법이다.

	㉠	㉡
①	인베스트먼트 주조법(Investment Casting)	플랜징(Flanging)
②	다이 캐스팅(Die Casting)	플랜징(Flanging)
③	인베스트먼트 주조법(Investment Casting)	딥드로잉(Deep Drawing)
④	다이 캐스팅(Die Casting)	딥드로잉(Deep Drawing)
⑤	인베스트먼트 주조법(Investment Casting)	스웨이징(Swaging)

09 다음 중 주물에 사용하는 주물사가 갖추어야 할 조건으로 옳지 않은 것은?

① 열전도도가 낮아 용탕이 빨리 응고되지 않도록 한다.
② 주물 표면과의 접합력이 좋아야 한다.
③ 열에 의한 화학적 변화가 일어나지 않도록 한다.
④ 통기성이 좋아야 한다.
⑤ 성형성이 있어야 한다.

10 다음은 어떤 주조법의 특징을 설명한 것인가?

> • 영구주형을 사용한다.
> • 비철금속의 주조에 적용한다.
> • 고온 체임버식과 저온 체임버식으로 나뉜다.
> • 용융금속이 응고될 때까지 압력을 가한다.

① 스퀴즈 캐스팅(Squeeze Casting)
② 원심 주조법(Centrifugal Casting)
③ 다이 캐스팅(Die Casting)
④ 인베스트먼트 주조법(Investment Casting)
⑤ 일렉트로 슬래그 주조법(Electro Slag Casting)

11 다음 중 탄성체의 고유진동수를 높이고자 할 때 조정해야 할 변수로 옳은 것은?

① 외력　　　　　　　　　　　　　　② 질량

③ 강성　　　　　　　　　　　　　　④ 운동량

⑤ 변위

12 다음 중 금속의 결정 구조에서 결정립에 대한 설명으로 옳은 것은?

① 피로현상은 결정립계에서의 미끄러짐과 관계있다.

② 일반적으로 결정립의 크기는 용융금속이 급속히 응고되면 커지고, 천천히 응고되면 작아진다.

③ 결정립 자체는 등방성(Isotropy)이지만, 다결정체로 된 금속편은 평균적으로 이방성(Aniso-tropy)이 된다.

④ 결정립이 작을수록 단위 체적당 결정립계의 면적이 넓기 때문에 금속의 강도가 커진다.

⑤ 결정립의 크기가 커질수록 가공이 어렵기 때문에 적절한 결정립 크기를 얻어내는 것이 중요하다.

13 피치원지름이 D, 기어잇수가 Z, 공구압력각이 a인 평기어의 기초원피치로 옳은 것은?

① $\dfrac{\pi D}{Z}\sin a$　　　　　　　　　② $\dfrac{\pi D}{Z}\cos a$

③ $\dfrac{Z}{\pi D}\sin a$　　　　　　　　　④ $\dfrac{\pi D^2}{Z}\cos a$

④ $\dfrac{\pi D}{Z^2}\cos a$

14 성크키(묻힘키)에 의한 축이음에서 축의 외주에 작용하는 접선력이 1N일 때 키(Key)에 작용하는 전단응력은?(단, 키의 치수는 10mm×8mm×100mm이다)

① $1,000\text{N/m}^2$　　　　　　　　　② $1,250\text{N/m}^2$

③ $2,000\text{N/m}^2$　　　　　　　　　④ $2,500\text{N/m}^2$

⑤ $3,000\text{N/m}^2$

15 탄소강(SM30C)을 냉간가공하면 일반적으로 감소되는 기계적 성질은?

① 연신율   ② 경도

③ 항복점   ④ 인장강도

⑤ 잔류응력

16 내연기관에 사용되는 윤활유가 갖추어야 할 조건으로 옳지 않은 것은?

① 산화안정성이 클 것   ② 기포 발생이 많을 것

③ 부식방지성이 좋을 것   ④ 적당한 점도를 가질 것

⑤ 엔진 내부를 오손하지 않을 것

17 축(세로)방향 단면적 A의 물체에 인장하중을 가하였을 때, 인장방향 변형률이 ϵ 이면 단면적의 변화량은?(단, 이 물체의 푸아송의 비는 0.5이다)

① ϵA ② $2\epsilon A$

③ $3\epsilon A$ ④ $4\epsilon A$

⑤ $5\epsilon A$

18 다음 중 재료의 피로 수명에 대한 설명으로 옳지 않은 것은?

① 시편의 파손을 일으키는데 필요한 반복 응력 사이클 수를 피로 수명이라 한다.

② 재료 표면에 숏피닝(Shot Peening) 공정을 통해 피로 수명을 증가시킬 수 있다.

③ 반복 응력의 평균값이 클수록 피로 수명이 감소한다.

④ 재료 표면에 존재하는 노치(Notch)를 제거하면 피로 수명이 감소한다.

⑤ 재료에 반보적인 응력을 가하여 피로시험을 측정한다.

19 다음 중 키(Key)에 대한 설명으로 옳지 않는 것은?

① 축과 보스(풀리, 기어)를 결합하는 기계요소이다.

② 원주 방향과 축 방향 모두를 고정할 수 있지만 축 방향은 고정하지 않아 축을 따라 미끄럼 운동을 할 수도 있다.

③ 축 방향으로 평행한 평행형이 있고 구배진 테이퍼형이 있다.

④ 키홈은 깊이가 깊어서 응력집중이 일어나지 않는 좋은 체결기구이다.

⑤ 키홈 절삭 방법으로 축은 밀링커터, 엔드밀로 가공한다.

20 다음 중 가솔린기관의 노킹현상에 대한 설명으로 옳은 것은?

① 공기 – 연료혼합기가 어느 온도 이상 가열되어 점화하지 않아도 연소하기 시작하는 현상이다.

② 흡입공기의 압력을 높여 기관의 출력을 증가시키는 현상이다.

③ 가솔린과 공기의 혼합비를 조절하여 혼합기를 발생시키는 현상이다.

④ 연소 후반에 미연소 가스의 급격한 연소에 의한 충격파로 실린더 내 금속을 타격하는 현상이다.

⑤ 피스톤, 실린더헤드, 크랭크축의 손상을 가져오는 현상이다.

21 사각나사의 축방향하중이 Q, 마찰각이 p, 리드각이 α일 때, 사각나사가 저절로 풀리는 조건은?

① $Q\tan(p+\alpha)>0$ ② $Q\tan(p+\alpha)<0$

③ $Q\tan(p-\alpha)<0$ ④ $Q\tan(p-\alpha)>0$

⑤ $Q\tan(p-\alpha)=0$

22 다음 중 테르밋용접에 대한 설명으로 옳지 않은 것은?

① 금속산화물이 알루미늄에 의하여 산소를 빼앗기는 반응을 이용한 용접이다.

② 레일의 접합, 차축, 선박의 선미프레임 등 비교적 큰 단면을 가진 주조나 단조품의 맞대기 용접과 보수용접에 사용된다.

③ 설비가 간단하여 설치비가 적게 들지만 용접변형이 크고 용접시간이 많이 걸린다.

④ 알루미늄분말과 산화철분말의 혼합반응으로 발생하는 열로 접합하는 용접법이다.

⑤ 전기가 필요 없다.

23 하중을 들어 올릴 때 효율이 30%이고 피치가 4mm인 1줄 나사를 40N×mm의 토크로 회전시킬 때, 나사에 작용하는 축방향의 하중은?(단, π는 3으로 계산한다)

① 18N
② 19N
③ 20N
④ 21N
⑤ 22N

24 길이가 3m, 단면적이 0.01m^2인 원형봉이 인장하중 100kN을 받을 때 봉이 늘어난 길이는?[단, 봉의 영계수(Young's Modulus) $E=300\text{GPa}$이다]

① $1\times10^{-7}\text{m}$
② 0.001m
③ 0.002m
④ 0.0001m
⑤ 0.0002m

25 지름이 50mm인 공작물을 절삭속도 314m/min으로 선반에서 절삭할 때, 필요한 주 축의 회전수는?(단, 원주율은 3.14로 계산하고, 결괏값은 일의 자리에서 반올림한다)

① 1,000rpm
② 2,000rpm
③ 3,000rpm
④ 4,000rpm
⑤ 5,000rpm

26 안지름이 d_1, 바깥지름이 d_2, 지름비가 $x=\dfrac{d_1}{d_2}$인 중공축이 정하중을 받아 굽힘 모멘트(Bending Moment) M이 발생하였다. 허용굽힘응력을 σ_a라 할 때, 바깥지름 d_2를 구하는 식은?

① $d_2=\sqrt[3]{\dfrac{64M}{\pi(1-x^4)\sigma_a}}$

② $d_2=\sqrt[3]{\dfrac{32M}{\pi(1-x^4)\sigma_a}}$

③ $d_2=\sqrt[3]{\dfrac{64M}{\pi(1-x^3)\sigma_a}}$

④ $d_2=\sqrt[3]{\dfrac{32M}{\pi(1-x^3)\sigma_a}}$

⑤ $d_2=\sqrt[3]{\dfrac{64M}{\pi(1-x^2)\sigma_a}}$

27 재료의 경도측정에 사용되는 시험법과 그 시험에서 사용하는 압입자 및 측정하는 값을 나타낸 것 중 옳지 않은 것은?

① Brinell 경도 : 강구(Steel Ball), 압입자국의 깊이

② Vickers 경도 : 다이아몬드 피라미드, 압입자국의 대각 선길이

③ Shore 경도 : 다이아몬드 추, 반발되는 높이

④ Rockwell C 경도 : 다이아몬드 콘(Cone), 압입자국의 깊이

⑤ Meyer 경도 : 강구(Steel Ball), 압입자국의 지름

28 다음 중 가스터빈에 대한 설명으로 옳지 않은 것은?

① 압축, 연소, 팽창, 냉각의 4과정으로 작동되는 외연기관이다.

② 실제 가스터빈은 개방 사이클이다.

③ 증기터빈에 비해 중량당의 동력이 크다.

④ 공기는 산소를 공급하고 냉각제의 역할을 한다.

⑤ 연료는 경유, 경질 중유가 주로 이용된다.

29 금속의 파괴현상 중 하나인 크리프(Creep) 현상에 대한 설명으로 옳은 것은?

① 응력이 증가하여 재료의 항복점을 지났을 때 일어나는 파괴 현상이다.

② 반복응력이 장시간 가해졌을 때 일어나는 파괴 현상이다.

③ 응력과 온도가 일정한 상태에서 시간이 지남에 따라 변형이 연속적으로 진행되는 현상이다.

④ 균열이 진전되어 소성변형 없이 빠르게 파괴되는 현상이다.

⑤ 외력이 증가할 때, 시간이 흐름에 따라 재료의 변형이 증대하는 현상이다.

30 다음 중 주철에 대한 설명으로 옳은 것을 〈보기〉에서 모두 고르면?

> **보기**
> ㄱ. 주철은 탄소강보다 용융점이 높고 유동성이 커 복잡한 형상의 부품을 제작하기 쉽다.
> ㄴ. 탄소강에 비하여 충격에 약하고 고온에서도 소성가공이 되지 않는다.
> ㄷ. 회주철은 진동을 잘 흡수하므로 진동을 많이 받는 기계 몸체 등의 재료로 많이 쓰인다.
> ㄹ. 가단주철은 보통 주철의 쇳물을 금형에 넣고 표면만 급랭시켜 단단하게 만든 주철이다.
> ㅁ. 많이 사용되는 주철의 탄소 함유량은 보통 2.5 ~ 4.5% 정도이다.

① ㄱ, ㄴ, ㄷ   ② ㄴ, ㄷ, ㅁ
③ ㄱ, ㄴ, ㄹ   ④ ㄴ, ㄹ, ㅁ
⑤ ㄷ, ㄹ, ㅁ

31 다음 중 재결정 온도에 대한 설명으로 옳은 것은?

① 재결정이 시작되는 온도이다.
② 1시간 안에 완전하게 재결정이 이루어지는 온도이다.
③ 시간에 상관없이 재결정이 완결되는 온도이다.
④ 재결정이 완료되어 결정립 성장이 시작되는 온도이다.
⑤ 하루 안에 완전하게 재결정이 완결되는 온도이다.

32 연삭숫돌 및 연삭공정에 대한 설명으로 옳지 않은 것은?

① 연삭숫돌의 숫돌입자 크기를 나타내는 입도 번호가 낮을수록 연삭공정으로 우수한 표면 정도를 얻을 수 있다.
② 결합도가 높은 연삭숫돌은 연한 재료의 연삭공정에 사용된다.
③ 연삭숫돌은 숫돌입자, 결합제, 기공의 세 가지 요소로 구성된다.
④ 연삭공정은 전통적인 절삭공정보다 높은 비에너지를 요구한다.
⑤ 연삭숫돌의 종류는 A계 연삭숫돌과 C계 연삭숫돌이 있다.

33 다음 중 가솔린 기관과 디젤 기관의 비교 설명으로 옳지 않은 것은?

① 디젤 기관은 연료소비율이 낮고 열효율이 높다.
② 디젤 기관은 평균유효압력 차이가 크지 않아 회전력 변동이 작다.
③ 디젤 기관은 압축압력, 연소압력이 가솔린 기관에 비해 낮아 출력당 중량이 작고, 제작비가 싸다.
④ 디젤 기관은 연소속도가 느린 경유나 중유를 사용하므로 기관의 회전속도를 높이기 어렵다.
⑤ 디젤 기관은 가솔린 기관에 비해 진동 및 소음이 크다.

34 헬륨(He)이나 아르곤(Ar)과 같이 고온에서 금속과 반응을 하지 않는 불활성 가스 중에서 아크를 발생시키는 용접법인 불활성 가스 아크 용접에 대한 설명으로 옳지 않은 것은?

① 용접 가능한 판의 두께 범위가 크며, 용접능률이 높다.
② 용제를 사용하여 균일한 용접을 할 수 있다.
③ 산화와 질화를 방지할 수 있다.
④ 철금속뿐만 아니라 비철금속용접이 가능하다.
⑤ 청정작용이 있고 슬래그나 잔류 용제를 제거할 필요가 없다.

35 다음과 같은 호칭번호를 갖는 구름 베어링에 대한 설명으로 옳은 것은?

N202P

① 안지름 17mm ② 초정밀급
③ 특별경하중형 ④ 원통 롤러형
⑤ 안지름 20mm

36 다음 중 철(Fe)에 탄소(C)를 함유한 탄소강(Carbon Steel)에 대한 설명으로 옳지 않은 것은?

① 탄소 함유량이 높을수록 비중이 증가한다.

② 탄소 함유량이 높을수록 비열과 전기저항이 증가한다.

③ 탄소 함유량이 높을수록 연성이 감소한다.

④ 탄소 함유량이 0.2% 이하인 탄소강은 산에 대한 내식성이 있다.

⑤ 탄소강은 탄소 함유량에 따라 강의 종류를 구분한다.

37 다음 중 센터리스 연삭의 장점으로 옳지 않은 것은?

① 센터 구멍을 뚫을 필요가 없다.

② 속이 빈 원통의 내면연삭도 가능하다.

③ 연속가공이 가능하여 생산속도가 높다.

④ 지름이 크거나 무거운 공작물의 연삭에 적합하다.

⑤ 연삭작업에 숙련을 요구하지 않는다.

38 외경 선삭에서 가공 전과 후의 평균 지름이 100mm인 황동봉을 절삭깊이 1mm, 이송속도 0.3mm/rev, 주축 회전속도 1,000rpm으로 가공하였을 때, 재료 제거율은?(단, π는 3.14로 하고 가공 전과 후의 평균 지름, 평균 절삭속도를 이용하여 재료 제거율을 계산한다)

① $30\text{cm}^3/\text{min}$ ② $300\text{cm}^3/\text{min}$

③ $9.42\text{cm}^3/\text{min}$ ④ $94.2\text{cm}^3/\text{min}$

⑤ $942\text{cm}^3/\text{min}$

39 다음의 공구재료를 200℃ 이상의 고온에서 경도가 높은 순서대로 바르게 나열한 것은?

탄소공구강, 세라믹공구, 고속도강, 초경합금

① 초경합금 > 세라믹공구 > 고속도강 > 탄소공구강
② 초경합금 > 세라믹공구 > 탄소공구강 > 고속도강
③ 세라믹공구 > 초경합금 > 고속도강 > 탄소공구강
④ 세라믹공구 > 초경합금 > 탄소공구강 > 고속도강
⑤ 고속도강 > 초경합금 > 탄소공구강 > 세라믹공구

40 선반을 이용하여 지름이 50mm인 공작물을 절삭속도 196m/min로 절삭할 때, 필요한 주축의 회전수는?(단, π는 3.14로 계산하고, 회전수는 일의 자리에서 반올림한다)

① 1,000rpm　　　　　　　　② 1,250rpm
③ 3,120rpm　　　　　　　　④ 3,920rpm
⑤ 4,320rpm

특별부록

채용 가이드

1. 블라인드 채용이란?

채용 과정에서 편견이 개입되어 불합리한 차별을 야기할 수 있는 출신지, 가족관계, 학력, 외모 등의 편견요인은 제외하고, 직무능력만을 평가하여 인재를 채용하는 방식입니다.

2. 블라인드 채용의 필요성

- 채용의 공정성에 대한 사회적 요구
  - 누구에게나 직무능력만으로 경쟁할 수 있는 균등한 고용기회를 제공해야 하나, 아직도 채용의 공정성에 대한 불신이 존재
  - 채용상 차별금지에 대한 법적 요건이 권고적 성격에서 처벌을 동반한 의무적 성격으로 강화되는 추세
  - 시민의식과 지원자의 권리의식 성숙으로 차별에 대한 법적 대응 가능성 증가
- 우수인재 채용을 통한 기업의 경쟁력 강화 필요
  - 직무능력과 무관한 학벌, 외모 위주의 선발로 우수인재 선발기회 상실 및 기업경쟁력 약화
  - 채용 과정에서 차별 없이 직무능력중심으로 선발한 우수인재 확보 필요
- 공정한 채용을 통한 사회적 비용 감소 필요
  - 편견에 의한 차별적 채용은 우수인재 선발을 저해하고 외모·학벌 지상주의 등의 심화로 불필요한 사회적 비용 증가
  - 채용에서의 공정성을 높여 사회의 신뢰수준 제고

3. 블라인드 채용의 특징

편견요인을 요구하지 않는 대신 직무능력을 평가합니다.

※ 직무능력중심 채용이란?
기업의 역량기반 채용, NCS기반 능력중심 채용과 같이 직무수행에 필요한 능력과 역량을 평가하여 선발하는 채용방식을 통칭합니다.

4. 블라인드 채용의 평가요소

직무수행에 필요한 지식, 기술, 태도 등을 과학적인 선발기법을 통해 평가합니다.

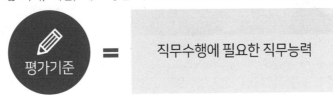

※ 과학적 선발기법이란?
직무분석을 통해 도출된 평가요소를 서류, 필기, 면접 등을 통해 체계적으로 평가하는 방법으로 입사지원서, 자기소개서, 직무수행능력평가, 구조화 면접 등이 해당됩니다.

5. 블라인드 채용 주요 도입 내용

- 입사지원서에 인적사항 요구 금지
  - 인적사항에는 출신지역, 가족관계, 결혼여부, 재산, 취미 및 특기, 종교, 생년월일(연령), 성별, 신장 및 체중, 사진, 전공, 학교명, 학점, 외국어 점수, 추천인 등이 해당
  - 채용 직무를 수행하는 데 있어 반드시 필요하다고 인정될 경우는 제외
    [예] 특수경비직 채용 시 : 시력, 건강한 신체 요구
    　　 연구직 채용 시 : 논문, 학위 요구 등
- 블라인드 면접 실시
  - 면접관에게 응시자의 출신지역, 가족관계, 학교명 등 인적사항 정보 제공 금지
  - 면접관은 응시자의 인적사항에 대한 질문 금지

6. 블라인드 채용 도입의 효과성

- 구성원의 다양성과 창의성이 높아져 기업 경쟁력 강화
  - 편견을 없애고 직무능력 중심으로 선발하므로 다양한 직원 구성 가능
  - 다양한 생각과 의견을 통하여 기업의 창의성이 높아져 기업경쟁력 강화
- 직무에 적합한 인재선발을 통한 이직률 감소 및 만족도 제고
  - 사전에 지원자들에게 구체적이고 상세한 직무요건을 제시함으로써 허수 지원이 낮아지고, 직무에 적합한 지원자 모집 가능
  - 직무에 적합한 인재가 선발되어 직무이해도가 높아져 업무효율 증대 및 만족도 제고
- 채용의 공정성과 기업이미지 제고
  - 블라인드 채용은 사회적 편견을 줄인 선발 방법으로 기업에 대한 사회적 인식 제고
  - 채용과정에서 불합리한 차별을 받지 않고 실력에 의해 공정하게 평가를 받을 것이라는 믿음을 제공하고, 지원자들은 평등한 기회와 공정한 선발과정 경험

1. 채용공고문의 변화

기존 채용공고문	변화된 채용공고문
• 취업준비생에게 불충분하고 불친절한 측면 존재 • 모집분야에 대한 명확한 직무관련 정보 및 평가기준 부재 • 해당분야에 지원하기 위한 취업준비생의 무분별한 스펙 쌓기 현상 발생	• NCS 직무분석에 기반한 채용공고를 토대로 채용전형 진행 • 지원자가 입사 후 수행하게 될 업무에 대한 자세한 정보 공지 • 직무수행내용, 직무수행 시 필요한 능력, 관련된 자격, 직업기초능력 제시 • 지원자가 해당 직무에 필요한 스펙만을 준비할 수 있도록 안내
• 모집부문 및 응시자격 • 지원서 접수 • 전형절차 • 채용조건 및 처우 • 기타사항	• 채용절차 • 채용유형별 선발분야 및 예정인원 • 전형방법 • 선발분야별 직무기술서 • 우대사항

2. 지원 유의사항 및 지원요건 확인

채용 직무에 따른 세부사항을 공고문에 명시하여 지원자에게 적격한 지원 기회를 부여함과 동시에 채용과정에서의 공정성과 신뢰성을 확보합니다.

구성	내용	확인사항
모집분야 및 규모	고용형태(인턴 계약직 등), 모집분야, 인원, 근무지역 등	채용직무가 여러 개일 경우 본인이 해당되는 직무의 채용규모 확인
응시자격	기본 자격사항, 지원조건	지원을 위한 최소자격요건을 확인하여 불필요한 지원을 예방
우대조건	법정·특별·자격증 가점	본인의 가점 여부를 검토하여 가점 획득을 위한 사항을 사실대로 기재
근무조건 및 보수	고용형태 및 고용기간, 보수, 근무지	본인이 생각하는 기대수준에 부합하는지 확인하여 불필요한 지원을 예방
시험방법	서류·필기·면접전형 등의 활용방안	전형방법 및 세부 평가기법 등을 확인하여 지원전략 준비
전형일정	접수기간, 각 전형 단계별 심사 및 합격자 발표일 등	본인의 지원 스케줄을 검토하여 차질이 없도록 준비
제출서류	입사지원서(경력·경험기술서 등), 각종 증명서 및 자격증 사본 등	지원요건 부합 여부 및 자격 증빙서류 사전에 준비
유의사항	임용취소 등의 규정	임용취소 관련 법적 또는 기관 내부 규정을 검토하여 해당여부 확인

직무기술서란 직무수행의 내용과 필요한 능력, 관련 자격, 직업기초능력 등을 상세히 기재한 것으로 입사 후 수행하게 될 업무에 대한 정보가 수록되어 있는 자료입니다.

1. 채용분야

[설명]

NCS 직무분류 체계에 따라 직무에 대한 「대분류 – 중분류 – 소분류 – 세분류」 체계를 확인할 수 있습니다. 채용직무에 대한 모든 직무기술서를 첨부하게 되며 실제 수행 업무를 기준으로 세부적인 분류정보를 제공합니다.

채용분야	분류체계			
사무행정	대분류	중분류	소분류	세분류
분류코드	02. 경영·회계·사무	03. 재무·회계	01. 재무	01. 예산
				02. 자금
			02. 회계	01. 회계감사
				02. 세무

2. 능력단위

[설명]

직무분류 체계의 세분류 하위능력단위 중 실질적으로 수행할 업무의 능력만 구체적으로 파악할 수 있습니다.

능력단위	(예산)	03. 연간종합예산수립 05. 확정예산 운영	04. 추정재무제표 작성 06. 예산실적 관리
	(자금)	04. 자금운용	
	(회계감사)	02. 자금관리 05. 회계정보시스템 운용 07. 회계감사	04. 결산관리 06. 재무분석
	(세무)	02. 결산관리 07. 법인세 신고	05. 부가가치세 신고

3. 직무수행내용

[설명]

세분류 영역의 기본정의를 통해 직무수행내용을 확인할 수 있습니다. 입사 후 수행할 직무내용을 구체적으로 확인할 수 있으며, 이를 통해 입사서류 작성부터 면접까지 직무에 대한 명확한 이해를 바탕으로 자신의 희망직무인지 아닌지, 해당 직무가 자신이 알고 있던 직무가 맞는지 확인할 수 있습니다.

직무수행내용	(예산) 일정기간 예상되는 수익과 비용을 편성, 집행하며 통제하는 일
	(자금) 자금의 계획 수립, 조달, 운용을 하고 발생 가능한 위험 관리 및 성과평가
	(회계감사) 기업 및 조직 내·외부에 있는 의사결정자들이 효율적인 의사결정을 할 수 있도록 유용한 정보를 제공, 제공된 회계정보의 적정성을 파악하는 일
	(세무) 세무는 기업의 활동을 위하여 주어진 세법범위 내에서 조세부담을 최소화시키는 조세전략을 포함하고 정확한 과세소득과 과세표준 및 세액을 산출하여 과세당국에 신고·납부하는 일

4. 직무기술서 예시

태도	(예산) 정확성, 분석적 태도, 논리적 태도, 타 부서와의 협조적 태도, 설득력
	(자금) 분석적 사고력
	(회계 감사) 합리적 태도, 전략적 사고, 정확성, 적극적 협업 태도, 법률준수 태도, 분석적 태도, 신속성, 책임감, 정확한 판단력
	(세무) 규정 준수 의지, 수리적 정확성, 주의 깊은 태도
우대 자격증	공인회계사, 세무사, 컴퓨터활용능력, 변호사, 워드프로세서, 전산회계운용사, 사회조사분석사, 재경관리사, 회계관리 등
직업기초능력	의사소통능력, 문제해결능력, 자원관리능력, 대인관계능력, 정보능력, 조직이해능력

5. 직무기술서 내용별 확인사항

항목	확인사항
모집부문	해당 채용에서 선발하는 부문(분야)명 확인 예 사무행정, 전산, 전기
분류체계	지원하려는 분야의 세부직무군 확인
주요기능 및 역할	지원하려는 기업의 전사적인 기능과 역할, 산업군 확인
능력단위	지원분야의 직무수행에 관련되는 세부업무사항 확인
직무수행내용	지원분야의 직무군에 대한 상세사항 확인
전형방법	지원하려는 기업의 신입사원 선발전형 절차 확인
일반요건	교육사항을 제외한 지원 요건 확인(자격요건, 특수한 경우 연령)
교육요건	교육사항에 대한 지원요건 확인(대졸 / 초대졸 / 고졸 / 전공 요건)
필요지식	지원분야의 업무수행을 위해 요구되는 지식 관련 세부항목 확인
필요기술	지원분야의 업무수행을 위해 요구되는 기술 관련 세부항목 확인
직무수행태도	지원분야의 업무수행을 위해 요구되는 태도 관련 세부항목 확인
직업기초능력	지원분야 또는 지원기업의 조직원으로서 근무하기 위해 필요한 일반적인 능력사항 확인

1. 입사지원서의 변화

기존지원서		능력중심 채용 입사지원서
직무와 관련 없는 학점, 개인신상, 어학점수, 자격, 수상경력 등을 나열하도록 구성	VS	해당 직무수행에 꼭 필요한 정보들을 제시할 수 있도록 구성

직무기술서

인적사항	성명, 연락처, 지원분야 등 작성 (평가 미반영)

직무수행내용

교육사항	직무지식과 관련된 학교교육 및 직업교육 작성

요구지식 / 기술

자격사항	직무관련 국가공인 또는 민간자격 작성

관련 자격증

사전직무경험

경력 및 경험사항	조직에 소속되어 일정한 임금을 받거나(경력) 임금 없이(경험) 직무와 관련된 활동 내용 작성

2. 교육사항

• 지원분야 직무와 관련된 학교 교육이나 직업교육 혹은 기타교육 등 직무에 대한 지원자의 학습 여부를 평가하기 위한 항목입니다.

• 지원하고자 하는 직무의 학교 전공교육 이외에 직업교육, 기타교육 등을 기입할 수 있기 때문에 전공 제한 없이 직업교육과 기타교육을 이수하여 지원이 가능하도록 기회를 제공합니다.

(기타교육 : 학교 이외의 기관에서 개인이 이수한 교육과정 중 지원직무와 관련이 있다고 생각되는 교육내용)

구분	교육과정(과목)명	교육내용	과업(능력단위)

3. 자격사항

- 채용공고 및 직무기술서에 제시되어 있는 자격 현황을 토대로 지원자가 해당 직무를 수행하는 데 필요한 능력을 가지고 있는지를 평가하기 위한 항목입니다.
- 채용공고 및 직무기술서에 기재된 직무관련 필수 또는 우대자격 항목을 확인하여 본인이 보유하고 있는 자격사항을 기재합니다.

자격유형	자격증명	발급기관	취득일자	자격증번호

4. 경력 및 경험사항

- 직무와 관련된 경력이나 경험 여부를 표현하도록 하여 직무와 관련한 능력을 갖추었는지를 평가하기 위한 항목입니다.
- 해당 기업에서 직무를 수행함에 있어 필요한 사항만을 기록하게 되어 있기 때문에 직무와 무관한 스펙을 갖추지 않아도 됩니다.
- 경력 : 금전적 보수를 받고 일정기간 동안 일했던 경우
- 경험 : 금전적 보수를 받지 않고 수행한 활동

※ 기업에 따라 경력 / 경험 관련 증빙자료 요구 가능

구분	조직명	직위 / 역할	활동기간(년 / 월)	주요과업 / 활동내용

> **Tip**
>
> 입사지원서 작성 방법
>
> ○ 경력 및 경험사항 작성
> - 직무기술서에 제시된 지식, 기술, 태도와 지원자의 교육사항, 경력(경험)사항, 자격사항과 연계하여 개인의 직무역량에 대해 스스로 판단 가능
>
> ○ 인적사항 최소화
> - 개인의 인적사항, 학교명, 가족관계 등을 노출하지 않도록 유의
>
> ---
>
> 부적절한 입사지원서 작성 사례
> - 학교 이메일을 기입하여 학교명 노출
> - 거주지 주소에 학교 기숙사 주소를 기입하여 학교명 노출
> - 자기소개서에 부모님이 재직 중인 기업명, 직위, 직업을 기입하여 가족관계 노출
> - 자기소개서에 석·박사 과정에 대한 이야기를 언급하여 학력 노출
> - 동아리 활동에 대한 내용을 학교명과 더불어 언급하여 학교명 노출

1. 자기소개서의 변화

- 기존의 자기소개서는 지원자의 일대기나 관심 분야, 성격의 장·단점 등 개괄적인 사항을 묻는 질문으로 구성되어 지원자가 자신의 직무능력을 제대로 표출하지 못합니다.
- 능력중심 채용의 자기소개서는 직무기술서에 제시된 직업기초능력(또는 직무수행능력)에 대한 지원자의 과거 경험을 기술하게 함으로써 평가 타당도의 확보가 가능합니다.

1. 우리 회사와 해당 지원 직무분야에 지원한 동기에 대해 기술해 주세요.

2. 자신이 경험한 다양한 사회활동에 대해 기술해 주세요.

3. 지원 직무에 대한 전문성을 키우기 위해 받은 교육과 경험 및 경력사항에 대해 기술해 주세요.

4. 인사업무 또는 팀 과제 수행 중 발생한 갈등을 원만하게 해결해 본 경험이 있습니까? 당시 상황에 대한 설명과 갈등의 대상이 되었던 상대방을 설득한 과정 및 방법을 기술해 주세요.

5. 과거에 있었던 일 중 가장 어려웠었던(힘들었었던) 상황을 고르고, 어떤 방법으로 그 상황을 해결했는지를 기술해 주세요.

자기소개서 작성 방법

① 자기소개서 문항이 묻고 있는 평가 역량 추측하기

> 예시
>
> - 팀 활동을 하면서 갈등 상황 시 상대방의 니즈나 의도를 명확히 파악하고 해결하여 목표 달성에 기여했던 경험에 대해서 작성해 주시기 바랍니다.
> - 다른 사람이 생각해내지 못했던 문제점을 찾고 이를 해결한 경험에 대해 작성해 주시기 바랍니다.

② 해당 역량을 보여줄 수 있는 소재 찾기(시간×역량 매트릭스)

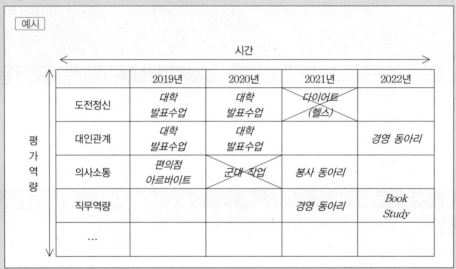

예시

시간 →

평가역량 \ 시간	2019년	2020년	2021년	2022년
도전정신	대학 발표수업	대학 발표수업	~~다이어트 (헬스)~~	
대인관계	대학 발표수업	대학 발표수업		경영 동아리
의사소통	편의점 아르바이트	~~군대 작업~~	봉사 동아리	
직무역량			경영 동아리	Book Study
…				

③ 자기소개서 작성 Skill 익히기
- 두괄식으로 작성하기
- 구체적 사례를 사용하기
- '나'를 중심으로 작성하기
- 직무역량 강조하기
- 경험 사례의 차별성 강조하기

CHAPTER 03 인성검사 소개 및 모의테스트

01 인성검사 유형

인성검사는 지원자의 성격특성을 객관적으로 파악하고 그것이 각 기업에서 필요로 하는 인재상과 가치에 부합하는가를 평가하기 위한 검사입니다. 인성검사는 KPDI(한국인재개발진흥원), K-SAD(한국사회적성개발원), KIRBS(한국행동과학연구소), SHR(에스에이치알) 등의 전문기관을 통해 각 기업의 특성에 맞는 검사를 선택하여 실시합니다. 대표적인 인성검사의 유형에는 크게 다음과 같은 세 가지가 있으며, 채용 대행업체에 따라 달라집니다.

1. KPDI 검사

조직적응성과 직무적합성을 알아보기 위한 검사로 인성검사, 인성역량검사, 인적성검사, 직종별 인적성 검사 등의 다양한 검사 도구를 구현합니다. KPDI는 성격을 파악하고 정신건강 상태 등을 측정하고, 직무 검사는 해당 직무를 수행하기 위해 기본적으로 갖추어야 할 인지적 능력을 측정합니다. 역량검사는 특정 직무 역할을 효과적으로 수행하는 데 직접적으로 관련 있는 개인의 행동, 지식, 스킬, 가치관 등을 측정합니다.

2. KAD(Korea Aptitude Development) 검사

K-SAD(한국사회적성개발원)에서 실시하는 적성검사 프로그램입니다. 개인의 성향, 지적 능력, 기호, 관심, 흥미도를 종합적으로 분석하여 적성에 맞는 업무가 무엇인가 파악하고, 직무수행에 있어서 요구되는 기초능력과 실무능력을 분석합니다.

3. SHR 직무적성검사

직무수행에 필요한 종합적인 사고 능력을 다양한 적성검사(Paper and Pencil Test)로 평가합니다. SHR의 모든 직무능력검사는 표준화 검사입니다. 표준화 검사는 표본집단의 점수를 기초로 규준이 만들어진 검사이므로 개인의 점수를 규준에 맞추어 해석·비교하는 것이 가능합니다. S(Standardized Tests), H(Hundreds of Version), R(Reliable Norm Data)을 특징으로 하며, 직군·직급별 특성과 선발 수준에 맞추어 검사를 적용할 수 있습니다.

02   인성검사와 면접

인성검사는 특히 면접질문과 관련성이 높습니다. 면접관은 지원자의 인성검사 결과를 토대로 질문을 하기 때문입니다. 일관적이고 이상적인 답변을 하는 것이 가장 좋지만, 실제 시험은 매우 복잡하여 전문가라 해도 일정 성격을 유지하면서 답변을 하는 것이 힘듭니다. 또한, 인성검사에는 라이 스케일(Lie Scale) 설문이 전체 설문 속에 교묘하게 섞여 들어가 있으므로 겉치레적인 답을 하게 되면 회답태도의 허위성이 그대로 드러나게 됩니다. 예를 들어 '거짓말을 한 적이 한 번도 없다.'에 '예'로 답하고, '때로는 거짓말을 하기도 한다.'에 '예'라고 답하여 라이 스케일의 득점이 올라가게 되면 모든 회답의 신빙성이 사라지고 '자신을 돋보이게 하려는 사람'이라는 평가를 받을 수 있으므로 주의해야 합니다. 따라서 모의테스트를 통해 인성검사의 유형과 실제 시험 시 어떻게 문제를 풀어야 하는지 연습해 보고 체크한 부분 중 자신의 단점과 연결되는 부분은 면접에서 질문이 들어왔을 때 어떻게 대처해야 하는지 생각해 보는 것이 좋습니다.

03   유의사항

1. 기업의 인재상을 파악하라!

인성검사를 통해 개인의 성격 특성을 파악하고 그것이 기업의 인재상과 가치에 부합하는지를 평가하는 시험이기 때문에 해당 기업의 인재상을 먼저 파악하고 시험에 임하는 것이 좋습니다. 모의테스트에서 인재상에 맞는 가상의 인물을 설정하고 문제에 답해 보는 것도 많은 도움이 됩니다.

2. 일관성 있는 대답을 하라!

짧은 시간 안에 다양한 질문에 답을 해야 하는데, 그 안에는 중복되는 질문이 여러 번 나옵니다. 이때 앞서 자신이 체크했던 대답을 잘 기억해뒀다가 일관성 있는 답을 하는 것이 중요합니다.

3. 모든 문항에 대답하라!

많은 문제를 짧은 시간 안에 풀려다 보니 다 못 푸는 경우도 종종 생깁니다. 하지만 대답을 누락하거나 끝까지 다 못했을 경우 좋지 않은 결과를 가져올 수도 있으니 최대한 주어진 시간 안에 모든 문항에 답할 수 있도록 해야 합니다.

※ 모의테스트는 질문 및 답변 유형 연습을 위한 것으로 실제 시험과 다를 수 있습니다.
※ 인성검사는 정답이 따로 없는 유형의 검사이므로 결과지를 제공하지 않습니다.

번호	내용	예	아니요
001	나는 솔직한 편이다.	☐	☐
002	나는 리드하는 것을 좋아한다.	☐	☐
003	법을 어겨서 말썽이 된 적이 한 번도 없다.	☐	☐
004	거짓말을 한 번도 한 적이 없다.	☐	☐
005	나는 눈치가 빠르다.	☐	☐
006	나는 일을 주도하기보다는 뒤에서 지원하는 것을 선호한다.	☐	☐
007	앞일은 알 수 없기 때문에 계획은 필요하지 않다.	☐	☐
008	거짓말도 때로는 방편이라고 생각한다.	☐	☐
009	사람이 많은 술자리를 좋아한다.	☐	☐
010	걱정이 지나치게 많다.	☐	☐
011	일을 시작하기 전 재고하는 경향이 있다.	☐	☐
012	불의를 참지 못한다.	☐	☐
013	처음 만나는 사람과도 이야기를 잘 한다.	☐	☐
014	때로는 변화가 두렵다.	☐	☐
015	나는 모든 사람에게 친절하다.	☐	☐
016	힘든 일이 있을 때 술은 위로가 되지 않는다.	☐	☐
017	결정을 빨리 내리지 못해 손해를 본 경험이 있다.	☐	☐
018	기회를 잡을 준비가 되어 있다.	☐	☐
019	때로는 내가 정말 쓸모없는 사람이라고 느낀다.	☐	☐
020	누군가 나를 챙겨주는 것이 좋다.	☐	☐
021	자주 가슴이 답답하다.	☐	☐
022	나는 내가 자랑스럽다.	☐	☐
023	경험이 중요하다고 생각한다.	☐	☐
024	전자기기를 분해하고 다시 조립하는 것을 좋아한다.	☐	☐

025	감시받고 있다는 느낌이 든다.	☐	☐
026	난처한 상황에 놓이면 그 순간을 피하고 싶다.	☐	☐
027	세상엔 믿을 사람이 없다.	☐	☐
028	잘못을 빨리 인정하는 편이다.	☐	☐
029	지도를 보고 길을 잘 찾아간다.	☐	☐
030	귓속말을 하는 사람을 보면 날 비난하고 있는 것 같다.	☐	☐
031	막무가내라는 말을 들을 때가 있다.	☐	☐
032	장래의 일을 생각하면 불안하다.	☐	☐
033	결과보다 과정이 중요하다고 생각한다.	☐	☐
034	운동은 그다지 할 필요가 없다고 생각한다.	☐	☐
035	새로운 일을 시작할 때 좀처럼 한 발을 떼지 못한다.	☐	☐
036	기분 상하는 일이 있더라도 참는 편이다.	☐	☐
037	업무능력은 성과로 평가받아야 한다고 생각한다.	☐	☐
038	머리가 맑지 못하고 무거운 느낌이 든다.	☐	☐
039	가끔 이상한 소리가 들린다.	☐	☐
040	타인이 내게 자주 고민상담을 하는 편이다.	☐	☐

※ 모의테스트는 질문 및 답변 유형 연습을 위한 것으로 실제 시험과 다를 수 있습니다.
※ 인성검사는 정답이 따로 없는 유형의 검사이므로 결과지를 제공하지 않습니다.

※ 이 성격검사의 각 문항에는 서로 다른 행동을 나타내는 네 개의 문장이 제시되어 있습니다. 이 문장들을 비교하여, 자신의 평소 행동과 가장 가까운 문장을 'ㄱ' 열에 표기하고, 가장 먼 문장을 'ㅁ' 열에 표기하십시오.

01 나는 _____

	ㄱ	ㅁ
A. 실용적인 해결책을 찾는다.	☐	☐
B. 다른 사람을 돕는 것을 좋아한다.	☐	☐
C. 세부 사항을 잘 챙긴다.	☐	☐
D. 상대의 주장에서 허점을 잘 찾는다.	☐	☐

02 나는 _____

	ㄱ	ㅁ
A. 매사에 적극적으로 임한다.	☐	☐
B. 즉흥적인 편이다.	☐	☐
C. 관찰력이 있다.	☐	☐
D. 임기응변에 강하다.	☐	☐

03 나는 _____

	ㄱ	ㅁ
A. 무서운 영화를 잘 본다.	☐	☐
B. 조용한 곳이 좋다.	☐	☐
C. 가끔 울고 싶다.	☐	☐
D. 집중력이 좋다.	☐	☐

04 나는 _____

	ㄱ	ㅁ
A. 기계를 조립하는 것을 좋아한다.	☐	☐
B. 집단에서 리드하는 역할을 맡는다.	☐	☐
C. 호기심이 많다.	☐	☐
D. 음악을 듣는 것을 좋아한다.	☐	☐

05 나는 _____

	ㄱ	ㅁ
A. 타인을 늘 배려한다.	☐	☐
B. 감수성이 예민하다.	☐	☐
C. 즐겨하는 운동이 있다.	☐	☐
D. 일을 시작하기 전에 계획을 세운다.	☐	☐

06 나는 _____

	ㄱ	ㅁ
A. 타인에게 설명하는 것을 좋아한다.	☐	☐
B. 여행을 좋아한다.	☐	☐
C. 정적인 것이 좋다.	☐	☐
D. 남을 돕는 것에 보람을 느낀다.	☐	☐

07 나는 _____

	ㄱ	ㅁ
A. 기계를 능숙하게 다룬다.	☐	☐
B. 밤에 잠이 잘 오지 않는다.	☐	☐
C. 한 번 간 길을 잘 기억한다.	☐	☐
D. 불의를 보면 참을 수 없다.	☐	☐

08 나는 _____

	ㄱ	ㅁ
A. 종일 말을 하지 않을 때가 있다.	☐	☐
B. 사람이 많은 곳을 좋아한다.	☐	☐
C. 술을 좋아한다.	☐	☐
D. 휴양지에서 편하게 쉬고 싶다.	☐	☐

09 나는 _____

	ㄱ	ㅁ
A. 뉴스보다는 드라마를 좋아한다.	☐	☐
B. 길을 잘 찾는다.	☐	☐
C. 주말엔 집에서 쉬는 것이 좋다.	☐	☐
D. 아침에 일어나는 것이 힘들다.	☐	☐

10 나는 _____

	ㄱ	ㅁ
A. 이성적이다.	☐	☐
B. 할 일을 종종 미룬다.	☐	☐
C. 어른을 대하는 게 힘들다.	☐	☐
D. 불을 보면 매혹을 느낀다.	☐	☐

11 나는 _____

	ㄱ	ㅁ
A. 상상력이 풍부하다.	☐	☐
B. 예의 바르다는 소리를 자주 듣는다.	☐	☐
C. 사람들 앞에 서면 긴장한다.	☐	☐
D. 친구를 자주 만난다.	☐	☐

12 나는 _____

	ㄱ	ㅁ
A. 나만의 스트레스 해소 방법이 있다.	☐	☐
B. 친구가 많다.	☐	☐
C. 책을 자주 읽는다.	☐	☐
D. 활동적이다.	☐	☐

CHAPTER 04 면접전형 가이드

01 면접유형 파악

1. 면접전형의 변화

기존 면접전형에서는 일상적이고 단편적인 대화나 지원자의 첫인상 및 면접관의 주관적인 판단 등에 의해서 입사 결정 여부를 판단하는 경우가 많았습니다. 이러한 면접전형은 면접 내용의 일관성이 결여되거나 직무 관련 타당성이 부족하였고, 면접에 대한 신뢰도에 영향을 주었습니다.

기존 면접(전통적 면접)	능력중심 채용 면접(구조화 면접)

• 일상적이고 단편적인 대화
• 인상, 외모 등 외부 요소의 영향
• 주관적인 판단에 의존한 총점 부여
 	
⇩
 	
• 면접 내용의 일관성 결여
• 직무관련 타당성 부족
• 주관적인 채점으로 신뢰도 저하
	• 일관성
	  - 직무관련 역량에 초점을 둔 구체적 질문 목록
	  - 지원자별 동일 질문 적용
	• 구조화
	  - 면접 진행 및 평가 절차를 일정한 체계에 의해 구성
	• 표준화
	  - 평가 타당도 제고를 위한 평가 Matrix 구성
	  - 척도에 따라 항목별 채점, 개인 간 비교
	• 신뢰성
	  - 면접진행 매뉴얼에 따라 면접위원 교육 및 실습

VS (가운데)

2. 능력중심 채용의 면접 유형

① 경험 면접
- 목적 : 선발하고자 하는 직무 능력이 필요한 과거 경험을 질문합니다.
- 평가요소 : 직업기초능력과 인성 및 태도적 요소를 평가합니다.

② 상황 면접
- 목적 : 특정 상황을 제시하고 지원자의 행동을 관찰함으로써 실제 상황의 행동을 예상합니다.
- 평가요소 : 직업기초능력과 인성 및 태도적 요소를 평가합니다.

③ 발표 면접
- 목적 : 특정 주제와 관련된 지원자의 발표와 질의응답을 통해 지원자 역량을 평가합니다.
- 평가요소 : 직무수행능력과 인지적 역량(문제해결능력)을 평가합니다.

④ 토론 면접
- 목적 : 토의과제에 대한 의견수렴 과정에서 지원자의 역량과 상호작용능력을 평가합니다.
- 평가요소 : 직무수행능력과 팀워크를 평가합니다.

1. 경험 면접

① 경험 면접의 특징
- 주로 직업기초능력에 관련된 지원자의 과거 경험을 심층 질문하여 검증하는 면접입니다.
- 직무능력과 관련된 과거 경험을 평가하기 위해 심층 질문을 하며, 이 질문은 지원자의 답변에 대하여 '꼬리에 꼬리를 무는 형식'으로 진행됩니다.

> - 능력요소, 정의, 심사 기준
>   - 평가하고자 하는 능력요소, 정의, 심사기준을 확인하여 면접위원이 해당 능력요소 관련 질문을 제시합니다.
> - Opening Question
>   - 능력요소에 관련된 과거 경험을 유도하기 위한 시작 질문을 합니다.
> - Follow-up Question
>   - 지원자의 경험 수준을 구체적으로 검증하기 위한 질문입니다.
>   - 경험 수준 검증을 위한 상황(Situation), 임무(Task), 역할 및 노력(Action), 결과(Result) 등으로 질문을 구분합니다.

경험 면접의 형태

[면접관 1]　[면접관 2]　[면접관 3]

[면접관 1]　[면접관 2]　[면접관 3]

[지원자]

〈일대다 면접〉

[지원자 1]　[지원자 2]　[지원자 3]

〈다대다 면접〉

② 경험 면접의 구조

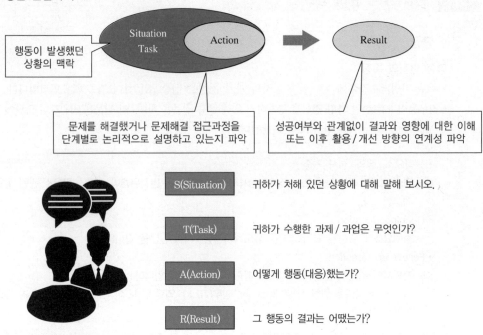

S(Situation) 귀하가 처해 있던 상황에 대해 말해 보시오.

T(Task) 귀하가 수행한 과제 / 과업은 무엇인가?

A(Action) 어떻게 행동(대응)했는가?

R(Result) 그 행동의 결과는 어땠는가?

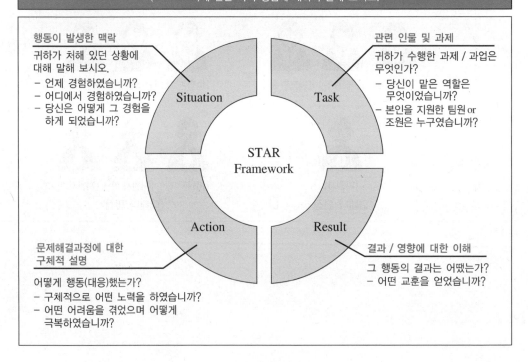

③ 경험 면접 질문 예시(직업윤리)

시작 질문	
1	남들이 신경 쓰지 않는 부분까지 고려하여 절차대로 업무(연구)를 수행하여 성과를 낸 경험을 구체적으로 말해 보시오.
2	조직의 원칙과 절차를 철저히 준수하며 업무(연구)를 수행한 것 중 성과를 향상시킨 경험에 대해 구체적으로 말해 보시오.
3	세부적인 절차와 규칙에 주의를 기울여 실수 없이 업무(연구)를 마무리한 경험을 구체적으로 말해 보시오.
4	조직의 규칙이나 원칙을 고려하여 성실하게 일했던 경험을 구체적으로 말해 보시오.
5	타인의 실수를 바로잡고 원칙과 절차대로 수행하여 성공적으로 업무를 마무리하였던 경험에 대해 말해 보시오.

후속 질문		
상황 (Situation)	상황	구체적으로 언제, 어디에서 경험한 일인가?
		어떤 상황이었는가?
	조직	어떤 조직에 속해 있었는가?
		그 조직의 특성은 무엇이었는가?
		몇 명으로 구성된 조직이었는가?
	기간	해당 조직에서 얼마나 일했는가?
		해당 업무는 몇 개월 동안 지속되었는가?
	조직규칙	조직의 원칙이나 규칙은 무엇이었는가?
임무 (Task)	과제	과제의 목표는 무엇이었는가?
		과제에 적용되는 조직의 원칙은 무엇이었는가?
		그 규칙을 지켜야 하는 이유는 무엇이었는가?
	역할	당신이 조직에서 맡은 역할은 무엇이었는가?
		과제에서 맡은 역할은 무엇이었는가?
	문제의식	규칙을 지키지 않을 경우 생기는 문제점 / 불편함은 무엇인가?
		해당 규칙이 왜 중요하다고 생각하였는가?
역할 및 노력 (Action)	행동	업무 과정의 어떤 장면에서 규칙을 철저히 준수하였는가?
		어떻게 규정을 적용시켜 업무를 수행하였는가?
		규정은 준수하는 데 어려움은 없었는가?
	노력	그 규칙을 지키기 위해 스스로 어떤 노력을 기울였는가?
		본인의 생각이나 태도에 어떤 변화가 있었는가?
		다른 사람들은 어떤 노력을 기울였는가?
	동료관계	동료들은 규칙을 철저히 준수하고 있었는가?
		팀원들은 해당 규칙에 대해 어떻게 반응하였는가?
		규칙에 대한 태도를 개선하기 위해 어떤 노력을 하였는가?
		팀원들의 태도는 당신에게 어떤 자극을 주었는가?
	업무추진	주어진 업무를 추진하는 데 규칙이 방해되진 않았는가?
		업무수행 과정에서 규정을 어떻게 적용하였는가?
		업무 시 규정을 준수해야 한다고 생각한 이유는 무엇인가?

결과 (Result)	평가	규칙을 어느 정도나 준수하였는가?
		그렇게 준수할 수 있었던 이유는 무엇이었는가?
		업무의 성과는 어느 정도였는가?
		성과에 만족하였는가?
		비슷한 상황이 온다면 어떻게 할 것인가?
	피드백	주변 사람들로부터 어떤 평가를 받았는가?
		그러한 평가에 만족하는가?
		다른 사람에게 본인의 행동이 영향을 주었다고 생각하는가?
	교훈	업무수행 과정에서 중요한 점은 무엇이라고 생각하는가?
		이 경험을 통해 느낀 바는 무엇인가?

2. 상황 면접

① 상황 면접의 특징

직무 관련 상황을 가정하여 제시하고 이에 대한 대응능력을 직무관련성 측면에서 평가하는 면접입니다.

- 상황 면접 과제의 구성은 크게 2가지로 구분
  - 상황 제시(Description) / 문제 제시(Question or Problem)
- 현장의 실제 업무 상황을 반영하여 과제를 제시하므로 직무분석이나 직무전문가 워크숍 등을 거쳐 현장성을 높임
- 문제는 상황에 대한 기본적인 이해능력(이론적 지식)과 함께 실질적 대응이나 변수 고려능력(실천적 능력) 등을 고르게 질문해야 함

상황 면접의 형태

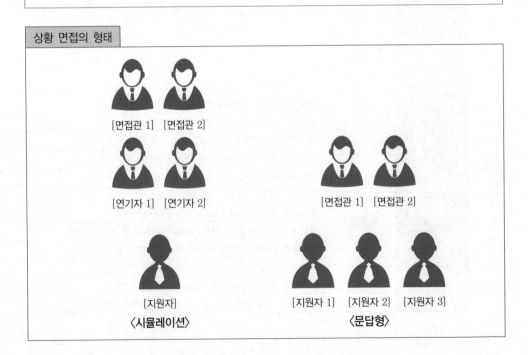

[면접관 1] [면접관 2]

[연기자 1] [연기자 2]　　　　　[면접관 1] [면접관 2]

[지원자]　　　　　[지원자 1] [지원자 2] [지원자 3]
〈시뮬레이션〉　　　　　〈문답형〉

② 상황 면접 예시

상황 제시	인천공항 여객터미널 내에는 다양한 용도의 시설(사무실, 통신실, 식당, 전산실, 창고 면세점 등)이 설치되어 있습니다.	실제 업무 상황에 기반함
	금년에 소방배관의 누수가 잦아 메인 배관을 교체하는 공사를 추진하고 있으며, 당신 은 이번 공사의 담당자입니다.	배경 정보
	주간에는 공항 운영이 이루어져 주로 야간에만 배관 교체 공사를 수행하던 중, 시공하 는 기능공의 실수로 배관 연결 부위를 잘못 건드려 고압배관의 소화수가 누출되는 사고가 발생하였으며, 이로 인해 인근 시설물에 누수에 의한 피해가 발생하였습니다.	구체적인 문제 상황
문제 제시	일반적인 소방배관의 배관연결(이음)방식과 배관의 이탈(누수)이 발생하는 원인 에 대해 설명해 보시오.	문제 상황 해결을 위한 기본 지식 문항
	담당자로서 본 사고를 현장에서 긴급히 처리하는 프로세스를 제시하고, 보수완료 후 사후적 조치가 필요한 부분 및 재발방지 방안에 대해 설명해 보시오.	문제 상황 해결을 위한 추가 대응 문항

3. 발표 면접

① 발표 면접의 특징
- 직무관련 주제에 대한 지원자의 생각을 정리하여 의견을 제시하고, 발표 및 질의응답을 통해 지원자
의 직무능력을 평가하는 면접입니다.
- 발표 주제는 직무와 관련된 자료로 제공되며, 일정 시간 후 지원자가 보유한 지식 및 방안에 대한
발표 및 후속 질문을 통해 직무적합성을 평가합니다.

- 주요 평가요소
  - 설득적 말하기 / 발표능력 / 문제해결능력 / 직무관련 전문성
- 이미 언론을 통해 공론화된 시사 이슈보다는 해당 직무분야에 관련된 주제가 발표면접의 과제로 선
정되는 경우가 최근 들어 늘어나고 있음
- 짧은 시간 동안 주어진 과제를 빠른 속도로 분석하여 발표문을 작성하고 제한된 시간 안에 면접관에
게 효과적인 발표를 진행하는 것이 핵심

발표 면접의 형태

[면접관 1]　[면접관 2]　　　　　　[면접관 1]　[면접관 2]

[지원자]　　　　　　　　[지원자 1]　[지원자 2]　[지원자 3]
〈개별 과제 발표〉　　　　　　　〈팀 과제 발표〉

※ 면접관에게 시각적 효과를 사용하여 메시지를 전달하는 쌍방향 커뮤니케이션 방식
※ 심층면접을 보완하기 위한 방안으로 최근 많은 기업에서 적극 도입하는 추세

② 발표 면접 예시

1. 지시문

> 당신은 현재 A사에서 직원들의 성과평가를 담당하고 있는 팀원이다. 인사팀은 지난주부터 사내 조직문화관련 인터뷰를 하던 도중 성과평가제도에 관련된 개선 니즈가 제일 많다는 것을 알게 되었다. 이에 팀장님은 인터뷰 결과를 종합하려 성과평가제도 개선 아이디어를 A4용지에 정리하여 신속 보고할 것을 지시하셨다. 당신에게 남은 시간은 1시간이다. 자료를 준비하는 대로 당신은 팀원들이 모인 회의실에서 5분 간 발표할 것이며, 이후 질의응답을 진행할 것이다.

2. 배경자료

> 〈성과평가제도 개선에 대한 인터뷰〉
>
> 최근 A사는 회사 사세의 급성장으로 인해 작년보다 매출이 두 배 성장하였고, 직원 수 또한 두 배로 증가하였다. 회사의 성장은 임금, 복지에 대한 상승 등 긍정적인 영향을 주었으나 업무의 불균형 및 성과보상의 불평등 문제가 발생하였다. 또한 수시로 입사하는 신입직원과 경력직원, 퇴사하는 직원들까지 인원들의 잦은 변동으로 인해 평가해야 할 대상이 변경되어 현재의 성과평가제도로는 공정한 평가가 어려운 상황이다.
>
> [생산부서 김상호]
> 우리 팀은 지난 1년 동안 생산량이 급증했기 때문에 수십 명의 신규인력이 급하게 채용되었습니다. 이 때문에 저희 팀장님은 신규 입사자들의 이름조차 기억 못할 때가 많이 있습니다. 성과평가를 제대로 하고 있는지 의문이 듭니다.
>
> [마케팅 부서 김흥민]
> 개인의 성과평가의 취지는 충분히 이해합니다. 그러나 현재 평가는 실적기반이나 정성적인 평가가 많이 포함되어 있어 객관성과 공정성에는 의문이 드는 것이 사실입니다. 이러한 상황에서 평가제도를 재수립하지 않고, 인센티브에 계속 반영한다면, 평가제도에 대한 반감이 커질 것이 분명합니다.
>
> [교육부서 홍경민]
> 현재 교육부서는 인사팀과 밀접하게 일하고 있습니다. 그럼에도 인사팀에서 실시하는 성과평가제도에 대한 이해가 부족한 것 같습니다.
>
> [기획부서 김경호 차장]
> 저는 저의 평가자 중 하나가 연구부서의 팀장님인데, 일 년에 몇 번 같이 일하지 않는데 어떻게 저를 평가할 수 있을까요? 특히 연구팀은 저희가 예산을 배정하는데, 저에게는 좋지만….

4. 토론 면접

① 토론 면접의 특징

- 다수의 지원자가 조를 편성해 과제에 대한 토론(토의)을 통해 결론을 도출해가는 면접입니다.
- 의사소통능력, 팀워크, 종합인성 등의 평가에 용이합니다.

- 주요 평가요소
  - 설득적 말하기, 경청능력, 팀워크, 종합인성
- 의견 대립이 명확한 주제 또는 채용분야의 직무 관련 주요 현안을 주제로 과제 구성
- 제한된 시간 내 토론을 진행해야 하므로 적극적으로 자신 있게 토론에 임하고 본인의 의견을 개진할 수 있어야 함

토론 면접의 형태

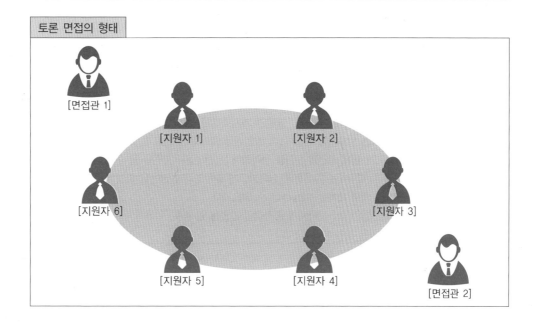

② 토론 면접 예시

고객 불만 고충처리

1. 들어가며

최근 우리 상품에 대한 고객 불만의 증가로 고객고충처리 TF가 만들어졌고 당신은 여기에 지원해 배치받았다. 당신의 업무는 불만을 가진 고객을 만나서 애로사항을 듣고 처리해 주는 일이다. 주된 업무로는 고객의 니즈를 파악해 방향성을 제시해 주고 그 해결책을 마련하는 일이다. 하지만 경우에 따라서 고객의 주관적인 의견으로 인해 제대로 된 방향으로 의사결정을 하지 못할 때가 있다. 이럴 경우 설득이나 논쟁을 해서라도 의견을 관철시키는 것이 좋을지 아니면 고객의 의견대로 진행하는 것이 좋을지 결정해야 할 때가 있다. 만약 당신이라면 이러한 상황에서 어떤 결정을 내릴 것인지 여부를 자유롭게 토론해 보시오.

2. 1분 자유 발언 시 준비사항

• 당신은 의견을 자유롭게 개진할 수 있으며 이에 따른 불이익은 없습니다.

• 토론의 방향성을 이해하고, 내용의 장점과 단점이 무엇인지 문제를 명확히 말해야 합니다.

• 합리적인 근거에 기초하여 개선방안을 명확히 제시해야 합니다.

• 제시한 방안을 실행 시 예상되는 긍정적·부정적 영향요인도 동시에 고려할 필요가 있습니다.

3. 토론 시 유의사항

• 토론 주제문과 제공해드린 메모지, 볼펜만 가지고 토론장에 입장할 수 있습니다.

• 사회자의 지정 또는 발표자가 손을 들어 발언권을 획득할 수 있으며, 사회자의 통제에 따릅니다.

• 토론회가 시작되면, 팀의 의견과 논거를 정리하여 1분간의 자유발언을 할 수 있습니다. 순서는 사회자가 지정합니다. 이후에는 자유롭게 상대방에게 질문하거나 답변을 하실 수 있습니다.

• 핸드폰, 서적 등 외부 매체는 사용하실 수 없습니다.

• 논제에 벗어나는 발언이나 지나치게 공격적인 발언을 할 경우, 위에서 제시한 유의사항을 지키지 않을 경우 불이익을 받을 수 있습니다.

1. 면접 Role Play 편성

- 교육생끼리 조를 편성하여 면접관과 지원자 역할을 교대로 진행합니다.
- 지원자 입장과 면접관 입장을 모두 경험해 보면서 면접에 대한 적응력을 높일 수 있습니다.

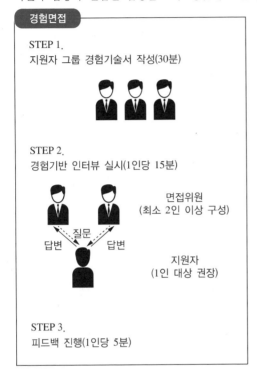

경험면접

STEP 1.
지원자 그룹 경험기술서 작성(30분)

STEP 2.
경험기반 인터뷰 실시(1인당 15분)

면접위원
(최소 2인 이상 구성)

질문

답변   답변

지원자
(1인 대상 권장)

STEP 3.
피드백 진행(1인당 5분)

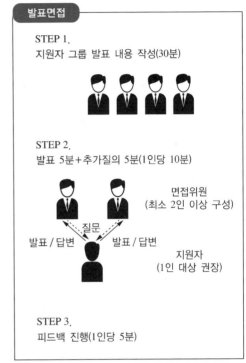

발표면접

STEP 1.
지원자 그룹 발표 내용 작성(30분)

STEP 2.
발표 5분+추가질의 5분(1인당 10분)

면접위원
(최소 2인 이상 구성)

질문

발표 / 답변   발표 / 답변

지원자
(1인 대상 권장)

STEP 3.
피드백 진행(1인당 5분)

Tip

면접 준비하기
1. 면접 유형 확인 필수
   - 기업마다 면접 유형이 상이하기 때문에 해당 기업의 면접 유형을 확인하는 것이 좋음
   - 일반적으로 실무진 면접, 임원면접 2차례에 거쳐 면접을 실시하는 기업이 많고 실무진 면접과 임원 면접에서 평가요소가 다르기 때문에 유형에 맞는 준비방법이 필요
2. 후속 질문에 대한 사전 점검
   - 블라인드 채용 면접에서는 주요 질문과 함께 후속 질문을 통해 지원자의 직무능력을 판단
     → STAR 기법을 통한 후속 질문에 미리 대비하는 것이 필요

01 건강보험심사평가원

- 건강보험심사평가원의 업무에서 발휘할 수 있는 자신의 역량은 무엇인지 말해 보시오.
- 고객 서비스 정신이란 무엇이라고 생각하는지 말해 보시오.
- 팀원들과 함께 해 오던 프로젝트를 처음부터 다시 시작해야 하는 상황이 발생한다면 어떻게 대처할지 말해 보시오.
- 힘들지만 끝까지 해낸 경험이 있다면 말해 보시오.
- 건강보험심사평가원의 가치 중 가장 중요하다 생각하는 것은 무엇인지 말해 보시오.
- 건강보험심사평가원에서 해 보고 싶은 업무가 있다면 무엇인지 말해 보시오.

02 국민건강보험공단

[상황면접]
- 사후관리 대상자들이 전화를 받지 않고 상담을 진행하려 해도 대상자들이 본인의 검진결과를 모를 때, 담당자로서 본인은 어떻게 할 것인지 말해 보시오.
- 위 방안에서 가장 어려울 것이라고 생각하는 점은 무엇인지 말해 보시오.
- 노인들을 응대할 때 가장 중요한 것은 무엇인지 말해 보시오.
- 민원인이 민원 사항을 가지고 계속 우긴다면 신입사원으로서 어떻게 대처할 것인지 말해 보시오.

[인성면접]
- 본인이 가지고 있는 역량 중 어떤 업무에 전문성이 있다고 생각하는지 말해 보시오.
- 가장 자신 있는 업무와 이와 관련된 이슈를 아는 대로 말해 보시오.
- 국민건강보험공단에서의 업무 중 모르는 것이 있다면 어떻게 대처할 것인지 말해 보시오.
- 업무를 숙지하는 노하우가 있다면 말해 보시오.
- 악성 민원에 대처해 본 경험이 있다면 말해 보시오.
- 상사의 긍정적 또는 부정적 피드백을 받은 경험이 있는지 말해 보시오.
- 동료와의 갈등상황이 생긴다면 어떻게 대처할 것인지 말해 보시오.
- 끈기를 가지고 노력했던 경험이 있는지 말해 보시오.
- 실패하거나 힘들었던 경험에서 후회하는 부분이 무엇이며 다시 돌아간다면 어떻게 할 것인지 말해 보시오.
- 공공기관 직원이 갖춰야 할 중요한 가치나 덕목은 무엇이라고 생각하는지 말해 보시오.

[경험면접]
- 조직에 잘 융화되었던 경험이 있다면 말해 보시오.
- 상사와 잘 맞지 않았던 경험이 있다면 말해 보시오.
- 무언가에 열정을 갖고 도전한 경험이 있다면 말해 보시오.
- 동료와의 갈등을 해결한 경험이 있다면 말해 보시오.
- 원칙을 지켰던 경험이 있다면 말해 보시오.
- 평소 자기계발을 어떻게 하고 있는지 말해 보시오.
- UPS와 같은 장치 내 반도체소자가 파괴되는 원인에 대해 말해 보시오.
- 전계와 자계의 차이점을 아는 대로 말해 보시오.
- 페란티 현상이 무엇인지 아는 대로 말해 보시오.
- 누군가와 협력해서 일해 본 경험이 있다면 말해 보시오.
- 본인만의 장점이 무엇인지 말해 보시오.
- 원칙을 지켜 목표를 달성한 경험이 있다면 말해 보시오.
- 직무를 수행하는 데 가장 중요한 것이 무엇이라고 생각하는지 말해 보시오.
- 낯선 환경에서 본인만의 대처법을 말해 보시오.
- 코레일에 입사하기 위해 준비한 것을 말해 보시오.
- 이미 형성된 조직에 나중에 합류하여 적응한 경험이 있다면 말해 보시오.
- 자기계발을 통해 얻은 성과가 무엇인지 말해 보시오.
- 물류 활성화 방안에 대한 본인의 생각을 말해 보시오.
- 규칙이나 원칙을 지키지 않은 경험이 있다면 말해 보시오.
- 평소 여가 시간에는 어떤 활동을 하는지 말해 보시오.
- 코레일에서 가장 중요하다고 생각하는 것이 무엇인지 말해 보시오.
- 의사소통에서 가장 중요하다고 생각하는 것이 무엇인지 말해 보시오.
- 까다로웠던 고객을 응대했던 경험이 있다면 말해 보시오.

[직무상황면접]
- 상사가 지적환인 환호응답을 하지 않을 경우 어떻게 할 것인지 말해 보시오.
- 현장 근무를 하면서 안전에 유의한 본인의 근무 방식과 상사가 지시하는 근무 방식이 다를 경우 어떻게 할 것인지 말해 보시오.

- 서울교통공사와 관련하여 최근 접한 이슈가 있는지, 그에 대한 본인의 생각은 어떠한지 말해 보시오.
- 팀 프로젝트 과정 중에 문제를 겪었던 경험이 있는지, 그런 경험이 있다면 문제를 어떻게 효과적으로 해결했는지 말해 보시오.
- 본인은 주위 사람들로부터 어떤 평가를 받는 사람인지 말해 보시오.
- 본인이 맡은 바보다 더 많은 일을 해 본 경험이 있는지 말해 보시오.
- 평소 생활에서 안전을 지키기 위해 노력했던 습관이 있다면 말해 보시오.
- 기대했던 목표보다 더 높은 성과를 거둔 경험이 있다면 말해 보시오.
- 공공데이터의 활용 방안에 대해 말해 보시오.
- 상대방을 설득하는 본인만의 방법에 대해 말해 보시오.
- 지하철 객차 내에서 느낀 불편한 점이 있는지 말해 보시오.
- 본인의 스트레스 해소 방안에 대해 말해 보시오.
- 서울교통공사에 입사하기 위해 참고했던 자료 중 세 가지를 골라 말해 보시오.
- 본인의 악성민원 응대 방법에 대해 말해 보시오.
- 기획안을 작성하고자 할 때 어떤 자료를 어떻게 참고할 것인지 말해 보시오.

[직무면접]
- 한전에 입사하기 위해 어떤 준비를 하였는지 본인의 경험에 대해 말해 보시오.
- 본인의 분석력이 어떻다고 생각하는지 말해 보시오.
- 금리와 환율의 변화가 한전에 미치는 영향에 대해 말해 보시오.
- 공유지의 비극에 대해 설명해 보시오.
- 수평적 조직과 수직적 조직의 장점에 대해 말해 보시오.
- 가장 친환경적인 에너지는 무엇이라 생각하는지 말해 보시오.
- 윤리경영의 우수한 사례에 대해 말해 보시오.
- 연구비 및 회계처리 방법에 대해 말해 보시오.
- IPO(기업공개)에 대해 말해 보시오.
- 연결 재무제표의 장 / 단점에 대해 말해 보시오.
- 수금업무가 무엇인지 말해 보시오.
- 변화된 전기요금체계에 대해 말해 보시오.
- 윤리경영과 준법경영에 대해 말해 보시오.
- 시장형 공기업의 정의에 대해 말해 보시오.
- 민법상 계약의 종류는 어떠한 것이 있는지 말해 보시오.
- 위헌 법률에 대해 말해 보시오.
- 소멸시효와 공소시효의 차이점에 대해 말해 보시오.

- 인공지능으로 인해 발생 가능한 문제는 무엇이 있는지 말해 보시오.
  - 인공지능을 한국전력공사에 반영한다면 어떠한 분야에 반영할 수 있을지 말해 보시오.
- 중대재해처벌법에 대해 말해 보시오
  - 이 법에 대한 자신의 견해를 말해 보시오.
- 독점시장이란 무엇인지 말해 보시오.
- ESG경영이란 무엇인지 말해 보시오.

[종합면접]
- 자기소개를 해 보시오.
- 회식에 참석하기 싫어하는 직장동료가 있다면 어떻게 할 것인지 말해 보시오.
- 지원한 직무와 전공이 다른데 지원한 이유를 말해 보시오.
- 청렴한 조직을 만들기 위해서는 어떠한 노력을 해야 하는지 말해 보시오.
- 한국전력공사에서 업무를 할 때 지침과 융통성 중 어느 것을 우선해야 하는지 말해 보시오.
- 민원인이 욕설을 한다면 어떻게 대처할 것인지 말해 보시오.
- 한국전력공사 조직문화의 특징과 장 / 단점에 대해 말해 보시오.
- 신입으로 입사 후 기존의 직원과 갈등이 생긴다면 어떻게 해결할 것인지 말해 보시오.
- 청렴한 조직 분위기를 조성하기 위한 방법에 대해 말해 보시오.
- 본인이 팀장이라면 실력이 좋은 직원과 인성이 좋은 직원 중 어떤 직원을 우선적으로 선택할 것인지 말해 보시오.
- 제멋대로인 팀원이 있다면 어떻게 대처할 것인지 말해 보시오.
- 다른 사람과 갈등이 생겼을 때, 설득했던 경험에 대해 말해 보시오.
- 인생에서 가장 힘들었던 일과 그 해결방법에 대해 말해 보시오.
- 상사의 부당한 지시가 반복된다면 어떻게 행동할 것인지 말해 보시오.
- 한국전력공사를 잘 모르는 사람에게 한국전력공사를 설명한다면 어떻게 할 것인지 말해 보시오.
- 한국전력공사의 최근 이슈에 대해 말해 보시오.
- 업무상 민간 사업자가 불만을 제기한다면 어떻게 설득할 것인지 말해 보시오.
- 본인이 조직에 피해를 주고 있는지 파악하는 본인만의 기준에 대해 말해 보시오.

06 한국농어촌공사

- 고객 서비스와 관련하여 어려움을 겪은 경험에 대해 말해 보시오.
- 스트레스를 해소하는 방법에 대해 말해 보시오.
- 직업을 선택할 때 가장 중요하게 생각하는 것을 말해 보시오.
- 본인의 장 / 단점을 말하고, 타인과 소통하는 데 어려움이 있으면 어떻게 해결할 것인지 말해 보시오.
- 직장 동료와 친해지는 방법을 말해 보시오.
- 세대갈등을 어떻게 생각하는지와 세대갈등을 겪은 경험에 대해 말해 보시오.
- 규정을 지키지 않는 동료를 보았을 때 어떻게 할 것인지 말해 보시오.

[PT · 토론면접]
- 한국중부발전의 가장 큰 사업을 말해 보시오.
- 한국중부발전이 나아가야 할 방안에 대해 말해 보시오.
- 그린뉴딜에 대해 말해 보시오.
- 새로운 에너지(신재생에너지) 패러다임을 맞이해 한국중부발전의 추구방향과 전략에 대해 말해 보시오.
- 신재생에너지를 활용한 비즈니스 모델에 대해 말해 보시오.
- 사내 스마트워크의 실행과 관련한 이슈의 해결방안에 대해 말해 보시오.
- 발전기 용접부에 누수가 발생하였는데 원인은 무엇이고, 누수를 방치한다면 어떤 문제점이 생기는지에 대해 말해 보시오.
- 발전소 보일러 효율 저하 원인 점검사항에 대해 말해 보시오.
- 보일러 효율을 높이는 방안에 대해 말해 보시오.
- 정부의 친환경정책을 연관 지어 한국중부발전이 나아가야 할 방향에 대해 말해 보시오.
- 발전소 부산물의 재활용 방안에 대해 말해 보시오.
- 미세먼지 감소대책에 대해 말해 보시오.
- 신재생에너지와 화력 발전소에 대한 미래 방향에 대해 말해 보시오.
- 한국중부발전의 발전소 안전사고 방지를 위한 대책에 대해 말해 보시오.
- 한국중부발전의 마이크로그리드 사업방안에 대해 말해 보시오.
- 한국중부발전에서 빅데이터를 어떻게 적용해야 하며, 적용 전까지 한국중부발전에서 취해야 할 방안에 대해 말해 보시오.

[인성면접]
- 본인이 생각하기에 윤리를 지키기 위해 하지 말아야 할 것을 말해 보시오.
- 조직목표의 달성을 위해 희생해 본 경험이 있는지 말해 보시오.
- 귀하가 한국중부발전에 기여할 수 있는 점을 구체적으로 말해 보시오.
- 한국중부발전에 지원한 동기를 말해 보시오.
- 발전업에 관심을 가지게 된 계기를 말해 보시오.
- 가장 싫어하는 소통 방식의 유형은 무엇이고, 상사가 그와 같은 유형의 소통 방식을 사용한다면 어떻게 대처할 것인지 말해 보시오.
- 발전소에서 문제가 발생했을 때, 본인은 어떻게 처리할 것인지 말해 보시오.
- 리더십을 발휘한 경험이 있는지 말해 보시오.
- 존경하는 상사가 있는지, 그 상사의 단점은 무엇이고 본인에게 동일한 단점이 있다면 이를 어떻게 극복할 것인지 말해 보시오.
- 고령의 현직자, 협력업체의 베테랑과의 갈등을 극복하는 노하우를 말해 보시오.
- 협력 업체와의 갈등을 어떻게 해결할 것인지 말해 보시오.
- 업무별로 본인이 해당 업무에 적합한 인재인 이유를 말해 보시오.
- 조직생활에서 중요한 것은 전문성인지 조직 친화력인지 말해 보시오.
- 근무함에 있어 무엇을 중요하게 생각하는지 개인의 경험을 토대로 말해 보시오.
- 상사가 부당한 지시를 할 경우 어떻게 할 것인지 말해 보시오.
- 여러 사람과 협업하여 업무 처리한 경험과 협업 시 생긴 갈등을 어떻게 해결하였는지 말해 보시오.
- 현 직장에서 이직하려는 이유가 한국중부발전에서도 똑같이 발생한다면 어떻게 할 것인지 말해 보시오.

- CPA를 하다가 포기했는데 입사 후에 기회가 되면 다시 준비할 것인지 말해 보시오.
- 본인이 교대근무 상세일정을 작성하는 업무를 담당하고 있는데 A선배가 편한 시간대에 근무 배치를 요구할 때, 본인은 어떻게 대처할 것인지 말해 보시오.(단, A선배를 편한 시간대에 근무 배치할 때, 후배 사원인 C와 D가 상대적으로 편하지 않은 시간대에 근무를 하게 됨)
- 본인의 장단점에 대해 말해 보시오.
- 우리나라 대학생들이 책을 잘 읽지 않는다는 통계가 있는데, 본인이 일 년에 읽는 책의 권수와 최근 가장 감명 깊게 읽은 책을 말해 보시오.
- 이전 직장에서 가장 힘들었던 점은 무엇인지 말해 보시오.
- 친구랑 크게 싸운 적이 있는지 말해 보시오.
- 노력했던 경험에는 어떤 것이 있는지 말해 보시오.
- 한국중부발전의 장단점에 대해 말해 보시오.
- 한국중부발전의 30초 동안 홍보할 수 있는 방안에 대해 말해 보시오.
- 대학 때 인사 관련 활동을 열심히 한 것 같은데, 인사부서에 가면 무엇을 할 것인지 말해 보시오.
- 노무부서의 업무에 대해 말해 보시오.
- 업무를 진행하는 데 있어 가장 중요한 자세는 무엇이라고 생각하는지 말해 보시오.
- 한국중부발전과 관련된 기사에 대해 말해 보시오.
- 여러 발전사가 존재하는데 왜 한국중부발전을 선택하였는지 말해 보시오.
- 자신이 부족하다고 느껴 무엇인가를 준비하고 공부해 해결해 낸 경험이 있는지 말해 보시오.
- 입사 10년 후 자신의 모습에 대해 말해 보시오.
- 노조에 대한 생각을 말해 보시오.
- 마지막으로 하고 싶은 말을 해 보시오.
- 삶을 살면서 친구들의 영향도 많이 받지만 부모님의 영향도 많이 받는데, 본인은 부모님으로부터 어떤 영향을 받았으며 지금 본인의 삶에 그러한 영향이 어떻게 나타나는지 말해 보시오.
- 본인이 어려움을 겪었을 때 다른 사람의 도움으로 극복한 사례를 말해 보시오.
- 본인이 한국중부발전의 팀장이고 10명의 부하직원이 있다면 어떻게 팀을 이끌 것인지 말해 보시오.

08 도로교통공단

- 업무와 관련하여 본인만의 노하우가 있는지 말해 보시오.
- 본인의 강점에 대해 말해 보시오.
- 본인이 관심 있는 사업에 대해 말해 보시오.
- 도로교통공단의 업무에 대해 아는 대로 말해 보시오.
- 본인이 좋아하는 사람과 싫어하는 사람은 어떤 유형의 사람인지 말해 보시오.
- 민원 응대 관련 경험이 있는지 말해 보시오.
- 본인의 아이디어를 업무에 적용해 본 경험이 있는지 말해 보시오.
- 고령운전자에 대한 조건부면허제도에 대해 본인의 의견을 말해 보시오.
- 마지막으로 할 말이 있다면 말해 보시오.

[직무면접]
- 주택도시보증공사에서 일할 때 갖춰야 할 가치관은 무엇인지 말해 보시오.
- 전문분야에 대해 공부를 한 적이 있는지 말해 보시오.
- 자신의 장점에 대해서 말해 보시오.
- 주택도시보증공사에서 자신이 관심있는 사업분야는 무엇인지 말해 보시오.
- 지원동기가 무엇인지 말해 보시오.
- 주택도시보증공사에 들어오기 위해 어떤 노력을 하였는가?
- 자신이 같이 일하기 힘든 사람은 누구이며, 그 이유는 무엇인지 말해 보시오.
- 민원응대에 대한 경험이 있는지 말해 보시오.
- 가장 자신 있는 외국어는 무엇인지 말해 보시오.
- 가장 행복했던 순간은 언제인지 말해 보시오.
- 공공성과 수익성 중 무엇이 중요하다고 생각하는지 말해 보시오.
- 주택도시보증공사를 친구에게 소개한다면 어떻게 소개할 것인지 말해 보시오.
- 주택도시보증공사의 강점은 무엇인지 말해 보시오.
- 주택도시보증공사의 약점이 있다면 무엇인지 말해 보시오.
- 협동사례에 대해 말해 보시오.
- 본인의 롤모델은 누구인지 말해 보시오.
- 성실성을 입증할 만한 사례에 대해 말해 보시오.
- 최근에 주택도시보증공사에 대한 관련 기사를 읽어본 적이 있는지 말해 보시오.
- 주택도시보증공사, 한국주택금융공사, 한국토지주택공사의 차이점에 대해 말해 보시오.
- 업무에 필요한 역량을 구체적으로 어떻게 키울지 말해 보시오.
- 입사 후 하고 싶은 업무는 무엇인지 말해 보시오.
- 공직에서 가장 중요한 가치는 무엇인지 말해 보시오.
- 주택도시보증공사에서 하고 싶은 일이 무엇인지 말해 보시오.
- 개인보증과 기업보증의 차이점에 대해 말해 보시오.
- 본인의 직업관에 대해 말해 보시오.
- 이전에 본인이 공부했던 시험에 대한 미련은 없는지 말해 보시오.
- 자기소개서에 나온 경험이 주택도시보증공사에 지원한 것과 어떤 관련이 있는지 말해 보시오.
- 좌우명이 무엇이고, 그렇게 정한 이유는 무엇인지 말해 보시오.

[PT면접]
- 노숙자 복지를 어떻게 할 것인지 말해 보시오.
- 2030을 위한 금융, 부동산 관련 교육 커리큘럼을 제시해 보시오.
- 친환경과 관련된 주택도시보증공사의 방안에 대해 말해 보시오.
- 역전세난을 완화할 수 있는 방안에 대해 말해 보시오.
- 부동산 관련 사업을 말해 보시오.
- 분양가상한제에 대해 말해 보시오.
- 직업이 자아실현에 도움을 줄 수 있는지에 대해 말해 보시오.
- 도시재생사업의 사례를 들고, 가장 논쟁이 되는 부분에 대해 말해 보시오.

- SNS의 문제점과 이에 대한 대응방법에 대해 말해 보시오.
- AI를 재판에서 이용 가능한지 말해 보시오.
- 사교육 과열에 대한 사회적, 제도적 원인과 해결방안에 대해 말해 보시오.
- 지방인재 채용에 대해 말해 보시오.
- 주택분양시장의 경쟁도입에 대해 말해 보시오.
- 보증시장 민간개방의 장/단점에 대해 말해 보시오.
- 악성민원에 대한 대처방안 및 민원을 줄일 방안에 대해 말해 보시오.
- 기업의 평판관리 방안에 대해 말해 보시오.
- 출산율 저하의 원인과 대책에 대해 말해 보시오.

10 인천국제공항공사

[PT면접]
- 공항서비스 향상을 위한 방안을 말해 보시오.
- 악성 민원에 대해 어떻게 대처할 것인지 말해 보시오.
- 공항에서 응급상황이 발생했을 때 대처 방안에 대해 말해 보시오.
- Wi-Fi 품질 저하에 대한 해결책과 원인을 말해 보시오.
- 공항에 적용할 만한 4차 산업혁명 기술을 말해 보시오.
- 인천공항의 스마트화를 위한 방안에 대해 발표해 보시오.
- 인천국제공항의 개선점을 말해 보시오.
- 공항의 수요정책을 확대하기 위해 메디컬 및 전통문화 체험관 등을 개발하여 환승고객의 유치를 증대시키는 방안에 대해 말해 보시오.
- 통신시설의 관리자로서 당황스러운 상황이 발생할 때 어떻게 대처할 것인지 말해 보시오.
- 인천국제공항에 있는 기계설비에 대해 아는 대로 말해 보시오.
- BHS의 특징과 기능에 대해 말해 보시오.
- 본인은 건설 및 설계 담당자가 되었다. BHS의 개선해야 할 점과 이에 대한 프로젝트를 어떻게 진행할 것인지 말해 보시오.
- 설계를 맡긴 곳에서 기대 이하의 설계를 해오면 어떻게 할 것인지 말해 보시오.
- 여름철 공사 중 홍수 피해가 발생할 때 복구 대책에 대해 말해 보시오.
- 굴착공사 시 보강막이 붕괴할 때 복구 대책에 대해 말해 보시오.

[인성면접]
- 동료와 불화가 생겼을 때 이를 극복할 수 있는 방법을 말해 보시오.
- 업무 중 상사와 의견이 다를 때 어떻게 설득할 것인지 말해 보시오.
- 자신의 인생관에 대해 말해 보시오.
- 동료와 협업한 경험과 협업 과정에서 어떠한 역할을 맡았는지 말해 보시오.
- 공기업 직원으로서 갖춰야 할 가장 중요한 덕목은 무엇이라고 생각하는지 말해 보시오.
- 비정규직 문제에 대해 어떻게 생각하는지 말해 보시오.

- 인천국제공항공사의 비전 두 가지는 무엇인지 말해 보시오.
- 본인의 장점과 단점은 무엇인지 말해 보시오.
- 인생에서 힘들었던 경험을 말해 보시오.
- 인천국제공항공사의 인재상 중 자신에게 맞는 인재상은 무엇인지 말해 보시오.
- 인천국제공항의 고객서비스를 상승시킬 방안은 무엇인지 말해 보시오.
- 인천국제공항의 조직 중 민간소방대의 역할은 무엇인지 말해 보시오.
- 네트워크조직에 대해서 말해 보시오.
- 인천국제공항 수요의 분산정책은 무엇인지 말해 보시오.
- 인천국제공항의 홍보대사에 대해서 알고 있는지 말해 보시오.
- 본인은 10년 뒤 전문가와 관리자 중 어떤 것이 되고 싶은지 말해 보시오.
- 업무를 수행함에 있어 본인의 가장 부족한 점과 그것을 보완하기 위한 계획에 대해 말해 보시오.
- 다른 지원자보다 나이가 있는데 졸업 후 무엇을 했는지 말해 보시오.
- 공항의 운영에서 효율성, 안전성, 편의성 중 가장 중요한 것은 무엇이라고 생각하는가?
- 왜 이직을 하려고 하는가?
- 졸업을 하고 어떤 활동을 했는가?
- 아버지에게 어떤 점을 배웠는가? 또한 배우고 싶지 않은 점은 무엇인가?
- 갈등관계를 극복했던 사례에 대해 말해 보시오.
- 인간관계에서 실패했던 혹은 성공한 경험을 말해 보시오.
- 어려웠던 일을 극복한 사례를 말해 보시오.
- 동료의 잘못된 행동을 봤을 때 어떻게 대처할 것인지 말해 보시오.
- 만약 입사 후 공사가 자신의 기대와 다르다면 어떻게 할 것인지 말해 보시오.
- 입사하면 어떤 일을 잘할 수 있는지 말해 보시오.
- 업무 중에 본인이 생각하지 못했던 전공과 무관한 일을 맡게 되면 어떻게 대처할 것인지 말해 보시오.
- 인생을 한 단어로 표현하고 그에 대해 말해 보시오.
- 해당 직무를 지원한 이유는 무엇인지 말해 보시오.

현재 나의 실력을 객관적으로 파악해 보자!

모바일 OMR
답안채점 / 성적분석 서비스

도서에 수록된 모의고사에 대한 객관적인 결과(정답률, 순위)를 종합적으로 분석하여 제공합니다.

OMR 입력

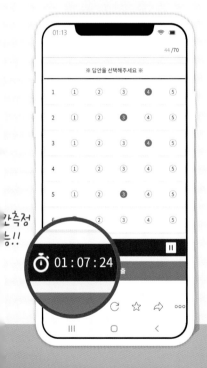

성적분석

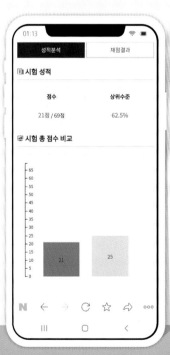

채점결과

※OMR 답안채점 / 성적분석 서비스는 등록 후 30일간 사용 가능합니다.

참여방법

도서 내 모의고사 우측 상단에 위치한 QR코드 찍기 ➡ 로그인 하기 ➡ '시작하기' 클릭 ➡ '응시하기' 클릭 ➡ 나의 답안을 모바일 OMR 카드에 입력 ➡ '성적분석 & 채점결과' 클릭 ➡ 현재 내 실력 확인하기

2024 최·신·판

공기업 NCS

대졸채용 최종모의고사

직업기초능력 + 직무수행능력 + 면접

정답 및 해설

SD에듀
(주)시대고시기획

PART 1

직업기초능력평가
최종모의고사

끝까지 책임진다! SD에듀!

QR코드를 통해 도서 출간 이후 발견된 오류나 개정법령, 변경된 시험 정보, 최신기출문제, 도서 업데이트 자료 등이 있는지 확인해 보세요! **시대에듀 합격 스마트 앱**을 통해서도 알려 드리고 있으니 구글 플레이나 앱 스토어에서 다운받아 사용하세요. 또한, 파본 도서인 경우에는 구입하신 곳에서 교환해 드립니다.

01	02	03	04	05	06	07	08	09	10	11	12	13	14	15	16	17	18	19	20
④	②	②	④	②	②	①	③	④	④	③	⑤	①	②	②	④	⑤	①	④	③
21	22	23	24	25	26	27	28	29	30	31	32	33	34	35	36	37	38	39	40
④	②	④	④	①	①	④	④	③	④	③	③	③	②	④	④	⑤	⑤	④	③
41	42	43	44	45	46	47	48	49	50	51	52	53	54	55	56	57	58	59	60
②	④	①	②	④	⑤	④	⑤	①	③	③	②	④	②	④	④	④	④	②	③

01
정답 ④

한자음 '녀'가 단어 첫머리에 올 때는 두음 법칙에 따라 '여'로 적으나, 의존 명사의 경우는 '녀' 음을 인정한다. 해를 세는 단위의 '년'은 의존 명사이므로 ④의 '연'은 '년'으로 적어야 한다.

오답분석
① 이사장의 말을 직접 인용하고 있으므로 '라고'의 쓰임은 적절하다.
② '말'이 표현을 하는 도구의 의미로 사용되었으므로 '로써'의 쓰임은 적절하다.
③ 'ㅇ' 받침으로 끝나는 말 뒤에 쓰였으므로 '률'의 쓰임은 적절하다.
⑤ 아라비아 숫자만으로 연월일을 모두 표시하고 있으므로 마침표의 사용은 적절하다.

02
정답 ②

문제해결 절차의 순서는 '문제 인식 → 문제 도출 → 원인 분석 → 해결안 개발 → 실행 및 평가'이다.
㉠ 강대리가 문제 인식을 하고 팀장님께 보고한 후 어떤 문제가 발생했는지 도출해 내는 단계이므로 문제를 명확히 하는 문제 도출 단계이다.
㉡ 최팀장에게 왜 그런 현상이 나타나는 것인지에 대해 대답할 차례이므로 문제가 나타나는 현상에 대한 원인을 분석하는 원인 분석 단계이다.

03
정답 ②

A기업과 B기업의 사례를 통해 현재 겪고 있는 문제만을 인식하는 기업과 미래에 발생할지도 모르는 문제도 인식하는 기업의 차이가 있음을 알 수 있다. 이러한 관점에서 문제의 유형을 현재 직면하고 있는 발생형 문제, 현재 상황은 문제가 아니지만 현재 상황을 개선하기 위한 탐색형 문제, 장래의 환경변화에 대응해서 앞으로 발생할 수 있는 설정형 문제로 구분할 수 있다. 즉, A기업은 현재 겪고 있는 발생형 문제만을 해결하는 데 급급했지만, B기업은 미래에 발생할지도 모르는 설정형 문제를 인식하고 이를 대비했다. 결국 문제를 인식하는 시점의 차이가 두 기업의 성장에 많은 차이를 초래하였음을 알 수 있다.

04
정답 ④

시간계획이란 시간이라고 하는 자원을 최대한 활용하기 위하여 가장 많이 반복(㉠)되는 일에 가장 많은 시간을 분배하고, 최단(㉡)시간에 최선의 목표를 달성하는 것을 의미한다. 자신의 시간을 잘 계획하면 할수록 일이나 개인적 측면에서 자신의 이상을 달성할 수 있는 시간을 창출(㉢)할 수 있다.

05

정답 ②

규칙과 법을 준수하고, 관행과 안정, 문서와 형식, 명확한 책임소재 등을 강조하는 관리적 문화의 특징을 가진 문화는 (다)이다. (가)는 집단문화, (나)는 개발문화, (다)는 계층문화, (라)는 합리문화이며, 분야별 주요 특징은 다음과 같다.

조직문화 유형	주요 특징
(가) 집단문화	관계지향적인 문화이며, 조직구성원 간 인간애 또는 인간미를 중시하는 문화로서 조직 내부의 통합과 유연한 인간관계를 강조한다. 따라서 조직구성원 간 인화단결, 협동, 팀워크, 공유가치, 사기, 의사결정과정에 참여 등을 중요시하며, 개인의 능력개발에 대한 관심이 높고, 조직구성원에 대한 인간적 배려와 가족적인 분위기를 만들어내는 특징을 가진다.
(나) 개발문화	높은 유연성과 개성을 강조하며, 외부환경에 대한 변화지향성과 신축적 대응성을 기반으로 조직구성원의 도전의식, 모험성, 창의성, 혁신성, 자원획득 등을 중시하며, 조직의 성장과 발전에 관심이 높은 조직문화를 의미한다. 따라서 조직구성원의 업무수행에 대한 자율성과 자유재량권 부여 여부가 핵심요인이다.
(다) 계층문화	조직 내부의 통합과 안정성을 확보하고, 현상유지 차원에서 계층화되고 서열화된 조직구조를 중요시하는 조직문화이다. 즉, 위계질서에 의한 명령과 통제, 업무처리 시 규칙과 법을 준수, 관행과 안정, 문서와 형식, 보고와 정보관리, 명확한 책임소재 등을 강조하는 관리적 문화의 특징을 나타내고 있다.
(라) 합리문화	과업지향적인 문화로, 결과지향적인 조직으로써의 업무의 완수를 강조한다. 조직의 목표를 명확하게 설정하여 합리적으로 달성하고, 주어진 과업을 효과적이고 효율적으로 수행하기 위하여 실적을 중시하고, 직무에 몰입하며, 미래를 위한 계획을 수립하는 것을 강조한다. 합리문화는 조직구성원간의 경쟁을 유도하는 문화이기 때문에 때로는 지나친 성과를 강조하게 되어 조직에 대한 조직구성원들의 방어적인 태도와 개인주의적인 성향을 드러내는 경향을 보인다.

따라서 규칙과 법을 준수하고 관행과 안정, 문서와 형식, 명확한 책임소재 등을 강조하는 관리적 문화의 특징을 가지는 문화는 (다) 계층문화이다.

06

정답 ②

초고령화 사회는 실버산업(기업)을 기준으로 유리한 외부 환경 요소로 볼 수 있으므로 기회 요인이다.

[오답분석]
① 제품의 우수한 품질은 기업의 내부 환경 요소로 볼 수 있으므로 강점 요인으로 적절하다.
③ 기업의 비효율적인 업무 프로세스는 기업의 내부 환경 요소로 볼 수 있으므로 약점 요인이다.
④ 살균제 달걀 논란은 빵집(기업)을 기준으로 외부 환경 요소로 볼 수 있으므로 위협 요인이다.
⑤ 근육운동 열풍은 헬스장(기업)을 기준으로 외부 환경 요소로 볼 수 있으므로 기회 요인이다.

07

정답 ①

상대를 정면으로 마주하는 자세는 자신이 상대방과 함께 의논할 준비가 되어있다는 것을 알리는 자세이므로 경청을 하는 데 있어 올바른 자세이다.

08

정답 ③

1인 가구의 인기 음식(ⓒ)과 5세 미만 아동들의 선호 색상(ⓑ)은 각각 음식과 색상에 대한 자료를 가구, 연령으로 특징 지음으로써 자료를 특정한 목적으로 가공한 정보(Information)로 볼 수 있다.

[오답분석]
㉠·㉣·㉤ 특정한 목적이 없는 자료(Data)의 사례이다.
㉡ 특정한 목적을 달성하기 위한 지식(Knowledge)의 사례이다.

09

정답 ④

보기의 자료는 운동을 주제로 나열되어 있는 자료임을 알 수 있다. 그러나 ④는 운동이 아닌 식이요법을 목적으로 하는 지식의 사례로 볼 수 있다.

오답분석

①·②·③·⑤ 모두 운동을 목적으로 하는 지식의 사례이다.

10

정답 ④

층마다 높이는 동일하므로 건물 한 층의 높이는 $24 \div 8 = 3\text{m}$이다. 옥상의 넓이는 $17 \times 10 = 170\text{m}^2$이고, $7 \sim 8$층 4개의 면 넓이는 $[(10 \times 3 \times 2) + (17 \times 3 \times 2)] \times 2 = 162 \times 2 = 324\text{m}^2$이다. 따라서 태양광 패널 설치비용은 $(170 + 324) \times 30 = 494 \times 30 = 14,820$만 원이다.

11

정답 ③

사내추천제는 직원들에게 수시로 추천할 사람의 이력서를 받은 뒤 면접을 실시해 선발하는 방식으로, 이를 통해 검증된 인재를 채용할 수 있으며, 각종 비용을 줄일 수 있다.

오답분석

① 공개 채용 제도에 비해 시간과 비용을 줄일 수 있지만, 그렇다고 해서 더 많은 인력을 채용할 수 있는 것은 아니다. 기업이 필요로 하는 인력의 수는 한정되어 있기 때문이다.

② 사내추천제를 통해 직원의 임금이 아닌 채용 과정에서 소요되는 비용을 줄일 수 있다.

④ 블라인드 채용의 장점에 해당한다.

⑤ 사내추천제는 추천할 사람의 이력서를 받은 뒤 면접을 실시해 선발한다. 또한, 기사에서도 실제 채용과정에서 일반 지원자와 동등하게 평가한다고 하였으므로 이는 적절하지 않다.

12

정답 ⑤

준법이란 민주 시민으로서 기본적으로 지켜야 하는 의무이고, 생활 자세이며, 민주 사회에서 법과 규칙을 준수하는 것은 시민으로서의 자신의 권리를 보장받고, 다른 사람의 권리를 보호해 주며, 사회 질서를 유지하는 역할을 한다. 어떻게 보면 별 것 아니라고 생각될 수 있는 교통질서이지만, 한 사람의 질서 거부가 전체 시스템의 마비로 이어질 수 있다. 그리고 그 피해는 결국 다른 사람은 물론 나 자신에게도 돌아오게 되기 때문에 개개인의 준법의식이 매우 중요하다.

13

정답 ①

㉠ 원가우위 : 원가절감을 통해 해당 산업에서 우위를 점하는 전략이다.

㉡ 차별화 : 조직이 생산품이나 서비스를 차별화하여 고객에게 가치가 있고 독특하게 인식되도록 하는 전략이다.

㉢ 집중화 : 한정된 시장을 원가우위나 차별화 전략을 사용하여 집중적으로 공략하는 전략이다.

14

정답 ②

NCS의 능력단위 3요소는 해당 직무를 수행하는 데 필요한 역량을 뜻하며 지식, 태도, 기술을 말한다.

15

A씨의 일회용기 사용은 자원보다는 자신을 최우선적으로 추구하기 때문에 나타나는 물적자원 낭비에 해당하므로 이는 편리성 추구로 인한 결과이다.

[오답분석]
① 자원을 어떻게 활용할 것인가에 대한 계획 없이 충동적이고 즉흥적으로 행동하여 자신이 활용할 수 있는 자원들을 낭비하는 경우를 의미한다. 이러한 사람은 대개 목표치가 없기 때문에 얼마나 낭비하는지조차 파악하지 못한다.
③ 자신이 가지고 있는 중요한 자원을 인식하지 못하는 것을 의미하는데, 이는 자원을 물적 자원에 국한하여 생각하기 때문에 무의식적으로 중요한 자원을 낭비하게 되는 것이다.
④·⑤ 자원관리의 중요성을 인식하면서도 자원관리에 대한 경험이나 노하우가 부족하기 때문에 효과적인 방법을 활용할 줄 모르는 경우를 의미한다.

16

말하지 않아도 상대방이 이해할 것이라는 선입견과 고정관념은 의사소통의 저해 요인이 된다.

17

자기개발은 교육기관 이외에도 실생활에서 이루어지며, 평생에 걸쳐서 이루어지는 과정이다. 우리의 직장생활을 둘러싸고 있는 환경은 끊임없이 변화하고 있으며, 이로 인해 특정한 사건과 요구가 있을 경우뿐만 아니라 지속적으로 학습할 것이 요구된다. 또한 우리는 날마다 다른 상황에 처하게 되는데, 이러한 상황에 대처하기 위해서는 학교교육에서 배우는 원리와 원칙을 넘어서, 실생활에서도 지속적인 자기개발이 필요하다.

18

원 그래프는 부분과 부분, 부분과 전체 사이의 비율을 쉽게 알아볼 수 있는 특징을 가지고 있다. 따라서 비율의 크기가 큰 순서로 배열하지 않았고, 비율 표시도 하지 않았으므로 ①은 적절하지 않다.

19

㉠ A는 패스트푸드점이 가까운 거리에 있음에도 불구하고 배달료를 지불해야 하는 배달 앱을 통해 음식을 주문하고 있으므로 편리성을 추구하는 (나)에 해당한다.
㉡ B는 의자 제작에 필요한 재료들인 물적자원만 고려하고 시간은 고려하지 않았으므로 시간이라는 자원에 대한 인식 부재인 (다)에 해당한다.
㉢ C는 자원관리의 중요성을 인식하고 프로젝트를 완성하기 위해 나름의 계획을 세워 수행하였지만, 경험이 부족하여 계획한 대로 진행하지 못하였으므로 노하우 부족인 (라)에 해당한다.
㉣ D는 홈쇼핑 시청 중 충동적으로 계획에 없던 여행 상품을 구매하였으므로 비계획적 행동인 (가)에 해당한다.

20

잔액에는 당월 실적이 아닌 배정액에서 누적 집행 실적(㉡)을 뺀 값을 작성한다.

21

성과 이름은 붙여 쓰고 이에 덧붙는 호칭어, 관직명 등은 띄어 써야 하므로 '김민관 씨'가 올바른 표기이다. 따라서 ④는 적절하지 않다.

제1회 모듈형 NCS 최종모의고사 • 5

22

레이더 차트(방사형 그래프, 거미줄 그래프)에 대한 설명이다.

[오답분석]

① 막대 그래프 : 세로 또는 가로 막대로 사물의 양을 나타내며, 크고 작음을 한 눈에 볼 수 있기 때문에 편리하다.
③ 선 그래프 : 꺾은선 그래프라고도 하며, 시간에 따라 지속적으로 변화하는 것을 기록할 때 편리하다. 조사하지 않은 중간값도 대략 예측할 수 있다.
④ 층별 그래프 : 합계와 각 부분의 크기를 백분율 또는 실수로 나타내고, 시간적 변화를 보고자 할 때 쓰인다.
⑤ 점 그래프 : 통계학에서 데이터들의 분포를 점으로 나타내는 도표 또는 그러한 도표로 나타내는 방법으로, 점의 개수로 양의 많고 적음을 나타내는 그래프이다.

23

(가) 하드 어프로치 : 하드 어프로치에 의한 문제해결방법은 상이한 문화적 토양을 가지고 있는 구성원을 가정하고, 서로의 생각을 직설적으로 주장하고 논쟁이나 협상을 통해 서로의 의견을 조정해 가는 방법이다.
(나) 퍼실리테이션 : 퍼실리테이션이란 '촉진'을 의미하며, 어떤 그룹이나 집단이 의사결정을 잘 하도록 도와주는 일을 의미한다. 퍼실리테이션에 의한 문제해결방법은 깊이 있는 커뮤니케이션을 통해 서로의 문제점을 이해하고 공감함으로써 창조적인 문제해결을 도모한다.
(다) 소프트 어프로치 : 소프트 어프로치에 의한 문제해결방법은 대부분의 기업에서 볼 수 있는 전형적인 스타일로 조직 구성원들을 같은 문화적 토양을 가지고 이심전심으로 서로를 이해하는 상황을 가정한다.

24

물건의 부실한 관리는 물건의 훼손·멸실 등을 가져옴으로써 물적자원을 낭비하는 요인에 해당한다.

[오답분석]

① 주변 사람들에 대한 무관심은 인적자원을 낭비하는 것에 해당한다.
② 과도한 선물은 필요 이상으로 돈을 낭비하는 것에 해당한다.
③ 과도한 수면은 수면으로 인해 시간을 낭비하는 것에 해당한다.
⑤ 필요하지 않은 물건의 구입은 돈을 낭비하는 것에 해당한다.

25

자기관리는 자신의 목표 성취를 위해 자신의 행동과 자신의 업무 수행을 관리하고 조정하는 것이라는 점에서 (가) 자기관리 계획, (마) 업무의 생산성 향상 방안, (아) 대인관계 향상 방안이 자기관리에 해당하는 질문으로 적절하다.

[오답분석]

• (나), (라), (자) : 자아인식에 해당하는 질문이다.
• (다), (바), (사) : 경력개발에 해당하는 질문이다.

26

제품 매뉴얼은 제품의 설계상 결함이나 위험 요소를 대변해서는 안 된다.

27

ㄴ. BCG 매트릭스는 시장 성장율과 상대적 시장 점유율을 기준으로 4개의 영역으로 나눠 사업의 상대적 위치를 파악한다.

ㄹ. GE&맥킨지 매트릭스의 산업 매력도는 시장규모, 시장 잠재력, 경쟁구조, 재무·경제·사회·정치 요인과 같은 광범위한 요인에 의해 결정된다.

ㅁ. GE&맥킨지 매트릭스는 반영 요소가 지나치게 단순하다는 BCG 매트릭스의 단점을 보완하기 위해 개발되었다.

오답분석

ㄱ. BCG 매트릭스는 미국의 보스턴컨설팅그룹이 개발한 사업 포트폴리오 분석 기법이다.

ㄷ. GE&맥킨지 매트릭스는 산업 매력도와 사업 경쟁력을 고려하여 사업의 형태를 9개 영역으로 나타낸다.

28

A, B, C에 해당되는 청소 주기 6, 8, 9일의 최소공배수는 2×3×4×3=72이다. 9월은 30일, 10월은 31일까지 있으므로 9월 10일에 청소를 하고 72일 이후인 11월 21일에 세 사람이 같이 청소하게 된다.

29

문제해결을 위한 방법으로 소프트 어프로치, 하드 어프로치, 퍼실리테이션(Facilitation)이 있다. 그중 마케팅 부장은 연구소 소장과 기획팀 부장 사이에서 의사결정에 서로 공감할 수 있도록 도와주는 일을 하고 있다. 또한, 상대의 입장에서 공감을 해주며, 서로 타협점을 좁혀 생산적인 결과를 도출할 수 있도록 대화를 하고 있다. 따라서 마케팅 부장이 취하는 문제해결방법은 ③이다.

오답분석

① 소프트 어프로치 : 대부분의 기업에서 볼 수 있는 전형적인 스타일로 조직 구성원들은 같은 문화적 토양으로 가지고 이심전심으로 서로를 이해하는 상황을 가정하면, 직접적인 표현보다 무언가를 시사하거나 암시를 통한 의사전달로 문제를 해결하는 방법이다.

② 하드 어프로치 : 다른 문화적 토양을 가지고 있는 구성원을 가정하고, 서로의 생각을 직설적으로 주장하며 논쟁이나 협상을 하는 방법으로 사실과 원칙에 근거한 토론이다.

④ 비판적 사고 : 어떤 주제나 주장 등에 대해 적극적으로 분석하고 종합하며 평가하는 능동적인 사고로 어떤 논증, 추론, 증거, 가치를 표현한 사례를 타당한 것으로 받아들일 것인지 결정을 내릴 때 요구되는 사고력이다.

⑤ 창의적 사고 : 당면한 문제를 해결하기 위해 이미 알고 있는 경험과 지식을 해체하여 다시 새로운 정보로 결합함으로써 가치 있고 참신한 아이디어를 산출하는 사고이다.

30

F회사는 기존의 커피믹스가 잘 팔리고 있어 새로운 것에 도전하지 않는 것으로 보인다. 또한, 기존에 가지고 있는 커피를 기준으로 틀에 갇혀 블랙커피 커피믹스는 만들기 어렵다는 부정적인 시선으로 보고 있기 때문에 '발상의 전환'이 필요하다.

오답분석

① 전략적 사고 : 지금 당면하고 있는 문제와 해결방법에만 국한하지 말고, 상위 시스템 및 다른 문제와 관련이 있는지 생각하는 것이다.

② 분석적 사고 : 전체를 각각의 요소로 나누어 그 요소의 의미를 도출한 다음 우선순위를 부여하고 구체적인 문제해결방법을 실행하는 것이다.

④ 내·외부자원의 효과적 활용 : 문제해결 시 기술·재료·방법·사람 등 필요한 자원 확보 계획을 수립하고 내·외부자원을 활용하는 것이다.

⑤ 성과지향적 사고 : 분석적 사고의 하나로 기대하는 결과를 명시하고, 효과적으로 달성하는 방법을 사전에 구상하여 실행에 옮기는 것이다.

31

균형주의란 모든 팀원에 대한 평등한 적재적소, 즉 팀 전체의 적재적소를 고려하는 것으로, 팀 전체의 능력 향상, 의식개혁, 사기양양 등을 도모하는 것이다. C기업의 사례에서는 직원들의 능력 향상이 팀 전체의 능력을 향상시킬 뿐 아니라 시간의 경과가 아닌 열심히 할수록 진급할 수 있다는 기회를 제공해 직원들의 의식을 개혁하고 사기를 양양시켰다.

오답분석

① A기업은 개인에게 능력을 발휘할 수 있는 기회와 장소를 부여한 뒤, 그 성과를 바르게 평가하고 평가된 능력과 실적에 대해 상응하는 보상을 하는 것으로 능력주의에 해당하는 사례이다.
② B기업은 팀원을 그의 능력이나 성격 등과 가장 적합한 위치에 배치하여 팀원 개개인의 능력을 최대로 발휘해 줄 것을 기대하는 것으로 적재적소주의에 해당하는 사례이다.
④ D기업은 근로자의 인권을 존중하고 공헌도에 따라 노동의 대가를 공정하게 지급하는 공정 보상의 원리에 해당하는 사례이다.
⑤ E기업은 근로자가 직장에서 신분이 보장되고 계속해서 근무할 수 있다는 믿음을 갖게 하여 근로자가 안정된 회사 생활을 할 수 있도록 하는 종업원 안정의 원칙에 해당하는 사례이다.

32

조직 외부의 정보를 내부 구성원들에게 전달하는 것은 정보 수문장(Gate Keeping)의 혁신 활동으로 볼 수 있다. (C)에 들어갈 내용으로는 '프로젝트의 효과적인 진행을 감독한다.' 등이 적절하다.

오답분석

④ 조직 외부의 정보를 구성원들에게 전달하고, 조직 내에서 정보원 기능을 수행하기 위해서는 '원만한 대인관계능력'이 요구된다.

33

OJT(On-the-Job Training)는 조직 안에서 피교육자인 종업원이 직무에 종사하면서 지도 교육을 받는 것으로 모든 관리·감독자는 업무 수행상의 지휘감독자이자 업무 수행 과정에서 부하직원의 능력향상을 책임지는 교육자여야 한다는 생각을 기반으로 한다.

오답분석

① Action Learning : 현실적인 문제들을 해결하면서 진행되는 학습의 형태로, 학습자가 현장의 문제를 해결하면서 아이디어 도출하고, 이를 실제로 적용하는 과정 등에서 나타나는 학습을 한다.
② E-Learning : 컴퓨터를 이용한 학습방법이다.
④ Off JT(Off-the Job Training) : 직장 내에서 교육훈련을 실시하는 OJT를 더욱 효과적으로 하기 위해 직장 밖에서 강의 등을 이용하는 교육훈련이다.
⑤ Problem Based Learning(문제중심학습; PBL) : 실제 문제를 중심으로 수업 상황을 구조화하는 방법이다. 학습자들이 소그룹 학습에 능동적으로 참여하여 협력적이고 자기 주도적으로 문제를 해결하여 문제해결능력을 기르도록 하는 교수 학습 형태로서 '문제에 대한 이해와 문제 해결을 위해 이루어지는 활동 과정에서 산출되는 학습'을 의미한다.

34

교수자와 동료들 간의 인간적인 접촉이 상대적으로 적고 관리가 제대로 되지 않아 중도탈락률이 높은 것은 E-Learning을 활용한 기술교육에 대한 설명이다.

> **전문 연수원을 통한 기술과정 연수**
> • 연수 시설이 없어 체계적인 교육을 받기 어려운 회사의 경우, 전문적인 교육을 통해 양질의 인재양성 기회를 제공한다.
> • 각 분야의 전문가가 진행하는, 이론을 겸한 실무 중심의 교육을 실시할 수 있다.
> • 다년간에 걸친 연수 분야의 노하우를 가지고 체계적이고 현장과 밀착된 교육이 가능하다.
> • 최신 실습장비, 시청각 시설, 전산 시설 등 교육에 필요한 각종 부대시설을 활용할 수 있다.
> • 산학협력연수 및 국내외 우수 연수기관과 협력한 연수도 가능하다.
> • 연수비가 자체적으로 교육을 하는 것보다 저렴하며, 고용보험 환급을 받을 수 있어 교육비 부담이 적다.

35

정답 ④

당직근무 배치가 원활하지 않아 일어난 사고는 배치의 불충분으로 일어난 산업 재해의 경우로 4M 중 Management(관리)에 해당된다.

[오답분석]
① 개인의 부주의는 개인의 심리적 요인으로 볼 수 있다. 따라서 4M 중 Man에 해당된다.
② 작업 공간 불량으로 4M 중 Media에 해당된다.
③ 점검, 정비의 결함으로 4M 중 Machine에 해당된다.
⑤ 안전보건교육 부족으로 4M 중 Management에 해당된다.

36

정답 ④

• (A) : 구명밧줄이나 공기 호흡기 등을 준비하지 않아 사고가 발생했음을 알 수 있다. 따라서 보호구 사용 부적절로, 4M 중 Media의 사례이다.
• (B) : 안전장치가 제대로 작동하지 않았음을 볼 때, Machine(기계, 설비)의 사례이다.

37

정답 ⑤

벤치마킹 데이터 수집하고 분석하는 과정에서는 여러 보고서를 동시에 보고, 붙이고 자르는 작업을 용이하게 해주는 문서 편집 시스템을 이용하는 것이 매우 유용하다.

38

정답 ⑤

RFID 태그의 종류에 따라 반복적으로 데이터를 기록하는 것이 가능하며, 물리적인 손상이 없는 한 반영구적으로 이용할 수 있다.

> **RFID**
> 무선 주파수(RF; Radio Frequency)를 이용하여 대상을 식별(IDentification)하는 기술로, 정보가 저장된 RFID 태그를 대상에 부착한 뒤 RFID 리더를 통하여 정보를 인식한다. 기존의 바코드를 읽는 것과 비슷한 방식으로 이용되나, 바코드와 달리 물체에 직접 접촉하지 않고도 데이터를 인식할 수 있으며, 여러 개의 정보를 동시에 인식하거나 수정할 수 있다. 또한, 바코드에 비해 많은 양의 데이터를 허용함에도 데이터를 읽는 속도가 매우 빠르며 데이터의 신뢰도 또한 높다.

39

정답 ④

B대리는 A사원의 질문에 대해 명료한 대답을 하지 않고 모호한 태도를 보이고 있으므로 협력의 원리 중 태도의 격률을 어기고 있음을 알 수 있다.

40

정답 ③

사례에 나타난 의사 표현에 영향을 미치는 요소는 연단공포증이다. 연단공포증은 90% 이상의 사람들이 호소하는 불안이므로, 이러한 심리 현상을 잘 통제하면서 구두표현을 한다면 청자는 그것을 더 인간다운 것으로 생각하게 될 것이다. 이러한 공포증은 본질적인 것이기 때문에 완전히 치유할 수는 없으나, 노력에 의해서 심리적 불안을 얼마간 유화시킬 수 있다. 따라서 완전히 치유할 수 있다는 ③은 적절하지 않다.

41

정답 ②

기술선택을 위한 절차
- 외부환경 분석 : 수요 변화 및 경쟁자 변화, 기술 변화 등 분석
- 중장기 사업목표 설정 : 기업의 장기비전, 중장기 매출목표 및 이익목표 설정
- 내부역량 분석 : 기술능력, 생산능력, 마케팅 / 영업능력, 재무능력 등 분석
- 사업전략 수립 : 사업 영역 결정, 경쟁 우위 확보 방안 수립
- 요구기술 분석 : 제품 설계 / 디자인 기술, 제품 생산 공정, 원재료 / 부품 제조기술 분석
- 기술전략 수립 : 기술획득 방법 결정

42

정답 ④

'So What?' 기법은 제시된 정보로부터 항상 목적을 가지고 가치있는 의미를 찾아내는 것이다. 따라서 상황을 모두 고려하면, '자동차 관련 기업의 주식을 사서는 안 된다.'는 결론이 타당하다.

오답분석

① 두 번째, 세 번째 상황은 고려하고 있지 않다.
② 세 번째 상황을 고려하고 있지 않다.
③ 상황을 모두 고려하고 있으나 자동차 산업과 주식시장이 어떻게 되는가를 전달하고 있지 않다.
⑤ 두 번째 상황을 고려하고 있지 않다.

43

정답 ①

브레인스토밍은 자유연상법의 한 유형으로, 어떤 문제의 해결책을 찾기 위해 여러 사람이 생각나는 대로 아이디어를 제안하는 방식으로 진행된다. 보령시에서 개최한 보고회는 각 부서의 업무에 국한하지 않고 가능한 많은 양의 아이디어를 자유롭게 제출하는 방식으로 진행되었으므로 브레인스토밍 방법이 사용되었음을 알 수 있다.

오답분석

② SCAMPER 기법 : 아이디어를 얻기 위해 의도적으로 시험할 수 있는 대체, 결합, 적용, 변경, 제거, 재배치, 다른 용도로 활용 등 7가지 규칙이다.
③ NM법 : 비교발상법의 한 유형으로, 대상과 비슷한 것을 찾아내 그것을 힌트로 새로운 아이디어를 생각해 내는 방법이다.
④ Synectics법 : 비교발상법의 한 유형으로, 서로 관련이 없어 보이는 것들을 조합하여 새로운 것을 도출해 내는 아이디어 발상법이다.
⑤ 육색사고모자 기법 : 한정된 역할을 제시하는 여섯 가지 색의 모자를 차례대로 바꾸어 쓰면서 모자 유형대로 생각해 보는 방법이다.

44

정답 ②

인건비란 제품 생산에 직접적으로 소비된 것으로 직접비에 해당하며, 출장비 역시 제품 생산 또는 서비스를 창출하기 위해 출장이나 타 지역으로의 이동이 필요한 경우와 기타 과제 수행 상에서 발생하는 다양한 비용을 포함하며 이는 제품 생산을 위해 직접적으로 소비된 것에 해당한다.

오답분석

① 통신비란 회사의 업무 용도로 개인 휴대폰을 이용하였을 경우 지급되는 사용료로 제품 생산을 위해 간접적을 소비된 간접비에 해당한다.
③ 광고비란 광고 활동을 위해 사용되는 비용으로 광고 선전비라고도 불리며 이는 제품 생산에 직접적으로 소비되지 않는 간접비에 해당한다.
④ 보험료란 보험계약자가 보험계약에 의거하여 보험자에게 지급하는 요금으로 제품 생산에 직접적으로 소비되지 않는 간접비에 해당한다.
⑤ 사무비품비란 사무실에서 사용하는 도구나 부속품에 사용되는 비용으로, 제품 생산에 직접적으로 소비되지 않는 간접비에 해당한다.

45

전기산업기사, 건축산업기사, 정보처리산업기사 등의 자격 기술은 구체적 직무수행능력 형태를 의미하는 기술의 협의의 개념으로 볼 수 있다.

[오답분석]

① 기술은 하드웨어를 생산하는 과정이며, 하드웨어는 소프트웨어에 대비되는 용어로, 건물, 도로, 교량, 전자장비 등 인간이 만들어 낸 모든 물질적 창조물을 뜻한다.

③ 사회는 기술 개발에 영향을 준다는 점을 볼 때, 산업혁명과 같은 사회적 요인은 기술 개발에 영향을 주었다고 볼 수 있다.

④ 컴퓨터의 발전으로 개인이 정보를 효율적으로 활용 / 관리하게 됨으로써 현명한 의사결정이 가능해졌음을 알 수 있다.

⑤ 로봇은 인간의 능력을 확장시키기 위한 하드웨어로 볼 수 있으며, 기술은 이러한 하드웨어와 그것의 활용을 뜻한다.

46

벤치마킹은 비교 대상에 따라 내부, 경쟁적, 경쟁적, 글로벌 벤치마킹으로 분류되며, 네스프레소는 뛰어난 비경쟁 기업의 유사 분야를 대상으로 벤치마킹하는 비경쟁적 벤치마킹을 하고 있다. 비경쟁적 벤치마킹은 아이디어 창출 가능성은 높으나 가공하지 않고 사용하면 실패할 가능성이 높다.

[오답분석]

① 내부 벤치마킹에 대한 설명이다.

② · ③ 글로벌 벤치마킹에 대한 설명이다.

④ 경쟁적 벤치마킹에 대한 설명이다.

47

과거에는 의사소통을 기계적인 정보의 전달만으로 이해하였다. 그러나 의사소통은 정보 전달 이상의 것으로, 일방적인 언어나 문서를 통해 의사를 전달하는 것은 의사소통이라고 할 수 없다. 의사소통은 상대방에게 메시지를 전달하는 과정이 아니라 상대방과의 상호작용을 통해 메시지를 다루는 과정이다. 따라서 성공적인 의사소통을 위해서는 상대방이 어떻게 받아들일 것인가에 대한 고려를 바탕으로 메시지를 구성하여야 한다.

48

㉠은 능력주의, ㉡은 적재적소주의, ㉢은 적재적소주의, ㉣은 능력주의이다. 개인에게 능력을 발휘할 수 있는 기회와 장소를 부여하고, 그 성과를 바르게 평가한 뒤 평가된 능력과 실적에 대해 그에 상응하는 보상을 주는 능력주의 원칙은 적재적소주의 원칙의 상위 개념이라고 할 수 있다. 즉, 적재적소주의는 능력주의의 하위 개념에 해당한다.

49

분석적 사고

- 성과 지향의 문제 : 기대하는 결과를 명시하고 효과적으로 달성하는 방법을 사전에 구상하고 실행에 옮긴다.
- 가설 지향의 문제 : 현상 및 원인 분석 전에 지식과 경험을 바탕으로 일의 과정이나 결과, 결론을 가정한 다음 검증 후 사실일 경우 다음 단계의 일을 수행한다.
- 사실 지향의 문제 : 일상 업무에서 일어나는 상식, 편견을 타파하여 사고와 행동을 객관적 사실로부터 시작한다.

50

정답 ③

보관 물품의 경우에도 물품의 특성에 따른 효율적 구분이 필요하다. 보관 물품이 사용 물품으로 전환되는 경우 해당 물품을 찾기 위한 시간이 소요되기 때문이다.

오답분석

① 사용 물품과 보관 물품을 구분하지 않을 경우 가까운 시일 내에 활용하게 될 물품을 보관하다가 다시 꺼내야 하는 경우가 발생할 수 있으므로 처음부터 물품의 사용 여부를 고려하여 보관하여야 한다.

② 모든 물품을 같이 놓아두게 된다면 개별 물품의 훼손이 생길 수 있으므로 물품의 특성을 고려하여 보관 장소를 선정하여야 한다.

④ 유사품을 인접한 장소에 보관하면 특정 물품의 정확한 위치를 모르더라도 대략의 위치를 알고 있으므로 찾는 시간을 단축할 수 있다.

⑤ 재질의 차이에 따라 보관 장소의 차이를 두는 것이 필요한데, 특히 유리의 경우 쉽게 파손될 우려가 있으므로 따로 보관하는 것이 좋다.

51

정답 ③

K대리의 전화 모습을 보면 통화를 마칠 때, 전화를 건 상대방에게 감사의 표시를 하지 않았음을 확인할 수 있다. '네! 전화 주셔서 감사합니다. 이만 전화 끊겠습니다.'와 같이 전화를 건 상대방에게 감사의 표시를 하는 것이 적절하다.

52

정답 ②

브랜드를 소유하거나 사용해보고 싶다는 동기를 유발하는 것처럼, 사람들로부터 자신을 찾게 하기 위해서는 다른 사람과 다른 차별성을 가질 필요가 있다. 이를 위해서는 시대를 앞서 나가 다른 사람과 구별되는 능력을 끊임없이 개발해야 한다.

53

정답 ④

경청을 통해 상대방의 입장을 공감하고 이해하게 된다는 것은 자신의 생각이나 느낌, 가치관 등의 선입견이나 편견을 가지지 않고, 상대방으로 하여금 자신이 이해받고 있다는 느낌을 갖도록 하는 것이다.

54

정답 ②

꺾은선 그래프는 시간이 흐름에 따라 변해가는 모습을 나타내는 데 많이 쓰인다. 따라서 변화의 추이가 중요한 날씨 변화, 에너지 사용 증가율, 물가의 변화 등을 나타내는 데 가장 적절하다.

오답분석

① 막대 그래프는 크거나 작거나, 많거나 적은 것을 한눈에 비교하여 읽는 데 적당하다.

③·④ 원 그래프나 띠 그래프는 전체를 100%로 놓고 그에 대한 부분의 비율을 나타내는 데 많이 쓰인다. 따라서 각각의 항목이 차지하는 비중이 어느 정도인지를 나타내거나 중요도나 우선순위를 고려해야 할 자료에 적절하다.

⑤ 그림 그래프는 지역이나 위치에 따라 수량의 많고 적음을 한 눈에 알 수 있도록 하기 때문에, 조사한 자료의 크기를 쉽게 비교할 필요성이 있는 자료에 적합하다.

55

정답 ④

F회사의 대표이사는 좋은 직원 덕분에 빠르게 제품을 개발하고 회사가 급성장할 수 있었다고 언급하며 사람을 잘 뽑은 것이 첫 번째, 두 번째, 세 번째 이유라고 급성장의 모든 원인을 인적자원의 중요성에 두고 있다.

56

정답 ②

제시문에서 문제는 목표와 현실의 차이이고, 문제점은 목표가 어긋난 원인이 명시되어야 한다. 따라서 미란이의 이야기를 보면 교육훈련이 부족했다는 원인이 나와 있으므로 ②는 문제점을 말했다고 볼 수 있다.

오답분석

① 지혜의 이야기는 매출액이 목표에 못 미쳤다는 문제를 말한 것이다.
③ 건우는 현재 상황을 말한 것이다.
④ 경현이의 말은 목표를 정정했다는 사실뿐이다.
⑤ 연준이는 ①과 같이 생산율이 목표에 못 미쳤다는 문제를 말한 것이다.

57

정답 ④

규모의 경제란 제품의 산출량(㉠)이 증가함에 따라 생산비용(㉡)이 줄어드는 현상을 의미한다.

58

정답 ④

석연치 않은 뉘앙스를 풍겨 상대방의 기분을 불쾌하게 만들 수 있는 중의적인 표현은 피해야 하지만, 단정적인 표현도 좋지 않은 의사소통 방식이다.

59

정답 ②

유사성의 원칙은 유사품은 인접한 장소에 보관한다는 것을 말한다. 같은 장소에 보관하는 것은 동일한 물품이다.

오답분석

① 물적자원관리 과정에서 첫 번째로 해야 할 일은 사용 물품과 보관 물품의 구분이며, 물품 활용의 편리성과 반복 작업 방지를 위해 필요한 작업이다.
③ 물품 분류가 끝났으면 적절하게 보관 장소를 선정해야 하는데, 물품의 특성에 맞게 분류하여 보관하는 것이 바람직하다. 재질의 차이로 분류하는 방법도 옳은 방법이다.
④ 회전대응 보관의 원칙에 대한 옳은 정의로, 물품 보관 장소까지 선정이 끝나면 차례로 정리하면 된다. 여기서 회전대응 보관의 원칙을 지켜야 물품 활용도가 높아질 수 있다.
⑤ 물품 보관 장소를 선정할 때 무게와 부피에 따라 분류하는 방법도 중요하다. 만약 다른 약한 물품들과 같이 놓게 되면 무게 또는 부피가 큰 물품에 의해 다른 물품이 파손될 가능성이 크기 때문이다.

60

고객 불만 처리 프로세스 중 '해결약속' 단계에서는 고객이 불만을 느낀 상황에 대해 관심과 공감을 보이며, 문제의 빠른 해결을 약속해야 한다.

고객 불만 처리 프로세스 8단계

1. 경청
   - 고객의 항의에 경청하고 끝까지 듣는다.
   - 선입관을 버리고 문제를 파악한다.
2. 감사와 공감표시
   - 일부러 시간을 내서 해결의 기회를 준 것에 감사를 표시한다.
   - 고객의 항의에 공감을 표시한다.
3. 사과
   - 고객의 이야기를 듣고 문제점에 대한 인정과 잘못된 부분에 대해 사과한다.
4. 해결약속
   - 고객이 불만을 느낀 상황에 대해 관심과 공감을 보이며, 문제의 빠른 해결을 약속한다.
5. 정보파악
   - 문제해결을 위해 꼭 필요한 질문만 하여 정보를 얻는다.
   - 최선의 해결방법을 찾기 어려우면 고객에게 어떻게 해주면 만족스러운지를 묻는다.
6. 신속처리
   - 잘못된 부분을 신속하게 시정한다.
7. 처리확인과 사과
   - 불만처리 후 고객에게 처리 결과에 만족하는지를 물어본다.
8. 피드백
   - 고객 불만 사례를 회사 및 전 직원에게 알려 다시는 동일한 문제가 발생하지 않도록 한다.

제2회 핵심영역
NCS 최종모의고사

01	02	03	04	05	06	07	08	09	10	11	12	13	14	15	16	17	18	19	20
⑤	⑤	②	②	④	①	③	⑤	④	②	①	③	②	③	④	①	④	④	②	①
21	22	23	24	25	26	27	28	29	30	31	32	33	34	35	36	37	38	39	40
②	②	④	③	④	④	①	①	①	④	⑤	③	②	④	④	④	②	④	②	④
41	42	43	44	45	46	47	48	49	50	51	52	53	54	55	56	57	58	59	60
③	③	⑤	④	④	③	④	④	②	④	①	①	⑤	①	①	②	②	①	④	②

01
정답 ⑤

제시문은 부모 사망 시 장애인 자녀의 안정적인 생활을 위해 가입할 수 있는 보험과 그와 관련된 세금 혜택, 부모 및 그 밖의 가족들의 재산 증여 시 받을 수 있는 세금 혜택에 대해 다루고 있으므로 글의 제목으로 ⑤가 가장 적절하다.

오답분석

① 제시문은 부모 사망 시 장애인 자녀가 직면한 상속의 어려움에 대해 언급하고 있지만, 구체적으로 유산 상속 과정을 다루고 있지는 않다.
② 제시문은 부모 사망 시 장애인 자녀가 받을 수 있는 세금 혜택을 다루고는 있으나, 단순히 '혜택'이라고 명시하기에는 글의 제목이 포괄적이므로 적절하지 않다.
③ 제시문은 부모 사망 시 장애인 자녀가 직면한 상속의 어려움과 생활 안정 방안에 대해 다루고 있으므로 '사회적 문제'는 글의 전체적인 제목으로 보기에는 적절하지 않다.
④ 제시문은 부모 사망 시 장애인 자녀가 받는 보험 혜택과 증여세 혜택보다는, 수령하는 보험금에 있어서의 세금 혜택과 보험금을 어떻게 수령하여야 장애인 자녀의 생활 안정에 유리한지, 또 상속세 및 증여세법에 의해 받는 세금 혜택이 무엇인지에 대해 다루고 있으므로 글의 내용 전체를 담고 있지 않아 적절하지 않다.

02
정답 ⑤

제시문은 '무지에 대한 앎'을 설명하면서 과거와 현재의 사례를 통해 이에 대한 중요성을 주장하고 있다. 제시된 첫 문단에서는 대부분의 사람이 자신의 무지에 대해 무관심하다는 상황에 대한 언급이므로, 다음으로는 역접 기능의 접속어 '그러나'로 시작하는 문단이 오는 것이 적절하다. 따라서 (라) 무지의 영역에 대한 지식 확장이 필요한 경우 → (가) '무지에 대한 앎'의 중요성과 이와 관련된 성인들의 주장 → (다) '무지에 대한 앎'을 배제하는 방향으로 흘러간 경우의 예시 → (마) 현대 사회에서 나타나는 '무지에 대한 앎'이 배제되는 경우의 예시 → (나) '무지에 대한 앎'의 중요성의 순서대로 나열하는 것이 옳다.

03
정답 ②

『일리아스』는 객관적 서술 태도와는 거리가 멀다고 할 수 있다.

04

두 번째 문단에 따르면 피부양자 탈락자는 50만 명이 넘지만, 그중 가족은 4만 3,660명으로 10% 미만에 해당한다. 따라서 탈락할 가능성이 높다고 보기는 어렵다.

오답분석

① 첫 번째 문단의 '최근 수년간 주택 가격이 급등한 상황 등을 감안해 현행 기준을 유지하기로 하였다.'라는 내용을 통해 주택 가격이 상승하지 않았다면 재산 기준 역시 소득 기준과 같이 상승하였음을 유추할 수 있다.

③ 세 번째 문단의 '기존에 납부하지 않았던 건보료를 가구당 월평균 10만 5,000원가량 내야 하는 상황이 되었다.'라는 내용에서 이전보다 가계의 경제적 부담이 증가했음을 알 수 있다.

④ 첫 번째 문단과 네 번째 문단에 따르면, 공무원연금 역시 소득 기준에 포함되는 금액으로 월 170만 원씩 수령한다면 이는 연 2,040만 원에 해당하는 금액으로 소득 기준을 초과하게 된다. 따라서 해당 자격에서 탈락된다.

⑤ 마지막 문단의 '물가 상승분을 반영해 상승되는 국민연금 지급액 구조 탓에 이후 건강보험료 피부양자 자격 탈락자는 계속하여 증가할 것으로 보이는 상황이다.'라는 내용을 통해 반대로 물가가 지금보다 하락한다면, 종전에 기준 미충족으로 탈락한 사람도 다시 해당 자격을 취득할 수 있을 것으로 유추할 수 있다.

05

ⓔ의 뒤에서 저임금 구조의 고착화로 농장주와 농장 노동자 간의 소득 격차가 갈수록 벌어졌다고 하였으므로 '중간 계급으로의 수렴현상이 나타난 것이다.'라는 내용은 글의 흐름과 맞지 않는다. 따라서 상업적 농업의 도입으로 인해 '계급의 양극화가 나타난 것이다.'로 수정하는 것이 적절하다.

오답분석

① '개인적인 소비를 위해 경작하는 농업'은 ⓐ 앞에서 언급한 '전통적인 자급자족 형태의 농업'과 같은 의미이므로, 이와 반대되는 의미의 ⓐ은 글의 흐름상 적절하다.

② 중세 말기 장원의 해체로 지주와 소작인 간의 인간적이었던 관계가 사라진 것처럼, 상업적 농업의 도입으로 ⓑ도 사라졌다는 내용이므로 '인간적이었던 관계'와 유사한 ⓑ은 글의 흐름상 적절하다.

③ 첫 번째 문단에 따르면 상업적 농업에서는 생산 과정의 일부를 인간보다 효율이 높은 기계로 작업하게 된다고 하였으므로 기계가 인간을 대체한다는 ⓒ의 내용은 글의 흐름상 적절하다.

⑤ ⓓ 앞의 상업화로 인해 호혜성의 원리가 적용되어왔던 재산권의 성격이 변화하였다는 내용과 ⓓ 뒤의 자원의 불평등한 분배가 심화되었다는 내용을 통해 재산권이 개별화되었다는 것을 추론할 수 있다. 따라서 ⓓ은 글의 흐름상 적절하다.

06

영국 의사 S는 개인 정보 데이터베이스 자료를 분석한 결과 온갖 병균에 의한 잦은 감염 경험이 알레르기성 질환으로부터 아이들을 보호한다고 주장했다. 따라서 병원균 노출의 기회가 적을수록 알레르기 발생 확률이 높아진다는 가설을 제시할 수 있다.

오답분석

② 영국 의사 S는 가설을 뒷받침하는 증거로 가족 관계에서 차지하는 서열을 제시하였으나, 또 다른 증거인 형제자매의 수에 대한 내용은 포함하지 못하므로 주장할 수 있는 가설로 적절하지 않다.

③ 제시된 본문에는 ③의 가설과 관련한 내용이 없으므로 진위를 판단할 수 없다.

④ 알레르기의 원인을 병원균의 침입으로 보았던 전통적인 이론과 달리 영국 의사 S는 오히려 병균에 의한 잦은 감염이 알레르기 예방에 유리하다고 주장했다.

⑤ 영국 의사 S는 가설을 뒷받침하는 증거로 함께 자란 형제자매의 수를 제시하였으나, 또 다른 증거인 가족 관계에서 차지하는 서열에 대한 내용은 포함하지 못하므로 적절하지 않다.

07

정답 ③

인플레이션이란 물가수준이 계속하여 상승하는 현상이다. 제시문에서는 새해 공공요금의 인상의 영향으로 농축산물과 가공식품 등 물가가 계속하여 상승하고 있다고 우려하고 있으므로, 빈칸에 들어갈 가장 적절한 내용은 '인플레이션'이다.

오답분석

① E플레이션 : 에너지 자원의 수요는 증가하는데 공급이 이에 충분하지 않아 이것이 물가 상승으로 이어지는 현상이다. 제시문은 에너지 자원 요금의 상승이 물가 상승에 영향을 끼치고 있다는 내용을 다루고 있지만, 에너지 자원만의 문제점으로는 보고 있지 않다.
② 디플레이션 : 물가수준이 계속하여 하락하는 현상으로, 계속하여 물가가 상승하고 있다는 제시문의 취지와 맞지 않는 내용이다.
④ 디스인플레이션 : 물가를 현재 수준으로 유지하면서 인플레이션 상황을 극복하기 위한 경제 조정 정책이다. 제시문은 인플레이션 상황에 대해 다루고 있지만, 이를 극복하기 위한 경제 조정 정책에 대해서는 다루고 있지는 않다.
⑤ 스태그네이션 : 장기적인 경제 침체를 뜻하는 말로 일반적으로 연간 경제 성장률이 2 ~ 3% 이하로 하락하였을 때를 말한다. 제시문은 경제 성장률이 아닌 물가 상승률에 대해 다루고 있으므로 적절하지 않다.

08

정답 ⑤

제시문의 두 번째 문단에 따르면 정교한 형태의 네트워크 유지에 필요한 비용이 줄어듦에 따라 시민 단체, 범죄 조직 등 비국가행위자들의 영향력이 사회 모든 부문으로 확대되면서 국가가 사회에서 차지하는 역할의 비중이 축소되었음을 알 수 있다.

오답분석

① 네트워크가 복잡해질수록 결집력이 강해지므로 가장 기초적인 형태의 네트워크인 점조직의 결집력은 허브 조직이나 모든 채널 조직에 비해 상대적으로 약하다.
② 네트워크의 확산이 인류 미래에 긍정적・부정적 영향을 미칠 것을 예상하고 있으나, 영향력의 크기를 서로 비교하는 내용은 찾아볼 수 없으므로 알 수 없다.
③ 조직의 네트워크가 복잡해질수록 외부 세력이 조직을 와해시키기 어려워지므로 네트워크의 외부 공격에 대한 대응력은 조직의 정교성 또는 복잡성과 관계가 있음을 알 수 있다.
④ 구성원의 수가 적어질수록 정교한 형태의 네트워크로 발전하는지에 대한 내용은 찾아볼 수 없으므로 알 수 없다.

09

정답 ④

(라) 문단에서는 부패를 개선하기 위한 정부의 제도적 노력에도 불구하고 반부패 정책 대부분이 효과가 없었음을 이야기하고 있다. 따라서 부패인식지수의 개선 방안이 아닌 '정부의 부패인식지수 개선에 대한 노력의 실패'가 (라) 문단의 주제로 적절하다.

10

정답 ②

제시문의 첫 번째 문단을 통해 통각 수용기에는 감각 적응 현상이 거의 일어나지 않는다는 내용을 알 수 있다.

오답분석

① 두 번째 문단에서 $A\delta$섬유를 따라 전도된 통증 신호가 대뇌 피질로 전달되면, 대뇌 피질에서는 날카롭고 쑤시는 듯한 짧은 초기 통증을 느끼고 통증이 일어난 위치를 파악한다고 하였으므로 옳지 않다.
③ 두 번째 문단에서 $A\delta$섬유는 직경이 크고 전도 속도가 빠르며, C섬유는 직경이 작고 전도 속도가 느리다고 했으므로 옳지 않다.
④ 첫 번째 문단에서 통각 수용기는 피부에 가장 많아 피부에서 발생한 통증은 위치를 확인하기 쉽다고 했으므로 옳지 않다.
⑤ 두 번째 문단에서 $A\delta$섬유에는 기계적 자극이나 높은 온도 자극에 반응하는 통각 수용기가 분포되어 있고, C섬유에도 기계적 자극이나 높은 온도 자극에 반응하는 통각 수용기가 분포되어 있다고 했으므로 옳지 않다.

11

ㄱ. 세 번째 문단에 따르면 소작농은 지주의 승낙이 없어도 임의로 도지권을 타인에게 매매할 수 있었으므로 옳은 내용이다.

ㄴ. 두 번째 문단에 따르면 지주가 간평인을 통해 도조를 정할 때 간평인은 소작농이 이미 경작한 농작물을 수확하기 직전의 수확량을 조사하므로 해당 도지는 논밭을 경작하기 전에 도조를 미리 지급하는 선도지가 될 수 없으므로 옳은 내용이다.

오답분석

ㄷ. 마지막 문단에 따르면 일제의 토지조사사업으로 소작농의 도지권은 부인되었으나, 소작기간 20년 이상 50년 이하의 소작권은 인정되었으므로 소작은 할 수 있었다.

ㄹ. 세 번째 문단에 따르면 소작농은 지주의 승낙 없이 도지권을 타인에게 매매할 수 있었다.

12

• ㉠ : 을은 매년 수확한 쌀 20말의 1/4인 5말에 해당하는 금액인 25냥($\because$ 쌀 1말의 가치 : 5냥)을 갑에게 도조로 납부한다.

• ㉡ : 도조인 25냥을 납부 후 25냥을 남겨야 하므로 을은 50냥을 받고 병에게 A를 빌려주었다.

• ㉢ : 도지의 전체 가격은 지주의 소유권 가격의 1/2인 소작농의 도지권 가격과 지주의 소유권 가격의 합이다. 따라서 갑의 소유권 가격을 x라 하면 $0.5x + x = 900 \rightarrow 1.5x = 900 \rightarrow x = 600$이므로 을의 도지권 가격은 갑의 소유권 가격의 1/2인 300냥이 된다.

• ㉣ : 갑은 을에게 도지권 가격인 300냥에서 을이 작년과 올해 연체한 도조인 50냥(25냥×2)을 뺀 250냥을 반환해야 한다. 따라서 ㉠~㉣에 들어갈 수의 합은 25+50+300+250=625이다.

13

첫 번째 문단과 두 번째 문단의 표를 보면, 포유동물의 경우 원시생식소로부터 분화되어 형성된 생식소인 정소와 난소로부터 성호르몬이 분비된다. 그런데 표에서 원시생식소를 제거했을 경우 모두 암컷만 나타나므로 이 실험 결과를 가장 잘 보여준다고 볼 수 있다.

오답분석

① 두 번째 문단의 표에서 보면, 원시생식소를 제거한 경우 모두 암컷이 되었으므로, 염색체에 의한 결정이 아니다.

③ 첫 번째 문단의 첫 번째 문장 '포유동물에서~결정된다.'를 보면, 성호르몬이 먼저 작용해야 나중에 외부생식기로 성별이 나타나는 것으로 해석할 수 있으므로 잘못된 내용이다.

④ 첫 번째 문단의 마지막 문장 '하지만 이들 호르몬의 비율은~알려져 있다.'를 보면, 호르몬의 비율 차이가 사춘기 남성과 여성의 성장을 나타내는 역할을 한다고 했으므로 잘못된 내용이다.

⑤ 첫 번째 문단의 첫 번째 문장 '포유동물에서~외부생식기로 발달할 전구체인 기관 A에~'를 보면, 기관 A는 정소나 난소로 발달하는 것이 아님을 알 수 있다.

14

제시문은 실제 일어났던 전쟁을 배경으로 한 작품들이 전쟁을 어떤 방식으로 다루고 있는지 비교하는 글로, 『박씨전』과 『시장과 전장』을 통해 전쟁 소설이 실재했던 전쟁을 새롭게 인식하려 함을 설명한다. 따라서 (가) 실존 인물을 허구의 인물로 물리침으로써 패전의 치욕을 극복하고자 한 『박씨전』 → (라) 패전의 슬픔을 위로하고 희생자를 추모하여 연대감을 강화하고자 한 『박씨전』 → (나) 전쟁이 남긴 상흔을 직시하고 좌절하지 않으려는 작가의 의지가 드러나는 『시장과 전장』 → (다) 『시장과 전장』에서 나타나는 개인의 연약함과 존엄의 탐색의 순서대로 나열하는 것이 적절하다.

15

정답 ④

태학의 명륜당은 종학으로 만들어 국자, 즉 종실의 자제 및 공경의 적자가 다니게 하고, 비천당은 백성들이 다니는 학교로 만들어 별도로 운영해야 한다고 하였다. 즉, 제시문에서는 국자와 서민들을 나누어 가르치던 주례의 전통을 따르는 것이 바람직하다고 보았다.

[오답분석]

① 태학의 명륜당은 종학으로 만들어 종실의 자제 및 공경의 적자가 다니게 하고, 비천당은 백성들이 다니는 학교로 만들어 별도로 운영하는 것이 합당할 것이라고 하였으므로 옳지 않은 내용이다.

② 옛날 태학에서 사람들에게 풍악을 가르쳤기 때문에 명칭을 성균관이라 하였다는 것은 언급되어 있지만, 이러한 전통을 회복해야 한다는 내용은 언급되어 있지 않으므로 옳지 않은 내용이다.

③ 옛날에 사람을 가르치는 법들 중 하나인 향학이 서민들을 교육하기 위한 기관이라는 것은 언급되어 있지만 이 내용만으로 향학의 설립을 통해 백성에 대한 교육을 강화해야 한다는 내용을 추론하기는 어려우므로 옳지 않은 내용이다.

⑤ 제시문에서는 종실의 자제 및 공경의 적자와 백성들을 별도로 교육해야 한다고 주장하고 있으므로 이들을 통합하는 교육 과정이 필요하다는 것은 옳지 않은 내용이다.

16

정답 ①

K씨 가족은 4명이므로 4인용 이상의 자동차를 택해야 한다. 2인용인 B자동차를 제외한 나머지 4종류 자동차의 주행거리에 따른 연료비용은 다음과 같다.

- A자동차 : $\frac{140}{25} \times 1,640 ≒ 9,180$원

- C자동차 : $\frac{140}{19} \times 1,870 ≒ 13,780$원

- D자동차 : $\frac{140}{20} \times 1,640 = 11,480$원

- E자동차 : $\frac{140}{22} \times 1,870 ≒ 11,900$원

따라서 A자동차를 이용하는 것이 가장 비용이 적게 든다.

17

정답 ④

주어진 자료를 정리하면 다음과 같다.

구분	편익	피해액	재해발생위험도	합계(우선순위)
갑	6	15	17	38(2)
을	8	6	25	39(1)
병	10	12	10	32(3)

ㄱ. 재해발생위험도는 을 - 갑 - 병의 순으로 높은데, 우선순위도 이와 순서가 같다.

ㄷ. 피해액 점수와 재해발생위험도 점수의 합은 갑이 32, 을이 31, 병이 22이므로 갑 지역 점수의 합이 가장 크다.

ㄹ. 갑 지역의 합계 점수가 40으로 변경되므로 갑 지역의 우선순위가 가장 높아진다.

[오답분석]

ㄴ. 우선순위가 가장 높은 지역(을)과 가장 낮은 지역(병)의 피해액 점수 차이는 6점인데, 재해발생위험도 점수 차이는 15점이므로 후자가 전자보다 크다.

18

ㄱ. 2022년 1분기와 2023년 4분기에 대한 자료는 없으므로 알 수 없다.

ㄴ. 2022년 3분기부터 2023년 3분기까지 직전 분기 대비 자산규모가 매 분기 증가한 유형자산으로는 건물과 기구비품이 있다. 또한, 기타 유형자산에 포함된 유형자산 항목도 있을 수 있다.

ㄹ. 2023년 2분기의 경우, 2023년 1분기 대비 건물의 규모는 증가했지만, 건설 중인 자산의 규모는 직전 분기 대비 감소하였다.

오답분석

ㄷ. 2023년 2분기 유형자산 총액의 2022년 2분기 대비 증가율은 $\dfrac{12,802-9,855}{9,855}\times100 ≒ 29.9\%$이다.

19

제시된 그래프에서 A는 기타 민원인이 전체의 10.2%를 차지하는데, 제시된 표에서 기타가 합계의 약 10%를 차지하는 것은 사전검증이므로 A는 사전검증이다. 또한 B는 기타 민원인이 전체의 21.7%를 차지하는데, 제시된 표에서 기타가 합계의 약 20% 이상을 차지하는 것은 화물이므로 B는 화물이다.

20

ㄱ. 전체 연령에서 여가시간 평가의 평균 점수가 가장 높은 순서로 나열하면 '70대 이상(5.33점) - 60대(4.97점) - 20대(4.81점) - 50대(4.72점) - 40대(4.56점) - 30대(4.47점) - 10대(4.43점)' 순서이다.

ㄴ. 설문조사 전체 남성 중 '약간충분 ~ 매우충분'을 선택한 인원은 $(10,498-5,235)\times(32.2+19.3+6.6)\div100 ≒ 3,058$명이다.

오답분석

ㄷ. 미혼과 기혼의 각각 평균 점수는 기타에 해당하는 평균 점수보다 낮지만 '약간부족'을 선택한 비율은 높다.

ㄹ. 대도시에서 '약간부족'을 선택한 인원은 $4,418\times0.097 ≒ 429$명이므로, 중소도시와 읍면지역에서 '부족'을 선택한 총인원인 $(3,524\times0.031)+(2,556\times0.023) ≒ 168$명의 $\dfrac{429}{168} ≒ 2.6$배이다.

21

각 연령대에서 '매우충분'을 선택한 인원을 구하면 다음과 같다.

구분	인원(명)	매우충분 비율(%)	매우충분 선택 인원(명)
10대(15 ~ 19세)	696	4.0	$696\times0.04 ≒ 27$
20대	1,458	6.4	$1,458\times0.064 ≒ 93$
30대	1,560	3.8	$1,560\times0.038 ≒ 59$
40대	1,998	4.5	$1,998\times0.045 ≒ 89$
50대	2,007	5.2	$2,007\times0.052 ≒ 104$
60대	1,422	9.6	$1,422\times0.096 ≒ 136$
70대 이상	1,357	17.9	$1,357\times0.179 ≒ 242$

따라서 '매우충분'을 선택한 인원이 가장 적은 순서대로 나열하면 '10대 - 30대 - 40대 - 20대 - 50대 - 60대 - 70대 이상'이다.

22

직급별 사원 수를 알 수 없으므로 전 사원의 주 평균 야근 빈도는 구할 수 없다.

오답분석

① 자료를 통해 알 수 있다.

③ 0.2시간은 60분×0.2=12분이다. 따라서 4.2시간은 4시간 12분이다.

④ 대리급 사원은 주 평균 1.8일 야근을 하고 주 평균 6.3시간을 야간 근무하므로, 야근 1회 시 6.3÷1.8=3.5시간 근무로 가장 긴 시간 동안 일한다.

⑤ 0.8시간은 48분이므로 조건에 따라 1시간으로 야근수당을 계산한다. 따라서 과장급 사원의 주 평균 야근 시간은 5시간이므로 5×10,000원=50,000원을 받는다.

23
정답 ④

모든 유통과정에서 최소 이윤만을 반영한다면, 10,000×1.2×1.2×1.1×1.1=17,424원의 가격으로 구매할 수 있다. 이 가격은 권장 소비자가격인 25,000원보다 $\frac{25,000-17,424}{17,424} \times 100 = 43\%$ 정도 할인된 가격이다.

오답분석

① 도매상은 제조업체로부터 제품을 구매하는 것이므로 10,000×1.2=12,000원의 판매가격을 지불한다.

② 중간도매상이 얻을 수 있는 최대 이윤은 도매가격의 20%이다. 또한 중간도매상이 최대 이윤을 얻기 위해서는 도매가격도 최대이어야 한다.
- 도매상 판매가 : 12,000×1.3=15,600원
- 중간도매상 판매가 : 15,600×1.2=18,720원
- ∴ 중간도매상이 얻을 수 있는 최대 이윤 : 18,720-15,600=3,120원

③ 소비자가 가장 비싸게 구매하는 경우는 각 유통과정에서 최대 이윤을 매겼을 때이다.
- 소비자 구매가 : 10,000×1.2×1.3×1.2×1.2=22,464원
- ∴ 22,464÷12,000=1.872 → 약 1.9배

⑤ 중간도매상을 거치지 않았을 때 소비자의 최소 구매가는 12,000×1.2×1.1=15,840원이고, 최대 구매가는 12,000×1.3×1.2=18,720원이다.

24
정답 ③

제시된 조건에 따르면 밀크시슬을 월요일에 섭취하는 경우와 목요일에 섭취하는 경우로 정리할 수 있다.

구분	월	화	수	목	금
경우 1	밀크시슬	비타민B	비타민C	비타민E	비타민D
경우 2	비타민B	비타민E	비타민C	밀크시슬	비타민D

따라서 수요일에는 항상 비타민C를 섭취한다.

오답분석

① 월요일에는 비타민B 또는 밀크시슬을 섭취한다.

② 화요일에는 비타민E 또는 비타민B를 섭취한다.

④ 경우 1에서는 비타민E를 비타민C보다 나중에 섭취한다.

⑤ 비타민D는 밀크시슬보다 나중에 섭취한다.

25

ㄱ. 2020년에 의약품 국내 시장규모에서 수입액이 차지하는 비중은 $\frac{5.28}{16.83-2.33+5.28}\times100\fallingdotseq26.7\%$이며, 2019년에는

$\frac{5.85}{15.71-2.34+5.85}\times100\fallingdotseq30.4\%$이므로 2020년 국내 시장규모 대비 수입액 비율은 전년 대비 감소했다.

ㄷ. 2022년 세계 전체 시장규모에서 유럽이 차지하는 비중은 22.3%이며, 2021년도에는 $\frac{219.8}{947.6}\times100\fallingdotseq23.2\%$이다. 따라서 2022
년 의약품 세계 전체 시장규모에서 유럽이 차지하는 비중은 전년 대비 감소하였다.

ㄹ. 2022년 의약품 세계 전체 시장규모는 세계 지역의 시장규모를 모두 더하면 1027.2십억 달러이다. 따라서 2021년 세계 전체
시장규모의 5%는 947.6×0.05=47.38십억 달러이며, 2022년도의 전년 대비 전체 시장규모 증가량은 1,027.2−947.6=
79.6십억 달러이므로 옳은 설명이다.

오답분석

ㄴ. 국내 시장규모가 전년 대비 증가하기 위해서는 생산액 증가량과 수입액 증가량 합이 수출액 증가량보다 커야 한다. 2017년
대비 2018년 국내 시장규모의 경우 생산액은 15.60−15.71=−0.11십억 달러, 수입액은 5.53−5.42=0.11십억 달러로 두
증감액의 합은 0이고, 수출액은 1.96−1.78=0.18십억 달러 증가하였다. 따라서 수출액 증가량이 생산액과 수입액 합의 증가
량보다 크므로 2018년 의약품 국내 시장규모는 전년 대비 감소하였다.

26

ⅰ) B지역에서 타워크레인 작업제한 조치가 한 번도 시행되지 않은 월은 1월, 2월, 12월이다. 따라서 (가)는 15 미만이어야 한다.
ⅱ) 매월 C지역의 최대 순간 풍속은 A지역보다 높고 D지역보다 낮으므로 (나)는 21.5 초과 32.7 미만이어야 한다.
ⅲ) E지역에서 설치 작업제한 조치는 매월 시행되었으므로 (다)는 15 초과이다. 또한 운전 작업제한 조치는 2월과 11월을 제외한
모든 월에 시행되었으므로 (다)는 20 미만이어야 한다.
따라서 큰 것부터 순서대로 나열하면 (나)−(다)−(가)이다.

27

전자정부 순위는 숫자가 낮을수록 순위가 높은 것임에 유의한다. 항목별로 국가들의 순위에 따라 점수를 부여하여 총점을 계산하면
다음과 같다.

(단위 : 점)

후보국가	시장매력도			수준	접근가능성	총점
	시장규모	성장률	인구규모	전자정부 순위	수출액	
A국	80	20	50	30	20	200
B국	40	40	30	20	5	135
C국	20	50	40	10	10	130
D국	60	30	20	0	15	125

따라서 총점이 가장 높은 A국과 그 다음으로 높은 B국이 선정된다.

28

참가자별 종합점수[=(항목별 득점)×(품목별 가중치)의 합계]를 구하면 다음과 같다.
• A : (4×6)+(3×4)+(3×4)+(3×3)+(2×3)=63점
• B : (3×6)+(4×4)+(5×4)+(4×3)+(1×3)=69점
• C : (2×6)+(3×4)+(3×4)+(3×3)+(2×3)=51점
• D : (2×6)+(1×4)+(5×4)+(4×3)+(3×3)=57점

ㄱ. 참가자 A의 색상 점수와 참가자 D의 장식 점수가 각각 1점씩 상승하면 색상의 경우 가중치가 4이고, 장식은 3이므로 참가자
A의 종합점수는 63+4=67점, 참가자 D는 57+3=60점으로 높아진다. 그러나 전체 순위는 B>A>D>C로 처음 순위와 같다.

ㄴ. 참가자 B의 향 항목 득점기여도는 $\frac{16}{69} \fallingdotseq 0.23$이고, 참가자 A의 색상 항목 득점기여도는 $\frac{12}{63} \fallingdotseq 0.19$이므로, 참가자 B의 향 항목 득점기여도가 참가자 A의 색상 항목 득점기여도보다 높다.

오답분석

ㄷ. 모든 항목에서 1점씩 더 득점하면 가중치가 적용된 종합점수는 20점이 증가한다. 따라서 참가자 C의 종합점수가 51＋20＝71점이 되어 가장 높은 순위가 된다.

ㄹ. 종합점수가 1위인 참가자 B의 맛 항목 득점기여도는 $\frac{18}{69} \fallingdotseq 0.26$이지만, 2위인 참가자 A의 경우는 $\frac{24}{63} \fallingdotseq 0.38$이기 때문에 순위가 높은 참가자일수록 맛 항목 득점기여도가 높은 것은 아니다.

29
정답 ①

모모 : 역사 안에는 자연의 힘으로 벌어지는 일과 지성과 사랑의 힘에 의해 일어나는 일이 있으며, 자연의 힘으로 벌어지는 일에는 선과 악이 없지만, 지성과 사랑의 힘에 의해 일어나는 일에는 선과 악이 있다. 따라서 역사 안에서 일어나는 일 가운데는 선과 악이 있는 일도 존재하게 되는 것이라고 하였으므로 모두 참이 된다.

오답분석

• 나나 : 자연의 힘으로 벌어지는 모든 일에는 선과 악이 없으므로 자연의 힘만으로 전개되는 역사 안에서 일어나는 모든 일에는 선과 악이 없지만, 개인이 선할 가능성은 남아 있다고 하였다. 그러나 개인은 역사 바깥에 나가지도 못하고, 자연의 힘을 벗어날 수도 없다고 하였으므로 결국 개인이 선할 가능성은 없으므로 이는 모순이 된다.
• 수수 : 역사 중에는 지성과 사랑의 역사가 있으나 그것을 포함한 모든 역사는 자연의 힘만으로 벌어지며, 자연의 힘만으로 벌어지는 모든 일에는 선과 악이 없다. 즉, 자연의 힘만으로 인간 지성과 사랑이 출연한 일에도 선과 악이 존재할 수 없는 것이다. 그러나 인간 지성과 사랑이 출현한 일에 선이 있음이 분명하다고 하였으므로 이는 모순이 된다.

30
정답 ④

ㄱ. 두 번째 문단에서 '학대 인정사례 3,818건을 신고자 유형별로 살펴보면 신고의무자에 의해 신고된 학대 인정사례는 707건, 비신고의무자에 의해 신고된 학대 인정사례는 3,111건이었다. ～'라는 보고서 내용에 부합한다.

ㄴ. 2021년과 2022년 노인보호전문기관에 신고된 노인학대 의심사례 신고 건수로 첫 번째 문단의 내용과 부합한다.

ㄹ. 마지막 문단에서 '2019 ～ 2022년 동안 매년 학대 인정사례 건수가 가장 많은 가구형태는 노인단독가구였다.'는 내용과 부합한다.

오답분석

ㄷ. 세 번째 문단 마지막 내용에서 '학대 인정사례 중 병원에서의 학대 인정사례 비율은 2019 ～ 2022년 동안 매년 감소한 것으로 나타났다.'고 했지만 그래프에서는 2020년에 전년 대비 증가하였다.

31
정답 ⑤

창업교육을 미이수한 폐업 자영업자 중 생존 기간이 10개월인 자영업자의 비율은 약 68%이므로 생존 기간이 10개월 미만인 자영업자의 비율은 약 32%이다. 따라서 옳은 내용임을 알 수 있다.

오답분석

① 주어진 그래프를 통해서는 기간별 생존 비율만을 알 수 있을 뿐 창업교육을 이수 또는 미이수한 폐업 자영업자 수는 알 수 없다.

② 0 ～ 5개월 구간과 48 ～ 50개월 구간에서는 두 그룹의 생존 비율이 같으나 나머지 구간에서는 모두 창업교육 미이수 그룹의 생존 비율이 이수 그룹에 비해 낮다. 따라서 평균 생존 기간은 이수 그룹이 더 길다.

③ 창업교육을 이수한 폐업 자영업자의 생존 비율과 창업교육을 미이수한 폐업 자영업자의 생존 비율의 차이는 창업 후 45 ～ 48개월의 구간에서 약 30%p로 가장 크다는 것을 알 수 있으므로 옳지 않은 내용이다.

④ 창업교육을 이수한 폐업 자영업자 중 생존 기간이 32개월 이상인 자영업자의 비율은 45%에 미치지 못하므로 옳지 않은 내용이다.

32

ㄱ. 갑의 자본 금액은 200억 원이므로 종업원 수에 따라 주민세 50만 원을 납부해야 하는 첫 번째 유형 또는 20만 원을 납부해야 하는 세 번째 유형에 해당할 수 있다. 따라서 갑이 세 번째 유형인 '자본 금액 50억 원을 초과하는 법인으로서 종업원 수가 100명 이하인 법인'에 해당한다면 최소 20만 원을 주민세로 납부해야 한다.

ㄹ. 자본 금액이 100억 원을 초과하는 갑은 첫 번째 유형에 해당할 수 있으므로 최대 50만 원을 주민세로 납부해야 한다. 또한 자본 금액이 20억 원인 을은 네 번째 유형에 해당할 수 있으므로 최대 10만 원을 납부해야 하며, 종업원 수가 100명을 초과하는 병 역시 첫 번째 유형에 해당할 수 있으므로 최대 50만 원을 납부해야 한다. 따라서 갑, 을, 병이 납부해야 할 주민세 금액의 합계는 최대 50+10+50=110만 원이다.

[오답분석]

ㄴ. 을의 자본 금액은 20억 원이므로 종업원이 50명인 경우 그 밖의 법인에 해당하여 10만 원이 아닌 5만 원의 주민세를 납부해야 한다.

ㄷ. 병의 종업원 수는 200명이나, 자본 금액에 대한 정보는 알 수 없으므로 모든 유형에 해당할 수 있다. 따라서 병의 자본 금액이 10억 원 이하로 다섯 번째 유형인 그 밖의 법인에 해당한다면 주민세로 납부해야 하는 최소 금액은 10만 원이 아닌 5만 원이다.

33

만약 A팀의 책자가 부산에서 발견되었다면, 최소 1권 이상은 배포된 것이다. 부산에는 이미 B팀의 책자 500권이 배포되었으므로 부산에 배포된 책자가 서울에 배포된 것보다 많다.

[오답분석]

ㄱ. 글의 내용에 따라 B팀의 책자 500권은 모두 부산에 배포되었다. 그러나 A팀의 책자가 만약 서울에만 배포되었다면, 부산에는 딱 500권만 배포된 것이 되므로 반드시 참은 아니다.

ㄴ. A팀의 책자가 만약 서울에만 배포되었다면, 500권이 배포되었을 것이다. 그런데 B팀은 부산에 500권을 모두 배포했으므로 같은 수의 책자가 배포되었을 것이므로 참이 아니다.

34

2진법 수 $111000_{(2)}$을 10진법으로 바꾸면 $2^3+2^4+2^5=8+16+32=56$이다.

숫자 56을 8진법으로 나타내면 $8\times7=70_{(8)}$이며, 6진법으로는 $2+(3\times6)+6^2=132_{(6)}$이다.

따라서 A임원의 문제를 맞힌 직원은 가, 나, 라, 마 직원으로, 상품권은 총 4개가 필요하다.

35

두 번째 문단에 나타난 논증을 기호화해 보자.

ⅰ) (폭탄 적재량 ○∨공대공 전투 능력○) → 정비시간 ×

ⅱ) 비행시간 ○ → 공대공 전투 능력 ×

ⅲ) 정비시간 ○

ⅰ)의 대우(정비시간 ○ → 폭탄 적재량 ×, 공대공 전투 능력 ×)와 ⅲ)을 결합하면 결국 공군에서 제시한 네 가지의 조건 중에서 폭탄 적재량과 공대공 전투 능력은 만족시킬 수 없으므로 차기 전투기로 선정되기 위해서는 정비시간과 비행시간을 만족시켜야 한다.

ⓛ 차기 전투기로 선정되기 위해서는 정비시간과 비행시간을 만족시켜야 했으므로 참이다.

ⓒ ⅱ)를 대우 명제로 변환하면 공대공 전투 능력 ○ → 비행시간 ×가 되므로 참이다.

[오답분석]

ⓞ A사의 기종은 비행시간이 길고 폭탄 적재량이 많다고 하였는데, ⅰ)에서 폭탄 적재량이 많으면 정비시간은 길어짐을 알 수 있으므로, 공군이 필수조건으로 제시한 ⅲ)을 충족하지 못한다. 따라서 A사의 기종이 선정될 것이라는 언론의 예측은 옳지 않다.

36

정답 ④

주어진 조건에 따라 선반에 놓여 있는 사무용품을 정리하면 다음과 같다.

5층	보드마카, 접착 메모지
4층	스테이플러, 볼펜
3층	2공 펀치, 형광펜
2층	서류정리함, 북엔드
1층	인덱스 바인더, 지우개

따라서 보드마카와 접착 메모지는 5층 선반에 놓여 있으므로 선반의 가장 높은 층에 놓여 있음을 알 수 있다.

37

정답 ②

왕복 시간이 2시간, 배차 간격이 15분이라면 첫차가 재투입될 때 필요한 앞차의 수는 첫차를 포함해서 8대이다(15분×8대=2시간이므로 8대 버스가 운행된 이후 9번째에 첫차 재투입이 가능하다).
운전사는 왕복 후 30분의 휴식을 취해야 하므로 첫차를 운전했던 운전사는 2시간 30분 뒤에 운전을 시작할 수 있다.
따라서 150분 동안 운행되는 버스는 10(=150÷15)대로, 10명의 운전사가 필요하다.

38

정답 ④

먼저 갑은 기획 업무를 선호하는데, 만약 민원 업무를 선호한다면 홍보 업무도 선호하게 되어 최소 세 개 이상의 업무를 선호하게 된다. 따라서 갑은 기획 업무만을 선호해야 한다. 다음으로 을은 민원 업무를 선호하므로 홍보 업무도 같이 선호함을 알 수 있는데, 세 개 이상의 업무를 선호하는 사원이 없다고 하였으므로 을은 민원 업무와 홍보 업무만을 선호해야 한다.
또한 인사 업무만을 선호하는 사원이 있다고 하였으며(편의상 병), 홍보 업무를 선호하는 사원 모두가 민원 업무를 선호하는 것은 아니라고 하였으므로 이를 통해 홍보 업무를 선호하지만 민원 업무는 선호하지 않는 사원이 존재함을 알 수 있다(편의상 정). 이제 이를 정리하면 다음과 같다.

구분	민원	홍보	인사	기획
갑	×	×		○
을	○	○	×	×
병	×	×	○	×
정	×	○		

ㄴ. 을과 정을 통해 최소 2명은 홍보 업무를 선호함을 알 수 있다.
ㄷ. 위 표에서 알 수 있듯이 모든 업무에 최소 1명 이상의 신입 사원이 할당되어 있음을 알 수 있다.

[오답분석]
ㄱ. 민원, 홍보, 기획 업무는 갑과 을이 한 명씩은 선호하고 있으며, 인사 업무는 갑의 선호 여부를 알 수 없다.

39

정답 ②

먼저 선택지를 보고 조건에 맞지 않는 그룹이 있는지 확인하는 것이 빠른 풀이 방법이다. 이 중 ②를 보면 모든 조건에 부합함을 알 수 있다.

[오답분석]
① F와 I가 함께 탑승했으므로 H와 D도 함께 탑승해야 하고, G나 J는 A와 탑승해야 한다.
③ C와 H는 함께 탑승해야 하고, B가 탑승하는 차에는 4명이 탑승해야 한다.
④ A와 B는 함께 탑승할 수 없다.
⑤ B가 탑승하는 차에는 4명이 탑승해야 한다.

제2회 핵심영역 NCS 최종모의고사 • 25

40

- ⊙ : A와 B 중 한 사람만 참석하고, A와 D 중 적어도 한 사람은 참석한다. '갑'은 이 상황을 인지한 후에 'A는 회의에 반드시 참석'하겠다는 결론을 내린다. 이때, 'D가 회의에 불참한다'면 A와 D 중 A만 참석하게 되고 A와 B 중에서도 A만 참석한다는 결론을 내릴 수 있다. 따라서 ⊙에는 'D가 회의에 불참한다'는 말이 들어가야 한다.
- ⓒ : 갑이 '우리 생각이 모두 참이라면, E와 F 모두 참석'한다고 하였다. B와 D가 회의에 참석하지 않는다는 생각이 참이라는 가정하에 갑의 결론이 나오려면 ⓒ에 'B가 회의에 불참한다면 E와 F 모두 참석하기' 때문이란 조건이 들어가야 한다.

41

상품별 고객 만족도 1점당 비용을 구하면 다음과 같다.
- 차량용 방향제 : $7,000 \div 5 = 1,400$원
- 식용유 세트 : $10,000 \div 4 = 2,500$원
- 유리용기 세트 : $6,000 \div 6 = 1,000$원
- 8GB USB : $5,000 \div 4 = 1,250$원
- 머그컵 세트 : $10,000 \div 5 = 2,000$원
- 육아 관련 도서 : $8,800 \div 4 = 2,200$원
- 핸드폰 충전기 : $7,500 \div 3 = 2,500$원

할당받은 예산을 고려하며 고객 만족도 1점당 비용이 가장 낮은 상품부터 구매비용을 구하면 다음과 같다.
- 유리용기 세트
  - 최대 물량 구매비용 : $6,000 \times 200 = 1,200,000$원
  - 남은 예산 : $5,000,000 - 1,200,000 = 3,800,000$원
- 8GB USB
  - 최대 물량 구매비용 : $5,000 \times 180 = 900,000$원
  - 남은 예산 : $3,800,000 - 900,000 = 2,900,000$원
- 차량용 방향제
  - 최대 물량 구매비용 : $7,000 \times 300 = 2,100,000$원
  - 남은 예산 : $2,900,000 - 2,100,000 = 800,000$원
- 머그컵 세트
  - 최대 물량 구매비용 : $10,000 \times 80 = 800,000$원
  - 남은 예산 : $800,000 - 800,000 = 0$원

확보 가능한 상품의 개수는 $200 + 180 + 300 + 80 = 760$개이다.
따라서 나누어 줄 수 있는 고객의 수는 $760 \div 2 = 380$명이다.

42

경아의 두 번째 발언과 다른 사람들의 첫 번째 발언은 양립할 수 없다. 따라서 경아의 두 번째 발언이 참인 경우와 거짓인 경우로 나누어 판단한다.
ⅰ) 경아의 두 번째 발언이 참인 경우
  각각 참만을 말하거나 거짓만을 말하므로 경아를 제외한 나머지는 모두 거짓을 말한다. 이 경우에 범인이 여러 명이 되어 모순이 생긴다.
ⅱ) 경아의 두 번째 발언이 거짓인 경우
  경아는 거짓을 말하고 나머지는 모두 참을 말한다. 따라서 바다, 다은, 경아는 범인이 아니고 은경이 범인이다.
ㄱ·ㄷ. 경아만 거짓을 말하고 나머지는 모두 참을 말한 경우 은경이 범인이므로 반드시 참이다.

오답분석
ㄴ. 경아가 거짓을 말하는 경우 다은과 은경 모두 참을 말하는 것이 된다.

43

여신팀 김선율과 인사팀 김하영은 월·금요일에 회의 및 출장을 가기 때문에 8월 22일 화요일은 출근이 가능하다.

오답분석

① 수신팀 김하나는 7월 25일에 일본 여행에서 돌아왔으므로 8월 22일은 출근이 불가능하다. 같은 팀인 정지수는 8월 24일 목요일 만 출근하지 않기 때문에 22일 화요일은 출근이 가능하다.

② 수신팀 이솔비는 7월 24일 인천 출장으로 인해 한 달이 지나지 않은 8월 22일은 출근할 수 없고, 같은 팀인 김예만 화요일 출근이 가능하다.

③ 수신팀 강여울은 여신팀 및 인사팀의 팀장과 같은 스케줄로 화요일 출근이 가능하지만, 여신팀 이하율은 화요일에 출근을 하지 않는다.

④ 여신팀 최바울은 수신팀 김하나의 남편으로 같이 일본 여행을 갔다와 8월 22일 출근이 불가능하고, 인사팀 강지은은 화요일 출근이 가능하다.

44

금요일에 있는 본사교육 및 회의·출장 참여자는 반드시 금요일에 출근해야 하므로 이와 관련된 사람은 최수지, 강여울, 김선율, 김하영이다. 정하람은 매주 금요일에 출근하지 않아도 된다.

45

다섯 번째 조건에 따라 C항공사는 제일 앞 번호인 1번 부스에 위치하며, 세 번째 조건에 따라 G면세점과 H면세점은 양 끝에 위치한다. 이때 네 번째 조건에서 H면세점 반대편에는 E여행사가 위치한다고 하였으므로 5번 부스에는 H면세점이 올 수 없다. 따라서 5번 부스에는 G면세점이 위치한다. 또한 첫 번째 조건에 따라 같은 종류의 업체는 같은 라인에 위치할 수 없으므로 H면세점은 G면세점과 다른 라인인 4번 부스에 위치하고, 4번 부스 반대편인 8번 부스에는 E여행사가, 4번 부스 바로 옆인 3번 부스에는 F여행사가 위치한다. 나머지 조건에 따라 부스의 위치를 정리하면 다음과 같다.

ⅰ) 경우 1

C항공사	A호텔	F여행사	H면세점
복도			
G면세점	B호텔	D항공사	E여행사

ⅱ) 경우 2

C항공사	B호텔	F여행사	H면세점
복도			
G면세점	A호텔	D항공사	E여행사

따라서 항상 참이 되는 것은 ④이다.

46

B과장에게 가장 필요한 능력은 시간관리능력이다. 그는 업무를 비효율적으로 처리함으로 인해 본인의 시간은 즐기지 못할 뿐만 아니라 남들보다 오랫동안 일하는 등 쓸데없는 시간을 낭비하고 있기 때문이다.

47

정답 ②

기능별로 스캐너를 분류하면 다음과 같다.
- 양면 스캔 가능 여부 – Q · T · G스캐너
- 50매 이상 연속 스캔 가능 여부 – Q · G스캐너
- 예산 4,200,000원까지 가능 – Q · T · G스캐너
- 카드 크기부터 계약서 크기 스캔 지원 – G스캐너
- A/S 1년 이상 보장 – Q · T · G스캐너
- 기울기 자동 보정 여부 – Q · T · G스캐너

따라서 모든 기능이 가능한 G스캐너가 가장 우선시되고, 그 다음은 Q스캐너, 그리고 T스캐너로 순위가 결정된다.

48

정답 ④

제시문을 기호화하면 다음과 같다.
- ⅰ) 개인건강정보 → 보건정보 = ~보건정보 → ~개인건강정보
- ⅱ) 팀 재편 → (개인건강정보 ∧ 보건정보) = (~개인건강정보 ∨ ~보건정보) → ~팀 재편
- ⅲ) (개인건강정보 ∧ 최팀장) → 손공정 = ~손공정 → (~개인건강정보 ∨ ~최팀장)
- ⅳ) 보건정보 → (팀 재편 ∨ 보도자료 수정) = (~팀 재편 ∧ ~보도자료 수정) → ~보건정보
- ⅴ) ~(최팀장 → 손공정) = 최팀장 ∧ ~손공정

ㄴ. 다섯 번째 조건에 따라 최팀장이 정책 브리핑을 총괄하고 손공정이 프레젠테이션을 맡지 않기 때문에 개인건강정보 관리 방식 변경에 관한 가안이 정책제안에 포함되지 않고, 국민건강 2025팀은 재편되지 않는다.

ㄷ. 보건정보의 공적 관리에 관한 가안이 정책제안에 포함된다면 ㄴ의 해설에 따라 국민건강 2025팀이 재편되지 않기 때문에 보도자료가 대폭 수정될 것이다.

[오답분석]

ㄱ. ㄴ의 해설에서 알 수 있듯이 개인건강정보 관리 방식 변경에 관한 가안은 정책제안에 포함되지 않지만 보건정보의 공적 관리에 관한 가안이 정책제안에 포함되는지 여부는 알 수 없다.

49

정답 ②

A부서의 수리 요청 내역별 수리요금을 구하면 다음과 같다.
- RAM 8GB 교체
  - 수량 : 15개(∵ 교체 12개, 추가 설치 3개)
  - 개당 교체·설치비용 : 8,000+96,000=104,000원
  - ∴ A부서의 RAM 8GB 교체비용 : 104,000×15=1,560,000원
- SSD 250GB 추가 설치
  - 수량 : 5개
  - 개당 설치비용 : 9,000+110,000=119,000원
  - ∴ A부서의 SSD 250GB 추가 설치비용 : 119,000×5=595,000원
- 프로그램 설치
  - 수량 : 3D 그래픽 프로그램 10개, 문서작성 프로그램 10개
  - 문서작성 프로그램 개당 설치비용 : 6,000원
  - 3D 그래픽 프로그램 개당 설치비용 : 6,000+1,000=7,000원
  - ∴ A부서의 프로그램 설치비용 : 6,000×10=60,000원

50

정답 ④

- HDD 1TB 교체
  - 개당 교체비용 : $8,000+50,000=58,000$원
  - 개당 백업비용 : $100,000$원
  - ∴ B부서의 HDD 1TB 교체비용 : $(58,000+100,000) \times 4 = 632,000$원
- HDD 포맷·배드섹터 수리
  - 개당 수리비용 : $10,000$원
  - ∴ B부서의 HDD 포맷·배드섹터 수리비용 : $10,000 \times 15 = 150,000$원
- 바이러스 치료 및 백신 설치
  - 개당 치료·설치비용 : $10,000$원
  - ∴ B부서의 바이러스 치료 및 백신 설치비용 : $10,000 \times 6 = 60,000$원

따라서 B부서에 청구되어야 할 수리비용은 $632,000+150,000+60,000=842,000$원이다.

51

정답 ①

- 진단 시간 : 2시간
- 데이터 복구 소요 시간 : $\frac{270}{7.5}=36$시간

즉, 데이터를 복구하는 데 걸리는 총시간은 $2+36=38$시간$=1$일 14시간이다.

2일 차에 데이터 복구가 완료되고 다음날 직접 배송하므로 Y사원이 U과장에게 안내할 기간은 3일이다.

52

정답 ①

한국의 업무 시간인 오전 8시 ~ 오후 6시는 파키스탄의 오전 4시 ~ 오후 2시이다. 또한, 화상 회의 시간인 한국의 오후 4 ~ 5시는 파키스탄의 낮 12시 ~ 오후 1시이며, 점심시간에는 회의를 진행하지 않으므로 파키스탄은 회의 참석이 불가능하다.

53

정답 ⑤

조건의 주요 명제들을 순서대로 논리 기호화하여 표현하면 다음과 같다.
- 두 번째 명제 : 머그컵 → ~노트
- 세 번째 명제 : 노트
- 네 번째 명제 : 태블릿PC → 머그컵
- 다섯 번째 명제 : ~태블릿PC → (가습기 ∧ ~컵받침)

세 번째 명제에 따라 노트는 반드시 선정되며, 두 번째 명제의 대우(노트 → ~머그컵)에 따라 머그컵은 선정되지 않는다. 그리고 네 번째 명제의 대우(~머그컵 → ~태블릿PC)에 따라 태블릿PC도 선정되지 않으며, 다섯 번째 명제에 따라 가습기는 선정되고 컵받침은 선정되지 않는다. 총 3개의 경품을 선정한다고 하였으므로 노트, 가습기와 함께 펜이 경품으로 선정된다.

54

정답 ①

할인되지 않은 KTX표의 가격을 x원이라 하자.
표를 40% 할인된 가격으로 구매하였으므로 구매 가격은 $(1-0.4)x=0.6x$원이다.
환불 규정에 따르면 하루 전에 표를 취소하는 경우 70%의 금액을 돌려받을 수 있으므로
$0.6x \times 0.7 = 16,800 \rightarrow 0.42x = 16,800$
∴ $x=40,000$
따라서 할인되지 않은 KTX표의 가격은 40,000원이다.

55

12/5(토)에 근무하기로 예정된 1팀 차도선이 개인사정으로 근무를 대체하려고 할 경우, 그 주에 근무가 없는 3팀의 한 명과 바꿔야 한다. 대체근무자인 하선오는 3팀에 소속된 인원이긴 하나, 대체근무일이 12/12(토)로 1팀인 차도선이 근무하게 될 경우 12/13(일)에도 1팀이 근무하는 날이기 때문에 주말근무 규정에 어긋나기 때문에 옳지 않다.

56

1분기에 광고를 할 때는 제품 H의 매출액이 50% 증가하여 표에서 제품 H가 포함된 부분의 수익 구조가 변화하게 된다.

(단위 : 억)

구분		B기업	
		제품 M	제품 H
A기업	제품 M	(6, 1)=7	(−2, 12)=10
	제품 H	(−1, 6)=5	(9, 6)=15

수익의 합이 가장 큰 경우는 A기업과 B기업이 모두 제품 H를 광고할 때 15억으로 가장 크고, 가장 작은 경우는 A기업이 제품 H를 광고하고 B기업이 제품 M을 광고할 때 5억으로 최소가 된다. 따라서 두 기업의 수익의 합이 가장 클 때와 작을 때의 합은 20억이다.

57

3분기에 A기업의 수익이 최소가 되는 경우는 A기업이 제품 H를 광고하고, B기업이 제품 M을 광고하는 경우이며 이 경우 수익구조는 (−3, 6)이다. B기업의 수익이 최소가 되는 경우는 A기업이 제품 M을 광고하고, B기업도 제품 M을 광고하는 경우이며 이 경우 수익구조는 (6, 1)이다.

58

사업별로 평가대상 여부를 판단해 보면 다음과 같다.
• 갑 사업
 − A평가 : 총 사업비가 520억 원이어서 이 기준에는 포함되나 국비지원 규모가 100억 원에 불과하여 기준에 미달된다. 따라서 A평가의 대상이 아니다.
 − B평가 : 도시개발사업은 B평가의 대상에 해당된다.
 − C평가 : 부지면적이 12만 5천m² 이어서 기준에 해당되므로 C평가의 대상에 해당한다.
• 을 사업
 − A평가 : 법령에 따라 추진되는 사업이므로 A평가의 대상이 아니다.
 − B평가 : 철도건설사업은 B평가의 대상에 해당된다.
 − C평가 : 정거장이 7개소이고, 총길이가 18km이어서 기준에 포함되므로 C평가의 대상에 해당한다.
따라서 갑, 을 사업 모두 B, C 두 개의 평가를 받아야 한다.

59

정답 ④

A상무는 기계의 성능을 모두 같게 보는데 E사 제품이 성능 면에서 뒤처진다고 설득하는 내용이므로 A상무를 설득하기에는 부족하다.

60

정답 ②

8월 16일에 신청한 경우 9월 1일에 신청한 것으로 간주하므로 6일까지 시장의 승인이 있어야 하며, 관련 기관의 정비는 13일에 완료, 정비 결과는 16일까지 시장에게 보고되어야 한다.

오답분석

① 홀수달 1일에 하지 않은 신청은 그 다음 홀수달 1일 신청한 것으로 간주하므로 7월 2일에 정류소 명칭 변경을 신청한 경우 9월 6일까지는 승인 여부를 결정해야 한다.
③ 아파트 명칭은 4순위에 해당하며, 서점 등 기타의 명칭은 5순위이므로 '가나3단지아파트·가나서점'으로 변경해야 한다.
④ 전체 글자 수는 15자 이내로 제한하므로 '다라중학교·다라동1차아파트'(13자)는 명칭 부여 기준에 적절하다.
⑤ 글자 수는 15자 이내이지만 명칭 수를 2개 이내로 제한한다는 규정이 있으므로 옳지 않은 명칭이다.

01	02	03	04	05	06	07	08	09	10	11	12	13	14	15	16	17	18	19	20
①	④	②	①	④	③	⑤	①	④	②	①	③	④	④	①	④	⑤	③	③	⑤
21	22	23	24	25	26	27	28	29	30	31	32	33	34	35	36	37	38	39	40
③	②	⑤	⑤	⑤	②	④	⑤	②	⑤	③	⑤	④	②	④	④	③	⑤	④	③
41	42	43	44	45	46	47	48	49	50	51	52	53	54	55	56	57	58	59	60
④	③	②	⑤	⑤	③	②	③	⑤	④	④	④	②	③	⑤	②	⑤	④	③	④

01

정답 ①

ㄱ. 어떤 수학적 체계가 모든 사람에게 동일한 것이기 위해서 제시된 두 가지 조건이 모두 만족되어야 한다는 것이 분명하다고 하였으므로 필요조건을 제시했다고 볼 수 있다. 따라서 옳은 내용이다.
ㄴ. 두 물체의 크기를 비교할 때 어떤 사람은 두 물체를 각각 특정한 자연수에 대응시키는 방식을 취하지만, 어떤 사람은 한 물체의 크기를 100에 대응시킨 후 나머지 물체의 크기에 대응하는 자연수를 찾기 때문이라고 하였다. 따라서 자연수 체계는 모든 사람들에게 동일한 체계라고 볼 수 없으므로 옳은 내용이다.

오답분석

ㄷ. 제시된 예는 어떤 수학적 체계가 모든 사람에 동일하지 않다는 것을 나타내기 위한 것이지 동일성 조건의 부적절성을 보이려 한 것이 아니므로 옳지 않은 내용이다.
ㄹ. 제시된 조건에 모두 부합하지 않는 사례를 나타냈을 뿐 부합하는 사례와 대비한 것은 아니므로 옳지 않은 내용이다.

02

정답 ④

제시문에 따르면 한 연구팀은 유전자의 발현에 대한 물음에 답하기 위해 유전자의 발현에 대해 연구했고, 그 결과 어미에게 많이 핥인 새끼가 그렇지 않은 새끼보다 GR 유전자의 발현을 촉진하는 NGF 단백질 수치가 더 높다는 것을 발견했다. 즉, 연구팀이 발견한 것은 '어미에게 많이 핥인 정도'라는 후천 요소가 'GR 유전자 발현'에 영향을 미친다는 것이다. 따라서 '후천 요소가 유전자의 발현에 영향을 미칠 수 있는가'가 ⊙ 의미로 가장 적절하다.

03

정답 ②

'gw'는 10번째 속인 잎을 의미하며, 'p'는 네 번째 차이, 'yi'는 여덟 번째 종을 의미한다. 따라서 'gwpyi'는 잎의 네 번째 차이의 여덟 번째 종을 의미한다.

오답분석

① ditu : di – 돌(속), t – 물에 녹는 지구의 응결물(차이), u – 여섯 번째 종
③ dige : di – 돌(속), g – 덜 투명한 가치 있는 돌(차이), e – 세 번째 종
④ deda : de – 원소(속), d – 두 번째 차이, a – 두 번째 종
⑤ donw : do – 금속(속), n – 아홉 번째 차이, w – 첫 번째 종

04

정답 ①

제시문에서는 유전 암호가 임의적이기 때문에 어떤 코돈이 특정한 아미노산의 정보를 지정해야 할 기능적 이유가 없다는 점을 근거로 제시한다. 그러나 ㄱ과 같이 코돈 UUU가 기능적으로 페닐알라닌의 정보만을 지정해야 하는 이유가 있다면, 유전 암호는 임의적이라는 제시문의 논증을 약화할 수 있다.

오답분석

ㄴ. 엄마를 의미하는 유아어가 모든 언어에서 발견되는 것은 엄마를 필요로 하는 기능적 효용성 때문이므로 언어들이 공통의 기원을 갖는다는 증거가 될 수 없다. 따라서 ㄴ의 글에서 언급한 숫자는 기능적 효용성을 갖기 때문에 모든 언어가 수에 해당하는 단어를 포함한다는 것의 또 다른 예시일 뿐 제시문의 논증을 약화하지 않는다.

ㄷ. 코돈을 이루는 뉴클레오타이드의 개수에 따른 기능의 차이는 제시문에 나타나 있지 않다.

05

정답 ④

제시문에서는 사유 재산에 대한 개인의 권리 추구로 다수가 피해를 입게 된다면 사익보다 공익을 우선시하여 개인의 권리가 제한되어야 한다고 주장한다. 따라서 이러한 주장에 대한 반박으로는 개인인 땅 주인이 권리를 행사함에 따라 다수인 마을 사람들에게 발생하는 피해가 법적으로 증명되어야만 권리를 제한할 수 있다는 ④가 가장 적절하다.

06

정답 ③

제시문의 논증 과정을 정리하면 다음과 같다.
• 전제 : 제한된 자원을 합리적으로 배분하면 상충하는 연구 프로그램들이 모두 작동할 수 있다.
• 주장 : 연구 프로그램 지원에 있어서 '선택과 집중' 전략보다는 '나누어 걸기' 전략이 바람직하다.
• 논거 : 현재 유망한 연구 프로그램이 쇠락의 길을 걷게 될 수도 있고 반대로 현재 미미한 연구 프로그램이 얼마 뒤 눈부신 성공을 거둘 가능성이 있기 때문이다.

논지를 약화하기 위해서는 전제나 논거를 반박하는 것이 효과적이다. ③의 경우 연구 프로그램들이 모두 작동하기 위해서는 제한된 자원 이상의 자원이 필요할 수 있다는 내용을 통해 제시문의 전제를 반박하고 있으므로 논지를 약화할 수 있다.

오답분석

① 제시문의 주장과 같다.
② 제시문의 논거와 같다.
④ 첫 번째 문단에서 이미 두 개의 연구 프로그램이 모두 실패할 가능성을 언급하고 있으므로 제시문의 논지를 약화한다고 보기 어렵다.
⑤ 제시문의 논증 과정과 관련이 없다.

07

정답 ⑤

갑은 법령과 조례가 서로 다른 것이므로 법령에 위배되지 않는다면 문제가 없다는 생각이지만 을은 조례가 법령의 범위 내에 있으므로 서로 충돌되는 것이 아니라는 입장이다. 이에 따르면 조례에 반하는 학칙은 교육법에 저촉되는 것이 된다.

오답분석

①・③ 조례와 학칙간의 충돌이 있을 경우에 대한 법적 판단을 묻고 있는데 선택지는 이와는 무관한 내용이다.
② 을은 '제8조 제1항에서의 법령에는 조례가 포함된다고 해석하고 있으며'라고 말하고 있으므로 선택지는 이와 반대된다.
④ 을은 전체적으로 법령과 조례가 서로 충돌되는 것이 아니라 하나의 체계 속에서 교육에 관한 내용을 규율하고 있다고 보고 있다.

08

㉠에서 다섯 번째 줄의 접속어 '그러나'를 기준으로 앞부분은 사물인터넷 사업의 경제적 가치 및 외국의 사물인터넷 투자 추세, 뒷부분은 우리나라의 사물인터넷 사업 현황에 대하여 설명하고 있다. 따라서 두 문단으로 나누는 것은 적절하다.

오답분석
② 문장 앞부분에서 '통계에 따르면'으로 시작하고 있으므로, 이와 호응되는 서술어를 능동 표현인 '예상하며'로 바꾸는 것은 어색하다.
③ 우리나라의 사물인터넷 시장이 선진국에 비해 확대되지 못하고 있는 것은 사물인터넷 관련 기술을 확보하지 못한 결과이다. 따라서 수정하는 것은 옳지 않다.
④ 문맥상 '기술력을 갖추다.'라는 의미가 되어야 하므로 '확보'로 바꾸어야 한다.
⑤ 사물인터넷의 의의와 기대효과로 글을 마무리하고 있는 문장이므로 삭제할 필요는 없다.

09

제시문에서는 지상기기에 H공사의 이미지를 압축한 디자인을 적용한 새로운 외함을 개발했으며, 지속적으로 디자인을 개발하고 확대 보급한다고 하였다. 따라서 도심미관을 해치는 지상기기라는 주제는 적절하지 않다.

10

ㄱ. 시력은 구분 가능한 최소 각도와 반비례한다. 즉, 구분 가능한 최소 각도가 1'일 때의 시력이 1.0이고, 2'일 때의 시력이 0.5$\left(=\frac{1}{2}\right)$이므로 구분 가능한 최소 각도가 10'이라면 시력은 0.1$\left(=\frac{1}{2}\right)$이다.

ㄴ. 시력은 구분 가능한 최소 각도와 반비례하여 구분 가능한 최소 각도가 0.5$\left(=\frac{1}{2}\right)'$일 때의 시력이 2.0이므로, 5''$\left[=\left(\frac{5}{60}\right)'=\left(\frac{1}{12}\right)'\right]$까지의 차이를 구분할 수 있는 천문학자 A의 시력은 12로 추정할 수 있다.

오답분석
ㄷ. 시력은 구분 가능한 최소 각도와 반비례하므로 구분 가능한 최소 각도가 작을수록 시력이 더 높다. 따라서 구분 가능 최소 각도가 1.25'인 갑보다 0.1'인 을의 시력이 더 좋다.

11

ⓛ·ⓒ·ⓔ은 양반의 폐단에 관해 밝히고 있으며, ⓜ은 온 나라의 사람이 모두 양반이 되어 양반이 없도록 할 것을 주장하고 있다. ⓜ의 주장을 뒷받침하기 위해서는 양반의 폐단을 설명해야 하므로, ⓛ·ⓒ·ⓔ이 그 근거가 됨을 알 수 있다.

12

정답 ③

제시된 질문에 따르면 어떤 행위가 착한 행위인지를 판단하는 기준은 '신이 명령했기 때문에'와 '원래부터 착한 행위이므로'로 나누어 볼 수 있다. 그리고 답변은 전자를 지지하는 입장을 취하고 있다. 따라서 이를 반박한다면 후자인 '원래부터 착한 행위이므로'의 입장에서 진술하게 될 가능성이 매우 높을 것이다.

ㄴ. 신이 그렇게 명령한 적이 없더라도 그 행위는 착한 행위라고 하는 것은 결국 후자의 입장인 '원래부터 착한 행위이므로'를 지지하는 입장이라고 볼 수 있다. 따라서 제시된 답변을 반박하는 것으로 판단할 수 있다.

ㄷ. 장기 기증을 하라는 신의 명령이 없었음에도 그것이 착한 행위라는 것은 후자의 입장을 지지하는 것이라고 볼 수 있으므로 제시된 답변을 반박하는 것으로 판단할 수 있다.

오답분석

ㄱ. 정직함을 착한 행위로 만드는 것은 바로 신의 명령이라고 하였으므로 결국 이는 전자인 '신이 명령했기 때문에'의 연장선상에서 이루어졌다고 볼 수 있다. 따라서 반박이 아니라 지지하는 입장이다.

ㄹ. 제시된 물음과 답변에서 다루는 것은 착한 행위로 판단하기 위한 기준을 어떻게 볼 것이냐에 대한 것이지 신의 명령이 무엇이냐에 대한 것이 아니다. 따라서 전체 논지와는 무관한 진술이다.

13

정답 ④

글쓴이는 인간의 표정을 통해 감정을 읽는 것은 비과학적이므로 감정인식 기술을 채용이나 법 집행 등의 민감한 상황에서 사용하는 것을 금지해야 한다고 주장한다. 따라서 AI가 제공하는 데이터를 통해 지원자의 감정을 자세하게 파악할 수 있다는 내용의 ④는 글쓴이의 주장과 반대되는 입장이므로 근거로 적절하지 않다.

14

정답 ④

㉠의 앞에서는 많은 AI 기업들이 얼굴 인식 프로그램을 개발하고 있는 현황에 대해 이야기하고 있으나, ㉠의 뒤에서는 인간의 표정으로 감정을 읽는 것은 비과학적이라고 주장한다. 따라서 ㉠의 빈칸에는 역접의 의미인 '그러나'가 적절하다.
㉡의 앞에서는 인간의 표정으로 감정을 읽는 것이 비과학적인 이유를 이야기하며, ㉡의 뒤에서는 민감한 상황에서 감정인식 기술의 사용을 금지해야 한다고 주장한다. 즉, ㉡의 앞부분은 뒷부분의 근거가 되는 내용이므로 ㉡의 빈칸에는 앞에서 말한 일이 뒤에서 말할 일의 원인, 이유가 됨을 나타내는 '따라서'가 적절하다.

15

정답 ①

의견을 통한 합의나 설득은 일시적으로 옳은 것을 옳다고 믿게 할 수는 있지만, 절대적이고 영원한 기준을 찾을 수는 없다고 하였으므로 절대적 진리를 궁구할 수 있는 철학자가 통치해야 한다고 하였다. 하지만 합의를 통해 사회 갈등이 완전히 해소될 수 있다면 꼭 절대적 진리가 필요한 것만은 아니라고 볼 수 있으므로 제시문에 대한 비판으로 ①이 적절하다.

오답분석

② 개별 상황 판단보다 높은 차원의 판단 능력과 기준은 철학자만이 제시할 수 있다고 하였으므로 ②는 제시문의 의견과 동일하다고 볼 수 있다.

③·⑤ 제시문의 내용과는 무관하다.

④ 철학자는 진리와 의견의 차이점을 분명히 파악할 수 있으며 절대적 진리를 궁구할 수 있다고 하였으므로, 제시문의 의견과 동일하다고 볼 수 있다.

16

15주 동안 A그룹의 몬스터 스트리밍 지수가 B그룹의 블러드 스트리밍 지수보다 높은 지수였던 주는 2주, 10주부터 15주까지 총 7번으로 6번 이상이다.

오답분석

① A, B그룹의 모든 곡의 1주부터 3주까지 스트리밍 지수 합을 각각 구하면 다음과 같다.

구분	A그룹			B그룹		
	몬스터	로또	라이프	파이어	블러드	스프링
1주	80,426	75,106	73,917	62,653	84,355	95,976
2주	89,961	78,263	76,840	66,541	86,437	94,755
3주	70,234	70,880	74,259	64,400	88,850	86,489
합계	240,621	224,249	225,016	193,594	259,642	277,220

따라서 스트리밍 지수 합이 높은 곡의 순서는 '스프링 – 블러드 – 몬스터 – 라이프 – 로또 – 파이어'이다.

② 라이프의 10주 스트리밍 지수는 68,103이고, 블러드의 14주 스트리밍 지수의 1.2배는 $56,663 \times 1.2 = 67,995.6$이므로, 라이프의 스트리밍 지수는 블러드의 스트리밍 지수의 1.2배 이상이다.

③ 8주 대비 9주의 스트리밍 지수가 증가한 곡은 A그룹의 몬스터와 로또이며, 나머지는 감소했다. 두 곡의 8주 대비 9주의 스트리밍 지수 증가율을 비교하면 다음과 같다.

- 몬스터 : $\dfrac{66,355 - 65,719}{65,719} \times 100 ≒ 0.97\%$

- 로또 : $\dfrac{69,447 - 67,919}{67,919} \times 100 ≒ 2.25\%$

따라서 로또의 스트리밍 지수 증가율이 가장 높다.

⑤ 6주일 때와 15주일 때, 6곡의 스트리밍 지수 합을 구하면 다음과 같다.
- 6주 : $62,447 + 69,467 + 74,077 + 62,165 + 78,191 + 75,362 = 421,709$
- 15주 : $59,222 + 47,991 + 30,218 + 26,512 + 54,253 + 67,518 = 285,714$

따라서 두 주의 스트리밍 지수 합의 차이는 $421,709 - 285,714 = 135,995$이다.

17

1933년 미곡과 맥류 재배면적의 합은 2,000천 정보가 넘는 반면, 곡물 재배면적 전체의 70%는 약 1,900천 정보이므로 옳은 내용이다.

오답분석

① 1932년의 경우 미곡 재배면적은 전년 대비 감소하였으나, 두류 재배면적은 증가하였으므로 1931 ~ 1934년의 기간 동안 미곡과 두류의 전년 대비 증감 방향이 일치하는 것은 아니다.

② 1932년부터는 서류의 생산량이 두류의 생산량보다 더 많으므로 옳지 않은 내용이다.

③ 1934년의 경우 잡곡의 재배면적이 서류의 2배에 미치지 못하므로 옳지 않은 내용이다.

④ 재배면적당 생산량이 가장 크다는 것은 생산량당 재배면적이 가장 작다는 것을 의미한다. 직관적으로 보아도 서류의 분모가 분자의 대략 20배의 값을 지니므로 가장 작은 것을 알 수 있다.

18

- 유주임 : 반도체 업종의 경우, 2위로 뽑힌 애로요인의 구성비가 12.0%이므로 3위인 애로요인의 구성비는 12.0% 미만임을 알 수 있다. 따라서 반도체 업종에서 1위, 2위 애로요인이 아닌 '수출대상국의 경기 부진'은 12.0% 미만일 것이며, 전기ㆍ전자제품 업종의 구성비는 14.0%이므로 옳은 설명이다.
- 최사원 : 농수산물 업종의 경우 1위 애로요인으로 원화 환율 변동성 확대가 뽑혔으며, 생활용품 업종의 경우 해당 사유가 2위 안에 포함되지 않고, 사유의 구성비도 13.8% 미만으로 농수산물에 비해 낮다.

오답분석

- 김대리 : 기계류와 반도체 업종에서 각각 1순위 애로요인으로 뽑은 항목은 서로 다르다. 따라서 두 업종에 모두 속하는 S기업이 주요 수출 애로요인 1순위로 어떤 항목을 뽑았을지는 자료만으로는 알 수 없다.
- 박과장 : 7개의 업종 중 4개의 업종에서 원재료 가격 상승이 주요 수출 애로요인 1위로 뽑혔지만, 업종별 기업의 수를 알 수는 없으므로, 해당 자료만으로 각 항목에 응답한 전체 업종별 기업의 수도 알 수 없다.

19

- ㄱ. 2020년 출생한 인구는 2022년에 2세이며, 2019년 출생자는 2022년에 3세이다. A, B지역에서의 2세 인구 합은 119,772+74,874=194,646명이고, 3세의 인구 합은 120,371+73,373=193,744명으로 2020년에 출생한 인구가 더 많다.
- ㄹ. 2023년에 C지역의 6∼11세 인구의 합은 2022년 5∼10세 인구 합과 같다. 따라서 (2022년 C지역 5∼10세 인구의 합)−(2022년 C지역의 6∼11세 인구의 합)을 구하면 된다. 2022년 5세와 11세의 인구를 비교하면 5세가 11세보다 3,627−2,905=722명 많으므로 옳은 내용이다.

오답분석

- ㄴ. 2021년 11세는 2022년에 12세로, 자료에서는 2022년 11세까지만 제시되어 있으므로 인구 비율은 비교할 수 없다.
- ㄷ. 2022년 A∼C지역 중, 5세 인구가 가장 많은 지역은 131,257명인 A지역이고, 0세 인구의 5세 인구 대비 비율이 가장 높은 지역은 다음과 같다.
  - A지역 : $\frac{104,099}{131,257} \times 100 ≒ 79.3\%$
  - B지역 : $\frac{70,798}{76,864} \times 100 ≒ 92.1\%$
  - C지역 : $\frac{3,219}{3,627} \times 100 ≒ 88.8\%$

  따라서 동일하지 않다.

20

- ⓛ 2022년 공공기관 전체 대형공사의 2020년 대비 발주건수는 163−152=13건 감소하였으나, 소형공사의 발주건수는 2020년 32,198건에서 2022년 37,323건으로 증가하였으므로 옳은 내용이다.
- ⓔ 2022년 정부기관 발주공사 중에서 대형공사가 차지하는 발주건수의 비율은 $\frac{91}{8,475} \times 100 ≒ 1\%$이고, 공사금액의 비율은 $\frac{1,773}{7,348} \times 100 ≒ 24\%$이므로 옳은 내용이다.
- ⓜ 2022년 지방자치단체의 공사 발주규모는 소형공사가 대형공사보다 건수(61건 vs 28,939건), 금액(1,137십억 원 vs 10,289십억 원) 모두 크므로 옳은 내용이다.

오답분석

- ㉠ 2021년 대형공사 발주금액은 2,065+1,107=3,172십억 원으로 2020년 1,886+1,476=3,362십억 원에서 감소하였으므로 옳지 않은 내용이다.
- ㉢ 매년 공공기관 전체에서 대형공사와 소형공사를 비교해 보면 발주건수, 발주금액 모두 소형공사가 크므로 옳지 않은 내용이다.

21

정답 ③

D국의 여성 대학진학률이 4%p 상승하면 여성 대학진학률이 15%가 되며 이는 남성 대학진학률과 같은 값이 되어 대학진학률 격차지수는 1.00으로 계산된다. 이를 이용하여 D국의 간이 성평등지수를 구하면 $\frac{(0.70+1.00)}{2}=0.85$로 계산되므로 옳은 내용이다.

오답분석

ㄱ. A국의 여성 평균소득과 남성 평균소득이 각각 1,000달러씩 증가하면 평균소득 격차지수는 $\frac{9,000}{17,000}$이 되어서 간이 성평등지수는 $\frac{[(9\div17)+1]}{2}=\frac{13}{17}$으로 계산된다. 그런데 이는 0.8에 미치지 못하므로 옳지 않은 내용이다.

ㄴ. B국의 여성 대학진학률이 85%라면 대학진학률 격차지수는 $\frac{85}{80}$로 계산되는데, 이 값이 1을 넘으면 1로 한다고 하였으므로 이를 이용하여 B국의 간이 성평등지수를 구하면 $\frac{(0.6+1)}{2}=0.8$로 계산된다. 따라서 C국의 간이 성평등지수인 0.82보다 낮으므로 옳지 않다.

22

정답 ②

ㄴ. 그래프상에서 중소기업의 검색 건수는 2019년을 시작으로 매년 바깥쪽으로 이동하고 있으므로 옳은 내용이다.

ㄷ. 시각적으로 판단해야 하는 선택지이다. 2020년을 제외한 나머지 연도에서는 대기업의 검색 건수가 가장 큰데다가 80 ~ 100구간에 몰려있는 상태이다. 또한 2020년의 경우도 중소기업과 개인과는 거의 차이가 없으며 단지 외국인의 경우만 차이가 큰 상태이다. 그러나 이 차이라는 것도 2020년을 제외한 나머지 연도에서 쌓아놓은 격차보다는 작으므로 결국 2019년부터 2022년까지의 검색 건수 총합은 대기업이 가장 많았음을 알 수 있다. 따라서 옳은 내용이다.

오답분석

ㄱ. 2019년과 2020년의 검색 건수를 비교해 보면 외국인, 개인, 중소기업에서는 모두 2019년의 검색 건수가 적고, 대기업의 경우만 2020년이 큰 상황이다. 그런데 대기업의 검색 건수의 차이보다 외국인, 개인, 중소기업의 검색 건수 합의 차이가 더 크므로 전체 검색 건수는 2019년이 더 작다. 따라서 옳지 않은 내용이다.

ㄹ. 2021년에는 외국인과 개인의 검색 건수가 가장 적었고, 대기업의 검색 건수가 가장 많았으므로 옳지 않은 내용이다.

23

정답 ⑤

먼저 각각의 스마트폰의 종합품질점수를 계산하면 다음과 같다.

구분	A	B	C	D	E	F	G	H	I
점수	13	10	11	12	11	9	13	11	12

ㄷ. 항목의 수가 같은 상황에서 평가점수 평균의 대소를 구하는 것이므로 굳이 평균을 구할 필요 없이 총점을 비교하면 된다. 이를 계산하면 통신사 통화성능 총점은 갑이 4점, 을은 3점, 병은 5점이므로 병이 가장 높다.

ㄹ. 직접 계산할 필요 없이 멀티미디어 항목은 스마트폰 I에서 2점을 얻은 것을 제외하고는 모두 3점으로 최소한 공동으로 1위는 차지하고 있다. 따라서 옳은 내용이다.

오답분석

ㄱ. 소매가격이 200달러인 스마트폰은 B, C, G이며 이 중 종합품질점수가 가장 높은 스마트폰은 G(13점)이므로 옳지 않은 내용이다.

ㄴ. 소매가격이 가장 낮은 스마트폰은 H(50달러)이며 종합품질점수가 가장 낮은 스마트폰은 F(9점)이므로 옳지 않은 내용이다.

24

2022년 1분기와 2분기의 수출국 경기 EBSI는 모두 100 미만이므로, 2021년 4분기 대비 2022년 2분기의 수출국경기가 악화될 것임을 전망하고 있다.

[오답분석]

① 2022년 1 ~ 4분기의 국제수급상황 EBSI는 모두 100 미만이므로 기업들은 2022년 3분기까지 뿐만 아니라 4분기에도 국제수급 상황이 직전 분기 대비 악화될 것으로 생각하고 있다.

② 2023년 1분기 자금사정 EBSI는 100 이상이므로, 기업들은 자금사정이 개선될 것이라고 생각한다.

③ 수출단가 EBSI는 2022년 2분기에 100을 초과하므로 직전 분기 대비 개선될 것이라는 기대를 반영한다.

④ 2022년 3분기까지는 수출채산성 EBSI가 100 미만과 초과를 반복하며 악화와 개선을 반복할 것이라고 기대되지만, 2022년 4분기 EBSI는 3분기와 마찬가지로 100 미만이다. 이는 4분기에도 3분기에 이어 전 분기 대비 수출채산성 여건이 악화될 것으로 전망한다.

25

먼저 평가요소 및 점수부여 기준에 따라 A ~ D의 내진성능 평가지수와 내진보강 공사지수를 계산하면 다음과 같다.

구분	A	B	C	D
내진성능 평가지수	$\frac{82}{100} \times 100 = 82$	$\frac{72}{80} \times 100 = 90$	$\frac{72}{90} \times 100 = 80$	$\frac{83}{100} \times 100 = 83$
내진보강 공사지수	$\frac{91}{100} \times 100 = 91$	$\frac{76}{80} \times 100 = 95$	$\frac{81}{90} \times 100 = 90$	$\frac{96}{100} \times 100 = 96$

산출된 지수 값에 따라 A ~ D의 내진성능 평가점수와 내진보강 공사점수의 값을 구하면 다음과 같다.

구분	A	B	C	D
내진성능 평가점수	3점	5점	1점	3점
내진보강 공사점수	3점	3점	1점	5점
합산 점수	6점	8점	2점	8점

가장 높은 점수를 받은 B와 D의 점수가 동점이므로 내진보강 대상건수가 더 많은 D기관이 최상위 기관이 되며, 가장 낮은 점수인 2점을 받은 C기관이 최하위 기관이 된다.

26

정답 ②

[오답분석]

① 자료보다 2018년 20대의 수치가 높다.

③ 자료보다 2019년 30대의 수치가 낮다.

④ 자료보다 2021년 20대의 수치가 낮다.

⑤ 자료보다 40대의 2021년 수치는 낮고, 2022년 수치는 높다.

ㄱ. 기준이 되는 전체 인구수가 동일하므로 비율을 활용하여 2012년과 2017년, 2022년 국가별 노령화지수를 구하면 다음과 같다.

구분	2012년		2017년		2022년	
	노령화지수	순위	노령화지수	순위	노령화지수	순위
A국	$\frac{10.2}{18.8} \times 100 \fallingdotseq 54.2$	5	$\frac{11.1}{19.2} \times 100 \fallingdotseq 57.8$	5	$\frac{10.8}{19.4} \times 100 \fallingdotseq 55.6$	5
B국	$\frac{12.1}{20.1} \times 100 \fallingdotseq 60.1$	4	$\frac{11.9}{19.0} \times 100 \fallingdotseq 62.6$	4	$\frac{12.4}{18.8} \times 100 \fallingdotseq 65.9$	1
C국	$\frac{10.7}{16.8} \times 100 \fallingdotseq 63.6$	3	$\frac{11.2}{16.2} \times 100 \fallingdotseq 69.1$	1	$\frac{11.0}{17.9} \times 100 \fallingdotseq 61.4$	4
D국	$\frac{15.8}{23.8} \times 100 \fallingdotseq 66.3$	2	$\frac{16.1}{24.1} \times 100 \fallingdotseq 66.8$	2	$\frac{13.8}{21.2} \times 100 \fallingdotseq 65.0$	2
E국	$\frac{13.8}{19.2} \times 100 \fallingdotseq 71.8$	1	$\frac{12.2}{18.8} \times 100 \fallingdotseq 64.8$	3	$\frac{13.2}{20.6} \times 100 \fallingdotseq 64.0$	3

따라서 2012년과 2017년, 2022년 국가별 노령화지수 순위가 동일한 국가는 A, D국이다.

ㄴ. 2012년과 2017년, 2022년 국가별 유소년 인구수를 정리하면 다음과 같다.

구분	2012년		2017년		2022년	
	유소년 인구수	순위	유소년 인구수	순위	유소년 인구수	순위
A국	$5,916 \times 0.188$ $\fallingdotseq 1,112$만 명	3	$5,822 \times 0.192$ $\fallingdotseq 1,117$만 명	2	$5,820 \times 0.194$ $\fallingdotseq 1,129$만 명	3
B국	$5,002 \times 0.201$ $\fallingdotseq 1,005$만 명	4	$5,125 \times 0.19$ $\fallingdotseq 973$만 명	4	$4,955 \times 0.188$ $\fallingdotseq 931$만 명	5
C국	$5,725 \times 0.168$ $\fallingdotseq 961$만 명	5	$5,820 \times 0.162$ $\fallingdotseq 942$만 명	5	$5,690 \times 0.179$ $\fallingdotseq 1,018$만 명	4
D국	$6,850 \times 0.238$ $\fallingdotseq 1,630$만 명	1	$6,880 \times 0.241$ $\fallingdotseq 1,658$만 명	1	$6,720 \times 0.212$ $\fallingdotseq 1,424$만 명	1
E국	$5,945 \times 0.192$ $\fallingdotseq 1,141$만 명	2	$5,880 \times 0.188$ $\fallingdotseq 1,105$만 명	3	$5,915 \times 0.206$ $\fallingdotseq 1,218$만 명	2

따라서 2012년과 2017년, 2022년 국가별 유소년 인구수 순위에서 1위는 D국으로 항상 동일하다.

ㄹ. 2022년의 2012년 대비 노년 인구수의 변화량은 다음과 같다.

구분	2012년 노년 인구수	2022년 노년 인구수	2012년 대비 2022년 노년 인구수 변화량
A국	$5,916 \times 0.102 \fallingdotseq 603$만 명	$5,820 \times 0.108 \fallingdotseq 628$만 명	$628 - 603 = 25$만 명
B국	$5,002 \times 0.121 \fallingdotseq 605$만 명	$4,955 \times 0.124 \fallingdotseq 614$만 명	$614 - 605 = 9$만 명
C국	$5,725 \times 0.107 \fallingdotseq 612$만 명	$5,690 \times 0.11 \fallingdotseq 625$만 명	$625 - 612 = 13$만 명
D국	$6,850 \times 0.158 \fallingdotseq 1,082$만 명	$6,720 \times 0.138 \fallingdotseq 927$만 명	$927 - 1,082 = -155$만 명
E국	$5,945 \times 0.138 \fallingdotseq 820$만 명	$5,915 \times 0.132 \fallingdotseq 780$만 명	$780 - 820 = -40$만 명

따라서 2022년에 2012년 대비 노년 인구수가 증가한 국가는 A, B, C국이다.

ㄷ. 2012년과 2017년, 2022년 국가별 노년 인구수는 다음과 같다.

구분	2012년		2017년		2022년	
	노년 인구수	순위	노년 인구수	순위	노년 인구수	순위
A국	5,916×0.102≒603만 명	5	5,822×0.111≒646만 명	4	5,820×0.108≒628만 명	3
B국	5,002×0.121≒605만 명	4	5,125×0.119≒609만 명	5	4,955×0.124≒614만 명	5
C국	5,725×0.107≒612만 명	3	5,820×0.112≒651만 명	3	5,690×0.11≒625만 명	4
D국	6,850×0.158≒1,082만 명	1	6,880×0.161≒1,107만 명	1	6,720×0.138≒927만 명	1
E국	5,945×0.138≒820만 명	2	5,880×0.122≒717만 명	2	5,915×0.132≒780만 명	2

따라서 2012년과 2017년, 2022년의 국가별 노년 인구수 순위는 1위와 2위만 동일하다.

28

정답 ⑤

2022년 5개 국가 인구 현황을 기준으로 생산가능 인구와 노년층 인구, 노년 부양비를 정리하면 다음과 같다. 기준 값인 전체 인구수가 동일하므로 비율을 활용하여 노년 부양비를 구해도 값은 동일하다.

구분	생산가능 인구 비율	노년층 인구 비율	노년 부양비
A국	100−(19.4+10.8)=69.8%	10.8%	$\frac{10.8}{69.8}\times100≒15.472\%$
B국	100−(18.8+12.4)=68.8%	12.4%	$\frac{12.4}{68.8}\times100≒18.023\%$
C국	100−(17.9+11.0)=71.1%	11.0%	$\frac{11.0}{71.1}\times100≒15.471\%$
D국	100−(21.2+13.8)=65.0%	13.8%	$\frac{13.8}{65}\times100≒21.230\%$
E국	100−(20.6+13.2)=66.2%	13.2%	$\frac{13.2}{66.2}\times100≒19.939\%$

따라서 노년 부양비의 1위부터 5위 국가를 순서대로 나열하면 D − E − B − A − C이다.

29

정답 ②

ㄱ. 습도가 70%일 때 연간소비전력량이 가장 적은 제습기는 A(790kwh)임을 알 수 있으므로 옳은 내용이다.

ㄷ. 습도가 40%일 때 제습기 E의 연간소비전력량은 660kwh이고, 습도가 50%일 때 제습기 B의 연간소비전력량은 640kwh이므로 옳은 내용이다.

ㄴ. 제습기 D와 E를 비교하면, 60%일 때 D(810kwh)가 E(800kwh)보다 소비전력량이 더 많은 반면, 70%일 때에는 E(920kwh)가 D(880kwh)보다 더 많아 순서가 다르게 되므로 옳지 않은 내용이다.

ㄹ. 제습기 E의 경우 습도가 40%일 때의 연간전력소비량은 660kwh이어서 이의 1.5배는 990kwh로 계산되는 반면 습도가 80%일 때의 연간전력소비량은 970kwh이므로 전자가 후자보다 크다. 따라서 옳지 않은 내용이다.

30

ㄴ. 2019 ~ 2022년 동안 A국의 건강보험 진료비 중 약국의 직접조제 진료비가 차지하는 비중은 2019년부터 2021년까지는 전년 대비 직접조제 진료비는 감소하고 총 건강보험 진료비는 증가하므로 비중은 낮아짐을 알 수 있다. 또한, 2021년 약국의 직접조제 진료비가 차지하는 비중은 $\frac{66}{544,250} \times 100 = 0.0121\%$ 이고, 2022년 약국의 직접조제 진료비가 차지하는 비중은 $\frac{69}{579,593} \times 100 = 0.0119\%$ 이다. 따라서 2022년 약국의 직접조제 진료비가 차지하는 비중 역시 전년 대비 감소한다.

ㄷ. 국가별 건강보험 진료비의 전년 대비 증가율에서 B국의 2017년 건강보험 진료비를 100억 원이라고 하면 2018년에는 16.3% 증가율로 116.3억 원이 되고, 2019년도에는 전년 대비 3.6% 증가율로 116.3×1.036 = 120.5억 원이 된다. 따라서 2019년 건강보험 진료비의 2017년 대비 비율은 $\frac{120.5}{100} = 1.205$ 로 1.2 이상이다.

오답분석

ㄱ. A국 2021년 건강보험 진료비의 전년 대비 증가율은 $\frac{544,250 - 509,552}{509,552} \times 100 = 6.8\%$ 이고, 국가별 건강보험 진료비의 전년 대비 증가율에서 C국은 12.1%로 A국의 증가율이 C국 증가율보다 작다.

31

세 번째 조건에 따라 A는 청소기를 제외한 프리미엄형 가전을 총 2개 골랐는데, B가 청소기를 가져가지 않았으므로 A는 청소기 일반형, C는 프리미엄형 청소기를 가져가야 한다. 또한, 다섯 번째 조건을 만족시키기 위해 A가 가져가는 프리미엄형 가전 종류의 일반형을 B가 가져가야 하며, 여섯 번째 조건을 만족시키기 위해 전자레인지는 C가 가져가야 한다. 이를 정리하면 다음과 같다.

구분	A	B	C
경우 1	냉장고(프) 세탁기(프) 청소기(일)	냉장고(일) 세탁기(일) 에어컨(프 or 일)	에어컨(프 or 일) 청소기(프) 전자레인지
경우 2	세탁기(프) 에어컨(프) 청소기(일)	세탁기(일) 에어컨(일) 냉장고(프 or 일)	냉장고(프 or 일) 청소기(프) 전자레인지
경우 3	냉장고(프) 에어컨(프) 청소기(일)	냉장고(일) 에어컨(일) 세탁기(프 or 일)	세탁기(프 or 일) 청소기(프) 전자레인지

㉠ C는 항상 전자레인지를 가져간다.
㉢ B는 반드시 일반형 가전 2대를 가져가며, 나머지 한 대는 프리미엄형일 수도, 일반형일 수도 있다.

오답분석

㉡ A는 어떤 경우에도 청소기를 가져간다.
㉣ C는 청소기 프리미엄형을 가져간다.

32

주어진 조건에 따라 첫째 돼지의 집의 면적은 $6m^2$, 둘째 돼지의 집의 면적은 $3m^2$, 셋째 돼지의 집의 면적은 $2m^2$ 이다. 지지대를 제외하고 소요되는 비용은 $1m^2$ 당 벽돌집은 9만 원, 나무집은 6만 원, 지푸라기집은 3만 원이다. 이를 바탕으로 각 아기 돼지의 집 종류별 총소요 비용을 구하면 다음과 같다.

(단위 : 만 원)

집 종류	첫째($6m^2$)	둘째($3m^2$)	셋째($2m^2$)
벽돌집	54	27	18
나무집	56	38	32
지푸라기집	23	14	11

마지막 조건에 따라 둘째 돼지 집을 짓는 재료 비용이 가장 많아야 하므로 첫째 돼지는 지푸라기집, 둘째 돼지는 나무집, 셋째 돼지는 벽돌집을 짓는다.

33

통역경비 산정기준에 따라 통역경비를 구하면 다음과 같다.

- 통역사 1인당 통역료
  - 영어 : 500,000(기본요금)+100,000(1시간 추가요금)=600,000원
  - 인도네시아어 : 600,000원(기본요금)
- 통역사 1인당 출장비 : 100,000(교통비)+40,000(왕복 4시간의 이동보상비)=140,000원

영어 통역사 2명, 인도네시아 통역사 2명이 통역하였으므로 A사가 B시에서 개최한 설명회에 쓴 총통역경비는 (600,000×2)+(600,000×2)+(140,000×4)=2,960,000원이다.

34

부문별 업무역량 값을 구하기 위해 해당 업무역량 재능에 4를 곱한 값을 구하면 다음과 같다.

기획력	창의력	추진력	통합력
360	400	440	240

통합력의 업무역량 값을 다른 어떤 부문의 값보다 크게 만들기 위해서는 [(통합력)×3]이 200보다 커야 한다. 따라서 통합력에 투입해야 하는 노력의 최솟값은 67이다. 이때 노력 100에서 남은 33으로 통합력을 최대로 만들 수 있는지 확인해야 한다. 기획력과 추진력, 창의력과 추진력의 차이는 각각 80, 40이며 그 합 120을 3으로 나눈 40은 잔여하고 있는 노력 33보다 크므로 남은 노력이 추진력을 제외한 기획력과 창의력에 적절히 배분된다면 통합력의 업무역량은 최대가 될 수 있다.

35

다섯 ~ 일곱 번째 조건에 따라 가전 부스 1일 차 마케팅팀 근무자는 T대리, 2일 차 휴대폰 부스 개발팀 근무자는 S과장, 2일 차와 3일 차 PC 부스의 개발팀 근무자는 D대리와 O대리이다. 3일 차에는 과장들이 근무하지 않으므로 3일 차 가전 부스의 마케팅팀 근무자는 Y사원 또는 P사원이고, 이때 개발팀 근무자는 같은 직급일 수 없으므로 D대리 또는 O대리이다. 따라서 3일 차 휴대폰 부스의 개발팀 근무자는 C사원이고, 3일 차 휴대폰 부스의 마케팅팀 근무자는 T대리, 3일 차 PC 부스의 마케팅팀 근무자는 Y사원 또는 P사원이다. 한편, T대리는 1일 차와 3일 차에 근무하므로 2일 차 마케팅팀 근무자는 가전 부스에 K과장, 휴대폰 부스와 PC 부스에 Y사원 또는 P사원이 근무한다. 따라서 1일 차의 PC 부스 마케팅팀 근무자는 K과장, 개발팀 근무자는 C사원이고, 1일 차 가전 부스의 개발팀 근무자는 S과장이다. 이를 정리하면 다음과 같다.

구분	1일 차		2일 차		3일 차	
	마케팅팀	개발팀	마케팅팀	개발팀	마케팅팀	개발팀
휴대폰			Y사원 or P사원	S과장	T대리	C사원
가전	T대리	S과장	K과장	D대리 or O대리	P사원 or Y사원	O대리 or D대리
PC	K과장	C사원	P사원 or Y사원	O대리 or D대리	Y사원 or P사원	D대리 or O대리

따라서 PC 부스의 1일 차 마케팅팀 근무자가 과장이므로 ④는 옳지 않다.

36

ㄴ. 사슴의 남은 수명이 20년인 경우, 사슴으로 계속 산다면 20×40=800의 총효용을 얻지만, 독수리로 사는 것을 선택한다면 (20-5)×50=750의 총효용을 얻는다. 사슴은 여생의 총효용이 줄어드는 선택은 하지 않으므로 독수리를 선택하지 않을 것이다.

ㄷ. 사슴의 남은 수명이 x년이라 할 때, 사자로 사는 것을 선택한다면 $(x-14)×250$의 총효용을 얻고, 호랑이로 사는 것을 선택한다면 $(x-13)×200$의 총효용을 얻는다. 이때, 사슴의 남은 수명인 x년이 18년이라면 둘의 총효용이 같게 되므로 사슴의 남은 수명이 18일 때, 사자를 선택했을 때와 호랑이를 선택했을 때 여생의 총효용이 같아질 수 있다.

오답분석

ㄱ. 사슴의 남은 수명이 13년인 경우, 사슴으로 계속 산다면 13×40=520의 총효용을 얻지만, 곰으로 사는 것을 선택한다면 (13-11)×170=340의 총효용을 얻는다. 사슴은 여생의 총효용이 줄어드는 선택은 하지 않으므로 곰을 선택하지 않을 것이다.

37

정답 ③

상준이는 토·일요일에 운동하지 못하고, 금요일 오후에 운동을 했다. 또한 월요일과 금요일에는 이틀 연속으로 할 수 없으므로 월요일, 목요일에는 운동을 할 수 없다. 따라서 화요일(오전), 수요일(오전), 금요일(오후)에 운동을 하였다.

38

정답 ⑤

제시된 자료를 정리하면 다음과 같다. 비희망 인원은 문제풀이에 필요한 내용이 아니므로 제외한다.

(단위 : 명)

구분	전체 인원	희망 인원	A지역	B지역
남자	700	280	168(60%)	112(40%)
여자	300	150	30(20%)	120(80%)

ㄱ. 전체 직원 중 남자 직원의 비율은 70%이다.
ㄷ. A지역 연수를 희망하는 직원은 198명이다.
ㄹ. B지역 연수를 희망하는 남자 직원은 112명이다.

오답분석

ㄴ. 전체 연수 희망인원은 430명이므로 이의 40%는 172명인데, 여자 희망인원은 150명에 불과하므로 40%를 넘지 않는다.

39

정답 ④

출장을 가는 3월 11일은 하루 종일 비가 오므로 1시간이 추가로 소요되어 출발 후 B본부에 복귀까지 총 9시간이 소요된다. 따라서 출장인원은 아침 8시 정각에 출발하여 9시간 후인 17시에 B본부로 도착하게 된다. ④의 경우 '1종 보통 운전면허'를 지닌 정과 차장인 을이 포함되므로 첫 번째 조건과 네 번째 조건을 만족한다. 또한 출장인원에 부상자가 포함되지 않아 17시에 복귀할 수 있으므로 을과 정의 17시 15분과 17시 10분에 시작하는 사내 업무가 출장시간과 겹치지 않는다. 따라서 을, 정, 무는 출장을 함께 갈 수 있다.

오답분석

① 출장인원 중 부상자인 갑이 포함되어 있는 경우 30분이 추가로 소요되므로 B본부에 17시 30분에 도착하게 된다. 이때, 17시 15분에 계약업체 면담이 있는 을은 출장시간과 사내 업무가 겹쳐 갑과 함께 출장을 갈 수 없다.
② ①과 마찬가지로 B본부에 17시 30분에 도착하게 되므로 17시 10분에 당직 근무를 시작해야 하는 정은 갑과 함께 출장을 갈 수 없다.
③ 출장인원 중 '1종 보통 운전면허' 소지자만 운전할 수 있으므로 '2종 보통'의 면허를 지닌 을과 무와 면허가 없는 병은 함께 출장을 갈 수 없다.
⑤ 출장인원 중 적어도 한 명은 차장이어야 하므로 과장인 병, 정과 대리인 무는 함께 출장을 갈 수 없다.

40

정답 ③

주어진 조건을 정리하면 1층은 어린이 문헌 정보실과 가족 문헌 정보실, 5층은 보존서고실, 4층은 보존서고실 밑의 층으로 일반 열람실이 된다. 남은 곳은 제1문헌 정보실과 제2문헌 정보실인데 3층은 2층에 연결된 계단을 통해서만 이동이 가능하므로 엘리베이터로 이동이 가능한 제1문헌 정보실이 2층이 되고, 계단을 통해서만 이동이 가능한 3층이 제2문헌 정보실이 된다.

1층	2층	3층	4층	5층
어린이 문헌 정보실과 가족 문헌 정보실	제1문헌 정보실	제2문헌 정보실	일반 열람실	보존서고실

따라서 '빅데이터' 관련 도서는 정보통신, 웹, 네트워크 코너에서 찾을 수 있으므로 3층 제2문헌 정보실로 가야 한다.

41

직원별 성과 내용에 따른 점수를 환산하면 다음과 같다.

(단위 : 점)

성명	예·적금 상품	보험상품	대출상품	총점
임미리	$3\times3=9$	$1\times5=5$	$3\times8=24$	38
이윤미	$5\times3=15$	$4\times5=20$	–	35
조유라	$2\times3=6$	$1\times5=5$	$5\times8=40$	51
구자랑	–	$3\times5=15$	$3\times8=24$	39
조다운	–	$2\times5=10$	$4\times8=32$	42
김은지	$6\times3=18$	–	$2\times8=16$	34
권지희	$5\times3=15$	$1\times5=5$	$1\times8=8$	28
윤순영	$2\times3=6$	$3\times5=15$	$1\times8=8$	29

점수가 높은 사람부터 정리하면 '조유라>조다운>구자랑>임미리>이윤미>김은지>윤순영>권지희' 순서이다. 또한 등급별 인원과 해당되는 직원은 다음 표와 같다.

등급	A	B	C
인원 수	$8\times0.25=2$명	$8\times0.5=4$명	$8\times0.25=2$명
해당 직원	조유라, 조다운	구자랑, 임미리, 이윤미, 김은지	윤순영, 권지희

따라서 등급별로 한 명씩 바르게 나열된 선택지는 ④이다.

42

기존 등급으로 나눈 직원 명단은 A등급은 '조유라, 조다운', B등급은 '구자랑, 임미리, 이윤미, 김은지', C등급은 '윤순영, 권지희'이다. 변경된 규정에 따라 등급별 인원은 A등급 $8\times0.125=1$명, B등급 $8\times0.5=4$명, C등급 $8\times0.25=2$명, D등급 $8\times0.125=1$명이다. 따라서 인원수에 따라 각 등급에 해당되는 직원을 다시 배치하면 다음과 같다.

등급	A	B	C	D
인원수	1명	4명	2명	1명
해당 직원	조유라	조다운, 구자랑, 임미리, 이윤미	김은지, 윤순영	권지희

이에 등급이 변경된 사람은 조다운(A → B), 김은지(B → C), 권지희(C → D)로 세 사람의 성과급은 $(350\times0.3)+(220\times0.2)+(320\times0.1)=181$만 원이다.

43

원을 그리고 그 원을 시계라고 생각하며 문자메시지를 해독하면 쉽게 해결할 수 있다.

ⅰ) 시계의 시침과 분침을 위장접선시각인 9시 16분에 위치시킨다. 이때 시침은 9시와 10시 사이에 위치한다.

ⅱ) 위장코드 N을 적용하면 좌우 대칭되므로 시침은 2시와 3시 사이에, 분침은 44분에 위치하게 된다.

ⅲ) 위장코드 C_6을 적용하면 시침과 분침을 시계방향으로 60°만큼 회전해야 한다. 한 시간에 30°씩 움직이므로 시침은 2시간 뒤인 4시와 5시 사이에, 분침은 10분 뒤인 54분에 위치시킨다.

ⅳ) 위장코드 W를 적용하여 상하 대칭 이동을 하면 시침은 1시와 2시 사이에, 분침은 36분에 위치하므로 접선시각은 1시 36분이다.

44

시장 내 경쟁이 가장 치열한 업체는 동일 혜택을 제공하는 카드 수가 가장 많은 E카페로, E카페의 혜택 제공 기간은 2년(24개월)이다.

오답분석

① B서점의 경우 E카페보다 동일 혜택을 제공하는 카드 수가 적지만, 혜택 제공 기간은 더 길다.
② 선호도 점수 가장 높은 혜택은 C통신사의 통신요금 할인 혜택이다.
③ 매월 모든 업체가 부담해야 하는 혜택 비용이 동일하다면, 혜택에 대한 총 부담 비용이 가장 큰 업체는 혜택 제공 기간이 가장 긴 B서점이다.
④ 혜택 제공 기간이 가장 긴 업체는 B서점이지만, 선호도 점수가 가장 높은 업체는 C통신사이다.

45

다섯 번째 조건에 의해, F의 점검 순서는 네 번째 이후이다. 또한 네 번째, 여섯 번째 조건에 의해, F가 네 번째로 점검받음을 알 수 있다. 주어진 조건을 이용하여 가능한 경우를 나타내면 다음과 같다.
㉠ G－C－E－F－B－A－D
㉡ G－C－E－F－D－A－B
두 번째, 세 번째, 다섯 번째 조건에 의해, G, E는 귀금속점이고, C는 은행이다.

46

ㄱ. 공정 관리대로 부품 선정(2)＋[절삭가공(2) · 연삭 가공(5)]＋부품 조립(4)＋전해 연마(3)＋제품 검사(1) 순서대로 진행하게 된다. 절삭 가공과 연삭 가공의 경우 동시 진행되므로 두 공정이 한 번에 완료되는 시간은 5분이다. 따라서 전체 공정이 완료되기 위해서는 15분(＝2＋5＋4＋3＋1)이 소요된다.
ㄷ. B공정이 1분이 더 지연되어도 C공정이 5분이 걸리기 때문에 전체 공정에는 변화가 없다.

오답분석

ㄴ. 첫 제품 생산 후부터는 2분마다 제품이 생산되기 때문에 1시간 동안에 30개의 제품이 생산된다.

47

회의 시설에서 C를 받은 도시는 후보도시에서 제외한다고 하였으므로 대전과 제주를 제외한 서울과 인천, 부산만을 놓고 판단하면 다음과 같다.

구분	서울	인천	부산
회의 시설	10	10	7
숙박 시설	10	7	10
교통	7	10	7
개최 역량	10	3	10
가산점	－	10	5
합산점수	37	40	39

따라서 합산점수가 가장 높은 인천이 개최도시로 선정된다.

48

비품은 회사 업무상에 사용되는 물품을 의미하는데, 대체로 기업에서는 사전에 품목을 정해 놓고 필요한 자에게 보급한다. 만약 품목에 해당하지 않는 비품이 필요할 경우에는 그 사용 용도가 명확하고 업무에 필요한 것인지를 먼저 판단한 후에, 예산을 고려하여 구매하는 것이 적절한 처리 과정이다. ③과 같이 단순히 품목에 없다는 이유로 제외하는 것은 적절하지 않다.

49

ⅰ) 구매한 상품의 총액

(제주고등어살 2kg)+(진한홍삼 30포)=(26,500×2×0.75)+(60,000×0.43)=65,550원

ⅱ) 배송료

3,000(∵ 제주고등어살)+5,000(∵ 도서 산간지역)=8,000원

따라서 주희가 결제한 총금액은 73,550원이다.

50

ⅰ) 구매하는 상품 수량 및 총금액

상품명	수량	정가	할인율	합계
참목원 등심	1	53,000원	15%	45,050원
진주 파프리카	4	55,600원	40%	33,360원
☆☆쌀	1	64,000원	10%	57,600원
무농약 밤	3	78,000원	10%	70,200원

∴ 45,050+33,360+57,600+70,200=206,210원

ⅱ) 배송료

무료 배송 이벤트는 끝난 상황이며, 배송료는 3,000원(∵ 진주 파프리카)+2,500원(∵ 무농약 밤)=5,500원이다.

따라서 준혁이가 결제한 총금액은 211,710원이다.

51

ⅰ) 지희가 결제한 금액(오전 10시 원데이 특가 세일 적용)
- 진한홍삼 30포 : 60,000×0.43=25,800원
- 밀푀유 등심돈까스 500g×2 : 17,000×0.9=15,300원
- 포기김치 5호 10kg : 56,000×0.85=47,600원
- 연어회세트 200g : 20,000×0.8=16,000원
- 배송비 : 무료(∵ 이벤트 당첨)

그러므로 지희가 결제한 총금액은 104,700원이다.

ⅱ) 소미가 결제한 금액(익일 오전 10시 30분 주문, 10시 원데이 특가 적용 안 함)
- 진주파프리카 3kg : 13,900×2=27,800원
- ◇◇비타민C 120정 : 10,800원
- 무농약 밤 4kg : 26,000원
- 제주도고등어살 2kg : 26,500×2=53,000원
- 배송비 : 3,000+2,500+2,500+3,000=11,000원

그러므로 소미가 결제한 총금액은 128,600원이다.

따라서 지희와 소미 중 소미가 더 많은 금액을 결제하였으며, 그 금액은 128,600원이다.

52

ㄴ. Y가설에 따르면 도시의 상거래 흡인력은 도시로부터의 거리 제곱에 반비례하므로 모든 조건이 동일하다면 거리가 가까울수록 도시의 상거래 흡인력이 크다. 따라서 거리가 가까운 도시일수록 이상적인 점포 입지가 된다.

ㄷ. Y가설에 따르면 C시로부터 A시와 B시가 떨어진 거리가 5km로 같다고 가정할 때 A시의 흡인력은 20,000(＝50만÷25)이고, B시의 흡인력은 160,000(＝400만÷25)이다. 따라서 C시의 인구 중 1/9인 1만 명은 A시로, 8/9인 8만 명은 B시로 흡인된다.

오답분석

ㄱ. X가설에 따르면 소비자들은 유사한 제품을 판매하는 점포들 중 한 점포를 선택할 때 가장 가까운 점포를 선택한다. 그러므로 더 먼 거리에 있음에도 불구하고 더 싼 가격의 상품을 구매하기 위해 멀리 떨어진 점포에 가는 경우는 X가설로 설명할 수 없다.

53

• C강사 : 셋째 주 화요일 오전, 목요일, 금요일 오전에 스케줄이 비어 있으므로 목요일과 금요일에 이틀간 강의가 가능하다.
• E강사 : 수요일 오후와 목요일 오후, 금요일 오전에 스케줄이 비어 있으므로 수요일과 목요일 또는 목요일과 금요일 이틀간 강의가 가능하다.

오답분석

• A강사 : 매주 수～목요일에 스케줄이 있으므로 화요일과 금요일 오전에 강의가 가능하지만 강의가 이틀 연속으로 진행되어야 한다는 조건에 적절하지 않다.
• B강사 : 화요일과 목요일에 스케줄이 있으므로 수요일 오후와 금요일 오전에 강의가 가능하지만 강의가 이틀 연속으로 진행되어야 한다는 조건에 적절하지 않다.
• D강사 : 수요일 오후와 금요일 오전에 스케줄이 있으므로 화요일 오전과 목요일에 강의가 가능하지만 강의가 이틀 연속으로 진행되어야 한다는 조건에 적절하지 않다.

54

(현재의 운행비용)＝20일×4대×3회×100,000＝24,000,000원
운송횟수는 12회, 물량은 기존의 1일 운송량은 12×1,000＝12,000상자
차량 적재율이 1,000상자에서 1,200상자로 늘어나므로 12,000÷1,200＝10회의 운행으로 가능하다.
개선된 운행비용은 20×10×100,000＝20,000,000원이므로, 그 차액은 24,000,000－20,000,000＝4,000,000원이다.

55

접수 건수가 제일 많은 지원 유형은 신입 유형으로, 직원채용절차에 학업성적심사가 포함되어 있지 않다.

56

B가 접수한 경력직의 처리 비용은 500(∵ 접수 확인)＋1,000(∵ 직무능력검사)＋400(∵ 합격 여부 통지)＝1,900원이다.

57

지원 유형 중 가장 합격률이 낮은 유형은 인턴 유형으로 합격률이 12.5%이다. 경력 유형의 합격률은 약 16.67%이다.

58

회사 근처 모텔에서 숙박 후 버스 타고 공항 이동 : 40,000(모텔요금)+20,000(버스요금)+30,000(시간요금)=90,000원

오답분석

① 공항 근처 모텔로 버스 타고 이동 후 숙박 : 20,000(버스요금)+30,000(시간요금)+80,000(공항 근처 모텔요금)=130,000원
② 공항 픽업 호텔로 버스 타고 이동 후 숙박 : 10,000(버스요금)+10,000(시간요금)+100,000(호텔요금)=120,000원
③ 공항 픽업 호텔로 택시 타고 이동 후 숙박 : 20,000(택시요금)+5,000(시간요금)+100,000(호텔요금)=125,000원
⑤ 회사 근처 모텔에서 숙박 후 택시 타고 공항 이동 : 40,000(모텔요금)+40,000(택시요금)+15,000(시간요금)=95,000원

59

자동차 부품 생산 조건에 따라 반자동라인과 자동라인의 시간당 부품 생산량을 구해보면 다음과 같다.

• 반자동라인 : 4시간에 300개의 부품을 생산하므로, 8시간에 300개×2=600개의 부품을 생산한다. 하지만 8시간마다 2시간씩 생산을 중단하므로, 8시간+2시간=10시간에 600개의 부품을 생산하는 것과 같다. 따라서 시간당 부품 생산량은 $\frac{600개}{10시간}=60$개/h이다. 이때 반자동라인에서 생산된 부품의 20%는 불량이므로, 시간당 정상 부품 생산량은 60개/h×(1-0.2)=48개/h이다.

• 자동라인 : 3시간에 400개의 부품을 생산하므로, 9시간에 400개×3=1,200개의 부품을 생산한다. 하지만 9시간마다 3시간씩 생산을 중단하므로, 9시간+3시간=12시간에 1,200개의 부품을 생산하는 것과 같다. 따라서 시간당 부품 생산량은 $\frac{1,200개}{12시간}=100$개/h이다. 이때 자동라인에서 생산된 부품의 10%는 불량이므로, 시간당 정상 제품 생산량은 100개/h×(1-0.1)=90개/h이다.

따라서 반자동라인과 자동라인에서 시간당 생산하는 정상 제품의 생산량은 48개/h+90개/h=138개/h이므로, 34,500개를 생산하는 데 소요된 시간은 $\frac{34,500개}{138개/h}=250$시간이다.

60

이번 주 추가근무 일정을 요일별로 정리하면 다음과 같다.

월	화	수	목	금	토	일
김은선(6) 민윤기(2)	김석진(5) 김남준(3) 정호석(4)	박지민(3) 김태형(6)	최유화(1) 박시혁(1)	유진실(3) 정호석(1)	이영희(4) 전정국(6)	박지민(2) 김남준(4)

하루에 2명까지 추가근무를 할 수 있는데 화요일에 3명이 추가근무를 하므로, 화요일 추가근무자 중 한 명이 추가근무 일정을 수정해야 한다. 그중에 김남준은 일주일 추가근무 시간이 7시간으로 최대 추가근무 시간인 6시간을 초과하였다. 따라서 김남준의 추가근무 일정을 수정해야 한다.

01	02	03	04	05	06	07	08	09	10	11	12	13	14	15	16	17	18	19	20
③	⑤	②	①	③	①	⑤	⑤	①	④	⑤	⑤	④	④	④	①	⑤	③	②	③
21	22	23	24	25	26	27	28	29	30	31	32	33	34	35	36	37	38	39	40
③	②	⑤	①	①	③	①	①	①	②	①	②	④	③	①	③	④	③	①	③
41	42	43	44	45	46	47	48	49	50	51	52	53	54	55	56	57	58	59	60
①	①	②	④	②	④	③	②	③	②	④	②	⑤	④	③	⑤	④	①	④	①

01
정답 ③

제시문에서는 개념을 이해하면서도 개념의 사례를 식별하지 못하는 경우와, 개념의 사례를 식별할 수 있으나 개념을 이해하지 못하는 경우를 통해 개념의 사례를 식별하는 능력과 개념을 이해하는 능력은 서로 필요충분조건이 아니라고 주장한다. 이런 제시문의 주장과 달리 ③은 개념을 이해하지 못하면 개념의 사례를 식별하지 못하는 인공지능의 사례로 오히려 개념의 사례를 식별해야만 개념을 이해할 수 있다는 주장을 강화한다. 따라서 제시문의 논지를 약화하는 것으로 ③이 가장 적절하다.

오답분석
① 개념을 이해하지 못해도 개념의 사례를 식별할 수 있다는 사례로 논지를 강화한다.
② 개념의 사례를 식별할 수 있으나 개념을 이해할 수 있다는 사례로 논지를 강화한다.
④ 침팬지가 정육면체 상자를 구별하는 것이 아니라 숨겨진 과자를 찾아내는 사례로 제시문의 내용과 관련이 없다.
⑤ 개념의 사례를 식별할 수 없어도 개념을 이해할 수 있다는 사례로 논지를 강화한다.

02
정답 ⑤

제시된 문단은 선택적 함묵증을 불안장애로 분류하고 있다. 그러므로 불안장애에 대한 구체적인 설명 및 행동을 설명하는 (라) 문단이 이어지는 것이 논리적으로 타당하다. 다음에는 불안장애인 선택적 함묵증을 치료하기 위한 방안인 (가) 문단이 적절하고, (가) 문단에서의 제시한 치료 방법의 구체적 방안 중 하나인 '미술 치료'를 언급한 (다) 문단이 이어지는 것이 적절하다. 마지막으로 (다) 문단에서 언급한 '미술 치료'가 선택적 함묵증의 증상을 보이는 아동에게 어떠한 영향을 미치는지 언급한 (나) 문단이 이어지는 것이 가장 적절하다.

03
정답 ②

제시문은 '인간 본성을 구성하는 하부 체계들은 서로 극단적으로 밀접하게 연관되어 있기 때문에 어느 일부를 인위적으로 개선하려 한다면 인간 본성이라는 전체가 변화되어 결국 무너지는 위험에 처한다.'고 주장한다. 그러므로 ⓒ처럼 하부 체계가 서로 분리되어 특정 부분의 변화가 다른 부분에 영향을 끼치지 못한다는 것은 제시된 본문의 논증을 약화시킨다.

오답분석
㉠ 제시문에서는 인간이 갖고 있는 개별적인 요소들이 모여 만들어낸 인간 본성이라는 복잡한 전체는 인간에게 존엄성을 부여한다고 했으므로, ㉠처럼 인간 본성은 인간의 도덕적 지위와 존엄성의 근거가 된다고 볼 수 있다. 따라서 ㉠은 제시문의 논지를 강화한다.
㉡ 제시문의 논증과 관련이 없으므로 논지를 약화시키지도 강화시키지도 않는다.

04

정답 ①

'이러한 오래된 충동은 수백만 년 동안 그와 함께해 왔고, 새로운 충동은 기껏해야 수천 년 전에 획득했을 뿐이다.'라는 내용을 통해 적절하지 않음을 알 수 있다.

05

정답 ③

고대인들은 실체를 볼 수 없는 소리와 음악에 주술적인 힘이 있는 것으로 믿었다. 질료적 상징이 생겨난 것도 같은 이유에서이다.

06

정답 ①

두 번째, 세 번째 문단에서 주술성과 관련된 개념의 변화 과정을 부분적으로 확인할 수 있으나, 가설의 설정 혹은 그것의 입증 과정은 찾아볼 수 없다.

오답분석

② 네 번째 문단에서는 음악(소리)과 춤의 기본적 속성과 그것의 결합을 비유적 진술과 대조를 통해 서술하고 있다.
④ 제시문에서는 먼저 소리(음악)의 '비물질성'이라는 핵심 개념에 대해 설명한 후, 이를 전제로 그것이 인간의 삶과 문화에 남긴 영향을 살펴보고 있다.

07

정답 ⑤

소리가 가지는 상징성은 그런 소리의 진원이 된 물질에 대한 주술적 믿음에서 비롯된 것이므로 질료적 상징이 생겨나게 되는데, 풀피리의 소리는 그것이 풀로 만들어졌기 때문에 곡식을 자라게 하고, 북의 소리는 그것이 동물의 가죽으로 만들어졌기에 가축을 건강하게 한다는 상징성을 갖는다. ⑤는 호랑이 발톱이라는 물질(재료)을 지니면 호랑이와 같은 용맹이 생겨 두려움을 없앨 수 있다는 주술적 믿음과 관련이 있다.

08

정답 ⑤

제시문은 독일의 통일이 단순히 서독에 의한 흡수 통일이 아닌 동독 주민들의 주체적인 참여를 통해 이뤄진 것임을 설명하고 있다. 나머지 선택지는 이 논지를 이끌어내기 위한 근거들이다.

09

정답 ①

P2P 대출은 공급자(투자)와 수요자(대출)가 금융기관의 개입 없이도 직접 자금을 주고받을 수 있다.

10

세 번째 문단의 다섯 번째 문장 '진경 화법의 특징은 ~ 아니라'를 보면, 진경 화법은 실물을 그대로 모사하는 것이 아니라고 표현되어 있으므로 잘못된 내용이다.

[오답분석]

① 두 번째 문단의 첫 번째 문장 '원체는 작가가 ~ 할 수 있다.'를 보면 '원체'는 분석적이면서 정치·과학적인 글쓰기라는 것을 알 수 있다.

② 세 번째 문단의 두 번째 문장 '그것은 ~ 반영한 것이었다.'를 통해 알 수 있다.

③ 세 번째 문단의 다섯 번째 문장 '진경 화법의 특징은 ~ 구현하는 데 있다.'를 보면, 진경의 화법은 재구성을 통해 미적 감흥을 창조적으로 구현한 것임을 알 수 있다.

⑤ 세 번째 문단의 마지막 문장 '다산이 쓴 『원정』은 ~ 제시한 것이다.'를 통해 다산이 기존의 정치 개념을 그대로 답습한 것이 아님을 알 수 있다.

11

ㄷ. 정이 1차 시기에서 심사위원 A ~ D에게 10점씩 더 높은 점수를 받는다면, 1차 평균 점수도 10점이 높아지고, 최종 점수도 10점이 높아져 176+10=186점으로 가장 높다.

ㄹ. 1차 시기에서 심사위원 C는 4명의 선수 모두에게 심사위원 A보다 높은 점수를 부여했음을 확인할 수 있다.

[오답분석]

ㄱ. 정의 최종 점수는 176점으로 을의 166점보다 높다.

ㄴ. 갑의 3차 시기 평균 점수는 94점으로 병의 71점보다 높다.

12

연봉은 매년 고정적으로 각국의 통화로 지급한다고 하였다. 따라서 연봉 액수는 감소하지 않으나, 환율에 따라 원화 환산 연봉이 감소할 수 있다. 따라서 환율의 감소율을 구하면 다음과 같다.

• 중국 : (2023년 대비 2024년 환율 감소율)$=\dfrac{160-170}{170} ≒ -5.88\%$

• 일본 : (2022년 대비 2024년 환율 감소율)$=\dfrac{1,050-1,100}{1,100} ≒ -4.54\%$

따라서 2023년 대비 2024년 중국 기업의 원화 환산 연봉의 감소율이 5.88%로 더 크다.

[오답분석]

① 2022년 원화 환산 연봉은 중국 기업이 가장 많다.
  • 미국 기업 : 1,250×3만=3,750만 원
  • 일본 기업 : 1,100×290만÷100=3,190만 원
  • 중국 기업 : 190×20만=3,800만 원

② 2023년 원화 환산 연봉은 일본 기업이 가장 많다.
  • 미국 기업 : 1,100×3만=3,300만 원
  • 일본 기업 : 1,200×290만÷100=3,480만 원
  • 중국 기업 : 170×20만=3,400만 원

③ 2024년 원화 환산 연봉은 일본 기업이 중국 기업보다 적다.
  • 미국 기업 : 1,150×3만=3,450만 원
  • 일본 기업 : 1,050×290만÷100=3,045만 원
  • 중국 기업 : 160×20만=3,200만 원

④ 향후 3년간 가장 많은 원화 환산 연봉을 주는 곳은 미국 기업이다.
  • 미국 기업 : 3,750만+3,300만+3,450만=10,500만 원
  • 일본 기업 : 3,190만+3,480만+3,045만=9,715만 원
  • 중국 기업 : 3,800만+3,400만+3,200만=10,400만 원

13

정답 ④

녹지의 면적은 2021년부터 유원지 면적을 추월하였다.

14

정답 ④

아시아·태평양의 연도별 인터넷 이용자 수의 증가량은 다음과 같다.
- 2016년 : $872-726=146$백만 명
- 2017년 : $988-872=116$백만 명
- 2018년 : $1,124-988=136$백만 명
- 2019년 : $1,229-1,124=105$백만 명
- 2020년 : $1,366-1,229=137$백만 명
- 2021년 : $1,506-1,366=140$백만 명
- 2022년 : $1,724-1,506=218$백만 명

따라서 전년 대비 아시아·태평양의 인터넷 이용자 수의 증가량이 가장 큰 해는 2022년이다.

오답분석
① 2015년 중동의 인터넷 이용자 수는 66백만 명이고, 2022년 중동의 인터넷 이용자 수는 161백만 명이다. 따라서 2022년 중동의 인터넷 이용자 수는 2015년에 비해 $161-66=95$백만 명이 늘었다.
②·⑤ 제시된 표에 의해 알 수 있다.
③ 2018년 아프리카의 인터넷 이용자 수는 124백만 명이고, 2022년 아프리카의 인터넷 이용자 수는 240백만 명이다. 따라서 2022년의 아프리카의 인터넷 이용자 수는 2018년에 비해 $240\div124\fallingdotseq1.9$배 증가했다.

15

정답 ④

주어진 정보를 토대로 자료를 정리하면 다음과 같다.

구분	상반기	하반기	합계
일반상담가	48	72	120
전문상담가	6	54	60
합계	54	126	180

따라서 2022년 하반기 전문상담가에 의한 가족상담 건수는 54건이다.

16

정답 ①

- (가)$=194-(23+13+111+15)=32$
- 1차에서 D사를 선택하고, 2차에서 C사를 선택한 소비자 수는 21명, 1차에서 E사를 선택하고 2차에서 B사를 선택한 소비자 수는 18명이다. 따라서 차이는 3이다.

17

정답 ⑤

ㄱ. 표를 통해 쉽게 확인할 수 있다.
ㄴ. 각 6,570백만 원으로 동일하다.
ㄷ. (1kWh당 전기 요금)=(연간 절감 전기 요금)÷(연간 절감 전력량)
    ∴ $3,942\div3,942=100$원

오답분석
ㄹ. (필요한 LED 전구 수)÷(적용 비율)$=900\div0.3=300$만 개

18

정답 ③

A시 가구의 80%가 형광등 5개를 LED 전구로 교체할 때의 연간 절감 전기 요금은 17,520백만 원이고, 50%가 형광등 5개를 LED 전구로 교체할 때의 연간 절감 전기 요금은 10,950백만 원이다. 따라서 3년 후 둘의 절감액 차이는 $(17,520-10,950)\times3=19,710$ 백만 원이다.

19

정답 ②

ㄱ. 각주의 산식을 분석해 보면, 가격 괴리율이 0% 이상인 점은 해당 월 시장가격>해당 월 이론가격의 관계를 갖는 점을 의미함을 알 수 있는데, 이는 그래프상에서 원점을 통과하는 45°선의 상단에 위치하는 점을 나타낸다. 따라서 가격 괴리율이 0% 이상인 달은 2월, 3월, 5월, 7월 총 4개임을 알 수 있다.

ㄷ. 가격 괴리율을 직접 구해야 하는 것이 아닌 대소 비교만 하면 되는 상황이다. 따라서 주어진 산식을 변형해 보면 괴리율은 $\dfrac{(시장가격)}{(이론가격)}-1$로 나타낼 수 있으며 이를 통해 괴리율의 대소는 $\dfrac{(시장가격)}{(이론가격)}$, 즉 원점에서 해당 월의 점을 연결한 직선의 기울기로 비교할 수 있다. 이에 따르면 가격 괴리율이 전월 대비 증가한 달은 2월, 5월, 7월의 세 달임을 알 수 있다.

오답분석

ㄴ. 이론가격이 전월 대비 증가한 달은 3월과 4월뿐이며 7월은 이론가격이 전월 대비 감소하였다.

ㄹ. 시장가격이 전월 대비 가장 큰 폭으로 증가한 달은 5월(약 1,400원 증가)이며 6월은 전월 대비 가장 큰 폭(약 1,600원 감소)으로 감소하였으므로 옳지 않은 내용이다.

20

정답 ③

2021년 확정기여형 1~4분기의 전년 동 분기 대비 증가폭을 구하면 다음과 같다.

• 1분기 : $109,820-66,541=43,279$
• 2분기 : $117,808-75,737=42,071$
• 3분기 : $123,650-89,571=146,952$
• 4분기 : $131,741-101,086=152,904$

따라서 2021년 중 전년 동 분기 대비 확정기여형을 도입한 사업장 수가 가장 많이 증가한 시기는 4분기이다.

오답분석

① 통계자료 중 합계를 통해 확인할 수 있다.

② 분기별 확정급여형과 확정기여형 취급실적을 비교하면 확정기여형이 항상 많은 것을 확인할 수 있다.

④ · ⑤ 자료를 통해 확인할 수 있다.

21

정답 ③

2022년의 경우 시행 기업당 참여 직원 수가 거의 3에 육박하는 수준이지만 다른 해는 2에도 미치지 못하는 상황이다. 따라서 옳은 내용이다.

오답분석

① 직접 계산을 하지 않고 눈으로도 판단이 가능한 선택지이다. 2020년 이후 전년보다 참여 직원 수가 가장 많이 증가한 해는 2022년인 반면, 시행 기업 수가 가장 많이 증가한 해는 2021년이므로 둘은 동일하지 않다. 따라서 옳지 않은 내용이다.

② 2022년 남성육아휴직제 참여 직원 수는 21,530명이며, 2019년은 3,197명이므로 2022년의 참여 직원 수는 2019년의 약 6.7배에 그친다. 따라서 옳지 않은 내용이다.

④ 2022년 시행 기업 수의 2020년 대비 증가율은 약 174%$\left(\fallingdotseq\dfrac{7,686-2,802}{2,802}\times100\right)$이고 참여 직원 수의 증가율은 약 290% $\left(\fallingdotseq\dfrac{21,530-5,517}{5,517}\times100\right)$이므로 옳지 않은 내용이다.

⑤ 2022년 참여 직원 수는 2019년 대비 18,333명 증가하였으므로 3년간 증가 인원의 평균은 6,111명으로 6,000명을 넘는다. 따라서 옳지 않은 내용이다.

22

조건에 따라 세미의 유적지 방문 순서가 될 수 있는 경우를 정리하면 다음과 같다.

• 첫 번째 방문지가 석굴암인 경우

구분	첫 번째	두 번째	세 번째	네 번째
불국사	×	×		
석굴암	○	×	×	×
안압지	×	×		
첨성대	×	○	×	×

• 첫 번째 방문지가 안압지인 경우

구분	첫 번째	두 번째	세 번째	네 번째
불국사	×	×	○	×
석굴암	×		×	
안압지	○	×	×	×
첨성대	×		×	

따라서 안압지가 첫 번째 방문지일 경우, 세 번째 방문지는 항상 불국사이므로 ②는 적절하지 않다.

23

하루에 한 번만 이동하므로, 본사 복귀 전 마지막으로 9월 7일에 방문할 발전소는 산청발전소이다. 그러므로 청평발전소, 무주발전소, 예천발전소 간의 방문 순서만 정하면 된다. ①~⑤의 경로에 따른 이동 소요시간을 계산하면 다음 표와 같다(마지막 날 산청발전소에서 본사로의 이동시간은 ①~⑤ 모든 경우에서 동일하므로 계산에서 제외하여 시간을 절약할 수 있다. 또한, 계산상 편의를 위해 '1시간=60분'으로 환산하여 계산한다).

구분	총 소요시간
①	55+45+110+35=245분
②	55+50+110+80=295분
③	125+110+50+65=350분
④	125+45+50+35=255분
⑤	40+50+45+80=215분

따라서 이동에 소요되는 시간이 가장 적은 경로는 ⑤이다.

24

정답 ①

ㄱ. 연구진은 용역완료(납품) 후에라도 발주기관이 연구결과와 관련된 자료를 요청할 경우에는 관련 자료를 성실히 제출해야 한다고 하였으므로 옳은 내용이다.

ㄴ. 전체회의는 착수보고 전 1회, 각 중간보고 전 1회(총 2회), 최종보고 전 1회이므로 4회 열리게 되며, 보고 횟수는 전체회의 이후에 모두 진행하므로 역시 4회이다. 따라서 수시보고가 없다면 최소 총 8회의 전체회의 및 보고가 이뤄지게 된다.

오답분석

ㄷ. 연구보조원도 연구진의 구성원에 포함되며, 연구 수행기간 중 연구진은 구성원을 임의로 교체할 수 없다고 하였으므로 옳지 않은 내용이다.

ㄹ. 연구진은 연구과제의 시작부터 종료(최종보고서 제출)까지 과업과 관련된 제반 비용의 지출행위에 대해 책임을 지고 과업을 진행해야 한다고 하였으므로 중간보고서의 출력과 제본 비용의 지출행위 역시 연구진이 책임을 져야 한다.

25

정답 ①

최단 시간으로 가는 방법은 택시만 이용하는 방법이고, 최소비용으로 가는 방법은 버스만 이용하는 방법이다.

∴ (최단 시간으로 가는 방법의 비용)−(최소비용으로 가는 방법의 비용)=2,400−500=1,900원

26

정답 ③

대중교통 이용 방법이 정해져 있을 경우, 비용을 최소화하기 위해서는 회의장에서의 대기시간을 최소화하는 동시에 지각하지 않아야 한다. 거래처에서 회의장까지 2분이 소요되므로 정민이는 오후 1시 58분에 거래처에 도착해야 한다. B지점까지는 버스를, 나머지는 택시를 타고 이동한다고 하였으므로 환승시간을 포함하여 걸리는 시간은 $(3 \times 2)+2+(1 \times 3)=11$분이다. 따라서 오후 1시 58분−11분=오후 1시 47분에 출발해야 한다.

27

정답 ①

• 혜정이의 비용

500(∵ 버스요금)+800(∵ 환승 비용)+1,600(∵ 회의장에서의 대기 비용)=2,900원

• 진선이의 비용

2,200(∵ 택시요금)+800(∵ 환승 비용)+500(∵ 버스요금)+600(∵ 회의장에서의 대기 비용)=4,100원

따라서 혜정이와 진선이의 비용 차는 4,100−2,900=1,200원이다.

28

정답 ①

사망자가 공무원(C, D)의 부모이며, 해당 공무원이 C와 D의 2명인 경우에 해당한다. 이 경우 1순위 수급권자는 사망한 자의 배우자인 공무원이지만 B는 비공무원이므로 2순위 수급권자인 사망한 자를 부양하던 직계비속인 공무원인 D가 최우선 순위 수급권자에 해당한다. 따라서 옳은 내용이다.

오답분석

ㄴ. 사망자가 공무원(A, B)의 자녀이면서 공무원(D)의 배우자이므로 해당 공무원이 3명인 경우에 해당한다. 이 경우 1순위 수급권자는 사망한 자의 배우자인 공무원이므로 D가 최우선 순위 수급권자에 해당한다. 따라서 옳지 않은 내용이다.

ㄷ. 사망자가 공무원 본인이므로 1순위 수급권자는 사망한 공무원의 배우자이므로 B가 최우선 순위 수급권자에 해당한다. 따라서 옳지 않은 내용이다.

29

ㄱ. 3번째 종목부터는 우승 시 받는 승점이 이전 종목들의 승점을 모두 합한 점수보다 10점 더 많기 때문에 3번째 종목의 승점은 40점이 되며, 4번째 종목의 승점은 80점, 5번째 종목의 승점은 160점, 6번째 종목의 승점은 320점, …이 된다. 즉, 다음 종목의 승점은 이전 종목 승점의 2배가 되므로 8번째 종목의 승점은 1,280점이 된다.

ㄷ. 1번째 종목의 승점을 a, 2번째 종목의 승점을 b라 하면, 3번째 종목의 승점은 $a+b+10$이 되며, 4번째 종목의 승점은 $2(a+b+10)$이 된다. 즉, 4번째 종목의 승점부터는 이전 종목 승점의 2배가 되므로 8번째 종목의 승점은 6번째 종목 승점의 4배가 된다.

30

열차 노선별 이동거리에 따라 ①～⑤의 이동거리를 계산하면 다음과 같다.

구분	총 이동거리
①	$95+259+197+44=595$km
②	$95+257+44+197=593$km
③	$214+257+259+197=927$km
④	$214+44+197+259=714$km
⑤	$158+197+44+257=656$km

따라서 이동거리가 가장 짧은 경로는 ②이다.

31

열차 노선별 이용금액에 따라 ①～⑤의 비용을 계산하면 다음과 같다.

구분	비용
①·②	$11,500+34,000+25,000+4,800=75,300$원
③	$11,500+39,000+4,800+25,000=80,300$원
④·⑤	$19,200+25,000+4,800+39,000=88,000$원

따라서 가장 저렴한 비용의 경로는 경주 – 부산 – 광주 – 조치원 – 대전 순서이고 총비용은 75,300원이다.

32

ㄱ. AI가 돼지로 식별한 동물 중 실제 돼지가 아닌 비율은 $\frac{408-350}{408}\times100=\frac{58}{408}\times100\fallingdotseq14.2\%$이므로 10% 이상이다.

ㄷ. 전체 동물 중 AI가 실제와 동일하게 식별한 비율은 $\frac{1,605}{1,766}\times100\fallingdotseq90.9\%$이므로 85% 이상이다.

[오답분석]

ㄴ. 실제 여우 중 AI가 여우로 식별한 비율은 $\frac{600}{635}\times100\fallingdotseq94.5\%$로, 실제 돼지 중 AI가 돼지로 식별한 비율인 $\frac{350}{399}\times100\fallingdotseq$ 87.7%보다 높다.

ㄹ. 실제 염소를 AI가 고양이로 식별한 수(2마리)가 양으로 식별한 수(1마리)보다 많다.

33

교육·연구기관 수와 공공기관 수는 수치가 작을수록 순위가 높고, 현재 거주 세대수, 관광지 수, 재정자립도, 면적 대비 현세대 수는 수치가 높을수록 순위가 높다. 이에 따라 항목별 점수를 계산하면 다음과 같다.

(단위 : 점)

항목 후보지	교육·연구 기관 수	공공기관 수	면적	현재 거주 세대수	관광지 수	재정자립도	면적 대비 현세대 수
A	12	20	12	20	16	12	20
B	14	12	10	14	14	16	18
C	10	16	16	18	20	20	16
D	20	18	20	16	18	14	14
E	16	10	18	12	10	10	10
F	18	14	14	10	12	18	12

위의 항목별 점수를 이용하여 각 후보지의 분야별 점수와 혁신적합점수를 산출하면 다음과 같다.

(단위 : 점)

분야 후보지	잠재성 점수	필요성 점수	효율성 점수	혁신적합점수
A	48	32	32	112
B	38	26	34	98
C	54	26	36	116
D	54	38	28	120
E	40	26	20	86
F	36	32	30	98

따라서 새 부지로 선정될 지역은 혁신적합점수가 120점으로 가장 높은 D지역이다.

34

주어진 조건을 통해 각 기관의 항목별 순위를 정할 수 있다. 장애인 고용의무인원은 '서부청<동부청<남부청', '북부청<남부청'이다. 장애인 고용률은 서부청이 가장 낮다라는 조건을 통해 A가 서부청이라는 것을 알 수 있다. 남동청보다 장애인 고용인원이 많은 기관은 B, C, D이지만 동시에 장애인 고용률이 낮은 기관은 B밖에 없다. 따라서 B는 동부청이다. 남은 C, D는 장애인 고용인원으로 비교한다면 C의 장애인 고용의무인원은 676명으로 D의 598명보다 많다. 따라서 C는 남부청, D는 북부청이라고 할 수 있다.

35

게임 규칙과 결과를 토대로 경우의 수를 따져보면 다음과 같다.

라운드	벌칙 제외	총 퀴즈 개수
3	A	15개
4	B	19개
5	C	21개
	D	
	C	22개
	E	
	D	22개
	E	

ㄴ. 총 22개의 퀴즈가 출제되었다면, E는 정답을 맞혀 벌칙에서 제외된 것이다.

ㄷ. 게임이 종료될 때까지 총 21개의 퀴즈가 출제되었다면 C, D가 벌칙에서 제외된 경우로 5라운드에서 E에게는 정답을 맞힐 기회가 주어지지 않았다. 따라서 퀴즈를 푸는 순서가 벌칙을 받을 사람 선정에 영향을 미친다.

오답분석

ㄱ. 5라운드까지 4명의 참가자가 벌칙에서 제외되었으므로 정답을 맞힌 퀴즈는 8개, 벌칙을 받을 사람은 5라운드까지 정답을 맞힌 퀴즈는 0개나 1개이므로 정답을 맞힌 퀴즈는 총 8개나 9개이다.

36

정답 ③

11월 21일의 팀미팅은 워크숍 시작시간 전 오후 1시 30분에 끝나므로 3시에 출발 가능하며, 22일의 일정이 없기 때문에 11월 21 ~ 22일을 워크숍 날짜로 할 수 있다.

오답분석

① 11월 9 ~ 10일 : 다른 팀과 함께하는 업무가 있는 주로 워크숍이 불가능하다.
② 11월 18 ~ 19일 : 19일은 주말이므로 워크숍이 불가능하다.
④ 11월 28 ~ 29일 : E대리 휴가로 모든 팀원 참여가 불가능하다.
⑤ 11월 29 ~ 30일 : 말일이므로 워크숍이 불가능하다.

37

정답 ④

ㄱ. 수입 에너지원 중 석유가 차지하는 비중은 2023년 5월에 $\frac{17,255}{28,106} \times 100 ≒ 61.4\%$이고, 8월에 $\frac{18,792}{31,763} \times 100 ≒ 59.2\%$이므로 옳지 않은 설명이다.

ㄴ. 2023년 4월 국내의 최종 에너지원별 소비량이 높은 순서는 '석유 - 전력 - 석탄 - 도시가스 - 신재생 - 열 - 천연가스'이며, 5월은 '석유 - 전력 - 석탄 - 도시가스 - 신재생 - 천연가스 - 열'로 다르다.

ㄹ. 2023년 5 ~ 7월까지 석탄 소비량의 전월 대비 증감량 추이는 '증가 - 감소 - 증가'이며, 도시가스 소비량은 계속 감소하였다.

오답분석

ㄷ. 전월 대비 석유 수출량이 증가한 달은 2023년 7월로, 이 달의 천연가스 수입량은 감소하였다.

38

정답 ③

신재생 에너지의 경우, 석탄 에너지에 비해 진입 시 추가확충 필요자금은 더 적지만, 진입 후 흑자전환 소요기간은 2년 더 길다.

오답분석

① 국내 최종 에너지원별 소비량을 보면, 열에너지 부문의 소비량이 제시된 기간 중 매월 신재생 에너지에 비해 더 적다. 따라서 시장규모 역시 더 작을 것이라 생각할 수 있다.

② 규제의 적실성 점수가 낮을수록 제도적 장애물에 자주 부딪힐 것이므로, 해당 점수가 가장 낮은 열에너지 부문이 규제로 인한 애로사항을 가장 많이 겪을 것이라 예상할 수 있다.

④ 기존 기업의 시장점유율이 클수록 해당 기업의 시장 수요처 내 인지도도 높아 신진 기업은 점유율을 확보하기 힘들 것으로 예측할 수 있다. 따라서 1위 기업의 현재 시장점유율이 더 높은 천연가스 에너지 부문에 진입 시 초기 점유율 확보가 더 어려울 것이다.

⑤ 규제의 적실성이 가장 높은 부문은 '석탄'이며, 국내 최종 에너지원별 소비량 표를 보면 석유와 전력 다음으로 소비량이 높음을 알 수 있다.

39

W사원이 영국 출장 중에 받는 해외여비는 50×5=250파운드이고, 스페인은 60×4=240유로이다. 항공권은 편도 금액이므로 왕복으로 계산하면 영국은 380×2=760파운드, 스페인 870×2=1,740유로이며, 영국과 스페인의 비행시간 추가비용은 각각 20×(12−10)×2=80파운드, 15×(14−10)×2=120유로이다. 따라서 영국 출장 시 드는 비용은 250+760+80=1,090파운드, 스페인 출장은 240+1,740+120=2,100유로이다.

은행별 환율을 이용하여 출장비를 원화로 계산하면 다음과 같다.

구분	영국	스페인	총비용
A은행	1,090×1,470=1,602,300원	2,100×1,320=2,772,000원	4,374,300원
B은행	1,090×1,450=1,580,500원	2,100×1,330=2,793,000원	4,373,500원
C은행	1,090×1,460=1,591,400원	2,100×1,310=2,751,000원	4,342,400원

따라서 A은행의 비용이 가장 많이 들고, C은행이 비용의 가장 적으므로 두 은행의 총비용 차이는 4,374,300−4,342,400=31,900원이다.

40

자아 인식표에서 B씨는 동료들이 아는 것보다 자신에 대해 더 잘 파악하고 있으며, 동료들은 모르게 혼자 생각하는 부분을 작성했는데 이것은 조해리의 창 중 숨겨진 창을 나타내고 있는 것이다.

조해리의 창 이론

조셉 러프트(Joseph Luft)와 해리 잉햄(Harry Ingham)이라는 두 심리학자가 1955년에 한 논문에서 개발한 것으로, 조해리(Johari)는 두 사람 이름의 앞부분을 합성해 만든 용어이다.

	자신은 안다	자신은 모른다
타인은 안다	열린 창	보이지 않는 창
타인은 모른다	숨겨진 창	미지의 창

41

홍보팀에서 요구하는 능력, 고용이나 전망, 직무만족도 등을 설명하고 있으므로 직무정보 탐색 단계에 해당한다.

경력개발 계획 수립의 단계

직무정보 탐색	• 관심 직무에서 요구하는 능력 • 고용이나 승진 전망 • 직무만족도 등
자신과 환경 이해	• 자신의 능력, 흥미, 적성, 가치관 • 직무 관련 환경의 기회와 장애요인
경력목표 설정	• 장기목표 수립 : 5∼7년 • 단기목표 수립 : 2∼3년
경력개발 전략수립	• 현재 직무의 성공적 수행 • 역량 강화 • 인적 네트워크 강화
실행 및 평가	• 실행 • 경력 목표, 전략의 수정

42

정답 ①

효과적으로 정보를 수집하기 위한 주의사항 중 선수필승(先手必勝)이란 신속한 정보의 중요성을 의미한다.

효과적으로 정보를 수집하기 위한 주의사항
- 인포메이션 중에 몇 가지를 선별해 그것을 연결시켜 뭔가 판단하기 쉽게 도와주는 하나의 정보 덩어리인 인텔리전스 수집
- 선수필승
- 머릿속에 서랍을 많이 만들어 자기 나름대로 정리를 해놓아서 정보가 뒤섞이지 않고 구분될 수 있도록 하는 노력
- 세세한 정보들은 정보수집용 하드웨어를 활용하여 정리

43

정답 ②

정보관리방법

색인을 이용한 정보관리	주요 키워드나 주제어를 가지고 소장하고 있는 정보원(Sources)을 관리하는 방식이다. 목록은 한 정보원에 하나만 만드는 것이지만 색인은 여러 개를 추출하여 한 정보원에 여러 색인어를 부여할 수 있다.
목록을 이용한 정보관리	정보목록은 정보에서 중요한 항목을 찾아 기술한 후 정리하면서 만들어진다.
분류를 이용한 정보관리	개인이 가지고 있는 정보를 유사한 것끼리 모아 체계화하여 정리를 해두면 나중에 저장해 놓은 정보를 찾을 때 검색시간을 단축할 수 있고 관련 정보를 한 번에 찾을 수 있다.

44

정답 ④

엑셀에서 곱하기는 *로 쓴다.

45

정답 ②

오답분석
①·③ AVERAGE는 평균을 구할 때 쓰는 함수식이다.
④·⑤ SUM은 합계를 구할 때 쓰는 함수이다.

46

정답 ④

자료	정보 작성을 위하여 필요한 데이터를 말하는 것으로, 이는 아직 특정의 목적에 대하여 평가되지 않은 상태의 숫자나 문자들의 단순한 나열을 뜻한다.
정보	자료를 일정한 프로그램에 따라 컴퓨터가 처리·가공함으로써 특정한 목적을 달성하는 데 필요하거나, 유의미한 자료를 가리킨다.
지식	어떤 특정한 목적을 달성하기 위해 과학적 또는 이론적으로 추상화되거나 정립된 정보들 간의 관계를 통해 얻은 일반화된 가치 있는 정보를 뜻하는 것으로, 어떤 대상에 대하여 원리적·통일적으로 조직되어 객관적 타당성을 요구할 수 있는 판단의 체계를 제시한다.

오답분석
①·②·③ 가공 전의 단순히 나열된 자료이다.
⑤ 정보에 대한 설명이다.

47

정답 ③

주요 키워드나 주제어를 가지고 정보를 관리하는 방식은 색인을 활용한 정보관리로, 색인은 정보를 찾을 때 쓸 수 있는 키워드인 색인어와 색인어의 출처인 위치정보로 구성된다.

48

정답 ②

기술혁신의 특성은 혁신 과정이 매우 불확실하고 장기간의 시간을 필요로 하며, 지식 집약적인 활동이다. 이러한 불확실성과 모호함은 기업 내에서 많은 논쟁과 갈등을 유발할 수 있으며, 기술혁신의 과정에서 이익을 보는 집단과 손해를 보는 집단이 생겨날 수 있다.

49

정답 ③

내수 시장을 개발하기 위한 국내 소비자들의 선호도나 수요에 대한 면밀한 분석이 이루어지지 않아 일부 매니아층을 제외한 나머지 국내 고객들의 국내산 제품 선호를 만족시키지 못했다. 따라서 기술이 적용될 환경에 대한 조사 및 이해가 먼저 이루어져야 한다.

50

정답 ②

지식재산권(Iintellectual Property)은 지적소유권이라고도 하며 인간의 창조적 활동 또는 경험 등을 통해 창출하거나 발견한 지식ㆍ정보ㆍ기술이나 표현, 표시 그 밖에 무형적인 것으로서, 재산적 가치가 실현될 수 있는 지적 창작물에 부여된 권리를 말한다. 그중에서도 전통적인 지식재산권 범주로는 보호가 어려운 컴퓨터 프로그램, 유전자조작동식물, 반도체 설계, 인터넷, 캐릭터 산업 등과 관련된 지적재산권을 신지식재산권이라고 한다. 영업비밀, 뉴미디어와 같은 내용은 신지식재산권 중에서도 정보재산권에 속하고 있다.

[오답분석]

③ 용익물권 : 제한물권에 속하며, 일정한 목적을 위해 타인의 토지 및 건물 등을 사용 또는 수익할 수 있어서 타물권(他物權)이라고도 한다.

지식재산권 체계

산업재산권	특허권	기술적 창작인 원천 핵심 기술(대발명)
	실용신안권	Life-Cycle이 짧고 실용적인 주변 개량 기술(소발명)
	디자인권(의장권)	심미감을 느낄 수 있는 물품의 형상, 모양
	상표권	타상품과 구별할 수 있는 기호, 문자, 도형
저작권	협의저작권	문화, 예술분야 창작물
	저작인접권	실연, 음반제작자, 방송사업자 권리
신지식재산권	첨단산업저작권	반도체집적회로배치설계, 생명공학, 식물신품종
	산업저작권	컴퓨터프로그램, 인공지능, 데이터베이스
	정보재산권	영업비밀, 멀티미디어, 뉴미디어 등

51

정답 ④

제시문의 내용은 음반의 복제 행위를 사례로 들었기 때문에 이는 저작인접권이 침해받은 것이다.

52

고객은 대출 이자가 잘못 나갔다고 생각하고 일처리를 잘못한다고 의심하는 상황이기 때문에 의심형 불만고객이다.

> **고객 불만 표현 유형**
> • 거만형 : 자신의 과시욕을 드러내고 싶어 하는 사람으로, 보통 제품을 폄하하는 고객이다.
> • 의심형 : 직원의 설명이나 제품의 품질에 대해 의심을 많이 하는 고객이다.
> • 트집형 : 사소한 것으로 트집을 잡는 까다로운 고객이다.
> • 빨리빨리형 : 성격이 급하고, 확신 있는 말이 아니면 잘 믿지 않는 고객이다.

53

ⓒ 빠른 해결을 약속하지 않으면 다른 불만을 야기하거나 불만이 더 커질 수 있다.
ⓔ 고객의 불만이 대출과 관련된 내용이기 때문에 이 부분에 대해 답변을 해야 한다.

오답분석

ⓐ 해결 방안은 고객이 아닌 S기관에서 제시하는 것이 적절하다.
ⓑ 불만을 동료에게 전달하는 것은 고객의 입장에서는 알 필요가 없는 정보이기 때문에 굳이 말할 필요가 없다.

54

본 제품에는 배터리 보호를 위하여 과충전 보호회로가 내장되어 있어 적정 충전시간을 초과하여도 큰 손상이 없으므로 고장의 원인으로 적절하지 않다.

55

청소기 전원을 끄고 이물질 제거 후 전원을 켜면 파워브러쉬가 재작동하며 평상시에도 파워브러쉬가 멈추었을 때는 전원 스위치를 껐다 켜면 재작동한다.

56

사용 중 갑자기 흡입력이 떨어지는 이유는 흡입구를 커다란 이물질이 막고 있거나, 먼지 필터가 막혀 있거나, 먼지통 내에 오물이 가득 차 있을 경우이다.

57

갈등은 서로 의견 차이가 생겨 발생하는 것으로, 조직을 구성하는 개인과 집단 조직 간에 잠재적 또는 현재적으로 대립하고 마찰하는 사회적·심리적 상태를 말한다. 조직 내 다양한 개인들이 공통의 목적을 좇다 보면 의견 차이가 발생할 수밖에 없으며, 이때 갈등을 즉각적으로 다루지 않는다면 나중에는 곪아터진다.

갈등의 단서	갈등을 증폭시키는 원인
• 지나치게 감정적으로 논평과 제안을 한다. • 타인의 의견 발표가 끝나기도 전에 타인의 의견에 대해 공격한다. • 핵심을 이해하지 못한 것에 대해 서로 비난한다. • 편을 가르고 타협하기를 거부한다. • 개인적인 수준에서 미묘한 방식으로 서로를 공격한다.	• 적대적 행동 • 입장 고수 • 감정적 관여

58

갈등이나 의견의 불일치는 불가피하며 본래부터 좋거나 나쁜 것이 아니라는 점을 인식하는 것이 중요하다. 갈등이 해결되지 않고 방치된다면 팀의 발전을 저해할 수 있으나 잘 관리한다면 갈등을 통해 합리적인 의사결정을 이끌어 낼 수 있다.

59

인간은 눈에 보이는 경제적 이득과 육신의 안락만을 추구하는 것이 아니라 삶의 본질적 가치와 도덕적 신념도 존중하고, 또한 이기적인 언행이 주위에 피해를 끼칠 수 있기 때문에 지역 주민들이 해당 남성을 비난했다.

> **불만 윤리적 가치가 중요한 이유**
> • 모든 사람이 윤리적 가치보다 자기이익을 우선하여 행동한다면 사회질서가 붕괴되기 때문이다.
> • 인간은 결코 혼자서는 살아갈 수 없는 사회적 동물이며, 윤리적으로 살 때 개인의 행복을 포함해 모든 사람의 행복을 보장할 수 있기 때문이다.
> • 모두가 다른 사람에 대한 배려 없이 자신만을 위한다면, 끊임없이 서로를 두려워하고 적대시하면서 비협조적으로 살게 되기 때문이다.
> • 삶의 본질적 가치와 도덕적 신념을 존중하기 때문이다.

60

윤리적인 인간은 공동의 이익을 추구하고, 도덕적 가치 신념을 기반으로 형성된다. 따라서 윤리적 인간의 자세로 볼 수 없는 것은 개인의 욕구를 충족시키는 것이다.

제5회 통합
NCS 최종모의고사

01	02	03	04	05	06	07	08	09	10	11	12	13	14	15	16	17	18	19	20
④	①	①	④	③	①	⑤	⑤	④	④	②	①	①	④	④	②	②	④	⑤	③
21	22	23	24	25	26	27	28	29	30	31	32	33	34	35	36	37	38	39	40
④	③	③	④	④	③	⑤	⑤	④	③	④	②	③	④	①	①	②	④	④	③
41	42	43	44	45	46	47	48	49	50	51	52	53	54	55	56	57	58	59	60
①	③	③	①	③	⑤	②	①	②	②	②	④	③	⑤	③	④	⑤	③	②	④
61	62	63	64	65	66	67	68	69	70	71	72	73	74	75	76	77	78	79	80

01

정답 ④

두 번째 문단의 마지막 문장에서 '이런 이유로 완벽하게 ~ 불가능하다.'라고 했으므로, 민주제는 대의 제도를 실현하는 것이 점진적이든 급진적이든 관계없이 폭력 혁명이 아니면 불가능한 것임을 알 수 있다.

[오답분석]

① 첫 번째 문단의 중간 부분 '민주제는 '민주(民主)' ~ 전제정이다.'를 통해 민주제는 전제정이 될 수밖에 없다는 내용을 보여주고 있다.
② 세 번째 문단의 두 번째 문장 '정부의 형태가 ~ 공화정이 가능하다.'를 보면, 대의 제도가 우선 실현되어야 공화정이 이루어질 수 있다고 했으므로 대의 제도는 필요조건임을 알 수 있다.
③ 두 번째 문단의 다섯 번째 문장 '한 국가의 통치자의 ~ 접근할 수 있다.'를 보면, 통치자의 수가 적을수록 공화정에 접근하게 됨을 알 수 있다.
⑤ 첫 번째 문단의 중간 부분 '공화정에서는 입법부에서 ~ 독단적으로 집행한다.'를 보면, 집행권의 분리 여부에 따라 공화정과 전제정을 나누는 것을 알 수 있다.

02

정답 ①

주어와 서술어의 관계를 고려하여 고친 것이지만, 피동형인 '선호되고'보다는 '(많은 사람이) 국가기관을 가장 선호하고'로 수정하는 것이 더 자연스럽다.

03

정답 ①

제시문에서는 광고를 단순히 상품 판매 도구로만 보지 않고, 문화적 차원에서 소비자와 상품 사이에 일어나는 일종의 담론으로 해석하여 광고라는 대상을 새로운 시각으로 바라보고 있다.

04
정답 ④

- (가) : 첫 번째 문단은 완전국가에서 귀족정치체제, 과두체제로 퇴화하는 내용을 단계별로 제시하고 있다. 또 뒤의 문장이 그 첫 단계를 언급하고 있으므로 빈칸에는 '타락해 가는 네 가지 국가형태'에 대한 개괄적인 진술이 와야 한다. 따라서 ⓒ이 적절하다.
- (나) : 두 번째 문단은 정치가의 야심과 명예욕에 대해 설명하고 있다. 따라서 ⓔ이 적절하다.
- (다) : 세 번째 문단은 민주에 대한 플라톤의 기술(記述)을 설명하고 있으므로 '민주체제에 대한 플라톤의 기술'을 언급하고 있는 ㉠이 적절하다.

05
정답 ③

제8조 제1항에 따르면 정보화 자문회의 위원장을 포함한 위원의 임기는 1년이나, 임기 중 성과가 탁월한 위원에 한해 1년 연임할 수 있다.

[오답분석]
① 제6조 제2항
② 제8조 제4항 제1호
④ 제8조 제3항 제1호
⑤ 제6조 제5항

06
정답 ①

문맥의 흐름상 '겉에 나타나 있거나 눈에 띄다.'의 의미를 지닌 '드러나다'의 쓰임은 적절하다. 한편, '들어나다'는 사전에 등록되어 있지 않은 단어로 '드러나다'의 잘못된 표현이다.

07
정답 ⑤

IMF의 자금 지원 전후로 결핵 발생률이 다르게 나타난다는 결과가 나와야 하므로 '실시 이전'을 '실시 이후'로 수정해야 한다.

08
정답 ⑤

제시문에서는 '정규직과 비정규직의 임금차별 문제를 어떻게 해결할 것인가'에 대한 A학파와 B학파의 서로 다른 입장을 보여주고 있다. A학파와 B학파의 주장과 논거를 각각 정리하면 다음과 같다.
ⅰ) A학파
  - 주장 : 임금차별에 대한 법과 제도 등 별다른 규제가 필요하지 않다.
  - 논거 : 임금차별은 기업 간 경쟁을 통해 자연스럽게 줄어들 것이기 때문이다.
ⅱ) B학파
  - 주장 : 임금차별에 대한 법과 제도 등 국가의 규제가 필요하다.
  - 논거 : 실제 임금차별은 기업 간 경쟁에서 불리한 조건으로 작용하지 않으며(A학파에 대한 반박), 오히려 기업은 사회적 비용이라는 장애물의 위협에 직면했을 때에만 임금차별 관행을 재고한다.
따라서 시장의 기업 간 경쟁에 대한 보완 정책이 수립되어야 한다는 ⑤는 A학파의 주장과 일치하지 않으므로 적절하지 않다.

[오답분석]
① '기업 간 경쟁이 임금차별 완화의 핵심'이라는 A학파의 주장과 일치한다.
② '법과 제도에 의한 규제를 통해 임금차별이 줄어들 것'이라는 B학파의 주장과 일치한다.
③ A학파는 기업 간 경쟁을 통해 임금차별을 줄일 수 있다고 주장하나, 이와 달리 B학파는 국가의 강제적 규제를 통해서 임금차별을 줄일 수 있다고 주장하므로 적절한 판단이다.
④ B학파의 주장에 따르면 기업이 국가가 제정한 법과 제도를 수용하지 않을 경우 기업의 생존 가능성이 낮아지게 되므로 기업은 임금차별을 줄이는 강제적 제도를 수용하게 된다. 즉, B학파는 기업이 임금차별 관행보다 자기 조직의 생존 가능성을 더 우선시하고 있음을 전제하고 있다.

09

정답 ④

ㄴ. 유충호르몬은 유충의 특성이 남아 있게 하는 역할만 수행하므로 유충호르몬의 분비를 촉진하는 알로트로핀을 변태 과정 중에 있는 곤충에게 주입한다면, 유충의 특성을 갖게 되어 성체로 발생하지 않을 수 있다.

ㄷ. 유충호르몬은 탈피 촉진과 무관하므로 유충호르몬이 없더라도 탈피호르몬이 분비되면 탈피가 시작될 수 있다.

오답분석

ㄱ. 먹이 섭취 활동과 관련된 자극이 유충의 뇌에 전달되면 전흉선자극호르몬의 분비를 촉진하고, 이 호르몬이 전흉선으로 이동하여 탈피호르몬이 분비되도록 한다. 즉, 유충의 전흉선은 탈피호르몬을 분비하는 역할을 할 뿐, 먹이 섭취 활동과 관련된 자극을 전달하는 역할을 하는 것은 아니다.

10

정답 ④

ㄴ. ㉠에 따르면 성체가 된 이후 탈피하지 않는 곤충들의 경우, 마지막 탈피가 끝난 다음 탈피호르몬이 없어지며, 결과2에 따르면 최종 탈피가 일어날 때까지는 탈피호르몬이 존재한다. 즉, ㉠과 결과2를 통해 최종 탈피가 일어날 때까지 존재하던 탈피호르몬은 최종 탈피 이후 없어진다는 것을 알 수 있다. 따라서 최종 탈피가 끝난 후 탈피호르몬을 분비하는 전흉선이 파괴되어 사라진다는 ㄴ은 결과2와 ㉠을 동시에 설명할 수 있다.

ㄷ. 결과1에 따르면 유충호르몬은 성체가 되는 동안 점점 감소하며, 결과2에 따르면 성체로의 최종 탈피가 일어날 때까지 존재하는 탈피호르몬의 혈중 농도는 변화하지 않는다. 따라서 결과1과 결과2를 통해 변태 과정에 있는 곤충의 경우 탈피호르몬의 양은 변하지 않으나, 유충호르몬의 양은 줄어들고 있음을 알 수 있으므로 탈피호르몬 대비 유충호르몬의 비율이 작아질수록 성체의 특성이 두드러진다는 가설을 지지할 수 있다.

오답분석

ㄱ. 유충호르몬 에스터라제는 유충호르몬을 분해하는 효소로 혈중 유충호르몬의 농도를 낮아지게 한다. 따라서 결과1에 따라 유충호르몬 혈중 농도가 유충기에 가장 높고 성체가 될 때까지 점점 감소한다면, 혈중 유충호르몬 에스터라제의 양은 오히려 유충기에 가장 적고 성체기에 가장 많을 것이다.

11

정답 ②

제시문에서는 에너지와 엔지니어 분야에 관련된 다양한 사례들을 언급하고 있으며, 이 외에 다른 분야에 관한 사례는 설명하지 않고 있다. 따라서 ②는 적절하지 않다.

12

정답 ①

원자력 발전소에서 설비에 이상신호가 발생하면 스스로 위험을 판단하고 작동을 멈추는 등 에너지 설비 운영 부문은 이미 다양한 4차 산업혁명 기술이 사용되고 있다.

13

정답 ①

주어진 논증을 정리하면 다음과 같다.
ⅰ) 테러 증가 → 국방비 증가○
ⅱ) 국방비 증가× ∨ 증세
ⅲ) 증세 → 침체
∴ 침체
이와 같은 결론을 얻기 위해서 논증을 역으로 분석해 보면, 세계 경제가 침체한다는 결론이 나오기 위해서는 A국이 증세 정책을 실행한다는 조건이 필요하다. 그런데 두 번째 조건에서 증세 정책의 실행을 필연적으로 이끌어 내기 위해서는 국방비 지출이 늘어나야 함을 알 수 있다. 그리고 첫 번째 조건에서 국방비 지출 증가가 있기 위해서는 국제적으로 테러가 증가한다는 전제가 주어져야 함을 확인할 수 있다.

14

ㄴ. 연도별 비중을 직접 계산할 필요 없이 2021년의 비중은 분모가 되는 전체 생산액은 증가한 반면, 분자가 되는 쌀 생산액은 감소하였으므로 전체 비중은 2020년에 비해 감소하였음을 알 수 있다. 또한 2022년의 경우 분모가 되는 전체 생산액과 분자가 되는 쌀 생산액 모두 증가하였으나 눈으로 어림해 보더라도 분모의 증가율이 더 크다. 따라서 2022년의 비중은 2021년에 비해 감소하였으므로 옳은 내용이다.

ㄹ. 2022년의 오리 생산액(12,323억 원)은 2021년(6,490억 원)에 비해 증가하였다는 것을 자료를 통해 곧바로 알 수 있다. 또한 2021년의 경우도 2020년에 10위를 차지한 마늘의 생산액이 5,324억 원이므로 오리의 생산액이 아무리 많아도 이 수치보다는 작다는 것을 알 수 있다. 따라서 2021년의 오리 생산액도 2020년에 비해 증가하였음을 알 수 있다.

오답분석

ㄱ. 2022년의 감귤 생산액(분자)은 2021년에 비해 10%가량 증가하였으나 농축수산물 전체 생산액(분모)은 10%를 훨씬 넘는 증가율을 기록하였다. 따라서 전체 비중은 감소하였다.

ㄷ. 2020년부터 2022년까지 매년 상위 10위 이내에 포함된 품목은 쌀, 돼지, 소, 우유, 고추, 닭, 달걀, 감귤의 총 8개이므로 옳지 않은 내용이다.

15

'요구'는 '받아야 할 것을 필요에 의하여 달라고 청함'의 의미이므로 문맥상 '알맞게 이용하거나 맞추어 씀'의 의미인 '적용'이 적절하다.

16

⊙ 근로자가 총 90명이고 전체에게 지급된 임금의 총액이 2억 원이므로 근로자당 평균 월 급여액은 $\frac{2억 원}{90명} ≒ 222$만 원이다. 따라서 평균 월 급여액은 230만 원 이하이다.

ⓒ 월 210만 원 이상 급여를 받는 근로자 수는 $26+12+8+4=50$명이다. 따라서 총 90명의 절반인 45명보다 많으므로 옳은 설명이다.

오답분석

ⓒ 월 180만 원 미만의 급여를 받는 근로자 수는 $6+4=10$명이다. 따라서 전체에서 $\frac{10}{90} ≒ 11\%$의 비율을 차지하고 있으므로 옳지 않은 설명이다.

ⓔ '월 240만 원 이상 270만 원 미만'의 구간에서 월 250만 원 이상 받는 근로자의 수는 주어진 자료만으로는 확인할 수 없다. 따라서 옳지 않은 설명이다.

17

중학생이 월간 용돈을 5만 원 미만으로 받는 비율은 89.4%이고, 고등학생이 월간 용돈을 5만 원 미만으로 받는 비율은 60%이다. 따라서 중학생의 비율이 고등학생의 비율보다 높다.

오답분석

① 용돈을 받는 남학생과 여학생의 비율은 각각 82.9%, 85.4%이다. 따라서 여학생의 비율이 더 높다.

③ 고등학교 전체 인원을 100명이라 한다면 그중에 용돈을 받는 학생은 약 80.8명이다. 80.8명 중에 용돈을 5만 원 이상 받는 학생의 비율이 40%이므로 $80.8×0.4≒32.3$명이다.

④ 전체에서 용돈기입장의 기록, 미기록 비율은 각각 30%, 70%이다. 따라서 기록하는 비율이 더 낮다.

⑤ 용돈을 받지 않는 중학생과 고등학생 비율은 각각 12.4%, 19.2%이다. 따라서 용돈을 받지 않는 고등학생 비율이 더 높다.

18

국내은행에서 외화를 다른 외화로 환전할 경우에는 우선 외화를 원화로 환전한 후 해당 원화를 다시 다른 외화로 환전하는 방식으로 이루어진다. 실제로 환전수수료가 있다면 두 번에 거쳐 수수료가 발생된다.

④와 같이 위안화를 엔화로 국내은행에서 환전한다면 위안화 ¥3,500을 은행에 파는 것이므로 파실 때 환율이 적용되어 173.00×¥3,500＝605,500원이 된다. 그리고 엔화는 원화를 대가로 은행에서 사는 것이므로 사실 때 환율이 적용되어 605,500÷1,070.41 ≒565.6711이 된다. 그러나 외화거래에서의 엔화 단위는 100엔이므로 1엔 기준으로 변경하면 565.6711×100＝¥56,567.110이 된다.

19

정답 ⑤

학습성과 항목 각각에 대해 대학 졸업생 보유도와 산업체 고용주 보유도 차이가 가장 큰 학습성과 항목은 직업윤리(0.9)이므로 옳지 않은 내용이다.

오답분석

① 대학 졸업생의 보유도와 중요도 간의 차이가 가장 큰 학습 성과 항목은 국제적 감각(0.9)이고 산업체 고용주의 보유도와 중요도 간의 차이가 가장 큰 학습성과 항목도 국제적 감각(1.2)이므로 옳은 내용이다.

② 대학 졸업생 설문 결과에서 중요도가 가장 높은 학습 성과 항목은 실험능력(4.1)이므로 옳은 내용이다.

③ 산업체 고용주 설문 결과에서 중요도가 가장 높은 학습 성과 항목은 기본지식(4.2)이므로 옳은 내용이다.

④ 대학 졸업생 설문 결과에서 보유가 가장 낮은 학습 성과 항목은 시사지식(2.6)이므로 옳은 내용이다.

20

정답 ③

• 2022년 축구 동호회 인원 증가율 : $\dfrac{131-114}{114}\times100≒15\%$

2022년의 축구 동호회 인원 증가율이 계속 유지된다고 가정할 때, 2023년 축구 동호회의 인원은 131×1.15≒151명이다.

21

정답 ④

2020년 전체 동호회의 평균 인원은 419÷7≒60명이고 2020년 족구 동호회 인원이 62명이다. 따라서 2020년 족구 동호회 인원이 전체 동호회의 평균 인원보다 더 많다.

오답분석

① 족구와 배구 동호회의 순위가 2019년과 2020년에 다르다.

② 2020년과 2021년을 비교하면, 분모증가율은 $\dfrac{554-419}{419}≒\dfrac{1}{3}$ 이고, 분자증가율은 $\dfrac{42-35}{35}=\dfrac{1}{5}$ 이다. 따라서 2021년에는 비중이 감소했다.

③ 2019년과 2020년을 비교하면, 분모증가율은 $\dfrac{419-359}{359}≒\dfrac{1}{6}$ 이고, 분자증가율은 $\dfrac{56-52}{52}=\dfrac{1}{13}$ 이다. 따라서 2020년에는 비중이 감소했다.

⑤ 2019년부터 등산과 여행 동호회 인원의 합은 각각 31, 60, 81, 131명으로, 2022년에는 축구 동호회 인원과 동일하다.

22

H나라의 인구는 '$\dfrac{(\text{연구개발비})}{(\text{인구 만 명당 연구개발비})}$'를 통해 알 수 있는데, 2021년과 2022년을 비교하면 분자는 10% 이상 증가한 것이 명확한 반면, 분모는 그보다 적게 증가하고 있다. 따라서 H나라의 인구는 2021년에 비해 2022년이 더 많다.

오답분석

① 연구개발비의 공공부담 비중은 2022년에 전년 대비 0.7%p만큼 감소하였으므로 옳지 않은 내용이다.

② 2019년의 경우 인구 만 명당 연구개발비는 2018년에 비해 약 800백만 원만큼 증가한 것에 반해 나머지 연도들의 증가폭은 그에 미치지 못하고 있으므로 옳지 않은 내용이다.

④ 2020년의 경우 연구개발비는 전년에 비해 약 3,200십억 원만큼 증가한 것에 반해 나머지 연도들의 증가폭은 모두 그보다 크다. 2021년의 경우는 전년에 비해 약 3,400십억 원만큼 증가하였다.

⑤ 먼저 연도별로 전년 대비 연구개발비의 증가액을 어림해보면 2019년은 약 4,000십억 원, 2020년은 약 3,100십억 원, 2021년은 약 3,500십억 원, 2022년은 약 6,000십억 원 증가하였다. 따라서 증가율이 가장 작은 해는 2020년과 2021년 둘 중의 하나임을 알 수 있다. 그런데 민간부담 비중이 가장 큰 해, 즉 공공부담 비중이 가장 작은 해는 2018년으로 두 해는 서로 다르므로 옳지 않은 내용이다.

23

도배지는 총 세 가지 종류의 규격이 있는데, 첫 번째 도배지(폭 100cm×길이 150cm)가 가장 경제적이므로 우선하여 사용한다. 왜냐하면 두 번째 도배지의 크기는 첫 번째 도배지 크기의 $\dfrac{2}{3}$ 정도인 것에 반해, 가격은 $\dfrac{3}{4}$ 정도로 비싸기 때문이다. 이는 세 번째 도배지의 경우도 마찬가지이다.

1) 가로 8m×높이 2.5m 벽 도배 비용 추산

• 첫 번째 도배지는 총 13Roll이 필요하다. → 비용 : 40,000원×13Roll=520,000원
• ? 의 크기는 폭 100cm×길이 50cm이다.

2) 가로 4m×높이 2.5m 벽 도배 비용 추산

• 첫 번째 도배지는 총 6Roll이 필요하다. → 비용 : 40,000원×6Roll=240,000원
• ? 의 크기는 폭 100cm×길이 100cm이다.

3) ? 의 도배 비용 추산
• 총 ? 넓이=폭 100cm×길이 150cm
• 첫 번째 도배지 1Roll이 있으면 된다. → 비용 : 40,000원

4) 4개 벽면의 도배 비용
$$=(520{,}000+240{,}000+40{,}000)\times2$$
$$=1{,}600{,}000\text{원}$$

24

정답 ④

첫 번째와 네 번째 시행령에 의해 신도시 신호등의 기본 점멸 시간을 구하면 $60 \div 1.5 = 40$cm/초이다.

- 5m 횡단보도의 신호등 점멸 시간

  거리에 따른 신호등 점멸 시간을 t초라 하면 $t = \dfrac{500}{40} = 12.5$이며, 세 번째 시행령에 의하여 추가 여유시간을 더해 신호등 점멸 시간을 구하면 $12.5 + 3 = 15.5$초이다.

- 20m 횡단보도의 신호등 점멸 시간

  거리에 따른 신호등 점멸 시간을 t_1초라 하면 $t_1 = \dfrac{2,000}{40} = 50$이며, 이때 횡단보도의 길이가 10m 이상이므로 두 번째 시행령에 의해 추가 점멸 시간이 발생한다. 초과 거리는 $20 - 10 = 10$m이고, 추가 점멸 시간을 t_2초라 하면 $t_2 = 10 \times 1.2 = 12$이다. 추가 여유시간을 더해 신호등 점멸 시간을 구하면 $t_1 + t_2 + 3 = 50 + 12 + 3 = 65$초이다.

25

정답 ④

개선 전 부품 1단위 생산 시 투입 비용은 총 40,000원이었다. 생산 비용 감소율이 30%이므로 개선 후 총비용은 28,000원이어야 한다. 그러므로 ⓐ+ⓑ의 값으로 옳은 것은 10,000원이다.

26

정답 ③

2022년 말 기준으로 가맹점 수는 52개점이다. 2022년도에 11개점이 개업을 하고 5개점이 폐업을 하였으므로 2021년 말 가맹점 수는 $52 - (11 - 5) = 46$개점이다. 이러한 방식으로 계산하면 다음과 같은 결과를 얻을 수 있다.

2021년 말	2020년 말	2019년 말	2018년 말	2017년 말
$52-(11-5)=46$개점	$46-(1-6)=51$개점	$51-(0-7)=58$개점	$58-(5-0)=53$개점	$53-(1-2)=54$개점

따라서 가장 많은 가맹점을 보유하고 있었던 시기는 58개점인 2019년 말이다.

27

정답 ⑤

각각의 출장별로 나누어 출장여비를 계산하면 다음과 같다.

구분	출장수당	교통비	차감	출장여비
출장 1	1만 원	2만 원	1만 원(법인차량 사용)	2만 원
출장 2	2만 원	3만 원	1만 원(13시 이후 시작)	4만 원
출장 3	2만 원	3만 원	1만 원(업무추진비 사용)	4만 원

따라서 A대리가 출장여비로 받을 수 있는 총액은 $2 + 4 + 4 = 10$만 원이다.

28

정답 ⑤

- 술에 부과되는 세금
  - 종가세 부과 시 : $2,000 \times 20 \times 0.2 = 8,000$원
  - 정액세 부과 시 : $300 \times 20 = 6,000$원
- 담배에 부과되는 세금
  - 종가세 부과 시 : $4,500 \times 100 \times 0.2 = 90,000$원
  - 정액세 부과 시 : $800 \times 100 = 80,000$원

따라서 조세 수입을 극대화하기 위해 술과 담배 모두 종가세를 부여해야 하며, 종가세 부과 시 조세 총수입은 $8,000 + 90,000 = 98,000$원이다.

29

정답 ④

$$(\text{GDP 대비}) = \frac{(\text{R\&D 투자 총액})}{(\text{GDP 총액})} \times 100$$

$$3.44 = \frac{1,508}{(\text{GDP 총액})} \times 100$$

$$\rightarrow (\text{GDP 총액}) = \frac{1,508}{0.0344} \fallingdotseq 43,837억 \text{ 달러}$$

30

정답 ③

전체 비용은 (구입가격)+(운송비용)이다. 단위를 천 원으로 맞추어 계산하면 다음과 같다.
- A사 : 890+(15×90)=2,240
- B사 : 1,490+(12×60)=2,210
- C사 : 1,150+(14×75)=2,200
- D사 : 1,860+(11×35)=2,245
- E사 : 1,630+(12×50)=2,230

따라서 C사가 가장 적은 비용이 든다.

31

정답 ④

- 다섯 번째 조건에 따라 K대리는 밀양을 방문한다.
- 여섯 번째 조건의 대우 명제는 '밀양을 방문하면 동래를 방문하지 않는다.'이다. 이에 따라 동래는 방문하지 않는다.
- 세 번째 조건의 대우 명제에 따라 목포도 방문하지 않는다.
- 첫 번째 조건에 따라 K대리는 목포를 제외하고 양산, 세종을 방문해야 한다.
- 두 번째 조건의 대우 명제에 따라 성남을 방문하지 않는다.
- 네 번째 조건에 따라 익산을 방문한다.

그러므로 K대리는 양산, 세종, 익산, 밀양은 방문하고, 성남, 동래, 목포는 방문하지 않는다. 따라서 참인 설명을 한 사람은 세리와 진경이다.

32

정답 ②

기본급은 180만 원이며, 시간외근무는 10시간이므로 $1,800,000 \times \frac{10}{200} \times 1.5 = 135,000$원이다.

33

정답 ③

첫 번째 조건에 따라 A, B, C, D는 모두 직업이 같거나 두 명씩 서로 다른 직업을 가져야 한다. 이때 네 번째 조건에 따라 A와 D의 직업은 서로 같아야 하므로 A, B, C, D의 직업이 모두 같은 경우와 (A, D)와 (B, C)의 직업이 서로 다른 경우로 나누어 볼 수 있다.
1) A, B, C, D의 직업이 모두 같은 경우
   세 번째 조건에 따라 C가 경찰관인 경우 D와 직업이 같을 수 없으므로 C는 경찰관이 될 수 없다. 따라서 A, B, C, D는 모두 소방관이다.

2) (A, D)와 (B, C)의 직업이 서로 다른 경우
  • A, D가 소방관인 경우
    두 번째 조건에 따라 A가 소방관이면 B가 소방관이거나 C는 경찰관이다. 이때, A와 B의 직업이 서로 다르므로 B는 소방관이 될 수 없으며 C가 경찰관이 된다. C가 경찰관이면 세 번째 조건에 따라 D는 소방관이 된다. 따라서 A, D는 소방관이며, B, C는 경찰관이다.
  • A, D가 경찰관인 경우
    세 번째 조건의 대우 'D가 소방관이 아니면 C는 경찰관이 아니다.'가 성립하므로 D가 경찰관이면 C는 소방관이 된다. 따라서 A, D는 경찰관이며, B, C는 소방관이다.
다음 내용을 표로 정리하면 다음과 같다.

구분	A	B	C	D
경우 1	소방관			
경우 2	소방관	경찰관	경찰관	소방관
경우 3	경찰관	소방관	소방관	경찰관

따라서 B, C의 직업은 항상 같다.

34
정답 ④

집에서 출발하여 모든 유적지를 경유한 뒤 다시 집으로 돌아오는 최단경로는 집(출발) → 가 → 라 → 마 → 다 → 나 → 집(도착)이다. 따라서 이들 거리를 더하면, $40+120+60+72+40+80=412$km이다.

35
정답 ①

자료 2의 연결로 길이를 자료 3의 도로별 연비를 이용해서 휘발유 소비량으로 바꾸면 다음과 같다.

(단위 : L)

구분	집	가	나	다	라	마
마	12(비)	10(국)		6(국)	3(고)	
라	5(고)	6(고)				3(고)
다			10(시)			6(국)
나	4(고)			10(시)		
가	10(시)				6(고)	10(국)

표를 참고하여 연료가 가장 적게 드는 경로를 찾으면 집(출발) → 나 → 다 → 마 → 라 → 가(도착)이다.
따라서 휘발유 소비량은 $4+10+6+3+6=29$L이고, 비용은 $29L×1,000=29,000$원이다.

36
정답 ①

두 번째 조건에서 총구매 금액이 30만 원 이상이면 총금액에서 5% 할인을 해주므로 한 벌당 가격이 $300,000÷50=6,000$원 이상인 품목은 할인 적용이 들어간다. 업체별 품목 금액을 보면 모든 품목이 6,000원 이상이므로 5% 할인 적용 대상이다. 그러므로 모든 품목이 할인 조건이 적용되어 정가로 비교가 가능하다. 마지막 조건에서 차순위 품목이 1순위 품목보다 총금액이 20% 이상 저렴한 경우 차순위를 선택하므로 한 벌당 가격으로 계산하면 1순위인 카라 티셔츠의 20% 할인된 가격은 $8,000×0.8=6,400$원이다. 정가가 6,400원 이하인 품목은 A업체의 티셔츠이므로 구매팀은 1순위인 A업체의 카라 티셔츠보다 2순위인 A업체의 티셔츠를 구입할 것이다.

37

먼저, 주어진 조건에 의해 부처별 최종심사점수를 정리하면 다음과 같다.

구분	A	B	C	D	E
서면심사 최종반영점수	40	45	50	30	35
현장평가단 최종반영점수	40	50	40	30	20
최종심사점수	80	95	90	60	55

E의 현장평가단 최종반영점수가 30점이 되면, 최종심사점수가 10점 상승하여 65점이 되므로 5위에서 4위로 올라서게 된다. 따라서 옳은 내용이다.

[오답분석]

① 위 표에서 현장평가단 최종반영점수가 30점인 부처는 D임을 알 수 있으므로 옳지 않은 내용이다.

③ A의 서면심사점수가 5점 올라간다면 최종심사점수가 85점이 되지만 순위는 변하지 않으므로 옳지 않은 내용이다.

④ 위 표에 의하면 서면심사점수가 가장 낮은 부처는 D(30점)이고, 최종심사점수가 가장 낮은 부처는 E(55점)이므로 옳지 않은 내용이다.

⑤ 서면심사 최종반영점수와 현장평가단 최종반영점수 간의 차이가 가장 큰 부처는 E(15점)이므로 옳지 않은 내용이다.

38

주어진 조건을 표로 나타내면 다음과 같다.

구분	월요일	화요일	수요일	목요일	금요일
A	○		×	○	
B	○	×	×	○	○
C	○		×	○	
D	○		○	○	
E	○	○	×	○	×

따라서 수요일에 야근하는 사람은 D이다.

39

소송을 제기하기만 하고 소송을 제기받지 않은 기업은 B, F, H, K, M의 5개 기업이므로 옳지 않은 내용이다.

[오답분석]

① 소송을 제기하지 않은 기업은 C, D, E, G, N, O, P, Q의 8개이므로 옳은 내용이다.

② A기업은 B, F, I, J의 4개 기업으로부터 소송을 제기받아 가장 많은 수의 기업으로부터 소송을 제기받았다. 따라서 옳은 내용이다.

③ J기업은 A, D, G, I, L, N, O, Q의 8개 기업에 소송을 제기하였으므로 옳은 내용이다.

⑤ 서로가 소송을 제기한 경우는 A기업과 J기업, L기업과 J기업의 경우뿐이므로 옳은 내용이다.

40

정답 ③

수가제도 중 '건강보험 행위별수가제'에 해당되는 설명이며, 나머지 수가제도인 포괄수가제와 정액수가제의 도입시기는 제시되어 있지 않다.

오답분석

① 점수당 단가에서 70원 대에서 가장 높은 분류에 속하는 곳은 치과병원과 치과의원으로 75.8원이다.
② 점수당 단가에서 가장 낮은 금액을 가지는 곳은 종합병원, 병원 및 요양병원으로 68.8원이다.
④ 진료수가 산출구조에서 확인 가능하다.
⑤ 상대가치점수 구성요소에서 확인 가능하다.

41

정답 ①

각 기관에 해당하는 환산지수(점수당 단가)와 상대가치점수를 곱하여 수가금액을 구하면 다음과 같다.

구분	상대가치점수(점)	환산지수(원/점)	수가금액(원)
A종합병원	480+620+150=1,250	68.8	86,000
B의원	590+240+100=930	72.2	67,146 → 67,000 (∵ 천 원 미만 절사)
C조산원	720	110.0	79,200

따라서 B의원의 수가금액이 약 67,000원으로 가장 낮다.

42

정답 ③

을과 정은 상반된 이야기를 하고 있다. 만일 을이 참이고 정이 거짓이라면 합격자는 병, 정이 되는데 합격자는 한 명이어야 하므로 모순이다. 따라서 을은 거짓이고, 합격자는 병이다.

43

정답 ③

ㄱ. 모조품은 1일 통관 물량 중 1%의 확률로 존재하므로 1일 통관 물량 1,000건을 검수율 10%로 검수할 때 1,000×0.01×0.1=1개의 모조품이 적발된다. 따라서 벌금은 1,000만 원이며, 인건비는 10×30=300만 원이므로 세관의 1일 평균 수입은 1,000−300=700만 원이다.

ㄴ. 검수율이 100%면 1,000×0.01×1=10개의 모조품이 적발되므로 벌금은 1,000만×10=1억 원이 부과된다. 이때, 검수율을 90%p를 상승시키는 데 필요한 인원은 20×9=180명이므로 인건비는 (10+180)×30만=5,700만 원이 된다. 세관의 수입은 10,000−5,700=4,300만 원이 되므로 수입보다 인건비가 더 크다.

ㄹ. 검수율이 30%면 1,000×0.01×0.3=3개의 모조품이 적발되므로 벌금은 1,000×3=3,000만 원이 부과된다. 이때, 인건비는 (10+40)×30만=1,500만 원이 되므로 세관의 수입은 3,000−1,500=1,500만 원이 된다. 한편, 검수율 10%를 유지한 채 벌금을 2배로 인상할 경우 세관의 수입은 2,000−300=1,700만 원이 된다. 따라서 벌금을 인상하는 방안의 1일 평균 수입이 더 많다.

오답분석

ㄷ. 검수율이 40%면 1,000×0.01×0.4=4개의 모조품이 적발되므로 벌금은 4,000만 원이 부과된다. 이때, 검수율을 30%p 상승시키는 데 필요한 인원은 20×3=60명이므로 인건비는 (10+60)×30만=2,100만 원이 된다. 세관의 수입은 4,000−2,100=1,900만 원이 되므로 현재 1일 평균 수입인 700만 원의 4배(700×4≒2,800만 원) 이하이다.

44

각 사무용품 조합 구매를 통한 효용과 구입비용을 정리하면 다음과 같다.

상품 조합	할인행사에 따른 추가효용	총효용	구입비용(원)
①	55	265	$(2,500 \times 2) + (1,800 \times 2) = 8,600$
②	50	185	$(1,300 \times 4) + (3,200 \times 1) = 8,400$
③	80	235	$(1,800 \times 2) + (2,200 \times 3) = 10,200$
④	0	175	$(2,200 \times 2) + (2,500 \times 1) + (1,800 \times 1) = 8,700$
⑤	35	185	$(3,200 \times 2) + (1,300 \times 2) = 9,000$

③의 경우, 김팀장의 예산 범위를 초과하므로 구입이 불가능하다.

따라서 ①·②·④·⑤ 중 총효용이 가장 높은 것은 ①이다.

45

두 번째 조건에서 사원 양옆과 앞자리는 비어있을 수 없다고 했으므로 A, D자리는 빈자리가 된다. 또한 세 번째 조건에 따라 부서장 앞자리에는 이상무 또는 최부장이 없으며, 첫 번째 조건에 따라 같은 직급은 옆자리로 배정할 수 없어 한대리는 F 또는 G에 앉을 수 있다. 따라서 F와 G에 과장 두 명이 앉으면 성대리 양옆 중 한 자리에 한대리가 앉아야 하므로 적절하지 않다.

부서장		B	성대리	C	
	E (최부장 또는 이상무)	김사원	F	이사원	G

오답분석

① 부서장 앞자리인 A는 빈자리이다.
② A와 D는 빈자리이다.
④ B, C, F, G 중 한 곳에 최부장이 앉으면, E에는 이상무가 앉게 된다.
⑤ B와 C에 이상무와 박과장이 앉으면, 한대리가 앉을 수 있는 자리는 F 또는 G이다.

46

첨가물별로 섭취량과 섭취 허용량을 구하면 다음과 같다.

(단위 : mg)

바닐린	섭취량	300(사탕)
	허용량	$10 \times 50 = 500$, 따라서 허용량을 초과하지 않는다.
푸마르산	섭취량	15(사탕)+200(햄버거)=215
	허용량	$4 \times 50 = 200$, 따라서 허용량을 초과한다.
글리세린	섭취량	600(음료)+800(스낵)=1,400
	허용량	$30 \times 50 = 1,500$, 따라서 허용량을 초과하지 않는다.
식용색소 적색3호	섭취량	12(사탕)+8(스낵)=20
	허용량	$0.1 \times 50 = 5$, 따라서 허용량을 초과한다.
식용색소 황색4호	섭취량	300(음료)+160(스낵)=460
	허용량	$10 \times 50 = 500$, 따라서 허용량을 초과하지 않는다.

따라서 푸마르산과 식용색소 적색3호가 허용량을 초과한다.

47

정답 ②

ⅰ) K기사가 거쳐야 할 경로는 'A도시 → E도시 → C도시 → A도시'이다. A도시에서 E도시로 바로 갈 수 없으므로 다른 도시를 거쳐야 하는데, 가장 짧은 시간 내에 A도시에서 E도시로 갈 수 있는 경로는 B도시를 경유하는 것이다. 따라서 K기사의 운송경로는 'A도시 → B도시 → E도시 → C도시 → A도시'이며, 이동시간은 1.0+0.5+2.5+0.5=4.5시간이다.

ⅱ) P기사는 A도시에서 출발하여 모든 도시를 한 번씩 거친 뒤 다시 A도시로 돌아와야 한다. 해당 조건이 성립하는 운송경로의 경우는 다음과 같다.

- A도시 → B도시 → D도시 → E도시 → C도시 → A도시
  - 이동시간 : 1.0+1.0+0.5+2.5+0.5=5.5시간
- A도시 → C도시 → B도시 → E도시 → D도시 → A도시
  - 이동시간 : 0.5+2.0+0.5+0.5+1.5=5시간

따라서 P기사가 운행할 최소 이동시간은 5시간이다.

그러므로 K기사의 이동시간은 4.5시간이고 P기사의 이동시간은 5시간이다.

48

정답 ①

주어진 정보에 따라 입찰 참가업체들의 항목별 점수, 가중치를 반영한 평가점수 및 가격점수와 이를 고려한 선정점수를 산출하면 다음과 같다. 가용설비규모와 경영건전성에서 가 등급을 받은 B업체는 1점의 가점을 받는다.

(단위 : 점)

평가항목 업체	가용설비규모	친환경시공	경영건전성	최근 시공실적	평가점수	가격점수	가점	선정점수
A	16	14	12	20	62	15	−	77
B	20	14	20	6	60	15	1	76
C	12	20	15	10	57	20	−	77
D	16	16	12	17	61	10	−	71
E	4	20	12	14	50	5	−	55

선정점수가 가장 높은 업체가 A, C 두 곳이므로, 이 중 동점 처리 기준에 따라 최근 시공실적 항목의 등급이 더 높은 A업체가 선정된다.

49

정답 ②

변경된 정보에 따라 입찰 참가업체들의 항목별 점수, 가중치를 반영한 평가점수 및 가격점수와 이를 고려한 선정점수를 산출하면 다음과 같다. 가용설비규모와 경영건전성에서 가 등급을 받은 B업체는 2점의 가점을 받는다.

(단위 : 점)

평가항목 업체	가용설비규모	친환경시공	경영건전성	최근 시공실적	평가점수	가격점수	가점	선정점수
A	16	14	12	20	62	15	−	77
B	20	14	20	6	60	15	2	77
C	12	20	15	10	57	20	−	77
D	16	16	12	17	61	10	−	71
E	4	20	12	14	50	5	−	55

선정점수가 최고점인 업체가 A, B, C로 세 곳이다. 따라서 이 중 동점 처리 기준에 따라 최근 시공실적 항목의 등급이 더 높은 A업체와 C업체가 선정된다.

50

정답 ②

변경된 방식을 바탕으로 가중치를 적용하면 바뀐 선정점수는 다음과 같다.

평가항목 업체	가용설비 규모	친환경 시공	경영 건전성	최근 시공실적	가점	평가점수	가격점수	선정점수
A	16	14	12	20	–	62	15	(62×3)+(15×2) =216점
B	20	14	20	6	2	62	15	(62×3)+(15×2) =216점
C	12	20	15	10	–	57	20	(57×3)+(20×2) =211점
D	16	16	12	17	–	61	10	(61×3)+(10×2) =203점
E	4	20	12	14	–	50	5	(50×3)+(5×2) =160점

따라서 선정점수가 216점으로 가장 높은 업체인 A, B 두 곳이고, 이 중 경영건전성 점수가 더 높은 B업체가 선정된다.

51

정답 ②

경력 초기 단계로 자신이 맡은 업무를 파악하고, 새로 들어간 조직의 규칙이나 규범, 분위기를 알고 적응해 나가는 시기이다.

오답분석

① 조직 입사 단계로 조직의 특성을 알아보는 시기이다.

③ 경력 중기 단계로 경력 초기의 생각을 재검토하게 되며, 다른 직업으로 이동하는 경력 변화가 일어나기도 한다.

④ 경력 말기 단계로 새로운 환경변화에 대처하는 데 어려움을 겪게 되며, 퇴직에 대한 개인적인 고민과 함께 조직의 압력을 받는 시기이다.

⑤ 직업 선택 단계로 자신에게 적합한 직업이 무엇인지를 탐색하고 이를 선택한 후, 여기에 필요한 능력을 키우는 과정이다.

경력 단계

직업 선택	자신에게 적합한 직업이 무엇인지를 탐색하고 이를 선택한 후, 여기에 필요한 능력을 키우는 과정이다.
조직 입사	일반적으로 학교를 졸업하고 자신이 선택한 경력 분야에서 원하는 조직의 일자리를 얻으며, 직무를 선택하는 과정이다. 직무를 선택할 때도 직업선택 과정과 마찬가지로 환경과 자신의 특성을 고려해야 하며, 특히 자신이 들어갈 조직의 특성을 알아보아야 한다.
경력 초기	조직에 입사하면, 직무와 조직의 규칙과 규범에 대해서 배우게 된다. 특히 자신이 맡은 업무의 내용을 파악하고, 새로 들어간 조직의 규칙이나, 규범, 분위기를 알고 적응해 나가는 것이 중요한 과제이다.
경력 중기	자신의 경력 초기의 생각을 재검토하게 되며, 현재의 경력 경로와 관련 없는 다른 직업으로 이동하는 경력 변화가 일어나기도 한다.
경력 말기	경력 중기에 경험했던 새로운 환경 변화에 대처하는 데 더 어려움을 겪게 되며, 퇴직에 대한 개인적인 고민과 함께 조직의 압력을 받기도 한다.

52

정답 ④

④는 '일의 절차를 충실히 이행하는가?'라는 직업적인 업무역량을 물어본 것이지 개인의 강점과는 거리가 있다.

53

정보의 공유를 통해서 업무수행이 수월해지고 성과를 높일 수 있다.

업무수행 성과를 높이기 위한 행동전략
- 회사와 팀의 업무 지침을 따른다.
- 업무를 묶어서 처리한다.
- 다른 사람과 다른 방식으로 일한다.
- 역할 모델을 설정한다.
- 일을 미루지 않는다.

54

오른쪽의 데이터는 나이가 적은 사람부터 많은 사람 순으로 정렬되어 있다. 따라서 열에는 '나이', 정렬에는 '오름차순'을 선택해야 오른쪽과 같이 정렬된다.

55

와일드카드 문자인 '?'는 해당 위치의 한 문자를 대신할 수 있으며, '*'는 모든 문자를 대신할 수 있다. 따라서 찾을 내용에 '가?'는 '가'로 시작하는 두 글자 단어를 나타내며, 모두 바꾸기를 실행하였을 경우 나타나는 결괏값은 ③이 적절하다.

56

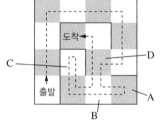

A에서 B, C에서 D로 이동할 때는 보조명령을 통해 이동했다. 그 외의 구간은 주명령을 통해 이동했다.

57

영상이 희미한 경우 리모컨 메뉴창의 초점 조절 기능을 이용하여 초점을 조절하거나 투사거리가 초점에서 너무 가깝거나 멀리 떨어져 있지 않은지 확인해야 한다.

58

정답 ③

A사는 동일 업종에서 고객을 직접적으로 공유하는 경쟁기업인 B사를 바탕으로 경쟁적 벤치마킹을 하였다.

벤치마킹의 종류

비교대상에 따른 분류	내용
내부 벤치마킹	같은 기업 내의 다른 지역, 타 부서, 국가 간의 유사한 활용을 비교 대상으로 함
경쟁적 벤치마킹	동일 업종에서 고객을 직접적으로 공유하는 경쟁기업을 대상으로 함
비경쟁적 벤치마킹	제품, 서비스 및 프로세스의 단위 분야에 있어 가장 우수한 실무를 보이는 비경쟁적 기업 내의 유사 분야를 대상으로 함
글로벌 벤치마킹	프로세스에 있어 최고로 우수한 성과를 보유한 동일 업종의 비경쟁적 기업을 대상으로 함

수행방식에 따른 분류	내용
직접적 벤치마킹	벤치마킹 대상을 직접 방문하여 수행하는 방법이다.
간접적 벤치마킹	인터넷 검색 및 문서 형태의 자료를 통해서 수행하는 방법이다.

59

정답 ②

A사의 경쟁적 벤치마킹에서 유의해야 할 사항은 윤리적 문제가 발생할 수 있고, 대상의 적대적 태도로 인해 자료 수집이 어렵다는 것이다.

벤치마킹에서 유의해야 할 사항

벤치마킹	유의사항 및 단점
내부 벤치마킹	관점이 제한적일 수 있고, 편중된 내부 시각에 대한 우려가 있다.
경쟁적 벤치마킹	윤리적인 문제가 발생할 소지가 있으며, 대상의 적대적 태도로 인해 자료 수집이 어렵다.
비경쟁적 벤치마킹	다른 환경의 사례를 가공하지 않고 적용할 경우, 효과를 보지 못할 가능성이 높다.
글로벌 벤치마킹	문화 및 제도적인 차이로 발생되는 효과에 대한 검토가 없을 경우, 잘못된 분석 결과가 발생할 가능성이 높다.
직접적 벤치마킹	벤치마킹 대상 선정이 어렵고, 수행비용 및 시간이 과다하게 소요된다.
간접적 벤치마킹	벤치마킹 결과가 피상적이며 정확한 자료의 확보가 어렵고, 특히 핵심자료의 수집이 상대적으로 어렵다.

60

정답 ④

같은 기업 내 가장 높은 실적을 내고 회전률이 빠른 C지점을 기준으로 다른 지점들이 벤치마킹을 실시하는 것은 내부적 벤치마킹에 해당된다.

61

정답 ①

컴퓨터의 반도체 성능이 고성능화한다는 법칙으로, 네트워크 혁명의 3가지 법칙 중 인텔의 설립자 고든 무어(Gordon Moore)가 주장한 무어의 법칙이다.

오답분석

② 길더의 법칙 : 조지 길더가 주장한 정보통신 법칙으로, 그는 "가장 비싼 자원을 아끼기 위한 최선의 방법은 가장 값싼 자원을 마구 쓰는 것이다."라고 하였다.
③ 카오의 법칙 : 법칙경영 컨설턴트 존 카오(John Kao)가 주장한 것으로, 창조성은 네트워크에 접속되어 있는 다양성에 지수함수로 비례한다는 법칙이다.
④ 메라비언의 법칙 : 앨버트 메라비언이 대화에서 시각과 청각 이미지가 중요시된다고 주장한 커뮤니케이션 이론이다.
⑤ 메트칼피의 법칙 : 근거리 통신망 이더넷(ethernet)의 창시자 로버트 메트칼피(Robert Metcalfe)가 주장한 것으로, 네트워크의 가치는 사용자 수의 제곱에 비례한다는 법칙이다.

62

정답 ①

사생활과 위치 정보가 노출된 것은 네트워크의 역기능 중 정보기술을 이용한 감시에 해당하는 것으로, 네트워크가 원격으로 온라인 침투가 용이하고 누구나 접근 가능한 개방시스템의 속성에 원인이 있다.

63

정답 ③

네트워크의 속성

• 사회적이기 때문에 사용자 관계 및 연결이 중요하다.
• 개방시스템이기 때문에 접목과 확장이 쉽고 역기능이 발생하는 근본적인 원인을 제공하기도 한다.
• 유기적이기 때문에 사용자의 요구에 부합하도록 발전을 거듭한다.

64

정답 ①

오답분석

• 박대리 : 독재자 유형의 리더에 대한 설명이다.
• 최사원 : 민주주의에 근접한 유형의 리더에 대한 설명이다.
• 이주임 : 변혁적 유형의 리더에 대한 설명이다.

65

정답 ④

파트너십 유형의 특징은 집단의 모든 구성원이 집단의 행동에 따른 결과 및 성과에 대해 책임을 공유하도록 한다.

리더십 유형	특징		
독재자 유형	• 질문 금지	• 모든 정보 독점	• 실수 불허
민주주의에 근접한 유형	• 참여	• 토론 장려	• 거부권 행사
파트너십 유형	• 평등	• 집단 비전 공유	• 책임의 공유
변혁적 유형	• 카리스마 • 자기 확신	• 풍부한 칭찬 • 감화	• 존경심과 충성심

오답분석

① · ② · ③ · ⑤ 변혁적 유형의 특징이다.

66

6만 원에 사고자 했던 B씨의 제안에 대해 협상을 통해 6만 5천 원에 거래하였음을 볼 때, ③은 적절하지 않은 설명이다.

오답분석

① A씨의 협상전략은 자신의 양보만큼 상대방의 양보도 요구하는 상호 교환적인 양보전략으로 볼 수 있다.
② 한 벌 남은 옷이라는 점과 손님에게 잘 어울려서 싸게 드린다는 점으로 B씨로 하여금 특별한 대우를 받았다고 느끼게 하였다.
④ 6만 원에 사고 싶어했던 B씨와 6만 5천 원에 거래를 성사시키면서 B씨의 양보를 이끌어 내는 데 성공했다고 볼 수 있다.
⑤ 한 벌 남은 옷이라는 점을 내세우면서 자신에게 중요한 것을 양보하는 것처럼 협상했다고 볼 수 있다.

67

강압전략에 대한 설명이다. A사에 필요한 기술을 확보한 B사에게 대기업인 점을 내세워 공격적으로 설득하는 것은 적절하지 않은 설득방법이다.

오답분석

① See – Feel – Change 전략으로 A사의 주장을 믿지 않는 B사를 설득시키기에 적절한 전략이다.
② 호혜관계 형성 전략으로 서로에게 도움을 주고받을 수 있는 점을 설명하여 D사를 설득시키는 적절한 전략이다.
③ 사회적 입증 전략으로 A사의 주장을 믿지 못하는 B사를 설득시키는 적절한 전략이다.
⑤ 협력전략 중 하나로 C사의 사업 전망을 믿지 못하는 D사에게 공동 평가를 통해 신뢰를 형성시킬 수 있는 적절한 전략이다.

68

해당 제품 품절에 대한 해결 방법의 의사를 묻는 것은 고객에게 어떻게 해주면 만족스러운지를 묻는 5단계에 해당한다.

고객 불만 처리 프로세스

1단계	경청	고객의 항의에 선입관을 버리고 끝까지 경청한다.
2단계	감사와 공감표시	일부러 시간을 내서 해결의 기회를 준 것에 감사를 표시하며 고객의 항의에 공감을 표시한다.
3단계	사과	고객의 이야기를 듣고 문제점에 대해 인정하며 잘못된 부분에 대해 사과한다.
4단계	해결약속	고객이 불만을 느낀 상황에 대해 관심과 공감을 보이며, 문제의 빠른 해결을 약속한다.
5단계	정보파악	문제해결을 위해 꼭 필요한 질문만 하여 정보를 얻고 최선의 해결방법을 찾기 어려우면 고객에게 어떻게 해주면 만족스러운지를 묻는다.
6단계	신속처리	잘못된 부분을 신속하게 시정한다.
7단계	처리확인과 사과	불만처리 후 고객에게 처리 결과에 만족하는지를 물어보고, 고객에게 불편을 끼친 점에 대해 다시 한번 사과한다.
8단계	피드백	고객 불만 사례를 회사 및 전 직원에게 알려 다시는 동일한 문제가 발생하지 않도록 한다.

69

4단계인 문제 해결 약속은 고객이 불만을 느낀 상황에 대해 관심과 공감을 보이며, 문제의 빠른 해결을 약속해야 한다.

오답분석

① 1단계인 경청에서 이루어지는 태도이다.
③ 3단계인 사과에서 이루어지는 태도이다.
④ 6단계인 신속처리에서 이루어지는 태도이다.
⑤ 2단계인 감사와 공감표시에서 이루어지는 태도이다.

70

정답 ⑤

업무를 체계적으로 수행하기 위하여 김사원이 작성하여 활용하고 있는 업무추진 계획서에는 회사의 업무지침, 나의 업무지침, 활용자원이 모두 포함된다.

업무수행 계획

업무지침 확인	조직의 업무지침
	나의 업무지침
활용자원 확인	시간
	예산
	기술
	협력부서나 협력업체 등 인간관계
업무수행 시트 작성	간트차트 : 단계별로 업무의 시작과 끝 시간을 바 형식으로 표현
	워크 플로우 시트 : 일의 흐름을 동적으로 보여줌
	체크리스트 : 수행수준 달성을 자가점검

71

정답 ①

김사원이 사용하는 업무추진 시트는 간트 차트로 주어진 시간 내에 일을 끝마칠 수 있으며, 세부적인 단계로 구분하여 단계별로 협조를 구해야 할 사항과 처리해야 할 일을 체계적으로 알 수 있다. 또한 문제가 발생할 경우 발생 지점을 정확히 파악하여 시간과 비용을 절약할 수 있는 장점이 있다.

시트	내용
간트 차트 (Gantt chart)	미국의 간트가 1919년에 창안한 작업진도 도표로, 일정을 한눈에 볼 수 있고, 단계별로 소요되는 시간과 각 업무활동 사이의 관계를 알아 볼 수 있다. 최근에는 마이크로 엑셀 등의 프로그램으로 단계별 시작일과 종료일을 기입하면 쉽게 간트 차트를 만들어 사용할 수 있다.
체크리스트 (Checklist)	업무의 각 단계를 효과적으로 수행했는지를 스스로 점검해 볼 수 있는 도구로, 시간의 흐름을 표현하는 데에는 한계가 있지만 업무를 세부적인 활동들로 나누고 활동별로 기대되는 수행수준을 달성했는지를 확인하는 데에는 효과적이다.
워크 플로우 시트 (Work flow sheet)	일의 흐름을 동적으로 보여 주는 데 효과적이다. 특히 도형을 다르게 표현함으로써 주된 작업과 부차적인 작업, 혼자 처리할 수 있는 일과 다른 사람의 협조를 필요로 하는 일, 주의해야 할 일, 컴퓨터와 같은 도구를 사용해서 할 일 등을 구분해서 표현할 수 있다.

72

정답 ②

간트 차트는 단계별로 업무를 시작해서 끝나는 데 걸리는 시간을 바(Bar) 형식으로 표시할 때 사용한다.

[오답분석]

① · ⑤ 워크 플로우 시트에 대한 설명이다.
③ · ④ 체크리스트에 대한 설명이다.

73

정답 ③

A사의 집중 근무제는 근무시간 동안에 따로 시간을 정하여 근무 자체의 집중도와 충실도를 높이고자 하는 것으로, 집중 근무시간에는 오로지 중요한 업무에만 전념할 수 있도록 하여 업무 효율성을 높이고자 한다. 또한 PC 오프제는 점심시간이나 퇴근시간 등 정해진 시간이 지나면 업무용 PC가 자동 종료되는 제도로, 직원들의 식사나 휴식, 퇴근 시간 등을 보장하기 위한 것이다.

74

정답 ③

스트레스는 과중한 업무 스트레스는 개인뿐만 아니라 조직에도 부정적인 결과를 가져와서 과로나 정신적 불안감을 조성하고 심한 경우 우울증, 심장마비 등 질병에 이르게 하나 적정 수준의 스트레스는 사람들을 자극하여 개인의 능력을 개선하고 최적의 성과를 내게 한다. 스트레스를 관리하기 위해서는 시간 관리를 통해 업무 과중을 극복하고, 명상과 같은 방법으로 긍정적인 사고방식을 가지며, 신체적 운동을 하거나 전문가의 도움을 받아야 한다. 조직 차원에서는 직무를 재설계하거나 역할을 재설정하고 심리적으로 안정을 찾을 수 있도록 학습동아리 활동과 같은 사회적 관계 형성을 장려하고 있다.

75

정답 ④

H9는 국내 시장에서의 큰 성공에 자신감을 얻은 나머지, 유럽의 도로 여건과 법규, 현지 소비자의 특성과 광고 트렌드에 대한 면밀한 분석 없이 안일하게 유럽시장에 진출했고 결국 실패했다.

76

정답 ②

H9의 해외 진출 실패에 대한 시사점은 해외 시장 진출 전 현지의 여건과 법규 및 규제, 소비자의 특성과 광고 트렌드 등을 면밀하게 분석하고 준비해야 한다는 것이다.

77

정답 ①

딜러 B씨는 회사의 판매 규정을 준수하며, 같은 회사의 다른 대리점 딜러와 편법 없이 공정하게 경쟁하는 공정경쟁의 원칙을 지키고 있다.

직업윤리의 5대 원칙

공정경쟁의 원칙	법규를 준수하고, 경쟁원리에 따라 공정하게 행동하는 것이다.
객관성의 원칙	업무의 공공성을 바탕으로 공사구분을 명확히 하고, 모든 것을 숨김없이 투명하게 처리하는 원칙이다.
고객중심의 원칙	고객에 대한 봉사를 최우선으로 생각하고 현장중심, 실천중심으로 일하는 원칙이다.
전문성의 원칙	자기업무에 전문가로서의 능력과 의식을 가지고 책임을 다하며 능력을 연마하는 것이다.
정직과 신용의 원칙	업무와 관련된 모든 것을 숨김없이 정직하게 수행하고, 본분과 약속을 지켜 신뢰를 유지하는 것이다.

78

정답 ④

고객은 B씨의 눈에 보이는 당장의 사익추구나 고객의 요구사항을 수용하기보다는 공정경쟁의 원칙을 정직하게 고수하는 점에서 B씨에 대한 신뢰가 쌓였기 때문에 신뢰가 무너진 다른 딜러보다 B씨에게 차량을 구매하겠다고 했다.

79

정답 ②

A과장은 회사 직원이 아닌 지인들과 인근 식당에서 식사를 하고, C팀장이 지적을 하자 거짓으로 둘러댄 것이 들키면서 징계를 받았다. 따라서 늘 정직하게 임하려는 태도가 요구됐다.

80

정답 ③

사회생활에 있어 신뢰가 기본이 되기 때문에 신뢰가 없으면 사회생활에 지장이 생긴다.

PART 2

직무수행능력평가 최종모의고사

01　경영학

01	02	03	04	05	06	07	08	09	10	11	12	13	14	15	16	17	18	19	20
②	①	⑤	①	③	③	③	③	③	②	④	④	②	①	④	④	②	④	③	③
21	22	23	24	25	26	27	28	29	30	31	32	33	34	35	36	37	38	39	40
②	①	②	②	①	①	①	①	④	②	①	②	②	②	①	④	②	②	②	④

01

정답　②

무상증자에 대한 설명으로, 편입한 자본금만큼 무상주식을 발행하여 주주들에게 교부한다.

[오답분석]
① 유상증자는 대출이나 채권과 달리 원금이나 이자 상환 부담이 없다는 것이 장점이다.
③ 일반공모 유상증자는 기존 주주, 일반투자자 등 다수를 대상으로 광범위하게 진행한다.
④ 주주배정 유상증자는 주주대상 청약 이후 실권주식에 대해 일반공모를 진행할 수 있기 때문에 다른 방식에 비해 시간이 길게 소요된다.
⑤ 상법 제418조 제2항 참고

신수인수권의 재용 및 배정일의 지정·공고(상법 제418조)
① 주주는 그가 가진 주식 수에 따라서 신주의 배정을 받을 권리가 있다.
② 회사는 제1항의 규정에 불구하고 정관에 정하는 바에 따라 주주 외의 자에게 신주를 배정할 수 있다. 다만, 이 경우에는 신기술의 도입, 재무구조의 개선 등 회사의 경영상 목적을 달성하기 위하여 필요한 경우에 한한다.
③ 회사는 일정한 날을 정하여 그 날에 주주명부에 기재된 주주가 제1항의 권리를 가진다는 뜻과 신주인수권을 양도할 수 있을 경우에는 그 뜻을 그 날의 2주간 전에 공고하여야 한다. 그러나 그 날이 제354조 제1항의 기간 중인 때에는 그 기간의 초일의 2주간 전에 이를 공고하여야 한다.
④ 제2항에 따라 주주 외의 자에게 신주를 배정하는 경우 회사는 제416조 제1호, 제2호, 제2호의2, 제3호 및 제4호에서 정하는 사항을 그 납입기일의 2주 전까지 주주에게 통지하거나 공고하여야 한다.

02

정답　①

합병의 동기에는 시너지효과가설, 저평가설, 경영자주의가설, 대리이론 등이 있다. 그 중 시너지효과가설이란 합병 전 각 개별기업 가치의 단순 합보다 합병 후 기업가치가 더 커지는 시너지효과를 얻기 위한 합병의 동기를 의미한다. 시너지효과에는 영업시너지와 재무시너지가 있는데, 영업시너지란 합병에 따라 현금흐름이 증가하여 기업가치가 증대되는 것을 의미하며, 재무시너지는 합병에 따라 자본비용이 감소하여 기업가치가 증대되는 효과를 의미한다.

03

주식회사는 설립 시 발행할(예정) 주식총수를 정관에 절대적 기재사항으로 기재하여야 하지만 설립 시 그 주식의 전부를 발행해야 하는 것은 아니다. 자본의 일정 부분 또는 정관에 정한 최소한의 발행만 있으면 회사는 설립될 수 있다. 이처럼 그 일부만 주식을 인수하여 납입함으로써 회사를 설립하고 그 나머지는 이사회가 원하는 시기에 수시로 발행할 수 있는 제도를 수권자본제도라고 한다. 수권자본제도하에서는 이사회의 결의만으로 자본을 조달할 수 있기 때문에 경영의 능률화와 기동화를 높여준다. 상대되는 개념은 확정자본제도, 공칭자본제도인데, 이는 회사 설립 시 정관으로 확정한 자본의 총액에 대한 인수가 있어야 한다.

04

(매출원가)=(기초상품재고액)+(당기상품매출액)−(기말상품재고액)

05

국가별로 과세 여부가 일치하지 않는 혼성불일치 효과 제거, 투명성과 실질을 고려한 유해조세제도 대응, 조세조약혜택 남용 방지, 고정사업장 지위의 인위적 회피 방지 등의 과제는 한국의 과세 기반 확대에 유용한 영향을 줄 것이다.

BEPS 방지 프로젝트의 주요 과제별 국내 영향

과제	국내 영향
혼성불일치 효과 제거	과세 기반 확보 측면에서 유용
투명성과 실질을 고려한 유해조세제도 대응	
조세조약혜택 남용방지	
고정사업장 지위의 인위적 회피 방지	
가치창출과 이전가격 적용 결과의 합치	국세청 준비 등에 따라 유리 또는 불리
이전가격 자료구비 및 국별 보고서 제출	
이자공제 및 기타금융비용을 통한 세원잠식 방지	한국에 큰 파장 예상(신중한 도입 검토 필요)
공격적 조세회피 보고의무	한국 도입은 시기 상조

06

리볼빙을 빈번하게 오래 사용하면 신용상태가 부정적으로 평가받을 수 있다.

오답분석
① 원하는 만큼만 카드대금을 결제할 수 있어 소득이 불규칙한 사람에게 더 유리하다.
② 결제대금의 일부만 결제하여도 연체로 기록되지 않기 때문에 신용관리에 유리하다.
④ 리볼빙 이자율은 카드사마다 다르나 일반적인 신용대출 이자율보다 높으며, 20%가 넘는 경우도 있다.
⑤ (카드값)×(리볼빙 비율)=(일부 결제금액)

07

[자본시장선(CML)의 기울기]$=\dfrac{E(R_n)-R_f}{\delta_m}$

[증권시장선(SML)의 기울기]$=E(R_m)-R_f$

08

단일투자안이나 독립적인 투자안을 평가하는 경우에는 NPV법, IRR법, PI법에 의한 평가 결과가 항상 동일하다. 하지만 투자 규모, 투자 수명, 현금흐름 양상이 다른 상호 배타적인 투자안을 평가할 때는 NPV법과 IRR법의 평가 결과가 상반될 수 있다. 또 투자규모가 다른 상호 배타적 투자안을 평가하는 경우에는 NPV법과 PI법의 평가 결과가 상반될 수 있다.

09
정답 ③

오답분석

㉠ 현금서비스의 정식 명칭은 단기카드대출이다.
㉣ 현금서비스 대출금은 본인이 지정하는 계좌로 입금받을 수 있다.

10
정답 ②

유지 가능성이란 세분시장이 충분한 규모이거나 이익을 낼 수 있는 정도의 크기가 되어야 함을 말한다. 즉, 각 세분시장 내에는 특정 마케팅 프로그램을 지속적으로 실행할 가치가 있을 만큼의 가능한 한 동질적인 수요자들이 존재해야 한다.

11
정답 ④

마케팅 개념의 변천과정은 '생산 개념 → 제품 개념 → 판매 개념 → 마케팅 개념 → 사회적 마케팅 개념' 순서로 진행된다.

12
정답 ④

선도계약은 규제를 받지 않기 때문에 그만큼 위험이 크다고 할 수 있다.

13
정답 ②

경영자의 개인적 선택에 의한 분류는 개개인의 개인적 지위 및 가치관의 차이에 의한 분류이다.

14
정답 ①

기준금리 인하는 자산가격의 상승을 유도한다.

오답분석

② 천연가스 가격이 오르면 대체재인 원유를 찾는 소비자가 늘어나게 되어 공급이 늘어나므로 공급곡선은 오른쪽(ⓒ)으로 이동한다.
③ 공급과잉(ⓒ)이란 시장가격이 균형가격보다 높아 공급이 수요를 초과하는 상태를 말한다.
④ CD금리(ⓔ)는 CD(양도성예금증서)가 유통시장에서 거래될 때 적용받는 이자율이다.
⑤ 기준금리(ⓜ)는 2016년까지는 12회였으나, 2017년부터 연 8회로 변경되었다.

15
정답 ④

재무회계는 기업 외부정보이용자를 위한 회계이다. 내부정보이용자를 위한 회계는 관리회계이다.

16
정답 ④

환경의 동태성은 안정적과 동태적으로 구분된다.

17

정답 ②

조직 의사결정은 제약된 합리성 혹은 제한된 합리성에 기초하게 된다고 주장한 사람은 사이어트(Richard Cyert)와 마치(James March), 사이먼(Herbert Simon)이다.

18

정답 ④

무상증자 권리락 계산식
(권리락 전일 종가)÷[1+(무상증자비율)]=9,000÷(1+2)=3,000원

19

정답 ③

일반적으로 기대수익률이 높아지면 위험도 커지므로 비례 관계에 있다.

20

정답 ③

곱셈의 법칙이란 각 서비스 항목에 있어서 처음부터 점수를 우수하게 받았어도, 마지막 단계의 마무리에서 0이면 결과는 0으로서 형편없는 서비스가 된다. 즉, 처음부터 끝까지 각 단계마다 잘해야 한다는 뜻이다.

21

정답 ②

발생주의 원칙이란 모든 수익과 비용이 발생한 기간 내에 처리하기 위해, 수익은 획득된 시점에서 인식하고 비용은 발생된 시점에서 인식하는 회계의 원칙 중 하나이다. 따라서 실제 현금이 들어오거나 나가지 않았어도 거래가 발생했다면 비용과 수익을 인식하여야 한다.

22

정답 ①

기능 조직(Functional Structure)은 기능별 전문화의 원칙에 따라 공통의 전문지식과 기능을 지닌 부서단위로 묶는 조직구조를 의미한다.

23

정답 ②

비즈니스 리엔지니어링(BR; Business Reengineering)은 업무 프로세스 중심의 개혁으로 비약적인 업적 향상을 실현하는 기법이며 원점에서 재검토하여 프로세스를 중심으로 업무를 재편성한다. 업적을 비약적으로 향상시키고, 기능별 조직의 한계를 넘어 고객의 요구를 충족시킨다는 관점에서 업무 프로세스를 근본적으로 재편하는 톱다운식 접근 방법이다.

[오답분석]
① 콘커런트 엔지니어링(CE; Concurrent Engineering) : 기업의 제품개발 프로세스를 재설계하여 신제품 개발 기간의 단축, 비용 절감 및 고품질의 제품 생산을 도모하는 경영혁신 기법이다.
③ 조직 리스트럭처링(RS; Restructuring) : 한 기업이 여러 사업부를 가지고 있을 때 미래변화를 예측하여 어떤 사업을 주력사업으로 하고, 어떤 사업부를 축소·철수하고, 어떤 신규 사업으로 새로이 진입하고 더 나아가 중복사업을 통합함으로써 사업구조를 개혁하는 것이다.
④ 다운사이징(DS; Downsizing) : 조직의 효율성, 생산성, 그리고 경쟁력을 개선하기 위해 조직 인력의 규모, 비용규모, 업무흐름 등에 변화를 가져오는 일련의 조치이다.
⑤ 벤치마킹(BM; Benchmarking) : 경영혁신 프로그램으로 해당 분야의 최고 경영 비결을 찾아내어 자사에 적용하는 생산성 향상 방법의 구체적 사안을 다루는 방법이다.

24

오답분석

① 내부 벤치마킹 : 기업 내부의 부문 간 또는 관련회사 사이의 벤치마킹으로서 현재의 업무를 개선하기 위한 것이며, 외부 벤치마킹을 하기 위한 사전단계이다.
③ 산업 벤치마킹 : 경쟁기업과의 비교가 아니라 산업에 속해 있는 전체 기업을 대상으로 하기 때문에 그 범위가 매우 넓다.
④ 선두그룹 벤치마킹 : 새롭고 혁신적인 업무방식을 추구하는 기업을 비교대상으로 한다. 이것은 단순히 경쟁에 대처하는 것이 아니라 혁신적인 방법을 모색하는 것을 목표로 한다.
⑤ 원천적 벤치마킹 : 가장 넓은 범위의 벤치마킹으로, 내부, 경쟁기업, 기능적 벤치마킹을 모두 포함하는 벤치마킹이다. 고객의 요구수준 또는 이론적으로 바람직한 수준을 파악한다.

25

정답 ①

달러를 현재 정한 환율로 미래 일정 시점에 팔기로 계약하면 선물환 매도, 금융회사가 달러를 현재 정한 환율로 미래 일정 시점에 사기로 계약하면 선물환 매수라고 한다. 따라서 달러화 가치가 앞으로 상승할 것으로 예상되면 선물환을 매수하게 된다.

26

정답 ①

제시된 자료의 기회비용을 계산해 보면 다음과 같다.

구분	컴퓨터 1대 생산에 따른 기회비용	TV 1대 생산에 따른 기회비용
A국가	TV : 2.5($=20÷8$)	컴퓨터 : 0.4($=8÷20$)
B국가	TV : 5($=10÷2$)	컴퓨터 : 0.2($=2÷10$)

따라서 컴퓨터 1대 생산에 따른 기회비용이 A국가(2.5)가 B국가(5)보다 2.5 낮으므로 비교우위에 있다고 할 수 있다.

27

정답 ①

①은 투자활동 현금흐름에 속하고, ②~⑤는 재무활동 현금흐름에 해당된다.

구분	영업활동 현금흐름	투자활동 현금흐름	재무활동 현금흐름
정의	• 주요 수익창출활동에서 발생	• 장기성 자산 및 현금성 자산이 아닌 기타 투자자산의 취득과 처분	• 납입자본과 차입금의 크기 및 구성내용에 변동을 가져오는 활동
예	• 재화 및 용역의 제공 • 로열티, 수수료, 중개료 • 종업원 관련 직·간접 유출 • 보험회사의 수입보험료 • 단기매매목적의 계약	• 유형·무형자산의 취득·처분 • 지분상품·채무상품의 취득(단기매매목적인 경우 제외) • 선급금·대여금의 현금유출입 • 선물계약, 선도계약 등(단기매매목적인 경우 제외)	• 주식이나 지분상품의 발행 • 담보, 무담보부사채, 어음 발행, 장·단기차입금 • 차입금 상환 • 리스이용자의 금융리스부채 상환

28

정답 ①

상대적으로 주가가 저평가되어 있는 음식료품의 A주와 제약품의 C주를 매입한다.

29

정답 ④

물음표(Question Marks)는 높은 시장성장률과 낮은 상대적 시장점유율을 유지하기 때문에 많은 투자가 필요하다.

30

정답 ②

[오답분석]
① 완전보완재의 무차별곡선으로, L자형 모습을 나타낸다.
③ 완전대체의 무차별곡선으로, 우하향하는 직선의 모습을 나타낸다.
④ 콥 – 더글러스형과 모양은 비슷하나, 효용함수를 $U=X+\ln Y$ 또는 $U=\ln X+Y$로 표시한다.
⑤ X재가 비재화인 경우, 무차별곡선은 좌상향의 모습을 나타낸다.

31

정답 ①

비공식조직은 자연발생적으로 생겨난 조직으로 소집단의 성질을 띠며, 조직 구성원은 밀접한 관계를 형성한다.

32

정답 ②

채권의 듀레이션은 만기가 길수록, 표면이자율과 만기수익률이 낮을수록 커진다.
따라서 A – C – B – D 순으로 짧다.

33

정답 ②

집약적 유통은 가능한 많은 중간상들에게 자사의 제품을 취급하도록 하는 것이며, 전속적 유통은 일정 지역 내에서의 독점판매권을 중간상에게 부여하는 방식이다. 또한, 선택적 유통은 집약적 유통과 전속적 유통의 중간 형태이다.

34

정답 ②

(대출금리)＝(기준금리)＋(가산금리)＋(가감조정금리)

[오답분석]
① 대출금리 산정 시 적용하는 기준금리는 코픽스(COFIX)이다.
③ 대출자의 신용도가 높을수록 신용프리미엄 비용이 낮아져 금리가 낮아지게 된다.
④ 가산금리는 은행들이 자금 확보비용 대비 수익을 유지할 수 있도록 하는 운영비용이다.
⑤ 급여계좌를 대출받는 은행으로 변경하면 가감조정금리 적용이 가능하다.

35

정답 ①

제품에 따른 포지셔닝은 브랜드를 중요한 제품 속성이나 소비자 편익과 연계시키는 방법으로 기업이 많이 이용하는 포지셔닝 방법이다.

36

정답 ④

지나치게 어려운 목표는 종업원에게 동기를 부여하지 못하므로 목표는 달성이 가능한 수준 내에서 설정되어야 한다.

37

정답 ②

오답분석

① 메타 트렌드 : 자연의 법칙이나 영원성을 지닌 진화의 법칙. 사회적으로 일어나는 현상으로써 문화 전반을 아우르는 광범위하고 보편적인 트렌드이다.
③ 사회적 트렌드 : 삶에 대한 사람들의 감정, 동경, 문화적 갈증이다.
④ 소비자 트렌드 : 5 ~ 10년 동안 지속되어 소비 세계의 새로운 변화를 이끌어 내는 소비문화로부터 소비의 표층 영역까지를 광범위하게 나타나는 현상이다.
⑤ 주류 트렌드 : 기업, 제품에 영향을 주는 거시적 환경 변화로 사회, 소비자들의 행동을 변화시켜 새로운 소비 경향을 일으키는 현상이다.

38

정답 ②

VIX지수(공포지수)에 대한 설명이다. 주식시장과 역방향으로 움직이는 특성이 있고 이 지수가 높아지면 투자자들은 투자에 대한 불안감이 높아져서 주식을 팔려는 투자자가 많아진다. 이로 인해 주가는 하락하게 된다.

39

정답 ②

오답분석

ⓒ 코픽스 금리는 8개 은행(KB, 신한, 우리, 하나 NH농협, IBK기업, SC제일, 한국씨티)에서 자료를 받아 은행연합회가 계산한다.
ⓔ 코픽스 금리 산출대상 수신상품은 총 8개로 정기예금, 정기적금, 상호부금, 주택부금, 양도성예금증서, 환매조건부채권매도, 표지어음매출, 금융채이다.

40

정답 ④

내부수익률은 미래 현금유입의 현가와 현금유출의 현가를 같게 만드는 할인율로서, 투자안의 순현재가치를 0으로 만드는 할인율이다.

오답분석

① 초과수익률 : 자본자산가격결정모형에서 개별자산 또는 포트폴리오의 수익률이 무위험이자율을 초과하는 부분이다.
② 실질수익률 : 인플레이션율이 고려되어 조정된 투자수익률이다.
③ 경상수익률 : 채권수익률의 일종으로 채권매입가격 대비 표면이자의 비율이다.
⑤ 만기수익률 : 채권을 만기까지 보유할 경우 받게 되는 모든 수익이 투자원금에 대해 1년당 어느 정도의 수익을 가져오는가를 나타내는 예상수익률이다.

02 경제학

01	02	03	04	05	06	07	08	09	10	11	12	13	14	15	16	17	18	19	20
⑤	③	①	③	②	②	①	②	①	②	③	②	②	⑤	③	④	③	④	④	⑤
21	22	23	24	25	26	27	28	29	30	31	32	33	34	35	36	37	38	39	40
④	③	①	③	①	④	⑤	④	①	⑤	④	④	②	②	③	③	⑤	②	④	④

01
정답 ⑤

예대금리차 공시는 은행연합회에서 소비자 포털을 통해 공시한다.

오답분석

② 시중에 유동성이 풍부하면 예금금리를 낮추고 대출금리는 고정시켜 예대금리 차이를 높일 수 있다.

③ 은행은 예대금리 차이가 크면 클수록 이익이다. 다만, 지나치게 차이가 발생하면 언론, 국민여론 등 불만을 제기할 소지가 그만큼 커진다.

④ 동일하게 산정되며, 요구불예금, 마이너스통장대출 등도 포함된다.

02
정답 ③

노동과 자본의 투입량이 모두 2배, 3배 증가할 때 생산량도 2배, 3배 동일한 비율로 증가하므로 주어진 생산함수는 규모에 대한 수익 불변이다. 그리고 노동투입량이 일정하게 주어져 있을 때 자본의 한계생산성은 점점 감소하므로 한계생산물은 체감하고 있다.

03
정답 ①

생산량이 증가할 때 초기에 단기평균비용이 낮아지는 것은 처음에 생산량이 증가하면 평균고정비용이 급속히 낮아지는 효과가 크게 나타나기 때문이다. 그리고 생산량이 일정 수준을 넘어서면 평균총비용이 증가하는 것은 생산량이 한계생산물 체감으로 인해 평균가변비용이 증가하는 정도가 크게 나타나기 때문이다.

04
정답 ③

합리적인 선택을 위해서는 매몰비용은 고려하지 않아야 하며, 기회비용은 고려해야 한다. 기회비용은 명시적 비용(첫 해 운영비)과 암묵적 비용[(포기하는 연봉)+(포기하는 1년 간의 임대료)+(포기하는 이자수익)]의 합으로 '2억+1억+(250만×12개월)+(2억 ×4/100)=3억 3천8백만 원'이다. 한편 이미 교육을 받기 위해 지출된 1천만 원은 회수할 수 없는 매몰비용으로 선택 시 고려하지 않는 것이 합리적이다. 따라서 첫 해의 운영수익이 3억 3천8백만 원 이상인 경우 꽃가게를 오픈할 것이다.

05
정답 ②

㉠ 고전학파는 금리가 통화량 변동과 아무 관계없이 생산성 변동, 소비절약과 같은 실물요인에 의해서만 영향을 받는다고 주장했다.

㉢ 케인스는 유동성선호설을 근거로 화폐수요에 의해 이자율이 결정된다고 주장했다.

오답분석

㉡ 통화량의 변동이 장기적으로 물가수준의 변동만을 가져온다고 주장하는 것은 고전학파 이론이다.

㉣ 대부자금의 공급을 결정하는 요인으로 실물부분의 저축과 통화공급의 증감분을 주장하였다.

06

- 보완재는 실과 바늘처럼 함께 소비할 때 더 큰 만족을 얻을 수 있는 관계에 있는 재화를 말한다. 보완재의 경우, X재의 가격이 상승(하락)하면 X재의 수요량이 감소(증가)하기 때문에, 보완재인 Y재의 수요가 감소(증가)한다.
- 대체재는 용도가 비슷하여 서로 대신하여 사용할 수 있는 관계에 있는 재화를 말한다. 대체재의 대표적인 예로는 버스와 지하철을 들 수 있고, 대체재 사이에는 경쟁 관계가 형성되므로 X재의 가격이 상승(하락)하면 X재의 수요량이 감소(증가)하기 때문에 대체재인 Y재의 수요가 증가(감소)한다.
- ㄱ. 커피 원두값이 급등하게 되면 커피의 공급곡선은 왼쪽으로 이동한다.
- ㄴ. 크루아상은 커피의 보완재이다. 커피의 가격이 인상되면 커피의 수요가 감소하기 때문에 보완재인 크루아상도 수요가 감소하게 되며, 이로 인해 소비자 잉여와 생산자 잉여도 감소하게 된다.
- ㅁ. 밀크티는 커피의 대체재이다. 커피의 가격이 인상되면, 커피의 수요가 감소하게 되고 대체재인 밀크티의 수요는 증가하게 된다. 밀크티의 수요가 증가하게 되면 더 많이 팔리게 되므로 판매수입 또한 증가하게 된다.

[오답분석]
- ㄷ. 커피의 수요 감소는 보완재인 크루아상의 수요 감소로 이어지고, 이로 인해 크루아상의 거래량은 증가하는 것이 아니라 감소하게 된다.
- ㄹ. 커피의 가격이 상승했으므로 대체재인 밀크티 수요가 증가하고, 이로 인해 밀크티의 소비자 잉여 및 생산자 잉여가 증가하게 된다. 따라서 총잉여는 감소하는 것이 아니라 증가한다.

07

가격차별이란 동일한 상품에 대해 구입자 또는 구입량에 따라 다른 가격을 받는 행위를 의미한다. 기업은 이윤을 증대시키는 목적으로 가격차별을 실행한다. 가격차별은 나이, 주중고객과 주말고객, 판매지역(국내와 국외), 대량구매 여부 등의 기준에 따라 이루어진다. 일반적으로 가격차별을 하면 기존에는 소비를 하지 못했던 수요자층까지 소비를 할 수 있으므로 산출량이 증가하고 사회후생이 증가한다.

08

가. 생산물시장과 생산요소시장이 완전경쟁일 때는 $W=MP_L \times P=VMP_L$이 성립한다.
다. 십 분위 분배율은 0과 2 사이의 값을 나타내며, 그 값이 클수록 소득분배가 균등하다. 한편, 지니계수는 0과 1 사이의 값을 나타내며, 그 값이 작을수록 소득분배가 균등하다.

09

$100만 \times (1+0.05)^2 = 1,102,500$원이므로 명목이자율은 10.25%이다. 실질이자율은 명목이자율에서 물가상승률을 뺀 값이므로 $10.25\% - \left(\dfrac{53-50}{50} \times 100\right) = 10.25\% - 6\% = 4.25\%$이다.

10

효율성임금이론이란 평균임금보다 높은 임금을 지급해주는 것을 유인으로 생산성 높은 노동자를 채용하여 생산성을 결정짓는 이론이다.

11

순서대로 ㄱ. 공해 등 환경문제, ㄴ. 독과점 문제, ㄷ. 공공재 문제로 모두 시장실패의 요인이 되는 현상이다. 환경문제를 해결하기 위해서는 화석에너지 사용량에 따라 세금을 부과하는 탄소세가 있으며, 독과점 문제를 해결하기 위해서는 공정거래를 유도하기 위한 규제를 한다. 마지막으로 공공재의 문제인 무임승차 문제를 해결하기 위해서는 정부가 공공재를 공급하도록 한다. 따라서 셋 모두 시장의 기능만으로는 지원 배분이 최적으로 달성되지 않는다.

12

정답 ②

코즈의 정리란 재산권(소유권)이 명확하게 확립되어 있고, 거래비용 없이도 자유롭게 매매할 수 있다면 권리가 어느 경제 주체에 귀속되는가와 상관없이 당사자 간의 자발적 협상에 의한 효율적인 자원배분이 가능해진다는 이론이다. 그러나 현실적으로는 거래비용의 존재, 외부성 측정 어려움, 이해당사자의 모호성, 정보의 비대칭성, 협상능력의 차이 등의 어려움이 있어 코즈의 정리로 문제를 해결하는 데는 한계가 있다.

13

정답 ②

기업 B의 광고 여부에 관계없이 기업 A는 광고를 하는 것이 우월전략이다. 또한 기업 A의 광고 여부에 관계없이 기업 B도 광고를 하는 것이 우월전략이다. 즉, 두 기업이 모두 광고를 하는 것이 우월전략이므로 우월전략균형에서 두 기업의 이윤은 (55, 75)이다. 따라서 우월전략균형은 내쉬균형에 포함되므로 내쉬균형에서의 기업 A의 이윤은 55이고, 기업 B의 이윤은 75이다.

14

정답 ⑤

어음할인은 금전대차가 아니므로 이자제한법의 적용을 받지 않으나, 대부업자를 통한 어음할인은 '대부업 등의 등록 및 금융이용자 보호에 관한 법률'에 따라 최고이자율의 제한을 받는다.

오답분석

① · ② 어음할인은 할인료를 뺀 금액이 어음의 현재가격이 되는 매매이다.
③ 은행에서 요구하는 신용이나 담보의 제공이 어려운 경우, 대부중개업체나 대부업자를 통해 할인을 받는다.
④ 소구권은 어음 발행인의 부도, 어음할인 등에 모두 적용된다.

15

정답 ③

ㄴ. 기술 충격 옴 → 노동수요 증가 → 임금 · 실질이자율 상승 → 노동공급 증가 → 공급의 증가가 되기 때문에 충격이 더 많이 오게 된다. 따라서 소비의 기간 간 대체효과는 크다.
ㄷ. 자본에 대한 요구가 많아지면 실질이자율 역시 같은 방향으로 움직이기 때문에 경기 순행적이다.

오답분석

ㄱ. 흉작이나 획기적 발명품의 개발은 실물적 경비변동이론(RBC)에 해당하며, 이 경우 영구적 기술 충격이 아니라 일시적 기술 충격에 해당한다.
ㄹ. 생산성 상승 → 노동 수요 증가 → 실질임금 상승으로 이어진다. 따라서 실질임금 · 실질이자율은 경기 순행적이다.

16

정답 ④

벤담, 제임스 밀, 존 스튜어트 밀 등이 대표적인 학자인 공리주의는 최대 다수의 최대 행복을 목적으로 한다. 따라서 공리주의에 따르면 구성원들의 소득 합이 가장 많아서 효용이 가장 큰 대안을 선택해야 하므로 A안(13억 원), B안(8억 원), C안(12억 원) 중 A안을 선택한다. 반면 롤스는 최소 수혜자의 최대 행복을 목적으로 하기 때문에 전체 효용이 아니라 최소 수혜자가 얼마만큼 효용을 얻는지 살펴야 한다. A안은 구성원2가 0억 원을, B안은 구성원3이 1억 원을, C안은 구성원1이 3억 원의 효용을 얻으므로 최소 수혜자가 가장 많은 행복을 얻을 수 있는 C안이 가장 바람직한 선택이다. 결론적으로 공리주의를 따르면 A안, 롤스를 따르면 C안을 선택하는 것이 가장 바람직하다.

17

정답 ③

완전경쟁시장에서는 시장수요곡선과 시장공급곡선이 교차하는 점에서 재화의 균형가격과 균형거래량이 결정된다. 시장가격이 3일 때 시장수요량과 공급량이 17로 일치하므로 완전경쟁시장의 시장가격은 3이다. 그리고 완전경쟁시장의 시장가격은 한계수입과 일치하므로 한계수입도 3이다.

18

묶어팔기가 이윤을 증가시킬 조건은 소비자들의 지불 용의에 있어서의 품목 간 역(−)의 상관관계가 존재하는 것이다. 따라서 수영복과 묶어 팔 때, 따로 팔 때보다 이득이 더 생기는 품목은 샌들이 된다. 이때 수영복(400원)과 샌들(150원)을 묶어서 550원의 가격을 부과하면 두 명의 고객으로부터 총 1,100원의 최대 수입을 얻을 수 있다.

19

할부, 현금서비스는 리볼빙 대상에 해당되지 않아 청구된 금액 모두 납부해야 한다. 또한, 계좌에 납부금액만큼 현금이 있지 않을 경우, 최소결제금액만 결제하면 연체를 피할 수 있다.

- 리볼빙(일부결제) 금액 : 100만×30%=30만 원
- 이번 달 납부금액 : 30만+20만+10만=60만 원
- 최소결제금액 : 100만×20%=20만+할부 20만+현금서비스 10만=50만 원

20

물은 우리 삶에 필수적으로 필요한 유용하고 사용가치가 높은 재화이지만 다이아몬드의 가격이 더 비싸다. 이는 다이아몬드가 물보다 희소성이 크기 때문이다. 여기서 희소성이란 인간의 욕망에 비해 그것을 충족시키는 수단이 질적으로나 양적으로 한정되어 있거나 부족한 상태를 의미한다.

21

오답분석

마. 환불 불가한 숙박비는 회수 불가능한 매몰비용이므로 선택 시 고려하지 않은 ⓒ의 행위는 합리적 선택 행위의 일면이라고 할 수 있다.

22

- 변동 전 균형가격은 $4P+P=600$이므로 균형가격 P는 120이다.
- 변동 전 균형거래량은 $4×120=480$이고, 변동 후 균형가격은 $4P+P=400$이므로 균형가격 P는 80이다. 따라서 변동 후 균형거래량은 $4×80=320$이다.

23

가. 계획경제체제는 정부의 계획과 통제에 의해서 자원의 분배 문제를 해결하므로 Ⓐ와 관련이 있다.
나. 생산방식과 관련된 문제이므로 생산방식 중 하나인 Ⓑ의 분업 및 특화와 관련이 있다.
다. 소득분배에 관한 문제로, 소득세의 누진세율 적용 및 사회복지제도 등을 통하여 생산된 재화와 서비스 배분에 수정을 가할 수 있다는 점에서 ⓒ와 관련이 있다.

24

금리는 수익률에 따라 필요한 곳에 합리적으로 자금이 배분되어 자금시장의 효율성을 제고하는 역할을 한다(자원배분기능).

오답분석

① 소득을 현재 소비할지 미래에 소비할지 결정하는 대가로 작용한다.
②·④·⑤ 경기가 과열되면 금리 인상을 통해 시중자금 수급을 줄일 수 있고, 경기가 침체되면 금리 인하를 통해 시중자금 수급을 늘려 경기를 부양할 수 있다.

25

자본재 가격이 일정한 상황에서 소비재 가격이 상승하면 낙관적인 경제 전망이 나온다. 경제 전망이 낙관적이면 투자가 늘어나고 자본의 한계효율곡선은 우측으로 이동한다.

26

ⓒ 기업회계기준에서는 손익계산서를 보고식으로 작성하는 것을 원칙으로 한다.
ⓔ 전년도와 비교하는 형식을 갖추도록 규정하고 있는 것은 보고식 손익계산서에 대한 설명이다.

오답분석

㉠ 차변에는 비용과 당기순이익, 대변에는 수익과 당기순손실을 표시한다.
ⓒ T자형으로 나누어 좌측을 차변, 우측을 대변이라 한다.

27

고소득층은 한계소비성향이 저소득층에 비해 낮으며 조세를 감면하였을 때 발생한 소득증가분을 소비로 지출하는 점이 저소득층에 비해 낮다. 따라서 부유한 계층과 가난한 계층의 한계소비성향의 차이가 작은 것이 아니라 클수록 경기 부양 효과가 커진다.

28

ㄷ·ㄹ·ㅂ. 케인스 학파의 입장으로, 케인스 학파는 고전학파의 시장 자유방임주의에 대해 비판적인 입장을 취하면서 정부의 개입을 주장하고 공급보다는 수요가 공급을 만든다는 유효수요이론을 주장하였다.

오답분석

ㄱ·ㄴ·ㅁ·ㅅ. 고전주의 학파의 입장이다. 고전학파는 일반적으로 시장경제가 안정된다고 보고 정부의 개입은 최소화하고 시장에 자유를 맡기는 자유방임상태를 바람직하게 보았다. 또한, 고전주의 학파는 세이의 법칙으로 대표되는 공급이 수요를 만든다는 공급이 중심이 되는 이론을 주장하였다.

29

금융시장이 불안하면 기존에 국내에 유입돼 있던 외화가 유출될 것으로 예상할 수 있다. 외화가 유출될 때는 투자가가 기존에 원화로 환전하여 투자했던 돈을 다시 외화로 바꾸어 유출하는 것이므로, 외화 수요는 증가하게 된다. 외화 가격 이외의 요인으로 인한 외화 수요 증가이므로 외화의 수요곡선 자체가 우측으로 이동하게 되며 외화 거래량은 증가, 가격은 상승하게 될 것으로 예상할 수 있다.

30

오답분석

① 수요의 가격탄력성은 수요량의 변화율을 가격의 변화율로 나누어 구하므로 가격이 1% 상승할 때 수요량이 2% 감소하였다면 수요의 가격탄력성은 2이다.
② 기펜재는 대체효과보다 소득효과가 더 큰 열등재인데, 소득이 증가할 때 구입량이 증가하는 재화는 정상재이므로 기펜재가 될 수 없다.
③ 교차탄력성이란 한 재화의 가격이 변화할 때 다른 재화의 수요량이 변화하는 정도를 나타내는 지표이다. 잉크젯프린터의 가격이 오르면(+) 잉크젯프린터의 수요가 줄고, 프린터에 사용할 잉크카트리지의 수요도 줄어들 것(−)이므로 교차탄력성은 음(−)의 값을 가진다는 것을 알 수 있다. 잉크젯프린터와 잉크젯카트리지 같은 관계에 있는 재화들을 보완재라고 하는데, 보완재의 교차 탄력성은 음(−)의 값을, 대체의 교차탄력성은 양(+)의 값을 가지게 된다.
④ 수요의 소득탄력성은 0보다 작을 수 있고 이러한 재화를 열등재라고 한다.

31

ⓛ 의무발행업종이 현금영수증을 발급하지 않은 경우 미발급 금액의 20%(2019년 1월 1일 이후)의 가산세를 부과한다.
ⓔ 현금영수증 자진발급 기한은 현금을 받은 날부터 5일 이내이다.

오답분석

ⓒ 의무발행업종 사업자는 건당 거래금 10만 원 이상인 재화 또는 용역을 공급하고 그 대금을 현금으로 받은 경우 현금영수증가맹점 가입 여부와 관계없이 의무적으로 현금영수증을 발급해야 한다.

32

A시의 70세 이상 노인들에게 해주던 X재의 가격보조를 현금보조로 바꾸었다. 수혜자 효용의 측면에서는 현금보조와 가격보조의 효용이 같거나 현금보조의 효용이 더 높다. 그러므로 효용은 현금지원정책 실시 전에 비해 감소하지 않는다.

오답분석

① 재화의 요금을 할인해주는 가격보조는 그 재화의 상대가격을 변화시키므로 예산선의 기울기가 작아지나, 현금보조는 예산이 커져 예산선이 바깥쪽으로 이동하는 것이기 때문에 기울기에는 변화가 없다.
②·③ 현금지원정책을 실시하게 되면 X재의 가격보조를 시행하던 때에 비해 X재의 소비는 감소하고, Y재의 소비는 증가한다. 직관적으로 생각해보면 꼭 X재를 구입하지 않더라도 지원금을 받을 수 있기 때문이다.
⑤ 현금지원정책의 실시로 인해 소득으로 구매할 수 있는 X재의 최대량은 증가하지 않는다.

33

달러화 약세가 계속되면 달러 가격이 하락하므로 환율이 하락한다.

오답분석

ㄱ. 정부가 외환시장에서 달러를 매각하면 달러 가격이 하락하므로 환율이 하락한다.
ㄷ. 국가 간 자본 이동이 어려우면 이자율평가설이 성립되지 않으므로 예상되는 평가절하와 두 국가 간의 이자율 차이는 같지 않다.

34

㉠ 한계대체율은 X재화 한 단위를 얻기 위해 포기할 용의가 있는 Y재화의 최대 양이다.
㉢ 체감할 때 원점에 대해 볼록하고, 체증할 때 원점에 대해 오목하다. 불변일 때는 일정하다.

오답분석

㉡ 한계대체율이 체감할 때 X재의 수량이 증가할수록 기울기가 완만하게 된다.
㉣ 우하향하는 무차별곡선 접선의 기울기는 항상 음이며, 한계대체율은 접선의 기울기에 (−1)을 곱하거나 절댓값을 취하여 계산한다.

35

수요곡선의 기울기는 $-\frac{1}{2}$이고, 공급곡선의 기울기는 $\frac{1}{3}$이다. 따라서 수요곡선의 기울기가 더 크다.

오답분석

①·② $200-2P=50+3P \rightarrow P=30$, $Q=140$
④ 기울기가 더 크다는 것은 더 비탄력적이라는 의미이다. 따라서 공급곡선은 수요곡선보다 탄력적이다.
⑤ 균형가격이 10 상승하여 $P=40$일 때, $Q_d=200-80=120$, $Q_s=50+120=170 \rightarrow Q_s-Q_d=50$(초과공급)

36

가. 최저임금제가 실시되기 전에는 노동수요와 노동공급이 400명으로 일치하는 임금 80만 원에서 형성되었다.

나. 정부가 최저임금제를 100만 원으로 설정할 경우 100만 원 이하로는 임금을 책정할 수 없으므로 실질적으로 임금이 100만 원으로 인상된 효과와 동일하다.

다. 임금이 100만 원인 경우 노동공급량은 600명이고 노동수요량은 200명이므로 초과 공급된 400명이 실업자가 된다.

[오답분석]

마. 최저임금제는 숙련된 노동자나 취업된 노동자에게는 유리한 제도이지만 미숙련 노동자나 취업준비생에게는 불리한 제도이다.

37

수요곡선이 우하향하고 공급곡선이 우상향하는 경우 물품세가 부과되면 조세 부과에 따른 자중적 손실의 크기는 세율의 제곱에 비례한다. 다른 조건이 일정할 때 수요가 가격에 탄력적이면 소비자 부담은 작아지고 자중적 손실은 커진다. 또한 단위당 조세액 중 일부만 소비자에게 전가되므로 세금 부과 후에 시장가격은 단위당 조세액보다 작게 상승한다.

38

타이어 수요곡선과 공급곡선을 연립하면 $800-2P=200+3P$이므로 $P=120$, $Q=560$이다. 그러므로 조세부과 이전에는 공급자가 받는 가격과 소비자가 지불하는 가격이 모두 120으로 동일하다. 이제 소비자에게 단위당 50원의 세금이 부과되면 수요곡선이 하방으로 50만큼 이동하므로 수요곡선이 $P=350-\frac{1}{2}Q$로 변경된다. 조세부과 이후의 수요곡선과 공급곡선을 연립하면 $350-\frac{1}{2}Q=-\frac{200}{3}+\frac{1}{3}Q$이므로 $Q=500$, $P=100$으로 계산된다.

따라서 조세부과 이후 공급자가 받는 가격은 100원으로 하락하게 된다. 즉, 소비자는 생산자에게 단위당 100원의 가격을 지불하지만 단위당 50원의 조세를 납부해야 하므로 실제로 소비자가 지불하는 가격은 150원이다.

39

수요 증가로 수요곡선이 오른쪽으로 이동하고, 공급 감소로 공급곡선이 왼쪽으로 이동하면 균형가격은 기존 균형가격보다 상승하나, 균형거래량은 수요공급곡선의 이동 폭에 따라 증가, 감소, 불변 모두 나타날 수 있다.

40

배제성이란 어떤 특정한 사람이 재화나 용역을 사용하는 것을 막을 수 있는 가능성을 말한다. 반대로 그렇지 못한 경우는 비배제성이 있다고 한다. 경합성이란 재화나 용역을 한 사람이 사용하게 되면 다른 사람의 몫은 그만큼 줄어든다는 것으로 희소성의 가치에 의해 발생하는 경제적인 성격의 문제이다. 일반적으로 접하는 모든 재화나 용역이 경합성이 있으며, 반대로 한 사람이 재화나 용역을 소비해도 다른 사람의 소비를 방해하지 않는다면 비경합성에 해당한다. 비경합성과 비배제성 모두 동시에 가지고 있는 재화나 용역은 보기의 예시문과 같은 국방, 치안 등 공공재가 있다.

01	02	03	04	05	06	07	08	09	10	11	12	13	14	15	16	17	18	19	20
④	②	③	④	④	②	②	⑤	②	③	②	②	④	③	④	⑤	②	①	③	④
21	22	23	24	25	26	27	28	29	30	31	32	33	34	35	36	37	38	39	40
②	③	①	②	②	②	⑤	②	②	③	③	①	④	③	①	④	②	①	⑤	②

01
정답 ④

ㄴ. 국가재정법 제17조에는 '한 회계연도의 모든 수입을 세입으로 하고, 모든 지출은 세출로 한다.'는 내용이 명시되어 있다.
ㄷ. 지방재정법 제34조 제3항에 따르면 해당 경우는 적용 예외사항으로 규정되어 있다.

[오답분석]

ㄱ. 예산총계주의는 세입과 세출에 대해 누락 없이 예산에 계상해야 한다는 완전성에 대한 원칙이다. ㄱ의 해당 내용은 명료성의 원칙에 대한 설명이다.

02
정답 ②

수입대체경비(㉠)란 국가가 용역 또는 시설을 제공하여 발생하는 수입과 관련되는 경비를 의미한다. 여권발급 수수료나 공무원시험 응시료와 같이 공공 서비스 제공에 따라 직접적인 수입이 발생하는 경우 해당 용역과 시설의 생산·관리에 소요되는 비용을 수입대체경비로 지정하고, 그 수입의 범위 내에서 초과 지출을 예산 외로 운용할 수 있다[통일성, 완전성의 원칙(㉡)의 예외].

03
정답 ③

ㄱ. 행정통제는 통제 시기의 적시성과 통제 내용의 효율성이 고려되어야 한다(통제의 비용과 통제의 편익 중 편익이 더 커야 한다).
ㄴ. 옴부즈만 제도는 입법과 사법통제의 한계를 보완하기 위해 도입되었다.
ㄷ. 선거에 의한 통제와 이익집단에 의한 통제 등은 외부통제에 해당한다.

[오답분석]

ㄹ. 합법성을 강조하는 통제는 사법통제이다. 또한 사법통제는 부당한 행위에 대한 통제는 제한된다.

04
정답 ④

주민소환투표권자 총수의 3분의 1 이상의 투표와 유효투표 총수 과반수의 찬성으로 확정된다.

[오답분석]

① 시·도지사의 주민소환투표의 청구 서명인 수는 해당 지방자치단체 주민소환청구권자 총수의 100분의 10 이상이다.
② 주민이 직선한 공직자가 주민소환투표 대상이다.
③ 주민소환투표권자는 주민소환투표인명부작성기준일 현재 해당 지방자치단체의 장과 지방의회의원에 대한 선거권을 가지고 있는 자로 한다.
⑤ 주민소환이 확정된 때에는 주민소환투표대상자는 그 결과가 공표된 시점부터 그 직을 상실한다.

주민소환투표의 청구요건
- 특별시장·광역시장·도지사 : 해당 지방자치단체의 주민소환투표청구권자 총수의 100분의 10 이상
- 시장·군수·자치구의 구청장 : 해당 지방자치단체의 주민소환투표청구권자 총수의 100분의 15 이상
- 지역구 시·도의회의원 및 지역구 자치구·시·군의회의원 : 해당 지방의회의원의 선거구 안의 주민소환투표청구권자 총수의 100분의 20 이상

05

정답 ④

행정지도는 상대방의 임의적 협력을 구하는 비강제적 행위로서, 법적 분쟁을 사전에 회피할 수 있다는 장점이 있다.

오답분석

① 행정지도는 비권력적 사실행위에 해당된다.
② 행정지도는 비권력적 행위로서 강제력을 갖지 않는다.
③ 행정주체가 행정객체를 유도하는 행위이므로 행정환경의 변화에 대해 탄력적으로 적용이 가능하다는 것이 행정지도의 장점이다.
⑤ 강제력 없이 단순 유도하는 행위로서, 이와 관련해 행정주체는 감독권한을 갖지 못한다.

06

정답 ②

지방의회의 의장이나 부의장이 법령을 위반하거나 정당한 사유 없이 직무를 수행하지 아니하면 지방의회는 불신임을 의결할 수 있다(지방자치법 제55조 제1항). 불신임의결은 재적의원 4분의 1 이상의 발의와 재적의원 과반수의 찬성으로 행한다(동조 제2항).

오답분석

① 지방자치법 제41조 제1항
③ 주민투표법 제26조 제1항
④ 주민투표법 제14조 제1항
⑤ 지방자치법 제26조 제1항부터 제8항

07

정답 ②

외부효과 발생 시, 부정적 외부효과를 줄이도록 유도책 혹은 외부효과 감축지원책을 도입하여 문제를 해결할 수도 있다.

08

정답 ⑤

등급에 대한 설명에 해당한다. 등급은 직무의 종류는 다르지만 직무의 곤란도 및 책임도나 자격요건이 유사하여 동일한 보수를 줄 수 있는 모든 직위의 집단을 의미한다.

직위분류제의 구성요소

구분	내용	예시
직위	한 사람의 근무를 필요로 하는 직무와 책임의 양	기상통보관, 예보관
직급	직무의 종류와 곤란성·책임도가 유사한 직위의 군 (동일 직급에 속하는 직위에 대해서는 임용자격·시험·보수 등에 있어서 동일한 취급)	행정 7급
등급	직무의 종류는 다르지만 직무의 곤란도·책임도가 유사하여 동일한 보수를 줄 수 있는 직위의 군	9급 서기보
직군	직무의 성질이 유사한 직렬의 군	행정직군, 기술직군
직렬	직무의 종류가 유사하고 그 책임과 곤란성의 정도가 서로 다른 직급의 군	행정직군 내 행정직렬, 세무직렬
직류	같은 직렬 내에서 담당 분야가 같은 직무의 군	행정직렬 내 일반행정 직류, 법무행정직류

09

정답 ②

㉠은 재분배 정책에 대한 설명이다.

오답분석

①·④ 분배정책에 대한 설명이다.
③ 구성정책에 대한 설명이다.
⑤ 규제정책에 대한 설명이다.

10

ㄱ. 균형성과표는 카플란과 노턴(Kaplan&Norton)에 의해 개발되었고, 조직의 비전과 목표, 전략으로부터 도출된 성과 지표의 집합체이다.

ㄴ. 균형성과표는 재무지표 중심의 기존 성과 관리의 한계를 극복하고, 다양한 관점의 균형을 추구하고자 한다.

ㄹ. 균형성과표는 재무, 고객, 내부 프로세스, 학습과 성장(비재무적 지표)이라는 네 가지 관점 간의 균형을 중시한다.

오답분석

ㄷ. 균형성과표는 내부요소와 외부요소의 균형을 중시한다.

ㅁ. 균형성과표는 성과 관리의 과정과 결과의 균형을 중시한다.

11

발생주의 회계는 거래가 발생한 기간에 기록하는 원칙이다. 영업활동 관련 기록과 현금 유출입이 일치하지 않지만, 수익 및 비용을 합리적으로 일치시킬 수 있다는 장점이 있다.

오답분석

①・③・④・⑤ 현금흐름 회계에 대한 설명이다.

12

오답분석

ㄴ. 수직적인 협력 관계가 아니라 수평적인 협력 관계를 바탕으로 한다.

ㄷ. 자율적인 관리가 중요하다.

네트워크 조직

핵심역량만 조직화하고 그 외의 부수적인 부분은 아웃소싱한다. 수평적인 협력 관계를 바탕으로 조직의 공생관계와 신뢰를 구축한다는 장점을 가지지만, 지속력이 약하다는 단점이 있다.

13

ㄴ. X이론에서는 부정적인 인간관을 토대로 보상과 처벌, 권위적이고 강압적인 지도성을 경영전략으로 강조한다.

ㄹ. 이상적인 경우인 Y이론의 적용을 위한 대안으로 권한의 위임 및 분권화, 직무확대, 업무수행능력의 자율적 평가, 목표 관리전략 활용, 참여적 관리 등을 제시하였다.

오답분석

ㄷ. Y이론에 따르면 인간은 긍정적이고 적극적인 존재이므로, 직접적 통제보다는 자율적 통제가 더 바람직한 경영전략이라고 보았다.

14

리더의 어떠한 행동이 리더십 효과성과 관계가 있는가를 파악하고자 하는 접근법은 행태론적 리더십이다.

오답분석

① 행태론적 접근법에 대한 비판이다.

② 리더의 개인적 특성과 자질에 초점을 둔 연구는 특성론적 접근법이다.

④ 거래적 리더십은 상하 간 교환적 거래나 보상관계에 기초하였다.

⑤ 변혁적 리더십은 리더의 카리스마, 개별적 배려, 지적 자극, 영감이 부하에게 미치는 영향을 강조한다.

15

제시문이 설명하는 리더십은 상황론적 리더십이다.

16

정책참여자의 범위는 이슈네트워크, 정책공동체, 하위정부모형 순으로 넓다.

17

②는 3종 오류로, 정책 문제 자체를 잘못 인지한 상태에서 계속 해결책을 모색하여 정책문제가 해결되지 못하고 남아있는 상태를 말한다. 1종 오류는 옳은 가설을 틀리다고 판단하고 기각하는 오류이고, 2종 오류는 틀린 가설을 옳다고 판단하여 채택하는 오류를 말한다.

18

오답분석

ㄱ. 실체설이 아니라 과정설에 대한 설명이다.

ㄴ. 롤스의 사회정의의 원리에 따르면 제2원리 내에서 충돌이 생길 때에는 기회균등의 원리가 차등의 원리에 우선되어야 한다.

ㄷ. 실체설에 대한 설명이다.

ㄹ. 반대로 설명하고 있다. 간섭과 제약이 없는 상태를 소극적 자유라고 하고, 무엇을 할 수 있는 자유를 적극적 자유라고 하였다.

19

오답분석

ㄱ. 보수주의 정부관에 따르면 정부에 대한 불신이 강하고 정부실패를 우려한다.

ㄴ. 공공선택론은 정부를 공공재의 생산자로 규정하고 있다. 그러나 대규모 관료제에 의한 행정은 효율성을 극대화하지 못한다고 비판하므로 옳은 지문이 아니다.

보수주의 · 진보주의 정부관

구분	보수주의	진보주의
추구 가치	• 자유 강조(국가로부터의 자유) • 형식적 평등, 기회의 평등 중시 • 교환적 정의 중시	• 자유를 열렬히 옹호(국가에로의 자유) • 실질적 평등, 결과의 평등 중시 • 배분적 정의 중시
인간관	• 합리적이고 이기적인 경제인	• 오류가능성의 여지 인정
정부관	• 최소한의 정부 – 정부 불신	• 적극적인 정부 – 정부 개입 인정
경제 정책	• 규제완화, 세금감면, 사회복지정책의 폐지	• 규제옹호, 소득재분배정책, 사회보장정책
비고	• 자유방임적 자본주의	• 복지국가, 사회민주주의, 수정자본주의

20

베버는 관료제의 부정적 병리 현상인 목표의 대치현상은 관료제의 부정적 병리 현상 중 하나로, 베버는 이를 고려하지 못하였다. 목표의 대치현상은 목적보다는 수단을 중시하는 현상으로 동조과잉이라고도 한다.

21

ㄱ. 호혜조직의 1차적 수혜자는 조직구성원이 맞으나, 은행, 유통업체는 사업조직에 해당되며, 노동조합, 전문가 단체, 정당, 사교 클럽, 종교단체 등이 호혜조직에 해당된다.

ㄷ. 봉사조직의 1차적 수혜자는 이들과 접촉하는 일반적인 대중이다.

22

ㄱ은 가정분석, ㄴ은 계층분석, ㄷ은 경계분석, ㄹ은 분류분석에 해당한다.

23

구조적 분화와 전문화는 집단 간 갈등을 조성한다. 분화된 조직을 통합하거나, 인사 교류를 통해 갈등을 해소할 수 있다.

24

㉠ 정부가 시장에 대해 충분한 정보를 확보하는 데에 실패함으로 인해 정보 비대칭에 따른 정부실패가 발생한다.

㉢ 정부행정은 단기적 이익을 중시하는 정치적 이해관계의 영향을 받아, 사회에서 필요로 하는 바보다 단기적인 경향을 보인다. 이처럼 정치적 할인율이 사회적 할인율보다 높기 때문에 정부실패가 발생한다.

오답분석

㉡ 정부는 독점적인 역할을 수행하기 때문에 경쟁에 따른 개선효과가 미비하여 정부실패가 발생한다.

㉣ 정부의 공공재 공급은 사회적 무임승차를 유발하여 지속가능성을 저해하기 때문에 정부실패가 발생한다.

25

오답분석

① 당겨배정에 대한 설명으로, 긴급배정은 회계연도 개시 전 예산배정을 말한다.

③ 입법과목(장, 관, 항) 간의 융통은 예산의 이용이다.

④ 채무부담의 권한만 부여한 것이지 지출 권한까지 부여한 것은 아니다.

⑤ 국가재정법에 의하여 기획재정부장관이 관리한다.

26

고정간격 강화는 일정한 시간적 간격을 두고 강화 요인을 제공하는 방법이며, 빈도는 비율과 관련된 것이다.

> **강화**
> • 연속적 강화 : 바람직한 행동이 나올 때마다 강화 요인을 제공, 초기 단계의 학습에서 바람직한 행동의 빈도를 늘리는 데 효과적이다.
> • 단속적 강화
>   − 고정간격법 : 일정한 시간적 간격을 두고 강화 요인을 제공한다.
>   − 변동간격법 : 불규칙적인 시간 간격에 따라 강화 요인을 제공한다.
>   − 고정비율법 : 일정한 빈도의 바람직한 행동이 나타났을 때 강화 요인을 제공한다.
>   − 변동비율법 : 불규칙한 횟수의 바람직한 행동이 나타났을 때 강화 요인을 제공한다.

27

신공공관리론은 폭넓은 행정재량권을 중시하고, 신공공서비스론은 재량의 필요성은 인정하나 제약과 책임이 수반된다고 본다. 신공공관리론은 시장의 책임을 중시하고, 신공공서비스론은 행정책임의 복잡성과 다면성을 강조한다.

28

행정의 가치
• 본질적 가치(행정을 통해 실현하려는 궁극적인 가치) : 정의, 공익, 형평, 복지, 자유, 평등
• 수단적 가치(본질적 가치 달성을 위한 수단적인 가치) : 합법성, 능률성, 민주성, 합리성, 효과성, 가외성, 생산성, 신뢰성, 투명성

29

기대이론은 과정이론에 해당하는 동기부여이론으로써 구성원 개인의 동기부여 강도를 성과에 대한 기대성, 수단성, 유의성을 종합적으로 고려하여 구성원에 대한 동기부여의 정도가 나타난다는 이론이다.

[오답분석]
①·③·④·⑤ 동기부여이론 중 내용이론에 속한다.

30

사회자본은 사회구성원들의 신뢰를 바탕으로 사회구성원의 협력적 행태를 촉진시켜 공동 목표를 효율적으로 달성할 수 있게 하는 자본을 말한다. 사회적자본은 구성원의 창의력을 증진시켜 조직의 혁신적 발전을 이끌어낼 수 있다.

[오답분석]
①·② 네트워크에 참여하는 당사자들이 공동으로 소유하는 자산이므로 한 행위자가 배타적으로 소유권을 주장할 수 없다.
④·⑤ 신뢰를 기본으로 하기 때문에 사회적 관계에서 일어나는 불필요한 가외의 비용을 감소시켜 거래 비용을 감소시켜 준다.

31

해외 일정을 핑계로 책임과 결정을 미루는 행위 등의 사례는 관료들이 위험 회피적이고 변화 저항적이며 책임 회피적인 보신주의로 빠지는 행태를 말한다.

32

다원주의는 타협과 협상을 통해 이익집단 간 권력의 균형이 이루어진다고 보며, 특정 세력이나 개인이 정책을 주도할 수 없다.

33

대표관료제는 한 사회의 모든 계층 및 집단을 공평하게 관료제에 반영하려는 것으로서, 실적주의 이념에는 배치되는 특성을 갖는다.

34

오답분석

ㄴ. 사회학적 신제도주의는 문화가 제도를 해석하는 데에 가장 중요한 역할을 한다고 보았다. 사회학적 신제도주의는 역사적 신제도주의의 틀에서 한 발짝 더 영역을 넓혀 도덕, 문화, 상징체계 등을 제도에 포함시킨다. 따라서 문화가 제도의 형성에 미치는 영향을 간과한다는 것은 옳지 않다.

신제도주의

구분	합리적 선택의 신제도주의	역사적 신제도주의	사회학적 신제도주의
개념	개인의 합리적인 계산	역사적 특수성과 경로의존성	사회문화 및 상징
학문	경제학	정치학	사회학
중점	균형성	지속성	유사성
초점	개인 중심	국가 중심	사회 중심
범위	좁음(미시)	중범위(거시)	넓음(거시)
선호	외생적	내생적	내생적
접근법	연역적	귀납적	귀납적

35

허즈버그(F. Herzberg)의 동기유발에 관심을 두는 것이 아니라 만족 자체에 중점을 두고 있기 때문에 하위 욕구를 추구하는 계층에게는 적용하기가 어렵다.

36

기관위임사무는 지방자치단체장이 국가 또는 상급 지자체 사무를 위임받아 수행하는 것이기 때문에 지방과는 관계가 없다. 따라서 기관위임사무의 소요경비는 전액 위임기관의 예산으로 부담한다.

37

정보관리에 배제성을 적용하면 오히려 정보의 불균형과 정보격차가 발생하여 정보의 비대칭성이 심화된다.

오답분석

① 정보를 정부나 상급기관이 독점하게 되면 오히려 계층구조의 강화, 감시 강화, 프라이버시 침해 등의 폐해가 발생할 수 있다.
③ 정부는 국가정보화의 효율적, 체계적 추진을 위하여 5년마다 국가정보화 기본계획을 수립하여야 한다(국가정보화기본법 제6조 제1항).
④ 전자민주주의는 행정의 투명성과 개방성을 제고한다.
⑤ 전자민주주의의 발현 형태의 대표적인 사례로 국가 권력의 제한, 사이버 국회, 전자 공청회 등을 들 수 있다.

38

ㄱ. 강임은 현재보다 낮은 직급으로 임명하는 것으로, 수직적 인사이동에 해당된다.
ㄴ. 승진은 현재보다 높은 직위로 이동하는 것으로, 수직적 인사이동에 해당된다.

오답분석

ㄷ. 전보는 동일 직급 내에서 다른 관직으로 이동하는 것으로 수평적 인사이동에 해당된다.
ㄹ. 전직은 직렬을 변경하는 것으로 수평적 인사이동에 해당된다.

39

정답 ⑤

Rawls는 정의의 제1원리(평등)가 제2원리(차등조정의 원리)에 우선하고, 제2원리 중에서는 기회균등의 원리가 차등의 원리에 우선되어야 한다고 보았다.

40

정답 ②

무의사결정은 기득권 세력이 소외계층 등이 기존의 이익배분 상태에 대한 변동을 요구하는 것을 억압하는 것이다.

04 　법학

01	02	03	04	05	06	07	08	09	10	11	12	13	14	15	16	17	18	19	20
④	⑤	④	①	③	④	④	①	①	②	③	②	④	⑤	④	②	②	①	④	④
21	22	23	24	25	26	27	28	29	30	31	32	33	34	35	36	37	38	39	40
③	④	②	④	②	①	④	③	③	④	④	①	②	④	③	④	①	④	①	③

01

정답 ④

행정처분이 기속행위인지 재량행위인지 불문하고, 당해 처분이 실체법상으로 적법하더라도 절차법상의 하자만으로 독립된 취소사유가 된다(대판 1983.7.26., 82누420).

[오답분석]
① 청문 주재자는 직권으로 또는 당사자의 신청에 따라 필요한 조사를 할 수 있으며, 당사자등이 주장하지 아니한 사실에 대하여도 조사할 수 있다(행정절차법 제33조 제1항).
② 환경영향평가법령에서 정한 환경영향평가를 거쳐야 할 대상사업에 대하여 그러한 환경영향평가를 거치지 아니하였음에도 승인 등 처분을 하였다면 그 처분은 위법하다 할 것이나, 그러한 절차를 거쳤다면, 비록 그 환경영향평가의 내용이 다소 부실하다 하더라도, 그 부실의 정도가 환경영향평가제도를 둔 입법 취지를 달성할 수 없을 정도이어서 환경영향평가를 하지 아니한 것과 다를 바 없는 정도의 것이 아닌 이상, 그 부실은 당해 승인 등 처분에 재량권 일탈·남용의 위법이 있는지 여부를 판단하는 하나의 요소로 됨에 그칠 뿐, 그 부실로 인하여 당연히 당해 승인 등 처분이 위법하게 되는 것이 아니다(대판 2006.3.16., 2006두330 전합).

02

정답 ⑤

몰수의 대상(형법 제48조 제1항)
1. 범죄행위에 제공하였거나 제공하려고 한 물건
2. 범죄행위로 인하여 생겼거나 취득한 물건
3. 제1호 또는 제2호의 대가로 취득한 물건

03

정답 ④

종물은 주물의 처분에 수반된다는 민법 제100조 제2항은 임의규정이므로, 당사자는 주물을 처분할 때에 특약으로 종물을 제외할 수 있고 종물만을 별도로 처분할 수도 있다(대판 2012.1.26., 2009다76546).

04

정답 ①

헌법은 널리 일반적으로 적용되므로 특별법이 아니라 일반법에 해당한다.

05

정답 ③

근로기준법 제24조 제1항에는 '사용자가 경영상 이유에 의하여 근로자를 해고하려면 긴박한 경영상의 필요가 있어야 한다. 이 경우 경영 악화를 방지하기 위한 사업의 양도·인수·합병은 긴박한 경영상의 필요가 있는 것으로 본다.'라고 규정되어 있다.

[오답분석]

① 근로기준법 제3조
② 근로기준법 제4조
④ 근로기준법 제15조
⑤ 근로기준법 제5조

06

정답 ④

구임금이란 사용자가 근로의 대가로 근로자에게 임금, 봉급, 그 밖에 어떠한 명칭으로든지 지급하는 일체의 금품으로 '근로의 대가' 뿐만 아니라 근로자로 하여금 근로의 제공을 원활히 하게 하거나, 근로의욕을 고취시키기 위한 것도 포함된다. 그러나 법은 그 범위에서 의례적·임의적, 호의적·은혜적, 복지후생을 위한 시설이나 비용, 기업 설비에 갈음하여 실비변상조로 지급되는 금품은 제외시키고 있다.

07

정답 ④

범죄의 성립과 처벌은 행위 시의 법률에 의한다(형법 제1조 제1항).

[오답분석]

① 헌법 제53조 제7항
② 헌법 제13조 제2항
③ 헌법 제84조
⑤ 헌법 제6조 제1항

08

정답 ①

법원(法源)에서 빈출되는 지문으로, 국가라는 단어에서 헌법(ㄱ)을, 지방자치단체라는 단어에서 조례(ㄴ)를, 국가 간이라는 단어에서 조약(ㄷ)을 유추할 수 있다

09

정답 ①

용익물권은 타인의 토지나 건물 등 부동산의 사용가치를 지배하는 제한물권으로 지상권, 지역권, 전세권 등이 있다.

용익물권의 종류
- 지상권 : 타인의 토지에 건물이나 수목 등을 설치하여 사용하는 물권
- 지역권 : 타인의 토지를 자기 토지의 편익을 위하여 이용하는 물권
- 전세권 : 전세금을 지급하고 타인의 토지 또는 건물을 사용·수익하는 물권

10

오답분석

① 미성년자가 법정대리인으로부터 허락을 얻은 특정한 영업에 관하여는 성년자와 동일한 행위능력이 있으므로, 그 영업에 관한 법정대리권은 인정되지 않는다.

③ 한정후견개시의 경우에 제9조 제2항(가정법원은 성년후견개시의 심판을 할 때 본인의 의사를 고려하여야 한다)을 준용한다(민법 제12조 제2항).

④ 특정후견은 본인의 의사에 반하여 할 수 없다(민법 제14조의2 제2항).

⑤ 성년후견제도는 가족관계등록부에 공시되지 않고, 별도의 등기제도로 운영하고 있다.

11

행정기관이 그 소관 사무의 범위에서 일정한 행정목적을 실현하기 위하여 특정인에게 일정한 행위를 하거나 하지 아니하도록 지도, 권고, 조언 등을 하는 비권력적 사실행위를 행정지도라고 한다. 지도, 권고, 조언에서 행정지도임을 유추할 수 있다(행정절차법 제2조 제3호).

12

현행 헌법에는 국민소환을 채택하고 있지 않다.

오답분석

① 헌법 제61조 제1항
③ 헌법 제111조
④ 헌법 제76조
⑤ 헌법 제65조

13

오답분석

① 소멸시효의 완성에 의한 권리의 소멸은 변론주의 원칙상 이를 주장하는 자가 원용한 때에 비로소 고려된다. 참고로 제척기간의 경과로 인한 권리의 소멸은 법원의 직권조사사항이다.

② 소멸시효는 그 기산일에 소급하여 효력이 생긴다(민법 제167조).

③ 소멸시효는 법률행위에 의하여 이를 배제, 연장 또는 가중할 수 없으나, 이를 단축 또는 경감할 수 있다(민법 제184조 제2항).

⑤ 부작위를 목적으로 하는 채권의 소멸시효는 위반행위를 한 때로부터 진행한다(민법 제166조 제2항).

14

오답분석

ㄱ. 우편물이 수취인 가구의 우편함에 투입되었다고 하더라도 분실 등을 이유로 그 우편물이 수취인의 수중에 들어가지 않을 가능성이 적지 않게 존재하는 현실에 비추어, 특별한 사정이 밝혀지지 아니하는 한 피고의 우편함에 투입하였다는 사실만으로 피고가 이를 실제로 수취하였다고 추단할 수는 없을 것이다(대판 2006.3.24., 2005다66411).

15

기본권의 제3자적 효력에 관하여 간접적용설(공서양속설)은 기본권 보장에 관한 헌법 조항을 사인관계에 직접 적용하지 않고, 사법의 일반규정의 해석을 통하여 간접적으로 적용하자는 설로 오늘날의 지배적 학설이다.

16

정답 ②

① 독임제 행정청이 원칙적인 형태이고, 지자체의 경우 지자체장이 행정청에 해당한다.
③ 자문기관은 행정기관의 자문에 응하여 행정기관에 전문적인 의견을 제공하거나, 자문을 구하는 사항에 관하여 심의 · 조정 · 협의하는 등 행정기관의 의사결정에 도움을 주는 행정기관을 말한다.
④ 의결기관은 의사결정에만 그친다는 점에서 외부에 표시할 권한을 가지는 행정관청과 다르고, 행정관청을 구속한다는 점에서 단순한 자문적 의사의 제공에 그치는 자문기관과 다르다.
⑤ 집행기관은 의결기관 또는 의사기관에 대하여 그 의결 또는 의사결정을 집행하는 기관이나 행정기관이며, 채권자의 신청에 의하여 강제집행을 실시할 직무를 가진 국가기관이다.

17

정답 ②

소송에서 증언할 것을 조건으로 통상 용인되는 수준의 실비를 보전받기로 한 약정은 반사회질서행위에 해당하지 아니하므로 그 효력이 발생한다(대판 1994.3.11., 93다40522).

① 형사사건에서의 성공보수약정은 수사 · 재판의 결과를 금전적인 대가와 결부시킴으로써, 변호사 직무의 공공성을 저해하고, 의뢰인과 일반 국민의 사법제도에 대한 신뢰를 현저히 떨어뜨릴 위험이 있으므로, 선량한 풍속 기타 사회질서에 위배되는 것으로 평가할 수 있다(대판[전합] 2015.7.23., 2015다200111). 따라서 이 판결 선고 후인 2016년 7월 16일에 체결된 형사사건변호에 관한 성공보수약정은 무효이다.
③ 장래의 부첩관계의 사전 승인은 선량한 풍속에 위배되는 행위로서 당연 무효의 행위라고 할 것이다(대판 1967.10.6., 67다1134).
④ 변호사가 아닌 자가 민사소송에서 승소를 시켜주는 대가로 소송물의 일부를 양도받기로 하는 약정은 강행법규인 변호사법에 위반되는 반사회적 법률행위로서 무효이다(대판 1990.5.11., 89다카10514).
⑤ 지방자치단체가 골프장사업계획승인과 관련하여 사업자로부터 기부금을 지급받기로 한 증여계약은, 공무수행과 결부된 금전적 대가로서 그 조건이나 동기가 사회질서에 반하므로 민법 제103조(반사회질서의 법률행위)에 의해 무효이다(대판 2009.12.10., 2007다63966).

18

정답 ①

모든 자연인은 권리능력의 주체가 될 수 있으나 건전한 판단력을 갖지 못한 자의 행위는 유효하지 못하다. 단독으로 유효한 법률행위를 할 수 있는 자를 행위능력자라고 부르고, 이러한 능력이 없는 자를 제한능력자라 한다. 행위능력이 없으면 원칙적으로 취소사유가 된다.

19

정답 ④

가족법상 행위에 있어선 본인의 의사를 존중해야 하기 때문에 행위능력에 관한 규정을 그대로 적용한다는 것은 옳지 않다.

20

정답 ④

당사자의 존재는 효력발생 요건이 아니라 성립요건에 해당한다. 법률행위의 효력발생 요건으로는 당사자 권리능력, 의사능력, 행위능력을 가질 것, 법률행위의 목적이 확정 · 가능, 적법, 사회적 타당성이 있을 것, 의사표시에 있어 의사와 표시가 일치하고 의사표시에 하자가 없을 것 등이 있다.

21

정답 ③

유추란 단어는 규정이 없을 때 유사한 법규를 끌어 쓴다는 의미이다.

[오답분석]

① 반대해석에 해당된다.
② 문리해석에 해당된다.
④ 확장해석에 해당된다.
⑤ 물론해석에 해당된다.

22

정답 ④

지정재판부는 전원의 일치된 의견으로 제3항의 각하결정을 하지 아니하는 경우에는 결정으로 헌법소원을 재판부의 심판에 회부하여야 한다. 헌법소원심판의 청구 후 30일이 지날 때까지 각하결정이 없는 때에는 심판에 회부하는 결정이 있는 것으로 본다(헌법재판소법 제72조 제4항).

[오답분석]

① 위헌법률의 심판과 헌법소원에 관한 심판은 서면심리에 의한다. 다만, 재판부는 필요하다고 인정하는 경우에는 변론을 열어 당사자, 이해관계인, 그 밖의 참고인의 진술을 들을 수 있다(동법 제30조 제2항).
② 당사자는 동일한 사건에 대하여 2명 이상의 재판관을 기피할 수 없다(동법 제24조 제4항).
③ 심판의 변론과 결정의 선고는 공개한다. 다만, 서면심리와 평의(評議)는 공개하지 아니한다(동법 제34조 제1항).
⑤ 권한쟁의의 심판은 그 사유가 있음을 안 날부터 60일 이내에, 그 사유가 있은 날부터 180일 이내에 청구하여야 한다(동법 제63조 제1항).

23

정답 ②

대한민국이 민주공화국이고 모든 권력이 국민으로부터 나온다는 사실은 헌법 제1조에 규정되어 있다.

헌법 제1조
① 대한민국은 민주공화국이다.
② 대한민국의 주권은 국민에게 있고, 모든 권력은 국민으로부터 나온다.

24

정답 ④

절대적 부정기형은 형기를 전혀 정하지 않고 선고하는 형이며, 이는 죄형법정주의에 명백히 위배되므로 금지된다. 반면 상대적 부정기형은 형기의 상한을 정하여 선고하는 것으로, 우리나라의 경우 소년법 제60조(부정기형)에서 확인할 수 있다.

25

정답 ②

법률은 특별한 규정이 없는 한 공포한 날부터 20일이 경과함으로써 효력을 발생한다(헌법 제53조 제7항).

26

정답 ①

위법성 조각사유로 형법에서는 제20조에서 제24조까지 정당행위, 정당방위, 긴급피난, 자구행위, 피해자의 승낙 등을 규정하고 있다. 즉, 처분할 수 있는 자의 승낙에 의하여 그 법익을 훼손한 행위는 특별한 규정이 없는 한 처벌하지 아니한다(제24조). 그러나 살인죄 등의 경우에는 승낙 행위가 있어도 위법성이 조각되지 않고 처벌한다.

27

형법상의 업무는 사람이 그의 사회적 지위에 기하여 계속적으로 종사하는 업무를 말하는 바, 이러한 업무는 주된 것이든 부수적인 것이든 보수나 영리의 목적이 있든 없든, 적법이든 아닌 것이든지를 불문하며 계속의 의사가 있으면 단 1회의 행위도 업무가 된다. 또한 단순과실에 비해 주의의무는 동일하지만 예견의무가 다르기 때문에 더 무겁게 처벌된다.

28

상업등기부의 종류에는 상호등기부, 미성년자등기부, 법정대리인등기부, 지배인등기부, 합자조합등기부, 합명회사등기부, 합자회사등기부, 유한책임회사등기부, 주식회사등기부, 유한회사등기부, 외국회사등기부의 11종이 있다(상업등기법 제11조 제1항).

29

상법에서 명시적으로 규정하고 있는 회사의 종류는 합명회사, 합자회사, 유한책임회사, 주식회사, 유한회사의 5종이다. 사원의 인적 신용이 회사신용의 기초가 되는 회사를 인적 회사(예 개인주의적 회사, 합명회사·합자회사)라 하고, 회사 재산이 회사 신용의 기초가 되는 회사를 물적 회사(예 단체주의적 회사, 주식회사·유한회사)라 한다.

회사의 종류

구분	유형	내용
인적 회사	합명회사	무한책임사원만으로 구성되는 회사
	합자회사	무한책임사원과 유한책임사원으로 구성되는 복합적 조직의 회사
물적 회사	유한회사	사원이 회사에 대하여 출자금액을 한도로 책임을 질 뿐, 회사채권자에 대하여 아무 책임도 지지 않는 사원으로 구성된 회사
	유한책임회사	주주들이 자신의 출자금액 한도에서 회사채권자에 대하여 법적인 책임을 부담하는 회사로서, 이사, 감사의 선임의무가 없으며 사원 아닌 자를 업무집행자로 선임할 수 있다.
	주식회사	사원인 주주(株主)의 출자로 이루어지며 권리·의무의 단위로서의 주식으로 나누어진 일정한 자본을 가지고 모든 주주는 그 주식의 인수가액을 한도로 하는 출자의무를 부담할 뿐, 회사채무에 대하여 아무런 책임도 지지 않는 회사

30

의무를 위반한 거래 행위라도 상거래의 안정을 위하여 거래 행위 자체는 유효한 것으로 본다. 단, 영업주는 손해배상청구권, 해임권, 개입권의 행사가 가능하다.

오답분석
①·②·⑤ 상법 제17조

31

ㄷ. 공증은 확인·통지·수리와 함께 준법률행위적 행정행위에 속한다.
ㄹ. 공법상 계약은 비권력적 공법행위이다.

32

정답 ①

검사인 피청구인이 이○학을 수시로 소환하여 청구인 자신의 재판에 증인으로 채택된 자에 대한 증거조사의 공정성, 신속성을 해침으로써 청구인 자신의 기본권인 공정한 재판을 받을 권리 및 신속한 재판을 받을 권리 등을 침해하였다는 것이므로, 청구인은 피청구인의 이○학에 대한 위 공권력 작용에 대하여 자기관련성을 가지고 있음을 부정할 수 없다(헌재결 2001.8.30., 99헌마496).

[오답분석]

② 피의자가 저질렀다고 하는 횡령행위로 인한 피해자는 학교법인(○○학원)이고, 그 횡령행위로 인하여 위 학교법인이 설립·운영하는 (청주)대학교의 운영에 어려움이 생김으로써 동 대학교의 교수인 청구인이나 그가 대표로 있는 동 대학교 교수협의회에게 어떠한 불이익이 발생하였다고 하더라도 그것은 간접적인 사실상의 불이익에 불과할 뿐 그 사실만으로 청구인이나 위 교수협의회가 위 횡령행위로 인한 '형사피해자'에 해당한다고 할 수 없다(헌재결 1997.2.20., 95헌마295).

③ 간접흡연으로 인한 폐해는 담배의 제조 및 판매와는 간접적이고 사실적인 이해관계를 형성할 뿐, 직접적 혹은 법적인 이해관계를 형성하지는 못하므로 기본권침해의 자기관련성을 인정할 수 없다(헌재결 2015.4.30., 2012헌마38).

④ 청구인인 시민단체나 정당의 간부 및 일반 국민들이 주장하는 피해는 국민의, 또는 인류의 일원으로서 입는 사실의, 또는 간접적인 성격을 지닌 것이거나 하나의 가설을 들고 있는 것이어서 이 사건 파병으로 인하여 청구인들의 기본권이 현재, 직접 침해되었다고 볼 근거가 될 수 없다. 따라서 청구인들은 이 사건 파견결정에 대해 적법하게 헌법소원을 제기할 수 있는 자기관련성이 있다고 할 수 없다(헌재결 2003.12.18., 2003헌마255).

⑤ 이 사건 심판청구인 중 청구인 갑은 이 사건 의료사고의 피해자인 을의 아버지일 뿐 의료사고의 직접적인 법률상의 피해자가 아니므로 결국 청구인 갑은 이 사건 불기소처분으로 인하여 자기의 헌법상 보장된 기본권을 직접 침해받은 자가 아니며 이 사건 불기소처분에 대하여 자기관련성이 없는 자라 할 것이다(헌재결 1993.11.25., 93헌마81).

33

정답 ②

실수는 과실로 볼 수 있으며, 면책사유에는 해당되지 않는다.

보험자의 면책사유
- 보험사고가 보험계약자 또는 피보험자나 보험수익자의 고의 또는 중대한 과실로 인하여 생긴 때에는 보험자는 보험금액을 지급할 책임이 없다(상법 제659조 제1항).
- 보험사고가 전쟁 기타의 변란으로 인하여 생긴 때에는 당사자 간에 다른 약정이 없으면 보험자는 보험금액을 지급할 책임이 없다(상법 제660조).

34

정답 ④

[오답분석]

① 행정관청은 구성원이 1인인 독임제(외교부장관, 행정안전부장관)와 다수인인 합의제(선거관리위원회, 토지수용위원회, 도시계획위원회 등)가 있다.

②·⑤ 보조기관에 대한 설명이다.

③ 보좌기관에 대한 설명이다.

35

정답 ③

권리의 주체와 분리하여 양도할 수 없는 권리라 함은 권리의 귀속과 행사가 특정주체에게 전속되는 일신전속권을 말한다. 이러한 일신전속적인 권리에는 생명권, 자유권, 초상권, 정조권, 신용권, 성명권 등이 있다.

36

정답 ④

乙은 의무이행심판 청구를 통하여 관할행정청의 거부처분에 대해 불복의사를 제기할 수 있다. 의무이행심판이란 당사자의 신청에 대한 행정청의 위법 또는 부당한 거부처분이나 부작위에 대하여 일정한 처분을 하도록 하는 행정심판을 말한다(행정심판법 제5조 제3호).

37

정답 ①

이행강제금은 부작위의무나 비대체적 작위의무에 대해서 뿐만 아니라 대체적 작위의무의 위반에 대해서도 부과할 수 있다.

38

정답 ④

과세처분 이후 조세채권이 이미 확정되었더라도 조세부과의 근거가 되었던 법률 규정이 위헌결정되었다면 그 조세채권의 집행을 위한 체납처분절차는 당연무효이다.

39

정답 ①

오답분석
② '제3자의 정당한 이익을 해할 우려가 있는 경우가 아니어야 함'도 신뢰보호원칙의 성립요건이다.
③ 처분청이 아닌 다른 기관이더라도 사실상 권한을 가진 기관이면 족하다.
④ 문서가 아닌 구두에 의하여도 된다.
⑤ 행정지도 등의 사실행위도 포함된다.

40

정답 ③

소송능력은 소송의 당사자로서 유효하게 각종 소송행위를 할 수 있는 능력을 말한다. 이러한 능력이 없는 자를 소송무능력자라고 하는데, 미성년자, 피한정후견인, 피성년후견인이 해당한다.

오답분석
① 행위능력 : 민법상 단독으로 유효하게 각종 법률행위를 할 수 있는 능력이다.
② 권리능력 : 민법상 권리의 주체가 될 수 있는 능력이다.
④ 당사자능력 : 당사자가 될 수 있는 일반적·추상적 능력(소송법상 권리능력)이다.
⑤ 등기능력 : 등기법의 규정에 의하여 등기할 수 있는 능력이다.

01 토목일반

01	02	03	04	05	06	07	08	09	10	11	12	13	14	15	16	17	18	19	20
③	③	①	③	①	⑤	④	②	④	④	⑤	②	③	③	④	①	③	④	②	②
21	22	23	24	25	26	27	28	29	30	31	32	33	34	35	36	37	38	39	40
④	②	④	④	③	①	②	①	④	③	①	①	④	③	①	③	②	①	①	④

01
정답 ③

(종점의 $G.H$)$-$(시점의 $G.H$)$=\sum B \cdot S - \sum F \cdot S$
$=(0.862+1.295+1.001+1.463)-(1.324+0.381+2.245+2.139)=-1.462$m

02
정답 ③

사질토의 경우 진동 롤러(Vibratory Roller)로, 점성토의 경우 탬핑 롤러(Tamping Roller), 양족 롤러(Sheeps Foot Roller)로 다지는 것이 유리하다.

03
정답 ①

사질토이므로 $c=0$이다.

$F_s = \dfrac{\gamma_{sub}}{\gamma_{sat}} \times \dfrac{\tan\phi}{\tan i} = \dfrac{0.8}{1.8} \times \dfrac{\tan 33°}{\tan 25°} = 0.62$

따라서 비탈면의 지표까지 포화되었을 때의 안전율은 0.62이다.

04
정답 ③

집수매거는 복류수 취수시설이며, 매거내의 평균유속은 집수매거 유출단에서 1m/sec 이하로 한다.

05
정답 ①

$C_h = \dfrac{H^2}{2L}$ 이므로 $H = \sqrt{2LC_h} = \sqrt{2 \times 65 \times 0.01} \fallingdotseq 1.14$m이다.

06

• (유달시간)=(유입시간)+(유하시간)=7분+$\frac{500}{1\times60}$ 분=15.33분

• 강우강도 $I=\frac{3,500}{15.33+10}=138.18$mm

따라서 우수량(Q)을 구하면,

$Q=\frac{1}{3.6}\ CIA=\frac{1}{3.6}\times0.7\times138.18\times2\fallingdotseq53.7$m^3/sec이다.

07

$V_m=\frac{1}{4}(V_{0.2}+2V_{0.6}+V_{0.8})=\frac{1}{4}[(0.8+(2\times1.5)+1.0)]=1.2$m/s

08

완화곡선의 접선은 시점에서는 직선에 접하고, 종점에서는 원호에 접하므로 ②는 옳지 않은 설명이다.

09

$\frac{dP}{b}=\frac{h}{H}$

$dP=b\times\frac{h}{H}=23\times\left(1-\frac{60}{100}\right)\times\frac{20}{800}=0.23$cm=2.3mm

10

측점 수가 n개일 때 트래버스에서 측정한 외각의 합은 $180°\times(n+2)$이다. 따라서 $180°\times(15+2)=3,060°$이다.

11

[오답분석]

(A) 분리형 원통 시료기는 교란시료 채취가 가능하다.

12

현장의 건조단위중량 $\gamma_d=\frac{W_s}{V}=\frac{1,700}{1,000}=1.70$이다.

따라서 간극비(공극비)는 $e=\frac{G_s\gamma_w}{\gamma_d}-1=\frac{2.65\times1}{1.70}-1=0.560$이다.

13

철근과 콘크리트의 단위질량은 다르기 때문에 무게가 같지 않다. 또한 철근과 콘크리트의 내구성도 다르므로 ③은 옳지 않은 설명이다.

14

$P = 180 \times t^{-0.1} = 180 \times 30^{-0.1} \fallingdotseq 128.1\%$

∴ (월 최대급수량)=(연 평균 상수소비량)$\times P = 300 \times 1.281 \fallingdotseq 384.3$L/인/일

15

비에너지 $H_e = h + \dfrac{\alpha V^2}{2g}$ 에서 $V = \dfrac{Q}{A}$ 이므로

비에너지 H_e 를 구하는 식은 $H_e = h + \dfrac{\alpha}{2g}\left(\dfrac{Q}{A}\right)^2$ 임을 알 수 있다.

16

(정체압력수두)=(압력수두)+(속도수두)이므로 $P_s = P + V$ 이다.

17

$3,000$t/hr $\fallingdotseq 0.83$t/s$=830$kg$_f$/s이고 물의 비중량은 $1,000$kg$_f$/s이다.

$G = \gamma A V$ 이므로 $V = \dfrac{G}{\gamma A} = \dfrac{830}{1,000 \times \pi \times \dfrac{0.8^2}{4}} = \dfrac{0.83}{\pi \times \dfrac{0.8^2}{4}} \fallingdotseq 1.65$m/s이다.

$h_L = f\dfrac{l}{D}\dfrac{v^2}{2g} = 0.035 \times \dfrac{2,500}{0.8} \times \dfrac{1.65^2}{2 \times 9.8} \fallingdotseq 15.19$m

압력손실로 환산하면 $\triangle P = \gamma h_L = 1,000 \times 15.19 = 15,190kg_f$/m$^2 = 1.52kg_f$/cm^2 이다.

따라서 수압은 $3.5 - 1.52 = 1.98$kg$_f$/cm^2 이다.

18

$Q = A V = \dfrac{\pi D^2}{4} \times \sqrt{\dfrac{2gh}{f_i + f\dfrac{l}{D} + 1}}$ 에서 $f = \dfrac{124.5n^2}{D^{1/3}} = \dfrac{124.5 \times 0.013^2}{0.8^{1/3}} = 0.023$이다.

따라서 $1.2 = \dfrac{\pi \cdot 0.8^2}{4} \times \sqrt{\dfrac{2 \times 9.8 \times h}{0.5 + \left(0.023 \times \dfrac{50}{0.8}\right) + 1}}$ 이다.

이를 통해 $h = 0.854$m임을 알 수 있으므로 두 수조의 수위차는 약 0.85m이다.

19

DAD 해석은 최대우량깊이, 유역면적, 강우지속시간과의 관계를 수립하는 작업으로, 유역면적을 대수축에 최대평균강우량을 산술축에 표시한다.

20

측량의 정밀도는 삼각측량이 가장 높고, 다음으로 다각측량, 세부측량 순서이다. 따라서 ②의 설명은 옳지 않다.

21

정답 ④

삼변법과 지거법은 면적측정법에 해당한다.

22

정답 ②

(염소 요구량 농도)=(염소 주입 농도)−(잔류 염소 농도)=$10-2=8$mg/L=8g/m^3

(염소 요구량)=(염소 요구량 농도)×(처리수량)×$\frac{1}{(순도)}$=$75,000$g/day=75kg/day

23

정답 ④

다짐된 사질지반에서는 압밀현상이 일어나지 않으므로 부마찰력이 발생되지 않는다.

24

정답 ④

하수도의 계획 목표연도는 20년 후이다.

25

정답 ③

$0 \sim 10$분일 경우 $8 \times \frac{60}{10} = 48$mm/hr이며,

$5 \sim 15$분일 경우 $(18-2) \times \frac{60}{10} = 96$mm/hr이고,

$10 \sim 20$분일 경우 $(25-8) \times \frac{60}{10} = 102$mm/hr이다.

따라서 10분 지속 최대 강우강도는 102mm/hr이다.

26

정답 ①

서로 다른 크기의 철근을 압축부에서 겹침이음하는 경우의 이음길이는 크기가 큰 철근의 정착 길이와 크기가 작은 철근의 겹침이음 길이 중 큰 값 이상이다.

27

정답 ②

적합 비틀림이란 균열의 발생 후 비틀림 모멘트의 재분배가 일어날 수 있는 비틀림이다.

[오답분석]

① 평형 비틀림 : 균열의 발생 후 비틀림 모멘트의 재분배가 일어날 수 없는 비틀림이다.

28

정답 ①

펌프의 동력 $E = 9.8 \times \dfrac{Q \times \left(H + \sum H_L\right)}{\eta}$ 이므로

$20{,}000 = 9.8 \times \dfrac{Q \times (150 + 10)}{0.88}$

$\therefore \ Q \fallingdotseq 11.2$

29

정답 ④

상류 상태로 흐르는 하천에 댐을 구축했을 때, 저수지의 수면곡선은 배수곡선에 해당한다.

[오답분석]
①·②·③·⑤ 배수곡선에 당하는 수면곡선이 아니다.

30

정답 ③

부분 프리스트레싱은 사용 하중 작용 시 PSC 부재 단면의 일부에 인장 응력이 생기는 것을 허용하는 방법이다.

31

정답 ①

설계전단강도를 구하는 식을 나타내면 아래와 같다.

$\phi V_c = \phi\left(\dfrac{\lambda \sqrt{f_{ck}}}{6}\right) b_w d = 0.75\left(\dfrac{1.0 \times \sqrt{21}}{6}\right) \times 250 \times 500 = 71{,}602.7\text{N} \fallingdotseq 71.6\text{kN}$

따라서 설계전단강도는 약 71.6kN이다.

32

정답 ①

핵반경 $e = \dfrac{D}{8} = \dfrac{(25 \times 2)}{8} = 6.25$ 이므로

핵의 면적 $A = \pi r^2 = \pi(e)^2 = \pi(6.25)^2 \fallingdotseq 122.7\text{cm}^2$ 이다.

33

정답 ④

펌프는 용량이 클수록 효율이 높다. 따라서 가능한 대용량을 사용하는 것이 좋으므로 ④는 옳지 않은 설명이다.

34

정답 ③

완속여과지는 유입수가 저탁도인 경우에 적합하고, 세균 처리에 있어서 확실성이 높다. 또한 유지관리비가 적게 드는 데 반해, 급속여과지는 유입수가 고탁도인 경우에 적합하고, 세균 처리에 있어 확실성이 적다. 또한 여과지의 면적이 작아 협소한 장소에도 시공이 가능하며, 건설비가 적게 든다. 그러나 유지관리비가 많이 들고, 관리 기술이 필요하므로 ③은 옳지 않은 설명이다.

35

최소 전단 철근을 배근해야 할 계수 전단력의 범위는 $\frac{1}{2}\phi V_c < V_u \leq \phi V_c$이다.

36

단순 지지된 1방향 슬래브의 최소 두께 일반식은 다음과 같다.

$t_{min} = \frac{l}{20}\left(0.43 + \frac{f_y}{700}\right)(1.65 - 0.00031m_c \geq 1.09) \geq 100\text{mm}$에서 보통 중량콘크리트이고,

$f_y = 400$MPa인 표준상태이므로

$t_{min} = \max\left(\frac{l}{20},\ 100\right) = \max\left(\frac{4,000}{20},\ 100\right) = 200\text{mm}$

따라서 슬래브의 최소 두께는 200mm이다.

37

갈고리는 인장을 받는 구역에서 철근 정착에 유효하다.

38

일시적인 개량공법의 종류로는 웰 포인트(Well Point) 공법, 대기압 공법(진공 압밀 공법), 동결 공법 등이 있다.

39

1방향 슬래브의 두께는 최소 100mm 이상으로 하여야 하므로 ①은 옳지 않은 설명이다.

40

제1측선의 배횡거는 제1측선의 경거이므로

($\overline{AB}$측선의 배횡거)$= 81.57$m이다.

(임의 측선의 배횡거)$=$(전 측선의 배횡거)$+$(전 측선의 경거)$+$(그 측선의 경거)이므로

($\overline{BC}$측선의 배횡거)$= 81.57 + 81.57 + 18.78 = 181.92$m이다.

02 전기일반

01	02	03	04	05	06	07	08	09	10	11	12	13	14	15	16	17	18	19	20
③	①	②	②	①	③	④	④	⑤	①	②	①	③	②	⑤	③	④	③	③	③
21	22	23	24	25	26	27	28	29	30	31	32	33	34	35	36	37	38	39	40
②	①	③	①	④	④	②	①	①	④	④	③	①	②	④	①	②	②	③	③

01

정답 ③

전원계통에 리액터분을 보상하는 법은 수용가 측의 대책 방안이다.

플리커 방지대책
- 전력선 측
  - 단락용량이 큰 계통에서 공급한다.
  - 공급전압을 승압한다.
  - 전용의 변압기로 공급한다.
  - 단독 공급계통을 구성한다.
- 수용가 측
  - 전원계통에 리액터분을 보상한다.
  - 전압강하를 보상한다.
  - 부하의 무효전력 변동분을 흡수한다.
  - 플리커 부하 전류의 변동분을 억제한다.

02

정답 ①

평균 출력

$P_0 = E_d I_d$에서 $E_d = \dfrac{2\sqrt{2}}{\pi} E - e_a = 75\text{V}$

$I_d = \dfrac{E_d - 60}{0.2} = 75\text{A}$

$\therefore\ P_0 = 75 \times 75 = 5,625\text{W} = 5.625\text{kW}$

03

정답 ②

$P = \sqrt{3}\,VI\cos\theta \cdot \eta = \sqrt{3} \times 200 \times 21.5 \times 0.86 \times 0.85 \fallingdotseq 5,444\text{W}$

04

정답 ②

전위가 높은 곳에서 낮은 곳으로 이동하였으므로 운동 에너지는 증가한다.

$W = qV = \dfrac{1}{2}mv^2$에서 $v = \sqrt{\dfrac{2qV}{m}} = \sqrt{\dfrac{2 \times 1\text{C} \times 2\text{V}}{1\text{kg}}} = 2\text{m/s}$

05

정답 ①

비정현파의 전류로 $i = I_0 + I_{m1}\sin(\omega t) + I_{m2}\sin(2\omega t)[\text{A}] =$ (직류분)+(기본파)+(고조파)의 형태이다.

이 회로의 전류 실횻값은 $I = \sqrt{I_0^2 + \left(\dfrac{I_{m1}}{\sqrt{2}}\right)^2 + \left(\dfrac{I_{m2}}{\sqrt{2}}\right)^2} = \sqrt{3^2 + 10^2 + 5^2} \fallingdotseq 11.6\text{A}$이다.

06

정답 ③

$2,300 \times 10^3 = 2.3 \times I_{R0}^2$

$\therefore \ I_{R0}^2 = \dfrac{2,300 \times 10^3}{2.3} = 10^6$

$\therefore \ I_{R0} = 1,000\text{A}$

07

정답 ④

$P = VI\cos\theta$

$I = \dfrac{P}{V\cos\theta} = \dfrac{22 \times 10^3}{220 \times 0.5} = 200\text{A}$

08

정답 ④

가지식(수지상식) 배전 방식은 정전범위가 넓다.

가지식(수지상식) 배전 방식 특징
- 입선의 길이가 길다.
- 전압강하가 크다.
- 전력손실이 크다.
- 플리커 현상이 발생된다.
- 정전범위가 넓다.
- 농어촌 지역에 사용하기 적당하다.

09

정답 ⑤

파형의 각주파수는 $\omega = 2\pi f$이므로, 주파수는 $f = \dfrac{\omega}{2\pi} = \dfrac{120\pi}{2\pi} = 60\text{Hz}$이다.

10

저압 네트워크 방식은 동일 모선으로부터 2회선 이상의 급전선으로 전력을 공급하는 방식으로, 2대 이상의 배전용 변압기로부터 저압 측을 망상으로 구성한 것으로 각 수용가는 망상 네트워크로부터 분기하여 공급받는 방식으로 주로 부하가 밀집된 시가지에 사용된다. 저압 네트워크 방식은 고장 시 고장전류가 역류할 수 있다.

> **저압 네트워크 방식 특징**
> • 무정전 공급이 가능하여 공급 신뢰도가 높다.
> • 공급신뢰도가 타 방식에 비해 매우 우수하다.
> • 변전소의 수를 줄일 수 있다.
> • 부하증가 시 대응 능력이 우수하다
> • 기기의 이용률이 향상된다.
> • 전력손실 및 전압강하가 적다.
> • 플리커 현상이 적고 전압 변동률이 적다.
> • 건설비가 비싸다.
> • 인축의 접지사고가 있을 수 있다.
> • 고장 시 고장전류가 역류할 수 있다.

11

3상 전력은 Y 결선과 $\triangle$ 결선에 관계없이 모두 같다.

∴ $\triangle$ 결선 유효전력 $P = Y$ 결선 유효전력 P

12

$$C = \epsilon_0 \frac{A}{I} = 8.855 \times 10^{-12} \times \frac{5 \times 10^{-4}}{1 \times 10^{-3}} = 4.428 \times 10^{-12} \text{F}$$

13

도체에 작용하는 자기력은 $F = BIl\sin\theta = 2 \times 5 \times 0.6 \times \sin 60° = 5.196 ≒ 5.2\text{N}$이다.

14

• 실효전류

$$I = \sqrt{(\text{직류분})^2 + \left[\frac{(\text{기본파 전류})}{\sqrt{2}}\right]^2 + \left[\frac{\text{고조파 전류}}{\sqrt{2}}\right]^2} = \sqrt{3^2 + \left(\frac{10\sqrt{2}}{\sqrt{2}}\right)^2 + \left(\frac{4\sqrt{2}}{\sqrt{2}}\right)^2} = \sqrt{9 + 100 + 16} = \sqrt{125} \text{ A}$$

• 코일에 축적되는 에너지

$$W_L = \frac{1}{2} LI^2 [\text{J}]$$

$$125 = \frac{1}{2} \times L \times (\sqrt{125})^2$$

$$L = \frac{125}{125} \times 2 = 2\text{H}$$

15

저압 단상 3선식 배전 방식의 장점과 단점

장점	단점
• 2종의 전원을 얻을 수 있다. • 단상 2선식에 비해 전압강하 및 전력손실이 적다. • 공급전력이 크다. • 전선의 소요중량이 작다. • 전선의 단면적이 작다.	• 부하 불평형으로 인한 전력손실이 크다. • 중성선 단선 시 전압의 불평형이 생긴다.

16

전류 $I = \dfrac{V}{R} = \dfrac{10}{1+4} = 2\text{A}$

$\therefore W = I^2 R t = 2^2 \times 4 \times 2 = 32\text{J}$

17

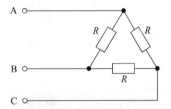 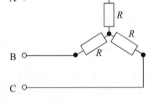

$\triangle \to$ Y 변환 시 소비전력 $P_Y = \dfrac{1}{3} P_\triangle$

18

• 감극성 $L_{eq} = L_1 + L_2 - 2M = 8 + 4 - (2 \times 4) = 4\text{H}$

• 코일에 축적되는 에너지

$\quad W = \dfrac{1}{2} L I^2 = \dfrac{1}{2} \times 4 \times (5)^2 = 50\text{J}$

19

분기선이란 간선으로 분기되는 변압기에 이르는 선로이다.

20

$v = -N \dfrac{\Delta \Phi}{\Delta t} = -100 \times \dfrac{2}{10 \times 10^{-3}} = -20,000\text{V}$

21

정답 ②

• 임피던스

$Z = 30 + j70 - j30 = 30 + j40$

$|Z| = \sqrt{(30)^2 + (40)^2} = 50$

• 실효전류

$I = \dfrac{V}{|Z|} = \dfrac{\frac{100}{\sqrt{2}}}{50} = \dfrac{100}{50\sqrt{2}} = \dfrac{2}{\sqrt{2}}$

• 최대전류

$I_m = \sqrt{2}\,I = \sqrt{2} \times \left(\dfrac{2}{\sqrt{2}} \right) = 2$

22

정답 ①

공통 중성선 다중 접지 3상 4선식 배전선로에서 고압 측(1차 측) 중성선과 저압 측(2차 측) 중성선을 전기적으로 연결하는 주된 목적은 고압 중성선과 저압 중성선이 서로 혼촉 시 수용가에 침입하는 상승전압을 억제하기 위함이다. 다중 접지 3상 4선식 배전 선로에서 고압 측 중성선과 저압 측 중성선끼리 연결되지 않은 채 고압 중성선과 저압 중성선이 서로 혼촉 시 고압 측 큰 전압이 저압 측을 통해서 수용가에 침입할 우려가 있다.

23

정답 ③

$H = \dfrac{NI}{l} = \dfrac{5 \times 0.1}{0.01} = 50\text{AT/m}$

※ 비투자율은 문제와 아무 관계가 없다.

24

정답 ①

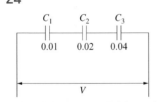

콘덴서 직렬 연결 시 : 전하량 Q 일정

∴ $Q = CV$[C]에서 $Q \propto C$

C의 값이 가장 작은 것에 높은 전압이 인가되므로 $0.01\mu\text{F}$이 제일 먼저 파괴된다.

25

$$\binom{V_1}{I_1} = \begin{bmatrix} A \ B \\ C \ D \end{bmatrix} \binom{V_2}{I_2}$$

$$V_1 = AV_2 + BI_2$$

$$I_1 = CV_2 + DI_2$$

이 식에서 $C = \dfrac{I_1}{V_2}\,[I_2 = 0(\text{출력 측 개방})]$

$C = \dfrac{I_1}{V_2}$ 에 $V_2 = X_C I_1$ 대입

$$= \dfrac{I_1}{-j50 I_1} = j\dfrac{1}{50}$$

26

정답 ④

$i = 3\sqrt{2}\sin(5{,}000t + 45°)$

• 실효전류 $I = 3\text{A}$

$\quad P = I^2 R$

$\quad 180 = (3)^2 \cdot R$

$\quad \therefore R = \dfrac{180}{9} = 20\Omega$

• $Z = \dfrac{R}{\cos\theta} = \dfrac{20}{0.8} = 25\Omega$

$\quad X_L = Z\sin\theta = 25 \times 0.6 = 15\Omega$

$\quad X_L = \omega L, \ X_L = 15$

$\quad \therefore L = \dfrac{X_L}{\omega} = \dfrac{15}{5{,}000} = 3 \times 10^{-3}\text{H} = 3\text{mH}$

27

정답 ②

단상 2선식에서의 전선량비는 1이고 3상 3선식에서의 전선량비는 $\dfrac{3}{4}$ 이다.

따라서 단상 2선식에서의 전선량비에 대한 3상 3선식에서의 전선량의 비는 $\dfrac{\dfrac{3}{4}}{1} = 0.75$ 이다.

전기 방식의 비교

전기 방식	전선량비
단상 2선식	1
단상 3선식	$\dfrac{3}{8}$
3상 3선식	$\dfrac{3}{4}$
3상 4선식	$\dfrac{1}{3}$

28

정답 ①

전압변동률은 정격전압에 대한 무부하 전압의 변화률로 $\varepsilon = \dfrac{V_0 - V_n}{V_n} \times 100\%$이다.

29

정답 ①

$\theta = \theta_v - \theta_i = 45° - (-45) = 90°$

따라서 $\cos 90° = 0$이므로 역률은 0이 된다.

30

정답 ④

• 임피던스

$|Z_p| = \sqrt{(4)^2 + (3)^2} = \sqrt{25} = 5\,\Omega$

• 상전류

$I_p = \dfrac{V_p}{|Z_p|}[\text{A}] = \dfrac{220}{5} = 44\text{A}$

• 선전류

$I_l = \sqrt{3}\,I_p[\text{A}] = 44\sqrt{3}\,\text{A}$

31

정답 ④

전기 방식의 전력을 비교하면 다음과 같다.

전기 방식	전력	1선당 전력
단상 2선식	$VI\cos\theta$	$0.5\,VI\cos\theta$
단상 3선식	$2\,VI\cos\theta$	$0.67\,VI\cos\theta$
3상 3선식	$\sqrt{3}\,VI\cos\theta$	$0.57\,VI\cos\theta$
3상 4선식	$3\,VI\cos\theta$	$0.75\,VI\cos\theta$

32

정답 ③

통신선 유도장해의 종류와 이에 대한 설명을 표로 나타내면 다음과 같다.

구분	원인	공식	비고
전자유도장해	영상전류 상호 인덕턴스	$V_m = -3I_0 \times j\omega Ml$	주파수, 길이에 비례
정전유도장해	영상전압 상호 정전용량	$V_0 = \dfrac{C_M}{C_M + C_S} \times V_S$	길이와 무관

보기는 전자유도장해에 대한 내용이다. 따라서 빈칸에 들어갈 말을 순서대로 채운다면 '송전선로에서 영상전류(㉠)가 흐르면 통신선과 전자적인 결합으로 인한 상호 인덕턴스(㉡)에 의해 전자유도장해가 발생한다.'이다.

33

정답 ①

용량 리액턴스

$X_C = \dfrac{1}{2\pi fC} = \dfrac{1}{2 \times 3.14 \times 1 \times 10^6 \times 0.1 \times 10^{-6}} \fallingdotseq 1.59\,\Omega$

34

정답 ②

$$Z = \frac{V}{I} = \frac{1\angle 0°}{2\angle 60°} = \frac{1}{2}\angle -60° = \frac{1}{2}(\cos 60° - j\sin 60°)$$

$$= \frac{1}{2}\left(\frac{1}{2} - j\frac{\sqrt{3}}{2}\right) = \frac{1}{4} - j\frac{\sqrt{3}}{4}$$

$$R = \frac{1}{4}, \ X_C = \frac{\sqrt{3}}{4} \text{이다.}$$

$$\therefore \ X_C = \frac{1}{\omega C} \text{에서} \ C = \frac{1}{\omega X_C} = \frac{1}{\omega\frac{\sqrt{3}}{4}} = \frac{4}{\sqrt{3}\,\omega}\text{F}$$

35

정답 ④

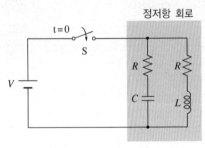

정저항 회로

$$R^2 = \frac{L}{C}$$

$$\therefore \ R = \sqrt{\frac{L}{C}} = \sqrt{\frac{16 \times 10^{-3}}{10 \times 10^{-6}}} = \sqrt{16 \times 10^2} = \sqrt{1,600} = 40\Omega$$

36

정답 ①

변압기 한상 리액턴스 X_t를 고려한 소호리액터의 리액턴스와 인덕턴스는 다음과 같다.

- [소호리액터 리액턴스(X_L)] $= \dfrac{1}{3\omega C_s} - \dfrac{X_t}{3}$

- [소호리액터 인덕턴스(L)] $= \dfrac{1}{3\omega^2 C_s} - \dfrac{X_t}{3\omega}$

37

정답 ②

무한장 직선도체 자계의 세기

$$H = \frac{I}{2\pi r}[\text{AT/m}]$$

$$100 = \frac{I}{2\pi \times 0.1}$$

$$\therefore \ I = 100 \times 2\pi \times 0.1 = 20\pi \text{A}$$

$$H' = \frac{I}{2\pi r'}\text{AT/m}, \ r' = 0.4\text{m}, \ I = 20\pi\text{A 대입}$$

$$= \frac{20\pi}{2\pi \times 0.4} = 25\text{AT/m}$$

38

전기장의 세기

$$E = \frac{1}{4\pi\varepsilon_0} \cdot \frac{Q}{r^2} \text{V/m}$$

$$= 9 \times 10^9 \times \frac{Q}{r^2} \text{V/m} = 9 \times 10^9 \times \frac{-5 \times 10^{-9}}{(5)^2}$$

$$= -\frac{45}{25} = -\frac{9}{5} = -1.8 \text{V/m}$$

※ 전기장의 세기에서 크기는 쉽게 구할 수 있으나, 방향은 벡터를 사용한다. 하지만 여기에서는 주어진 조건에서 음전하이므로 $Q = -5$nC로 해석한다.

39

$$n = \frac{20}{10^{-2}} = 2,000 \text{T/m}, \quad H = nI = 2,000 \times 5 = 10,000 = 10^3 \text{AT/m}$$

40

절연변압기를 사용하는 대책은 통신선 측에서의 유도장해 방지 대책이다.

유도장해 방지법

통신선 측	전력선 측
• 연피 통신케이블을 사용한다. • 절연변압기를 사용한다. • 통신선 및 기기 절연을 강화한다. • 배류코일을 설치한다. • 성능이 우수한 피뢰기를 설치한다. • 통신선과 전력선을 수직 교차한다.	• 전력선의 충분한 연가를 한다. • 소호리액터 접지방식을 채용한다. • 고속도 차단기를 설치한다. • 충분한 통신선과 전력선 간 이격거리를 설정한다. • 차폐선(가공지선)을 설치한다. • 지중전선로를 설치한다. • 중성점 접지 시 저항값이 큰 것을 사용한다.

01	02	03	04	05	06	07	08	09	10	11	12	13	14	15	16	17	18	19	20
⑤	③	①	②	①	③	②	④	②	③	②	④	②	①	①	②	①	④	④	④
21	22	23	24	25	26	27	28	29	30	31	32	33	34	35	36	37	38	39	40
③	③	①	④	②	②	①	①	③	②	②	①	③	②	④	①	④	④	③	②

01

정답 ⑤

전해 가공(ECM; Electro Chemical Machining)이란 공작물을 양극에, 공구를 음극에 연결하면 도체 성질의 가공액에 의한 전기화학적 작용으로 공작물이 전기 분해되어 원하는 부분을 제거하는 가공법으로 가공된 공작물에는 열 손상이 발생하지 않는다.

02

정답 ③

오답분석

ㄴ. V벨트는 엇걸기가 불가능하다.

V벨트의 특징
- 운전이 정숙하다.
- 고속운전이 가능하다.
- 미끄럼이 적고, 속도비가 크다.
- 베어링에 작용하는 하중이 비교적 작다.
- 벨트의 벗겨짐 없이 동력 전달이 가능하다.
- 바로걸기 방식으로만으로도 동력 전달이 가능하다.
- 이음매가 없으므로 전체가 균일한 강도를 갖는다.
- 비교적 작은 장력으로도 큰 동력 전달이 가능하다.

03

정답 ①

$$\mu = \frac{\epsilon'}{\epsilon} = \frac{\frac{\Delta b}{b}}{\frac{\sigma}{E}} = \frac{E\Delta b}{\sigma b} \rightarrow \Delta b = \frac{\mu \sigma b}{E}$$

$\sigma = \dfrac{P}{A} = \dfrac{P}{bt}$ 이므로 $\Delta b = \dfrac{\mu P b}{Ebt} = \dfrac{\mu P}{Et}$ 이다.

따라서 수축량은 $\dfrac{0.4 \times 13.5 \times 10^3}{230 \times 10^9 \times 3 \times 10^{-3}} \fallingdotseq 7.83 \times 10^{-7} \text{m} = 0.783 \times 10^{-3} \text{mm}$ 이다.

04

정답 ②

삼각형 단면 2차 모멘트는 $I = \dfrac{bh^3}{36}$ 이다(b : 밑변, h : 높이).

따라서 축에 단면 2차 모멘트는 $I = \dfrac{20 \times 30^3}{36} = 15,000 \text{cm}^4$ 이다.

05

프레스가공의 일종으로 펀치와 다이를 이용해서 판금할 재료로부터 제품의 외형을 따내는 작업은 블랭킹(Blanking)이라 한다.

[오답분석]

② 피어싱 : 재료에 펀치로 구멍을 뚫거나 작은 구멍에 펀치를 이용하여 구멍을 넓히는 가공법이다.

③ 트리밍 : 제품치수보다 크게 만드는 드로잉가공 후 기존의 제품치수에 맞게 재료를 절단하는 작업으로 트리밍용 별도의 다이가 필요하다.

④ 플랜징 : 금속판재의 모서리를 굽혀 테두리를 만드는 가공법이다.

⑤ 스탬핑 : 요철이 가공된 상형과 하형 사이에 판금을 넣고 충격적인 압력을 가하여 판금 표면에 요철의 형상을 찍어내는 가공법이다.

06

성적계수(COP; Coefficient Of Performance)

$$\epsilon_r = \frac{(\text{저온체에서 흡수한 열량})}{(\text{공급열량})} = \frac{Q_2}{Q_1 - Q_2}$$

$$2 = \frac{5\text{kJ/s}}{Q_1 - 5\text{kJ/s}}$$

$$2(Q_1 - 5\text{kJ/s}) = 5\text{kJ/s}$$

$$2Q_1 - 10\text{kJ/s} = 5\text{kJ/s}$$

$$2Q_1 = 15\text{kJ/s}$$

$$Q_1 = 7.5\text{kJ/s} = 7.5\text{kW}$$

07

소성가공의 분류

08

㉠ 다이 캐스팅 : 용융금속을 금형 다이에 고속으로 충진하여 압입하는 주조법으로, 주형을 영구적으로 사용할 수 있고 충진 시간이 매우 짧아서 생산 속도가 빠르므로 대량 생산에 적합하다. 용융 금속을 강한 압력으로 금형에 주입하고 가압하여 주물을 얻기 때문에 주물조직이 치밀하며 큰 강도가 특징이다. 치수 정밀도가 높아서 마무리 공정수를 줄일 수 있으며, 주로 비철금속의 주조에 사용된다.

㉡ 딥드로잉(오므리기 가공) : 평판에서 이음부 없이 중공 용기를 만드는 대표적인 프레스 가공법으로, 원통이나 각통의 제조에 사용된다.

[오답분석]

• 플랜징 : 금속 판재의 모서리를 굽히는 가공법으로, 2단 펀치를 사용하여 판재에 작은 구멍을 낸 후 구멍을 넓히면서 모서리를 굽혀 마무리를 짓는 가공법이다.

- 인베스트먼트 주조법 : 제품과 동일한 형상의 모형을 왁스(양초)나 파라핀(합성수지)으로 만든 후 그 주변을 슬러리 상태의 내화 재료로 도포한 다음 가열하여 주형을 경화시키면서 내부의 모형을 용융 시켜 빼냄으로써 주형을 완성하는 주조법을 말한다. 다른 말로는 로스트 왁스법이라고도 하며, 주물의 치수 정밀도가 좋아서 정밀 주조법으로도 불린다.
- 스웨이징 : 압축 가공 방법 중에서 재료의 두께를 감소시키는 작업을 말한다.

09 정답 ②

주물사가 갖추어야 할 조건
- 통기성이 좋아야 한다.
- 성형성이 있어야 한다.
- 열에 의한 화학적 변화가 일어나지 않아야 한다.
- 열전도도가 낮아서 용탕이 빨리 응고되지 않아야 한다.
- 제품분리 시 파손방지를 위해 주물 표면과의 접착력(접합력)이 좋지 않아야 한다.

10 정답 ③

다이 캐스팅 주조법(Die Casting)이란 용융금속을 금형(다이)에 고속으로 충진한 뒤 응고 시까지 고압을 계속 가해 주물을 얻는 주조법이다.

오답분석

① 스퀴즈 캐스팅 : 단조가공과 주조를 혼합한 주조법으로 먼저 용탕을 주형에 주입한 후 금형으로 압력을 가하여 제품에 기공이 없애고 기계적 성질을 좋게 한다.
② 원심 주조법 : 고속 회전하는 사형이나 금형주형에 용탕을 주입한 후 약 $300 \sim 3,000$rpm으로 회전시키면 원심력에 의해 주형의 내벽에 용탕이 압착된 상태에서 응고시켜 주물을 얻는 주조법이다.
④ 인베스트먼트 주조법 : 제품과 동일한 형상의 모형을 왁스(양초)나 파라핀으로 만든 다음 그 주변을 슬러리상태의 내화재료로 도포한다. 그리고 가열하면 주형은 경화되면서 왁스로 만들어진 내부 모형이 용융되어 밖으로 빠지고 주형이 완성되는 주조법이다.
⑤ 일렉트로 슬래그 주조법 : 일렉트로 슬래그 용접(ESW)의 용해 현상을 이용한 용융 금속 생성과 주조 현상을 이용한 국부적 금속 응고 현상을 차례로 연속하는 성형 방법이다.

> **다이 캐스팅 주조법의 특징**
> - 영구주형을 사용한다.
> - 비철금속의 주조에 적용한다.
> - 고온 체임버식과 저온 체임버식으로 나뉜다.
> - 냉각속도가 빨라서 생산속도가 빠르다.
> - 용융금속이 응고될 때까지 압력을 가한다.

11 정답 ②

고유진동수(f)
단위시간당 진동하는 횟수이다. 구조물의 동적 특성을 표현하는 가장 대표적인 개념으로 단위는 Hz를 사용한다.

$f = \dfrac{1}{2\pi} \sqrt{\dfrac{k}{m}}$ (k : 강성, m : 질량)

12 정답 ④

결정립이 작으면 동일 체적 내에 결정이 많이 존재하므로 그만큼 결정립계도 넓어진다. 이 결정립계는 금속에 슬립이 일어나려고 할 때 이를 저지하는 역할을 하기 때문에 금속의 강도는 더 커진다. 또한 금속의 강도가 커질수록 전성이나 연성이 나빠져 가공이 어렵게 된다.

13

정답 ②

- 기초원지름$(D_g) = D\cos\alpha$

- (기초원피치)=[원주피치(p)]$= \dfrac{\pi D}{Z}$

여기에 D대신 기초원지름 $D_g = D\cos\alpha$를 대입하면

$$p = \frac{\pi D\cos\alpha}{Z} = \frac{\pi D}{Z}\cos\alpha$$

14

정답 ①

키에 작용하는 전단응력을 구하는 식은 다음과 같다.

$$\tau = \frac{F}{A} = \frac{W}{A} = \frac{(작용힘)}{(전단단면적)} = \frac{F}{[키의\ 폭(b)] \times [키의\ 길이(l)]} \rightarrow \tau = \frac{F}{[키의\ 폭(b)] \times [키의\ 길이(l)]} = \frac{1\mathrm{N}}{0.01\mathrm{m} \times 0.1\mathrm{m}}$$

$$\rightarrow \tau = \frac{1\mathrm{N}}{0.001\mathrm{m}} = 1,000\mathrm{N/m^2}$$

따라서 키에 작용하는 전단응력은 $1,000\mathrm{N/m^2}$이다.

15

정답 ①

철과 탄소의 합금인 탄소강(SM30C)은 냉간가공할 경우 인성, 연성 연신율이 감소한다. 냉간가공한 재료는 수축에 의한 변형이 없고, 가공온도와 상온과의 온도차가 적으며, 가공경화로 강도, 경도, 항복점은 증가한다.

16

정답 ②

내연기관용 윤활유는 기포 발생이 적어야 한다. 기포 발생이 크면 작동 불량 및 캐비테이션(공동현상)의 발생우려가 높다.

내연기관용 윤활유가 갖추어야 할 성질
- 산화안정성이 클 것
- 기포발생이 적을 것
- 부식방지성이 좋을 것
- 적당한 점도를 가질 것

17

정답 ①

- 단면적 변화율

$$\frac{\triangle A(단면적\ 변화량)}{A(처음\ 단면적)} = 2\nu\epsilon$$

$$\triangle A = 2 \times 0.5\epsilon \times A = \epsilon A$$

- 푸아송의 비(Poisson's Ratio) : 봉 재료가 축 방향의 인장하중을 받으면 길이가 늘어나지만 직경은 줄어들게 된다. 따라서 축 방향의 변형률에 대한 직경 방향의 변형률을 나타낸다.

$$\nu = \frac{\epsilon'}{\epsilon} = \frac{(횡변형률)}{(종변형률)} = \frac{\dfrac{\delta}{d}}{\dfrac{\lambda}{l}} = \frac{\delta l}{d\lambda}$$

18
정답 ④

재료 표면에 존재하는 노치(Notch)를 제거하면 피로 수명은 증가한다.

19
정답 ④

키홈의 깊이가 깊어질수록 축의 직경은 작아지므로 응력집중이 더 잘 일어나서 파손의 우려가 커진다. 따라서 이는 좋은 체결기구라고 볼 수 없다.

20
정답 ④

가솔린기관의 노킹 현상은 연소 후반부에 미연소가스의 급격한 자기연소에 의한 충격파가 실린더 내부의 금속을 타격하는 현상이다. 노킹이 발생하면 실린더 내의 압력이 급상승하며 이는 출력 저하의 원인이 되므로 옥탄가가 높은 연료를 사용해야 한다.

21
정답 ③

나사를 푸는 힘 $P'=Q\tan(p-\alpha)$에서
- P'가 0보다 크면, $p-\alpha>0$이므로 나사를 풀 때 힘이 든다. 따라서 나사는 풀리지 않는다.
- P'가 0이면, $p-\alpha=0$이므로 나사가 풀리다가 정지한다. 따라서 나사는 풀리지 않는다.
- P'가 0보다 작으면, $p-\alpha<0$이므로 나사를 풀 때 힘이 안 든다. 따라서 나사는 스스로 풀린다.

22
정답 ③

테르밋용접은 설비가 간단해서 설치비가 저렴하고 용접시간이 짧아서 용접변형도 작다는 장점이 있다.

23
정답 ①

나사의 효율(η) 구하는 식

$\eta=\dfrac{pQ}{2\pi T}$

(여기서 Q : 축 방향하중, p : 나사의 피치. T : 토크)

$Q=\dfrac{2\pi T\eta}{p}=\dfrac{2\pi\times40\text{N}\cdot\text{mm}\times0.3}{4\text{mm}}=18$

따라서 [축 방향하중(Q)]$=18$N이다.

24
정답 ④

원형봉의 늘어난 길이인 변형량(δ)을 구하면

$\delta=\dfrac{PL}{AE}=\dfrac{100\times10^3\times3}{0.01\times300\times10^9}\ \rightarrow\ \delta=\dfrac{3\times10^5}{3\times10^9}$

$\therefore\ \delta=0.0001\text{m}$

25
정답 ②

절삭속도 공식을 이용하여 주 축의 회전수를 구하면 다음과 같다[$v=$절삭속도(m/min), $d=$공작물의 지름(mm), $n=$주 축 회전수(rpm)].

$v=\dfrac{\pi dn}{1,000}\ \rightarrow\ 314=\dfrac{3.14\times50\text{mm}\times n}{1,000}\ \rightarrow\ 314,000=157n$

$\therefore\ n=2,000\text{rpm}$

26

가운데가 빈 중공축이 정하중으로 굽힘 모멘트(σ_a)만 받는 경우

$M = \sigma_a \times Z$

$\quad = \sigma_a \times \dfrac{\pi d_2^3 (1-x^4)}{32}$

이 식을 바깥지름(d_2)으로 정리하면

$d_2^3 = \dfrac{32M}{\pi(1-x^4)\sigma_a}$

$d_2 = \sqrt[3]{\dfrac{32M}{\pi(1-x^4)\sigma_a}}$

단면계수(Z)

중실축 단면계수	중공축 단면계수
$\dfrac{\pi d_2^3}{32}$	$\dfrac{\pi d_2^3 (1-x^4)}{32}$ $x(\text{내외경비}) = \dfrac{d_1}{d_2}$

27

브리넬 경도는 강구를 일정한 하중으로 시험편의 표면에 압입시킨 후, 압입자국의 표면적 크기와 하중의 비로 경도를 측정한다. 따라서 압입자국의 깊이만을 고려하지는 않는다.

경도시험법의 종류

종류	시험 원리	압입자
브리넬 경도 (H_B)	압입자인 강구에 일정량의 하중을 걸어 시험편의 표면에 압입한 후, 압입자국의 표면적 크기와 하중의 비로 경도 측정 $H_B = \dfrac{P}{A} = \dfrac{P}{\pi Dh} = \dfrac{2P}{\pi D(D-\sqrt{D^2-a^2})}$ (여기서 D : 강구 지름, d : 압입자국의 지름, h : 압입자국의 깊이, A : 압입자국의 표면적)	강구
비커스 경도 (H_V)	압입자에 1 ~ 120[kg]의 하중을 걸어 자국의 대각선 길이로 경도 측정한다. 하중을 가하는 시간은 캠의 회전속도로 조절한다. $H_V = \dfrac{P(\text{하중})}{A(\text{압입자국의 표면적})}$	136°인 다이아몬드 피라미드 압입자
로크웰 경도 (H_{RB}, H_{RC})	압입자에 하중을 걸어 압입자국(홈)의 깊이를 측정하여 경도 측정 • 예비하중 : 10[kg] • 시험하중 : B스케일 100[kg], C스케일 150[kg] $H_{RB} = 130 - 500h$ $H_{RC} = 100 - 500h$ (여기서 h : 압입자국의 깊이)	• B스케일 : 강구 • C스케일 : 120° 다이아몬드(콘)
쇼어 경도 (H_S)	추를 일정한 높이(h_0)에서 낙하시켜, 이 추의 반발높이(h)를 측정해서 경도 측정 $H_S = \dfrac{10{,}000}{65} \times \dfrac{h(\text{해머의 반발 높이})}{h_0(\text{해머의 낙하 높이})}$	다이아몬드 추
마이어 경도 (H)	다른 지름의 강구를 이용하여 하중의 크기 P를 바꾸었을 때 얻어지는 영구적 패임의 지름 d와의 관계를 실험적으로 구함 $H = \dfrac{4P}{\pi d^2} \text{ kg/mm}^2$	강구

제2회 기술직 직무수행능력평가 최종모의고사 • 135

28

정답 ①

가스터빈은 압축기, 터빈, 연소실로 이루어진 내연기관이다.

> **가스터빈**
> 압축기, 터빈, 연소실로 이루어진 내연기관으로 압축기에서 압축된 공기가 연소실에서 연료와 혼합되어 연소함으로써 고온·고압으로 팽창하는데, 이때 발생하는 힘으로 터빈을 구동해서 에너지를 얻는 열기관 사이클로 실제로는 개방사이클로 이루어진다. 공기로 산소가 공급되며 냉각제의 역할도 한다. 브레이턴 사이클이 대표적이며 완전 연소를 하므로 유해성분이 적게 배출되고, 증기터빈에 비해 중량당 동력이 크다는 장점이 있다. 항공기나 선박, 발전기에 적용되고 있다.

29

정답 ③

크리프(Creep) 현상은 고온에서 재료에 일정 크기의 하중(정하중)을 작용시키면 시간이 경과함에 따라 변형이 증가하는 현상이다. 이것은 변형량과 시간과의 관계를 나타낸다.

30

정답 ②

[오답분석]
ㄱ. 주철은 탄소강보다 용융점이 낮다.
ㄹ. 가단주철 – 백주철을 고온에서 장시간 열처리하여 시멘타이트 조직을 분해하거나 소실시켜 조직의 인성과 연성을 개선한 주철로 가단성이 부족했던 주철을 강인한 조직으로 만들기 때문에 단조작업이 가능한 주철이다. 제작 공정이 복잡해서 시간과 비용이 상대적으로 많이 든다.

31

정답 ②

재결정 온도는 1시간 안에 95% 이상 새로운 입자인 재결정이 완전히 형성되는 온도이다. 재결정을 하면 불순물이 제거되며 더 순수한 결정을 얻어낼 수 있는데, 이 재결정은 금속의 순도, 조성, 소성변형의 정도, 가열시간에 큰 영향을 받는다.

> **재결정**
> 특정한 온도 영역에서 이전의 입자들을 대신하여 변형이 없는 새로운 입자가 형성되는 현상이다.
>
> **재결정의 일반적인 특징**
> • 가공도가 클수록 재결정 온도는 낮아진다.
> • 재결정 온도는 가열시간이 길수록 낮아진다.
> • 재결정은 강도를 저하시키나 연성은 증가시킨다.
> • 냉간가공도가 커질수록 재결정 온도는 낮아진다.
> • 결정입자의 크기가 작을수록 재결정 온도는 낮아진다.
> • 재결정 온도는 일반적으로 1시간 안에 95% 이상의 재결정이 이루어지는 온도로 정의한다.
> • 금속의 용융온도를 절대온도 T_m 이라 할 때 재결정 온도는 대략 $0.3 \sim 0.5\,T_m$ 범위에 있다.

32

정답 ①

입도란 숫돌입자 크기를 숫자로 나타낸 것으로 연삭 가공면의 표면 정밀도를 결정하는 주요 요소이다. 입도 번호가 클수록 더 고운 입자임을 나타내는 수치이므로 입도 번호가 클수록 우수한 표면을 가진 제품을 얻을 수 있다.

연삭숫돌의 입도 번호

구분	거친 연마용	일반 연마용	정밀 연마용
입도 번호	$4 \sim 220$	$230 \sim 1,200$	$240 \sim 8,000$

33

정답 ③

디젤 기관이 가솔린 엔진보다 작동압력(압축 및 연소압력) 및 출력당 중량이 더 크고, 제작 단가도 더 비싸다.

가솔린 기관과 디젤 기관의 비교

구분	가솔린 기관	디젤 기관
점화방식	전기 불꽃 점화	압축 착화
최대압력	$30 \sim 35\text{kg/cm}^2$	$65 \sim 70\text{kg/cm}^2$
열효율	작다.	크다.
압축비	$6 \sim 11 : 1$	$15 \sim 22 : 1$
연소실 형상	간단하다.	복잡하다.
연료공급	기화기 또는 인젝터	분사펌프, 분사노즐
진동 및 소음	작다.	크다.
출력당 중량	작다.	크다.
제작비	저렴하다.	비싸다.

34

정답 ②

불활성 가스 아크용 접법의 종류로는 TIG용접과 MIG용접이 있다. 이 두 용접법에는 용제(Flux)가 사용되지 않으며 따로 넣어주지도 않는다. 용접봉으로는 피복되지 않은 용접 Wire가 사용된다.

35

정답 ④

형식기호 "N"은 원통 롤러 베어링을 나타내는 기호이다.

[오답분석]

① "02"는 베어링 안지름이 15mm라는 것을 의미한다.
② 초정밀급은 "SP"로 나타낸다. "P"는 정밀 등급이다.
③ 특별경하중은 "0"이나 "1"로 나타낸다.

36

정답 ①

Fe(철)의 밀도(p)가 C(탄소)의 밀도보다 $2 \sim 3$배가 더 크기 때문에 동일 체적인 경우 Fe이 C보다 무겁다. 따라서 순수한 철에 탄소의 함유량이 높아질수록 합금되는 탄소강의 비중은 낮아진다.

37

센터리스 연삭은 긴 홈이 있는 가공물이나 대형 또는 중량물의 연삭은 곤란하다.

센터리스 연삭의 특징
- 연삭 여유가 작아도 된다.
- 연삭작업에 숙련을 요구하지 않는다.
- 연속작업이 가능하여 대량생산에 적합하다.
- 연삭 깊이는 거친 연삭의 경우 0.2mm 정도이다.
- 센터가 필요하지 않아 센터구멍을 가공할 필요가 없다.
- 센터구멍이 필요 없는 중공물의 원통 연삭에 편리하다.
- 가늘고 긴 공작물을 센터나 척으로 지지하지 않고 가공한다.
- 조정 숫돌은 연삭축에 대하여 경사시켜 가공한다.
- 긴 홈이 있는 가공물, 대형 또는 중량물의 연삭은 곤란하다.
- 연삭숫돌의 폭이 커서 숫돌의 지름 방향으로 마멸이 적고 수명이 길다.

38

선반가공 시 재료 제거율을 구하는 공식은 다음과 같다.

(재료 제거율)=(제거면적)×(회전수)×(이송속도)

$$= \pi dt \times 1,000 \times 0.3$$
$$= (3.14 \times 10 \times 0.1) \times 1,000 \times 0.03$$
$$= 94.2 cm^3/min$$

39

공구강은 절삭 시 발생되는 열에도 그 강도를 유지해야 하는데, 이 중 세라믹공구의 고온경도가 가장 높다.

세라믹공구
무기질의 비금속 재료를 고온에서 소결한 것으로 1,200℃ 절삭 열에도 경도 변화가 없는 신소재이다. 주로 고온에서 소결시켜 만들 수 있는데 내마모성과 내열성, 내화학성(내산화성)이 우수하나 인성이 부족하고 성형성이 좋지 못하며 충격에 약한 단점이 있다.

공구강의 고온경도 및 파손강도 비교
다이아몬드 > 입방정 질화붕소 > 세라믹 > 초경합금 > 주조경질합금(스텔라이트) > 고속도강 > 합금공구강 > 탄소공구강

40

[절삭속도(v)]$= \dfrac{\pi dn}{1,000}$ 이므로(v[m/min] : 절삭속도, d[mm] : 공작물의 지름, n[rpm] : 주축 회전수)

$n = \dfrac{1,000v}{\pi d} = \dfrac{1,000 \times 196}{3.14 \times 50} ≒ 1,250$rpm이다.

따라서 회전수는 1,250rpm이다.

성 명

지원 분야

문제지 형별기재란

( )형 Ⓐ Ⓑ

수 험 번 호

⓪①②③④⑤⑥⑦⑧⑨

감독위원 확인

⑨

1	① ② ③ ④ ⑤	21	① ② ③ ④ ⑤	41	① ② ③ ④ ⑤
2	① ② ③ ④ ⑤	22	① ② ③ ④ ⑤	42	① ② ③ ④ ⑤
3	① ② ③ ④ ⑤	23	① ② ③ ④ ⑤	43	① ② ③ ④ ⑤
4	① ② ③ ④ ⑤	24	① ② ③ ④ ⑤	44	① ② ③ ④ ⑤
5	① ② ③ ④ ⑤	25	① ② ③ ④ ⑤	45	① ② ③ ④ ⑤
6	① ② ③ ④ ⑤	26	① ② ③ ④ ⑤	46	① ② ③ ④ ⑤
7	① ② ③ ④ ⑤	27	① ② ③ ④ ⑤	47	① ② ③ ④ ⑤
8	① ② ③ ④ ⑤	28	① ② ③ ④ ⑤	48	① ② ③ ④ ⑤
9	① ② ③ ④ ⑤	29	① ② ③ ④ ⑤	49	① ② ③ ④ ⑤
10	① ② ③ ④ ⑤	30	① ② ③ ④ ⑤	50	① ② ③ ④ ⑤
11	① ② ③ ④ ⑤	31	① ② ③ ④ ⑤	51	① ② ③ ④ ⑤
12	① ② ③ ④ ⑤	32	① ② ③ ④ ⑤	52	① ② ③ ④ ⑤
13	① ② ③ ④ ⑤	33	① ② ③ ④ ⑤	53	① ② ③ ④ ⑤
14	① ② ③ ④ ⑤	34	① ② ③ ④ ⑤	54	① ② ③ ④ ⑤
15	① ② ③ ④ ⑤	35	① ② ③ ④ ⑤	55	① ② ③ ④ ⑤
16	① ② ③ ④ ⑤	36	① ② ③ ④ ⑤	56	① ② ③ ④ ⑤
17	① ② ③ ④ ⑤	37	① ② ③ ④ ⑤	57	① ② ③ ④ ⑤
18	① ② ③ ④ ⑤	38	① ② ③ ④ ⑤	58	① ② ③ ④ ⑤
19	① ② ③ ④ ⑤	39	① ② ③ ④ ⑤	59	① ② ③ ④ ⑤
20	① ② ③ ④ ⑤	40	① ② ③ ④ ⑤	60	① ② ③ ④ ⑤

※ 본 답안지는 마킹연습용 모의 답안지입니다.

〈절취선〉

모듈형 NCS 최종모의고사 답안카드

1	①	②	③	④	⑤	21	①	②	③	④	⑤	41	①	②	③	④	⑤
2	①	②	③	④	⑤	22	①	②	③	④	⑤	42	①	②	③	④	⑤
3	①	②	③	④	⑤	23	①	②	③	④	⑤	43	①	②	③	④	⑤
4	①	②	③	④	⑤	24	①	②	③	④	⑤	44	①	②	③	④	⑤
5	①	②	③	④	⑤	25	①	②	③	④	⑤	45	①	②	③	④	⑤
6	①	②	③	④	⑤	26	①	②	③	④	⑤	46	①	②	③	④	⑤
7	①	②	③	④	⑤	27	①	②	③	④	⑤	47	①	②	③	④	⑤
8	①	②	③	④	⑤	28	①	②	③	④	⑤	48	①	②	③	④	⑤
9	①	②	③	④	⑤	29	①	②	③	④	⑤	49	①	②	③	④	⑤
10	①	②	③	④	⑤	30	①	②	③	④	⑤	50	①	②	③	④	⑤
11	①	②	③	④	⑤	31	①	②	③	④	⑤	51	①	②	③	④	⑤
12	①	②	③	④	⑤	32	①	②	③	④	⑤	52	①	②	③	④	⑤
13	①	②	③	④	⑤	33	①	②	③	④	⑤	53	①	②	③	④	⑤
14	①	②	③	④	⑤	34	①	②	③	④	⑤	54	①	②	③	④	⑤
15	①	②	③	④	⑤	35	①	②	③	④	⑤	55	①	②	③	④	⑤
16	①	②	③	④	⑤	36	①	②	③	④	⑤	56	①	②	③	④	⑤
17	①	②	③	④	⑤	37	①	②	③	④	⑤	57	①	②	③	④	⑤
18	①	②	③	④	⑤	38	①	②	③	④	⑤	58	①	②	③	④	⑤
19	①	②	③	④	⑤	39	①	②	③	④	⑤	59	①	②	③	④	⑤
20	①	②	③	④	⑤	40	①	②	③	④	⑤	60	①	②	③	④	⑤

성 명

지원 분야

문제지 형별기재란 Ⓐ Ⓑ

( )형

수 험 번 호

⓪	①	②	③	④	⑤	⑥	⑦	⑧	⑨
⓪	①	②	③	④	⑤	⑥	⑦	⑧	⑨
⓪	①	②	③	④	⑤	⑥	⑦	⑧	⑨
⓪	①	②	③	④	⑤	⑥	⑦	⑧	⑨
⓪	①	②	③	④	⑤	⑥	⑦	⑧	⑨
⓪	①	②	③	④	⑤	⑥	⑦	⑧	⑨
⓪	①	②	③	④	⑤	⑥	⑦	⑧	⑨

감독위원 확인

(인)

핵심영역 NCS 최종모의고사 답안카드

성 명

지원분야

문제지 형별기재란

( )형

Ⓐ Ⓑ

수 험 번 호

	⓪	①	②	③	④	⑤	⑥	⑦	⑧	⑨
	⓪	①	②	③	④	⑤	⑥	⑦	⑧	⑨
	⓪	①	②	③	④	⑤	⑥	⑦	⑧	⑨
	⓪	①	②	③	④	⑤	⑥	⑦	⑧	⑨
	⓪	①	②	③	④	⑤	⑥	⑦	⑧	⑨
	⓪	①	②	③	④	⑤	⑥	⑦	⑧	⑨
		①	②	③	④	⑤	⑥	⑦	⑧	⑨

감독위원 확인

㉑

1	① ② ③ ④ ⑤	21	① ② ③ ④ ⑤	41	① ② ③ ④ ⑤
2	① ② ③ ④ ⑤	22	① ② ③ ④ ⑤	42	① ② ③ ④ ⑤
3	① ② ③ ④ ⑤	23	① ② ③ ④ ⑤	43	① ② ③ ④ ⑤
4	① ② ③ ④ ⑤	24	① ② ③ ④ ⑤	44	① ② ③ ④ ⑤
5	① ② ③ ④ ⑤	25	① ② ③ ④ ⑤	45	① ② ③ ④ ⑤
6	① ② ③ ④ ⑤	26	① ② ③ ④ ⑤	46	① ② ③ ④ ⑤
7	① ② ③ ④ ⑤	27	① ② ③ ④ ⑤	47	① ② ③ ④ ⑤
8	① ② ③ ④ ⑤	28	① ② ③ ④ ⑤	48	① ② ③ ④ ⑤
9	① ② ③ ④ ⑤	29	① ② ③ ④ ⑤	49	① ② ③ ④ ⑤
10	① ② ③ ④ ⑤	30	① ② ③ ④ ⑤	50	① ② ③ ④ ⑤
11	① ② ③ ④ ⑤	31	① ② ③ ④ ⑤	51	① ② ③ ④ ⑤
12	① ② ③ ④ ⑤	32	① ② ③ ④ ⑤	52	① ② ③ ④ ⑤
13	① ② ③ ④ ⑤	33	① ② ③ ④ ⑤	53	① ② ③ ④ ⑤
14	① ② ③ ④ ⑤	34	① ② ③ ④ ⑤	54	① ② ③ ④ ⑤
15	① ② ③ ④ ⑤	35	① ② ③ ④ ⑤	55	① ② ③ ④ ⑤
16	① ② ③ ④ ⑤	36	① ② ③ ④ ⑤	56	① ② ③ ④ ⑤
17	① ② ③ ④ ⑤	37	① ② ③ ④ ⑤	57	① ② ③ ④ ⑤
18	① ② ③ ④ ⑤	38	① ② ③ ④ ⑤	58	① ② ③ ④ ⑤
19	① ② ③ ④ ⑤	39	① ② ③ ④ ⑤	59	① ② ③ ④ ⑤
20	① ② ③ ④ ⑤	40	① ② ③ ④ ⑤	60	① ② ③ ④ ⑤

※ 본 답안지는 마킹연습용 모의 답안지입니다.

핵심영역 NCS 최종모의고사 답안카드

※ 본 답안지는 마킹연습용 모의 답안지입니다.

1	①	②	③	④	⑤	21	①	②	③	④	⑤	41	①	②	③	④	⑤
2	①	②	③	④	⑤	22	①	②	③	④	⑤	42	①	②	③	④	⑤
3	①	②	③	④	⑤	23	①	②	③	④	⑤	43	①	②	③	④	⑤
4	①	②	③	④	⑤	24	①	②	③	④	⑤	44	①	②	③	④	⑤
5	①	②	③	④	⑤	25	①	②	③	④	⑤	45	①	②	③	④	⑤
6	①	②	③	④	⑤	26	①	②	③	④	⑤	46	①	②	③	④	⑤
7	①	②	③	④	⑤	27	①	②	③	④	⑤	47	①	②	③	④	⑤
8	①	②	③	④	⑤	28	①	②	③	④	⑤	48	①	②	③	④	⑤
9	①	②	③	④	⑤	29	①	②	③	④	⑤	49	①	②	③	④	⑤
10	①	②	③	④	⑤	30	①	②	③	④	⑤	50	①	②	③	④	⑤
11	①	②	③	④	⑤	31	①	②	③	④	⑤	51	①	②	③	④	⑤
12	①	②	③	④	⑤	32	①	②	③	④	⑤	52	①	②	③	④	⑤
13	①	②	③	④	⑤	33	①	②	③	④	⑤	53	①	②	③	④	⑤
14	①	②	③	④	⑤	34	①	②	③	④	⑤	54	①	②	③	④	⑤
15	①	②	③	④	⑤	35	①	②	③	④	⑤	55	①	②	③	④	⑤
16	①	②	③	④	⑤	36	①	②	③	④	⑤	56	①	②	③	④	⑤
17	①	②	③	④	⑤	37	①	②	③	④	⑤	57	①	②	③	④	⑤
18	①	②	③	④	⑤	38	①	②	③	④	⑤	58	①	②	③	④	⑤
19	①	②	③	④	⑤	39	①	②	③	④	⑤	59	①	②	③	④	⑤
20	①	②	③	④	⑤	40	①	②	③	④	⑤	60	①	②	③	④	⑤

성 명

지원 분야

문제지 형별기재란

형 ( )
Ⓐ
Ⓑ

수 험 번 호

⓪	①	②	③	④	⑤	⑥	⑦	⑧	⑨
⓪	①	②	③	④	⑤	⑥	⑦	⑧	⑨
⓪	①	②	③	④	⑤	⑥	⑦	⑧	⑨
⓪	①	②	③	④	⑤	⑥	⑦	⑧	⑨
⓪	①	②	③	④	⑤	⑥	⑦	⑧	⑨
⓪	①	②	③	④	⑤	⑥	⑦	⑧	⑨
⓪	①	②	③	④	⑤	⑥	⑦	⑧	⑨

감독위원 확인

㊞

핵심영역 NCS 최종모의고사 답안카드

〈절취선〉

성 명

지원 분야

문제지 형별기재란

( )형

Ⓐ Ⓑ

수 험 번 호

⓪ ① ② ③ ④ ⑤ ⑥ ⑦ ⑧ ⑨
⓪ ① ② ③ ④ ⑤ ⑥ ⑦ ⑧ ⑨
⓪ ① ② ③ ④ ⑤ ⑥ ⑦ ⑧ ⑨
⓪ ① ② ③ ④ ⑤ ⑥ ⑦ ⑧ ⑨
⓪ ① ② ③ ④ ⑤ ⑥ ⑦ ⑧ ⑨
⓪ ① ② ③ ④ ⑤ ⑥ ⑦ ⑧ ⑨
① ② ③ ④ ⑤ ⑥ ⑦ ⑧ ⑨

감독위원 확인

(인)

문항	①	②	③	④	⑤	문항	①	②	③	④	⑤	문항	①	②	③	④	⑤
1	①	②	③	④	⑤	21	①	②	③	④	⑤	41	①	②	③	④	⑤
2	①	②	③	④	⑤	22	①	②	③	④	⑤	42	①	②	③	④	⑤
3	①	②	③	④	⑤	23	①	②	③	④	⑤	43	①	②	③	④	⑤
4	①	②	③	④	⑤	24	①	②	③	④	⑤	44	①	②	③	④	⑤
5	①	②	③	④	⑤	25	①	②	③	④	⑤	45	①	②	③	④	⑤
6	①	②	③	④	⑤	26	①	②	③	④	⑤	46	①	②	③	④	⑤
7	①	②	③	④	⑤	27	①	②	③	④	⑤	47	①	②	③	④	⑤
8	①	②	③	④	⑤	28	①	②	③	④	⑤	48	①	②	③	④	⑤
9	①	②	③	④	⑤	29	①	②	③	④	⑤	49	①	②	③	④	⑤
10	①	②	③	④	⑤	30	①	②	③	④	⑤	50	①	②	③	④	⑤
11	①	②	③	④	⑤	31	①	②	③	④	⑤	51	①	②	③	④	⑤
12	①	②	③	④	⑤	32	①	②	③	④	⑤	52	①	②	③	④	⑤
13	①	②	③	④	⑤	33	①	②	③	④	⑤	53	①	②	③	④	⑤
14	①	②	③	④	⑤	34	①	②	③	④	⑤	54	①	②	③	④	⑤
15	①	②	③	④	⑤	35	①	②	③	④	⑤	55	①	②	③	④	⑤
16	①	②	③	④	⑤	36	①	②	③	④	⑤	56	①	②	③	④	⑤
17	①	②	③	④	⑤	37	①	②	③	④	⑤	57	①	②	③	④	⑤
18	①	②	③	④	⑤	38	①	②	③	④	⑤	58	①	②	③	④	⑤
19	①	②	③	④	⑤	39	①	②	③	④	⑤	59	①	②	③	④	⑤
20	①	②	③	④	⑤	40	①	②	③	④	⑤	60	①	②	③	④	⑤

통합 NCS 최종모의고사 답안카드

성 명	
지원분야	

문제지 형별기재란	
(형)	Ⓐ Ⓑ

수험번호

0	①	②	③	④	⑤	⑥	⑦	⑧	⑨
0	①	②	③	④	⑤	⑥	⑦	⑧	⑨
0	①	②	③	④	⑤	⑥	⑦	⑧	⑨
0	①	②	③	④	⑤	⑥	⑦	⑧	⑨
0	①	②	③	④	⑤	⑥	⑦	⑧	⑨
0	①	②	③	④	⑤	⑥	⑦	⑧	⑨
0	①	②	③	④	⑤	⑥	⑦	⑧	⑨

감독위원 확인
(인)

번호						번호						번호					
1	①	②	③	④	⑤	21	①	②	③	④	⑤	41	①	②	③	④	⑤
2	①	②	③	④	⑤	22	①	②	③	④	⑤	42	①	②	③	④	⑤
3	①	②	③	④	⑤	23	①	②	③	④	⑤	43	①	②	③	④	⑤
4	①	②	③	④	⑤	24	①	②	③	④	⑤	44	①	②	③	④	⑤
5	①	②	③	④	⑤	25	①	②	③	④	⑤	45	①	②	③	④	⑤
6	①	②	③	④	⑤	26	①	②	③	④	⑤	46	①	②	③	④	⑤
7	①	②	③	④	⑤	27	①	②	③	④	⑤	47	①	②	③	④	⑤
8	①	②	③	④	⑤	28	①	②	③	④	⑤	48	①	②	③	④	⑤
9	①	②	③	④	⑤	29	①	②	③	④	⑤	49	①	②	③	④	⑤
10	①	②	③	④	⑤	30	①	②	③	④	⑤	50	①	②	③	④	⑤
11	①	②	③	④	⑤	31	①	②	③	④	⑤	51	①	②	③	④	⑤
12	①	②	③	④	⑤	32	①	②	③	④	⑤	52	①	②	③	④	⑤
13	①	②	③	④	⑤	33	①	②	③	④	⑤	53	①	②	③	④	⑤
14	①	②	③	④	⑤	34	①	②	③	④	⑤	54	①	②	③	④	⑤
15	①	②	③	④	⑤	35	①	②	③	④	⑤	55	①	②	③	④	⑤
16	①	②	③	④	⑤	36	①	②	③	④	⑤	56	①	②	③	④	⑤
17	①	②	③	④	⑤	37	①	②	③	④	⑤	57	①	②	③	④	⑤
18	①	②	③	④	⑤	38	①	②	③	④	⑤	58	①	②	③	④	⑤
19	①	②	③	④	⑤	39	①	②	③	④	⑤	59	①	②	③	④	⑤
20	①	②	③	④	⑤	40	①	②	③	④	⑤	60	①	②	③	④	⑤

통합 NCS 최종모의고사 답안카드

1	① ② ③ ④ ⑤	21	① ② ③ ④ ⑤	41	① ② ③ ④ ⑤
2	① ② ③ ④ ⑤	22	① ② ③ ④ ⑤	42	① ② ③ ④ ⑤
3	① ② ③ ④ ⑤	23	① ② ③ ④ ⑤	43	① ② ③ ④ ⑤
4	① ② ③ ④ ⑤	24	① ② ③ ④ ⑤	44	① ② ③ ④ ⑤
5	① ② ③ ④ ⑤	25	① ② ③ ④ ⑤	45	① ② ③ ④ ⑤
6	① ② ③ ④ ⑤	26	① ② ③ ④ ⑤	46	① ② ③ ④ ⑤
7	① ② ③ ④ ⑤	27	① ② ③ ④ ⑤	47	① ② ③ ④ ⑤
8	① ② ③ ④ ⑤	28	① ② ③ ④ ⑤	48	① ② ③ ④ ⑤
9	① ② ③ ④ ⑤	29	① ② ③ ④ ⑤	49	① ② ③ ④ ⑤
10	① ② ③ ④ ⑤	30	① ② ③ ④ ⑤	50	① ② ③ ④ ⑤
11	① ② ③ ④ ⑤	31	① ② ③ ④ ⑤	51	① ② ③ ④ ⑤
12	① ② ③ ④ ⑤	32	① ② ③ ④ ⑤	52	① ② ③ ④ ⑤
13	① ② ③ ④ ⑤	33	① ② ③ ④ ⑤	53	① ② ③ ④ ⑤
14	① ② ③ ④ ⑤	34	① ② ③ ④ ⑤	54	① ② ③ ④ ⑤
15	① ② ③ ④ ⑤	35	① ② ③ ④ ⑤	55	① ② ③ ④ ⑤
16	① ② ③ ④ ⑤	36	① ② ③ ④ ⑤	56	① ② ③ ④ ⑤
17	① ② ③ ④ ⑤	37	① ② ③ ④ ⑤	57	① ② ③ ④ ⑤
18	① ② ③ ④ ⑤	38	① ② ③ ④ ⑤	58	① ② ③ ④ ⑤
19	① ② ③ ④ ⑤	39	① ② ③ ④ ⑤	59	① ② ③ ④ ⑤
20	① ② ③ ④ ⑤	40	① ② ③ ④ ⑤	60	① ② ③ ④ ⑤

※ 본 답안지는 마킹연습용 모의 답안지입니다.

〈절취선〉

통합 NCS 최종모의고사 답안카드

번호	답	번호	답	번호	답	번호	답
1	① ② ③ ④ ⑤	21	① ② ③ ④ ⑤	41	① ② ③ ④ ⑤	61	① ② ③ ④ ⑤
2	① ② ③ ④ ⑤	22	① ② ③ ④ ⑤	42	① ② ③ ④ ⑤	62	① ② ③ ④ ⑤
3	① ② ③ ④ ⑤	23	① ② ③ ④ ⑤	43	① ② ③ ④ ⑤	63	① ② ③ ④ ⑤
4	① ② ③ ④ ⑤	24	① ② ③ ④ ⑤	44	① ② ③ ④ ⑤	64	① ② ③ ④ ⑤
5	① ② ③ ④ ⑤	25	① ② ③ ④ ⑤	45	① ② ③ ④ ⑤	65	① ② ③ ④ ⑤
6	① ② ③ ④ ⑤	26	① ② ③ ④ ⑤	46	① ② ③ ④ ⑤	66	① ② ③ ④ ⑤
7	① ② ③ ④ ⑤	27	① ② ③ ④ ⑤	47	① ② ③ ④ ⑤	67	① ② ③ ④ ⑤
8	① ② ③ ④ ⑤	28	① ② ③ ④ ⑤	48	① ② ③ ④ ⑤	68	① ② ③ ④ ⑤
9	① ② ③ ④ ⑤	29	① ② ③ ④ ⑤	49	① ② ③ ④ ⑤	69	① ② ③ ④ ⑤
10	① ② ③ ④ ⑤	30	① ② ③ ④ ⑤	50	① ② ③ ④ ⑤	70	① ② ③ ④ ⑤
11	① ② ③ ④ ⑤	31	① ② ③ ④ ⑤	51	① ② ③ ④ ⑤	71	① ② ③ ④ ⑤
12	① ② ③ ④ ⑤	32	① ② ③ ④ ⑤	52	① ② ③ ④ ⑤	72	① ② ③ ④ ⑤
13	① ② ③ ④ ⑤	33	① ② ③ ④ ⑤	53	① ② ③ ④ ⑤	73	① ② ③ ④ ⑤
14	① ② ③ ④ ⑤	34	① ② ③ ④ ⑤	54	① ② ③ ④ ⑤	74	① ② ③ ④ ⑤
15	① ② ③ ④ ⑤	35	① ② ③ ④ ⑤	55	① ② ③ ④ ⑤	75	① ② ③ ④ ⑤
16	① ② ③ ④ ⑤	36	① ② ③ ④ ⑤	56	① ② ③ ④ ⑤	76	① ② ③ ④ ⑤
17	① ② ③ ④ ⑤	37	① ② ③ ④ ⑤	57	① ② ③ ④ ⑤	77	① ② ③ ④ ⑤
18	① ② ③ ④ ⑤	38	① ② ③ ④ ⑤	58	① ② ③ ④ ⑤	78	① ② ③ ④ ⑤
19	① ② ③ ④ ⑤	39	① ② ③ ④ ⑤	59	① ② ③ ④ ⑤	79	① ② ③ ④ ⑤
20	① ② ③ ④ ⑤	40	① ② ③ ④ ⑤	60	① ② ③ ④ ⑤	80	① ② ③ ④ ⑤

성 명

지원 분야

문제지 형별기재란

형 ( ) Ⓐ Ⓑ

수 험 번 호

⓪ ① ② ③ ④ ⑤ ⑥ ⑦ ⑧ ⑨

감독위원 확인

(인)

사무직 전공 최종모의고사 답안카드

성 명

지원 분야

문제지 형별기재란

( )형 Ⓐ Ⓑ

수 험 번 호

⓪ ① ② ③ ④ ⑤ ⑥ ⑦ ⑧ ⑨
⓪ ① ② ③ ④ ⑤ ⑥ ⑦ ⑧ ⑨
⓪ ① ② ③ ④ ⑤ ⑥ ⑦ ⑧ ⑨
⓪ ① ② ③ ④ ⑤ ⑥ ⑦ ⑧ ⑨
⓪ ① ② ③ ④ ⑤ ⑥ ⑦ ⑧ ⑨
⓪ ① ② ③ ④ ⑤ ⑥ ⑦ ⑧ ⑨
⓪ ① ② ③ ④ ⑤ ⑥ ⑦ ⑧ ⑨

감독위원 확인

(인)

1	① ② ③ ④ ⑤	21	① ② ③ ④ ⑤
2	① ② ③ ④ ⑤	22	① ② ③ ④ ⑤
3	① ② ③ ④ ⑤	23	① ② ③ ④ ⑤
4	① ② ③ ④ ⑤	24	① ② ③ ④ ⑤
5	① ② ③ ④ ⑤	25	① ② ③ ④ ⑤
6	① ② ③ ④ ⑤	26	① ② ③ ④ ⑤
7	① ② ③ ④ ⑤	27	① ② ③ ④ ⑤
8	① ② ③ ④ ⑤	28	① ② ③ ④ ⑤
9	① ② ③ ④ ⑤	29	① ② ③ ④ ⑤
10	① ② ③ ④ ⑤	30	① ② ③ ④ ⑤
11	① ② ③ ④ ⑤	31	① ② ③ ④ ⑤
12	① ② ③ ④ ⑤	32	① ② ③ ④ ⑤
13	① ② ③ ④ ⑤	33	① ② ③ ④ ⑤
14	① ② ③ ④ ⑤	34	① ② ③ ④ ⑤
15	① ② ③ ④ ⑤	35	① ② ③ ④ ⑤
16	① ② ③ ④ ⑤	36	① ② ③ ④ ⑤
17	① ② ③ ④ ⑤	37	① ② ③ ④ ⑤
18	① ② ③ ④ ⑤	38	① ② ③ ④ ⑤
19	① ② ③ ④ ⑤	39	① ② ③ ④ ⑤
20	① ② ③ ④ ⑤	40	① ② ③ ④ ⑤

※ 본 답안카드는 마킹연습용 모의 답안카드입니다.

사무직 전공 최종모의고사 답안카드

번호	답란				
1	①	②	③	④	⑤
2	①	②	③	④	⑤
3	①	②	③	④	⑤
4	①	②	③	④	⑤
5	①	②	③	④	⑤
6	①	②	③	④	⑤
7	①	②	③	④	⑤
8	①	②	③	④	⑤
9	①	②	③	④	⑤
10	①	②	③	④	⑤
11	①	②	③	④	⑤
12	①	②	③	④	⑤
13	①	②	③	④	⑤
14	①	②	③	④	⑤
15	①	②	③	④	⑤
16	①	②	③	④	⑤
17	①	②	③	④	⑤
18	①	②	③	④	⑤
19	①	②	③	④	⑤
20	①	②	③	④	⑤

번호	답란				
21	①	②	③	④	⑤
22	①	②	③	④	⑤
23	①	②	③	④	⑤
24	①	②	③	④	⑤
25	①	②	③	④	⑤
26	①	②	③	④	⑤
27	①	②	③	④	⑤
28	①	②	③	④	⑤
29	①	②	③	④	⑤
30	①	②	③	④	⑤
31	①	②	③	④	⑤
32	①	②	③	④	⑤
33	①	②	③	④	⑤
34	①	②	③	④	⑤
35	①	②	③	④	⑤
36	①	②	③	④	⑤
37	①	②	③	④	⑤
38	①	②	③	④	⑤
39	①	②	③	④	⑤
40	①	②	③	④	⑤

성 명

지원 분야

문제지 형별기재란
Ⓐ
Ⓑ
( )형

수험번호

⓪	①	②	③	④	⑤	⑥	⑦	⑧	⑨
⓪	①	②	③	④	⑤	⑥	⑦	⑧	⑨
⓪	①	②	③	④	⑤	⑥	⑦	⑧	⑨
⓪	①	②	③	④	⑤	⑥	⑦	⑧	⑨
⓪	①	②	③	④	⑤	⑥	⑦	⑧	⑨
⓪	①	②	③	④	⑤	⑥	⑦	⑧	⑨
⓪	①	②	③	④	⑤	⑥	⑦	⑧	⑨

감독위원 확인

(인)

기술직 전공 최종모의고사 답안카드

문번	①	②	③	④	⑤	문번	①	②	③	④	⑤
1	①	②	③	④	⑤	21	①	②	③	④	⑤
2	①	②	③	④	⑤	22	①	②	③	④	⑤
3	①	②	③	④	⑤	23	①	②	③	④	⑤
4	①	②	③	④	⑤	24	①	②	③	④	⑤
5	①	②	③	④	⑤	25	①	②	③	④	⑤
6	①	②	③	④	⑤	26	①	②	③	④	⑤
7	①	②	③	④	⑤	27	①	②	③	④	⑤
8	①	②	③	④	⑤	28	①	②	③	④	⑤
9	①	②	③	④	⑤	29	①	②	③	④	⑤
10	①	②	③	④	⑤	30	①	②	③	④	⑤
11	①	②	③	④	⑤	31	①	②	③	④	⑤
12	①	②	③	④	⑤	32	①	②	③	④	⑤
13	①	②	③	④	⑤	33	①	②	③	④	⑤
14	①	②	③	④	⑤	34	①	②	③	④	⑤
15	①	②	③	④	⑤	35	①	②	③	④	⑤
16	①	②	③	④	⑤	36	①	②	③	④	⑤
17	①	②	③	④	⑤	37	①	②	③	④	⑤
18	①	②	③	④	⑤	38	①	②	③	④	⑤
19	①	②	③	④	⑤	39	①	②	③	④	⑤
20	①	②	③	④	⑤	40	①	②	③	④	⑤

〈절취선〉

기술직 전공 최종모의고사 답안카드

성 명	

지원분야	

문제지 형별기재란	
(형	Ⓐ Ⓑ

수 험 번 호

⓪	⓪	⓪	⓪	⓪	⓪	⓪
①	①	①	①	①	①	①
②	②	②	②	②	②	②
③	③	③	③	③	③	③
④	④	④	④	④	④	④
⑤	⑤	⑤	⑤	⑤	⑤	⑤
⑥	⑥	⑥	⑥	⑥	⑥	⑥
⑦	⑦	⑦	⑦	⑦	⑦	⑦
⑧	⑧	⑧	⑧	⑧	⑧	⑧
⑨	⑨	⑨	⑨	⑨	⑨	⑨

감독위원 확인	
	(인)

번호						번호					
1	①	②	③	④	⑤	21	①	②	③	④	⑤
2	①	②	③	④	⑤	22	①	②	③	④	⑤
3	①	②	③	④	⑤	23	①	②	③	④	⑤
4	①	②	③	④	⑤	24	①	②	③	④	⑤
5	①	②	③	④	⑤	25	①	②	③	④	⑤
6	①	②	③	④	⑤	26	①	②	③	④	⑤
7	①	②	③	④	⑤	27	①	②	③	④	⑤
8	①	②	③	④	⑤	28	①	②	③	④	⑤
9	①	②	③	④	⑤	29	①	②	③	④	⑤
10	①	②	③	④	⑤	30	①	②	③	④	⑤
11	①	②	③	④	⑤	31	①	②	③	④	⑤
12	①	②	③	④	⑤	32	①	②	③	④	⑤
13	①	②	③	④	⑤	33	①	②	③	④	⑤
14	①	②	③	④	⑤	34	①	②	③	④	⑤
15	①	②	③	④	⑤	35	①	②	③	④	⑤
16	①	②	③	④	⑤	36	①	②	③	④	⑤
17	①	②	③	④	⑤	37	①	②	③	④	⑤
18	①	②	③	④	⑤	38	①	②	③	④	⑤
19	①	②	③	④	⑤	39	①	②	③	④	⑤
20	①	②	③	④	⑤	40	①	②	③	④	⑤

※ 본 답안지는 마킹연습용 모의 답안지입니다.

2024 최신판 SD에듀 공기업
NCS & 전공 대졸채용 최종모의고사 9회

개정7판1쇄 발행	2024년 01월 30일 (인쇄 2023년 11월 14일)
초 판 발 행	2016년 08월 10일 (인쇄 2016년 06월 21일)
발 행 인	박영일
책 임 편 집	이해욱
편 저	SDC(Sidae Data Center)
편 집 진 행	김재희 · 유정화
표지디자인	조혜령
편집디자인	김보미 · 장성복
발 행 처	(주)시대고시기획
출 판 등 록	제10-1521호
주 소	서울시 마포구 큰우물로 75 [도화동 538 성지 B/D] 9F
전 화	1600-3600
팩 스	02-701-8823
홈 페 이 지	www.sdedu.co.kr
I S B N	979-11-383-6168-2 (13320)
정 가	22,000원

공기업 NCS

대졸채용 최종모의고사

직업기초능력 + 직무수행능력 + 면접

기업별 맞춤 학습 "기본서" 시리즈

공기업 취업의 기초부터 심화까지! 합격의 문을 여는 *Hidden Key!*

기업별 기출문제 "기출이 답이다" 시리즈

역대 기출문제와 주요 공기업 기출문제를 한 권에! 합격을 위한 *One Way!*

기업별 시험 직전 마무리 "봉투모의고사" 시리즈

실제 시험과 동일하게 마무리! 합격을 향한 *Last Spurt!*

※**기업별 시리즈** : HUG 주택도시보증공사/LH 한국토지주택공사/강원랜드/건강보험심사평가원/국가철도공단/국민건강
보험공단/국민연금공단/근로복지공단/발전회사/부산교통공사/서울교통공사/인천국제공항공사/코레일 한국철도공사/
한국농어촌공사/한국도로공사/한국산업인력공단/한국수력원자력/한국수자원공사/한국전력공사/한전KPS/항만공사 등

※도서의 이미지 및 구성은 변동될 수 있습니다.

SD에듀가 합격을 준비하는 당신에게 제안합니다.

성공의 기회! SD에듀를 잡으십시오.
성공의 Next Step!

결심하셨다면 지금 당장 실행하십시오.
SD에듀와 함께라면 문제없습니다.

기회란 포착되어 활용되기 전에는
기회인지조차 알 수 없는 것이다.
– 마크 트웨인 –